유니티 · 블렌더 · AR/VR · 메타버스

디지털 교육을 위한
디지털 역량 강화와 콘텐츠 개발

배영권, 강설주 지음

저자소개

배영권 bae@dnue.ac.kr

2006 한국교원대학교 컴퓨터교육과 (교육학박사)
2006~2007 Indiana University, Instructional Systems Technology
2007~2009 목원대학교 컴퓨터교육과 교수
2013~2014 University of Georgia, Learning Design & Technology
2009~현재 대구교육대학교 교수
2022. 09.~현재 (사)한국정보교육학회 부회장
2022. 02.~2024. 02. 대구교육대학교 교무처장
2024. 03.~ 현재 대구교육대학교 부총장 겸 교육대학원장
관심분야: AI교육, STEM, IB교육, 디지털 교육

강설주 seoljoo.kang@gmail.com

2012 대구교육대학교 수학교육 심화과정 (학사)
2012~2022 대구광역시 초등학교 교사 (영선초, 월암초, 남대구초)
2021 대한민국 정보교육상 수상 (교육부장관)
2023 대구교육대학교 교육대학원 AI교육전공 (석사)
2023~ Purdue University, Learning Design & Technology (PhD program)
관심분야: AI 교육, STEM, PBL, Educational Network, 디지털 교육

유니티 · 블렌더 · AR/VR · 메타버스
디지털 교육을 위한
디지털 역량 강화와 콘텐츠 개발

인 쇄: 2024년 5월 20일 초판 1쇄
발 행: 2024년 5월 30일 초판 1쇄

저 자: 배영권 · 강설주
발행인: 송 준
발행처: 도서출판 홍릉
주 소: 01093 서울시 강북구 인수봉로 50길 10
등 록: 1976년 10월 21일 제5-66호

전 화: 02-999-2274~5, 903-7037
팩 스: 02-905-6729
e-mail: hongpub@hongpub.co.kr
http://www.hongpub.co.kr
ISBN: 979-11-5600-199-7(93000)

정 가: 25,000원

유니티 · 블렌더 · AR/VR · 메타버스

디지털 교육을 위한 디지털 역량 강화와 콘텐츠 개발

배영권, 강설주 지음

도서출판 홍릉

부록- 관련 코드 & 애셋

이 책의 학습을 위한 부록(관련 코드 & 애셋)을 제공하고 있습니다. https://bit.ly/3xma1AU에서 내려받을 수 있습니다. 본 부록을 통하여 아래 항목과 관련한 첨부파일에 접근 및 활용할 수 있습니다.

2장-3강 객체 알아보기 1 [p.68]
3장-1강 음악교과: 2D 피아노 제작하기 [p.107]
3장-2강 국어교과: 2D 이야기 애니메이션 제작하기 [p.130]
3장-3강 수학교과: 3D 쌓기나무 제작하기 [p.179]
3장-4강 과학교과: 3D 천체의 이동 시뮬레이션 제작하기 [p.207]
4장-2강 Web환경에 공유하기 [p.248]
5장-3강 2) AR 다루기 2 - 기존 프로젝트에 적용하기 [p.285]
5장-4강 2) VR 다루기 2 - 기존 프로젝트에 적용하기 [p.295]
5장-5강 3) ZEPETO 월드 개발하기 - 월드 패키지 설정하기 [p.327]

공유 주소:
https://docs.google.com/document/d/1zwgdySE-B2aXLjKPC0nHR8B2Z0RtuiZ7BSiOAK4uqQU/edit?usp=sharing

단축주소: https://bit.ly/3xma1AU

[머리말] 디지털 역량 강화와 미래 교육 콘텐츠 개발의 시대

디지털 역량의 중요성이 갈수록 커지고 있는 요즘입니다. 이는 온라인 플랫폼을 통한 원격 학습, 모바일 애플리케이션을 통한 디지털 학습에서 나아가 VR 이나 AR 콘텐츠를 활용한 메타버스와 같은 가상현실 세계에서의 학습이 실현되는 교육 현장 역시 마찬가지입니다.

COVID-19 사태 이후 원격수업이 일반화되면서 이러한 현상은 더욱 두드려져, 세계 기준 미래 교육 콘텐츠 시장의 규모가 2021 년 115 억 달러에서 연평균 판매량이 32.3 %이상 증가하였으며 2026 년에는 467 억 달러에 이를 것으로 전망되고 있습니다(주[1]). 실제로 국내에서도 2021 년 1 분기에만 노트북 판매량이 80% 증가한 기록이 있지요(주[2]). 자연히 학생들이 디지털 기기를 학습활동에 활용하는 경우의 수 역시 급격히 증가하였으며, 최근에는 '혼공족'이라 하여 개인적으로 온라인을 통해 학습하는 인구가 많이 늘었습니다. 개인 이러닝 이용률이 코로나 이전 약 59%에서 2020 년 62.5%, 2021 년에는 65.9%까지 증가한 것이 대표적입니다(주[3]). 그에 발맞추어 많은 석학들이 디지털 리터러시나 디지털 역량을 연구 주제로 심도 있게 다루고 있으며, 구글 학술 검색자료를 기준으로 2022 년 한 해 동안만 700 건이 넘는 논문이 발간될 정도로 학계에서의 관심 역시 상당합니다.

이런 시기에 양질의 미래 교육 콘텐츠를 확보하는 것은 매우 중요합니다. 실제로 디지털 기반 미래 교육 자료 개발을 위하여 많은 기업과 교육당국에서 투자를 집중하고 있으며, 최근에는 유튜브나 웹페이지 형태로 개별적인 교사가 콘텐츠 개발에 참여하는 사례도 늘고 있습니다. 하지만, 일반 교사가 개인적으로 디지털 교육 콘텐츠에 깊이있게 접근하고자 하면, 툴의 활용 방법이 어렵거나 텍스트 코딩의 진입장벽이 높아 물러서는 경우가 많습니다. 이로 인해, 상당 수의 경우에 현직 교사들의 자료 개발은 초보적인 수준에 머물거나, 아이디어를 구현할 능력이 부족하여 개발을 포기하는 어려움도 동시에 존재합니다.

본 서는 이러한 상황을 고려하여 집필하였습니다. 사실, 학생들을 직접 상대하는 현직 교사보다 학교 현장을 정확히 파악하기는 어렵습니다. 저는 학교 현장에서 교사로 근무하면서 필요에 따라 애플리케이션을 개발하고 개선하는 가운데 많은 시행착오를 겪었습니다. 그 과정에서 파워포인트, 포토샵, Canva 등의 기본적인 툴 활용은 물론, C++, 파이썬, 자바스크립트 등의 텍스트 코딩 기반 개발을 진행하는 등 다양한 시도를 해왔습니다. 그 중 교사의 입장에서 도움이 될 만한 개발 도구를 고민한 끝에 유니티를 선정하여 소개하게 되었습니다. 광범위한 영역을 넘나드는 유니티의 모든 것을 다룰 수는 없지만, 게임 개발에 집중되어 있는 시중의 다른 도서들과 달리 교육을 염두에 두고 유니티를 활용하였다는 데에 본서의 차별점이 있습니다. 본서를 통해 유니티를 다루면서, 자연스레 소프트웨어 개발의 맛을 음미하고 디지털 소양을 확장하며, 상상하던 바를 실제 콘텐츠로 구현하는 즐거움을 맛보실 수 있기를 기대합니다.

---

[1] https://repository.kisti.re.kr/handle/10580/17956

[2] https://www.seoul.co.kr/news/economy/IT/2021/05/15/20210515500001

[3] https://www.ajunews.com/view/20220602184011348

목차

🔎 [미리 보기]

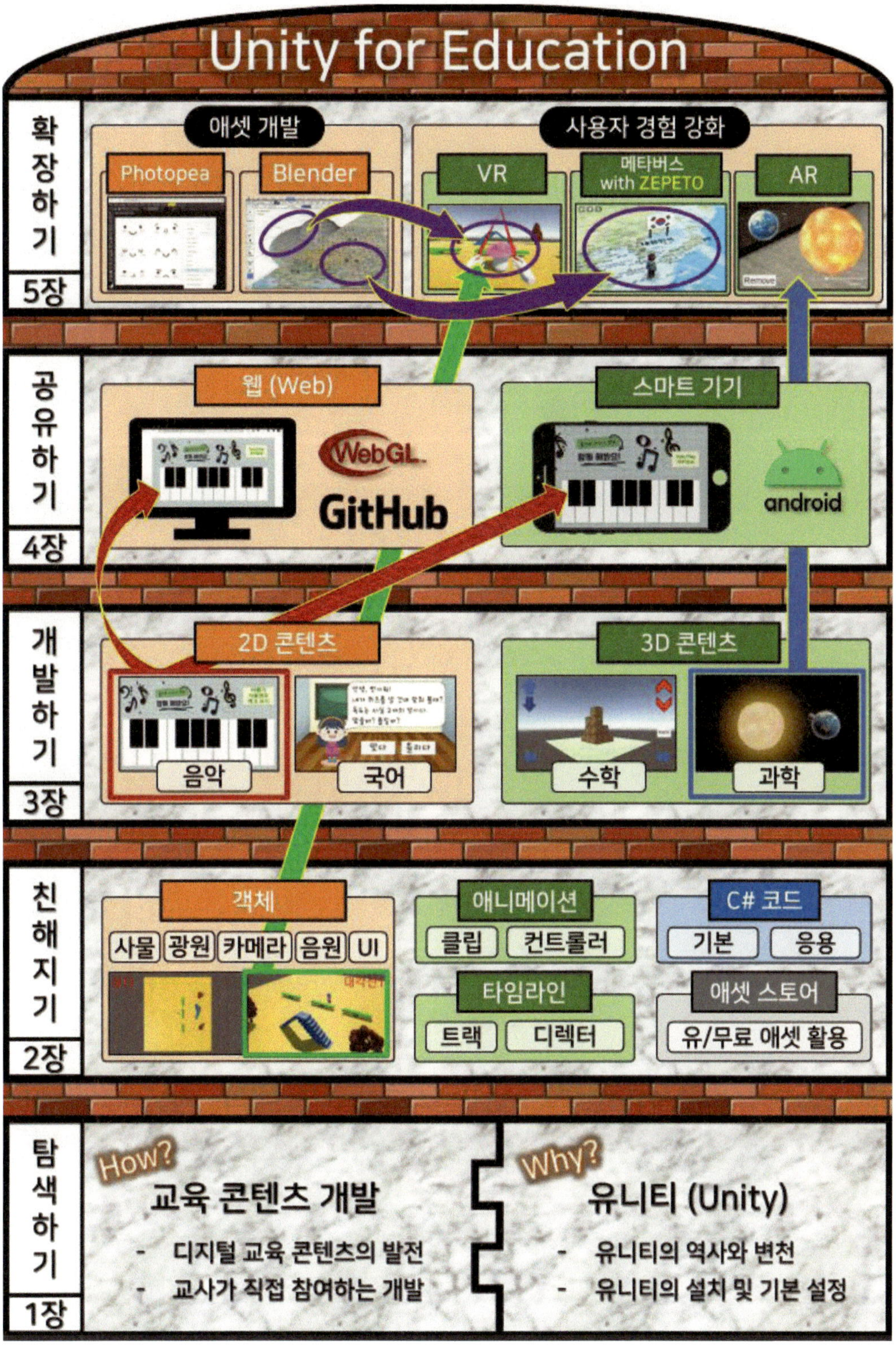

Unity for Education
확장하기
5장
애셋 개발
Photopea
Blender
사용자 경험 강화
VR
메타버스 with ZEPETO
AR
공유하기
4장
웹 (Web)
WebGL
GitHub
스마트 기기
android
개발하기
3장
2D 콘텐츠
음악
국어
3D 콘텐츠
수학
과학
친해지기
2장
객체
사물
광원
카메라
음원
UI
애니메이션
클립
컨트롤러
타임라인
트랙
디렉터
C# 코드
기본
응용
애셋 스토어
유/무료 애셋 활용
탐색하기
1장
How?
교육 콘텐츠 개발
- 디지털 교육 콘텐츠의 발전
- 교사가 직접 참여하는 개발
Why?
유니티 (Unity)
- 유니티의 역사와 변천
- 유니티의 설치 및 기본 설정

[연관 짓기]

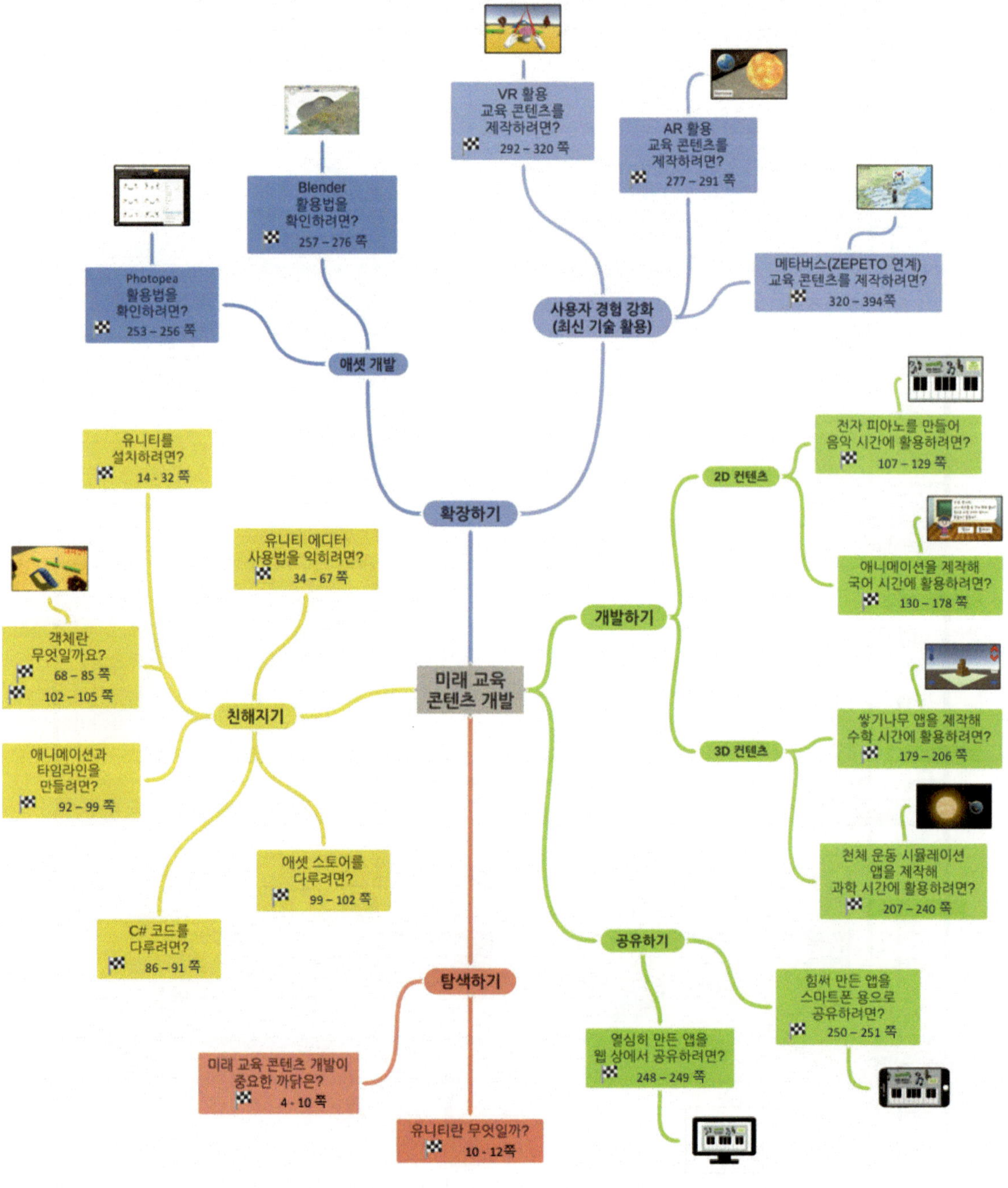
미래 교육 콘텐츠 개발
확장하기
애셋 개발
Photopea 활용법을 확인하려면? 253 – 256 쪽
Blender 활용법을 확인하려면? 257 – 276 쪽
사용자 경험 강화 (최신 기술 활용)
VR 활용 교육 콘텐츠를 제작하려면? 292 – 320 쪽
AR 활용 교육 콘텐츠를 제작하려면? 277 – 291 쪽
메타버스(ZEPETO 연계) 교육 콘텐츠를 제작하려면? 320 – 394쪽
친해지기
유니티를 설치하려면? 14 - 32 쪽
유니티 에디터 사용법을 익히려면? 34 – 67 쪽
객체란 무엇일까요? 68 – 85 쪽 102 – 105 쪽
애니메이션과 타임라인을 만들려면? 92 – 99 쪽
애셋 스토어를 다루려면? 99 – 102 쪽
C# 코드를 다루려면? 86 – 91 쪽
개발하기
2D 컨텐츠
전자 피아노를 만들어 음악 시간에 활용하려면? 107 – 129 쪽
애니메이션을 제작해 국어 시간에 활용하려면? 130 – 178 쪽
3D 컨텐츠
쌓기나무 앱을 제작해 수학 시간에 활용하려면? 179 – 206 쪽
천체 운동 시뮬레이션 앱을 제작해 과학 시간에 활용하려면? 207 – 240 쪽
공유하기
힘써 만든 앱을 스마트폰 용으로 공유하려면? 250 – 251 쪽
열심히 만든 앱을 웹 상에서 공유하려면? 248 – 249 쪽
탐색하기
미래 교육 콘텐츠 개발이 중요한 까닭은? 4 - 10 쪽
유니티란 무엇일까? 10 - 12쪽

[특징 알기]

- 본서는 ISTE(International Society for Technology in Education)의 디지털 시민 정신을 추구합니다.

비전 공유 / 공평한 접근성

본서에서 활용한 소프트웨어는 모두 무료로, 손쉬운 접근성을 보장합니다.

최신 기술 구현으로 교육자의 수업 준비를 돕습니다.

구현 계획 / 준비된 교육자

고품질 콘텐츠

다양한 외부 툴과 연계하여 콘텐츠의 품질을 높입니다.

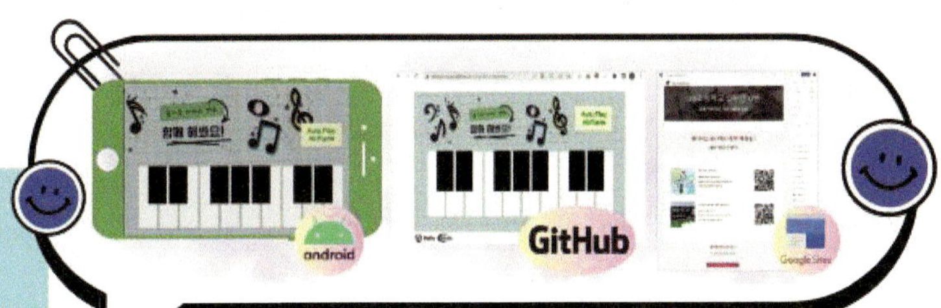

유니티 환경 외에서 실용적인 활용이 가능하도록 돕습니다.

기술 지원

1 장 디지털 교육의 동향 및 추진 방향 탐색하기

디지털 교육에 대한 요구와 이에 대응하기 위한 관심은 교육계에서 점차 확대되어 왔습니다. 특히 교육 콘텐츠 개발을 위해서 다양한 시도가 있어 왔으며, 여전히 활발히 사용되는 개발 도구가 있는 한편, 몇 가지 문제점을 안고서 역사 속으로 사라진 개발 도구들도 있습니다. 나아가 AR 과 VR 및 메타버스와 같은 새로운 기술들이 교육현장에 도입되는 변화의 시기이기도 합니다. 본서는, 현존하는 여러 가지 개발 도구들 가운데 유니티에 주목하였습니다. 이는 유니티가 앞으로의 미래 교육 콘텐츠 개발 추진에 상당한 가능성을 품고 있다고 판단했기 때문입니다. 유니티는 분명 전문적인 콘텐츠 개발 도구이지만 더 이상 전문가들의 전유물이 아니며 교직 현장에서 현직 교사들이 얼마든지 활용할 수 있음을 보이려 합니다. 이러한 관점에서 유니티의 탄생과 발전과정을 살피는 한편, 유니티가 지닌 전반적인 특징까지 교육적 관점에서 정리하였습니다.

✔ 주제 콕콕

1 강에서는 디지털 교육의 개념과 지향해야 할 바를 다룹니다. 이미 실생활 속에 깊이 파고든 디지털 인프라와 디지털 소양의 중요성을 언급하고 앞으로 교육계가 나아가야 할 방향을 소개합니다.

2 강에서는 디지털 교육 콘텐츠 개발이 변화 및 발전해 온 모습을 살피고, 그 속에서 발견되는 주요한 특징들을 짚어봅니다. 특히 COVID-19 상황에서 폭발적으로 증가한 디지털 교육 콘텐츠 수요에 주목하며 앞으로의 발전 가능성을 논합니다.

3 강에서는 AR, VR 및 메타버스와 같은 대표적인 차세대 기술들을 다룹니다. 과거의 2D 중심에서, 점차 3D 에 중점을 두고 발전해온 기술적 특징을 살피고, 발전한 기술들이 앞으로의 미래 교육에 있어 어떤 영향력을 발휘할 수 있을지 그 잠재성과 가능성을 서술합니다.

4 강에서는 유니티의 역사와 변천, 유니티의 특징에 대해 알아봅니다. 유니티가 단순히 게임 개발만을 위한 도구가 아니라 여러 목적성을 지닐 수 있음을 확인합니다. 추가적으로, 유니티에서 다루게 되는 기술들이 다른 프로그래밍 학습에도 전이되어 발전이 가능함을 언급합니다. 나아가 유니티 학습이 유니티 자체만을 위한 것에 머무는 것이 아니라 교육적인 측면에서 주춧돌이 될 수 있음을 언급합니다.

<TIP> Unity 를 통한 콘텐츠 개발 성공 사례는 아래 웹주소를 통해 살펴볼 수 있습니다.
https://unity.com/kr/case-study

1 강　디지털 교육 알아보기

교육부는 지난 2022 년 12 월 22 일 경, 2025 년부터 적용될 2022 개정교육 과정을 발표하면서, 모든 교과 학습과 평생학습에 기반이 될 핵심 교육 요소 3 가지로 언어, 수리와 함께 디지털 교육을 언급하였습니다. 이는 단순히 교육 콘텐츠 확보의 차원을 넘어서, 디지털 소양을 갖추는 것이 교사에게 기본적으로 요구되는 시대로 접어들었음을 시사합니다. 나아가 디지털 교육에 기반한 교과서에 인공지능 기술을 접목하여 학생 맞춤형 교육을 구현할 것이며, 2025 년까지 모든 학생들에게 '1 인 1 디바이스'를 지급하고 실제적인 디지털 교육이 이루어질 것을 강조했습니다.

그렇다면 '디지털 교육'을 통해 우리는 무엇을 배우고 가르쳐야 할까요? 윤옥한 교수(2020)는 '디지털 리터러시(문해력)'의 중요성을 다루면서 다음의 7 가지 요소에 주목하였습니다.

1) 디지털 기술활용 능력
2) 디지털 데이터의 구별 활용능력
3) 디지털 콘텐츠 활용능력
4) 디지털 미디어 활용능력
5) 디지털에 기반을 둔 콘텐츠 제작 기술 능력
6) 디지털 커뮤니케이션 능력
7) 디지털 감수성

출처: 윤옥한 (2020). 코로나 19 이후 교양 교육 방향 탐색. Korean Journal of General Education. 14(4), 25-34

위의 요소들은 우리 실생활에 이미 깊이 관여하고 있습니다. 스마트폰을 다루고, SNS 에서 소통하며, 온라인으로 거래하고, 엔터테인먼트를 즐기는 등 일상의 많은 영역이 디지털 환경에 접목되어 있습니다.

또한, '디지털 역량'에 주목한 유럽의 사례도 짚어보겠습니다. 유럽 연합 20 개국 이상이 참여한 DigComp2.2(디지털 역량 프레임워크, 2022 년 3 월 발표)에 따르면, 일반 시민이 갖추어야 할 디지털 역량의 종류는 크게 5 가지로 아래와 같습니다.

[정보 및 데이터 문해력]
- 데이터, 정보, 디지털 컨텐츠의 검색 및 평가 등

[의사소통 및 협동능력]
- 디지털 기술을 통한 상호작용, 정보 공유
- 디지털 기술을 통한 시민의식, 네티켓 등

[디지털 콘텐츠 제작 능력]
- 디지털 콘텐츠 개발, 저작권, 프로그래밍 등

[안전]
- 장비, 개인정보, 건강, 행복, 환경 보호 등

[문제해결력]
- 기술적 문제 해결, 기술의 창의적 활용,
- 기술적 필요 및 디지털 역량의 격차 인식 등

출처: https://joint-research-centre.ec.europa.eu/digcomp_en

그 외에도, 그동안 축적된 막대한 규모의 빅데이터와, 이를 활용하기 위한 클라우드 서비스, IoT 및 인공지능 기술이 함께 발달하는 가운데 세상의 디지털화는 '4 차 산업 혁명' 흐름 속에서 21 세기 최고의 이슈가 되고 있어 교육계의 발 빠른 대응을 요구하고 있습니다.

실제로 학생이나 교사의 디지털 소양의 격차가 빠르게 벌어지고 있어 문제 상황으로 지적되고 있습니다. 조영환 교수 외(2021)는 지역사회의 인프라, 경제적인 환경, 부모의 태도로 인해 학습자 간 디지털 역량의 격차가 상당함을 지적하며, 다음과 같은 공교육의 체계적 변화를 촉구하였습니다.

> 첫째, 교사의 디지털 역량 증진을 위한 교사 연구 모임과 교수 연수 기회를 확보한다.
> 둘째, 학습자에 대한 풍부한 디지털 교육 경험 제공한다.
> 셋째, 디지털 교육 실천을 위한 인프라를 구성한다.
> 넷째, 교사의 디지털 교육 지원을 위한 기기 관리 인력을 배치한다.
>
> 출처: 박세진, 한예진, 조영환 (2021). 초등학생의 디지털 역량과 디지털 격차에 대한 교사의 인식. 학습자중심교과교육연구, 21(16), 479-492.

종합하면, 디지털 교육이 제대로 이루어지기 위해서는 학습자와 교사는 물론, 교육 환경 전 방위적인 탄탄한 준비가 필요합니다. 디지털 교육의 기반이 되는 물적 자원을 충분히 공급하여 학생들의 접근성을 높이고, 동시에 이를 능숙하게 다룰 수 있는 교원 및 보조 인력을 확보해야 합니다. 또한 빠뜨릴 수 없는 것이, 연이어 다룰 디지털 교육 콘텐츠의 개발 및 적용에 관한 사항입니다.

2 강 디지털 교육 콘텐츠 개발의 흐름 확인하기

디지털 교육 콘텐츠는 교육 현장에서 꾸준히 발전해 왔습니다. 1997 년에 교육부가 교단 선진화 사업을 필두로 각 교실마다 프로젝션 TV, 컴퓨터 등을 배치하여 교수학습 자료의 디지털화를 본격화했으며, 학교 현장에 인터넷이 보급되면서 이러한 흐름은 더욱 가속화되었습니다.

2007 년 미국의 교사 존 버그만(Jonathan Bergman)과 아론 샘(Aron Sam)이 교실에 적용한 거꾸로 학습(Flipped learning)의 경우가 이와 관련한 대표적인 사례입니다. 거꾸로 학습은 기존의 주입식 교육방법을 뒤집어 교육의 무게 중심을 학생에게 옮겨오기 위해, 학생이 스스로 학습할 내용을 온라인 강의 형태로 미리 제공하고, 이를 통해 사전에 학습한 내용을 기반으로 교실에서 토론이나 심화된 학습을 진행합니다. 즉, 거꾸로 학습은 양질의 디지털 교육 콘텐츠 개발을 가속화했습니다. 나아가 무선 인터넷의 발전은 시공간적 장벽을 넘나드는 교육 형태를 가능케 했는데, 이러한 배경에 힘입어 학생들은 학교에 나올 수 없는 환경에 있더라도 스마트 기기로 다양한 학습 콘텐츠에 접할 수 있게 되었습니다. 이러한 디지털 교육 인프라는 근 3 년간 창궐했던 코로나 19 사태에 맞서서도 훌륭히 기능하였습니다. 일례로, Mmaki Jantjies 교수(2020)는 코로나 19 사태 이후의 교육에 대해 다음과 같이 언급하였습니다.

COVID-19 은 기술이 더 이상 사치품이 아니라, 교육 과정의 중요한 요소임을 보여주었습니다.

출처: Jantjies, M. (2020). How South Africa can address digital inequities in e-learning. The Conversation.

그러나 한편으로 코로나 19 사태는 현시점의 교육계가 지닌 약점을 드러내는 계기가 되었습니다. 그간의 디지털 교육 콘텐츠의 개발은 기업이나 교육당국에 집중되어, 갈수록 다변화되는 교육적 요구에 부응하지 못하는 한계를 지니고 있었습니다. 교사는 기존에 제작된 자료를 전달하는 콘텐츠 소비자의 수준에 그치는 경우가 많았으며, 자연히 학교의 특성이나 학급의 특수성에 알맞은 교육 콘텐츠를 제공하는 것은 어려운 실정이었습니다. 특히 온라인 학습 또는 블렌디드 학습이 강제되었던 지난 팬데믹 기간동안 발생한 학습 결손은, 기존의 학습 콘텐츠 제공 방식이 학습자에게 충분히 매력적이지 않다는 결점을 여실히 드러냈습니다. 이러한 현상은 자연히 공교육에 대한 불신과 사교육에 대한 의존으로 이어질 것이며 앞으로의 학습격차는 더욱 심화될 우려가 있습니다.

따라서 디지털 교육 콘텐츠의 양질화는 매우 중요한 시대적 과제라 할 수 있습니다. 이러한 질적 개선을 위해선 획일화된 콘텐츠 제공 방식에서 벗어나, 지역화, 개인화된 맞춤화 교육 콘텐츠를 제작하고 이를 지속적으로 개선하는 작업이 필수적입니다. 넓게는 지역 학교 단위, 좁게는 각 학급 단위, 나아가 개별적 학생 단위로 맞춤형 교육 콘텐츠를 제공하기 위해서는 개별 교사가 디지털 콘텐츠 제작과 공유를 위한 소양을 어느 정도 갖출 필요가 있습니다. 나아가 개별 교사의 노력이 모여, 교사 연구회와 동아리 등의 단체 규모로 확장된다면 양질의 교육 콘텐츠 개발에 큰 힘이 될 것입니다. 물론 이를 정책적으로 추진하기 위해서는, 학교를 짓누르는 과중한 업무를 줄이고 디지털 소양에 관한 양질의 연수를 개설하는 등의 구체적인 지원이 뒷받침되어야 하겠습니다. 하지만 교육부가 지향하는 미래 교육 방침, 그리고 시대적인 요구사항을 고려할 때 이는 피할 수 없는 중요한 과제라 할 수 있습니다.

3 강　차세대 실감형 콘텐츠 개발 기술 둘러보기

과거의 디지털 교육 콘텐츠는 2D 중심으로 제작되었습니다. 특히 Adobe 사에서 제작한 Flash 도구에 기반하여 많은 교육용 콘텐츠 개발이 진행된 것이 대표적입니다. 실제로 학교 현장에 CD, USB 혹은 웹 형태로 보급되는 자료 중에는 Flash 로 개발된 자료가 굉장히 많았고, 이러한 경향은 Flash 가 보안상의 문제를 계기로 2020 년 12 월 31 일부터 지원 중단이 될 때까지 계속되었습니다. 그 밖에도 마이크로소프트의 파워포인트를 활용하여 제작한 교육 자료가 곧잘 눈에 띄었고, 웹이나 모바일 애플리케이션에 기반하여 학습 영상을 시청하고 문제를 푸는 활동들이 자주 이루어졌습니다.

이후 사실적인 학습 효과를 얻기 위해 3D 콘텐츠 개발 시도가 점차 늘어나기 시작하였으며, 현 시점에 가장 대두되는 3 가지 기술은 AR, VR 그리고 메타버스입니다. 해당 3 가지 기술은 저마다의 특성이 약간씩 다르고 보완해야 할 부분이 있지만, 미래를 주도할 차세대 기술이라는 점에서 맥을 같이합니다.

1) AR / VR 기술 알아보기

강신조, 한규정 교수(2022)는 교육적 측면에서 AR(Augmented Reality)기술과 VR(Virtual Reality) 기술에 대해 다음과 같이 정리하였습니다.

> 교육에서 활용되는 VR 기술은 3D 그래픽의 실감형 교육자료 제공과 가상환경에서의 상호작용이 가능하도록 함으로써 학생들의 적극적인 학습 참여와 탐구능력, 그리고 문제해결력 향상에 도움을 준다. 또한 AR 는 현실 세계를 기반으로 가상의 대상을 결합함으로써 학습 정보를 증강해준다. AR 기반 교육 콘텐츠는 학생들에게 추상적인 개념을 더욱 쉽게 이해시키며 시뮬레이션 등과 같이 새로운 기술을 배우는 데 필요한 시간을 최소화하는 동시에 심화 학습이 가능하게 해준다.
>
> 출처: 한규정, 강신조(2022). 초등학교에서 VR 과 AR 기반 교육이 창의적 문제 해결력에 미치는 영향. 창의정보문화연구, 8(4), 177-186.

실제로 AR 과 VR 은 기존의 콘텐츠가 다룰 수 없거나 다루기 어려운 소재를 수업 장면에 가져올 때 특히 강점을 보이며 사용자로 하여금 강렬한 몰입감을 갖도록 하는데, 여기에는 각 AR 과 VR 을 뒷받침하는 디스플레이, 트래킹, 렌더링, 상호작용 기술 등의 발전이 큰 몫을 담당하고 있습니다. AR 과 VR 을 좀더 세부적으로 구분하자면, AR 의 경우 일반적인 스마트폰 만으로도 기능 활용이 가능한 반면, VR 은 HMD(Head-Mounted Display)라는 특별한 장비를 요구합니다. VR 을 위한 HMD 장비는 상대적으로 고가인데다 고사양 PC 와의 연결이 필수였으나, 2020 년에 Meta 에서 출시한 Meta Quest 2(전 Oculus Quest 2)는 상대적으로 저렴한 가격(399 달러)에 출시되면서 한 해 동안 천만대가 넘는 판매 기록을 얻어 대중화의 가능성을 보였습니다. 이는 곧 VR 기술이 교육 현장에 한걸음 더 가까이 다가왔음을 의미합니다. 배영권 교수 외(2022)는 유니티에 기반하여 Meta Quest 2 를 활용한 VR 안전 교육 콘텐츠를 개발하면서 VR 의 교육적 잠재성을 직접 확인하기도 했습니다.

> 안전교육은 보통 1 단계 위험성의 인지, 2 단계 체험 및 안전교육, 3 단계 적용을 통한 실행까지의 과정을 거쳐야 하는 데 비해, 애니메이션은 단방향 정보 전달만이 가능하다는 단점을 지닌다. VR 기기를 통한 가상 체험 공간을 구성하면 이러한 단점을 보완하여 학습자의 몰입 경험을 강화할 수 있다.
>
> 출처: 강설주, 배영권, 박판우(2022). 학교 안전사고 예방 교육을 위한 Unity 플랫폼 기반 VR 콘텐츠 제작 방향 제안. 정보교육학회 학술논문집, 13(2), 17-24.

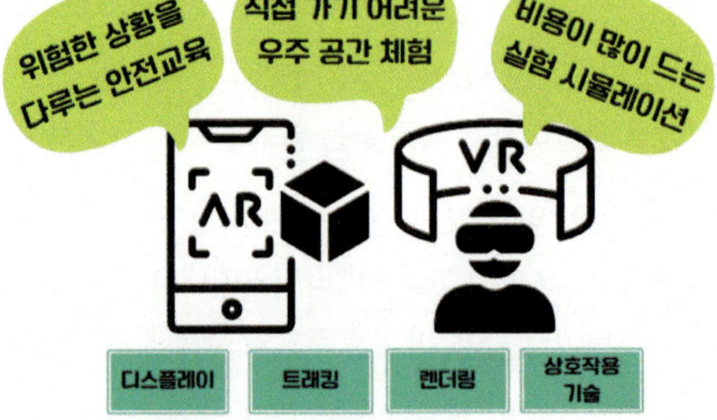

2) 메타버스 알아보기

메타버스(metaverse)는 가상 및 초월을 뜻하는 메타(meta)와 우주를 의미하는 유니버스(universe)의 합성어로 최초 등장 시기는 1992 년 출간된 닐 스티븐슨의 소설 '스노 크래시'입니다. 메타버스가 제공하는 공간은 실제 현실 생활에서 영위하는 친교, 직업 활동은 물론, 금융과 교육 활동 등의 전반적인 사회활동을 모두 수행할 수 있다는 점에서 특별합니다. 점점 더 가상현실이 실제 현실과 닮아가고 있는 것이 사실입니다.

물론, 이러한 개념을 100% 완벽하게 구현한 메타버스는 아직까지 존재하지 않지만, 유사한 기능을 구현한 메타버스는 이미 여럿 존재합니다. 마인크래프트, 로블록스와 같이 게임에서 출발했으나 자체적인 확장성으로 인해 메타버스의 성향을 점차 갖추어 간 경우가 있는 한편, VRChat 과 같이 VR 기술이 접목된 플랫폼도 있습니다. 코로나 19 시기 한참 붐이 일었던 Zoom 플랫폼의 형식에 2D 아바타 기능을 곁들인 Gather 역시 가상 오피스 겸 화상회의 플랫폼으로서 많은 이용자들의 시선을 끌고 있습니다. 앞선 국외 기업의 개발 사례에서 벗어나 국내로 눈을 돌리면, 네이버 Z 가 개발 및 운영하는 ZEPETO 가 주목할 만합니다. 2018 년에 출시한 ZEPETO 는 인공지능 얼굴 인식 기술에 기반하여 3D 아바타를 만들어 다른 사람들과 소통할 수 있는 글로벌 플랫폼으로 전 세계 3 억명이 넘는 이용자 수를 자랑하는 엄청난 수준으로 성장하였습니다. 자연히 경제적인 가치 역시 점차 확대되고 있습니다.

메타버스가 발전과 성장을 거듭할 수록 교육적인 활용 가능성을 모색해야 하는 것은 당연한 수순입니다. 4 차 산업 혁명 시대에 접어든 현 시점에 시공간적 제약은 교육에 있어 무의미하기 때문입니다. 김희철 교수 외(2022)는 연구를 통해 메타버스 플랫폼의 교육적 개발 방향과 활용방안을 다음과 같이 정리하여 제시하였습니다.

> 메타버스에서 다양한 디지털 기능(포털사이트, 백과사전, 게임 제 작 도구, 실시간 설문 도구, 3D 디지털 페인팅 도구, 사이버 미술관 탐방 도구, 컴퓨터 그래픽 도구 등)을 사용할 수 있도록 하여 교실에서 진행하는 오프라인 방식의 수업에 서 할 수 없는 교육 활동을 구현할 수 있도록 해야 한다. 또한, 학교 밖 세상을 배울 수 있는 플랫폼으로 박물관, 미술관, 고궁 등 문화시설 체험학습이 가능해야 하고, 우주, 바닷속, 인체 등 탐험을 할 수 있어야 하며, 지역 공공기관 및 기업 시설 방문의 기회도 제공할 수 있어야 한다. 이외에도 다른 국가와의 교류를 통해 문화와 언어를 배울 수 있는 기능, 메타버스 내 소통과 공감을 배울 수 있도록 마임, 연극 등 신체와 얼굴을 통해 자기표현을 학습할 수 있는 기능, 3D 시뮬레이션 실험 기능이 가능해야 한다.
>
> 출처: 김희철, 김묘은, 박일준.(2022).교육용 메타버스 플랫폼에 대한 제언: 포커스 그룹 인터뷰를 중심으로.한국컴퓨터정보학회논문지 ,27(9),253-265.

여기서 잊지 말아야 할 사실은 메타버스를 통한 교육을 예전과 같이 전적으로 교육당국이나 대기업에 의존해서는 안 된다는 점입니다. 교사 및 학생들의 개성과 능력에 맞춤형으로 접근하지 못하는 교육 콘텐츠는 학습의 효과를 끌어 올리기에 분명한 한계를 가지고 있기 때문입니다.

결국, 메타버스 공간에서의 성공적인 교육 활동을 위해서는 교사가 메타버스에 직접적으로 개입하여 환경을 조성하고 그 속에 학습 콘텐츠를 담아 체계적으로 관리할 수 있을 만한 능력을 갖출 필요성을 암시합니다. 이는 앞서 언급한 디지털 역량 신장의 연장선에서 바라볼 수 있으며, 교육 당국의 관심과 투자를 통해 미래 교육에 대비해야 할 중요한 사안 중 하나라 할 수 있습니다.

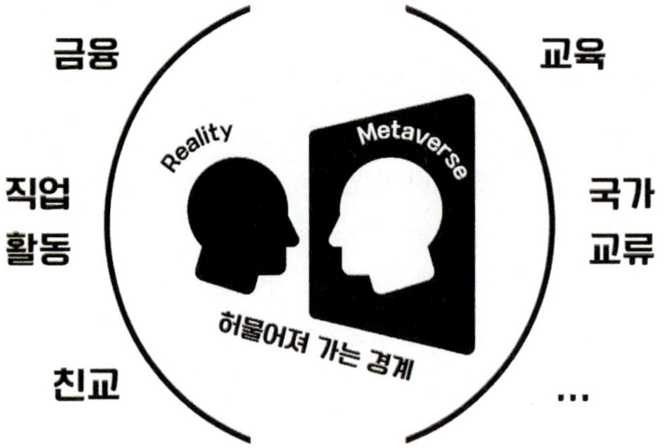

4 강　유니티 알아보기

유니티는 2005 년 6 월에 Unity Technologies 에서 발표한 개발 엔진입니다. 처음에는 게임 개발을 위한 목적에서 발전을 거듭했습니다만 최근에는 애니메이션, 3D 영상 툴을 넘어 각종 유틸리티 개발에 이르기까지 다양한 영역을 넘나들게 되었습니다. 유니티는 또한 저사양, 소규모의 개발에 적합한 특징을 가지고 있어 전문 개발회사 외의 개인 개발자들도 많이 이용하고 있는 추세입니다.

하지만, 소프트웨어를 개발하는 과정은 결코 만만치 않습니다. 생소한 프로그래밍 언어 문법이 문제가 되기도 하지만, UI 디자인, 물리엔진, 음향 효과, 기기에 알맞은 최적화나 포팅 과정에 이르기까지 손 댈 곳이 한 두 군데가 아닙니다.

유니티는 이러한 과정을 종합 선물세트처럼 하나의 플랫폼에 모아 담았다는 데 가장 큰 특징이 있습니다. 메인 프로그래밍 언어로 C#을 선택하여 접근성을 높였고, 객체 지향 프로그래밍을 추구하며, 유니티 상에 등장하는 이미지, 3D 모델, 특수효과, 소리 등을 모두 모듈 형식으로 편리하게 다룰 수 있도록 설계되어 있습니다. 이는 유니티가 지닌 중요한 특징입니다. 즉, 유니티 사용법만 제대로 익혀도 완전한 애플리케이션을 개발하는데 무리가 없다는 의미입니다. 물론 그만큼 탄탄한 학습이 필요합니다. 바꾸어 말하면 유니티를 정교하게 학습할 경우 프로그래밍 수준 자체가 놀랄 만큼 성장할 수 있다는 반증이기도 합니다. 이러한 학습적인 측면은 유니티 회사 자체에서도 중시하여, 사이트 자체에서 과정을 개설하여 아주 기초적인 단계부터 접할 수 있게 학습 자료를 제공하고 있기도 합니다.

유니티의 요구 사양이 높지 않은 것도 상당히 중요한 장점입니다. 윈도우나 맥, 리눅스 환경을 넘나들며 비교적 낮은 환경에서도 개발하는데 무리가 없습니다. 동시에 좀더 강력한 특수효과를 담기 위한 옵션도 모듈의 형식으로 개발 도구에 제공하므로, 보다 세밀하거나 광대한 표현을 위한 고사양의 애플리케이션 개발에도 충분한 퍼포먼스를 발휘할 수 있습니다.

한편, 유니티는 무료 도구라는 점 역시 특별합니다. 물론 개발 프로젝트가 연간 100,000 달러 이상의 매출을 내는 규모로 성장하면 유료 라이센스를 구입해야 한다는 조건이 있습니다만 일반적인 교육을 목적으로 사용하는 측면에서는 유의미한 제약 조건은 아닙니다. 전반적인 프로그래밍 학습이나 개인적인 교육 콘텐츠 개발을 진행하는 데 있어서 더할 나위 없이 좋은 조건입니다.

추가적으로, 유니티의 전망은 밝습니다. 20 년 가까이 지난 지금도 상당히 다양한 최신 게임들이 유니티에 기반하여 개발되고 있으며, 그 밖에도 애니메이션 제작, 건축 및 엔지니어링 아키텍처, 제조업 디자인 등에 활용되고 있어 유니티의 강점을 잘 보여줍니다. 프로그래밍 학습과 개발에 진심으로 참여하여 디지털 소양을 업그레이드할 의지와 소망을 갖추었다면, 유니티는 이를 위한 매우 강력한 기반이 될 수 있습니다.

사실 유니티는 교사와 같은 사용자가 개발의 중심에 서지 못했을 뿐, 이미 교육 현장에서 다양한 콘텐츠 제작에 활용되고 있습니다. 이와 관련하여 배영권 교수 외(2022)는 유니티가 교육적으로 활용된 국내·외 사례들을 조사하여 다음과 같은 연구 결과를 발표했습니다.

> Unity 는 국·내외에서 저연령 층부터 중등교육과정에 속하는 고학년 학생에 이르기까지 대상으로 하여 다양하게 활용되고 있다는 사실을 확인했으며, 언어, 과학, 사회, 안전교육 등 여러 가지 주제별 학습에 적용되고 있었다. 또한, 기존의 모바일 기기는 물론 VR, AR 기기를 활용한 애플리케이션 개발이 편리한 측면은 앞으로의 교육현장에서 긍정적으로 활용될 수 있다는 가능성을 보였다.
>
> 출처: 강설주, 배영권, 박판우(2022). 초등교육현장에서의 Unity 플랫폼 활용성 연구. 정보교육학회 학술논문집, 13(2), 9-16.

주목할 만한 사실은 유니티 기술이 VR, AR 과 같은 미래 교육 콘텐츠 개발 기술에 그대로 접목이 가능하다는 점입니다. 과거의 Flash 가 2D 콘텐츠 제작을 주도했듯, 유니티 역시 앞으로의 3D 콘텐츠 제작의 선봉이 될 수 있다는 점은 분명 간과할 수 없는 중요한 이슈입니다.

여기에서 비로소 유니티에 대한 교육적 접근이 필요함이 다시 한번 확인됩니다. 유니티에 대한 관심은 교육계 전반의 디지털 소양을 끌어올리기 위해 선택할 만한 중요한 활로 중 하나가 될 수 있기 때문입니다. 그간의 유니티에 대한 접근 방식을 살펴보면 보통 게임 개발에 집중된 경우가 많았고, 이로 인해 방향성이 맞지 않아 교사가 다가가기 어려운 면이 있었습니다. 이를 개선하기 위해서는, 교육적인 관점에서 연구를 거듭하여 유니티를 활용해 양질의 교육 콘텐츠를 제작할 수 있는 방법들이 구체적으로 소개되고 일반화되어야 합니다.

이러한 접근 방식은 앞으로 빅데이터, 인공지능, 클라우드 서비스 등이 강조되는 4 차 산업혁명 시대를 맞이함에 있어 중요한 생장점으로 기능할 것입니다. 유니티에 대한 관심과 투자가, 궁극적으로 디지털 소양과 미래 교육 콘텐츠 개발 능력을 동시에 기르는 귀중한 교육적 자산으로 교육계에 힘을 실어 줄 수 있으리라 확신합니다.

<TIP> 본서는 유니티를 통한 교육 콘텐츠 개발 과정을 윈도우 운영체제에 기반하여 다루었습니다. 유니티 개발을 위해 요구되는 컴퓨터 사양은 윈도우 7 이상, X64 기반 CPU, 8GB 이상의 RAM, DirecX10 이상을 지원하는 GPU(2010 년 이후 출시된 Intel CPU 의 자체 내장 그래픽카드로도 지원되는 수준) 및 80GB 이상의 하드웨어 공간입니다. 2000 년대 중반 이후 생산된 컴퓨터라면 거의 만족하는 비교적 낮은 사양입니다. 자세한 사항은 다음의 링크 주소를 참고하시기 바랍니다.

https://docs.unity3d.com/kr/2023.2/Manual/system-requirements.html

2 장 유니티와 친해지기

이번 장에서는 유니티 에디터의 설치와 활용에 대해 본격적으로 다루어 봅니다. 유니티가 지닌 기능은 정말 다양합니다. 굉장한 가능성을 품고 있다는 점을 대변하기도 하지만, 동시에 모든 것을 다루기에 부담스러울 만큼 방대하기도 합니다. 물론, 처음부터 모든 기능을 알 필요도 없습니다. 본서는 이러한 부분을 감안하여, 교육 콘텐츠를 제작하기 위해 꼭 필요한 부분에 집중하여 유니티의 기능을 돌아봅니다. 중요한 부분을 조목조목 짚어 실제적인 활용에 도움이 될 수 있도록 하였습니다.

✔ 주제 콕콕

1 강에서는 유니티 관련 계정 설정 및 유니티 설치 방법과 유의사항을 알아봅니다.

2 강에서는 유니티 에디터의 기본적인 사용 방법에 대해 알아봅니다. 에디터의 각 메뉴별 주요 기능과 특징을 확인하여 학습자가 유니티에 익숙해지는 것을 돕습니다.

3 강에서 시각적인 객체에 대해 살펴봅니다. 시각 객체에는 사물, 카메라, 광원, UI 등이 있습니다. 각 객체별 특징과 사용법을 다루되, '놀이터'라는 하나의 공간을 제작하는 가운데 각각의 학습내용이 제작 과정 속에 녹아들 수 있도록 하였습니다.

4 강에서는 C# 코드를 통해 객체들에 생명을 불어넣습니다. 가장 기본이 되는 유니티 연동 C# 코드를 살펴보고, 키보드를 활용해 객체들을 다루는 방법을 다룹니다. 코드를 과도하게 다루지 않아, 초보자의 수준에서도 그대로 따라하여 프로젝트를 완성할 수 있도록 하였습니다.

5 강에서 애니메이션과 타임라인을 다룹니다. '놀이터' 프로젝트에 간단한 영상효과를 다루어 적용하는 방법을 알아봅니다.

6 강에서 유니티 자체에서 제공하는 애셋 스토어에 접속합니다. 무료 애셋을 직접 다운로드하고 Import 하여 '놀이터'프로젝트에 적용하는 전체 과정을 다룹니다. 이를 통해 유니티 프로젝트를 좀더 풍성하게 만드는 방법을 알아봅니다.

7 강에서 '놀이터' 프로젝트에 2 가지 종류의 음향 효과를 부여합니다. 단순한 배경음악이 아닌 거리에 따라 효과가 달라지는 3D 음향을 다루며, 사용자의 입력에 반응하는 효과음을 추가하는 법도 확인합니다.

1강 유니티 설치하기

1) Unity Hub 설치 및 계정 생성하기

01 먼저 Unity Hub를 설치해 보겠습니다. 인터넷 브라우저를 열고 주소창에 '유니티'라고 한글로 검색하면, 보통 최상단에 유니티 공식 웹페이지 주소가 나타납니다. 클릭하여 접속합니다.

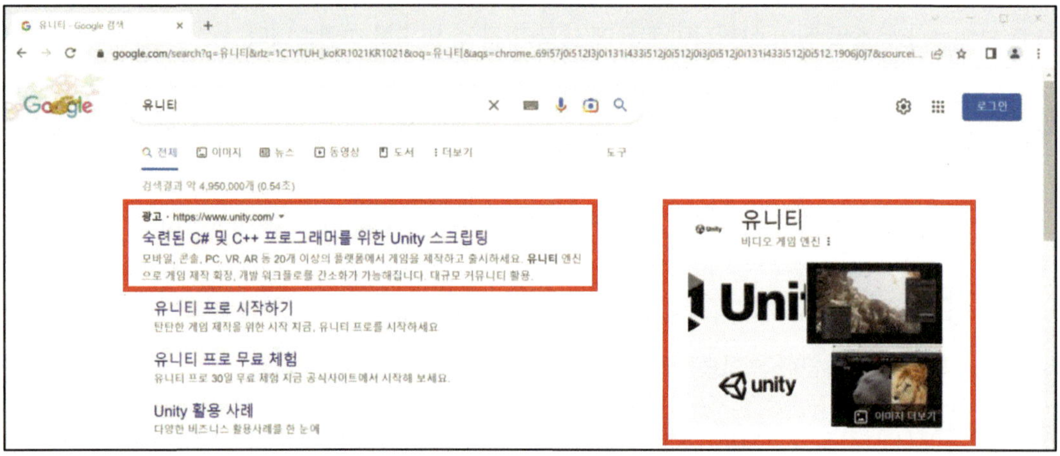

02 접속한 페이지 상단의 개발자 툴을 선택하고 이어서 화면 좌측의 Unity 다운로드를 선택합니다. 다음으로, Windows용 다운로드를 클릭하여 Unity Hub 설치 파일을 다운로드하고 설치합니다.

03 아래 단계에 따라 유니티를 설치합니다. 설치 경로는 원하는 곳으로 설정하시면 됩니다. 설치 마지막 화면에서 Run Unity Hub 를 체크한 상태로 Finish 버튼을 누릅니다.

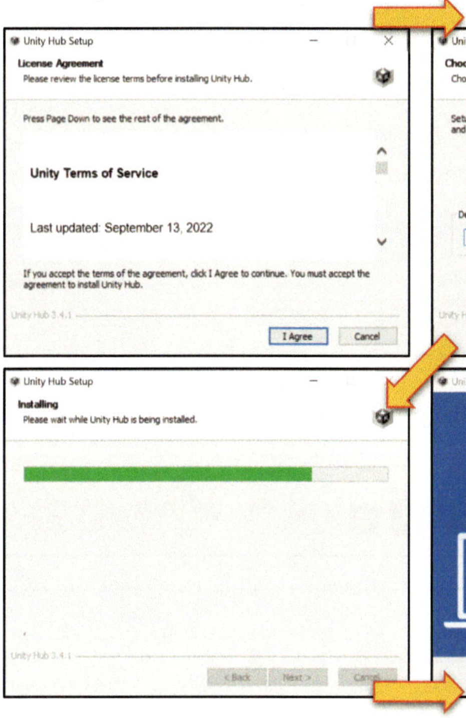

04 Unity Hub 가 실행되면 먼저 로그인 절차를 진행해야 합니다. 화면 좌측 상단의 사람 모양 아이콘을 클릭한 뒤, Sign In 버튼을 누릅니다.

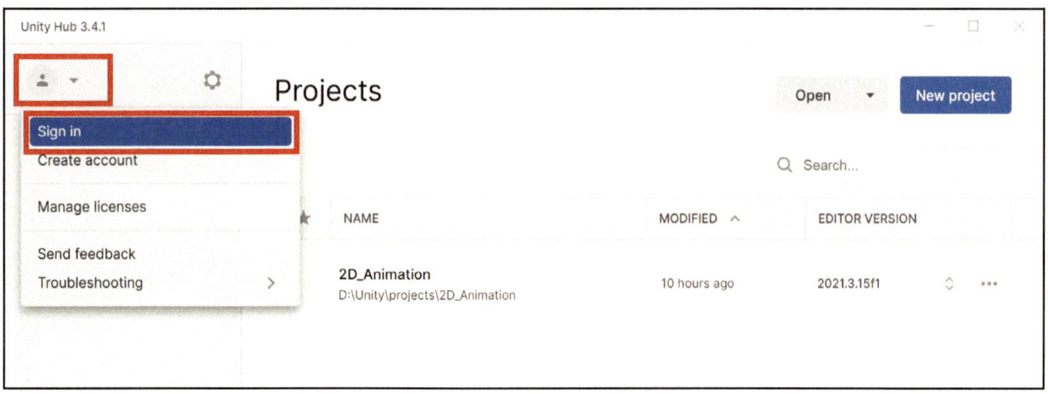

<TIP> Unity Hub 는 유니티 개발의 중심점이 되는 프로그램입니다. 여기서 계정, 라이센스, 유니티 에디터 등을 종합적으로 관리할 수 있습니다.

05 이제 계정 가입 및 로그인 절차를 진행합니다. 본서에서는 구글 계정을 활용하였습니다.

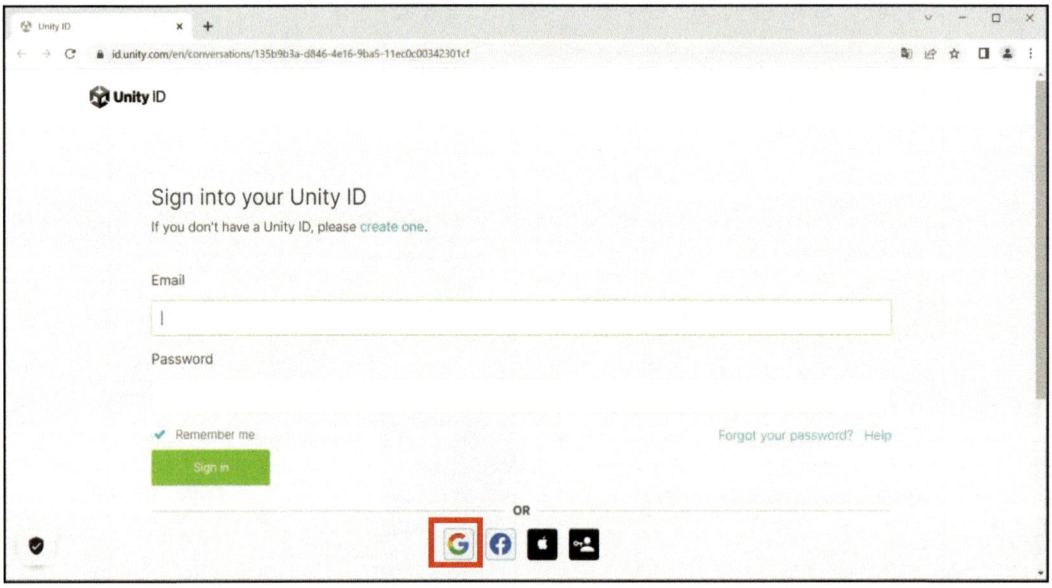

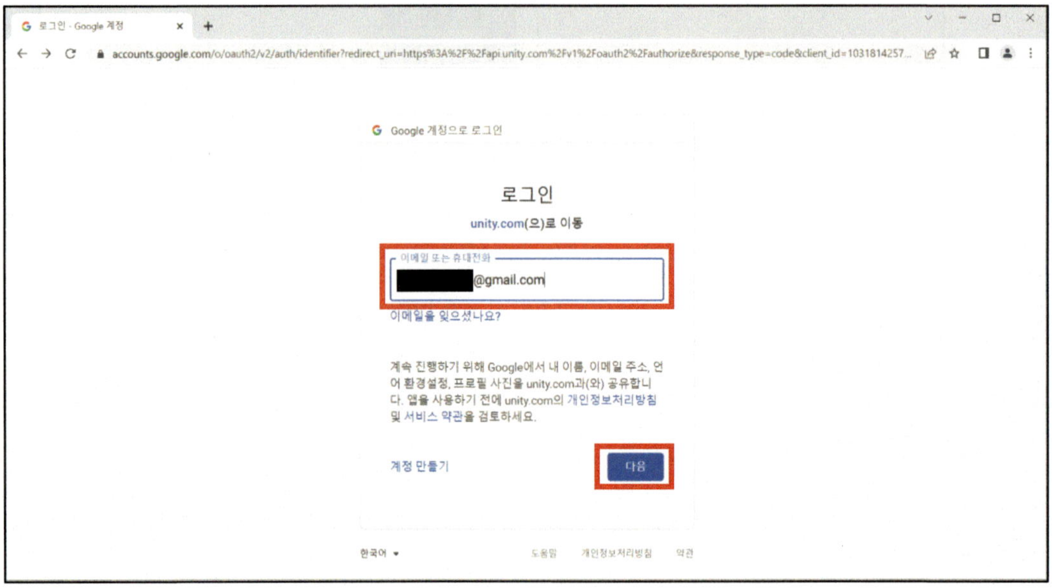

<TIP> 필자는 주로 크롬 브라우저에 기반하여, 브라우저에 기본 로그인 되어 있는 구글 계정을 활용하여 유니티에서도 활용하고 있습니다. 이러한 방식은 Google Login API 를 이용한 것으로 유니티 이외에도 다양한 플랫폼에서 적용하고 있으며, 새롭게 계정을 따로 만들 필요없이, 빠르고 편리하게 로그인 할 수 있는 수단으로 널리 쓰이고 있습니다.

2) Unity Hub 기본 설정하기

01 로그인이 완료되면 화면 좌측 상단에서 아이콘을 확인하고, 로그인 아이콘 우측의 톱니바퀴 아이콘을 클릭하여 Preferences 탭으로 이동합니다.

02 Preferences 탭의 첫번째 항목은, 유니티로 작업 시 생성할 프로젝트가 설치될 경로를 나타냅니다. 반드시 Unity Hub 와 동일한 경로에 둘 필요는 없습니다.

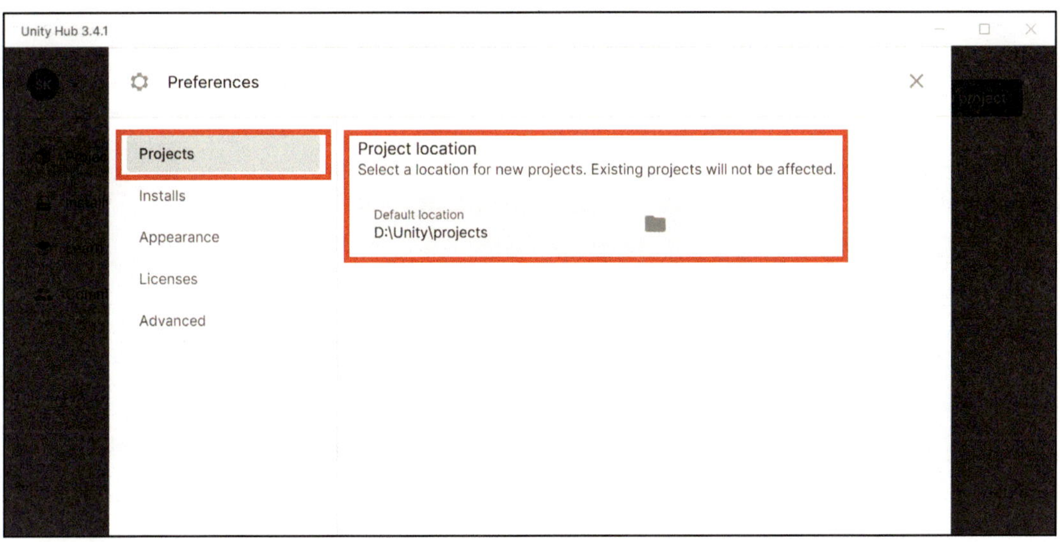

<TIP> 프로젝트 용량은 적게는 수백 메가바이트에서 많게는 수십 기가바이트에 이릅니다. 용량의 여유가 있는 드라이브에 프로젝트 경로를 설정할 것을 권장합니다.

03 Preferences 탭의 두번째 항목은, 유니티 에디터와 에디터 관련 자료의 임시 다운로드 저장 경로를 나타냅니다. 마찬가지로 Unity Hub 와 동일한 경로에 둘 필요는 없습니다.

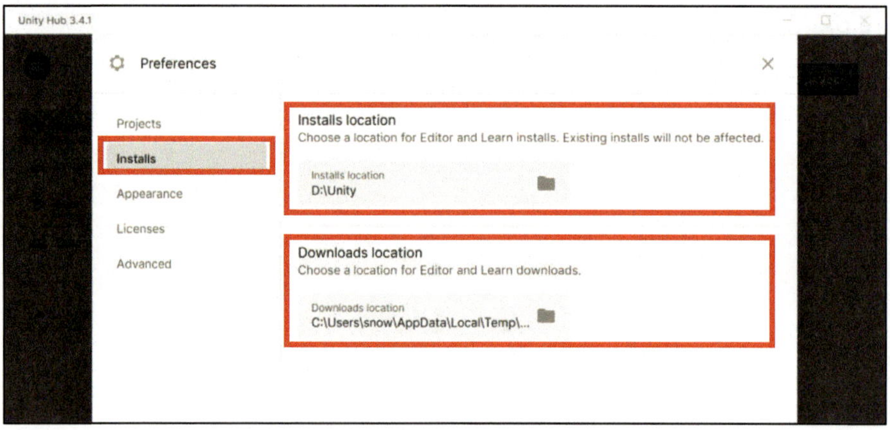

<TIP> 유니티 에디터의 용량은 기본적으로 5 기가 이상입니다. Windows, WebGL, Android, iOS 등 기종별로 프로젝트를 빌드하기 위해서는 수십 기가 이상의 용량이 필요할 수도 있습니다. 역시 용량의 여유가 있는 공간에 프로젝트 경로를 설정할 것을 권장합니다.

04 Preferences 탭의 세번째 항목은, Unity Hub 의 외견을 설정합니다. 밝거나 어두운 테마를 선택할 수 있고, 윈도우 트레이창에 메뉴바 표시 여부를 결정할 수 있습니다. 표시되는 언어를 설정할 수 있으나, 유니티의 한글 표기 자체가 혼란을 주거나 완전하지 않기 때문에, 본서는 English 버전으로 저술되었습니다. 유니티 자체가 지속적으로 업데이트 되기 때문에, 가급적 영어로 익혀 두는 것을 권장합니다.

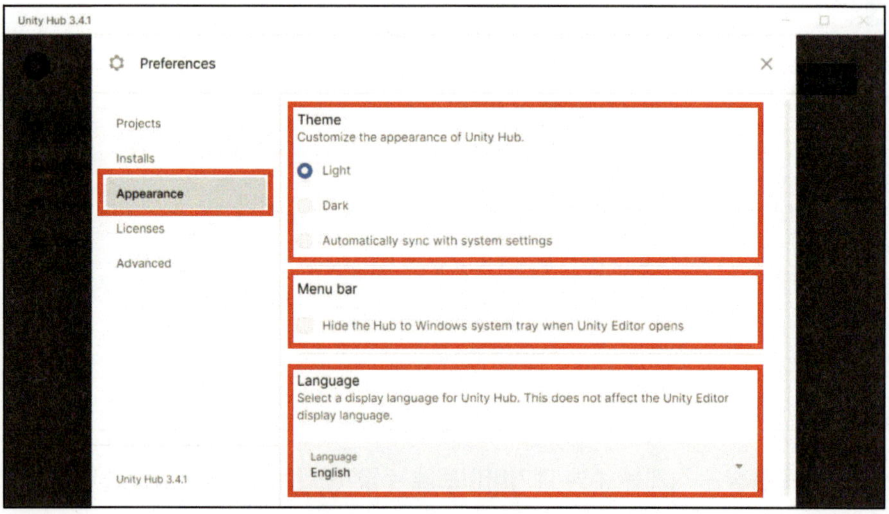

05 Preferences 탭의 네번째 항목은, License 와 관련된 사항입니다. 초기에는 라이센스가 없기 때문에 Add 혹은 Add license 를 눌러 새롭게 발급받도록 합니다.

06 계속해서 Get a free Personal license 를 눌러 개인용 라이센스를 요청하겠습니다.

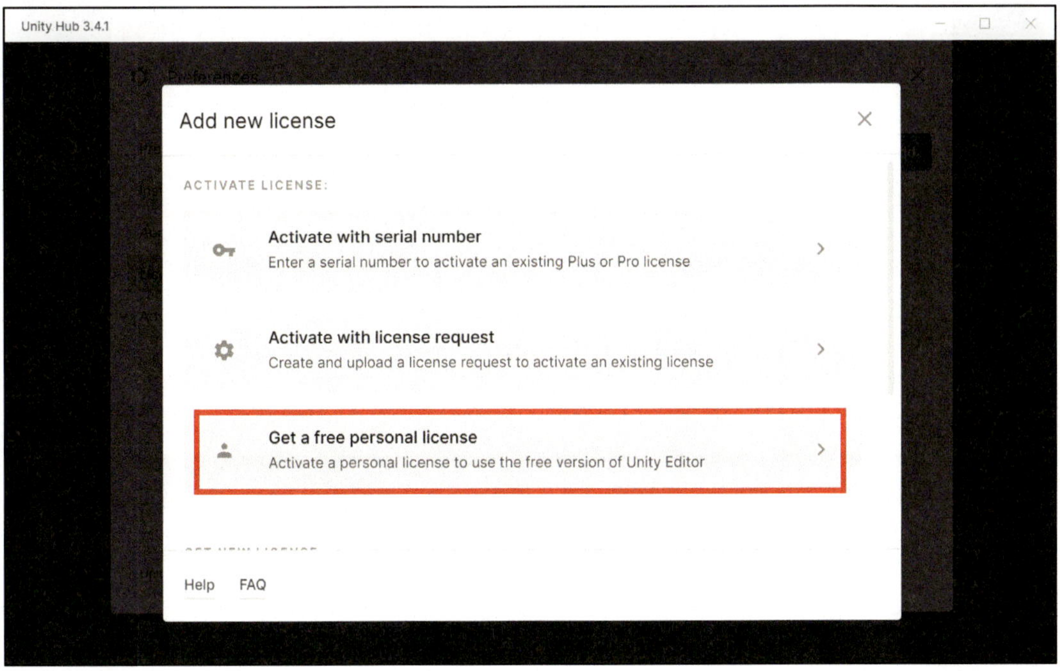

07 이용약관을 확인하고 동의하여 개인용 라이선스를 발급받습니다.

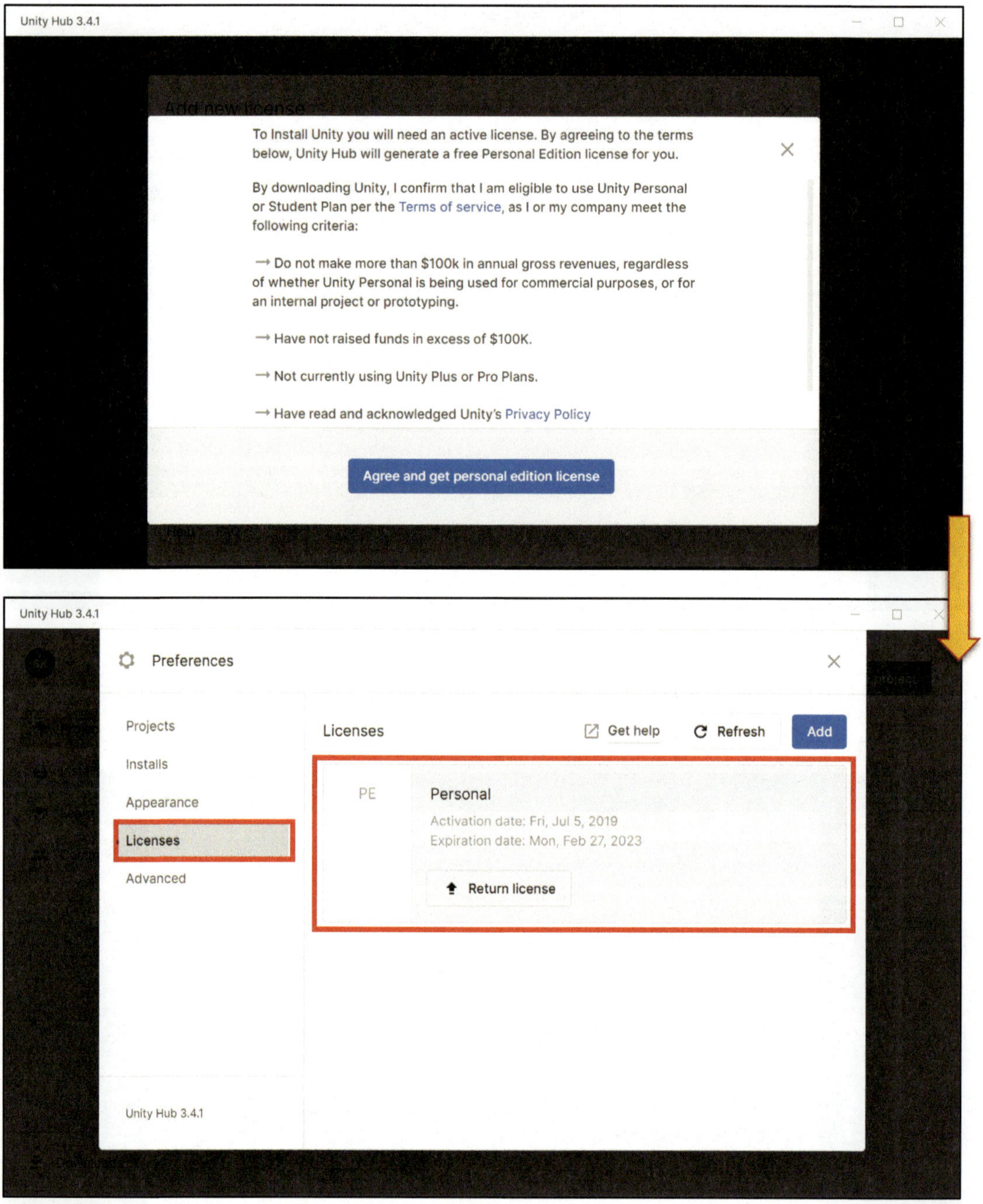

<TIP> 유니티의 개인용 라이센스는 연간 100,000 달러의 매출 미만에서 활용할 수 있도록 제한을 두고 있습니다. 그 이상의 규모를 지니는 프로젝트로 성장하면 Unity Plus 나 Unity Pro Plans 가입을 통해 유니티를 유료 사용으로 전환해야 합니다.

08 Preferences 탭의 마지막 다섯번째 항목은, 추가적인 옵션에 관한 것으로 현재는 Channels 관련 속성만을 담고 있습니다. 보통은 Production 으로 두고 활용하면 됩니다. Beta 는 유니티에서 새로 개발된 신기능을 미리 체험하기 위한 것이지만 안정성이 보장되지 않는 단점이 있습니다.

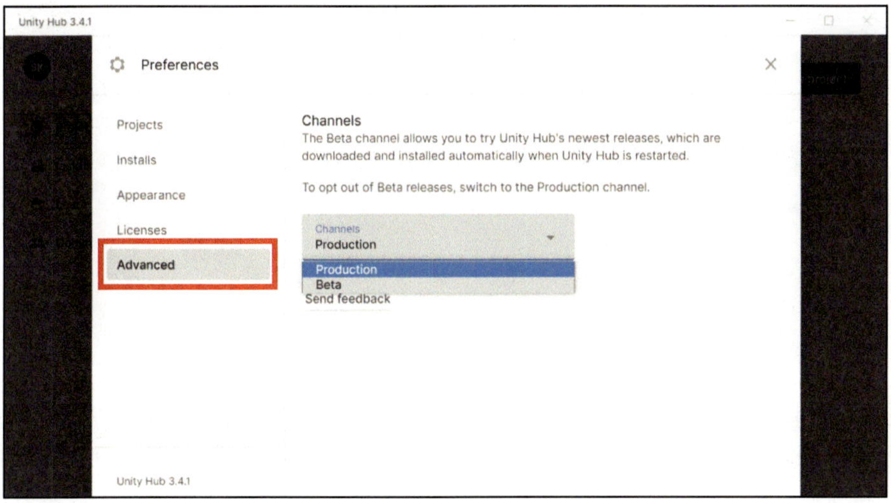

3) Unity Editor 설치하기

01 이제, Unity Hub 의 Installs 탭으로 넘어갑니다. 여기서는 유니티 에디터의 설치 상황을 볼 수 있습니다. 모든 유니티 프로젝트는 유니티 에디터에서 제작됩니다. 각 에디터는 버전을 지니고 있습니다. Install Editor 버튼을 눌러 새로운 에디터를 추가해 보겠습니다.

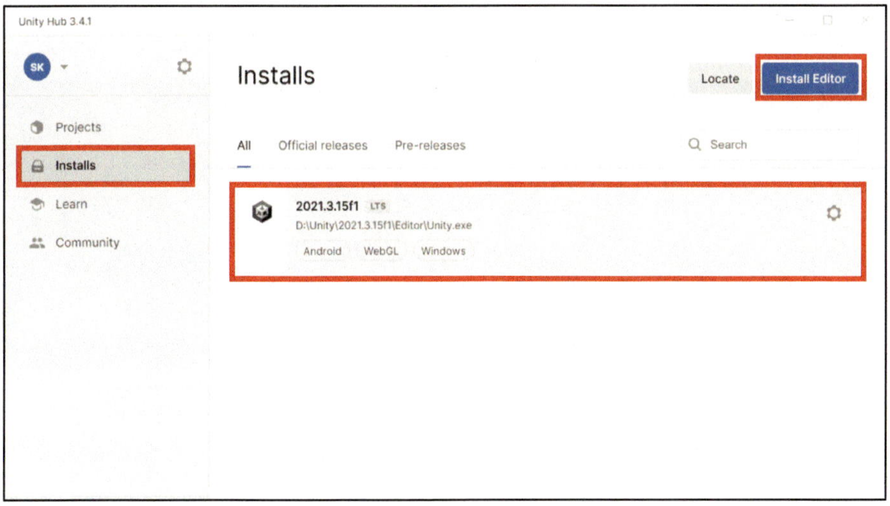

<TIP> 현재 2021.3.15f1 의 LTS 버전 에디터가 설치되어 있음을 확인할 수 있습니다.

02 유니티 에디터 설치 화면으로 넘어오면 2023 년 1 월 23 일 현 시점을 기준으로, 추천되는 버전은 2021.3.16f1 (LTS)임을 확인할 수 있습니다. 우측의 Install 를 눌러 이를 설치합니다.

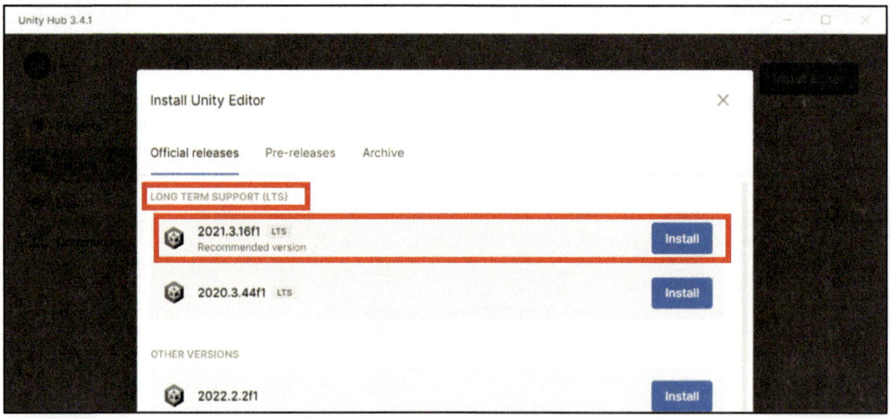

<TIP> LTS 는 Long Term Support 의 약자로 장기간 지원이 보장되는 버전을 의미합니다. 이처럼 유니티 에디터 버전은 현 시점의 연도(2023 년)와 차이가 나는 것이 아직까지 일반적입니다. 다음으로 버전 뒤의 수치가 의미하는 바는 아래와 같습니다. <u>이미 생성한 프로젝트에 대해서는 호환상의 문제를 감안하여 Major 업데이트는 삼가하는 것이 좋습니다.</u>

2021.3.16f1 ⇔ Major.Minor.Patch (final/alpha/beta + 횟수)
Major: 가장 큰 업데이트로 이전 버전과 호환이 어렵습니다. Minor: 이전 버전과 호환이 되면서 여러 기능이 추가됩니다. Patch: 이전 버전과 호환이 되면서 에러와 버그를 수정합니다. alpha/beta/final + 횟수: alpha, beta, final 순으로 안정성을 보장합니다. 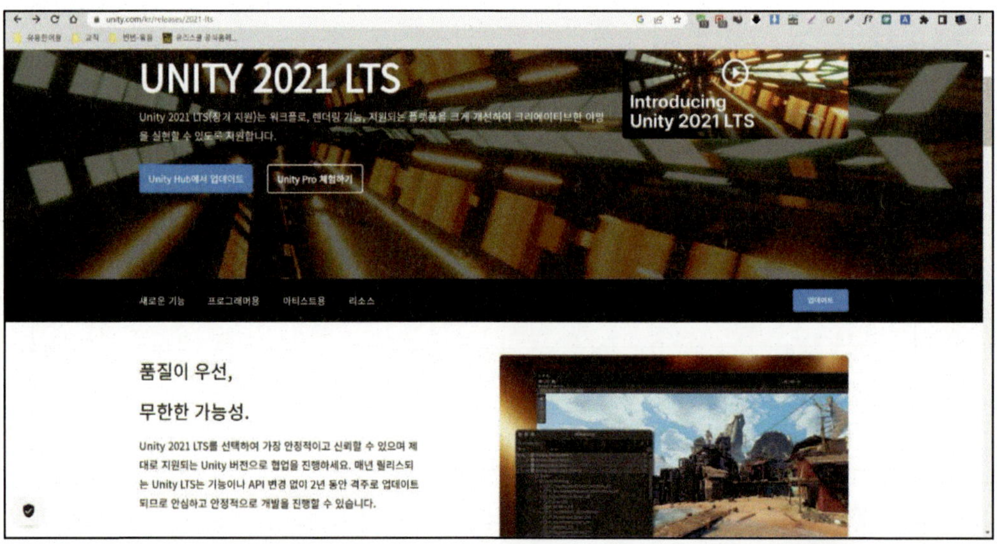

03 2021.3.16f1 (LTS) 설치 버튼을 누르면 아래와 같은 화면이 등장합니다. 이 때, 여러 가지 옵션을 선택할 수 있지만, 현재로선 모든 옵션을 해제합니다. 한편, Microsoft Visual Studio Community 2019 는 2022 버전으로 별도로 설치할 것입니다. (2022 버전부터 64 비트 메모리에 대응하며, 애플리케이션의 경량화, 고속화 등 다양한 개선이 이루어졌습니다.)

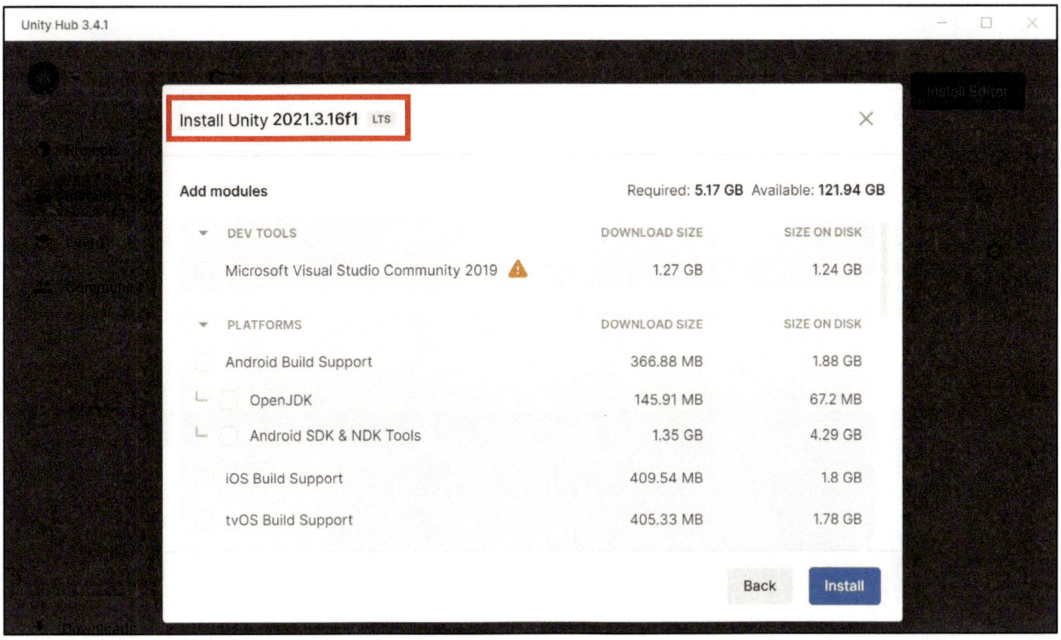

<TIP> Microsoft Visual Studio 는 마이크로소프트에서 개발한 통합 개발 환경이자 패키지입니다. 유니티에서는 C#을 통한 스크립트 작업에 활용됩니다. 나머지 옵션은 추후 완성한 프로젝트를 배포할 때 활용하기 위한 빌드 툴입니다.

04 잠시, 인터넷 브라우저로 돌아와서 비주얼스튜디오 2022 를 검색하고 첫번째 항목으로 접속합니다.

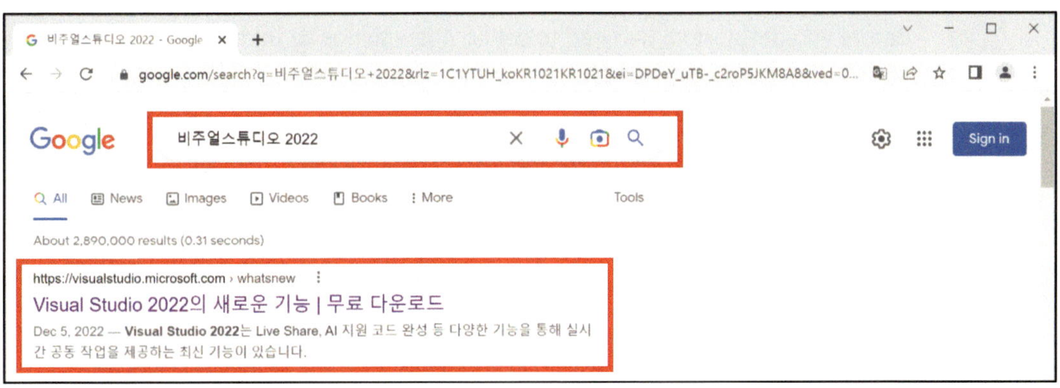

05 이어서 Visual Studio 다운로드 및 Community 2022 를 선택하여 설치파일을 다운로드 받고 실행하여 설치를 진행합니다.

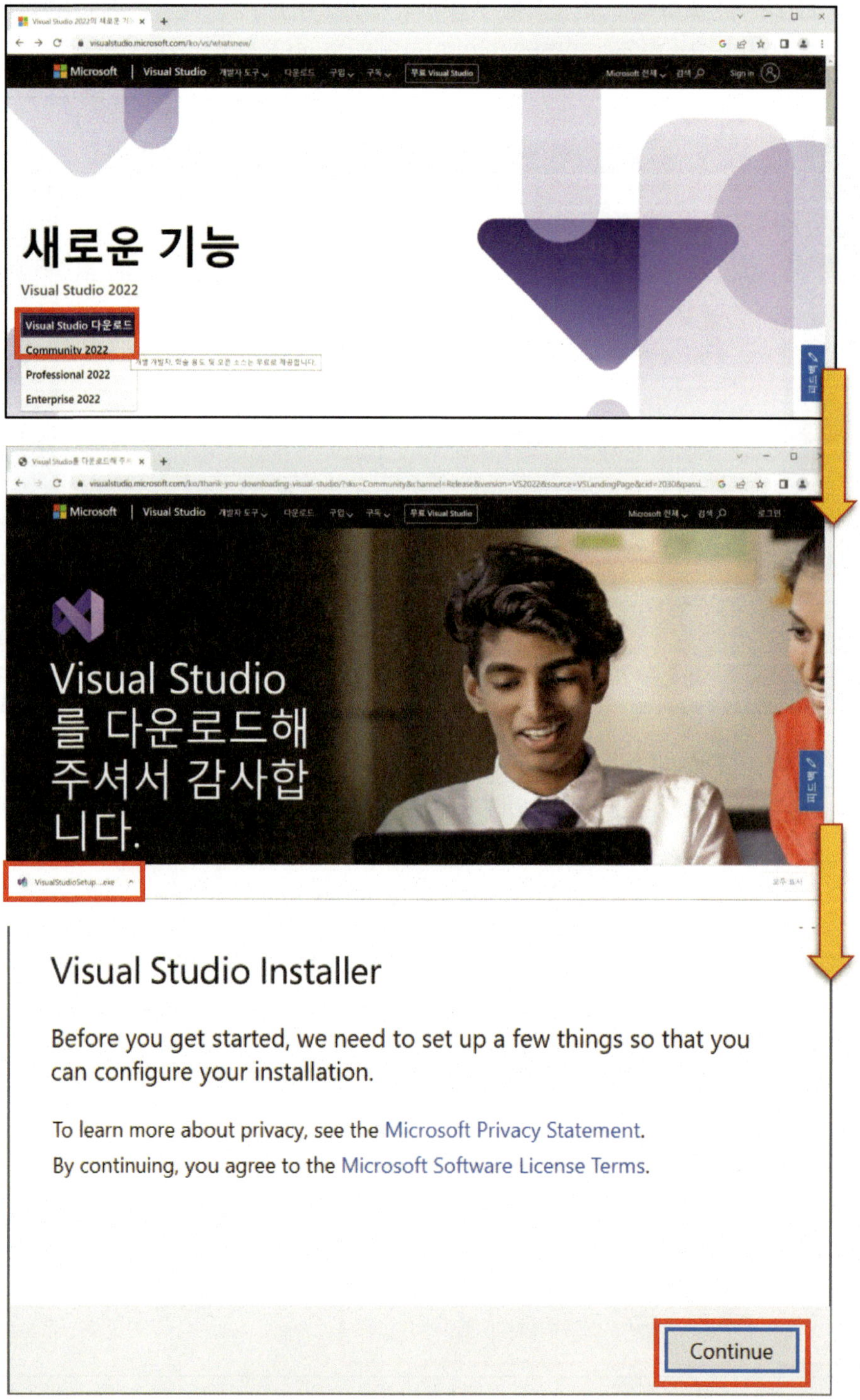

06 Visual Studio Installer 가 실행되면, Select from Available 을 누르고, 다음으로 Visual Studio Community 2022 의 Install 버튼을 클릭합니다.

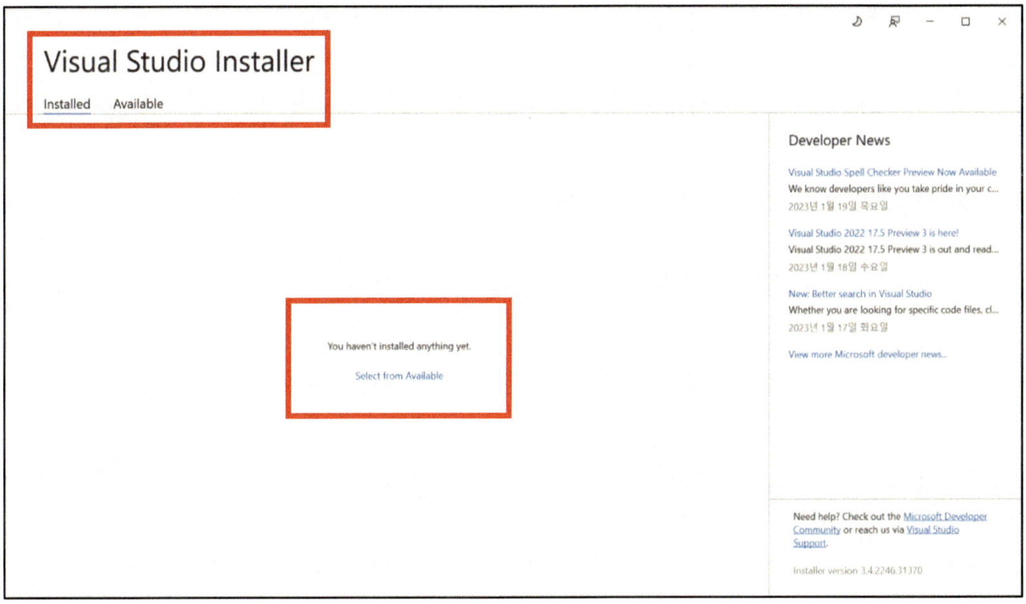

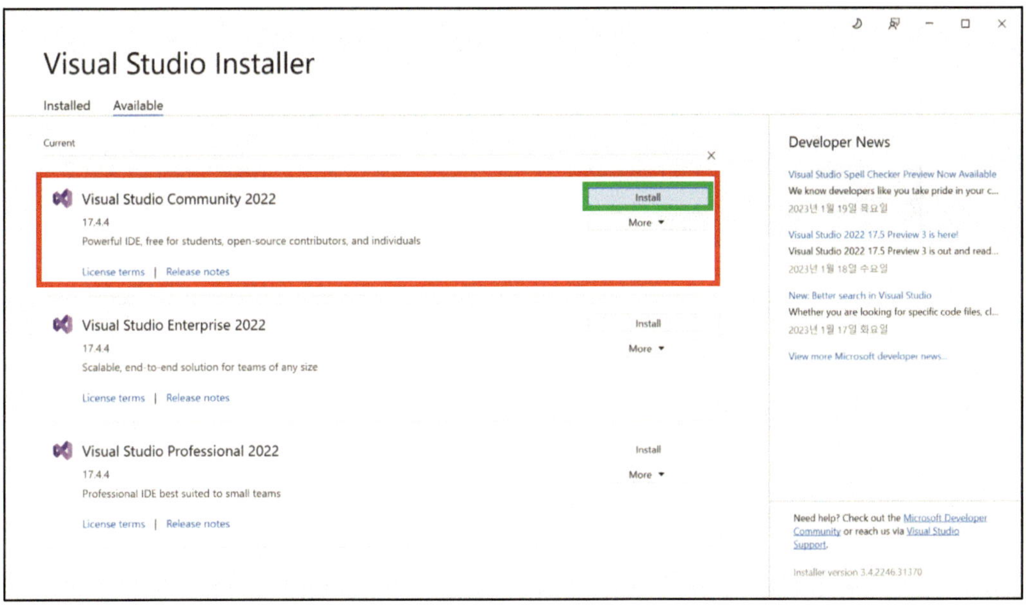

<TIP> Microsoft Visual Studio Community 는 개인이 활용할 수 있는 무료 버전이며, 조직이나 회사에서 활용하고자 할 경우는 Enterprise 나 Professional 버전을 활용하도록 제약되고 있습니다.

07 Install 버튼 클릭 이후, 유니티를 위해 설정할 부분은 아래와 같습니다. 선택 후 설치를 진행합니다.

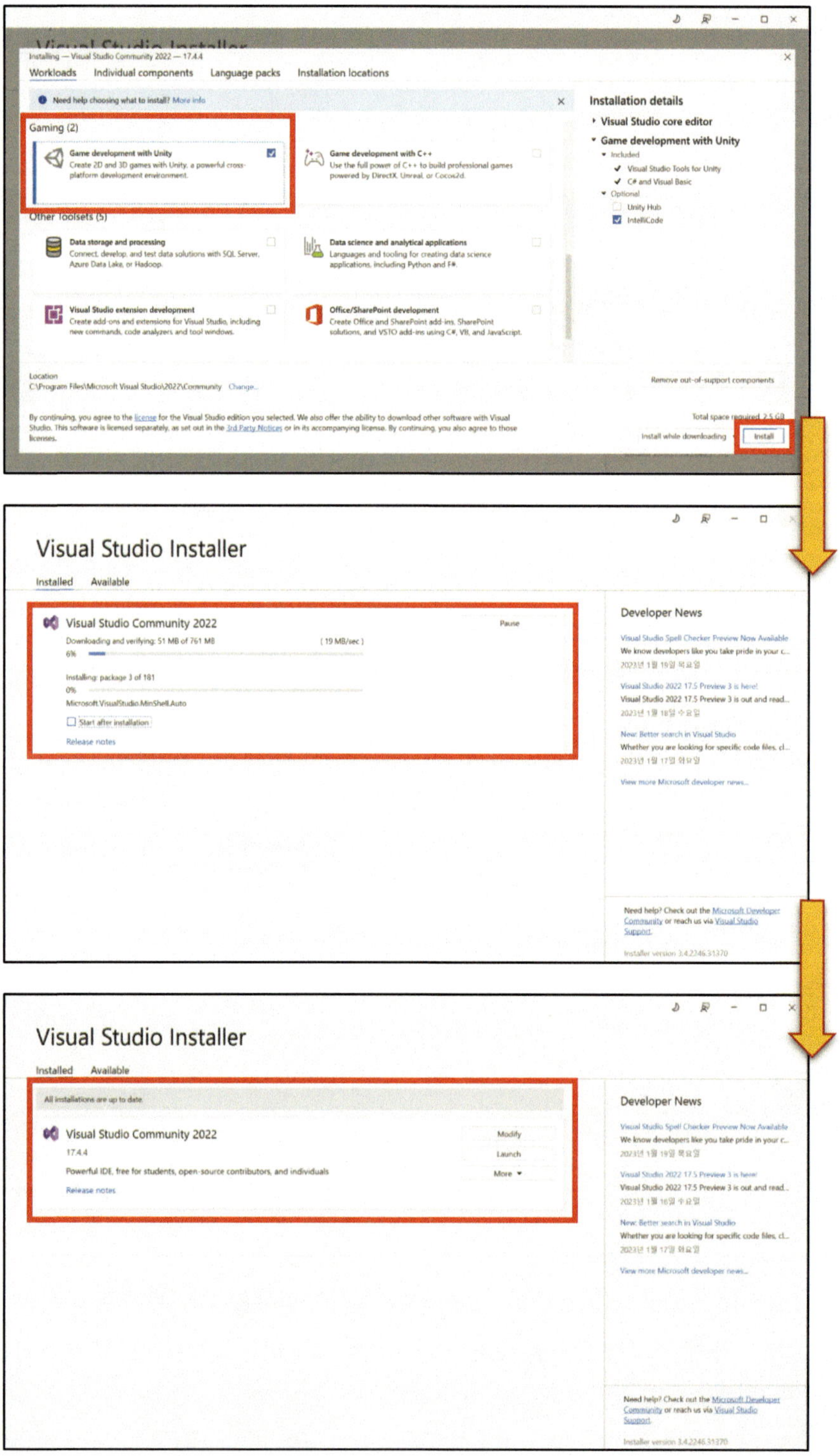

08 이제 유니티 에디터 설치화면으로 돌아와 Install 버튼을 클릭하여 설치를 완료합니다.

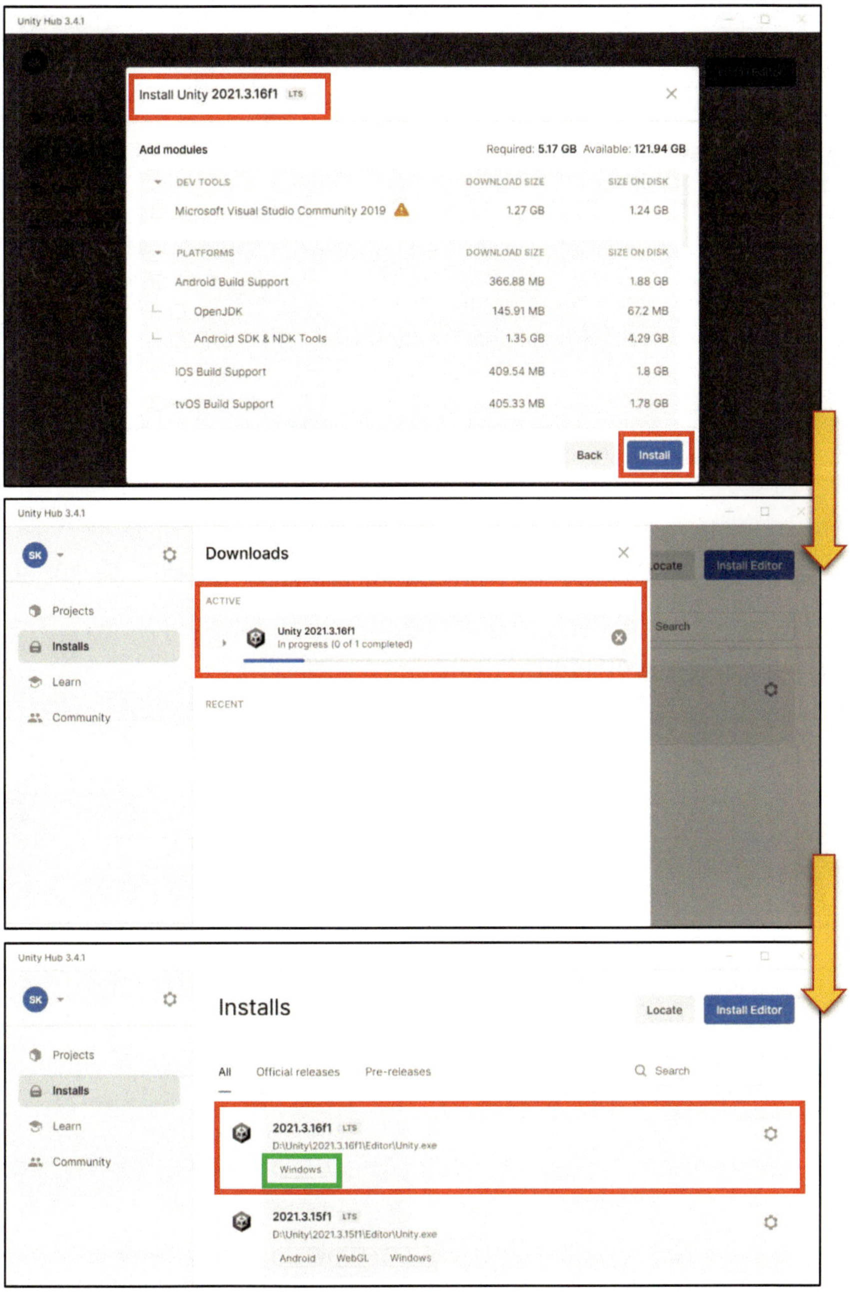

<TIP> 방금 설치된 2021.3.16f1 의 경우 하단에 Windows 아이콘만 나타남을 확인할 수 있습니다. 이는 프로젝트 배포 시 Windows 에만 대응함을 의미합니다. 다른 플랫폼을 위한 빌드 툴은 추후에 설치할 수 있습니다.

09 유니티 에디터 설치가 완료되었으므로, Projects 탭으로 넘어옵니다. 처음에는 프로젝트가 없지만, 추후 프로젝트 생성을 통해 프로젝트를 추가할 수 있습니다.

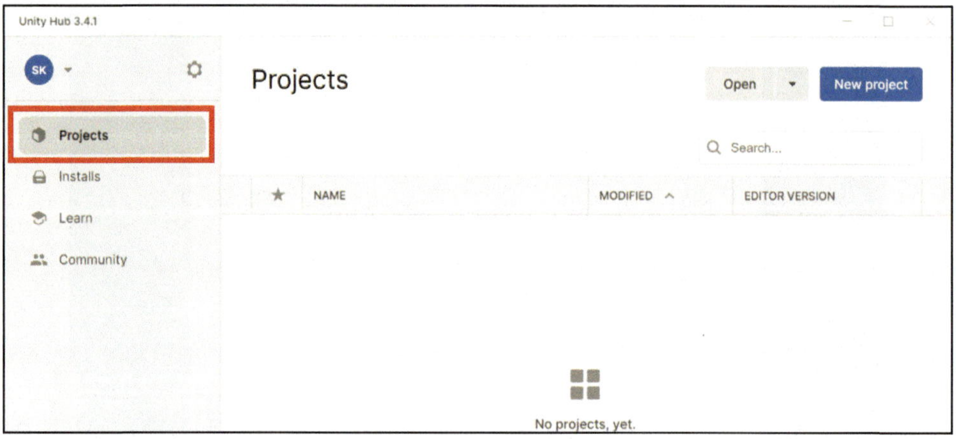

10 추가적으로, 유니티 프로젝트 에디터의 버전에 대하여 알아보겠습니다. 아래의 프로젝트는 현재 2021.3.15f1 버전으로 개발되어 있습니다. 이를 다른 버전으로 변환하여 개발을 지속하려면 아래와 같은 절차를 밟아야 함을 확인합니다.

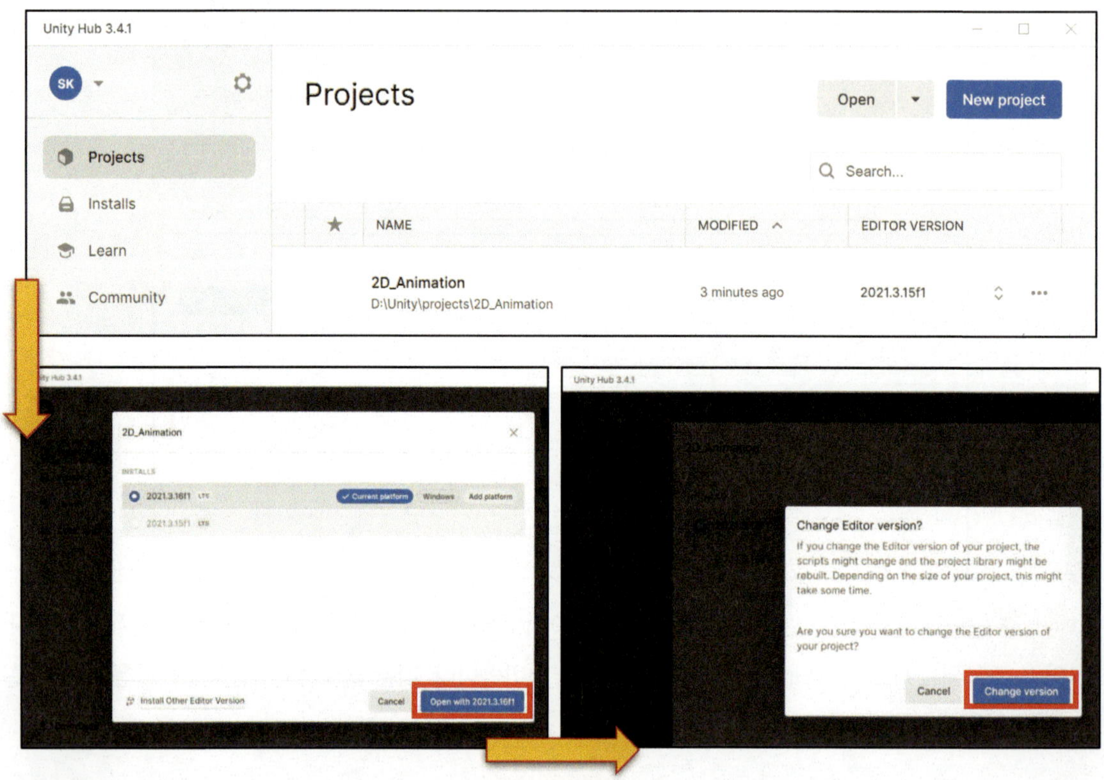

4) Visual Studio Code 설치하기

01 마지막으로, 유니티 에디터 상에서 C#코드 작업을 원활하게 진행하기 위해 Visual Studio Code 소스 코드 편집기를 설치하겠습니다. Visual Studio Community 2022 만으로도 코드 작업을 할 수 있지만, Visual Studio Code 를 추가 설치하면 좀더 빠른 반응 속도와 가벼운 환경에서 작업을 진행할 수 있습니다. 인터넷 브라우저에서 비주얼스튜디오코드를 검색하여 첫번째 항목으로 접속합니다.

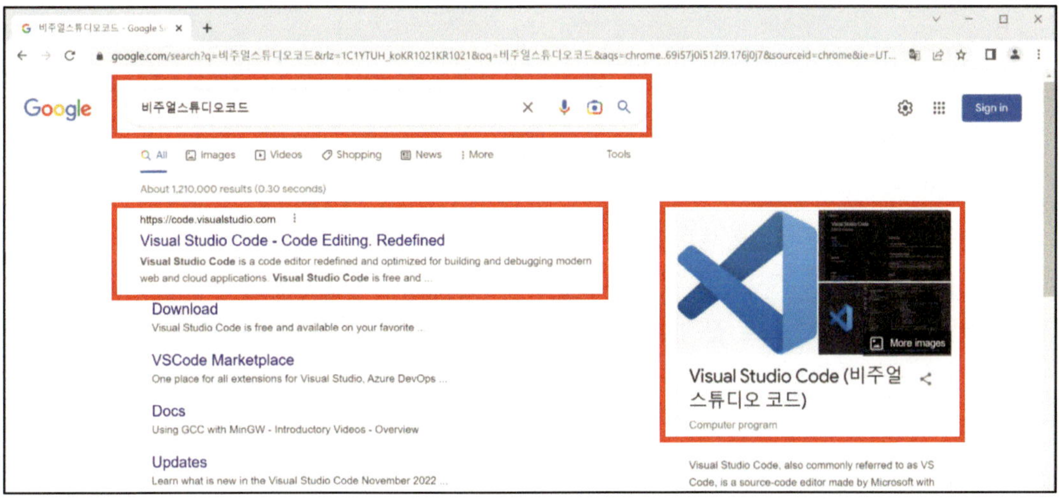

<TIP> Visual Studio Code 를 설치한다고 해서, Visual Studio Community 2022 를 설치하지 않아도 되는 것은 아닙니다. Visual Studio Code 는 단순히 텍스트 코딩 에디터로서만 기능합니다.

02 Visual Studio Code 웹페이지에 접속하고 Download for Windows 를 클릭하여 설치를 진행합니다. Visual Studio Code 의 용량은 200 메가 바이트 정도로 크지 않음을 참고합니다.

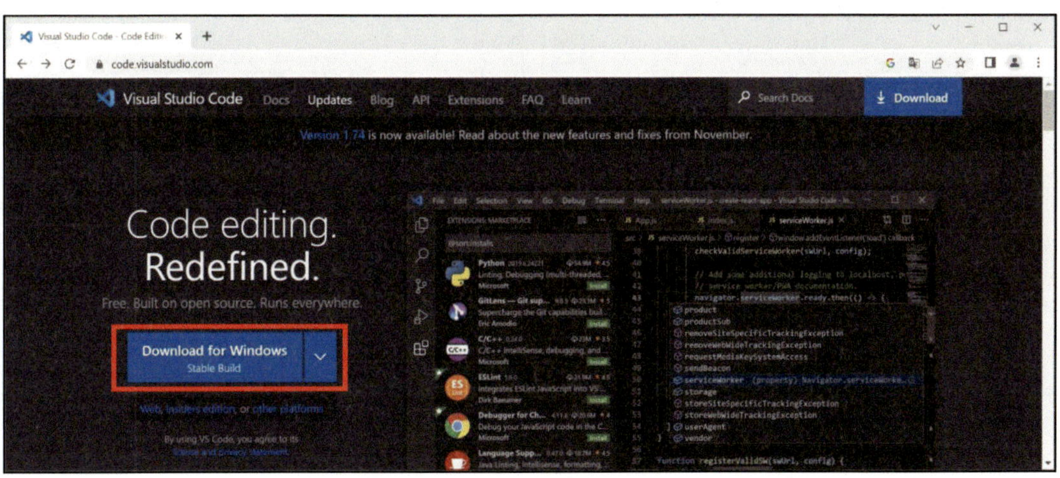

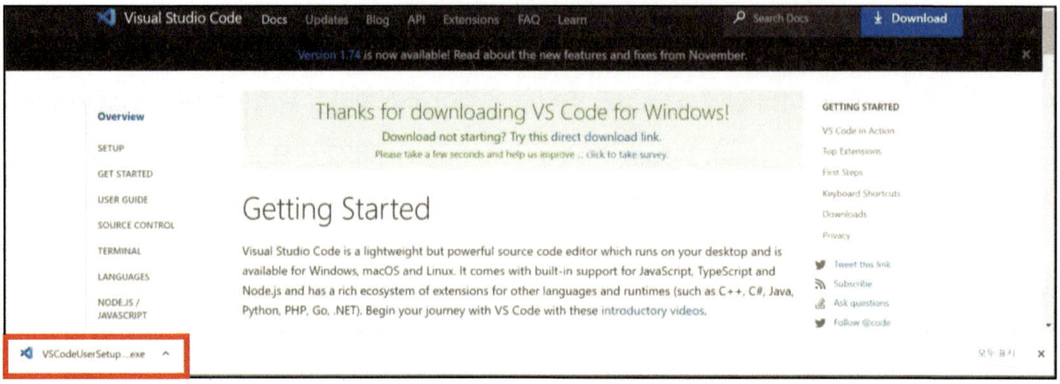

03 설치 시 Register Code as an editor for supported file types 옵션과 Add to Path 옵션은 꼭 선택하고 진행하도록 합니다. 이를 통해 유니티 에디터에서 Visual Studio Code 프로그램의 위치를 파악하여 활용할 수 있도록 조치할 수 있습니다. 만약, 이 단계를 건너 뛸 경우 Visual Studio Code 에 대한 환경변수 설정을 수동으로 진행해야 하니 주의합니다.

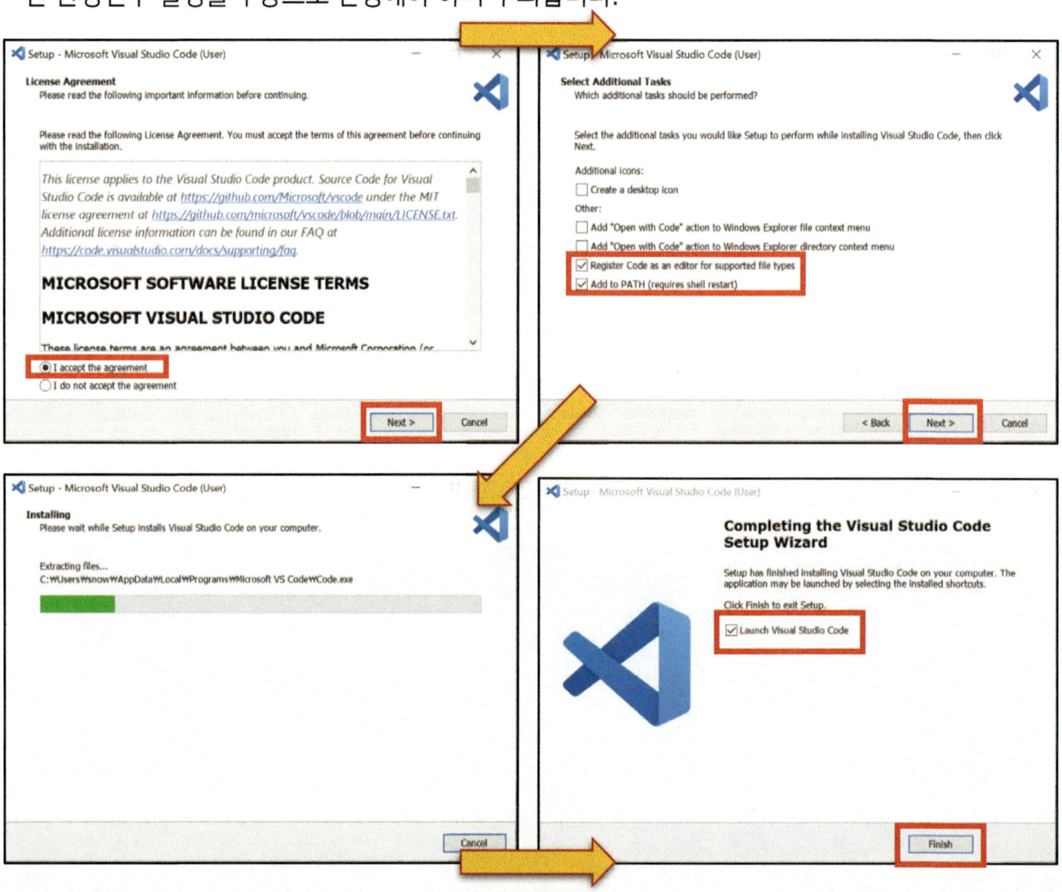

<TIP> Visual Studio Code 에 대한 환경변수 설정 과정은 아래와 같습니다. 추후 유니티 에디터에서 Visual Studio Code 를 찾지 못할 경우에 설정합니다.

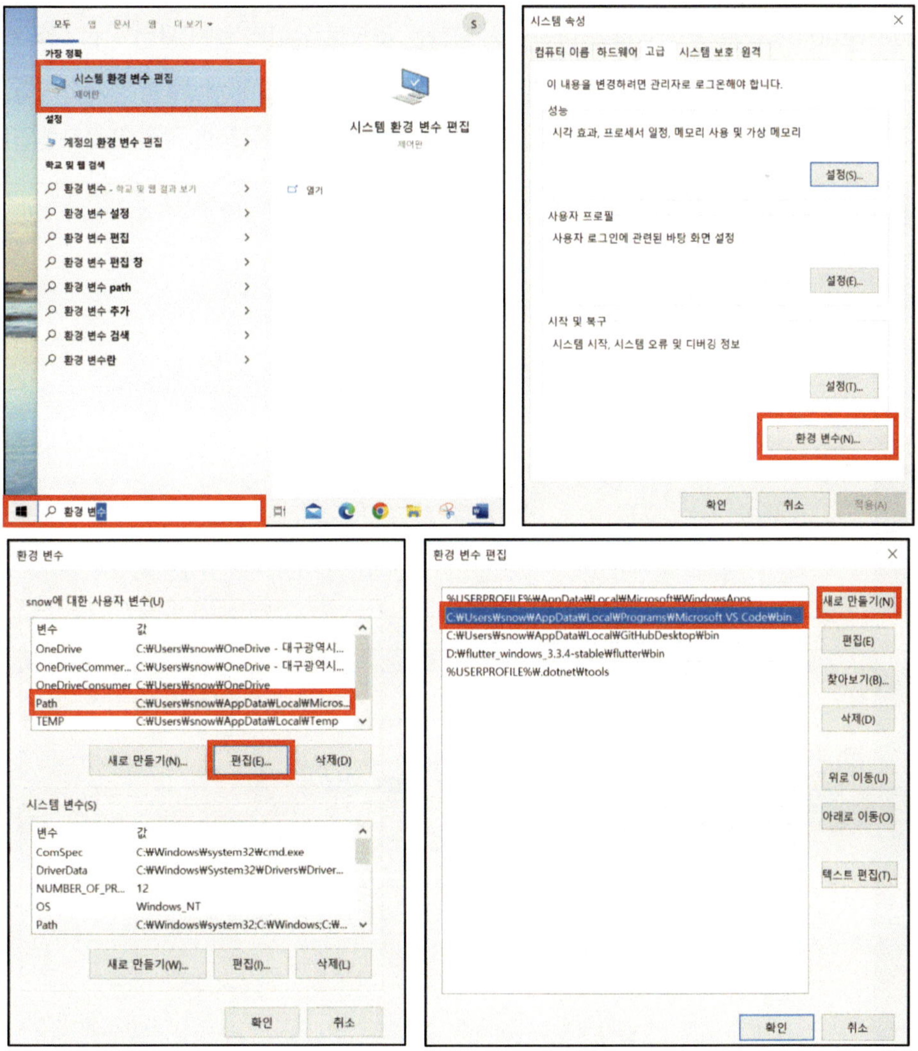

참고로 Microsoft VS Code₩bin 폴더의 파일 구성은 아래와 같습니다. 주소창에서 마우스 오른쪽 클릭하여 '주소를 텍스트로 복사'한 뒤 환경 변수에 반영할 수 있습니다.

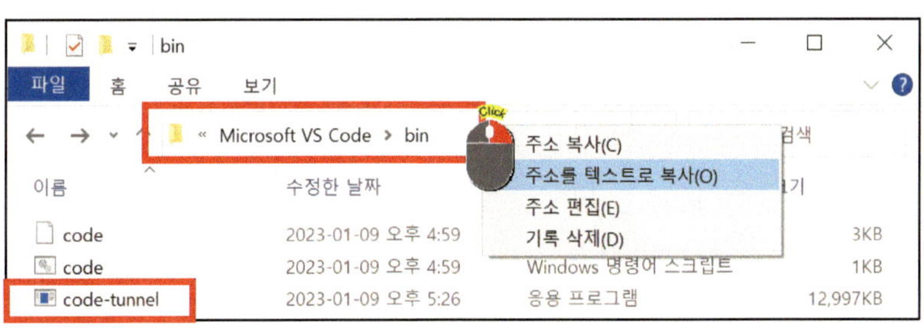

<TIP> 윈도우에서 탐색 기능을 통해 code-tunnel 을 검색하여 폴더 위치를 찾을 수 있습니다.

04 Visual Studio Code 를 실행하고 다음을 세팅하는 것으로 유니티 설치 관련 장을 마무리하겠습니다. 화면 좌측 상단의 Extensions 을 선택한 뒤, C#과 Unity Code Snippets 를 설치합니다. 추후 유니티 에디터에서 Code 를 다룰 때 코드의 자동 완성 기능을 제공하는 유용한 확장 프로그램입니다.

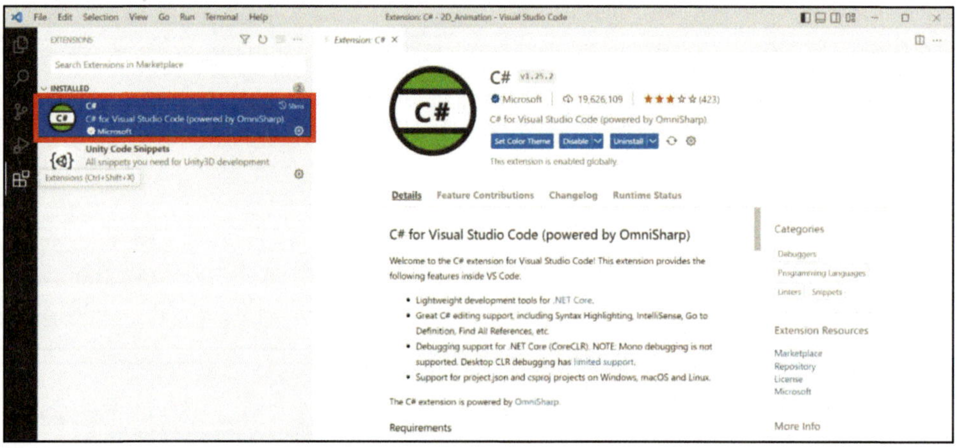

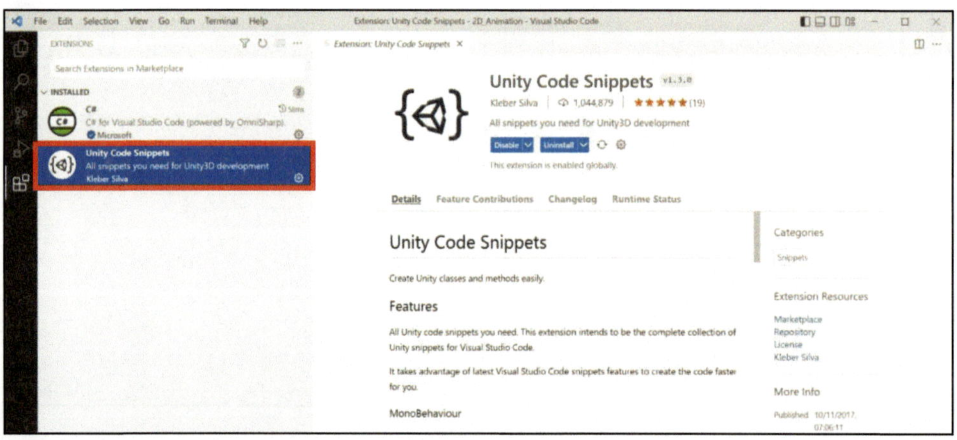

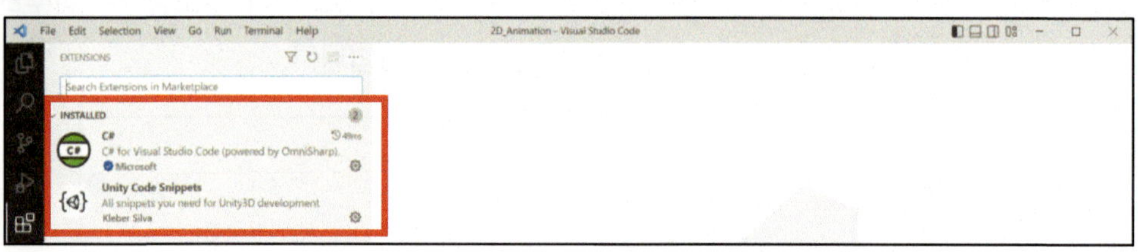

<TIP> Visual Studio Code 는 그 밖에도 다양한 확장프로그램을 제공합니다. 추가로 계정 로그인을 통한 클라우드 관리 기능도 제공하니 추가적인 검색을 통해 활용하는 것을 추천합니다.

5) 그 밖의 정보 확인하기

01 그 외에 Learn 탭을 선택하면, 유니티 자체에서 제공하는 학습 과정을 밟을 수 있습니다. 유니티의 기능을 체험해 볼 수 있도록 수준에 맞게 다양한 콘텐츠를 제공하고 있습니다.

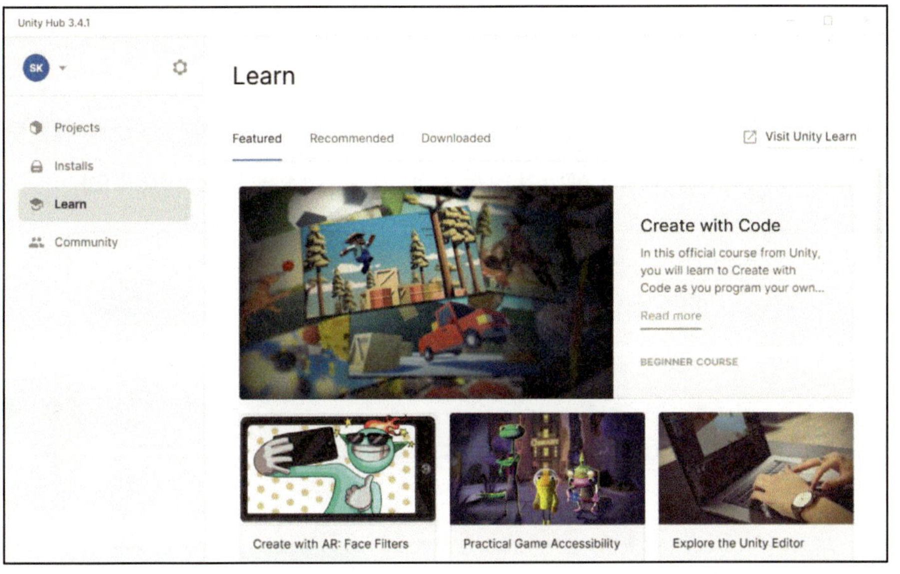

02 또한 Community 탭에서 유니티에 관련 추가적인 정보를 얻거나 문의를 할 수 있습니다.

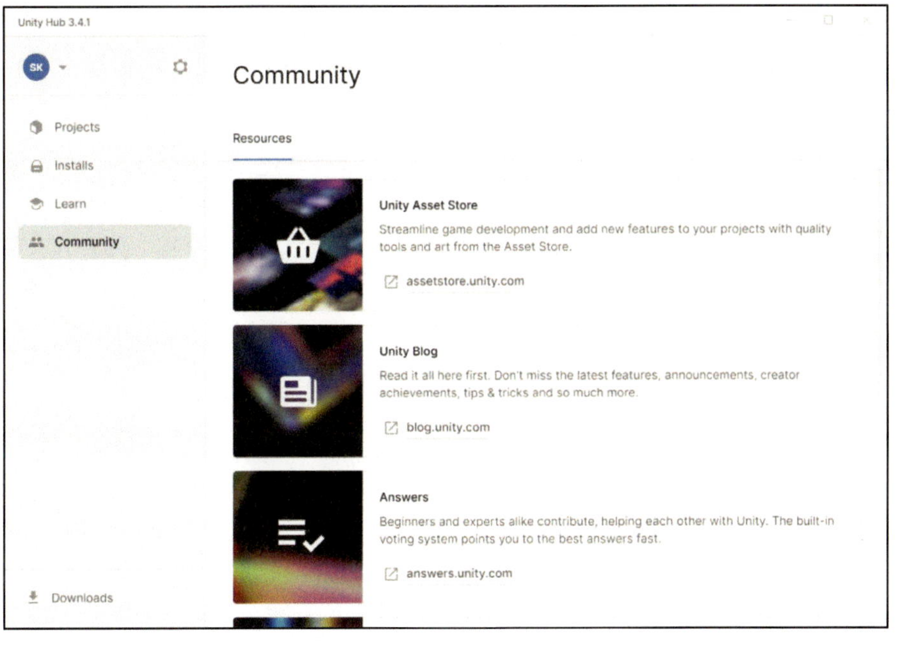

2 강　에디터 기본 설정 및 구성 알아보기

유니티 에디터를 본격적으로 활용하기 위해, 간단한 기본 설정을 마치고 에디터가 지니고 있는 구성과 특징 및 기능별 활용방법에 대해 알아봅니다. 이를 통해 유니티를 다루는 기본을 익힙니다.

1) 에디터 기본 설정하기

01 Unity Hub 에서 빈 프로젝트를 하나 생성한 뒤 프로젝트를 실행합니다. 제작 시 3D core 템플릿을 활용하며, 명칭은 test 로 입력하겠습니다. 에디터 버전은 2021.3.16f1 을 선택하였습니다.

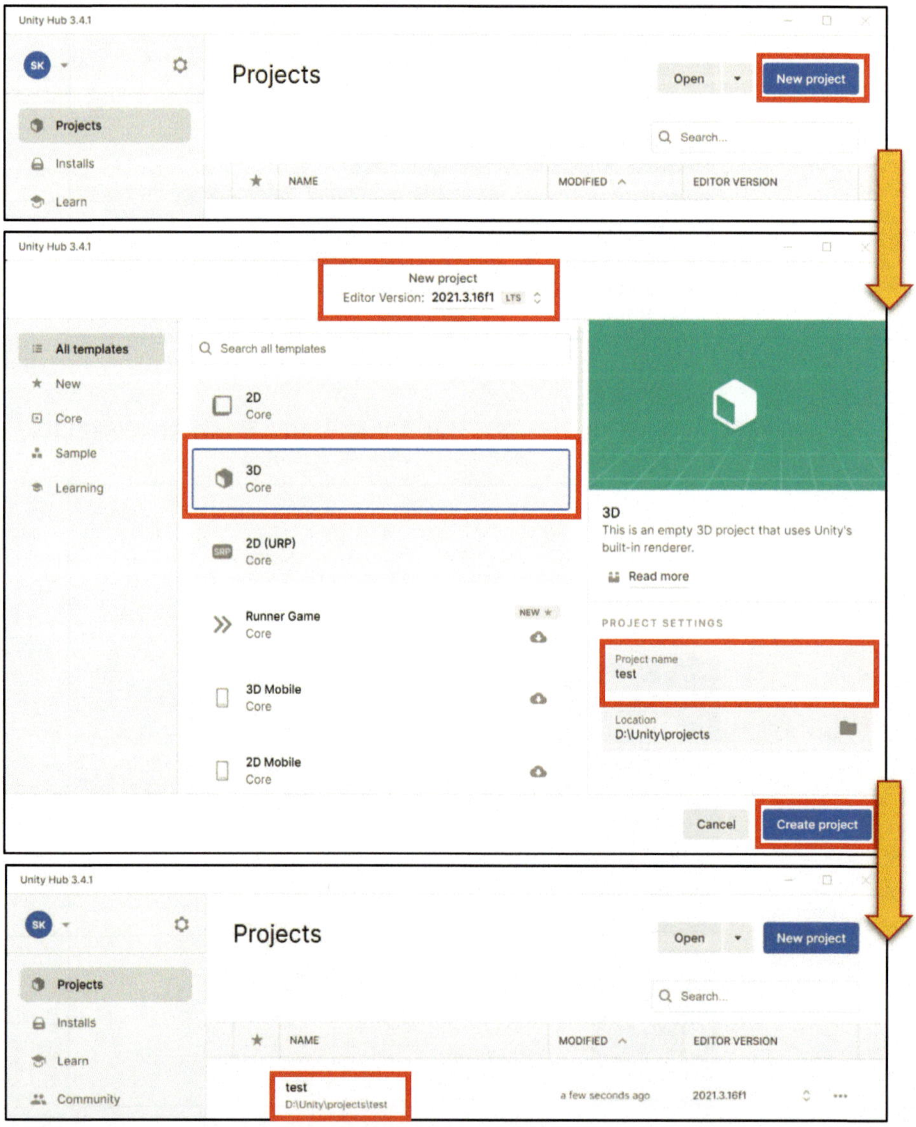

02 유니티 에디터 창이 뜨면 제일 먼저, [Edit]-[Preferences…]를 선택합니다.

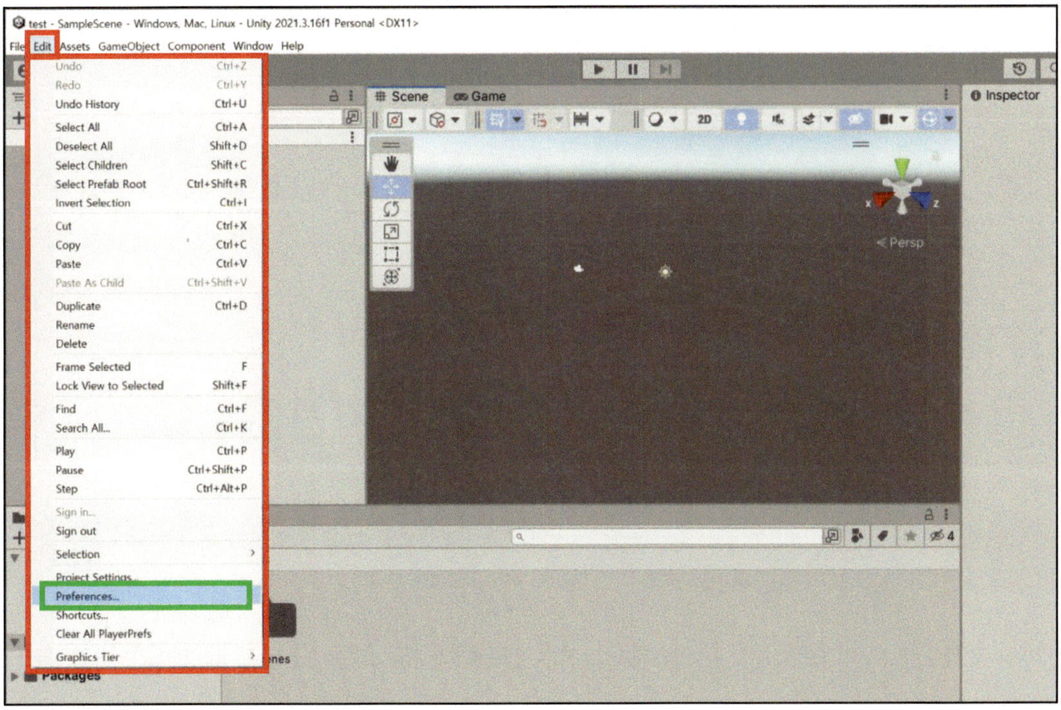

03 [Preferences…] 창에서 External Tools 탭을 선택하고 External Script Editor 를 Microsoft Visual Studio 2022 나 Visual Studio Code 중 원하는 것으로 설정합니다.

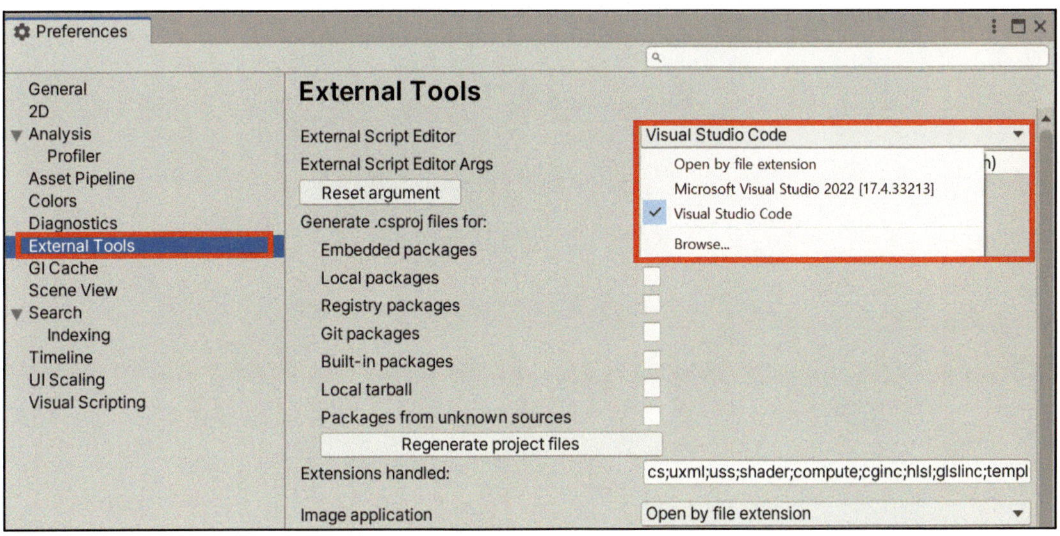

<TIP> 본서에서는 Visual Studio Code 를 활용하였습니다.

04 계속해서 [Preferences…] 창에서 UI Scaling 탭을 선택하고 UI 의 크기를 설정합니다. 이는 유니티 에디터의 버튼이나 글자 크기를 조절합니다. 변경 후 유니티 에디터를 재실행하면 적용됩니다.

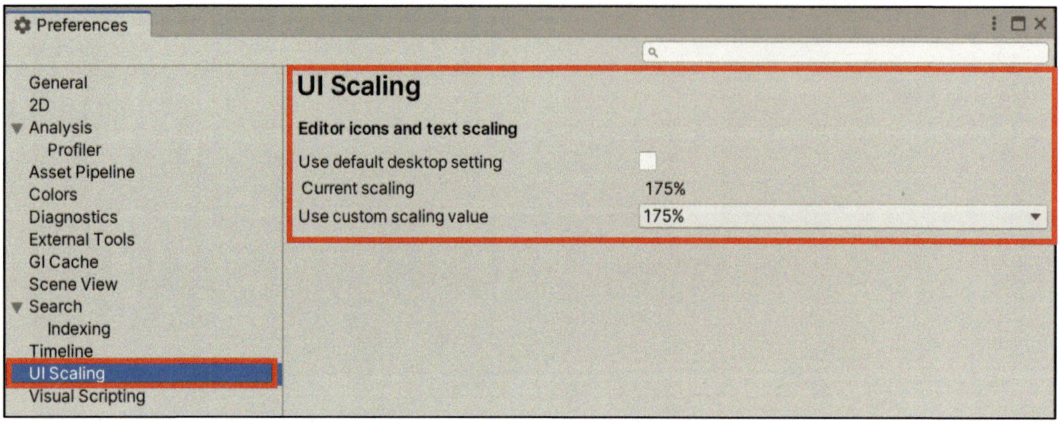

2) 에디터 화면 구성(레이아웃) 조정하기

01 이제 본격적으로 유니티의 화면 구성에 대해 살펴보겠습니다. 유니티는 크게 볼 때, 메뉴표시줄, 툴바, 뷰(게임뷰, 씬뷰), 창(하이어라키, 인스펙터, 프로젝트, 콘솔 등), 상태표시줄로 나뉘어져 있습니다.

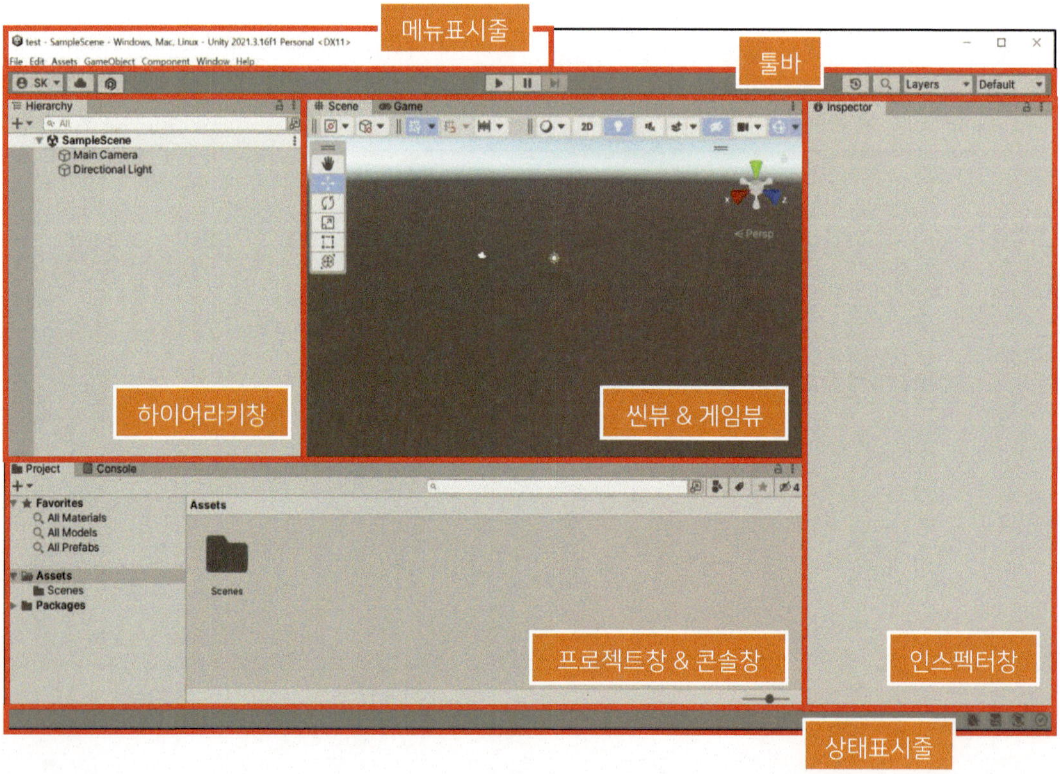

02 초기화면에는 현재 게임뷰와 콘솔창이 다른 창에 겹쳐 있어 보이지 않는 문제가 있습니다. 이를 조절하기 위해 레이아웃을 먼저 수정합니다. 마우스로 콘솔창을 드래그해보면 아래와 같이 밖으로 빼낼 수 있습니다.

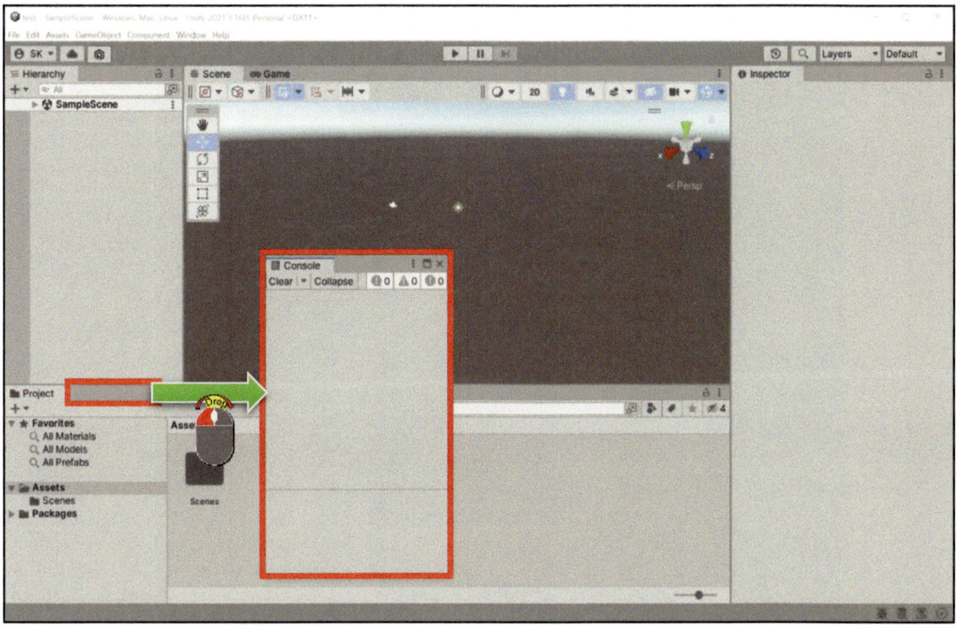

03 빼낸 콘솔창의 상단바를 잡고 마우스로 드래그하여 아래처럼 화면 우측 하단에 배치해 봅니다.

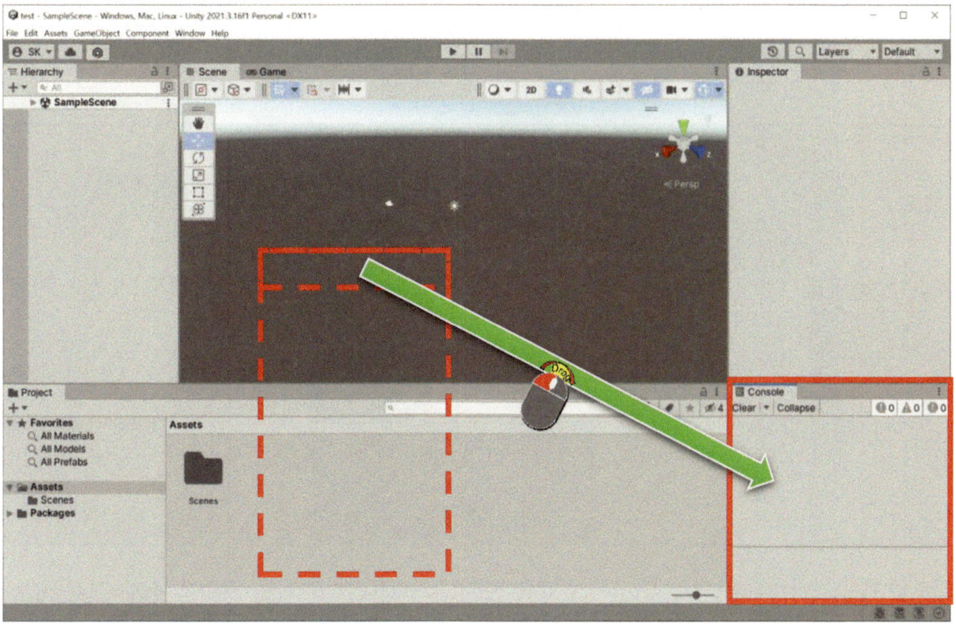

04 같은 방식으로 레이아웃을 아래와 같이 조절하여 모든 뷰와 창이 나타나도록 조정해 봅니다.

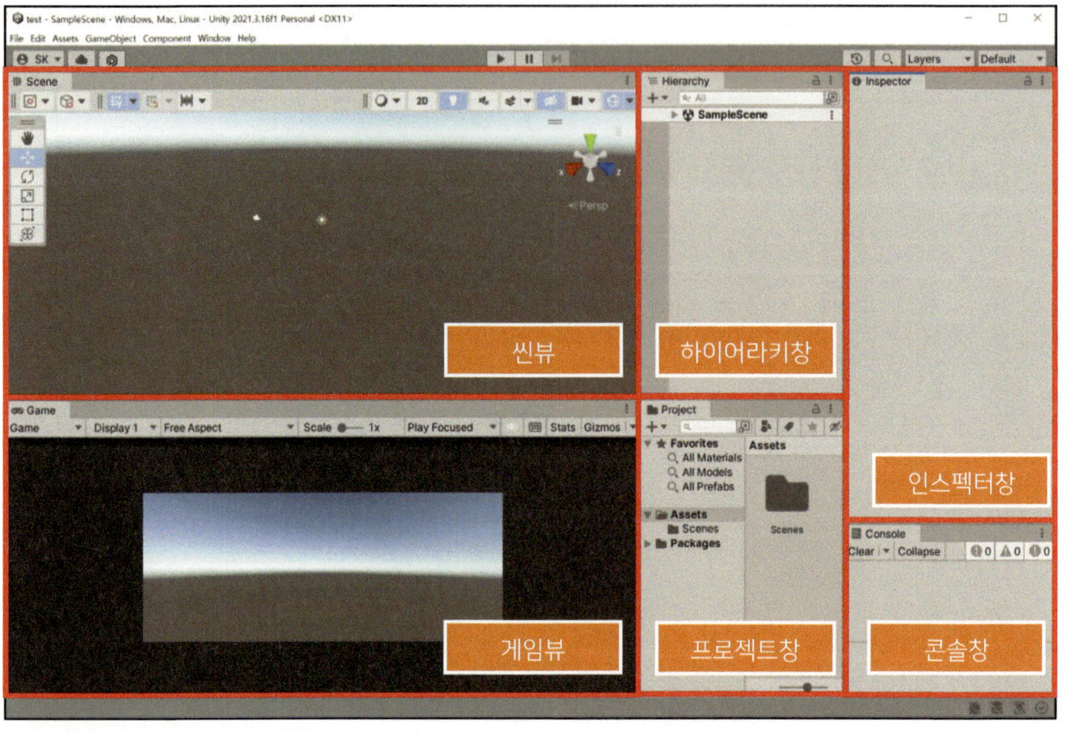

<TIP> 메뉴표시줄 및 상태표시줄은 동일한 위치에 있어 따로 표기하지 않았습니다.

05 이렇게 설정한 레이아웃은 [Window]-[Layouts]에서 저장하거나 따로 파일로 보관해둘 수 있어, 원하는 순간에 언제든지 불러와 작업효율을 높일 수 있습니다.

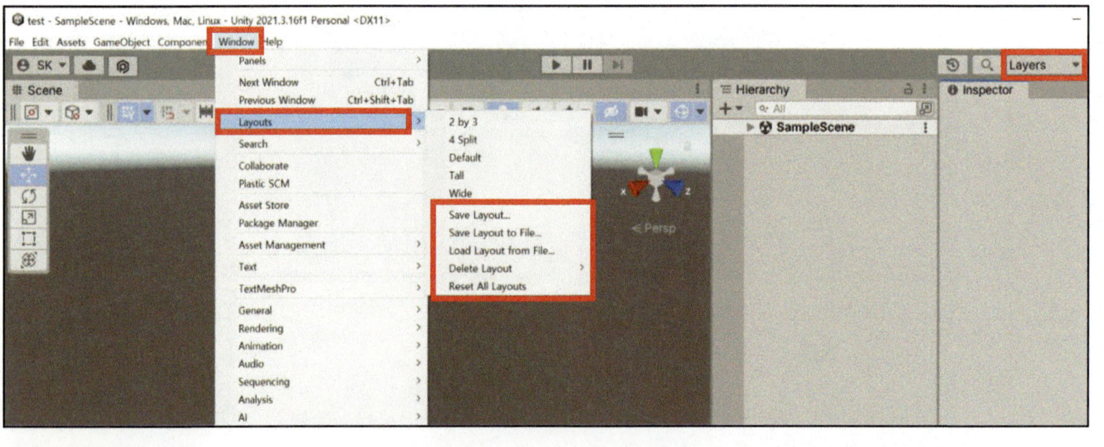

<TIP> 화면 우측 상단 툴바의 Layers 버튼을 클릭해서 레이어 배치를 전환할 수도 있습니다.

3) 메뉴표시줄 살펴보기

01 [File] 탭은 새로운 씬/프로젝트를 생성하거나 기존 씬/프로젝트를 저장 및 불러올 때 활용합니다. 그 밖에 완성된 프로젝트를 Windows, WebGL, Android, iOS 등 원하는 플랫폼에 맞게 빌딩 과정을 거쳐 완성된 프로그램으로 만들 수 있는 Build 관련 기능을 제공합니다.

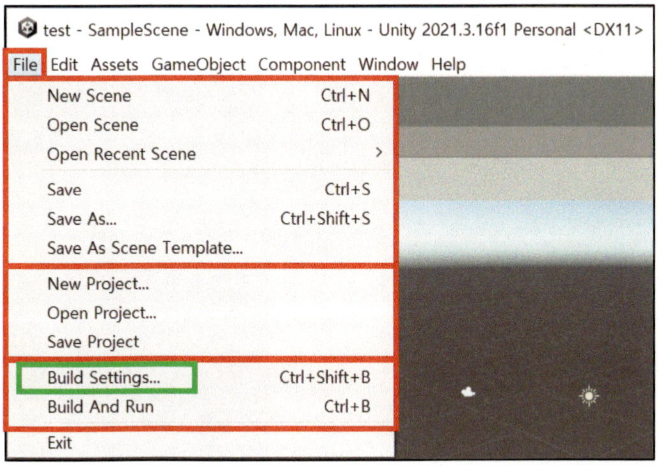

<TIP> 프로젝트는 하나 또는 여러 개의 씬을 모아서 만들어지는 씬의 상위 단위입니다.

02 Build Settings 화면은 아래와 같으며, 현재 상태로는 Windows 외의 다른 플랫폼에는 대응하지 않습니다. 추후에 필요 시 추가 모듈을 설치하여 Build 과정을 다뤄보겠습니다. [예: 243 쪽 참고]

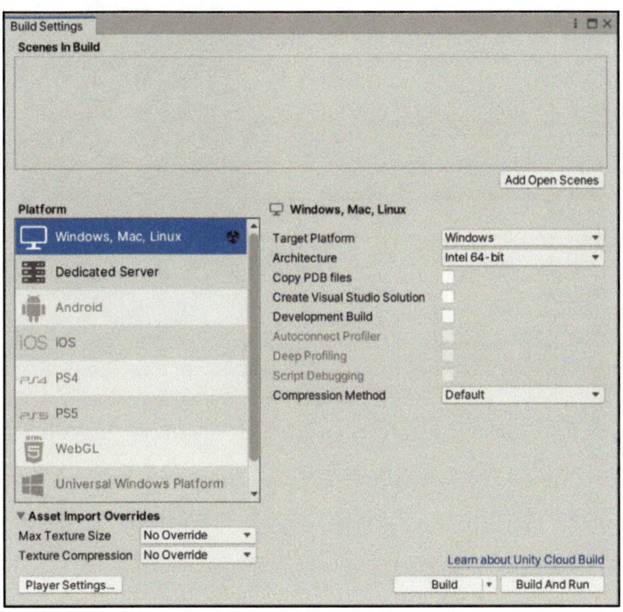

03 [Edit] 탭은 각 파일, 객체 등을 선택하거나 찾고, 복제하고 삭제하며, 명칭을 수정하는 등의 용도로 활용이 가능합니다. 또한, 프로젝트를 실제로 실행해보고 정지하는 용도 등으로도 활용됩니다. 하지만, 씬뷰나 각 창에서 바로 적용이 가능한 부분이기 때문에 많이 활용되는 기능들은 아닙니다. 단, Projects Settings 나 Preferences 와 같은 기능들은 전체 설정을 위해 자주 활용하게 됩니다.

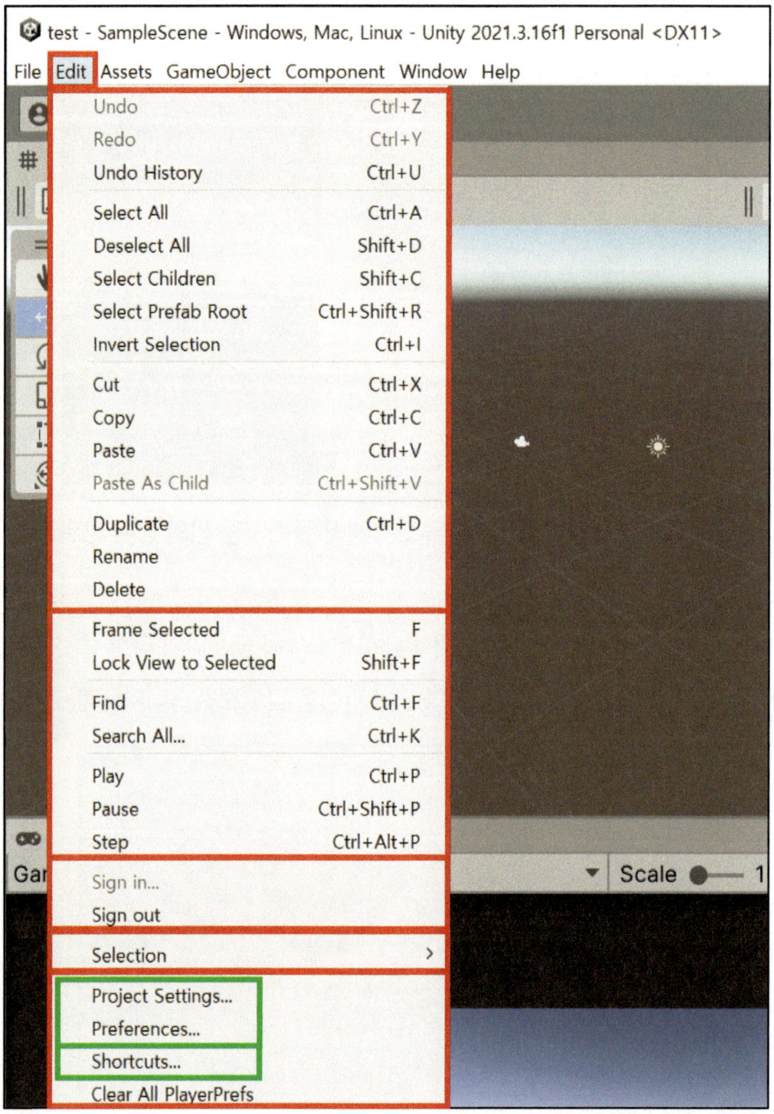

<TIP> 유니티에서 '객체'란 이미지, 3D 모델, 음원, 영상, 스크립트 등 프로젝트에 영향을 주는 거의 모든 대상들에 해당하는 개념입니다. C#을 메인 언어로 다루는 유니티의 객체지향적 성향을 잘 드러낸다고 볼 수 있습니다. 객체 지향이란, 프로그램을 수많은 '객체(object)'라는 기본 단위로 나누고 이들의 상호작용으로 서술하는 방식을 가리킵니다.

04 특히 Project Settings 항목은 개발 중인 유니티 프로젝트의 세부적인 속성들을 다룹니다. 프로젝트의 명칭을 수정할 수도 있고 프로젝트를 개발하는 개인이나 단체의 명칭을 입력할 수도 있으며, 프로젝트의 그래픽 수준, 음향 수준, 사용자 입력 대응 등 다양한 부분을 관장합니다.

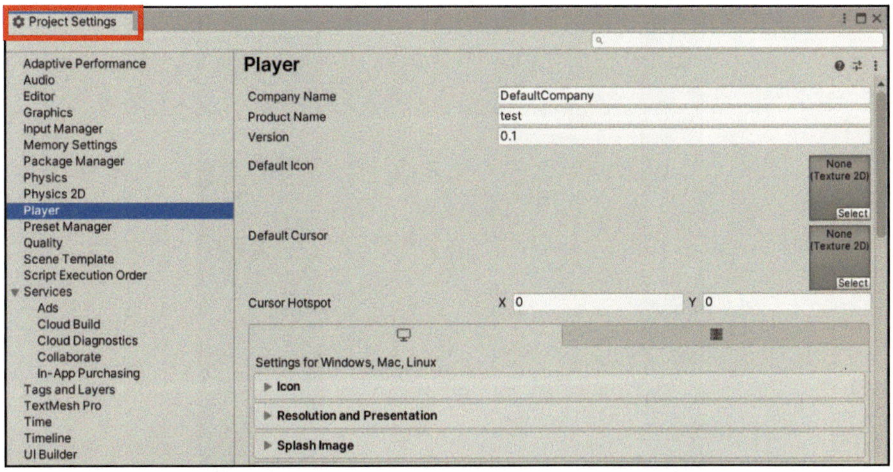

<TIP> 기능이 세부적으로 많기 때문에 여러 장에 걸쳐 필요한 부분마다 설명을 하였습니다.

05 또한 Shortcuts… 항목은 단축키 설정을 변경할 수 있도록 해줍니다. 단, 본서를 통해 학습하는 동안은 그대로 유지하는 것을 추천합니다.

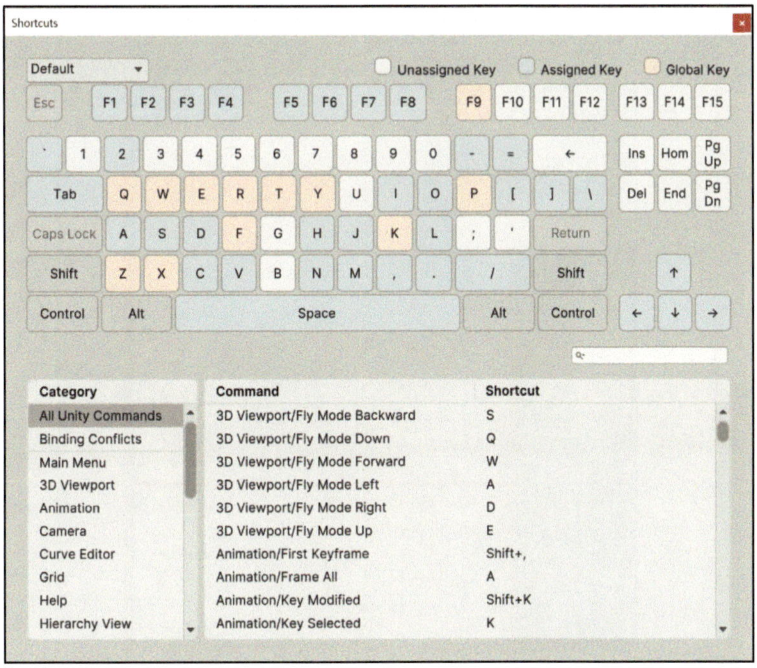

06 [Assets] 탭은 애셋의 생성, 도입 및 반출과 관련됩니다. 본서는 애셋을 생성하는 내용을 집중적으로 다루지는 않고, 유니티 내장 애셋 및 외부 애셋을 도입 및 활용하는 부분을 주로 다룹니다.

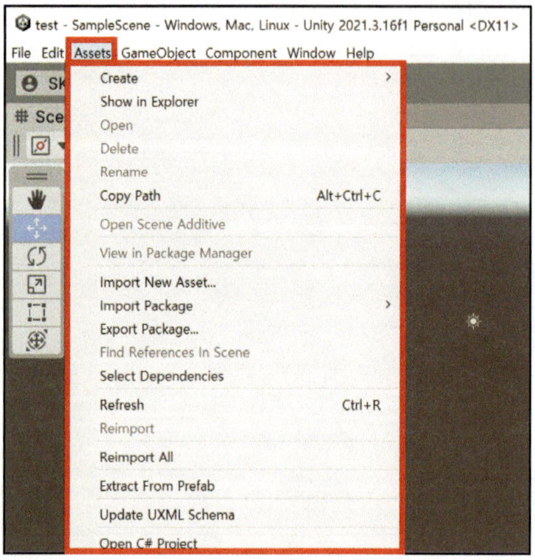

<TIP> '애셋'은 유니티 객체의 원재료가 되는 소스를 의미합니다.

07 [GameObject] 탭은 객체의 생성 및 객체 간의 부모 자식 관계(자식 객체가 부모 객체의 변화에 영향을 받는 관계)를 설정하는 데 활용됩니다. 또한 객체의 위치를 정렬하는 기능도 제공합니다.

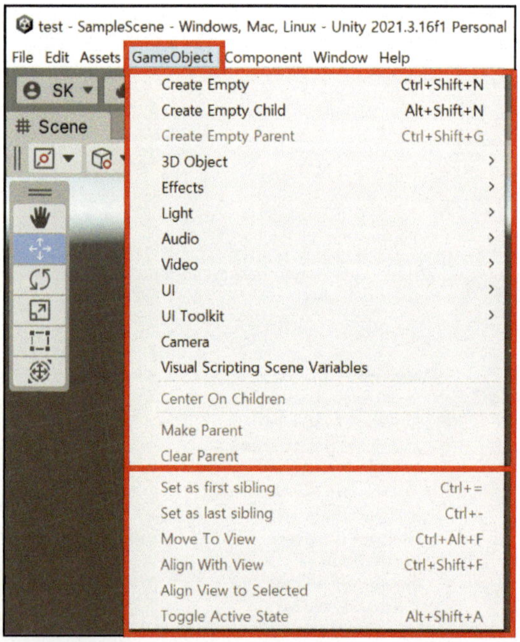

<TIP> 탭에서 확인할 수 있는 것처럼, 유니티에서 '객체'는 빈 객체, 3D 오브젝트, 효과, 광원, 오디오, 비디오, UI, 카메라 등 다양합니다. 아래는 씬뷰에 나타난 다양한 객체들의 모습입니다.

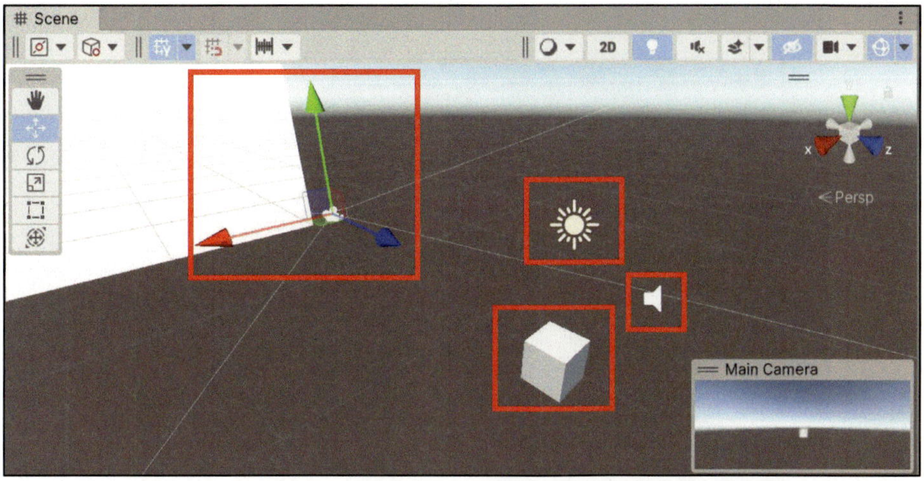

08 [Component] 탭은 객체들의 속성으로 작용하는 컴포넌트에 관한 기능을 담당합니다. 단일 객체 자체만으로 구현하기 어려운 기능이 있을 때, 컴포넌트를 부착하여 추가적인 기능을 부여하게 됩니다. 단, 인스펙터창에서 직접 부여가 가능하기 때문에 [Component] 탭의 활용 빈도는 낮습니다.

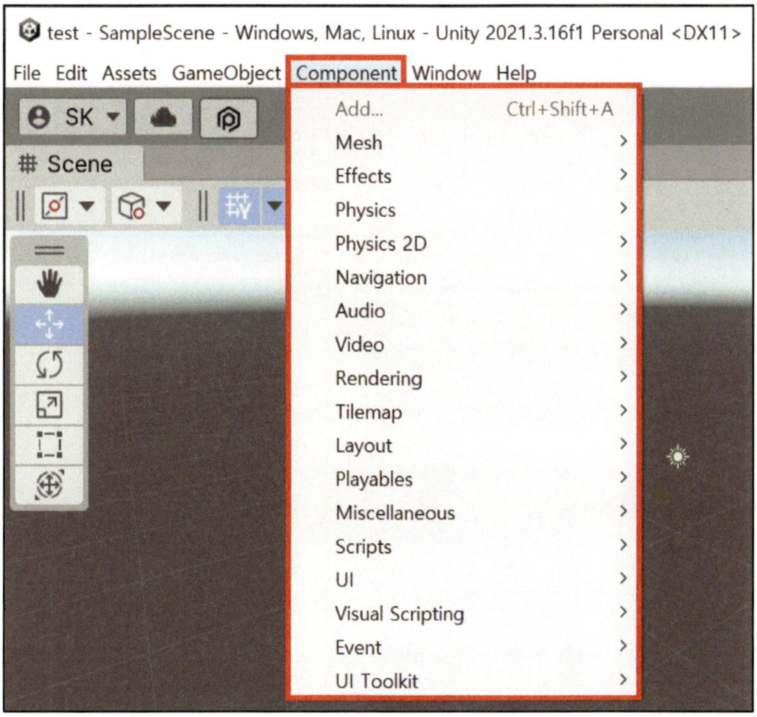

09 [Window] 탭은 유니티의 각종 뷰와 창을 제어하는 용도로 활용됩니다. 이를 통해 각종 기능에 접근할 수 있기 때문에 다른 탭에 비해서 활용도가 높은 편입니다. 특히 Asset Store, Package Manager 나 Asset Management 항목이 자주 쓰입니다.

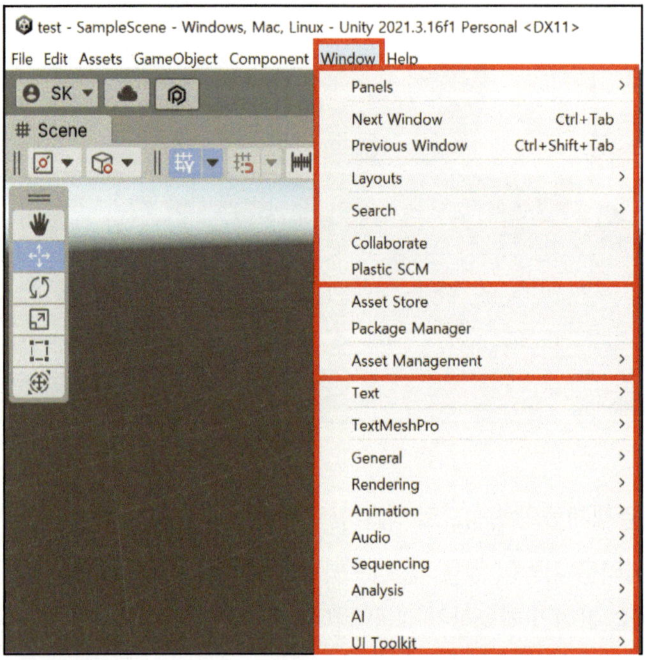

10 마지막 [Help] 탭은 유니티 매뉴얼을 확인하거나 C#코드를 활용하기 위한 참고 웹페이지에 접속할 때 주로 활용됩니다. 그 밖에도 유니티 관련 문의 사항을 접수하거나 최신 업데이트, 베타 버전 다운로드 등을 할 때도 활용이 가능하지만, 이는 Unity Hub 에서 진행하는 것이 낫습니다.

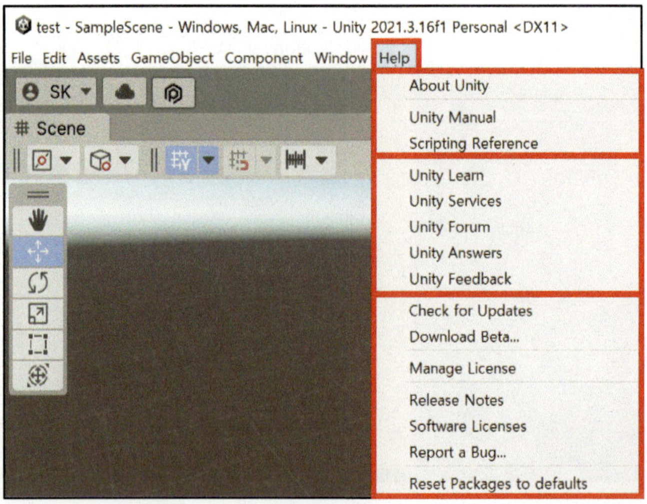

4) 툴바 살펴보기

01 툴바 좌측의 버튼은 왼쪽부터 계정관리, Manage services, Plastic SCM 으로 나뉩니다. Manage services 와 Plastic SCM 은 클라우드나 협업 기능, 광고 등을 다루는 것으로 자세한 내용은 아래의 주소에서 참고하시기 바랍니다.

<TIP> Manage Services: https://docs.unity3d.com/Manual/UnityServices.html

Plastic SCM: https://unity.com/support-services/redeem/plastic-scm

02 툴바 중앙의 버튼은 왼쪽부터 프로젝트를 시작하기, 일시정지하기, 프레임단위로 실행하기 기능을 제공합니다. 프로젝트 개발 시 필요에 따라 활용할 수 있습니다.

03 툴바 우측의 버튼은 왼쪽부터 Undo History, Search, Layers, Layout 입니다. Undo History 를 통해 작업을 되돌리거나 회복할 수 있으며, Search 통해 명칭 검색으로 유니티 에디터 상의 객체나 컴포넌트, 기능 등을 찾을 수 있습니다. Layers 는 씬뷰가 복잡할 때, 특정 객체를 보이지 않게 하거나, 작업에 영향을 받지 않도록 잠그는 기능을 담당합니다. 마지막으로 Layout 버튼은 개발자가 원하는 레이아웃을 신속히 설정하는 데 도움을 줍니다.

5) 하이어라키창 살펴보기

01 하이어라키창은 프로젝트에 반영되는 객체들을 생성하고 관리하는 데 활용됩니다. 창 좌측 상단의 [+] 아이콘을 눌러 빈 객체, 3D 오브젝트, 광원, 오디오, 카메라 등 다양한 객체를 추가할 수 있습니다.

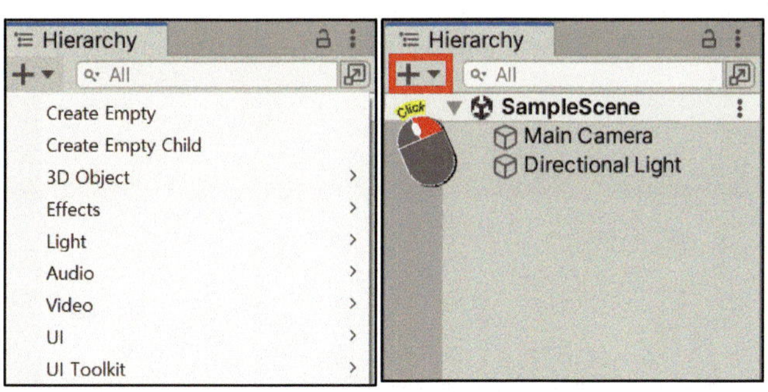

<TIP> 하이어라키창에서 마우스 오른쪽 클릭하여 객체를 추가할 수도 있습니다.

02 또한, 객체 위에 마우스 더블 클릭을 하는 것으로 객체의 위치를 씬뷰에서 바로 파악할 수 있으며, 인스펙터창에도 해당 객체의 속성이 나타납니다.

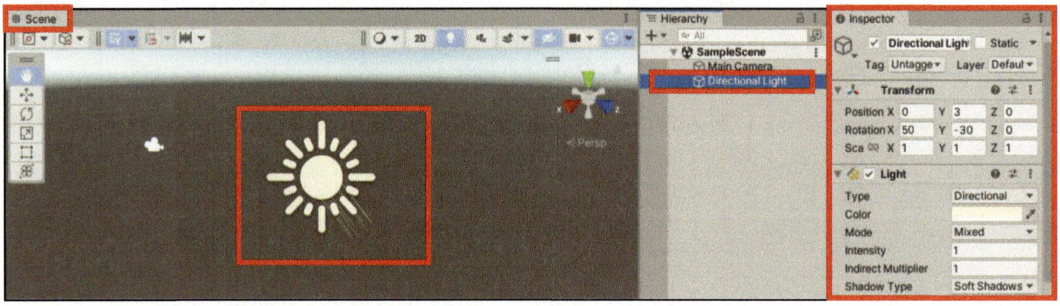

03 하이어라키창에서 객체 좌측의 눈동자를 클릭하여 사선이 생기도록 하면 씬뷰에서 나오지 않도록 숨길 수 있습니다. 프로젝트 작업 시 화면이 복잡한 경우 유용하게 활용할 수 있습니다.

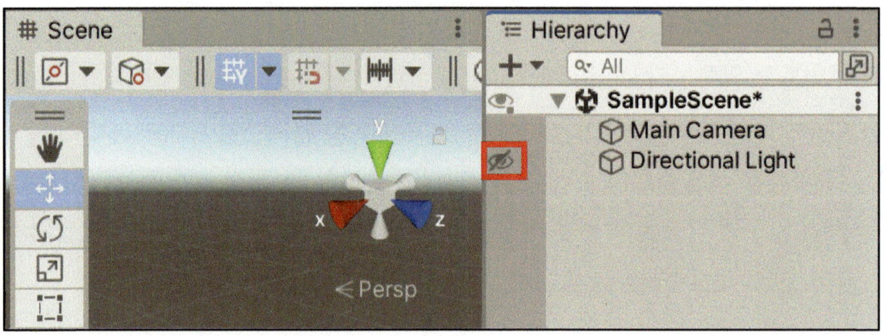

04 하이어라키창에서 객체 좌측의 손모양에 사선이 생기도록 클릭하면 씬뷰에서 대상이 선택되지 않도록 할 수 있습니다. 마찬가지로 씬뷰가 복잡한 경우 특정 객체만 선택하지 않고 싶을 때 활용합니다.

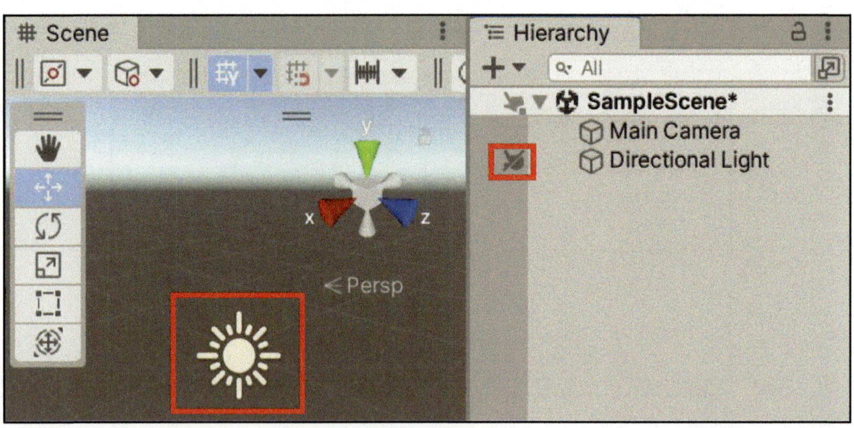

6) 씬뷰 살펴보기

01 씬뷰의 기능을 살펴보기 위해 먼저 하이어라키창에서 Cube 객체를 추가합니다.

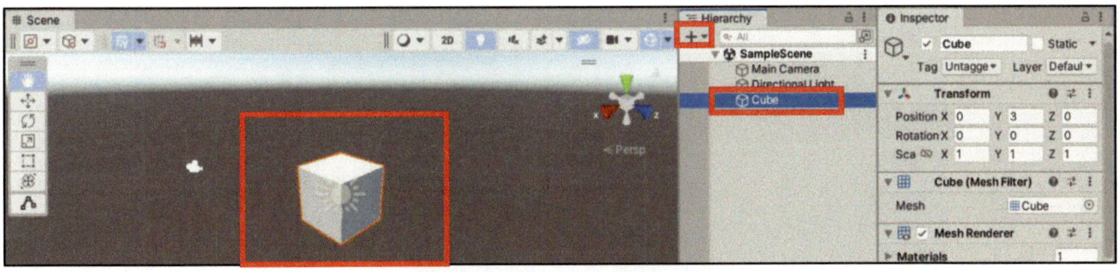

02 씬뷰 내의 좌측 아이콘들을 먼저 살펴봅니다. View Tool [키보드 단축키 Q]은 씬뷰 상의 화면 위치를 조정합니다. 마우스 휠버튼을 누르고 상하좌우로 움직여 같은 효과를 낼 수 있습니다.

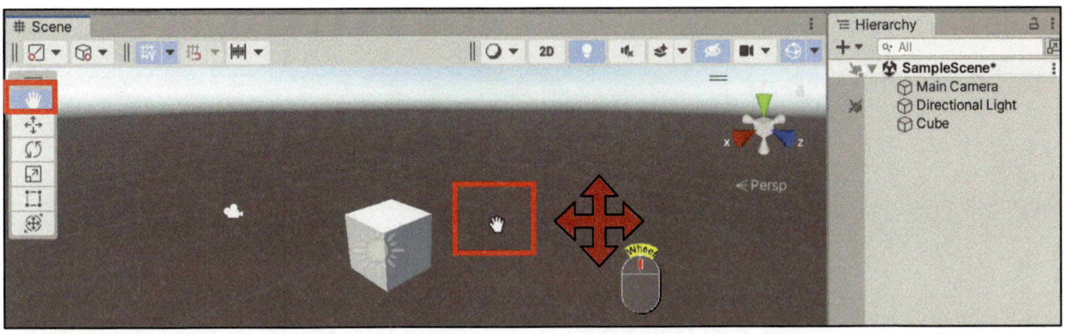

<TIP> 마우스 휠 버튼을 회전하여 씬뷰 화면의 확대 및 축소도 가능합니다. 또한, 마우스 우클릭을 한 채로 드래그하여 관찰자 중심으로 씬뷰를 회전하는 것도 가능합니다.

03 Move Tool [키보드 단축키 W]은 객체를 x, y, z 축 방향으로 이동합니다. 빨강, 초록, 파랑 핸들을 마우스로 클릭한 채 Cube 객체를 움직이면서, 인스펙터창의 Position 수치 변화에 주목합니다. 인스펙터창에 수치를 직접 입력하는 방식으로 객체의 위치를 변경할 수도 있습니다.

<TIP> 씬뷰 우측 상단의 아이콘을 씬 기즈모라 부릅니다. 이밖에도 씬뷰 상에서 카메라, 오디오, 영상 등의 특별한 객체를 상징하는 기즈모도 있습니다. 씬 기즈모는 x, y, z 축의 기준이 됩니다. 또한 기즈모 우측 상단의 자물쇠를 클릭하여 잠그면 씬뷰 상의 시점이 변경되지 않습니다.

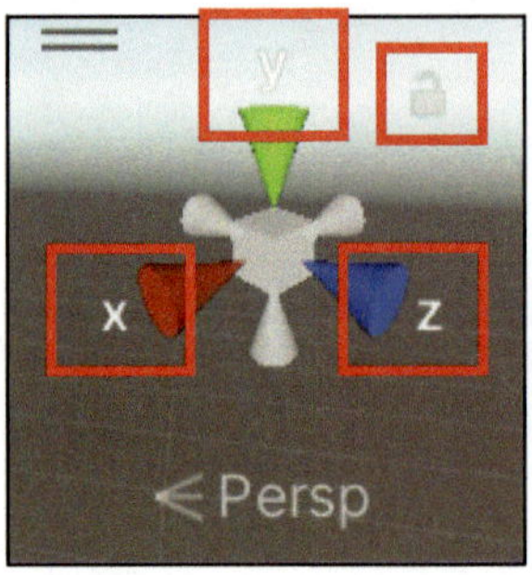

04 기즈모를 좀더 살펴보겠습니다. 기즈모의 하단 Persp 를 누르면 Iso 와 서로 전환되는데, 이는 각각 Perspective 와 Isometric 을 의미하는 것으로 씬뷰에서 원근감의 유무를 설정해줍니다.

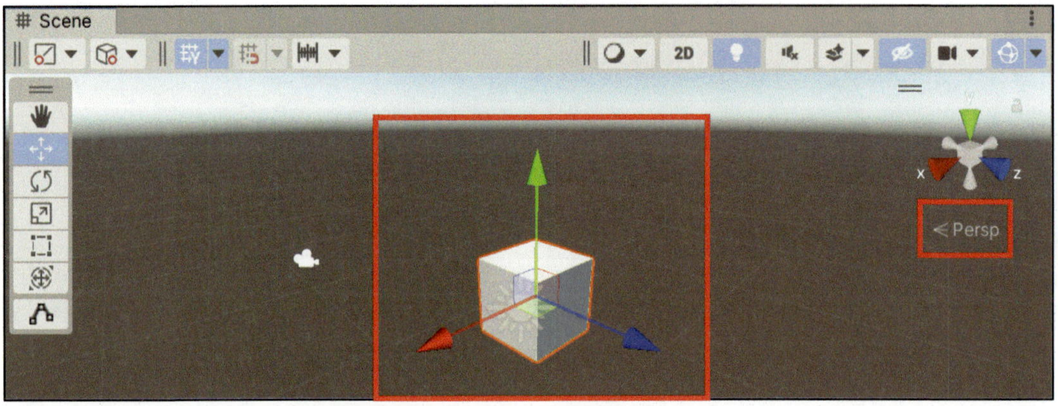

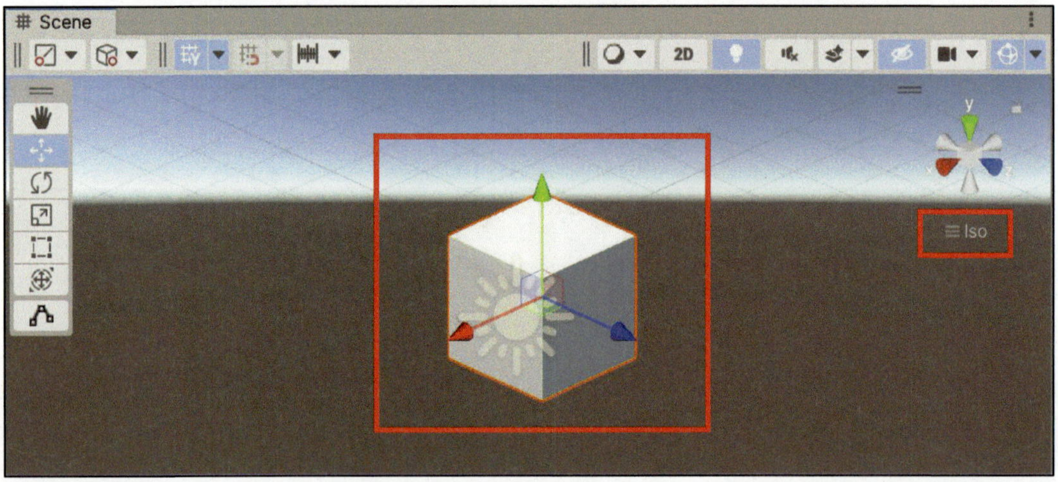

05 Rotate Tool [키보드 단축키 E]을 살펴보겠습니다. 이를 선택하면 객체를 x, y, z 축 방향을 중심으로 회전할 수 있도록 합니다. Alt+마우스 왼쪽 드래그로 동일한 효과를 냅니다.

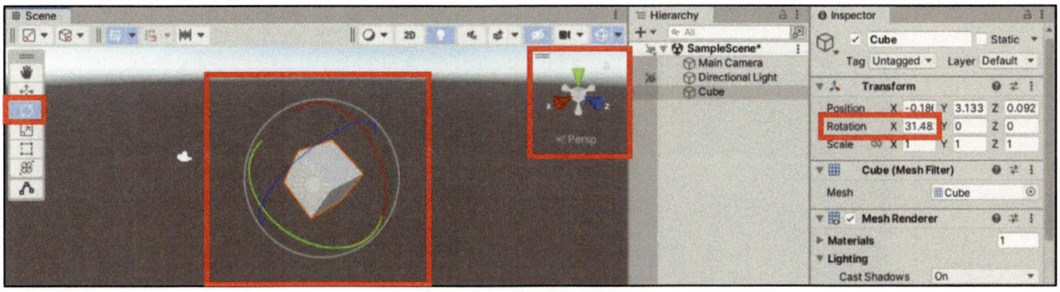

<TIP> 현재 씬뷰 상의 객체는 x 축을 기준으로 회전한 상황입니다. 씬뷰 상의 붉은색 회전 핸들 위치와 기즈모의 붉은색 x 축 위치 간의 수직 관계에 주목합니다. 인스펙터창의 Rotation 속성의 x 의 수치가 변한 것도 확인합니다.

06 Scale Tool [키보드 단축키 R]을 살펴보겠습니다. 이를 선택하면 객체를 x, y, z 축 방향을 중심으로 확대할 수 있도록 합니다.

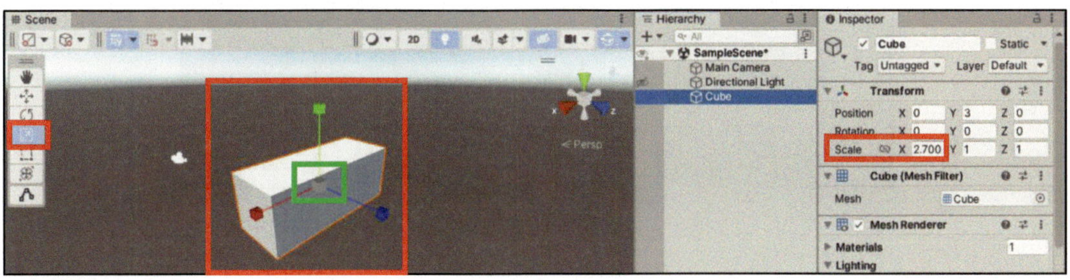

<TIP> 현재 씬뷰 상의 객체는 x 축을 기준으로 확대한 상황입니다. 씬뷰 상의 붉은색 회전 핸들 위치와 기즈모의 붉은색 x 축 위치가 나란히 위치한 것에 주목합니다. 인스펙터창의 Scale 속성의 x 의 수치가 변한 것도 확인합니다. 또한, x, y, z 핸들이 아닌 중앙의 점을 움직이면 3 개의 축을 기준으로 동시에 확대하는 것도 가능함을 확인합니다.

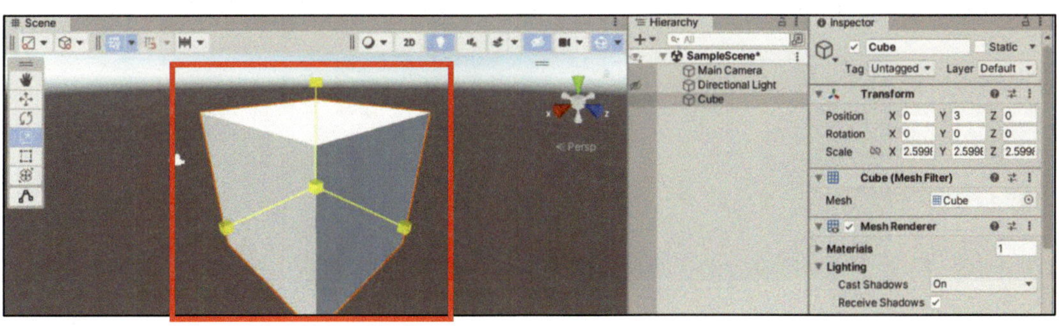

07 Rect Tool [키보드 단축키 T]을 살펴보겠습니다. 이를 선택하면 마우스를 대는 위치에 따라 객체의 이동, 회전, 확대가 모두 가능한 특징이 있습니다. Scale Tool 과 유사하지만 이는 주로 2D 객체나 스프라이트를 편집할 때 활용합니다.

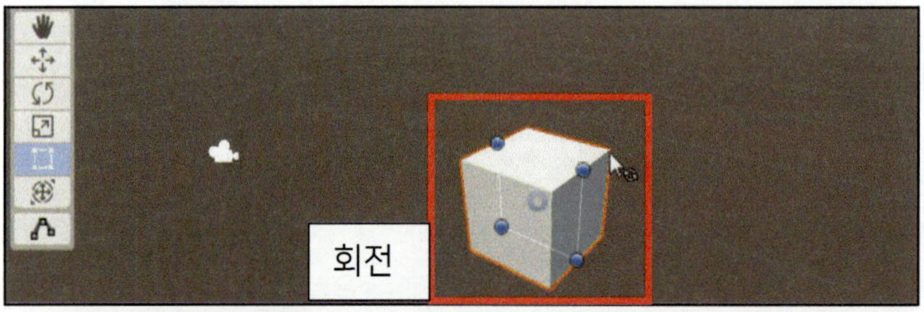

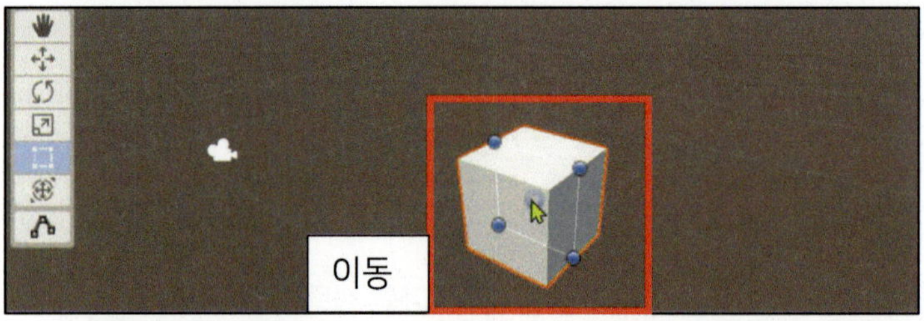

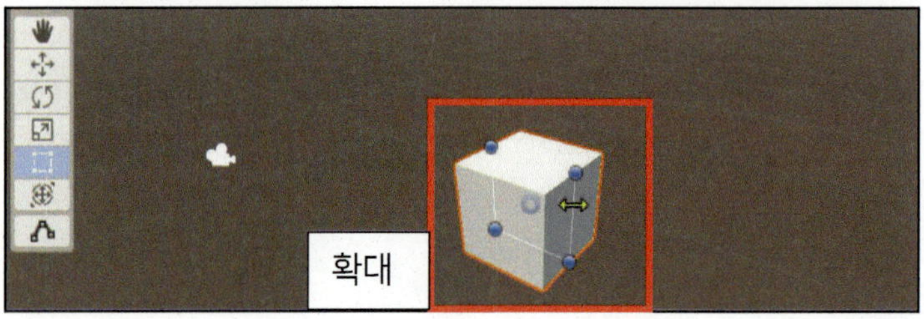

08 Transform Tool [키보드 단축키 Y]을 살펴보겠습니다. 이를 선택하면 앞선 Move, Rotate, Scale Tool 을 합친 핸들이 나타납니다. 시각적으로 알 수 있듯이 객체의 위치, 회전, 크기를 필요에 따라 동시에 조절할 수 있는 기능입니다.

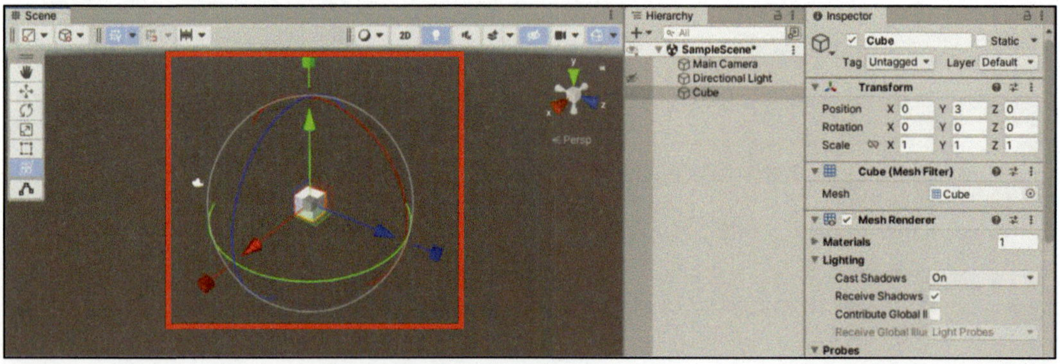

09 마지막 Tool 은 씬뷰의 초록점을 마우스로 드래그 하여 객체의 (Box Collider)를 조절합니다. (Box Collider)는 객체에 추가하는 컴포넌트의 일종으로 객체의 충돌면을 조절합니다. 이를 통해 객체끼리 부딪히는 영역을 표시하며, 반드시 객체 내부에 머물 필요는 없습니다. 객체 간에 공간을 두고 싶을 때 유용하게 활용할 수 있는 기능입니다.

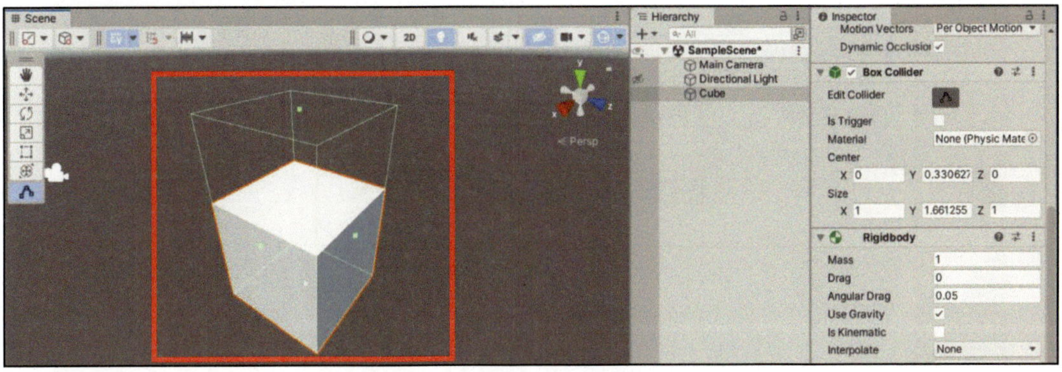

10 해당 기능을 조금 더 자세히 알기 위해 Plane 과 Cube 하나를 하이어라키창에 추가하겠습니다. 이후 2개의 Cube 에는 인스펙터창을 통해 (Rigidbody)컴포넌트를 추가하고 Use Gravity 를 체크한 뒤 아래와 같이 배치합니다.

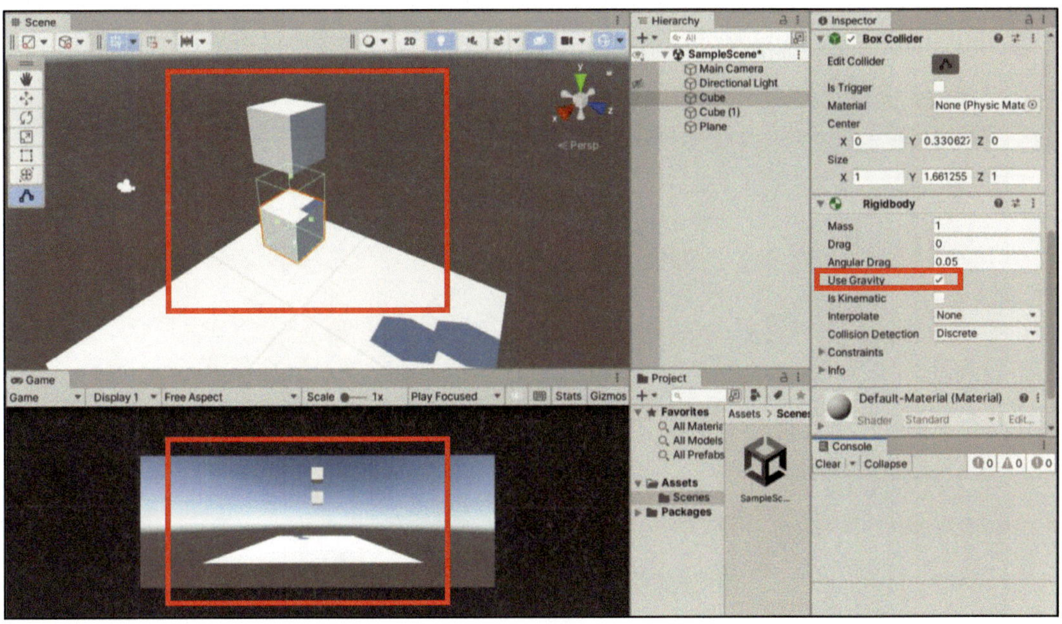

<TIP> 객체를 공중에 두더라도 Use Gravity 속성을 적용하면, Play 시 객체가 중력의 영향을 받은 것처럼 아래로 낙하하게 됩니다.

11 이후 Play 버튼을 누르면 중력의 영향을 받은 Cube 객체가 Plane 객체를 향해 하강하지만, 보이지 않는 벽에 가린 듯 Cube 2 개 사이에 일정한 공간을 남긴 채 공중에 떠서 더 이상 내려가지 않는 것을 볼 수 있습니다. 이 공간을 Box Collider 가 채우고 있습니다.

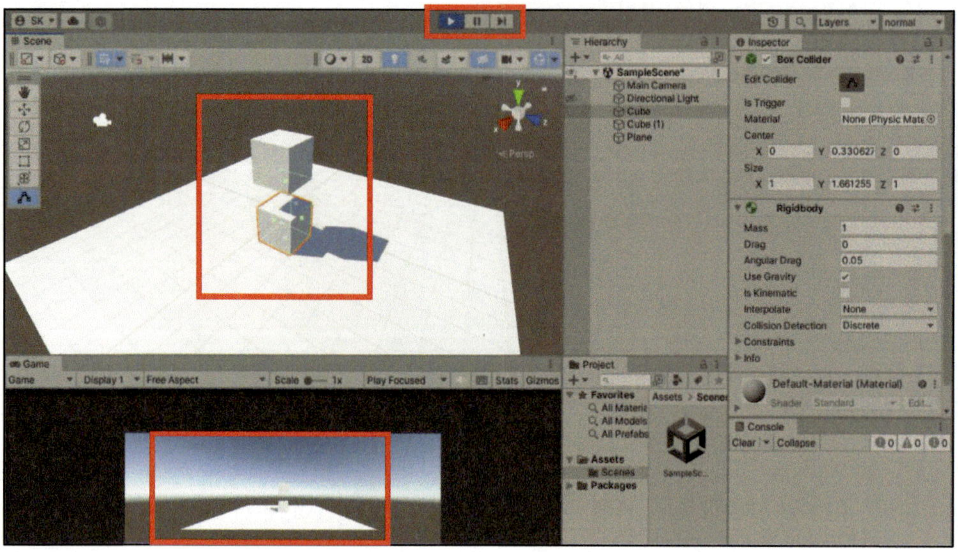

12 계속해서 씬뷰의 상단바에 위치한 기능들을 알아보겠습니다. 먼저, Center/Pivot 기능을 알아보기 위해 cube_pivot.blend(외부 툴인 blender 로 제작) 파일을 프로젝트창의 {Assets}에 가져옵니다.

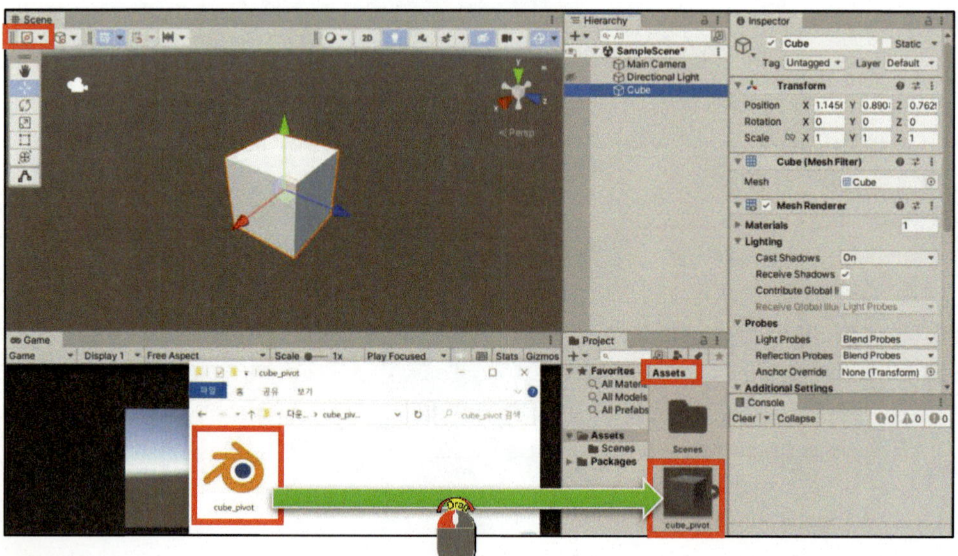

<TIP> 하이어라키창 상에는 기존 3 개의 객체(Cube 2 개, Plane 1 개)를 삭제하고, Cube 객체를 새로 생성하였습니다.

13 이후 프로젝트창에서 cube_pivot 애셋을 하이어라키창으로 마우스 드래그 하여 가져온 뒤 2 개 객체의 중심(Pivot Point)을 살펴보면, Center 모드에서는 객체의 중앙을 향하는 것을 알 수 있습니다.

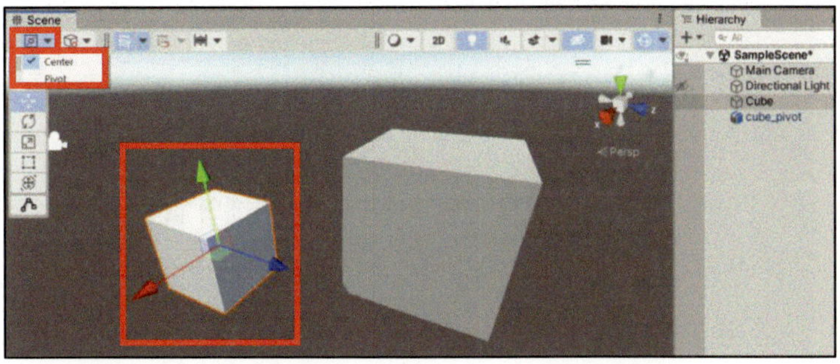

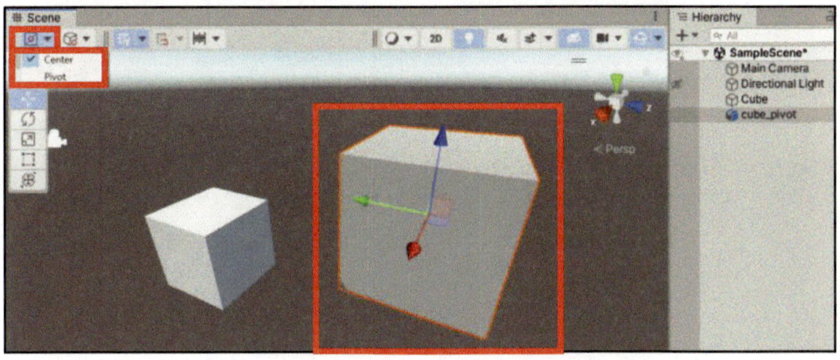

14 이제 Center 모드에서 Pivot 모드로 전환하면 Cube 의 중심은 그대로이지만, cube_pivot 의 중심은 좀더 아래쪽에 위치한 것을 알 수 있습니다.

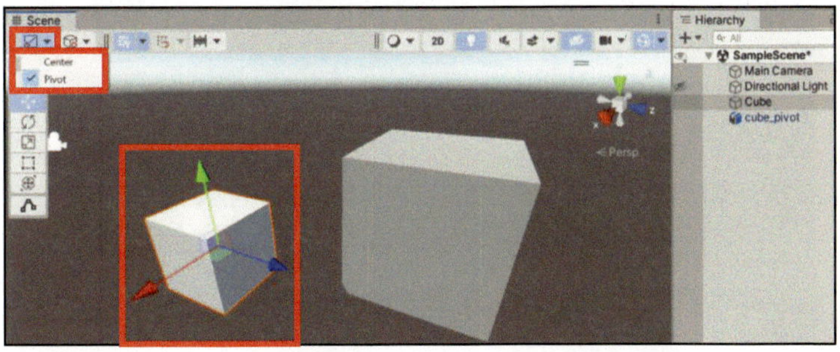

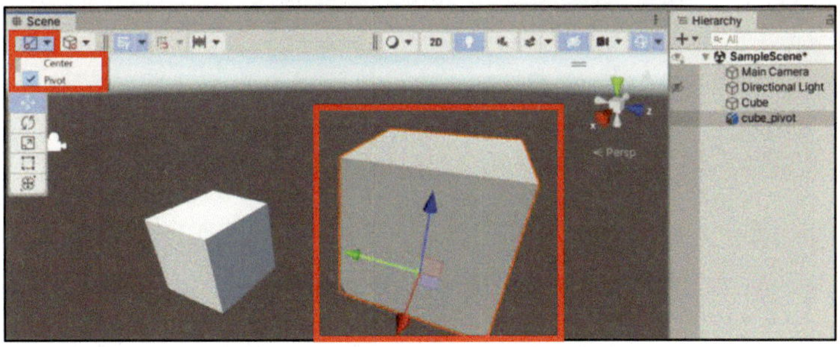

15 이처럼 객체에 따라서는 중심점이 물체의 정중앙에 있지 않은 경우가 존재하며, 객체의 회전이나 중심축을 전환하여 객체의 위치나 회전 반경 여부를 조절할 수 있습니다. 피벗 포인트를 조절하기 위해서는 Blender 와 같은 외부 툴의 이용, 객체의 부모-자식 관계를 활용한 방법 등을 활용할 수 있습니다.

<TIP> Blender 에 관해서는 5 장 2 강에서 소개하겠습니다.

16 객체의 부모-자식 관계를 활용한 방법을 간단히 알아보면 아래와 같습니다. 기존 Cube 들을 삭제하고, 다시 하이어라키창에서 마우스 오른쪽 클릭하여 Create Empty 를 통해 빈 객체(GameObject)를 생성합니다. 이어서 Cube 객체를 생성 및 마우스로 드래그하여 그 속(GameObject)에 집어넣습니다. 이렇게 하면 부모(GameObject)-자식(Cube) 관계가 형성됩니다.

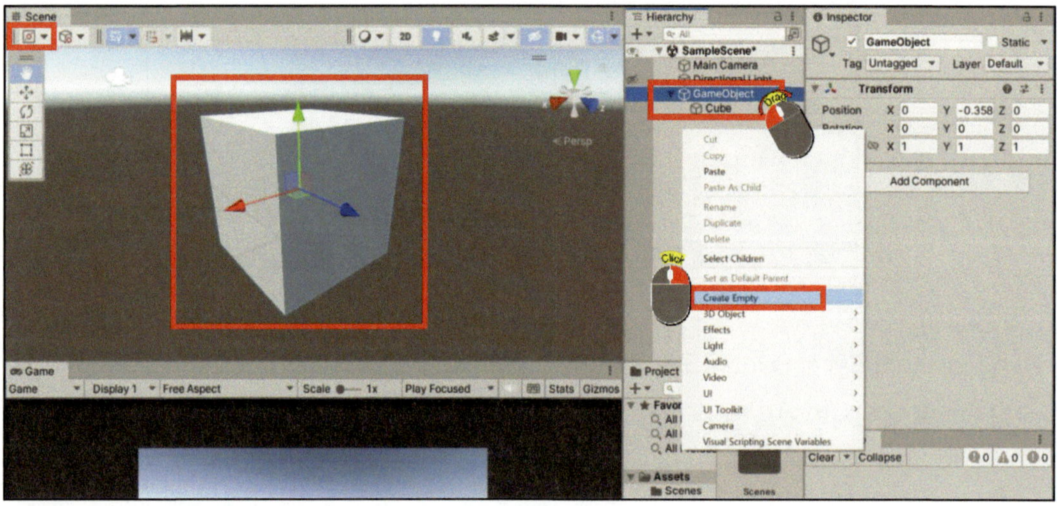

이제 Center 모드에서 Pivot 모드로 전환하면 중심이 좀더 아래쪽에 위치한 것을 알 수 있습니다.

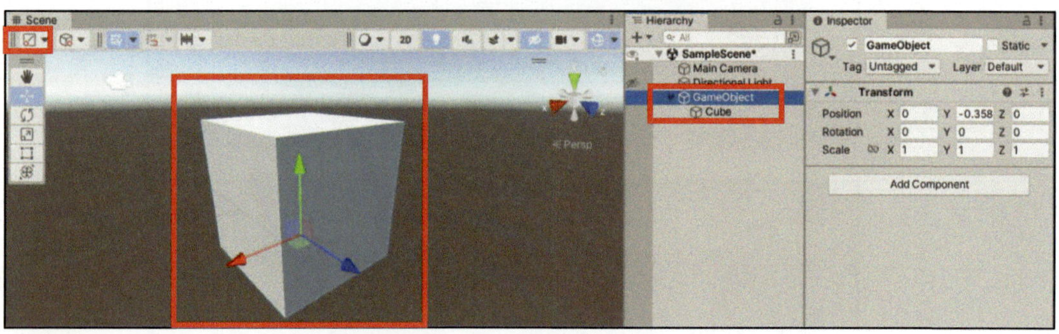

<TIP> 중심점 이동은 4 장에서 천체의 공전과 자전을 다룰 때 주요하게 활용되는 기능입니다. 중심점이 객체의 정중앙에 위치하면 자전, 객체의 외부에 존재하면 공전하는 움직임을 구현할 수 있습니다.

17 Global/Local 전환 기능을 알아봅니다. 기존 Cube 삭제 및 새로운 Cube 객체를 만들고 Rotation Tool 을 선택한 상태에서 X 축 중심으로 40 도 정도 기울여 봅니다. 이후, 씬뷰 상단의 Global/Local 전환을 통해, 회전축이 변경되는 것을 알 수 있습니다. 이는 축의 기준을 화면 전체(Global)로 둘 것인지, 객체를 중심(Local)으로 둘지를 결정합니다.

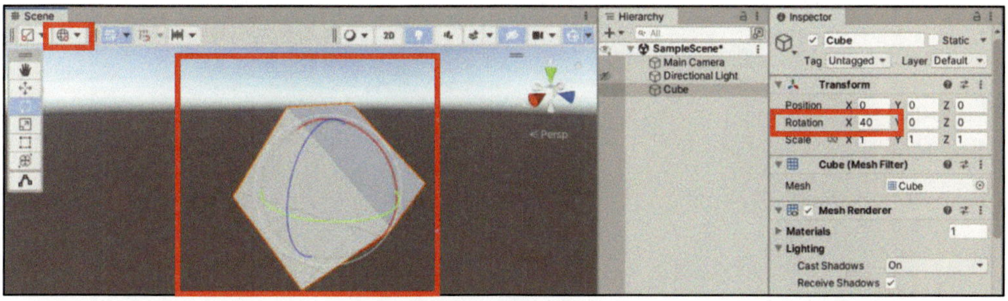

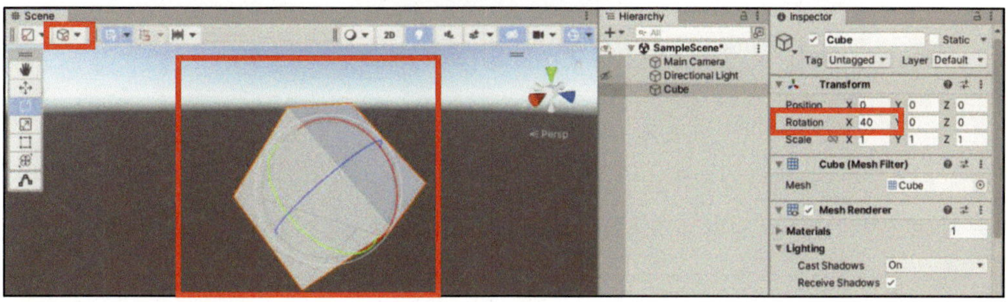

<TIP> 인스펙터창에서 Transform 속성은 기본적으로 Global 을 기준으로 합니다. 단, 특정 객체가 다른 객체의 자식 객체로 할당되면, 자식 객체의 속성은 부모객체에 대한 상대값으로 전환됩니다.

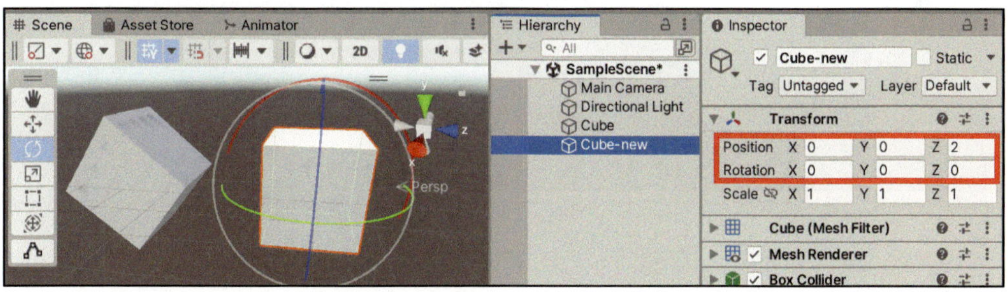

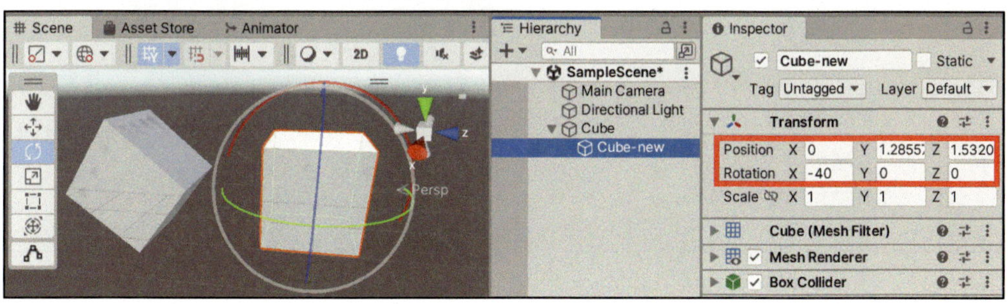

18 Grid Visual 기능을 알아봅니다. 기존 Cube 는 제거하고 새로운 Cube 를 생성한 뒤, Grid Visual 내부의 기능을 조절해 봅니다. 객체의 위치를 확인하는 데 도움을 주는 보조선의 위치나 기준 축이 변경되는 것을 알 수 있습니다.

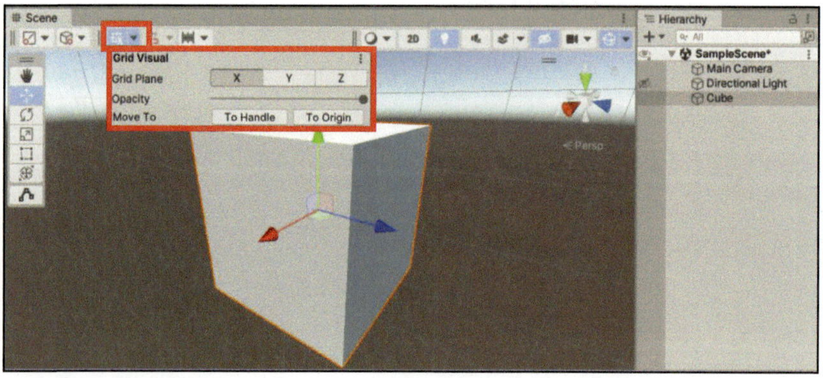

<TIP> Opacity 속성으로 투명도를 조절할 수도 있습니다.

19 계속해서 Grid Snapping 기능을 알아봅니다. 이는 Grid Visual 기능과 밀접한 관계가 있습니다. 객체 이동 시 보조선에 맞추어 정확히 이동할 수 있도록 합니다. 단, Global 설정에서만 작동합니다.

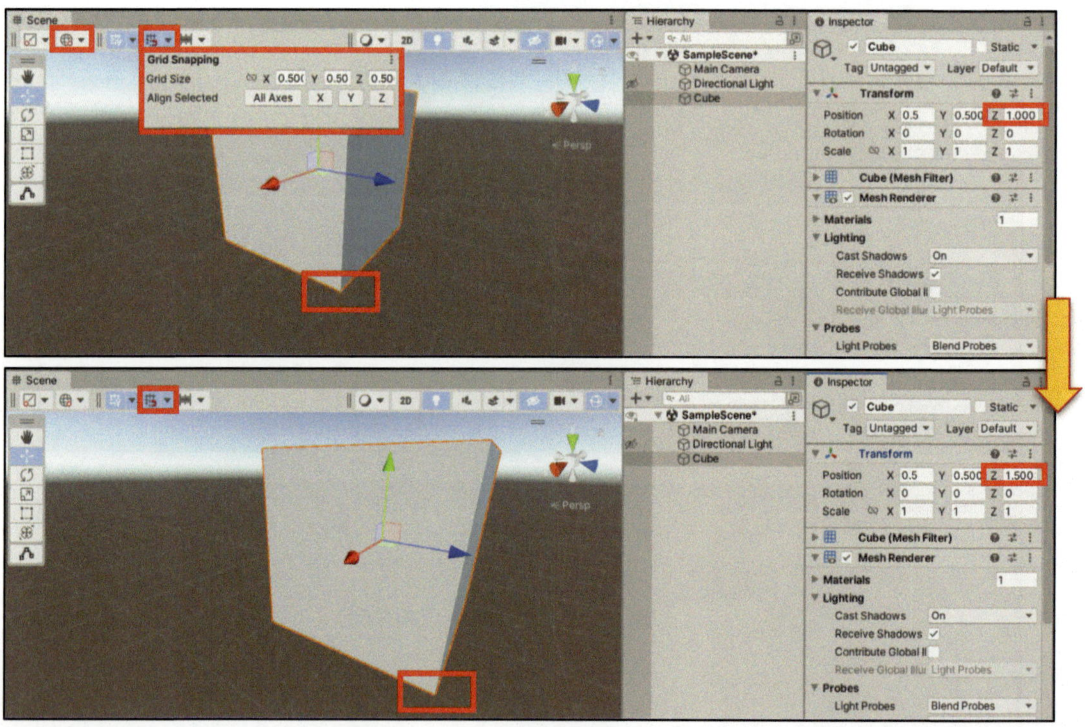

20 다음은 Increment Snapping 기능입니다. 객체의 핸들 선택 후, Ctrl+마우스 드래그 동작으로 Grid Snapping 과 같은 효과를 낼 수 있습니다.

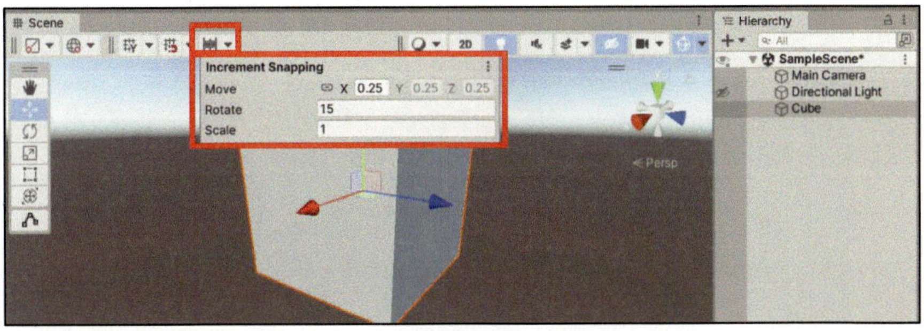

<TIP> Grid 없이도 작동하며, 이동, 회전, 및 확대하는 정도를 수치로 지정해둘 수 있습니다.

21 그 외의 기능은 씬뷰 상에서 특정 옵션의 활성화 여부를 전환하는 역할을 담당합니다. 화면상에 그려지는 렌더링 모드를 전환하거나, 2D 모드를 전환합니다. 그 밖에도 광원, 소리, 레이어, 숨긴 객체, 카메라, 기즈모 등을 씬뷰에서 보이거나 보이지 않게 할 수 있습니다.

<TIP 1> 아래는 2D 모드로 전환한 모습입니다. Z 축 관련 시각 정보가 완전히 무시된 상황입니다.

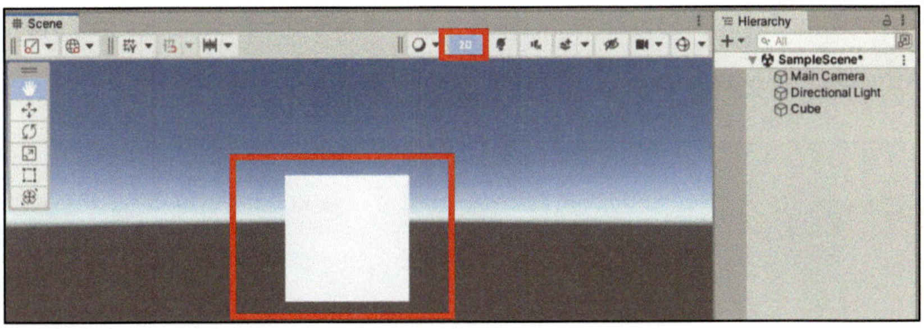

<TIP 2> 아래는 카메라 기즈모가 보이거나 보이지 않도록 조절하는 모습입니다.

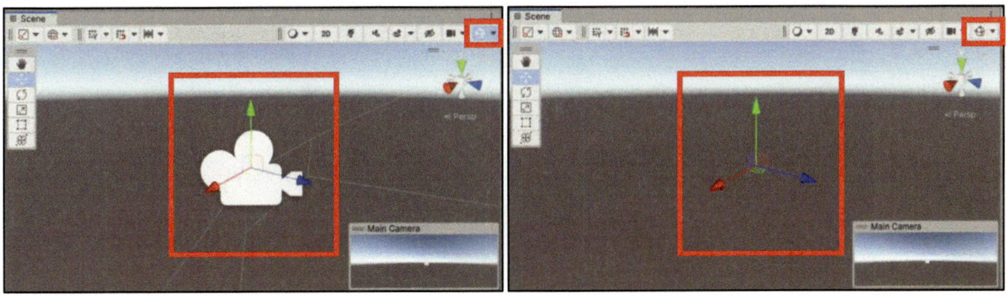

7) 게임뷰 살펴보기

01 게임뷰는 편집화면이 아닌, 실제 프로젝트가 디지털 기기 상에서 어떻게 동작하는 지 확인할 수 있는 곳입니다. Play 버튼을 눌러 활성화하게 되며, 일시 정지, 프레임단위 실행하기 기능이 있습니다.

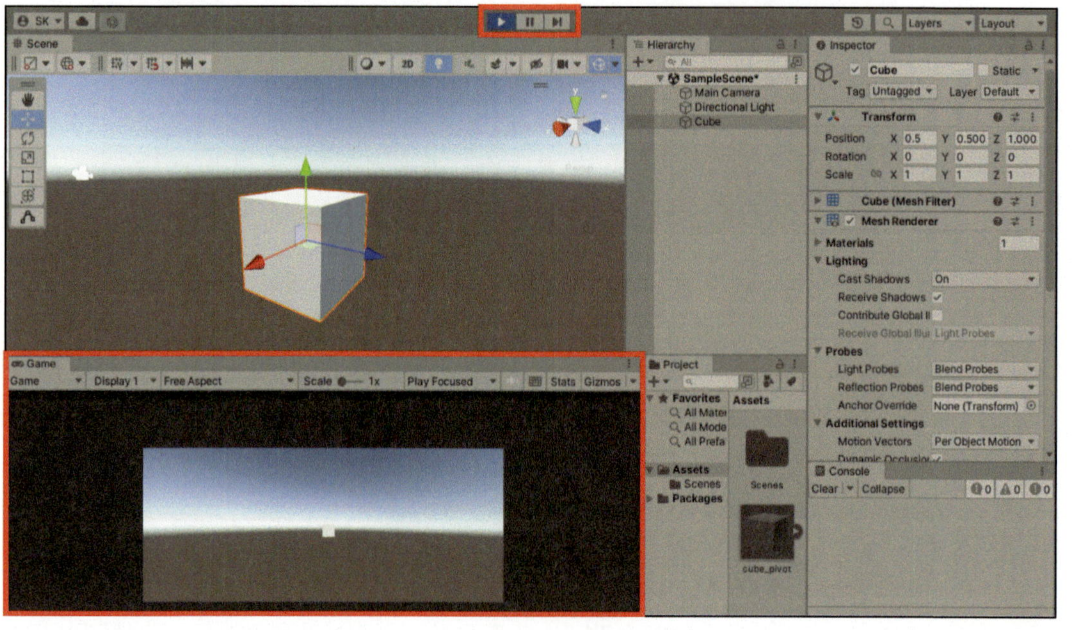

02 먼저 살펴볼 기능은 화면 비율과 관련된 사항입니다. 이를 조절하여 게임뷰가 표현할 화면을 조절할 수 있습니다. 가장 일반적인 옵션은 Full HD (1920X1080)입니다.

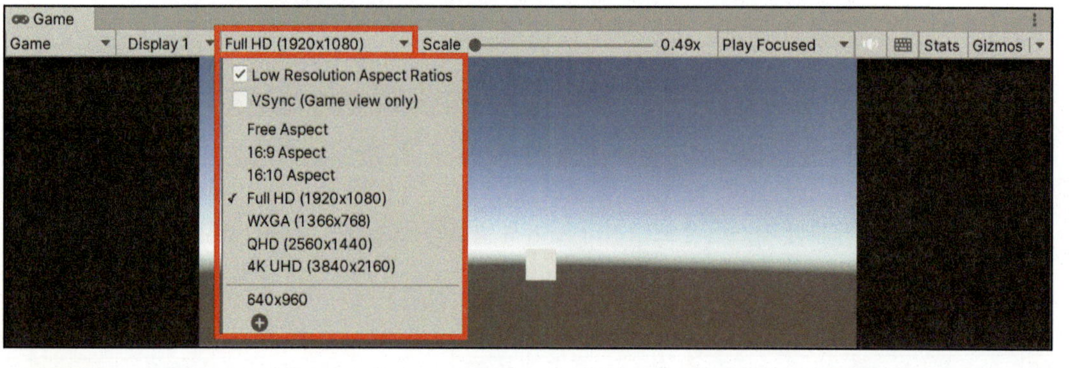

<TIP> Low Resolution Aspect Ratios 옵션은 구형 모니터 사양에 맞추기 위해 남겨져 있는 옵션입니다. 프로젝트 작업에 불편함이 없다면 해제하고 작업하셔도 됩니다. VSync 는 모니터 주사율 동기화와 관련된 것으로 프레임을 모니터 성능과 일정하게 맞출 수 있도록 돕는 기능입니다. 컴퓨터 사양이 지원할 경우 활성화할 수 있습니다.

03 다음으로, Scale 조절 기능입니다. 게임뷰를 확대해서 볼 수 있으나, 실제 프로젝트 화면이 커지는 것은 아닙니다.

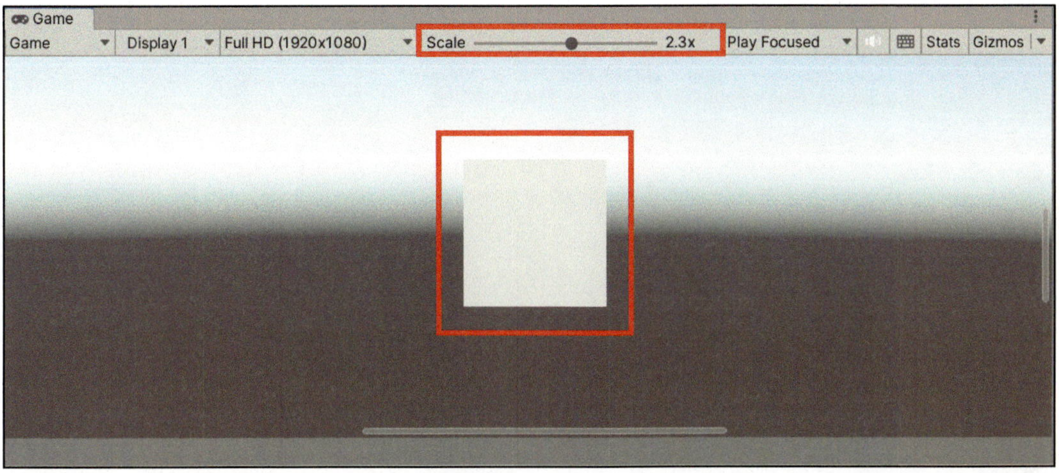

04 Play 모드 조절 기능입니다. Play Focused(시작 시 초점을 게임뷰로 이동), Play Maximized(시작 시 게임뷰 화면 최대화), Play Unfocused(시작 시 초점을 게임뷰로 이동하지 않음)으로 나뉩니다.

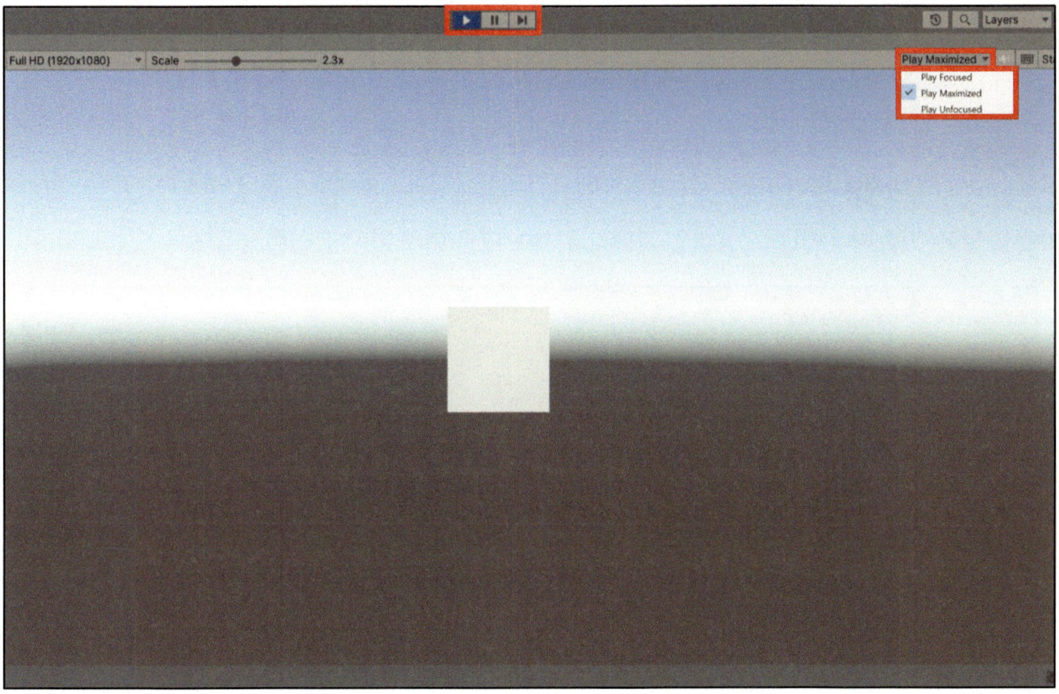

05 계속해서 Display 표시 기능에 대해 알아보기 위해 하이어라키창에서 마우스 우클릭하여 Camera 객체를 하나 추가합니다. 이후, Camera 를 선택하고 인스펙터 창에서 Target Display 속성 아래의 Display2 를 선택합니다.

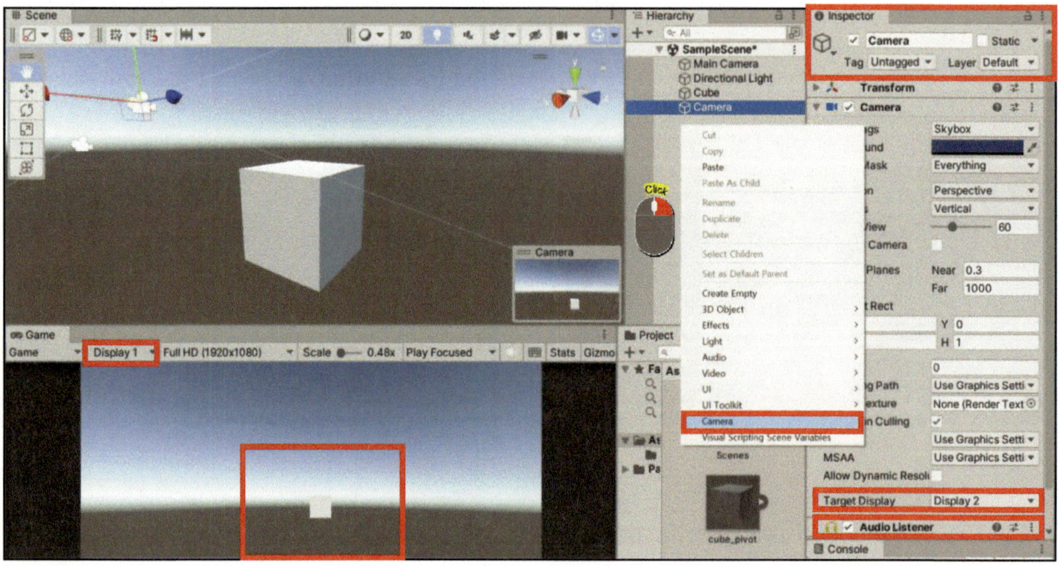

<TIP> Target Display 아래 (Audio Listener)컴포넌트를 보실 수 있습니다. 이는 소리를 듣는 입장을 연출하기 위한 것으로, 실제 프로젝트 개발 시 카메라가 1 대 이상 뷰에 존재하면, 그 중 1 대의 카메라에만 활성화되어 있어야 오류를 막을 수 있습니다.

06 Camera 의 위치를 약간 수정하고 게임뷰에서 Display 1 과 Display 2 를 전환하면 장면이 달라지는 것을 알 수 있습니다. 이를 활용하면 카메라 위치에 따른 여러 가지 장면을 연출할 수 있습니다.

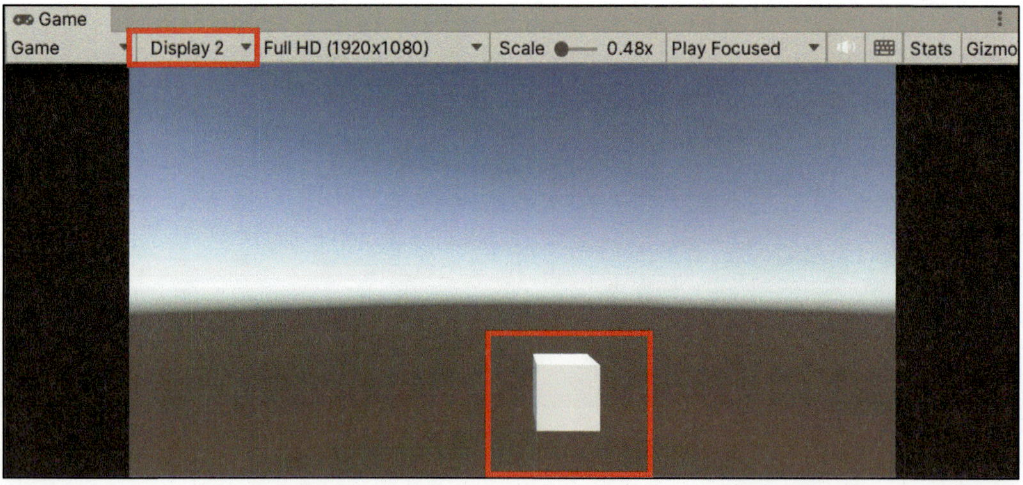

07 이번에는 게임뷰 좌측 상단의 Game 탭을 클릭하여 Simulator 탭으로 이동하겠습니다.

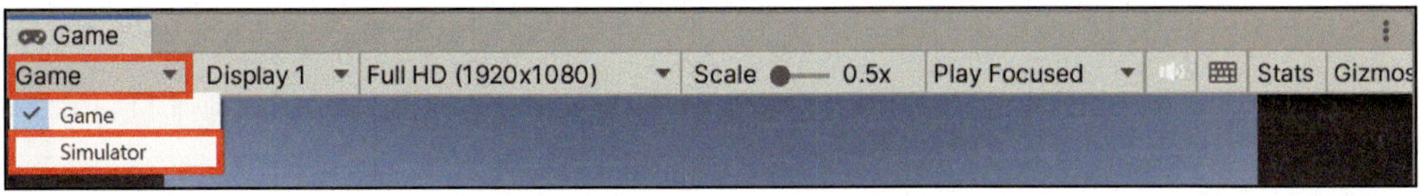

08 Simulator 탭에서는 아이폰, 갤럭시 시리즈(유니티 에디터 2021.3.16f1 기준, 플립 2 및 폴드 2 까지 지원) 및 레이저, 샤오미 등의 모바일 기기에 따라 프로젝트가 어떻게 작동하는지 확인할 수 있습니다.

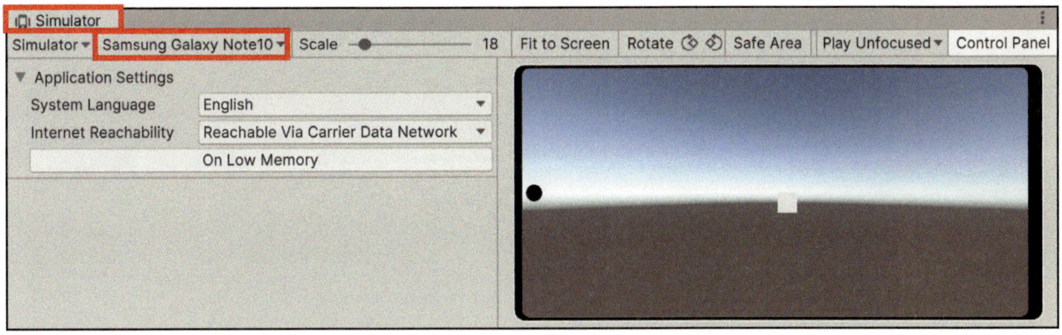

08 회전을 통해 세로 화면에서의 동작 모습도 확인할 수 있으며, Safe Area 표시로 기기 상에서 콘텐츠 노출이 보장되는 영역을 정확히 확인할 수 있습니다.

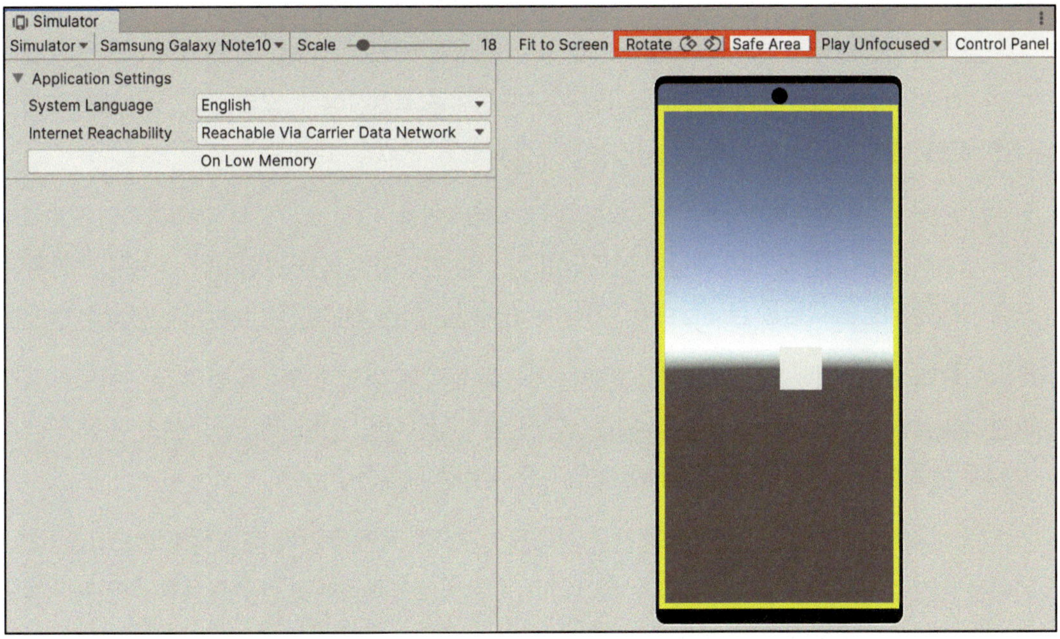

8) 인스펙터창 살펴보기

01 인스펙터창은 객체의 속성을 추가하거나 삭제하고, 관련 정보를 확인하는 공간입니다. 아래는 Cube 객체를 선택한 경우 인스펙터창에 나타나는 속성을 확인한 모습입니다. Cube 객체에 (Transform), (Cube Mesh Filter), (Mesh Renderer), (Box Collider), (Default-Material)컴포넌트가 자동으로 추가되어 있습니다.

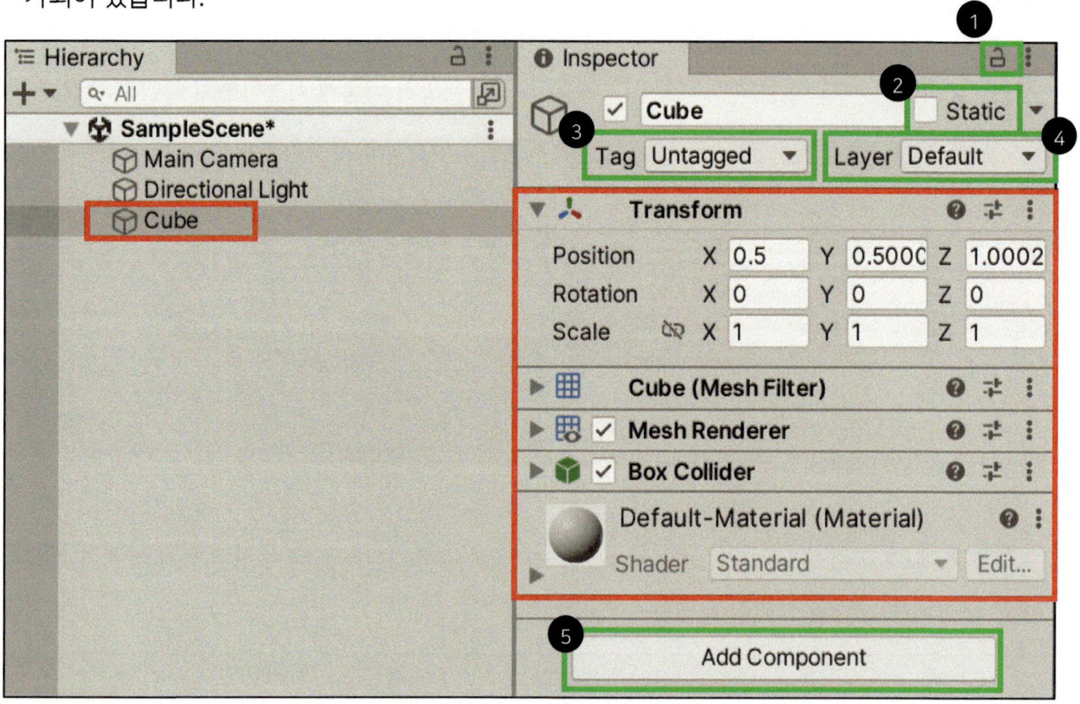

<TIP 1> 화면 우측 상단의 자물쇠를 잠그면 해당 속성창을 고정시킬 수 있습니다. 특정 객체의 속성에 다른 객체를 클릭해 가며 정보를 담을 때 유용하게 활용할 수 있습니다.

<TIP 2> Static 을 체크하면 선택된 객체를 정적 객체로 만들어 줍니다. 정적 객체가 되면 프로그램이 런타임(실행)되는 시점에 이미 계산이 완료되어 더 이상 변하지 않음을 알립니다. 성능상에 이점이 있으며 자세한 내용은 다음을 참고합니다. https://docs.unity3d.com/Manual/StaticObjects.html

<TIP 3> Tag 는 객체에 일종의 표식을 붙이는 기능을 합니다. 이렇게 표식을 붙여 두면 동일한 표식을 가진 객체들에 동시에 명령을 내릴 수 있습니다. 본서 4 장 1 강의 전자 피아노 콘텐츠, 4 장 3 강의 쌓기 나무 애플리케이션과 5 장 4 강의 VR 콘텐츠를 제작할 때 활용합니다.

<TIP 4> Layer 는 포토샵의 레이어와 같은 기능을 담당하여 객체들 간에 층을 쌓도록 도와줍니다. 나뉘어진 층별로 객체들을 별도 관리할 수 있습니다. 프로젝트가 복잡해질 경우 활용할 수 있는 기능으로 자세한 내용은 다음을 참고합니다. https://docs.unity3d.com/Manual/Layers.html

<TIP 5> 인스펙터창 최하단의 Add Component 버튼을 눌러 새 컴포넌트를 추가할 수 있습니다.

<TIP 6> Cube 를 선택한 뒤 (Transform)컴포넌트 우측 상단의 점 3 개 아이콘을 클릭하여 Reset 기능을 활용해봅니다. 객체를 뷰의 정중앙에 가져다 두는 것으로 좌표 초기화에 자주 활용됩니다.

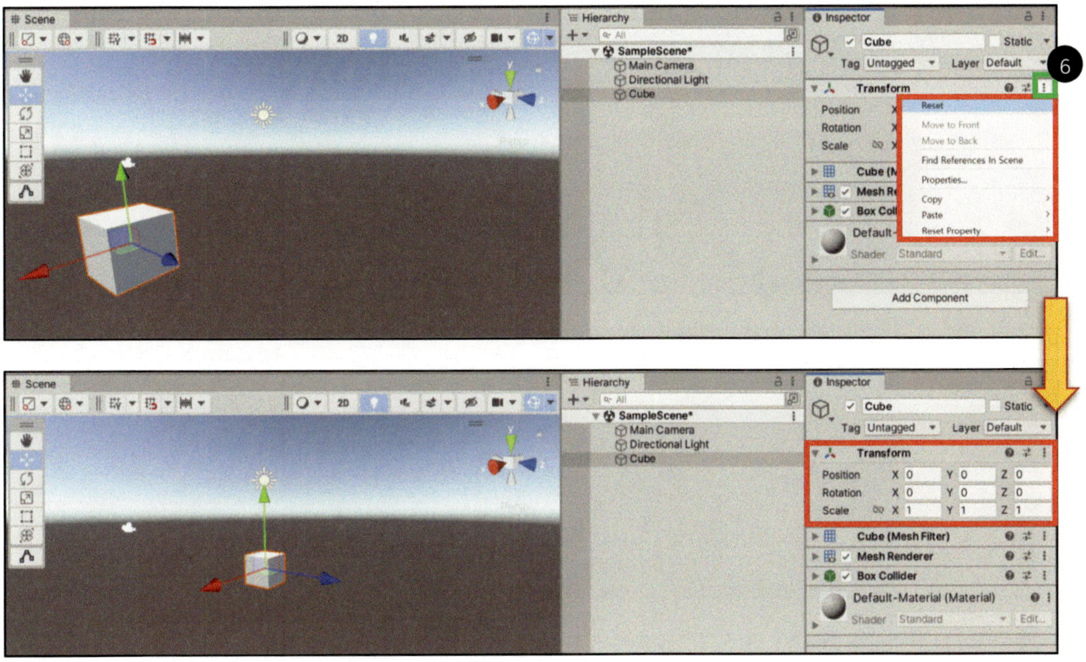

02 이번에는 Main Camera 객체를 선택하고 인스펙터창을 살펴봅니다. Cube 객체와는 다른 컴포넌트들이 담겨 있음을 확인할 수 있습니다.

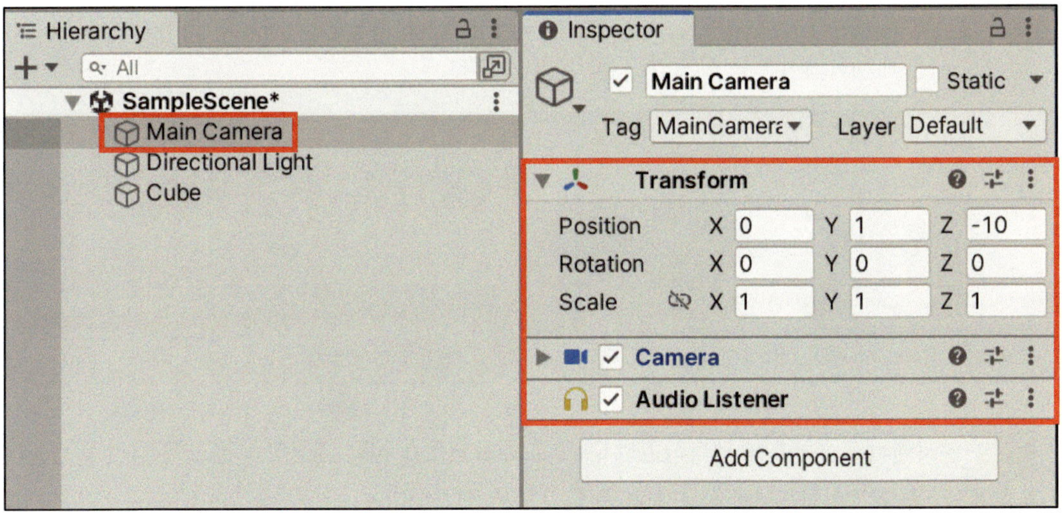

03 컴포넌트에 대해 1 가지만 더 확인하겠습니다. Cube 객체를 삭제한 뒤, 하이어라키창에서 [+]-[Create Empty]를 선택하여 빈 객체를 만듭니다. 그리고 인스펙터창에서 (Camera)컴포넌트를 추가하면, 기즈모를 통해 GameObject 가 카메라 기능을 하는 객체로 바뀜을 확인할 수 있습니다.

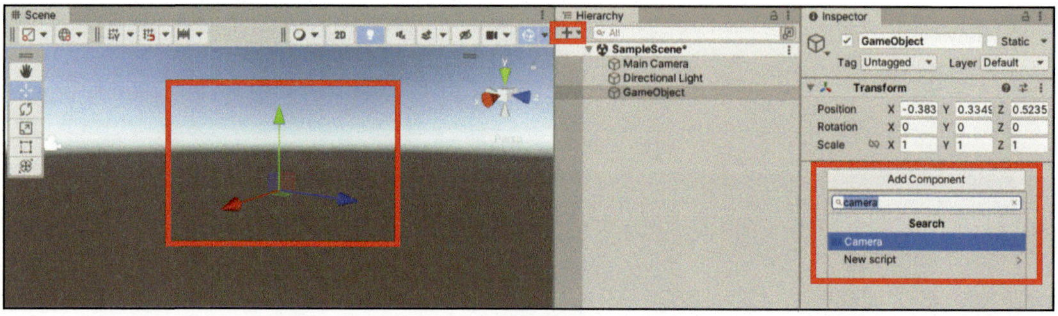

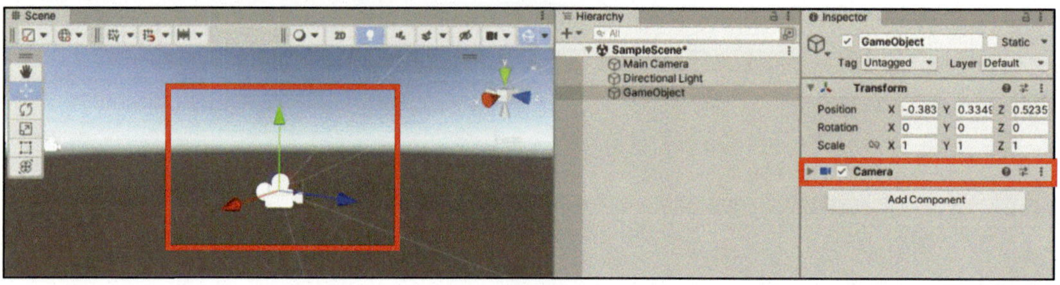

<TIP> 유니티에서 객체의 성질은 컴포넌트가 결정한다는 사실을 기억합니다.

04 컴포넌트의 종류는 아주 다양합니다. 충돌, 무게, 크기, 속도 등을 결정하는 컴포넌트가 있는 한편 소리, 영상, 색깔, UI, 문자 등의 성질을 결정하는 컴포넌트도 존재합니다. 나아가 C#으로 개발자가 직접 제작한 스크립트 코드가 컴포넌트로 활용되기도 합니다. 사실, 유니티에 내장된 컴포넌트 자체가 이미 C#으로 사전에 제작되어 있는 코드라고 볼 수 있습니다.

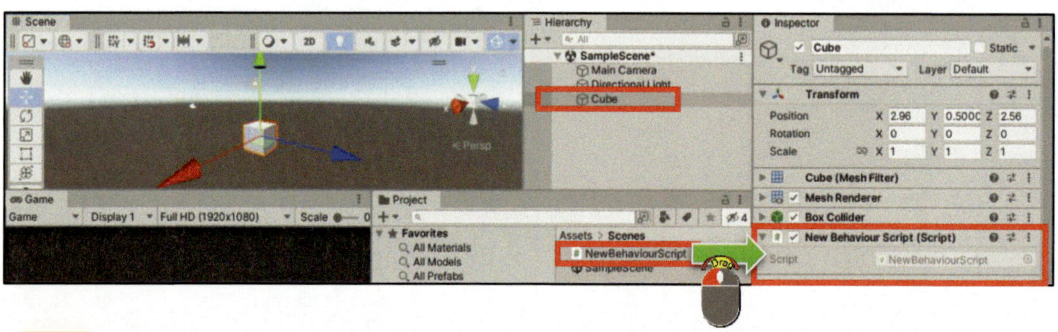

<TIP> 본서에서도 콘텐츠를 제작하면서 C#으로 컴포넌트를 직접 제작하여 필요에 따라 활용합니다. 4 장에서 다양한 C# 컴포넌트 적용 사례를 확인할 수 있습니다.

9) 프로젝트창 살펴보기

01 프로젝트창은 뷰에 올릴 마테리얼(객체의 재질), 모델(객체의 구조), Prefab(객체의 기준이 되는 틀) 등의 애셋과 유니티 관련 핵심 패키지(유니티 기능 전반을 갖고 있는 모음집)를 담고 있습니다. 유니티 에디터를 통한 개발 과정에서 가장 자주 활용하는 것은 {Assets}폴더입니다. 좀 전에 추가해둔 cube_pivot.blend 파일도 담겨 있는 것을 볼 수 있습니다.

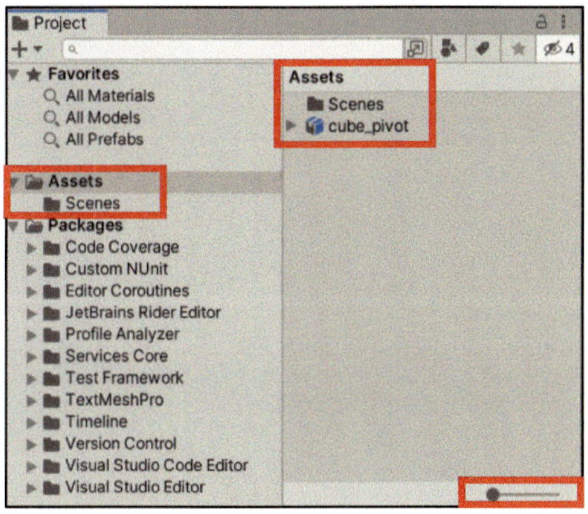

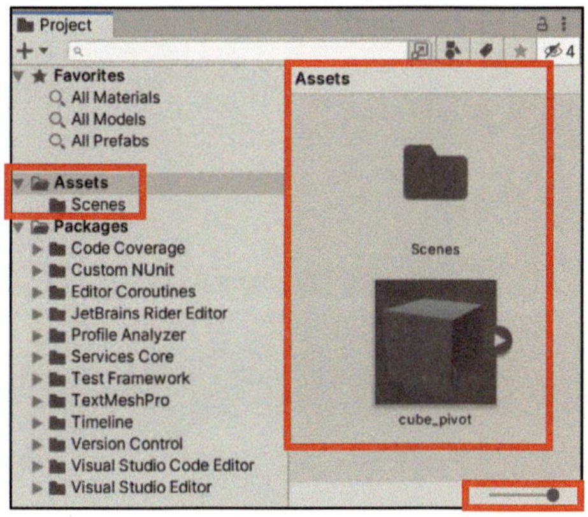

<TIP> 프로젝트창 하단의 핸들을 활용하여 아이콘의 크기를 조절할 수 있습니다.

02 Favorites 탭은 마테리얼, 모델, Prefab 등의 애셋을 종류별로 모아서 접근할 수 있게 합니다. 필요에 따라 활용하면 작업 효율을 올릴 수 있습니다.

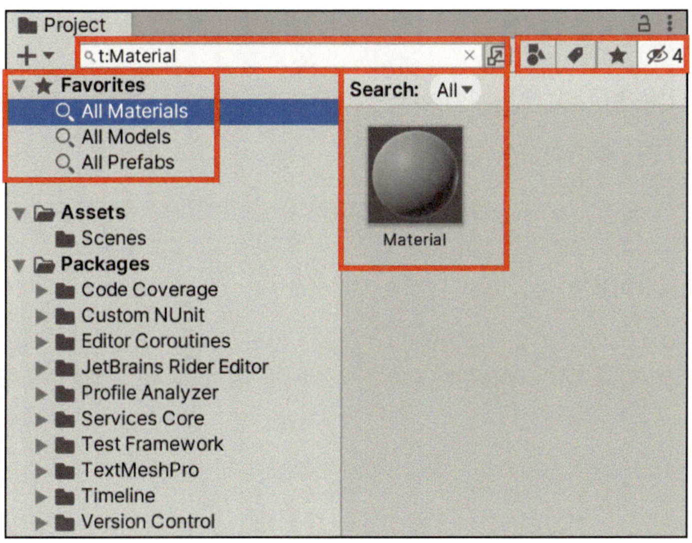

<TIP> 프로젝트창 우측 상단의 아이콘들 역시 각 애셋에 접근하도록 합니다.

03 Packages 탭은 [Window]의 [Package Manager]에서 관리합니다. 기존 내장된 유니티 에디터 기능 외에 추가적인 기능을 설치하거나 관리할 때 활용합니다.

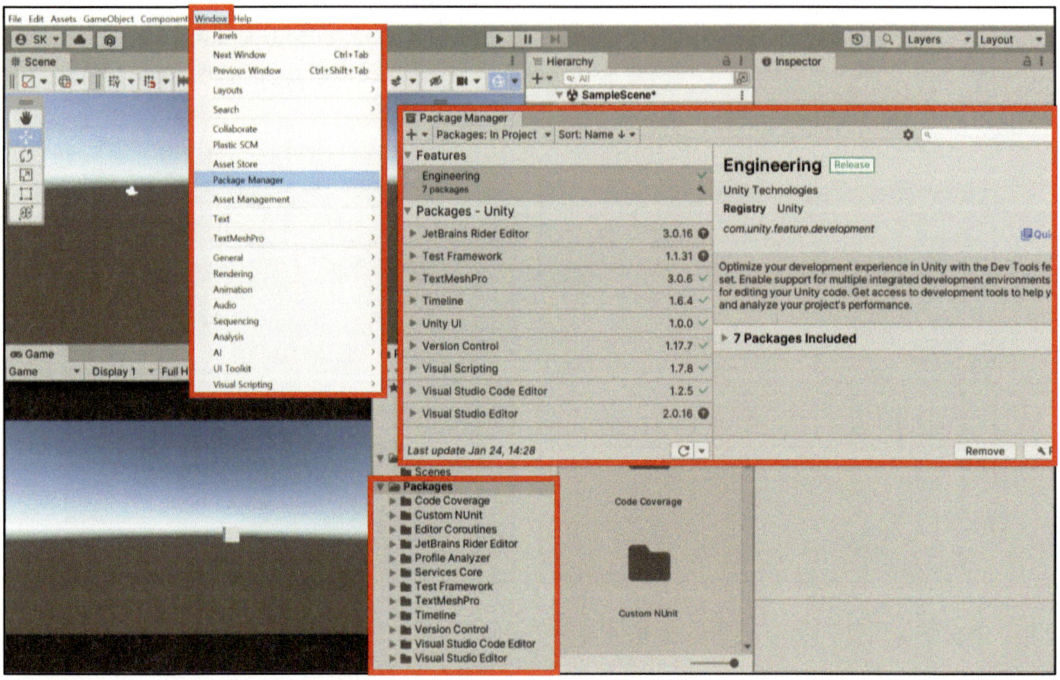

<TIP> 4 장에서 콘텐츠 개발 과정에 Package Manager 를 활용하여 새로운 패키지를 설치합니다.

10) 콘솔창 및 상태표시줄 살펴보기

01 콘솔창은 유니티 에디터 상에서 벌어지는 현상 가운데 자동적으로, 혹은 인위적으로 발생하는 특이사항에 대한 안내 메시지를 전달하는 공간입니다.

02 가령, 하이어라키창에서 Main Camera 를 복사하여 2 개의 카메라를 배치한 뒤, Play 버튼을 누르면 아래와 같은 경고 메시지를 확인할 수 있습니다. 이는 2 개의 카메라가 모두 Audio Listener 컴포넌트를 보유하고 있기 때문에 생겨나는 에러 메시지입니다. 청자가 2 인 이상 존재하면 유니티에선 문제로 인식합니다. 또한, 이러한 정보는 아래처럼 화면 최하단의 상태표시줄에도 나타나는 정보입니다.

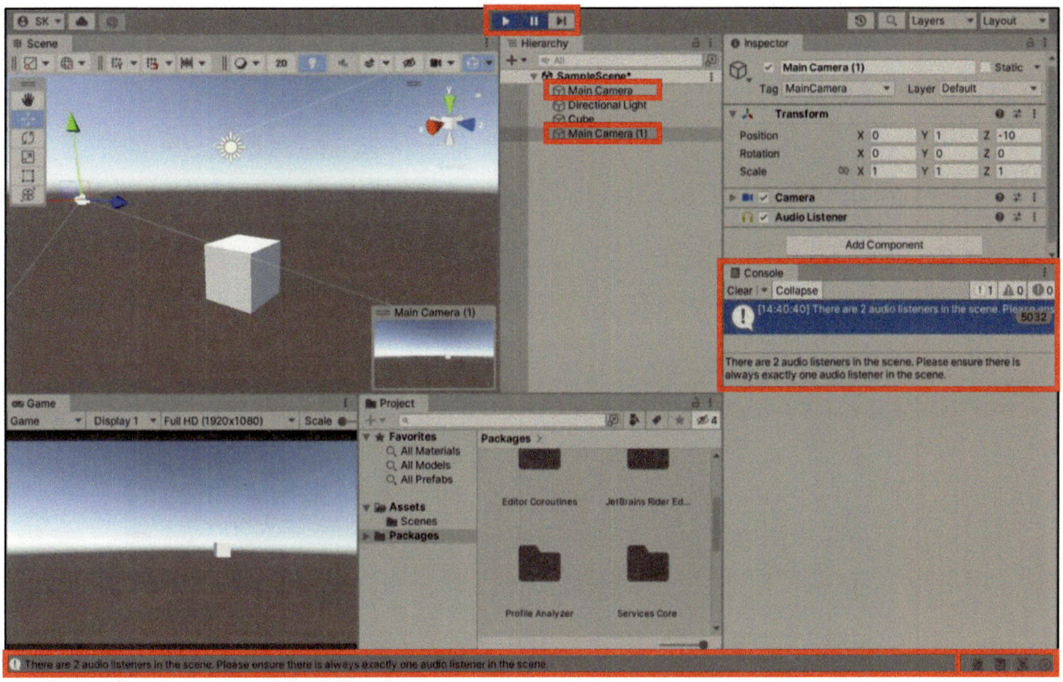

<TIP> 상태표시줄은 디버깅, 캐쉬서버, 광원 관리, 작업표시기 등의 기능을 가지고 있습니다. 자세한 내용은 다음을 참고하세요. https://docs.unity3d.com/kr/2020.3/Manual/StatusBar.html

03 이제, Main Camera (1) 객체의 Audio Listener 컴포넌트를 비활성화하고 다시 Play 하면 오류가 나타나지 않는 것을 확인할 수 있습니다.

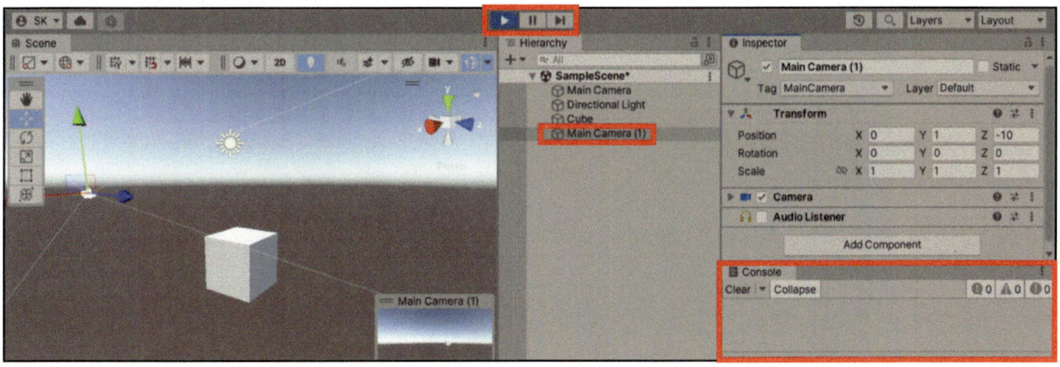

3 강　객체 알아보기 1 – 시각적 요소 [관련 코드 & 애셋 – 부록 참고]

유니티의 핵심이라고 할 수 있는 객체를 다루어 봅니다. 앞서 1 강에서 언급했지만, 유니티의 하이어라키창, 씬뷰, 게임뷰에 등장하는 모든 것은 객체라고 할 수 있습니다. 그 중 시각 요소와 관련된 몇 가지 대표적인 객체들의 활용법을 알아보며 작은 놀이터를 만들어 보겠습니다. 미끄럼틀, 시소가 놓인 공간을 표현합니다.

1) 사물 다루기

01 이제 놀이터 제작을 시작합니다. 먼저, Unity Hub 를 통해 Objects 라는 명칭의 새로운 3D 프로젝트를 생성 후 실행합니다.

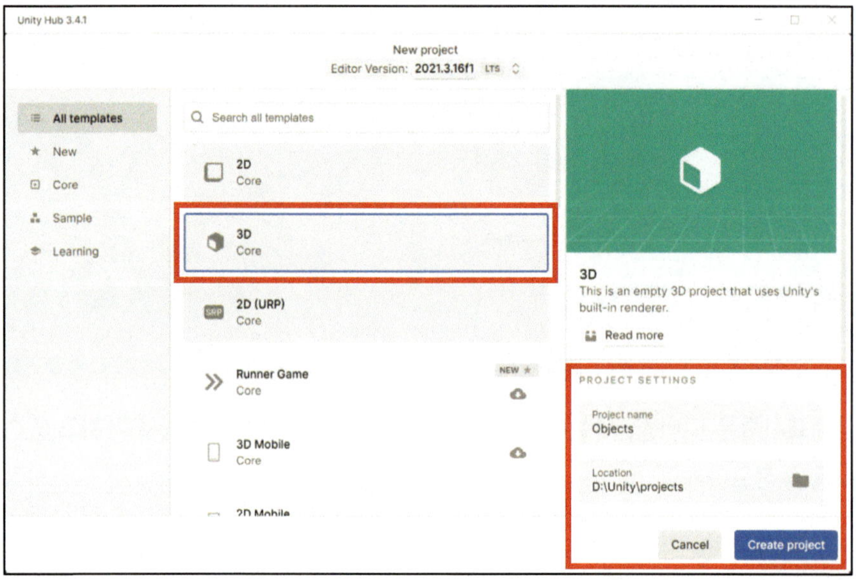

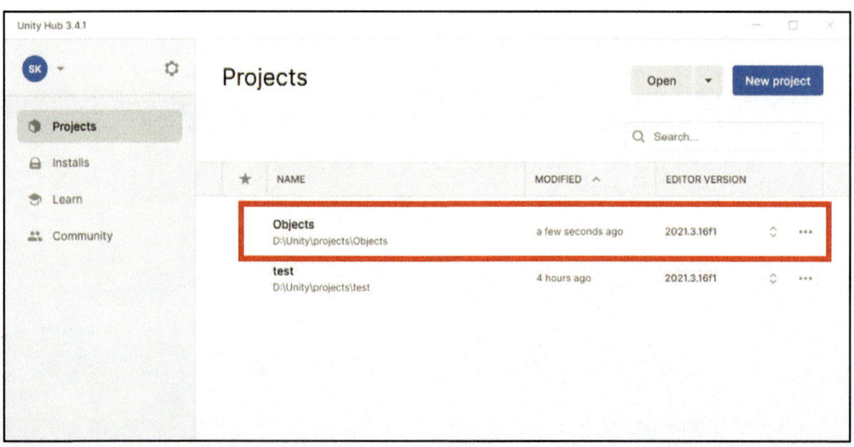

02 씬뷰의 명칭을 SampleScene 에서 Playground 로 변경합니다.

03 놀이터 바닥을 제작합니다. 하이어라키창에서 [+]-[3D Object]-[Plane]을 선택합니다.

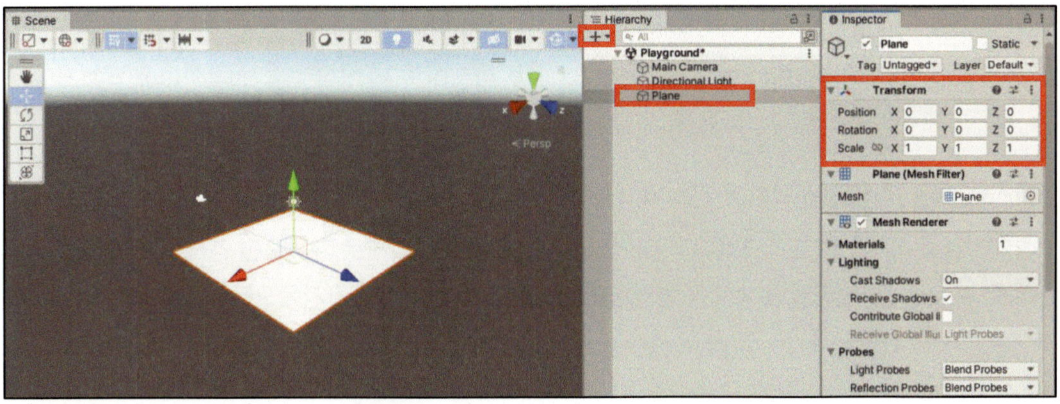

<TIP> (Transform)컴포넌트의 Reset 기능으로 Plane 객체를 원점에 놓고 작업을 진행합니다.

04 이어서 인스펙터창의 (Transform)컴포넌트를 통해 Plane 객체의 Scale 값을 x, y, z 모두 5 로 조절하여 확대하고, Plane 의 명칭을 Ground 로 변경합니다.

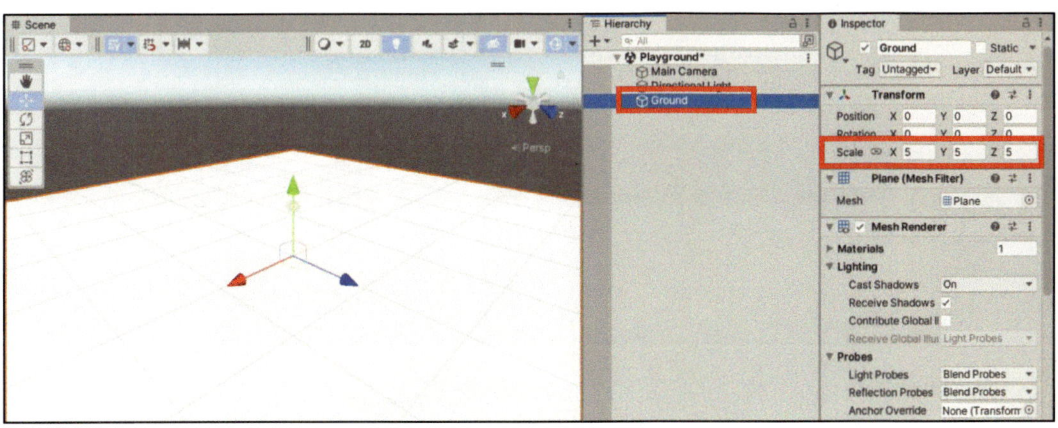

05 바닥 색깔이 심심한 흰색인 관계로 황토색의 느낌으로 변경하겠습니다. 프로젝트창에서 {Assets}폴더에 [+]-[Folder]를 클릭하여 {Materials}폴더를 생성합니다. 그 속에 [+]-[Material]을 선택하여 Ground 라는 명칭의 마테리얼을 생성하여 집어넣습니다.

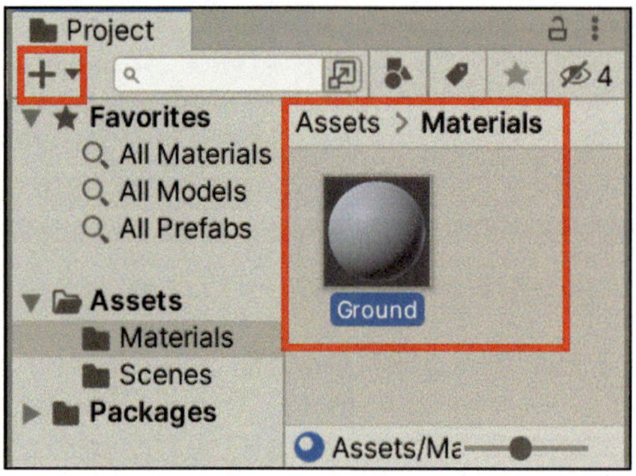

<TIP> 애셋이 1 개뿐이라도 이를 위한 폴더를 따로 만들어 두는 것이 프로젝트 관리에 효과적입니다.

06 Ground 마테리얼을 선택하여 인스펙터창에서 아래와 같이 속성값을 수정합니다. 다음으로 Ground 마테리얼을 마우스로 드래그하여 하이어라키창의 Ground 객체로 가져오면 객체의 색상이 변합니다. 이후, Ground 마테리얼의 색상을 변경하면 Ground 객체의 색상도 자동으로 변경됩니다.

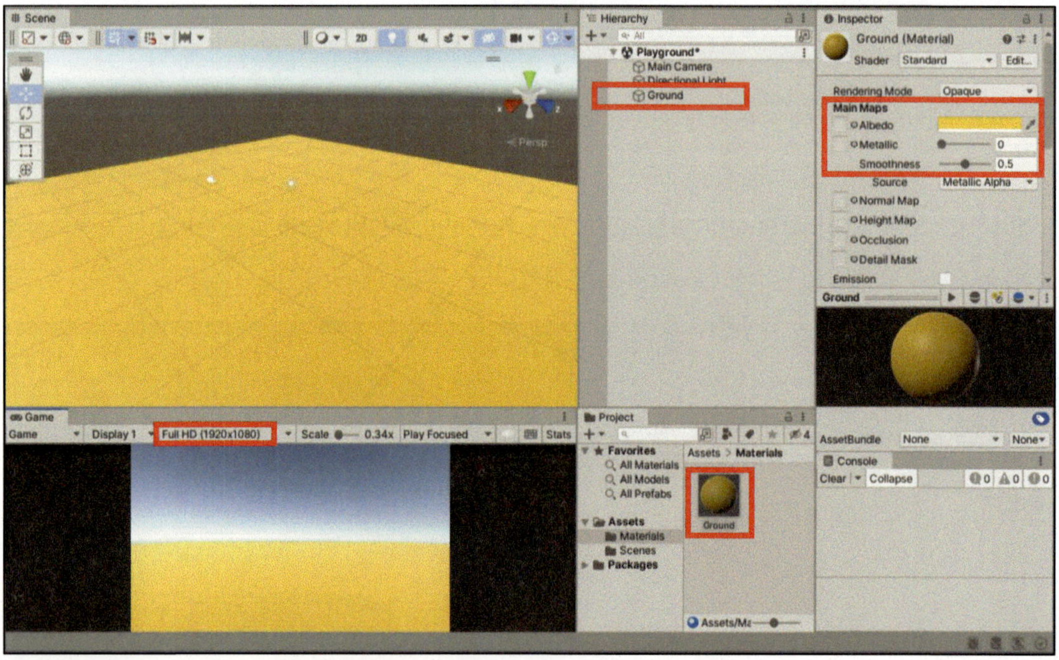

<TIP> 게임뷰에서 해상도를 Full HD (1920X1080)에 맞추었습니다.

07 미끄럼틀을 제작해보겠습니다. 먼저 [+]-[3D Object]-[Cube]를 선택 및 가공하여 아래와 같이 슬라이드 모양으로 만듭니다. 슬라이드 아래 부분이 Ground 객체를 살짝 뚫고 나가도 괜찮습니다.

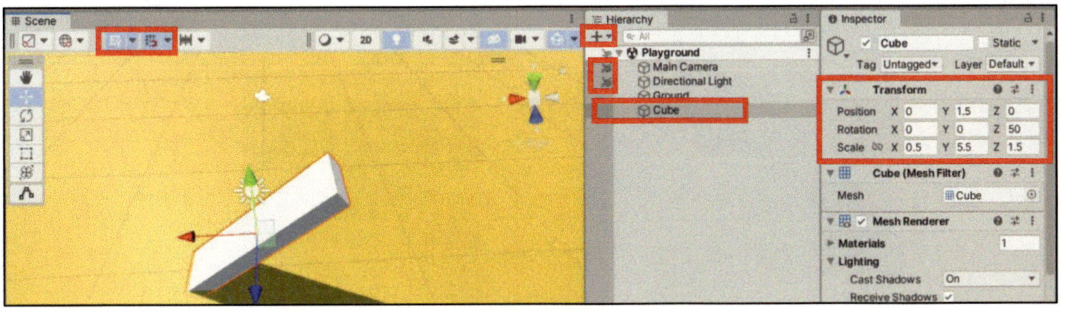

<TIP> 제작 시 씬뷰의 각종 Tool 과 Snap 등의 기능을 활용하면 작업이 편리합니다. 한편, Main Camera 와 Directional Light 의 터치 조작을 해제하여 제작 시 방해가 되지 않도록 하였습니다.

08 다음으로 미끄럼틀 윗부분을 제작해보겠습니다. 마찬가지로 [+]-[3D Object]-[Cube]를 활용하여 아래와 같이 생성합니다. 이음새가 완전히 맞지 않아도 문제없습니다.

<TIP> 제작 시 Snap 기능이 방해가 되면 잠시 해제해 두고 필요시 다시 적용하는 것도 요령입니다.

09 계속해서 계단을 생성합니다. 미끄럼틀 맨 윗부분을 복제하여 활용하였습니다.

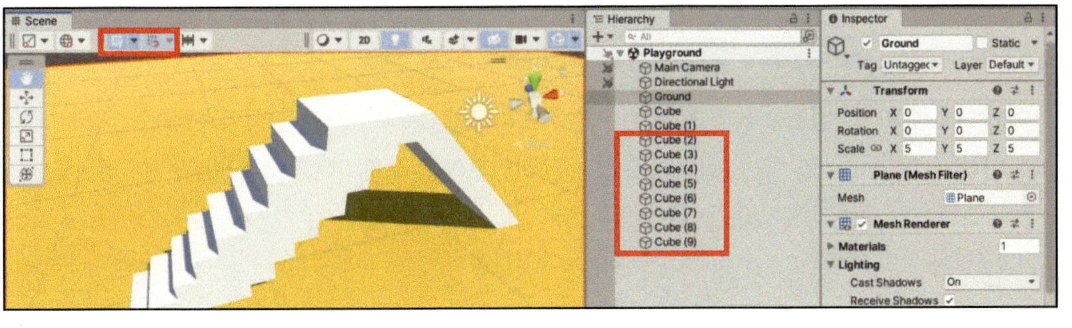

10 프로젝트창의 {Assets}-{Materials}폴더에 Slide 라는 새로운 마테리얼을 만들고 놀이터 바닥과 색을 구분한 뒤, 미끄럼틀을 구성하는 Cube 객체들에 모두 적용합니다.

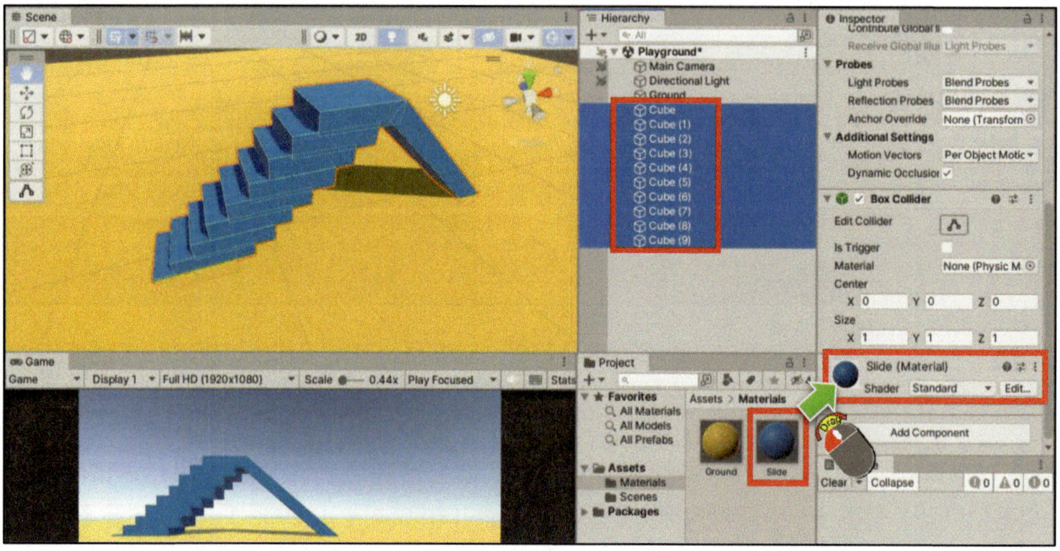

11 [+]-[Create Empty]로 빈 객체를 만들고 Slide 로 명명합니다. 이후 미끄럼틀에 해당하는 모든 객체를 Slide 에 집어넣어 Slide 객체의 자식 객체로 삼습니다. 이제 Slide 를 옮기면 미끄럼틀이 한꺼번에 이동합니다.

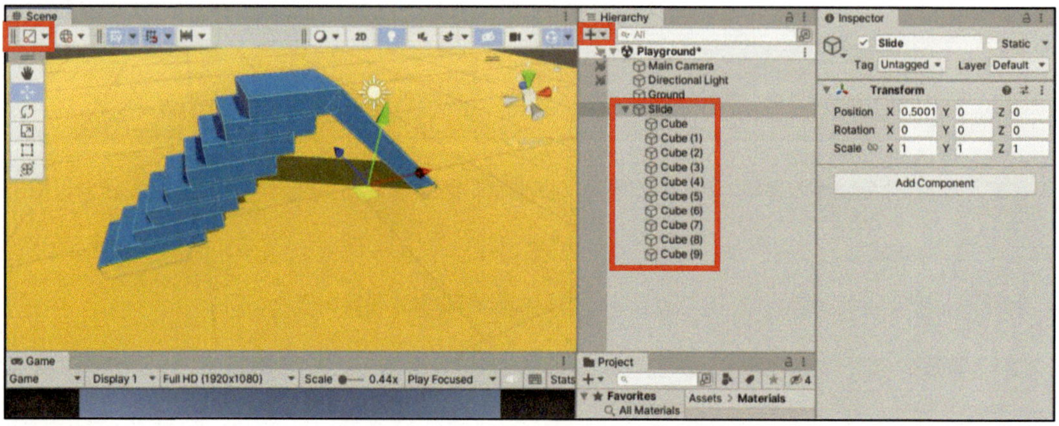

<TIP> 빈 객체 생성시 Reset 을 통해 위치를 초기화하고 Cube 객체들을 집어넣도록 합니다. 또한, 현재 씬뷰에서 Center 가 아닌 Pivot 모드를 선택하였음에 주목합니다. 이로 인해 Slide 객체를 중심으로 미끄럼틀의 모든 객체가 이동하는 것입니다.

12 이제 시소를 만들어 봅니다. [+]-[3D Object]-[Cube]로 객체를 만들고 아래와 같이 배치합니다.

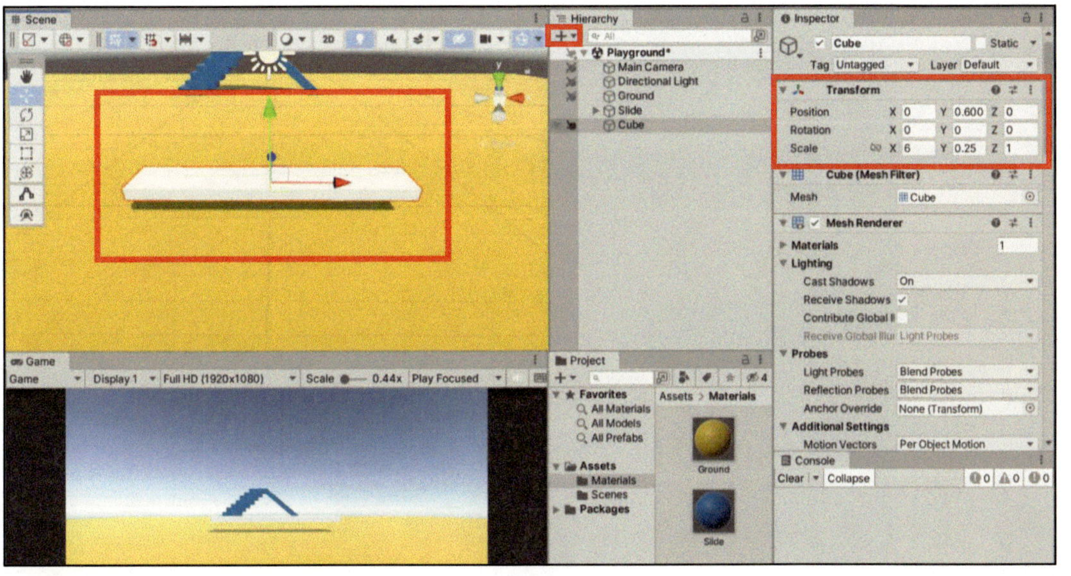

<TIP> Slide 는 작업에 방해가 되어 뒤로 밀어 두었습니다. 또한, 이번에는 Ground 객체도 터치 조작을 해제하여 시소 제작에 방해가 되지 않도록 하였습니다.

13 계속해서 시소 받침대를 만들어 봅니다. [+]-[3D Object]-[Cylinder]로 객체를 만들고 아래와 같이 배치합니다.

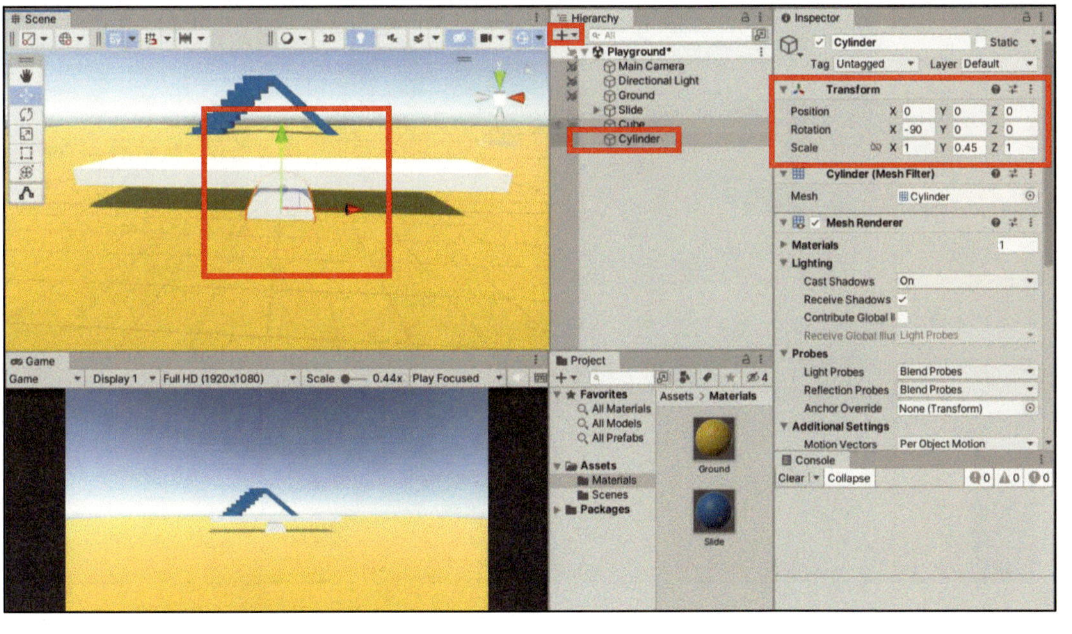

14 연이어, 앞서 제작한 미끄럼틀과 마찬가지로 시소에도 새로운 마테리얼을 적용하고, SeeSaw 라는 빈 객체의 자식 객체로 담아봅니다.

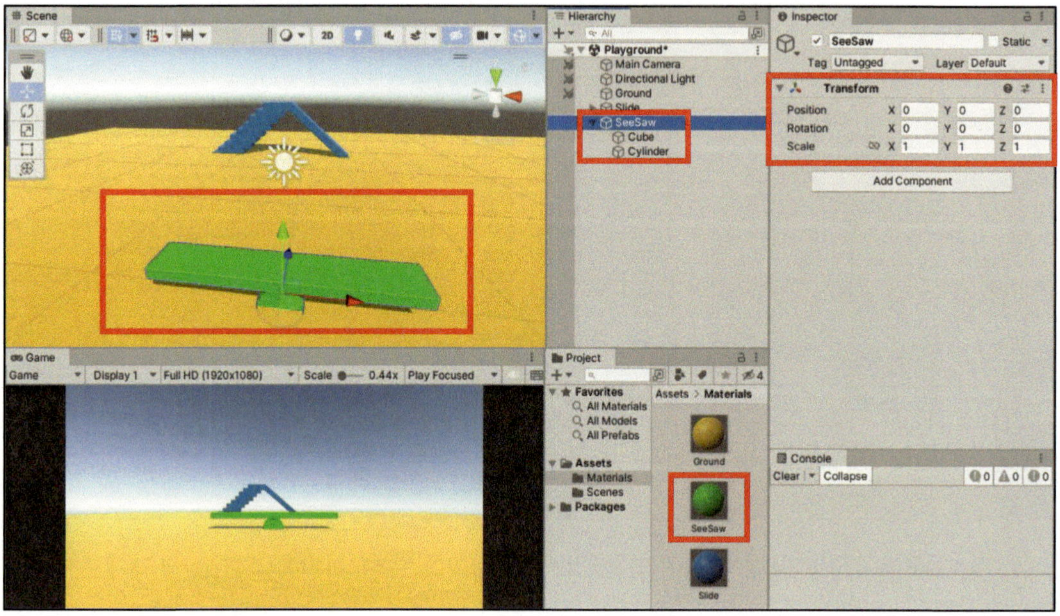

15 추가적으로 [+]-[3D Object]-[Capsule]을 생성하고 명칭을 Player 로 정하여 놀이터에서 놀고 있는 아이로 삼습니다.

16 이대로는 아이가 바라보는 방향을 알기 어렵습니다. Cube 객체를 추가하고 Eye 라 명명한 마테리얼을 입혀, Player 의 자식 객체로 추가하였습니다. 이를 Player 객체의 앞쪽 방향 기준으로 삼습니다.

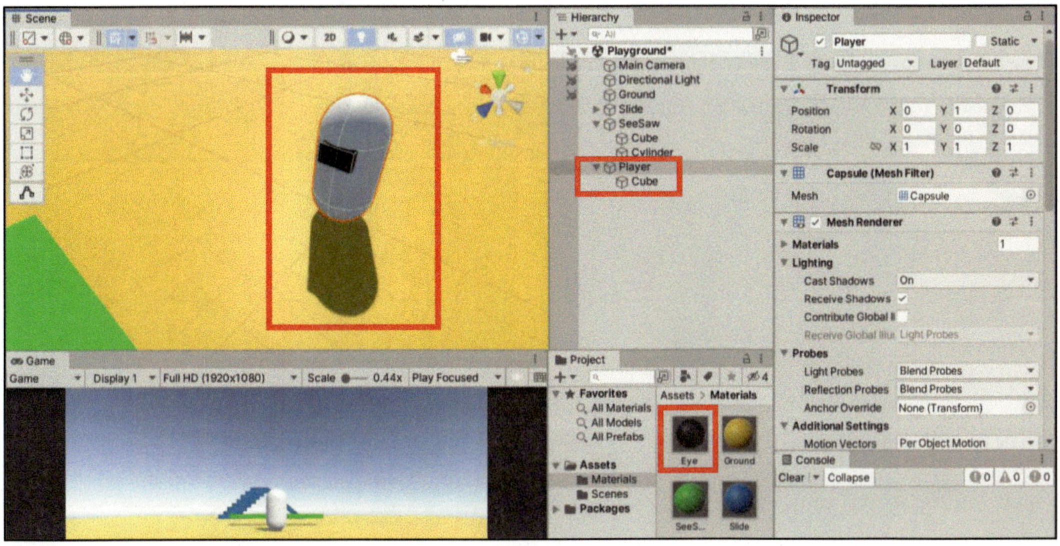

17 놀이터가 여전히 허전하기에 시소를 하나 더 추가해 보겠습니다. 추가 과정에 Prefab 의 활용법을 알아봅니다. 프로젝트창에 {Assets}-{Prefabs}폴더를 만들고 SeeSaw 객체를 마우스 드래그해서 집어넣습니다. 이 때, SeeSaw 객체의 글씨가 푸르게 변한 것은 Prefab 과의 연결되어 있음을 의미합니다.

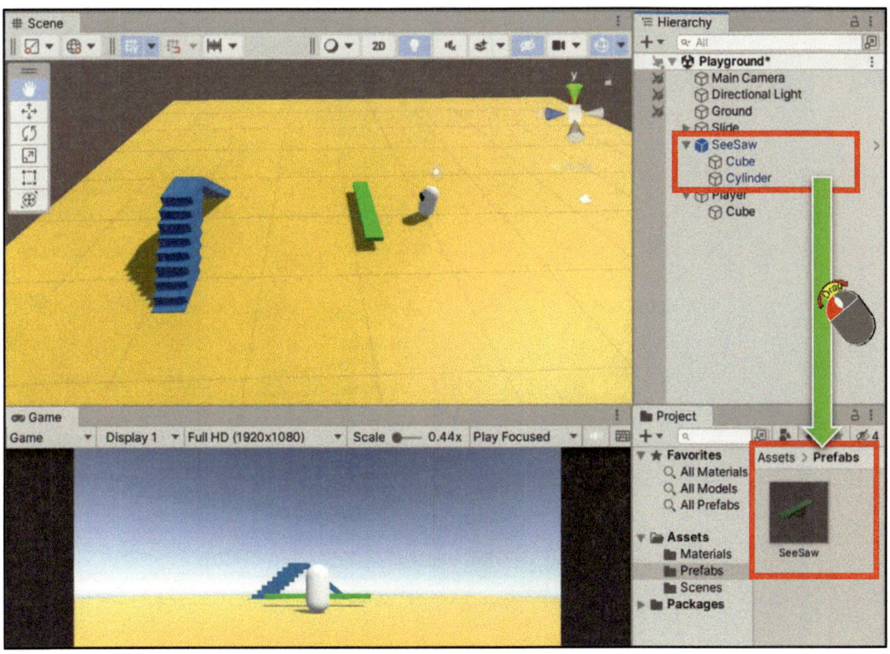

18 이제 반대로 Prefab 에서 하이어라키창으로 SeeSaw 를 가져와 2 개의 시소 객체를 더 만듭니다. 이후 SeeSaw Prefab 을 선택하여 (Transform)컴포넌트에서 Scale 값을 수정하면, Prefab 과 연결된 푸른색 글씨의 모든 SeeSaw 객체가 함께 영향을 받는 것을 알 수 있습니다.

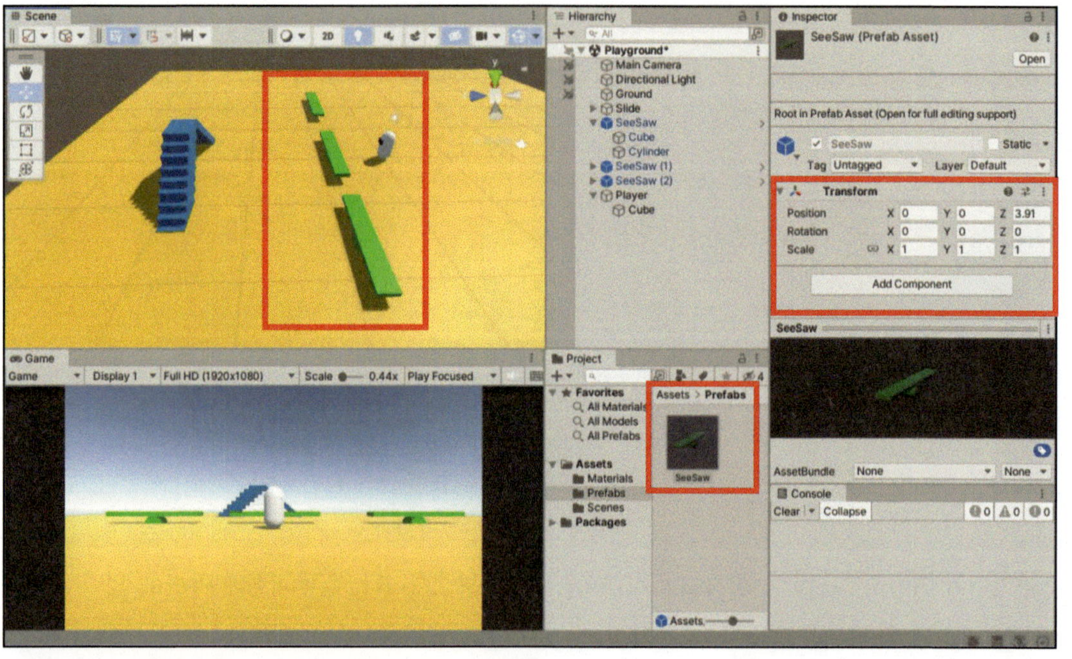

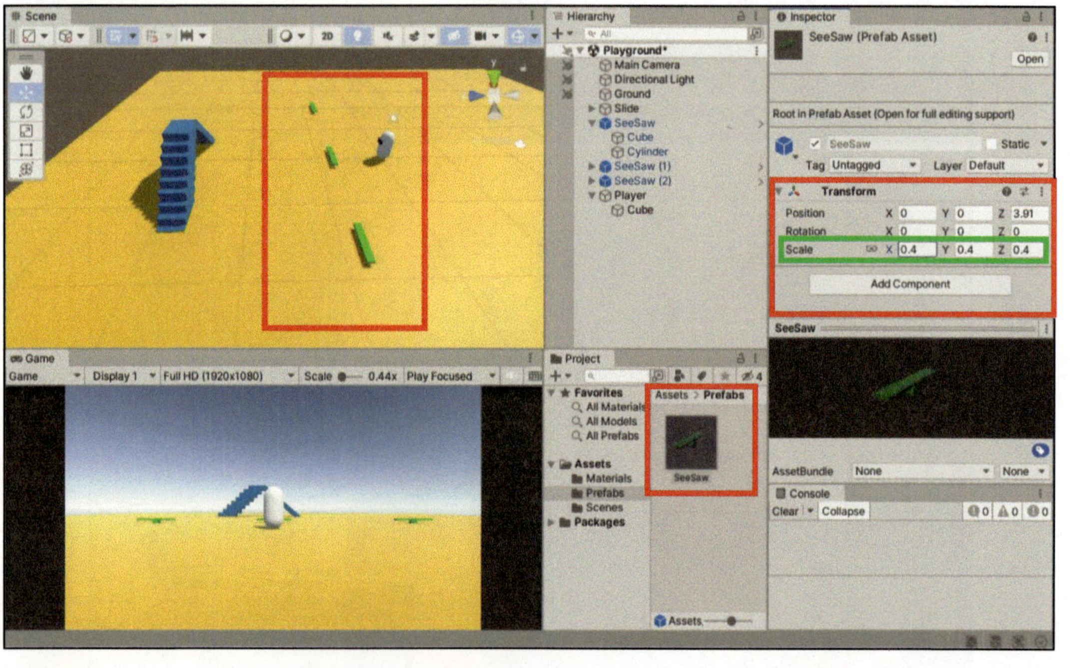

<TIP> Prefab 은 동일한 객체를 동시에 관리할 수 있는 강력한 기능을 지닙니다.

2) 카메라 다루기

01 놀이터의 모습을 제대로 담기 위해 Main Camera 의 속성을 인스펙터창에서 조절해 보겠습니다. 아래의 수치를 조정하여 게임뷰의 장면을 보기 좋은 각도로 옮겨보았습니다.

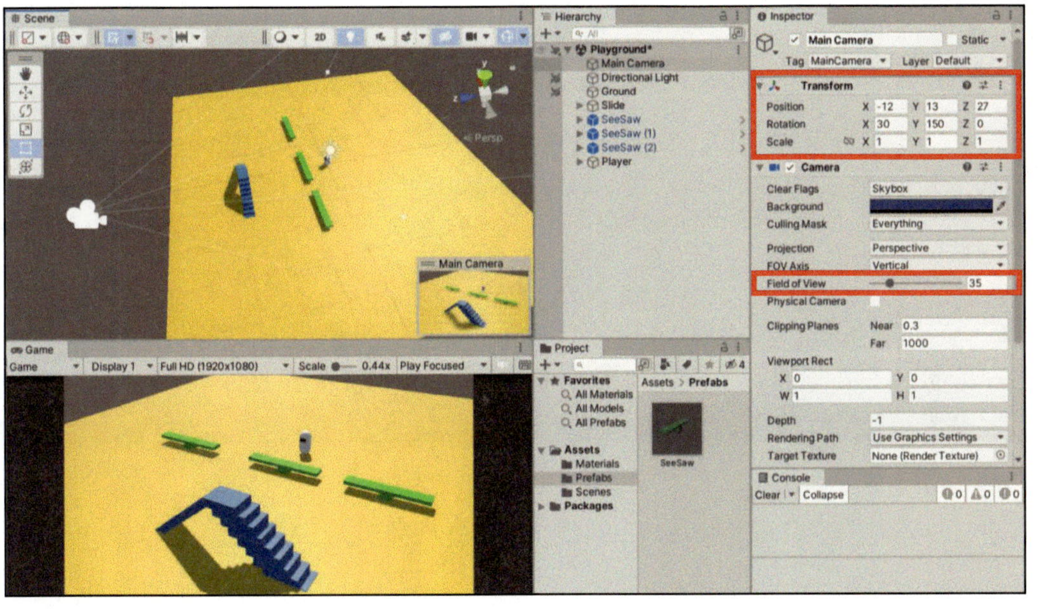

02 Clear Flags 속성과 Background 속성을 조절하여 배경의 색깔을 변경할 수도 있습니다.

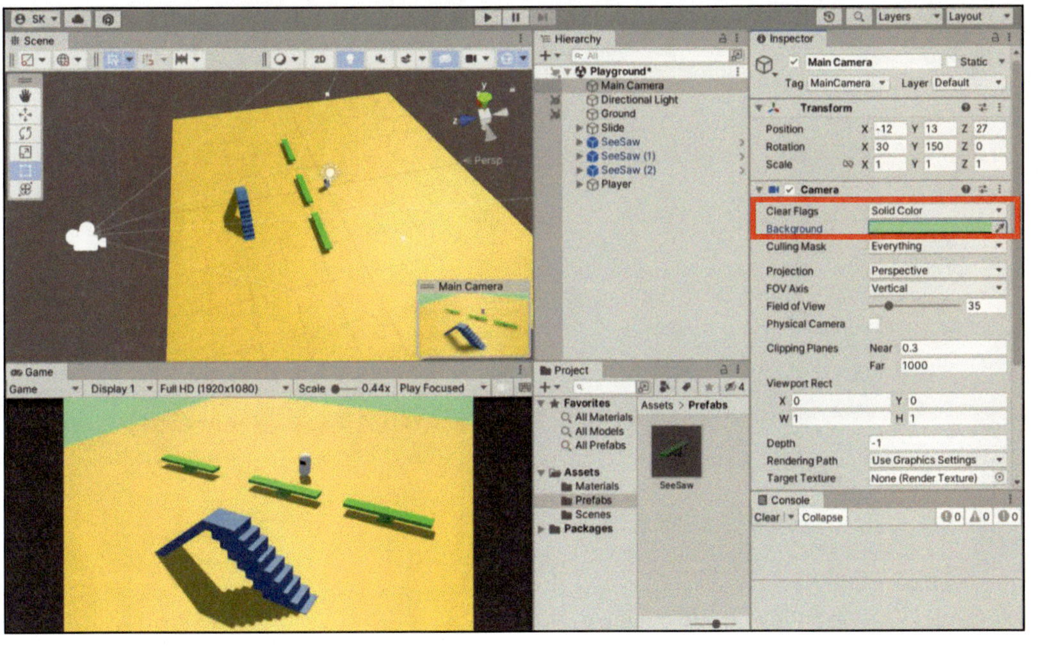

03 그 밖에 Projection 속성을 조절하여 원근감을 없애거나, Viewport Rect 수치를 조절하여 카메라의 크기와 배치를 지정하는 등 다양한 기능이 있습니다.

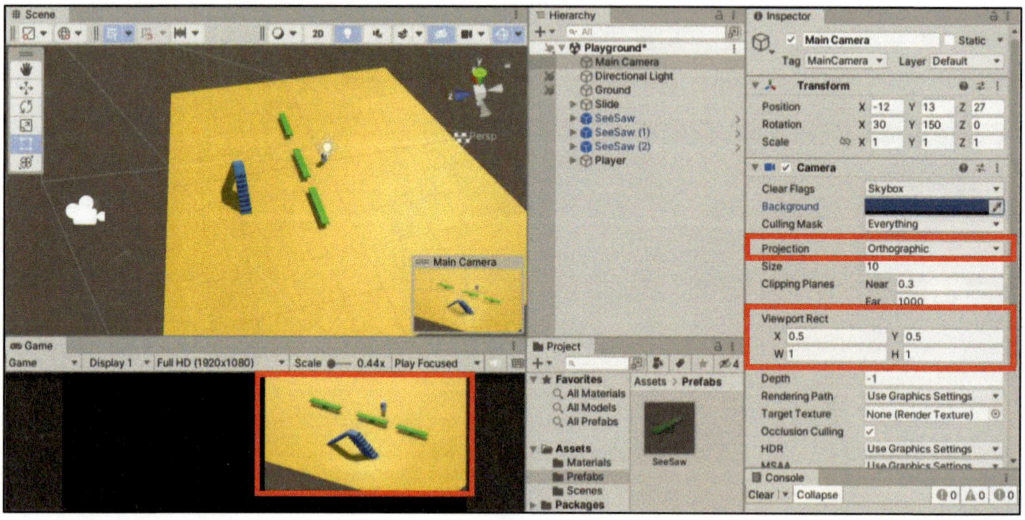

04 1 인칭 시점을 만들기 위해, Player 에 또다른 카메라를 배치하는 것도 가능합니다. 하이어라키창에서 [+]-[Camera]를 선택하여 Camera 객체를 만들고, Player 의 자식 객체의 Cube 의 자식 객체로 만듭니다. 이후, Camera 객체의 위치를 Reset 하고 Target Display 속성을 Display2 로 지정합니다. 이후 게임뷰에서 Display 2 를 선택하면 아래와 같은 화면을 얻을 수 있습니다.

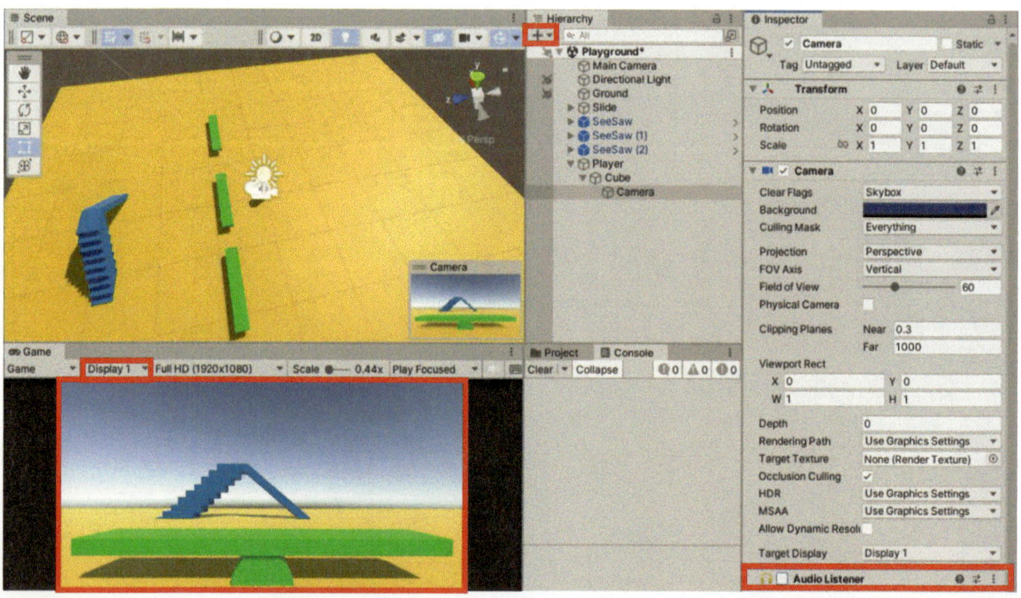

<TIP> 오류방지를 위해 추가 카메라의 (Audio Listener)컴포넌트는 비활성화 합니다.

05 마지막으로, 1 인칭 카메라를 포함하여 총 4 개의 카메라를 Display 1 에 모두 배치하여, 아래와 같은 게임뷰를 만듭니다. 인스펙터창에서 Field of View 및 Viewport Rect 속성을 적절히 활용합니다.

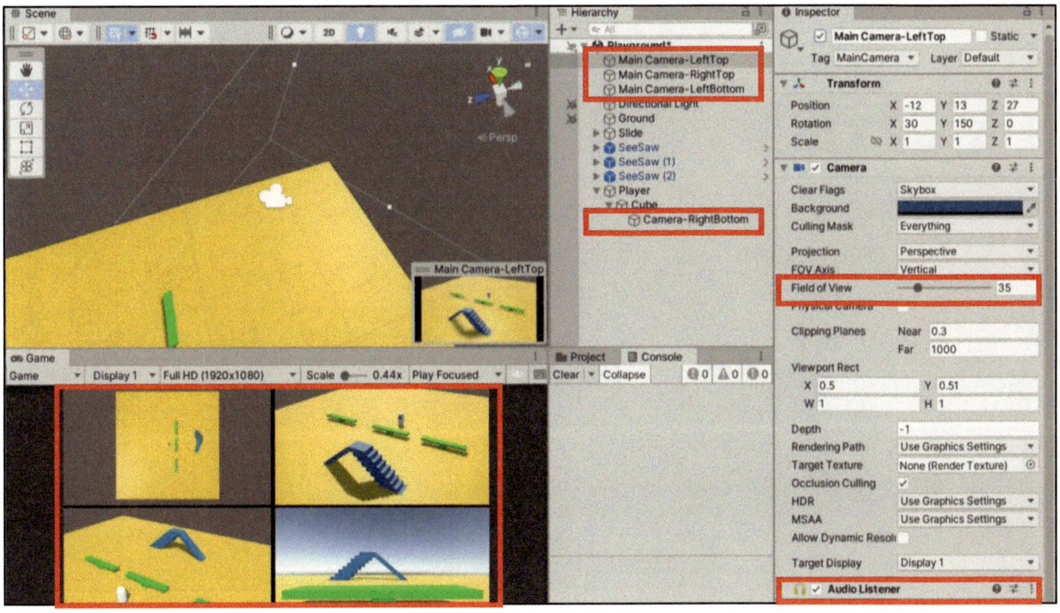

<TIP> 오류방지를 위해 카메라의 (Audio Listener)컴포넌트는 오로지 1 개만 활성화합니다.

3) 광원 다루기

01 광원을 다루는 것은 조명을 다룬다고 표현할 수도 있습니다. 하이어라키창에서 Directional Light 객체를 선택하면, 인스펙터 창에서는 (Light)컴포넌트의 Type 속성이 Directional 인 것을 확인할 수 있습니다.

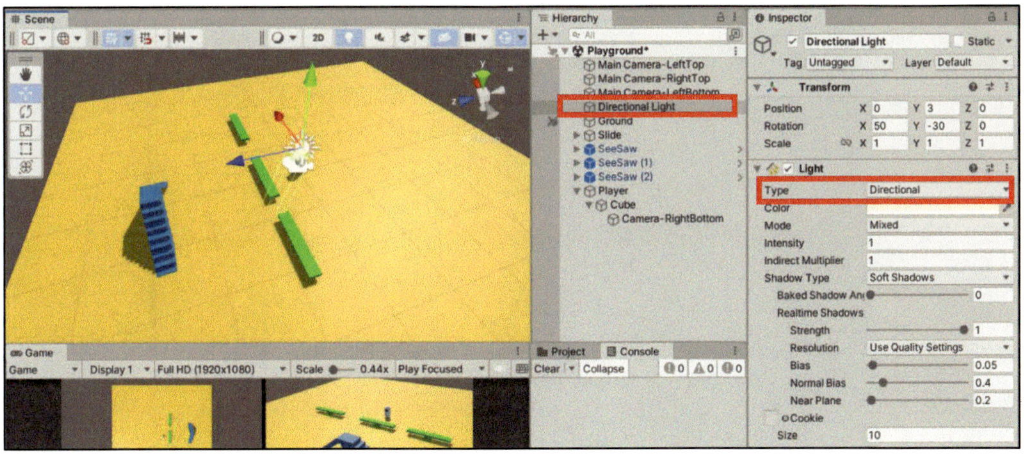

02 Directional 은 직선적인 조명이며 태양광선에 빗댈 수 있습니다. 세부속성으로 빛이 내리쬐는 각도나 강도를 조절할 수 있습니다.

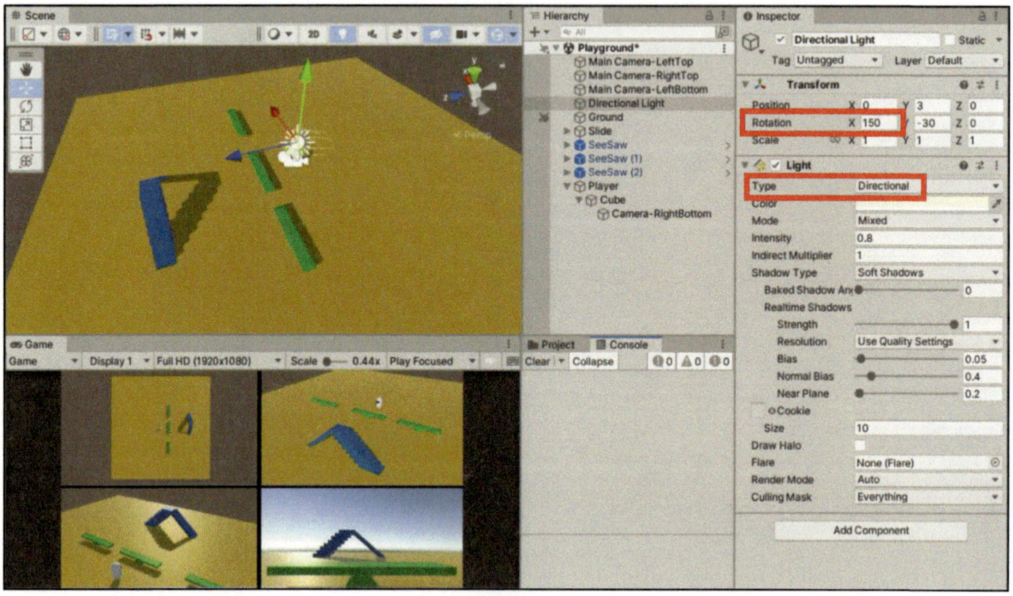

<TIP> Rotation 의 X 값과 Intensity 속성 조절로 저녁 무렵의 분위기를 연출하였습니다.

03 하이어라키창에서 Directional Light 객체는 비활성화하고, [+]-[Light]-[Point Light]을 추가한 장면입니다. 특정 지점에 점 형태의 광원을 집중시키는 방법입니다.

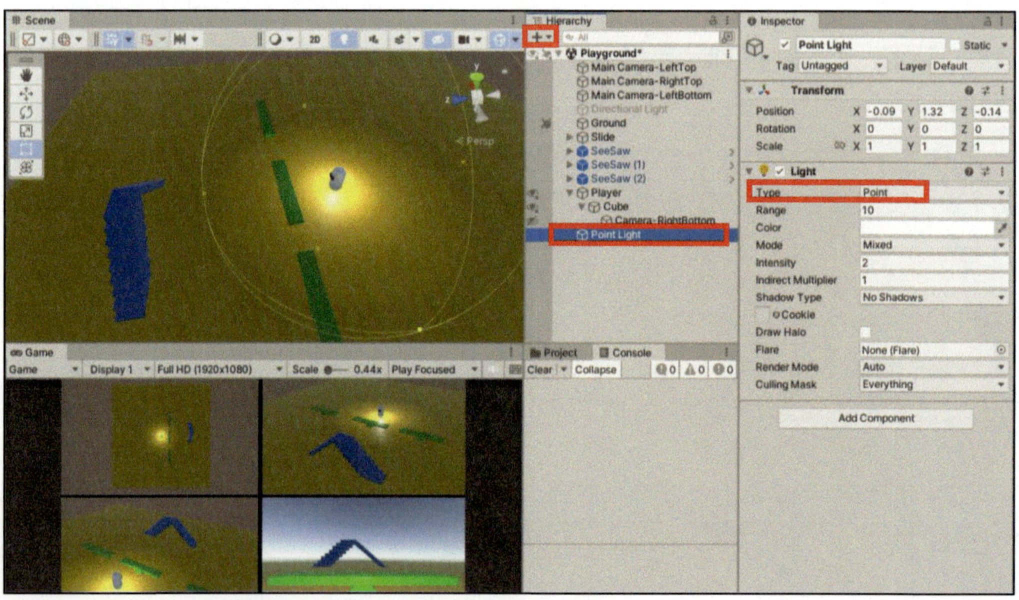

04 하이어라키창에서 다른 광원 객체는 모두 비활성화하고, [+]-[Light]-[Spot Light]을 추가한 장면입니다. 특정 지점에 부채꼴 형태의 광원을 방사하는 방법입니다.

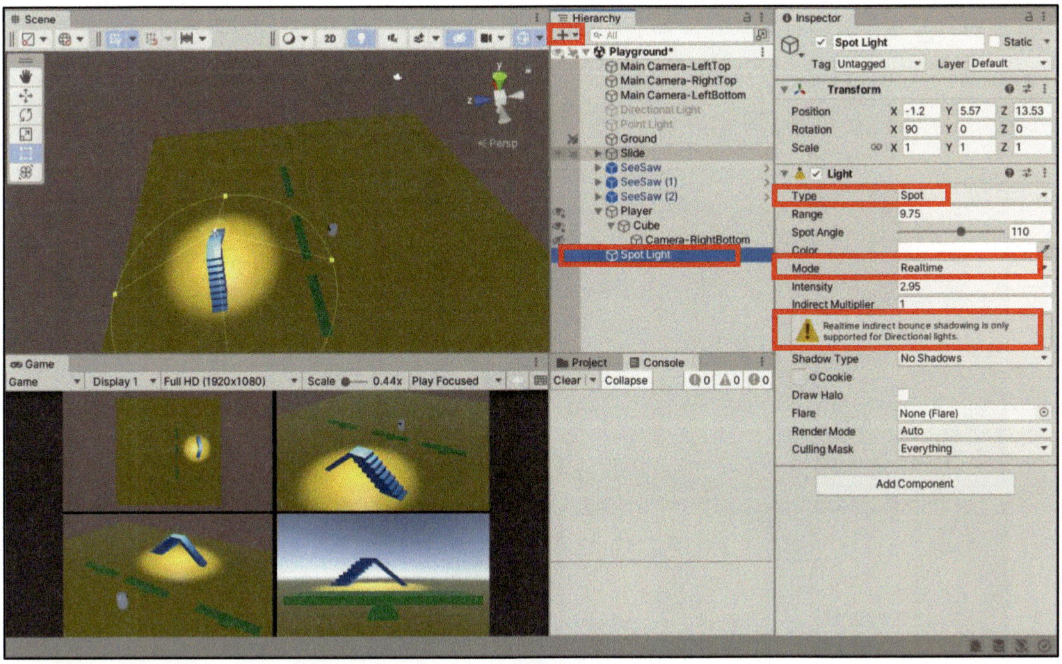

<TIP> (Light)컴포넌트에서 Mode 는 RealTime 보다 Mixed 를 활용하는 것이 프로젝트 작동의 성능에 부담을 줄여 줍니다. 동적이며 사실적인 광원을 적용하기 위해서 RealTime 이 활용됩니다.

05 그 밖의 광원 객체들에는 Area Light, Reflection Probe, Light Probe Group 이 있습니다. 이들은 주로 간접 조명과 관련된 것으로, LightMap 의 Bake 등과 같은 심화 작업과 관련이 있습니다.

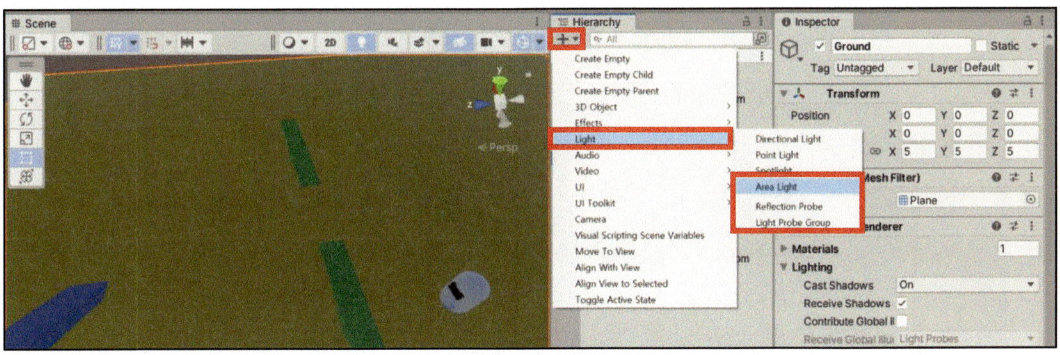

<TIP> https://docs.unity3d.com/Manual/LightingOverview.html

4) UI 다루기

01 지금까지 화면에 배치한 객체는 모두 3D 객체라는 특징을 가집니다. 또한, 카메라의 위치와 각도에 따라 비춰지는 모습이 완전히 달라질 수 있습니다. 지금부터는 카메라의 위치와 관계없이 화면 상에 고정되는 UI 에 대해 살펴보겠습니다. 하이어라키창에서 [+]-[UI]-[Canvas]를 선택하여 Canvas 객체를 생성하고 마우스로 더블클릭합니다.

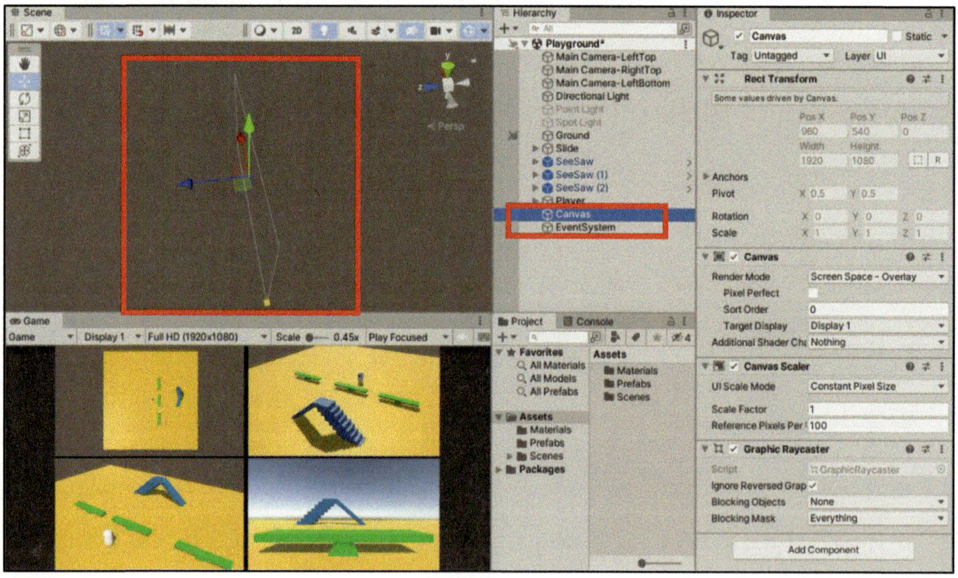

<TIP> Canvas 아래 EventSystem 이 추가된 것에 주목합니다. 해당 객체는 Canvas 생성 시 함께 생성되어 사용자의 입력에 반응할 수 있도록 합니다. Canvas 객체와 함께 하이어라키창에 둡니다.

02 다음으로, 씬뷰에서 2D 버튼을 활성화하면 비로소 Canvas 를 제대로 확인할 수 있습니다. 이처럼 Canvas 는 다른 객체와 별도로 평면상에 존재함에 주의합니다.

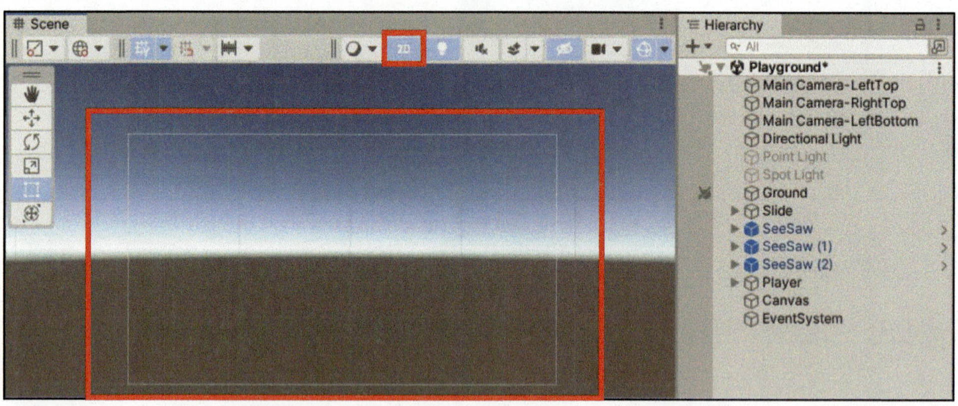

03 이제, Canvas 위에 UI 객체들을 놓아보겠습니다. 하이어라키창에서 [+]-[UI]-[Legacy]-[Text]를 선택하여 Text 객체를 생성합니다. 이후 인스펙터창을 이용하여 아래와 같이 Text 객체의 속성을 수정합니다.

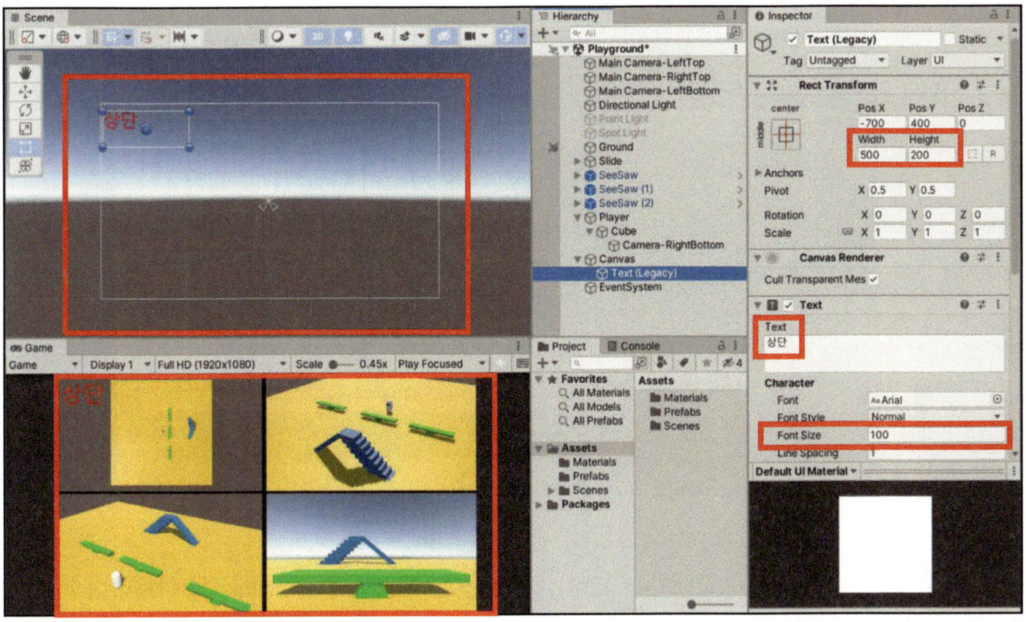

<TIP> 현재 Text 폰트는 Arial 밖에 지원하지 않으며, Legacy 는 예전 버전의 객체입니다. 이를 개선하기 위한 방법은, 4 장의 2 강에서 국어 2D 애니메이션 개발 과정에 소개하겠습니다.

04 꼭 확인해야 할 사실은, 카메라들의 위치를 아무리 변경해도 UI 의 위치는 변함이 없다는 것입니다.

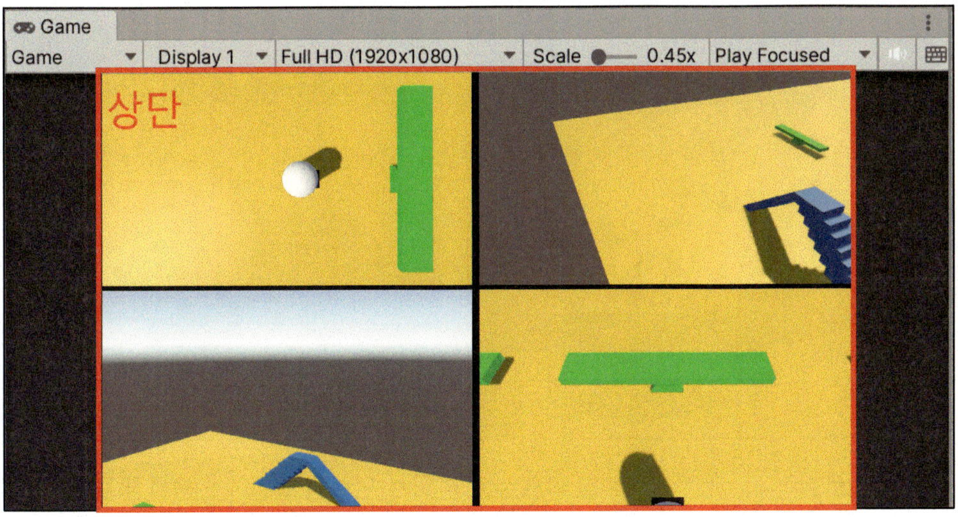

05 하지만, 기기의 해상도가 바뀌면 글자의 위치와 크기가 달라지는 문제가 존재합니다. 이러한 문제는 초기 해상도와 차이가 크면 클수록 더욱 심해집니다.

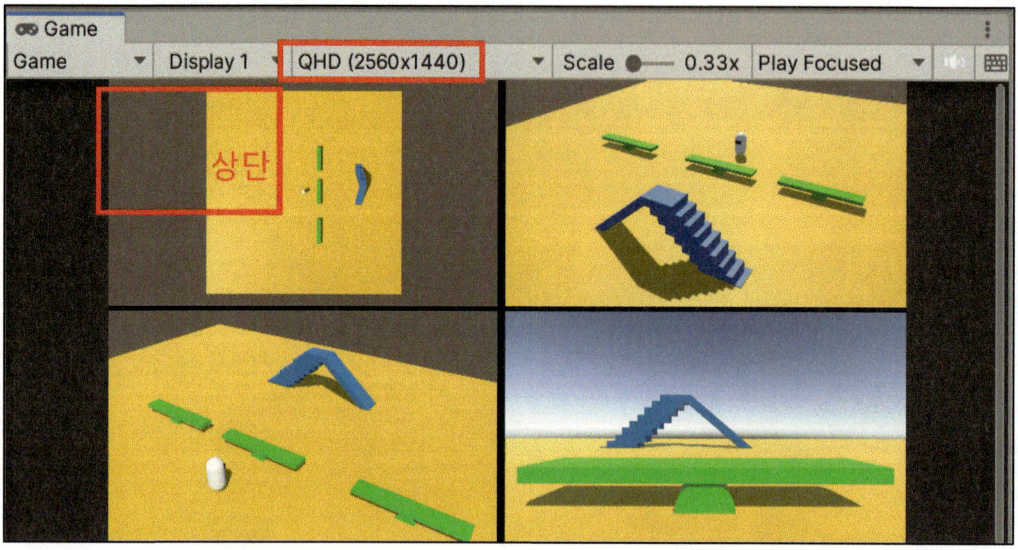

06 먼저, 위치 문제는 인스펙터창의 (Rect Transform)컴포넌트의 Anchor 속성을 이용하여 기준점을 조정함으로써 보완할 수 있습니다. 좌측 상단 모서리에 '상단' 글자가 잘 배치된 것을 볼 수 있습니다.

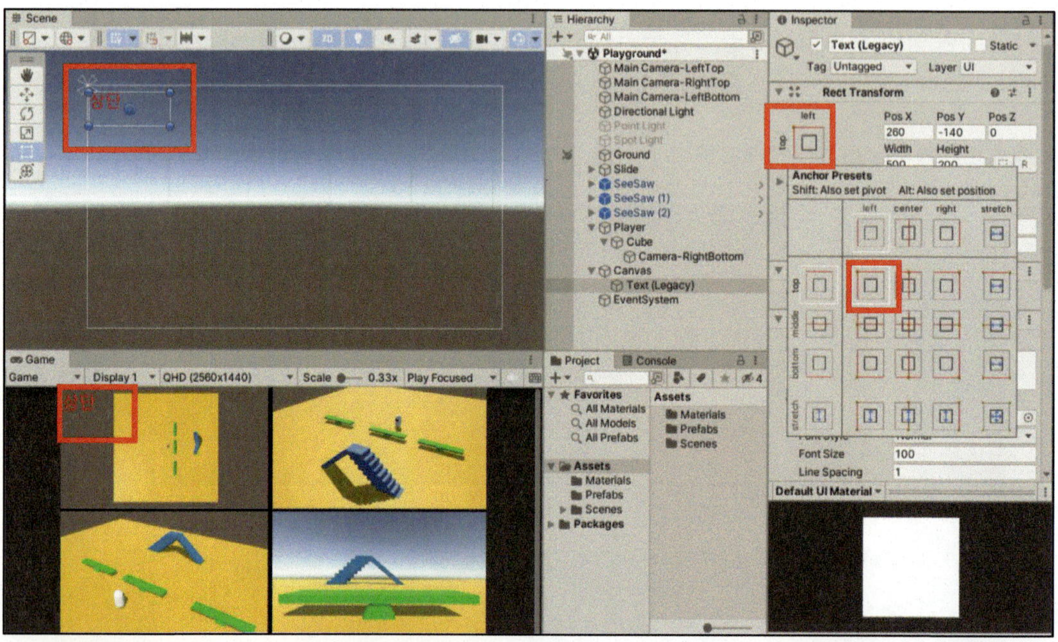

<TIP> Anchor 설정 시, Shift/Alt 키를 함께 누르면 위치/기준점 설정에 도움을 받을 수 있습니다.

07 다음으로, 글자의 크기 및 위치는, Canvas 객체를 선택한 뒤, 인스펙터창에서 (Canvas Scaler)컴포넌트의 UI Scale Mode 를 변경하여 조절할 수 있습니다. Constant Pixel Size 를 Scale With Screen Size 로 변경합니다. 또한, Reference Resolution 도 FHD 크기인 1920, 1080 으로 변경하였습니다. 이제 해상도를 바꾸어도 글자 크기의 차이가 없습니다.

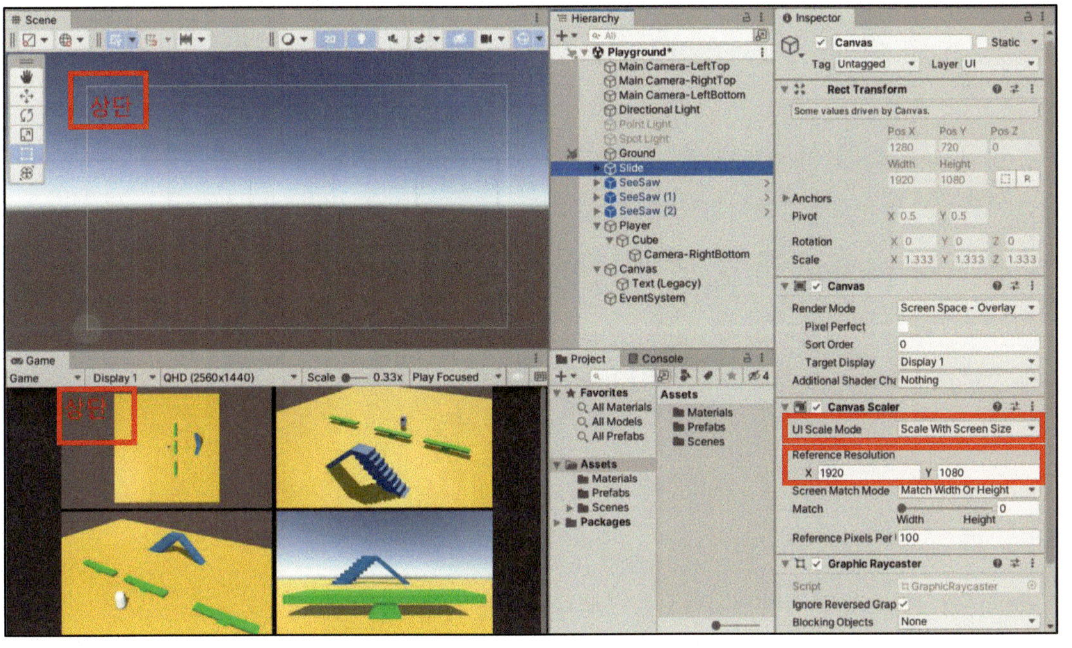

08 최종적으로, 아래와 같이 4 개의 Text (Legacy) 객체를 추가하고, Anchor 를 활용하여 UI 를 정리하여봅니다. 필요하다면 글자 크기를 조절하는 것도 좋습니다.

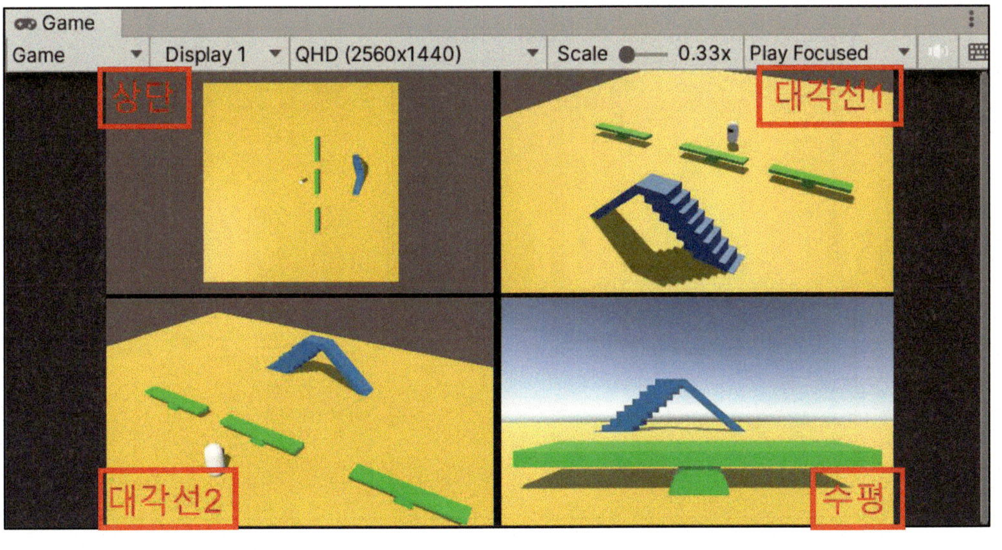

4강　C# 코드 알아보기

지금까지 여러 가지 시각적 객체를 다루어 보았습니다. 하지만, Play 버튼을 눌러도 정지화면을 보일 뿐 사용자가 어떤 조작도 가할 수가 없는 점은 아쉽습니다. 이제 C# 코드를 활용하여 Player 객체를 움직여 보도록 하겠습니다.

1) 기본 코드 알아보기

01 먼저, 프로젝트창에서 {Assets}폴더에 {Scripts}폴더를 생성합니다. 이어서 [+]-[C# Script]를 선택하여 Player 라는 스크립트 파일을 생성하고 마우스 더블 클릭하여 엽니다.

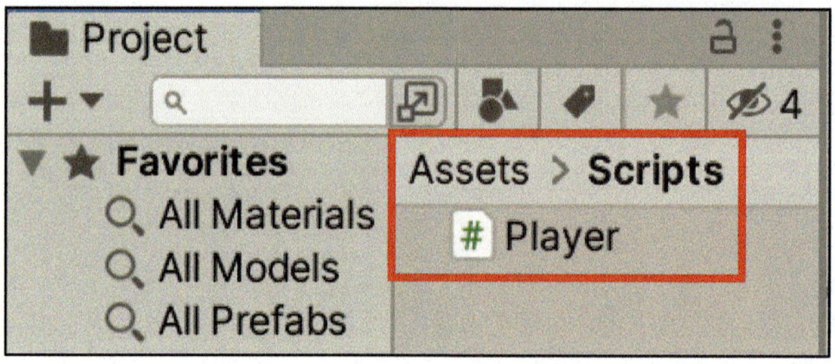

02 Player 스크립트 파일 내부에 자동으로 생성되어 있는 아래의 코드를 확인합니다.

```
using System.Collections;
using System.Collections.Generic;
using UnityEngine;

0 references
public class Player : MonoBehaviour
{
    // Start is called before the first frame update
    0 references
    void Start()
    {

    }

    // Update is called once per frame
    0 references
    void Update()
    {

    }
}
```

(코드 해설) 1~3 줄에서 using 으로 시작되는 구문은 네임스페이스 선언이라 하여 본격적으로 코드를 작성하기 위한 준비단계로 볼 수 있습니다. 이를 통해 각 네임스페이스가 가진 세부 코드를 불러와서 활용할 수 있게 됩니다. 가령 3 줄의 코드를 삭제하거나 주석 처리를 하면, 5 줄의 MonoBehaviour 아래에 붉은 줄로 표시가 나타나면서 오류가 발생합니다. 즉, 3 줄의 UnityEngine 네임스페이스는 Monobehaviour 를 담고 있다고 볼 수 있습니다. 한편, 1~2 줄의 네임스페이스는 현재로서는 활용된 바가 없어 연한 하늘색으로 처리되어 있음에 주목합니다. 또한 구문의 마지막에 ';' 표시가 있는 것도 잊지 않도록 합니다.

5 줄에는 파일의 명칭인 Player 가 public class 라는 접두어와 함께 표기되어 있습니다. public 은 영어가 의미하듯 공개되어 있다는 뜻으로 이로 인해, 유니티 에디터 상에서 접근할 수 있게 됩니다. class 는 Player 가 class 임을 알립니다. class 는 그 클래스 내부에 다양한 변수나 함수 등을 담고 있는 하나의 틀이라고 볼 수 있습니다. 틀이라 함은, 이 틀의 성질을 가진 동일 객체를 1 개 이상 만드는 데 활용될 수 있음을 의미합니다. 또한 Player : Monobehaviour 라는 구문은 Player 가 Monobehaviour 의 기능을 상속받았음을 의미합니다. 이를 통해 Player 객체는 Monobehaviour 의 기능을 가져와 쓸 수 있게 되었습니다.

7 줄, 13 줄처럼 //(사선 2 줄)과 함께 초록색으로 처리된 부분은 주석입니다. 주석은 코드로서 기능하는 것이 아닌 설명을 위한 용도입니다. (Visual Studio Code 에서 주석의 단축키는 Ctrl + / 입니다.)

8 줄, 14 줄은 유니티의 라이프사이클과 관련이 있습니다. 8 줄의 Start()는 유니티 에디터에서 Play 로 시작할 때 1 번 작동하는 함수이며, 14 줄의 Update()는 유니티가 Play 중인 매 프레임마다 작동하는 함수입니다. 보통의 프로젝트가 1 초에 60 프레임까지 작동하는 것을 생각하면, Update()함수 역시 1 초에 60 번까지 작동함을 알 수 있습니다.

2) 코드로 객체 조작하기

01 이제 본격적으로 Player 를 움직이려 합니다. 다음은 필요한 정보를 정리한 것입니다.

- 구현할 움직임 -	- 중요 조건 -	
1) 앞으로 움직인다. 2) 뒤로 움직인다. 3) 왼쪽으로 회전한다 4) 오른쪽으로 회전한다. 5) 점프 동작을 행한다.	1) 전방은 Z 축 양의 방향 2) 우측은 X 축 양의 방향 3) 공중은 Y 축 양의 방향	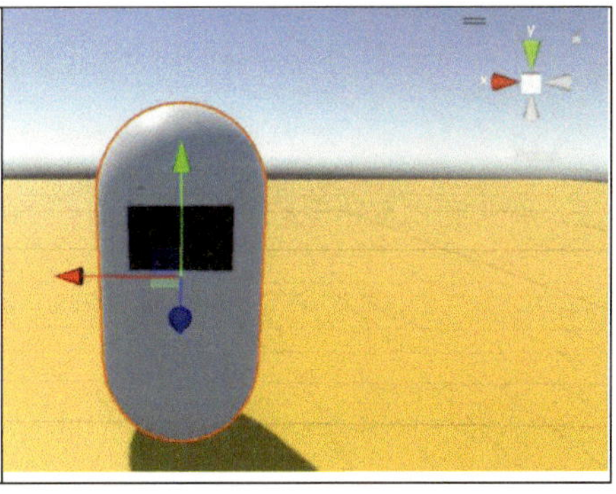

02 Player 스크립트 파일에 아래의 코드를 입력합니다.

```
1   using UnityEngine;
2
    0 references
3   public class Player : MonoBehaviour
4   {
        2 references
5       public float speed = 5f;     //Player의 속도를 담기 위한 speed 변수 선언 및 5f 할당
        2 references
6       private Rigidbody rigid;     //Rigidbody를 담기위한 rigid 변수 선언
        1 reference
7       public float jumpPower = 5f;        //Player의 점프력을 담기 위한 jumpPower 변수 선언 및 5f 할당
8
        0 references
9       void Start()
10      {
11          rigid = GetComponent<Rigidbody>();       //Rigidbody 컴포넌트를 받아서 rigid 변수에 할당
12      }
13
        0 references
14      void Update(){
15          //조건문을 통한 키보드와 Player 움직임의 대응 (좌우 회전 + 전후 이동)
16          if (Input.GetKey(KeyCode.LeftArrow)){
17              transform.Rotate (0f, -90f * Time.deltaTime, 0f);
18          }
19          else if (Input.GetKey(KeyCode.RightArrow)){
20              transform.Rotate (0f, 90f * Time.deltaTime, 0f);
21          }
22          else if (Input.GetKey(KeyCode.UpArrow)){
23              transform.Translate(0, 0, speed * Time.deltaTime);
24          }
25          else if (Input.GetKey(KeyCode.DownArrow)){
26              transform.Translate(0, 0, -speed * Time.deltaTime);
27          }
28
29          //조건문을 통한 키보드와 Player 움짐임의 대응 (점프)
30          if (Input.GetKeyDown(KeyCode.Space))
31          {
32              rigid.AddForce(Vector3.up * jumpPower, ForceMode.Impulse);
33          }
34      }
35  }
```

(코드 해설) 5~7 줄에서 3 가지 변수를 선언합니다. 위에서부터, Player 의 speed, rigid, jumpPower 를 변수로 선언합니다. 특히, speed 와 jumpPower 는 변수 앞에 public 으로 선언한 것에 주목합니다. 이를 통해 유니티 에디터에서 이들 변수에 공개적으로 접근할 수 있게 됩니다. ([serializefield]라는 구문을 선언하여 유니티 에디터에서의 접근을 허용하는 방법도 있습니다.)

9~12 줄에서는 프로그램이 Play 되는 시점에, rigid 변수에 GetComponent<Rigidbody>()라는 명령으로 컴포넌트로 추가된 객체로부터 (Rigidbody)컴포넌트를 담아 활용할 수 있게 합니다.

14~19 줄에서 조건문을 활용하여, 키보드의 방향키에 대응한 Player 을 움직임을 다룹니다. 16 줄, 19 줄, 22 줄, 25 줄은 if 문과 else if 문을 연결하여 4 가지 경우의 수 중에 1 가지에만 대응하도록 합니다.

17 줄, 20 줄은 transform.Rotate(x,y,z)함수를 통해 Player 가 y 축을 중심으로 회전하게 합니다. 23 줄, 26 줄은 transform.Translate(x,y,z)함수를 통해 Player 가 z 축 방향의 전후로 미끄러지듯 이동하게 합니다.

회전과 이동 시 주목할 구문은 Time.deltaTime 입니다. 이는 Update() 함수의 성질과 관련이 있습니다. Update 함수는 프레임마다 실행된다고 하였는데, 사실 컴퓨터마다 1 초당 실행되는 프레임은 서로 다릅니다. 실행 프레임은 컴퓨터 성능이 나쁠수록 실행량이 적어 실행 속도가 늦고, 컴퓨터 성능이 좋을수록 실행 속도가 빨라집니다. Time.deltaTime 구문을 적용한 함수는 이러한 문제를 완화하여 컴퓨터 성능과 무관하게 동일한 결과가 나타날 수 있도록 합니다.

32 줄의 경우는 Player 객체의 Rigidbody(현재 rigid 변수에 담김.)에 y 축 방향(Vector3.up)으로 jumpPower 만큼의 수치를 곱하여 충격(ForceMode.Impulse)를 가하는 함수입니다.

03 스크립트를 저장하고 돌아와 유니티 에디터에서 아래와 같이 작업합니다. 프로젝트창의 Player 스크립트 파일을 하이어라키창의 Player 객체(혹은 인스펙터창)에 마우스 드래그하여 적용합니다. 앞선 코드 입력 시 언급되었던 변수와 유니티 에디터에서의 대응 모습을 비교해 보시기 바랍니다.

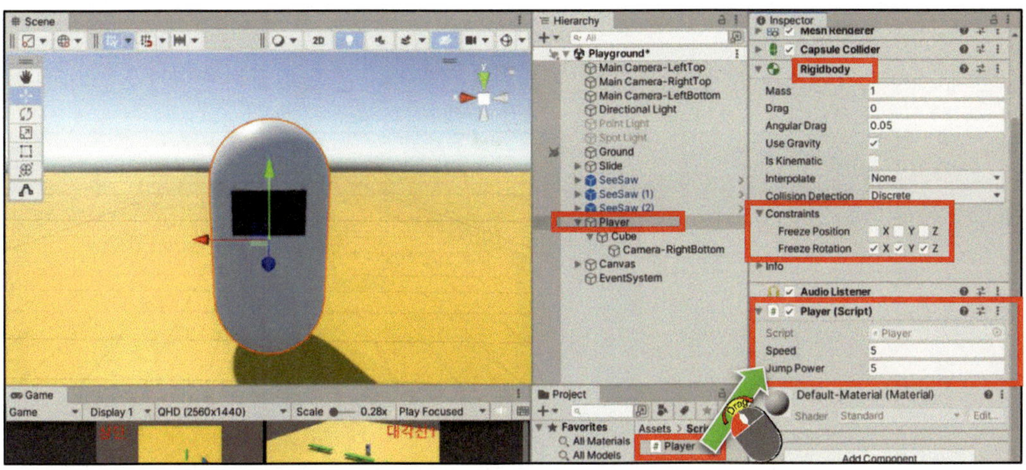


```
    2 references
    public float speed = 5f;      //Player의 속도를 담기 위한 speed 변수 선언 및 5f 할당
    2 references
    private Rigidbody rigid;      //Rigidbody를 담기위한 rigid 변수 선언
    1 reference
    public float jumpPower = 5f;          //Player의 점프력을 담기 위한 jumpPower 변수 선언 및 5f 할당

    0 references
    void Start()
    {
        rigid = GetComponent<Rigidbody>();        //Rigidbody 컴포넌트를 받아서 rigid 변수에 할당
```

<TIP> (Rigidbody)컴포넌트에서 Constraints-Freeze Rotation 옵션에 x, y, z 를 모두 체크한데 주목합니다. 이를 통해 Player 객체가 외부 힘의 영향으로 넘어지는 현상을 막을 수 있습니다.

04 이제, Play 하면, 키보드 화살표와 스페이스키를 이용하여 Player 를 여기저기로 움직일 수 있습니다. 특히 Use Gravity 속성이 체크 되어 있기 때문에 미끄럼틀에서 잘 미끄러져 내려오게 됩니다.

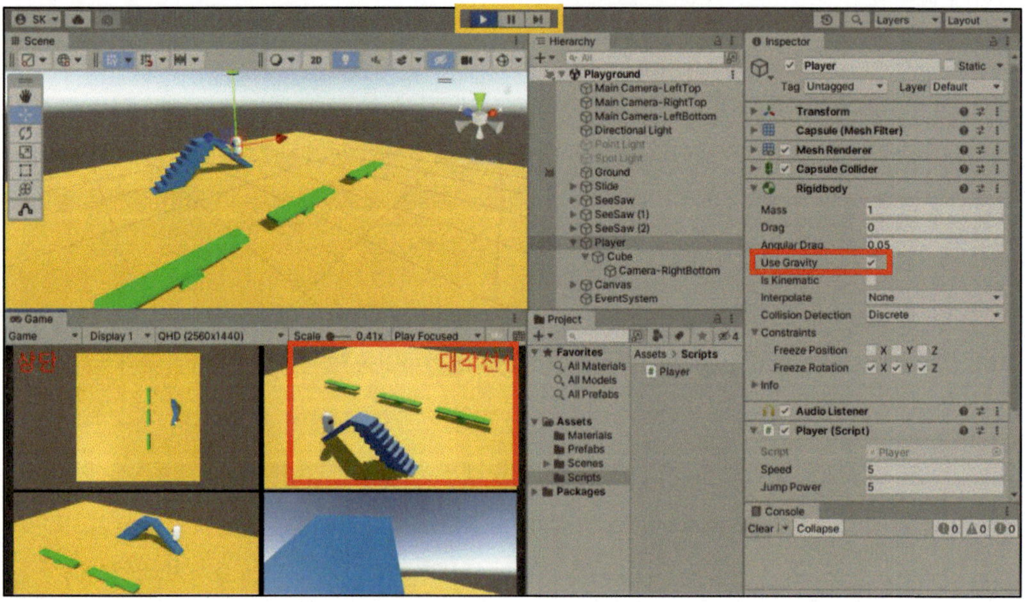

05 그런데, Player 가 시소 위에 올라섰을 때는 시소가 수평을 유지한 채 아무런 변화가 없습니다.

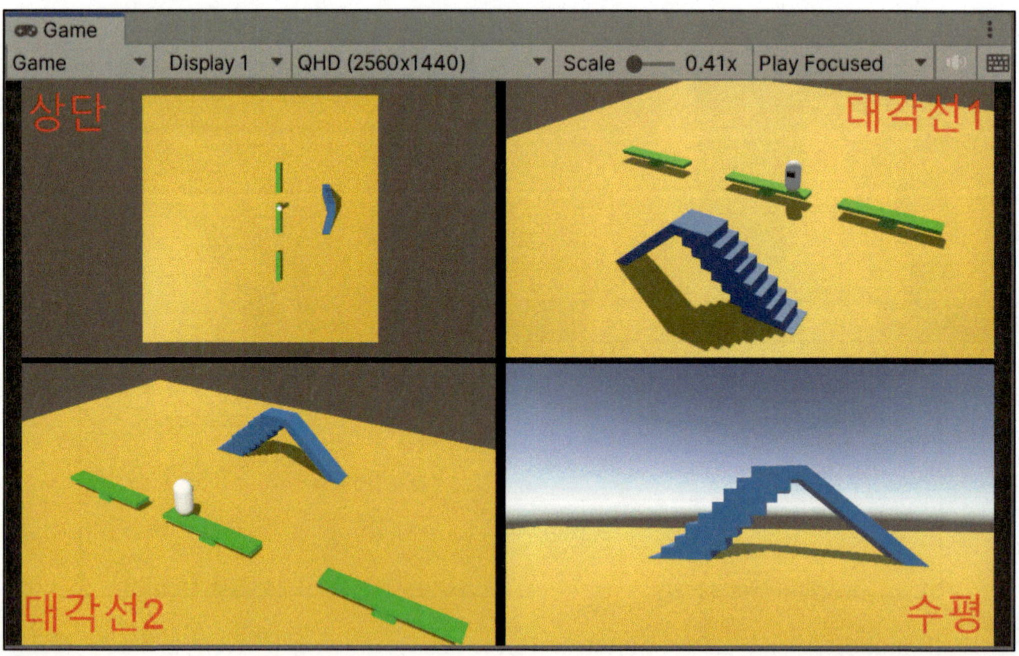

06 해당 문제를 해결하기 위해서 프로젝트창에 있는 SeeSaw 객체의 Prefab 파일에 접근합니다. 그리고 SeeSaw Prefab 의 자식 객체인 Cube 를 선택합니다. 이후 인스펙터창에서 Add Component 를 눌러 Hinge Joint 를 추가하고 아래와 같이 동일하게 설정합니다.

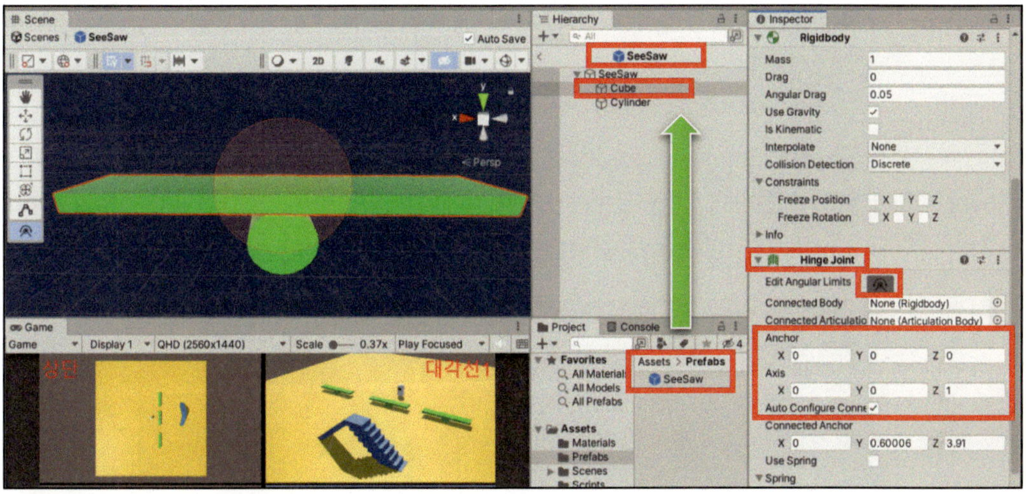

<TIP> (Hinge Joint)컴포넌트를 추가하면 (Rigidbody)도 객체에 자동으로 추가됩니다. 이는 (Hinge Joint)가 (Rigidbody)컴포넌트를 반드시 필요로 하기 때문입니다.

07 이제 다시 Play 하여 Player 를 SeeSaw 객체 위에 점프(키보드의 스페이스 키 누르기)하여 올라가 보면 모든 SeeSaw 객체가 사실감 있게 작동함을 확인할 수 있습니다.

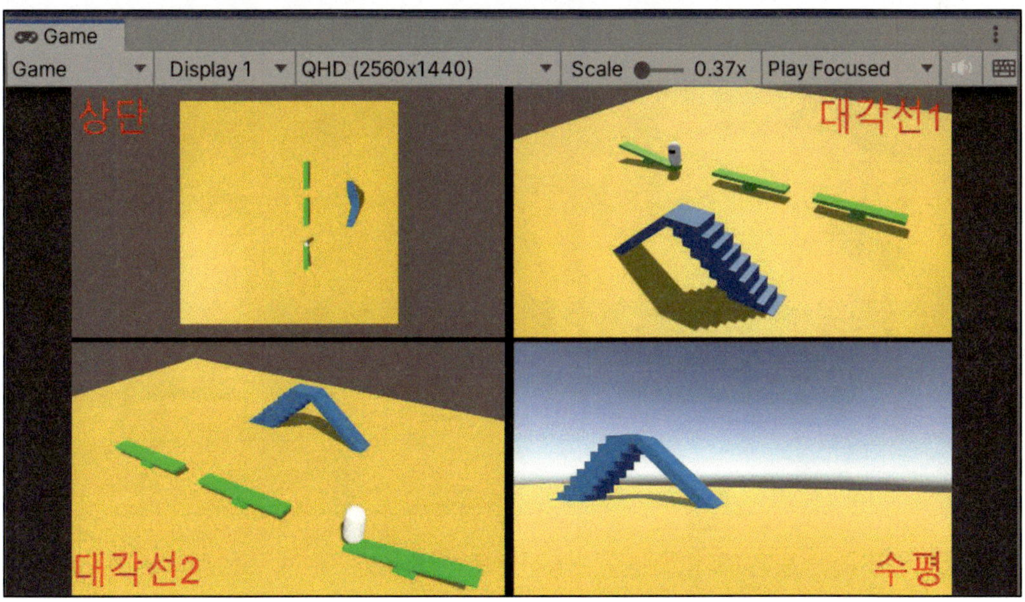

5 강　애니메이션 및 타임라인 알아보기

유니티는 사전에 설정된 영상을 연출하기 위한 기능을 제공합니다. 해당 기능은 크게 애니메이션과 타임라인으로 나뉘어지며, 애니메이션은 짧은 시간의 모션에 활용되는 한편, 타임라인은 비교적 더 긴 시간의 영상을 제작하는 데 활용할 수 있습니다.

1) 애니메이션 다루기

01 Player 객체가 앞으로 한바퀴 회전하는 간단한 애니메이션을 만들어 보겠습니다. 먼저, [Window]-[Animation]-[Animation]을 클릭하여 게임뷰 쪽에 아래와 같이 애니메이션창을 추가합니다.

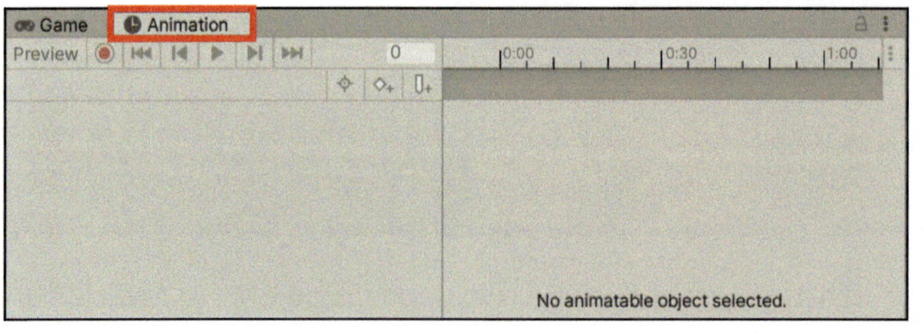

02 먼저, Player 객체를 선택합니다. 그 상태로 {Assets}폴더에 {Animations}폴더를 생성한 뒤, 애니메이션창에서 Create 를 누르고 action 이라는 애니메이션 클립 파일을 폴더 내에 생성합니다.

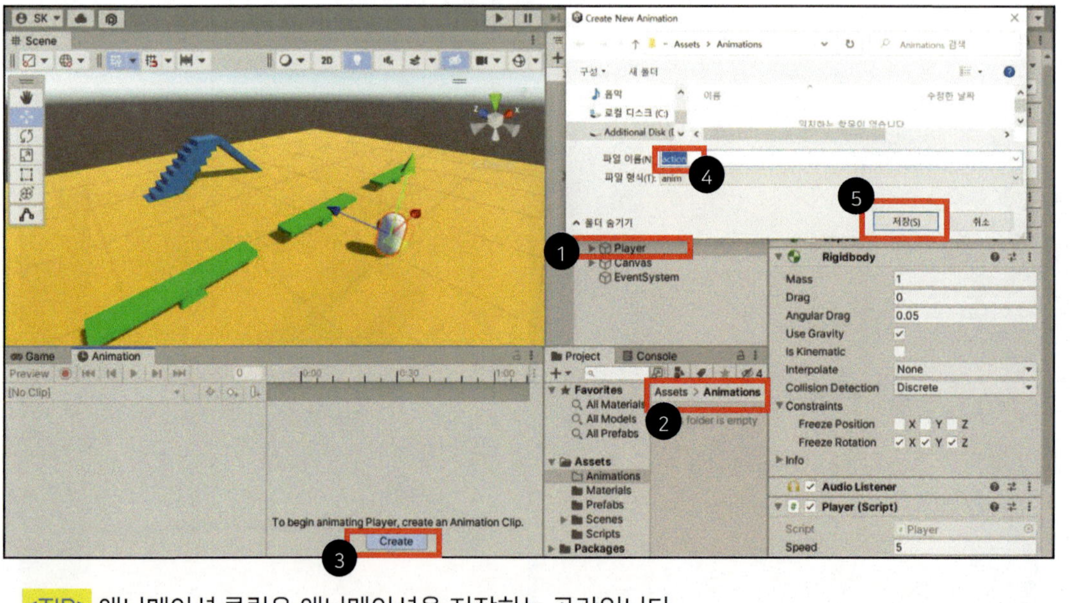

<TIP> 애니메이션 클립은 애니메이션을 저장하는 공간입니다.

03 변화를 살펴보면, {Animations}폴더 내에 action 파일 외에도 Player 라는 파일이 생성되어 있습니다. 이는 Animation Controller 라하여 애니메이션을 제어하는 파일입니다. Player 객체를 살펴보면, 여기에도 (Animator)라는 컴포넌트가 추가되어 있고 Controller 속성에 Player 컨트롤러가 자동으로 할당된 것을 볼 수 있습니다.

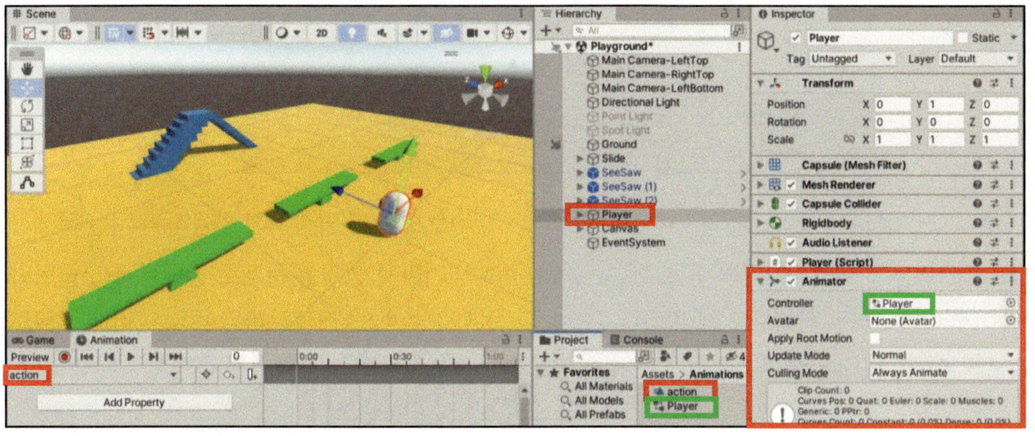

04 이제, 애니메이션창에서 빨간 녹화버튼을 누르고 1:00 지점(1 초)을 클릭한 다음 인스펙터창에서 (Transform)컴포넌트의 Rotation x 값을 360 으로 변경합니다. 변경하고 나면, 애니메이션창에 Player:Rotation 이라는 항목과, 작은 다이아몬드 모양의 키프레임이 추가된 것을 볼 수 있습니다.

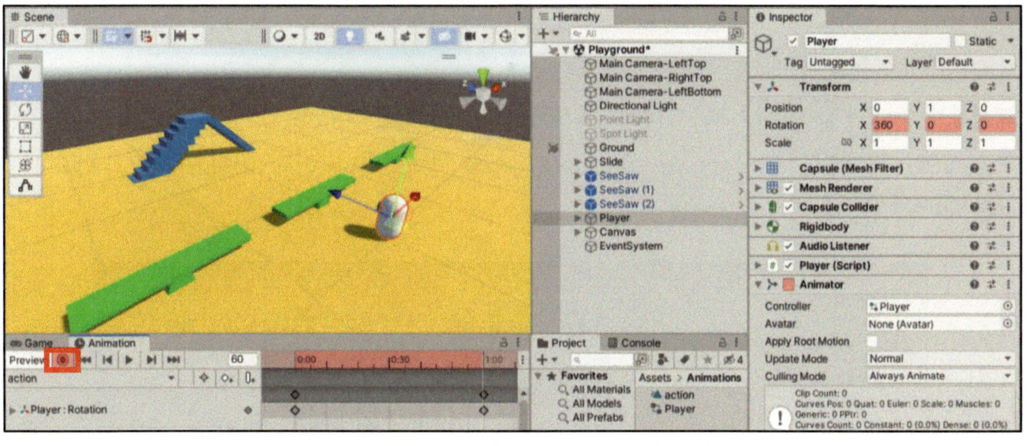

<TIP> action 파일을 선택하여 Loop Time 을 체크해제 합니다. (Play 시 자동 반복실행을 해제해 줌.)

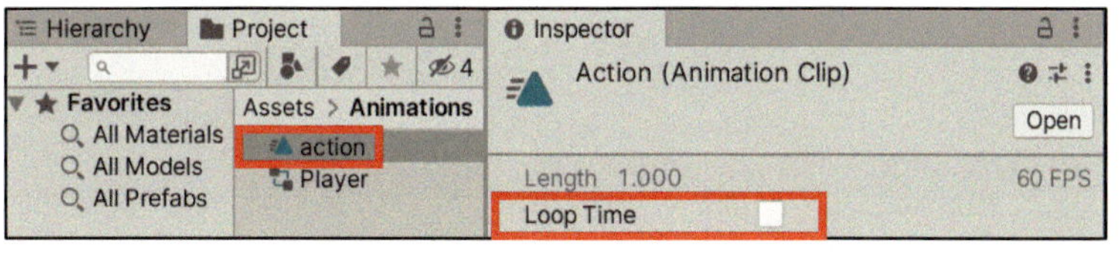

05 Play 버튼을 누르면, Player 객체가 앞으로 공중제비를 돌며 회전하는 것을 볼 수 있습니다.

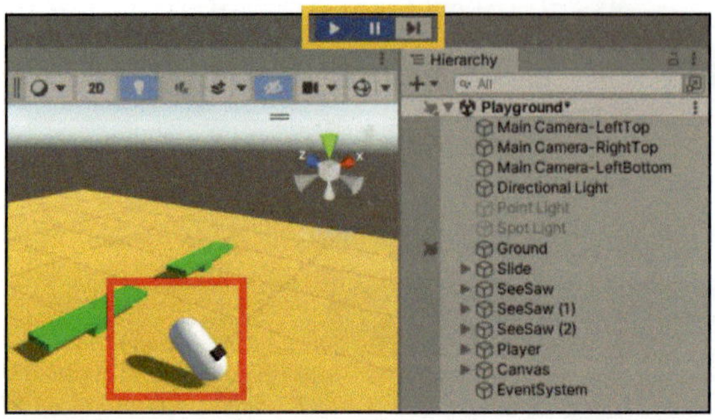

<TIP> 그런데 애니메이션 추가 이후, Player 객체가 키보드 좌우 방향키에 반응하지 않는 문제가 확인됩니다. 이는 객체의 제어권이 Player Animator 에 넘어가서 생기는 문제로 간단한 스크립트와 애니메이션 이벤트라는 기능으로 해결할 수 있습니다. 먼저, Player 스크립트파일을 열고 아래의 코드를 추가합니다. 이는 Player 객체의 (Animator)컴포넌트를 비활성화하는 함수를 선언한 구문입니다.

```
        //조건문을 통한 키보드와 Player 움짐임의 대응 (점프)
        if (Input.GetKeyDown(KeyCode.Space))
        {
            rigid.AddForce(Vector3.up * jumpPower, ForceMode.Impulse);
        }
    }

    0 references
    void disableAnimation()
    {
        GetComponent<Animator>().enabled = false;
    }
}
```

계속해서 아래와 같이 애니메이션창에서 마우스 우클릭, Add Animation Event 를 추가합니다. 마지막으로 인스펙터창에서 disableAnimation() 함수를 선택합니다. 이제, 키보드 조작과 애니메이션이 충돌하지 않습니다.

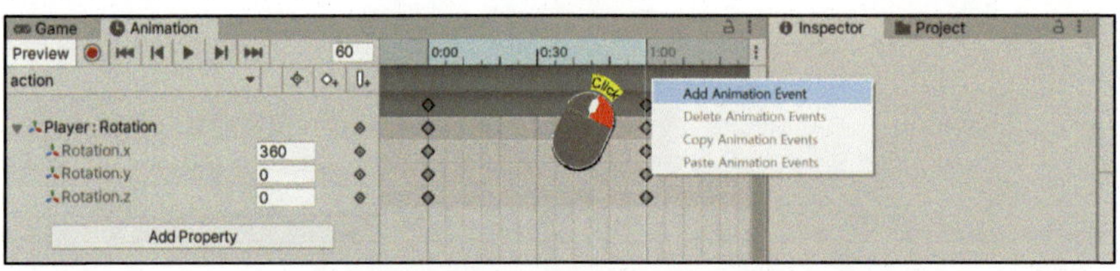

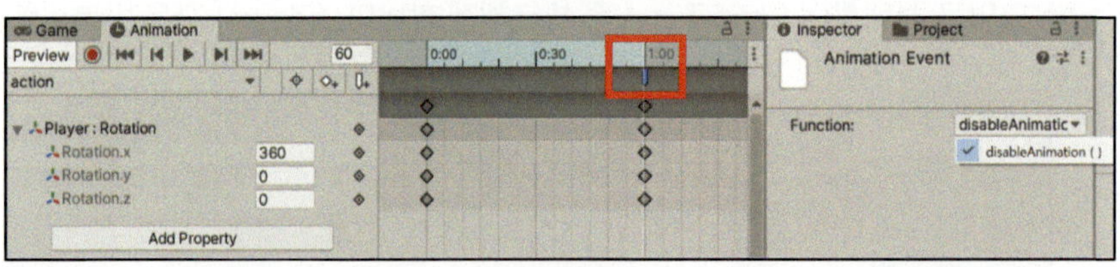

2) 타임라인 다루기

01 타임라인 기능으로 놀이터 기구와 Player 객체가 화면에 없다가 나타나는 간단한 영상을 제작해보겠습니다. [Window]-[Sequencing]-[Timeline]을 클릭하여 게임뷰 쪽에 아래처럼 타임라인창을 추가합니다.

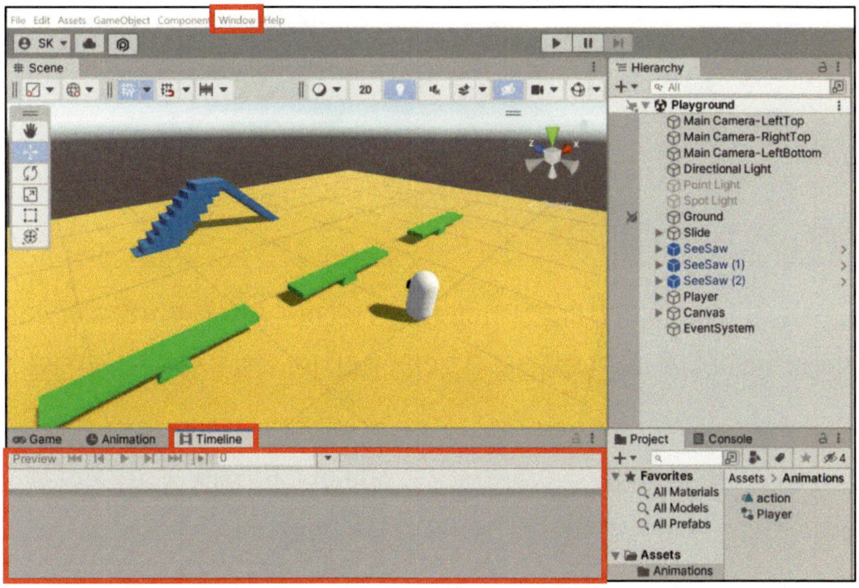

02 Ground 객체를 선택합니다. 그 상태로 {Assets}폴더에 {Timelines}폴더를 생성한 뒤, 애니메이션창에서 Create 를 누르고 GroundTimeline 이라는 Timeline 파일을 폴더 내에 생성합니다

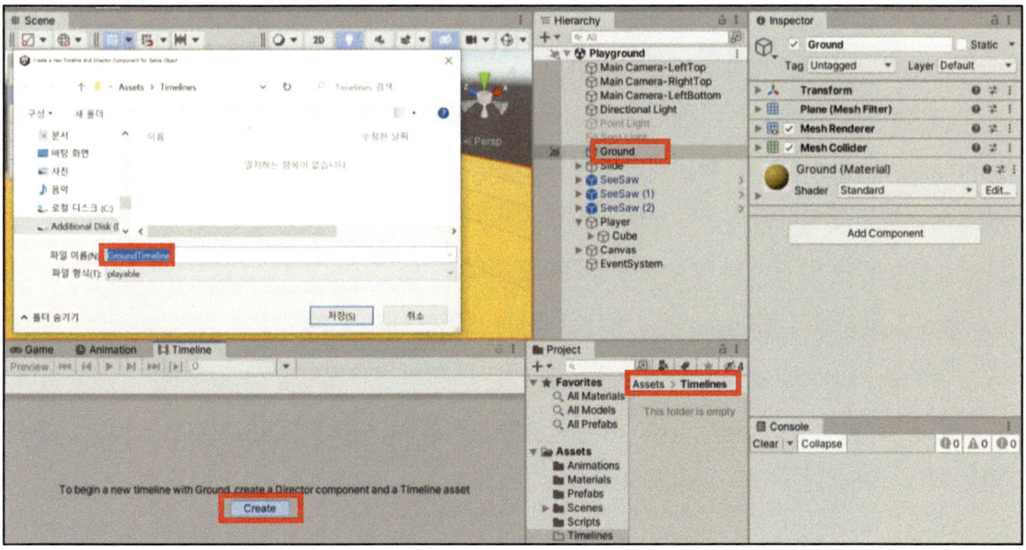

03 Ground 객체를 선택하면, 인스펙터창에 (Playable Director)라는 컴포넌트가 자동으로 추가된 것을 알 수 있습니다. 또한, GroundTimeline 이 자동으로 Playable Director 속성에 할당됩니다.

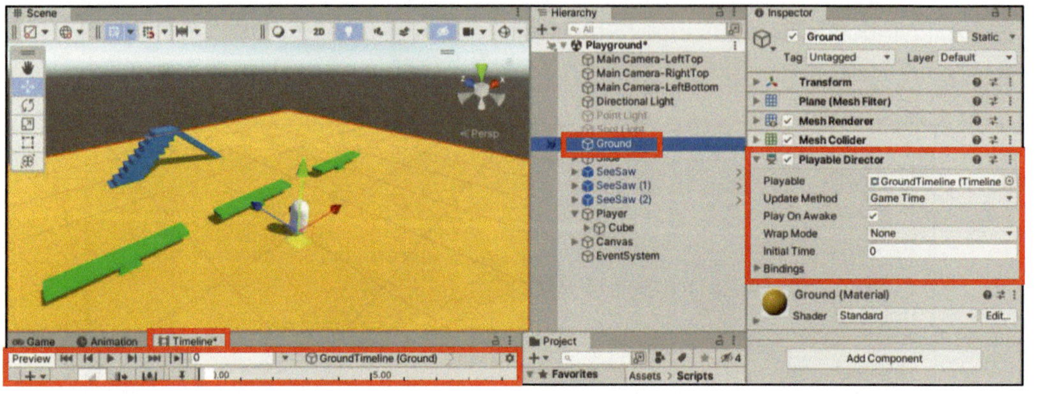

<TIP> 타임라인은 애니메이션과 다르게 하이라키창 내의 어느 객체를 활용해도 상관이 없습니다. 자신이 움직이는 것이 아니라, 다른 객체들을 움직이는 관리자의 역할을 담당하기 때문입니다.

04 이제 GroundTimeline 에 추가할 수 있는 Track 을 살펴봅니다. Track 생성을 통해 뷰 상의 객체들의 움직임을 제어합니다. 총 6 가지 종류의 Track 을 다룰 수 있습니다.

- Track Group: Track 들을 묶어서 관리하기 편하도록 합니다.
- Activation Track: Track 의 활성/비활성화 시점을 조절합니다.
- Animation Track: 객체의 애니메이션 효과를 조절합니다. 이전에 등장한 애니메이션을 타임라인 자체에서 곧바로 생성하여 활용할 수도 있지만, 애니메이션을 별도의 파일로 관리하진 않습니다.
- Audio Track: 음향 객체의 작동 여부를 제어합니다.
- Control Track: 특수효과(particle effect 등)을 제어합니다.
- Signal Track: signal 을 발산하여 signal 을 받는 객체의 스크립트를 작동시키는 기능을 합니다.
- Playable Track: PlayableAsset 이라는 커스텀 트랙을 제어합니다. 스크립트로 유니티 기능의의 전반을 제어하여 심화 단계의 영상 효과를 낼 수 있습니다.

<TIP> https://docs.unity3d.com/2018.3/Documentation/ScriptReference/Timeline.PlayableTrack.html

05 여러 Track 중 필요한 몇 가지를 다루어 보겠습니다. 타임라인창에서 Activation Track 을 추가하고 빈 슬롯에 Player 객체를 하이어라키창에서 가져와 할당합니다.

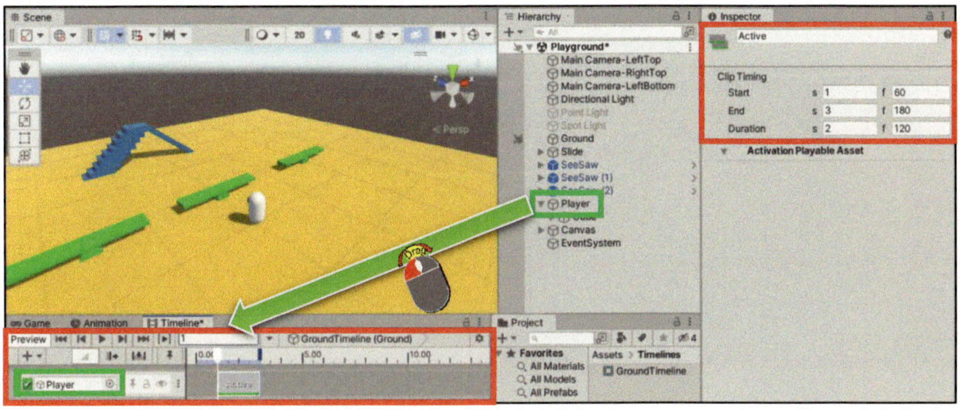

<TIP> 인스펙터창에서 위와 같이 Start, End, Duration 칸에 시작, 종료 시점과 작동 시간을 입력할 수 있습니다.

06 이제 Play 로 실행하면 Player 객체가 처음에는 보이지 않다가 회전하는 애니메이션과 함께 등장하게 됩니다. 객체가 생성되는 시점에 공중제비를 도는 기존 애니메이션도 동시에 실행됩니다.

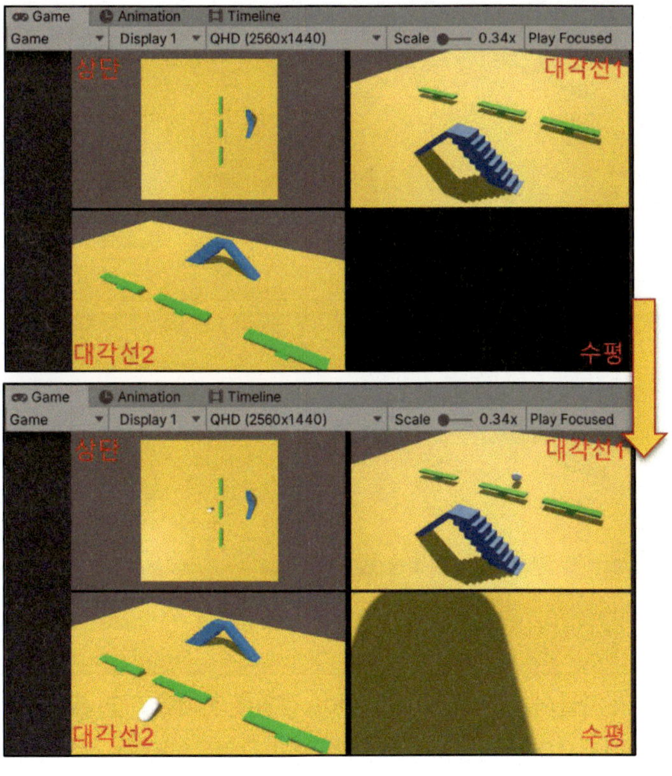

07 이번에는 Animation Track 을 생성하고 하이라키창에서 Slide 객체를 가져와 빈 슬롯에 할당합니다. 그 과정에서 자동으로 (Animator)컴포넌트가 Silde 객체에 생성됩니다.

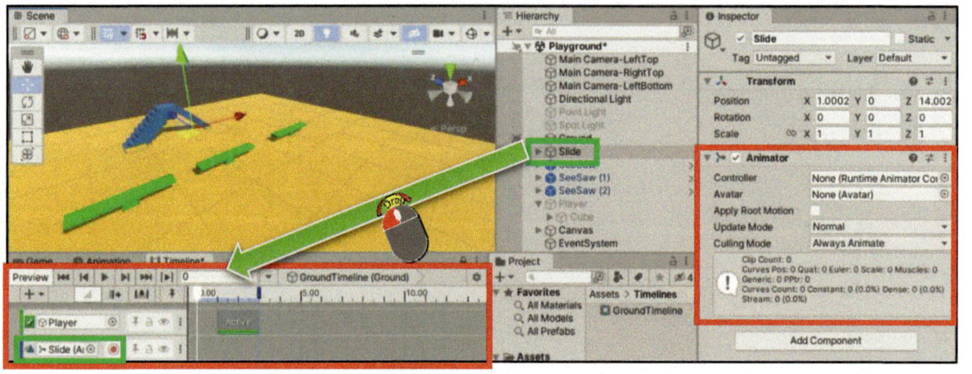

08 이어서 시점을 옮겨가며 Slide 객체의 (Transform)컴포넌트의 Y 값을 조절하여 타임라인 인스턴스를 형성합니다. 여기서 인스턴스란, 클래스에 대응하는 객체가 구현되었을 때 일컫는 말입니다. 즉, 타임라인 관련 클래스에 맞게 형식을 갖추어 형성된 영상 조각이라 볼 수 있겠습니다.

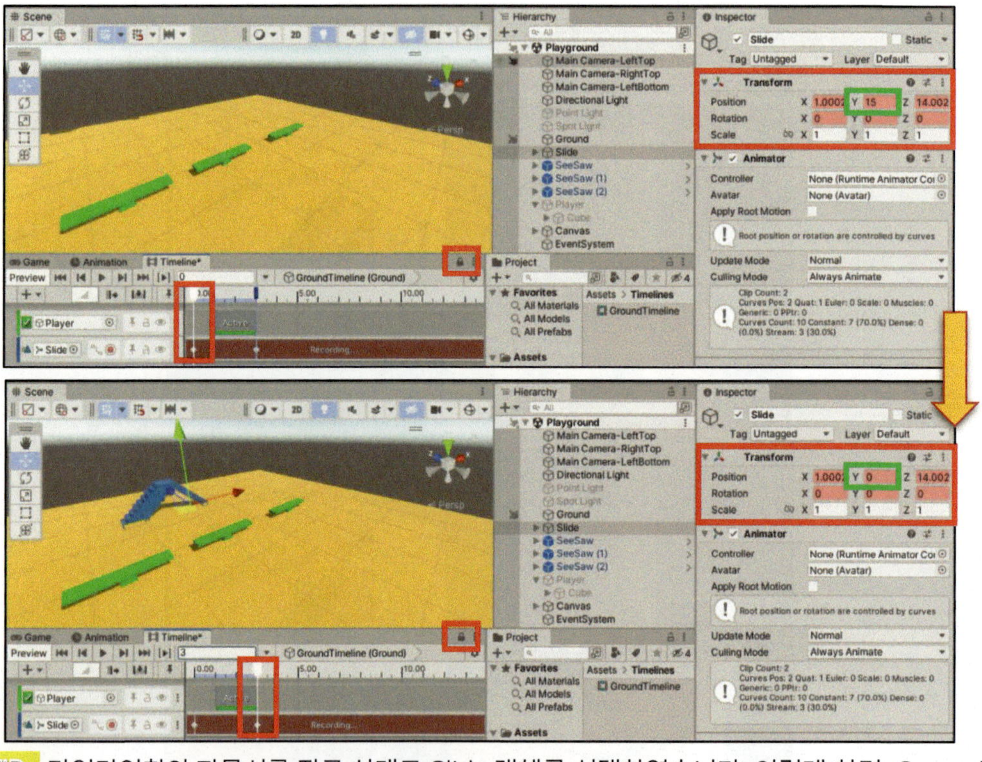

<TIP> 타임라인창의 자물쇠를 잠근 상태로 Slide 객체를 선택하였습니다. 이렇게 하면, Ground 객체에 적용된 타임라인으로부터 포커스가 해제되지 않고 작업을 이어갈 수 있습니다.

09 이제 Play 버튼을 누르면, 2 가지 타임라인이 동시에 잘 실행됨을 확인할 수 있습니다.

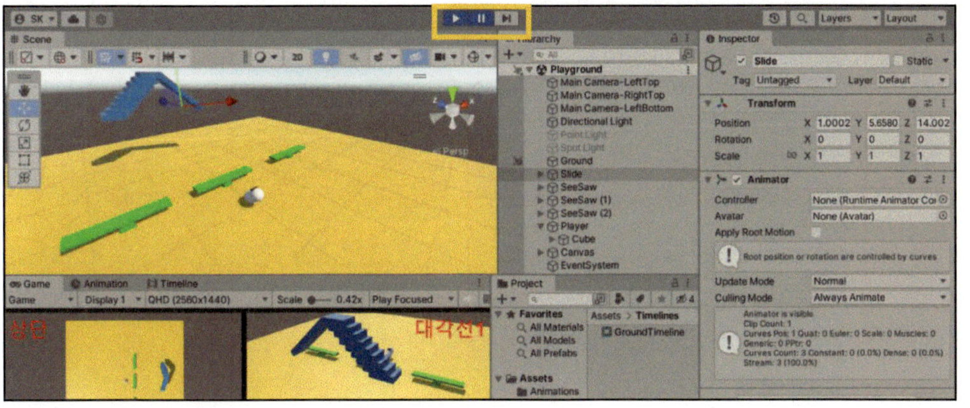

6 강 애셋 스토어 활용하기

놀이터가 아직도 다소 허전합니다. 나무를 몇 그루 심어보면 어떨까 합니다. 그런데 3D 객체로 나무를 일일이 만들기엔 손이 많이 갑니다. 유니티에서 자체로 제공하는 애셋 스토어를 활용하여 필요한 나무 애셋을 마련해 보겠습니다. 본서에서는 무료 애셋을 활용하였지만, 결제를 통하여 유료 애셋을 활용하는 것도 가능합니다.

1) 애셋 가져오기

01 먼저, [Window]-[Asset Store]을 클릭하여 씬뷰 쪽에 창을 추가하고, Search online 을 누릅니다.

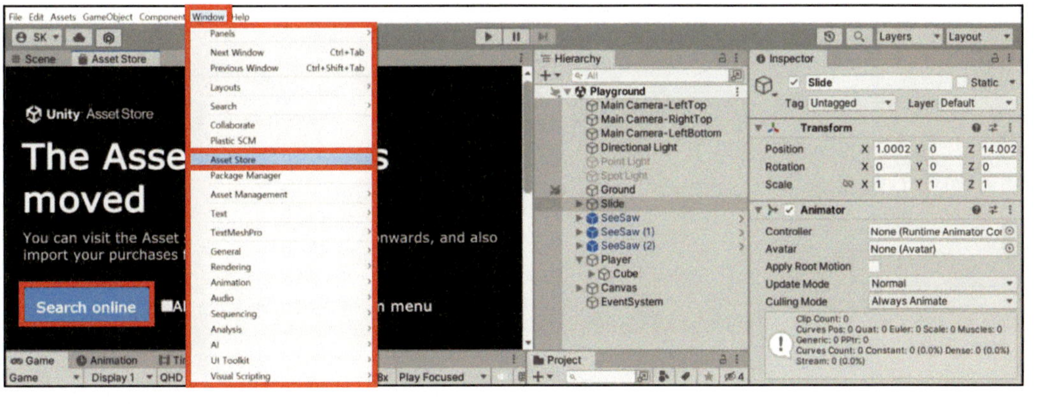

02 우측 하단의 Free Assets 를 선택하고 tree 를 검색한 뒤, Free Trees 의 Add to My Assets 를 클릭하여, 놀이터 프로젝트에서 애셋으로 활용하기 위해 가져옵니다. 간단한 동의 절차가 있습니다.

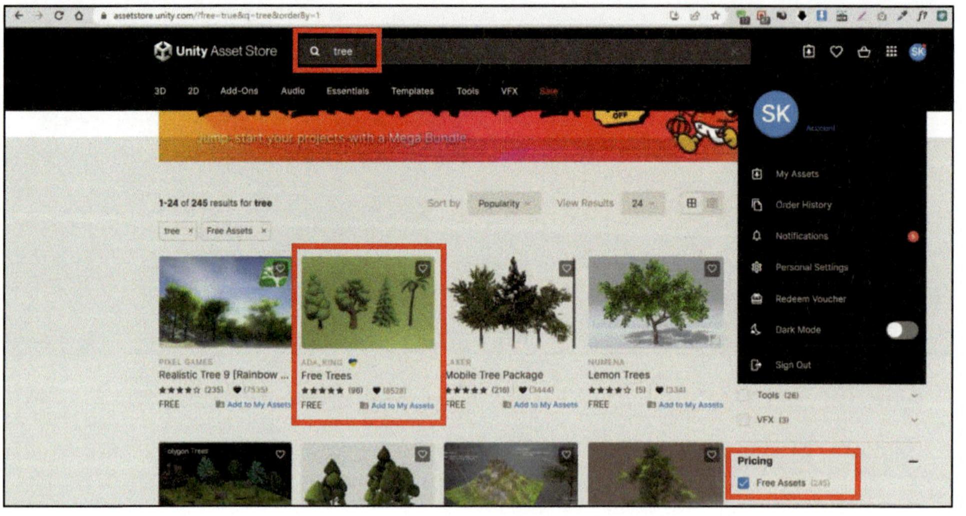

<TIP> 로그인 절차가 필요할 수 있습니다. Unity Hub 에서 활용했던 계정을 입력하면 됩니다.

03 아래와 같이 Open in Unity 를 눌러 애셋을 가져온 뒤, 다운로드 및 Import 절차를 밟습니다.

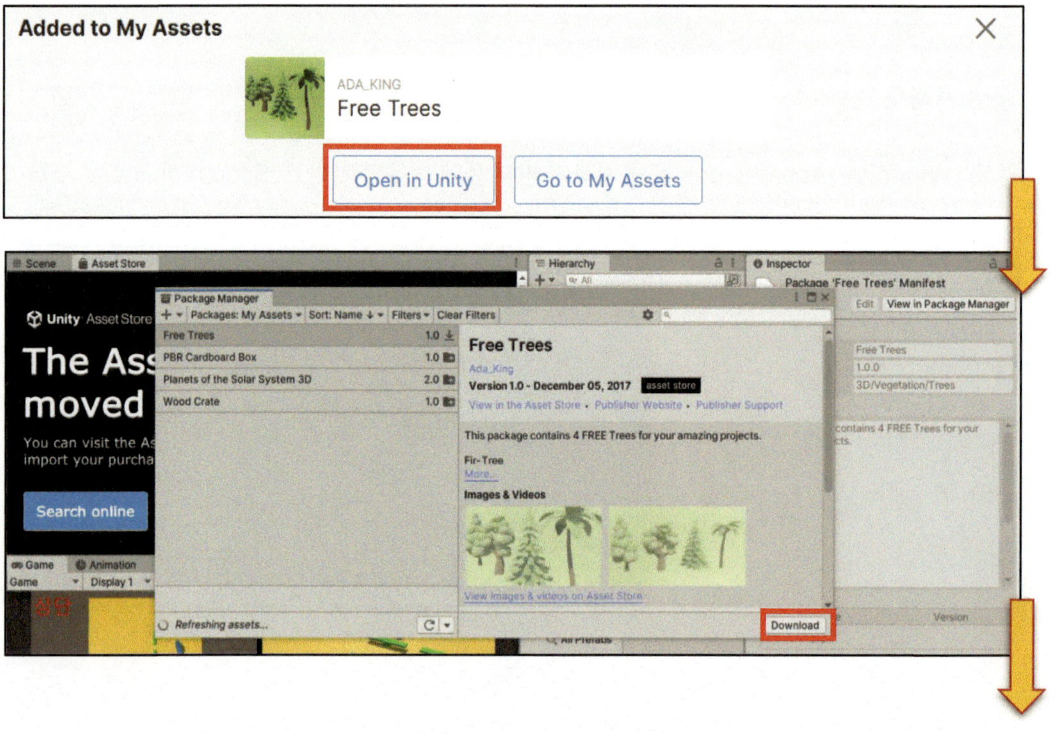

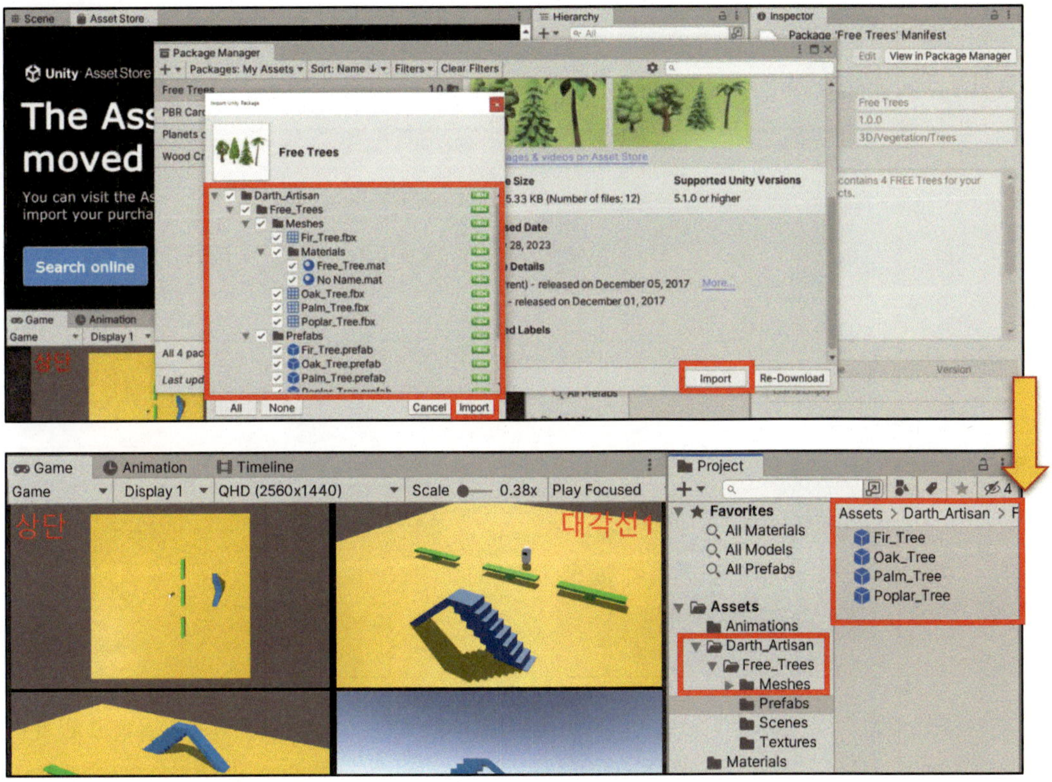

2) 애셋 다루기

01 이제 프로젝트창에서 Poplar_Tree, Oak_Tree 의 Prefab 을 마우스 드래그하여 씬뷰에 배치합니다.

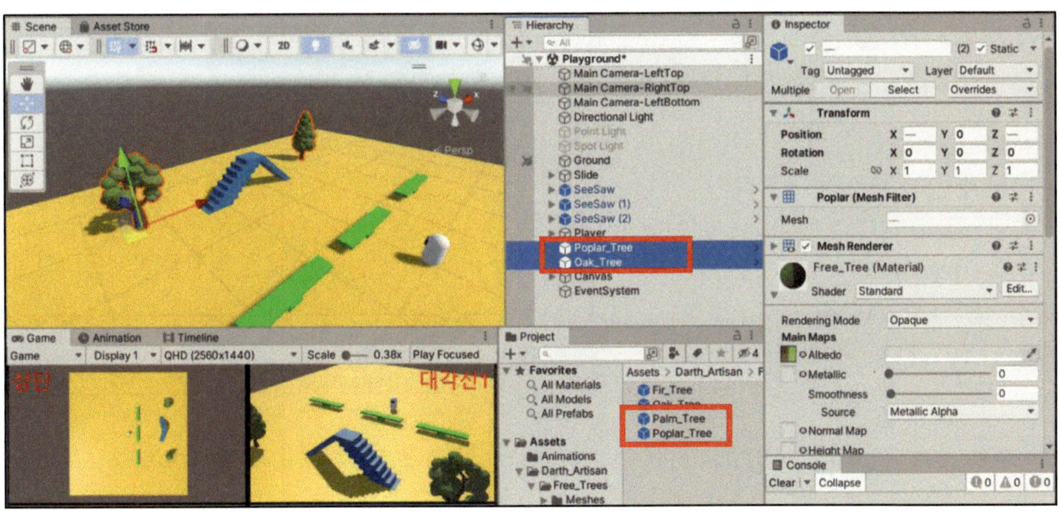

02 가을 느낌이 나도록 나뭇잎의 색깔을 붉게 조절하고 싶다면, 객체를 선택한 뒤, 인스펙터창에서 Albedo 속성을 조절하면 됩니다.

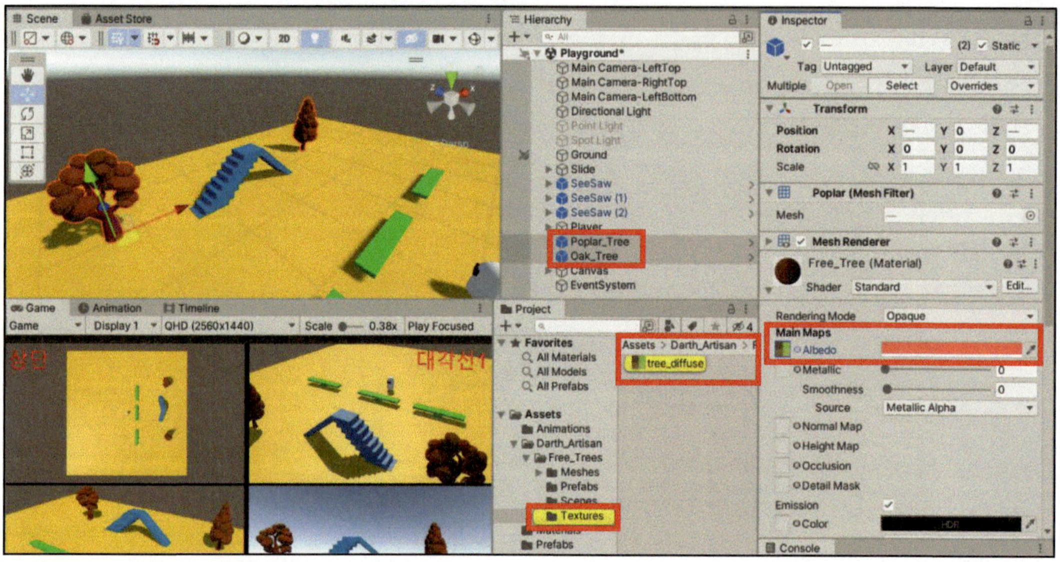

<TIP> Poplar_Tree, Oak_Tree 는 똑같이 tree_diffuse 라는 Texture 파일을 공유하고 있기 때문에 한 쪽 나무의 Albedo 값을 조절하면 실제로는 tree_diffuse 가 수정되어 색상이 함께 변합니다.

7 강 객체 알아보기 2 - 청각적 요소

놀이터 제작 프로젝트의 마지막 순서입니다. 음향 효과를 추가합니다. Player 가 나무에 가까이 다가가면 새소리가 들리는 음향 효과를 구현해보겠습니다. 또 나무에서 멀어지면 자동으로 새소리가 사라지게 합니다. 또한, Player 객체가 점프 동작을 취할 때, 효과음을 넣어봅니다.

1) 나무 주변에 새소리 구현하기

01 먼저, {Assets}폴더에 {Audios}폴더를 만들고 bird-ambience, jump 음원 파일을 가져옵니다.

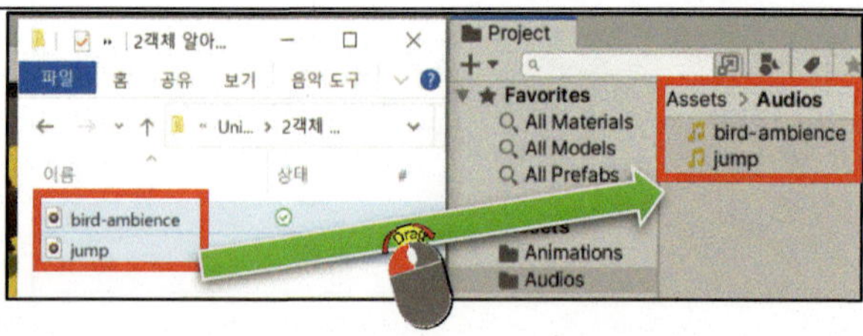

[출처] freesound (CC0 License),
https://freesound.org/people/iliyabylich04/sounds/651339/
https://freesound.org/people/jeremysykes/sounds/344501/
*기호에 따라 다른 음원을 사용해도 괜찮습니다.

02 2 개의 Tree 객체 모두에, 프로젝트 창의 bird-ambience 를 마우스 드래그하여 인스펙터창에서 Audio Source 로 적용하고, 아래 화면과 같이 설정합니다.

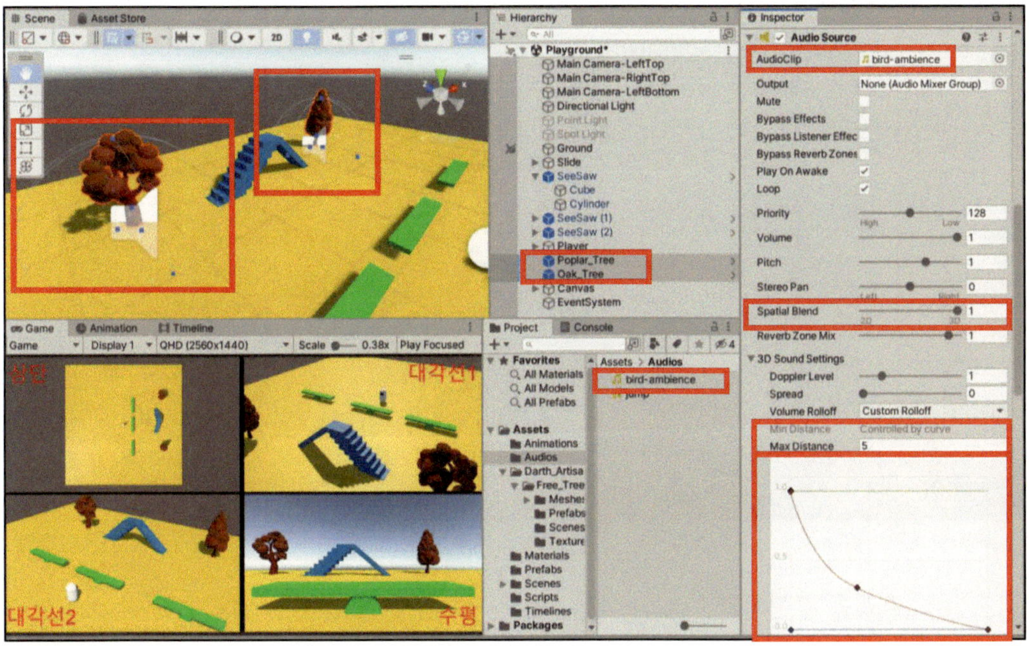

<TIP> Spatial Blend 를 3D 로 적용함으로써, 거리에 따라 음향의 입체감을 표현할 수 있게 되며, Max Distance 를 설정하여 소리가 들리는 최대거리를 설정할 수 있습니다. 씬뷰에서 돔 형태의 윤곽을 통해 확인할 수 있습니다. 마지막으로 하단의 곡선 위에 점들을 조절하여 거리에 따른 소리 크기를 조절합니다. 가로축이 거리, 세로축이 음의 크기를 나타냅니다. 오른쪽으로 갈수록 0 에 가까워져 소리가 작아질 것을 예상할 수 있습니다.

03 이제 Play 를 누르면 처음에는 아무 소리가 들리지 않다가 Player 객체가 어떤 나무로든 다가가면 다가갈수록, 들리는 소리가 커지는 것을 확인할 수 있습니다.

<TIP> 만약 소리가 제대로 재생되지 않는다면, Audio Listener 의 문제일 수 있습니다. 아래와 같이 검색하여 Player 쪽 카메라에만 Audio Listener 가 활성화되도록 설정합니다. 나머지 Audio Listener 는 모두 비활활성화해야합니다.

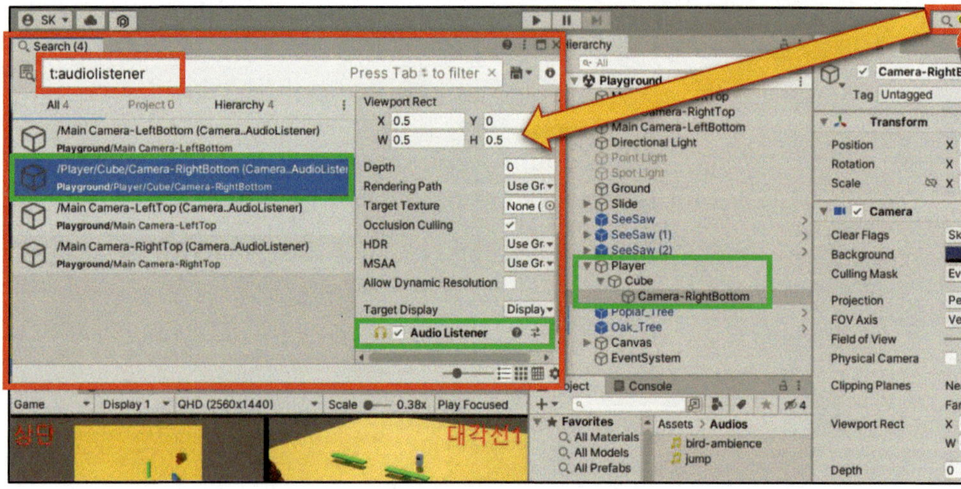

2) 점프 동작 효과음 구현하기

01 {Assets}-{Audios}폴더에서 jump 파일을 마우스 드래그하여 하이어라라키창의 Player 에 적용하고 Play On Awake 속성은 인스펙터창에서 체크 해제합니다.

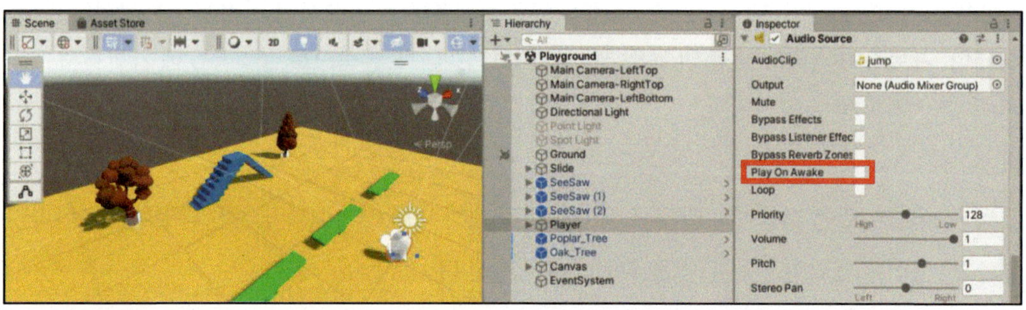

02 {Assets}-{Scripts}폴더로 이동하여 Player 스크립트를 열고 아래의 코드를 추가합니다.

```
        //조건문을 통한 키보드와 Player 움짐임의 대응 (점프)
        if (Input.GetKeyDown(KeyCode.Space))
        {
            rigid.AddForce(Vector3.up * jumpPower, ForceMode.Impulse);
            GetComponent<AudioSource>().Play();
        }
```

03 이제 Play 버튼을 누르면 Space 키를 눌러 점프 동작을 수행 시 효과음이 잘 작동하게 됩니다.

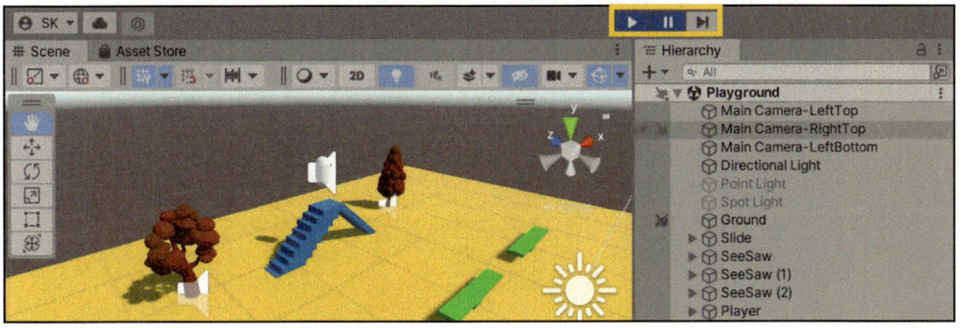

정리하기

* 총 6 강에 걸쳐 놀이터 프로젝트를 완료하였습니다. 하지만 이 프로젝트가 완전하진 않습니다. 아래와 같은 문제가 남아 있습니다. 어떻게 해결하면 좋을 지 고민해 봅시다.

문제 1	Player 객체가 놀이터의 모서리 쪽으로 가게 되면 낭떠러지로 떨어지는 문제가 있습니다. 외벽을 세워 이러한 문제를 막을 수 있을까요?
문제 해결 전략 메모하기	
문제 2	점프 동작을 위해 스페이스바를 연거푸 누르면, Player 객체가 공중에서도 점프를 하는 모습을 볼 수 있습니다. 지면에서 닿아 있을 때만 점프가 가능하게 코드를 보완할 수 있을까요?
문제 해결 전략 메모하기	

3 장 교육 콘텐츠 개발하기

이번 장에서는 교육 활동에 직접적으로 활용이 가능한 콘텐츠를 직접 제작해 봅니다. 각 강의를 다루면서 앞서 익혔던 유니티 기능들을 종류별로 다룰 수 있도록 구성하였습니다. 2D, 3D 상황은 물론, 오디오, 애니메이션, 시뮬레이션 등에 이르기까지 다양한 상황을 넘나드는 가운데 실제적인 도움이 될 수 있는 경험을 제공하고자 하였습니다. 이를 통해 단편적인 암기가 아닌, 교육 현장에서 흔히 맞닥뜨릴 수 있는 여러 가지 교육적 문제 상황에 대처할 수 있는 프로그래밍 실력을 기를 수 있습니다.

✔ 주제 콕콕

1 강에서는 음악 시간에 활용할 수 있는 전자 피아노를 제작해 봅니다.

학교 현장에서 건반 악기를 다룰 때는 생각 외로 난관이 많습니다. 실제 피아노를 활용하면 가장 좋지만, 공간상의 제약 때문에 다수의 학생들을 대상으로 하기 어렵습니다. 그렇다고 실로폰이나 멜로디언을 활용하자니 소리가 겹치면서 학생들이 개별적인 연습을 하기 어려운 면이 있는데, 유니티를 통해 전자 피아노 형식으로 애플리케이션을 개발하면 이어폰을 연결하여 학생들이 개인적으로 다루는 데 용이합니다. 자동 연주 기능 등 기능을 추가할 수 있는 강점도 있습니다.

2 강에서 국어 시간에 이야기 전달을 위해 다룰 수 있는 애니메이션을 제작해 봅니다.

국어 교육 자료로 애니메이션은 교실에 높은 빈도로 활용되고 있습니다. 하지만, 이미 제작된 애니메이션을 활용하거나, PPT 기능만으로 애니메이션을 제작하면 표현상의 아쉬움이 남을 때가 있습니다. 유니티를 통해 더 강력한 기능을 바탕으로 다양한 애니메이션을 제작할 수 있습니다.

3 강에서 수학 시간에 교구로 쓰일 수 있는 쌓기나무 애플리케이션을 제작해 봅니다.

수학은 교구 사용을 통해 교육적 효과가 극대화되는 대표적인 교과인데, 이는 추상적인 개념을 현실 속에서 다루어야 하기 때문입니다. 유니티를 활용해 입체도형 관련 애플리케이션을 구현하면, 핵심적인 수학 개념만을 추출하여 다루고 학습 활동에 즉각적으로 투입할 수 있게 됩니다.

4 강에서 과학 시간에 필요한 지구와 달의 이동 시뮬레이션을 제작해 봅니다.

천체의 운동을 다루기 위해 실제 모형을 만들고, 이를 학습 활동에 다루는 것은 과학 시간에 자주 등장하는 모습입니다. 또는 영상을 시청하여 부족한 정보를 보완하곤 하지만, 역시 교사가 원하는 정보를 정확히 전달하기에는 어려움이 있습니다. 유니티를 활용하여 천체의 이동과정을 직접 시뮬레이션하며 애플리케이션 형태로 제작해 봅니다.

<TIP> 4 장의 콘텐츠는 2021.3.15f1 버전으로 제작되었습니다.

1강 음악교과: 2D 피아노 제작하기 [관련 코드 & 애셋 – 부록 참고]

음악 시간에 활용할 수 있는 악기 콘텐츠를 제작해 보겠습니다. 피아노 건반, 피아노 건반 음, 간단한 피아노 곡 연주 기능 등을 구현할 수 있습니다. 음원과 간단한 배경화면 그림은 외부에서 가져와 반영하도록 하고, 나머지 요소는 모두 유니티 자체에서 제공되는 기능을 활용합니다.

핵심 요소

2D 객체	오디오	UI	C#

순서

1) 2D 프로젝트 생성하기
2) 피아노 건반 제작하기
3) 마우스, 터치 및 키보드 입력을 피아노 건반에 대응시키기
4) 음원을 피아노 건반에 대응하기
5) 자동 연주 기능 구현하기

1) 2D 프로젝트 생성하기

01 Unity Hub 를 통해 2D_Piano 란 명칭의 2D 프로젝트를 생성합니다.

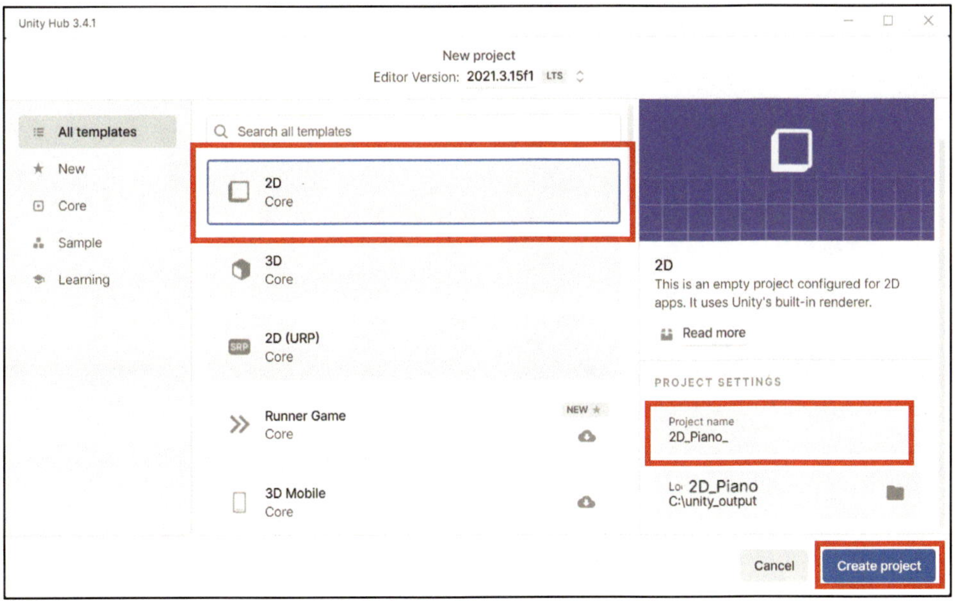

02 Unity Hub 를 통해 생성한 2D 프로젝트를 실행합니다.

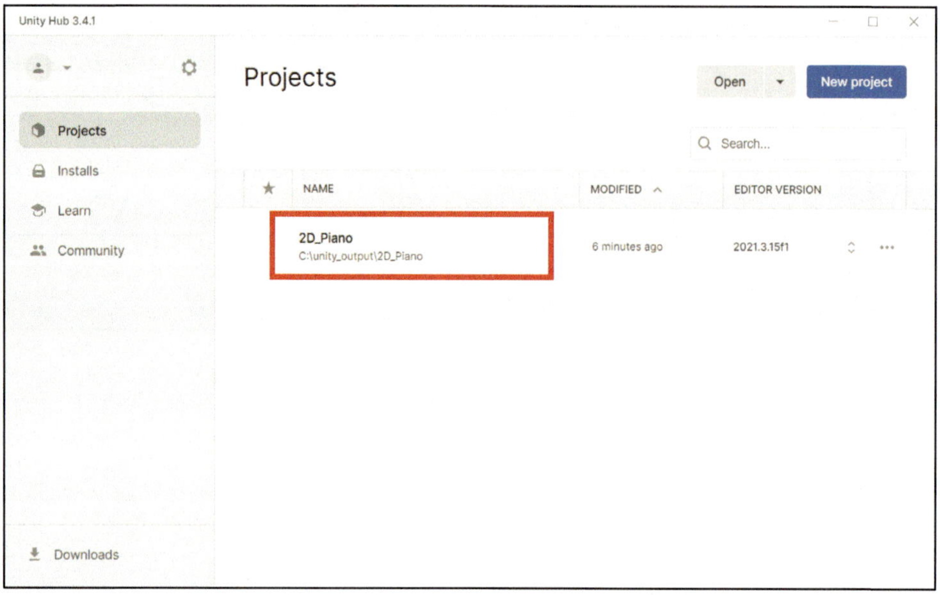

03 유니티 에디터 화면에서 씬뷰, 게임뷰, 하이어라키창, 프로젝트창, 인스펙터창, 콘솔창이 모두 나타나도록 레이아웃을 조절하고, 게임뷰에서 가장 일반적인 Full HD 로 게임 화면 크기를 설정합니다.

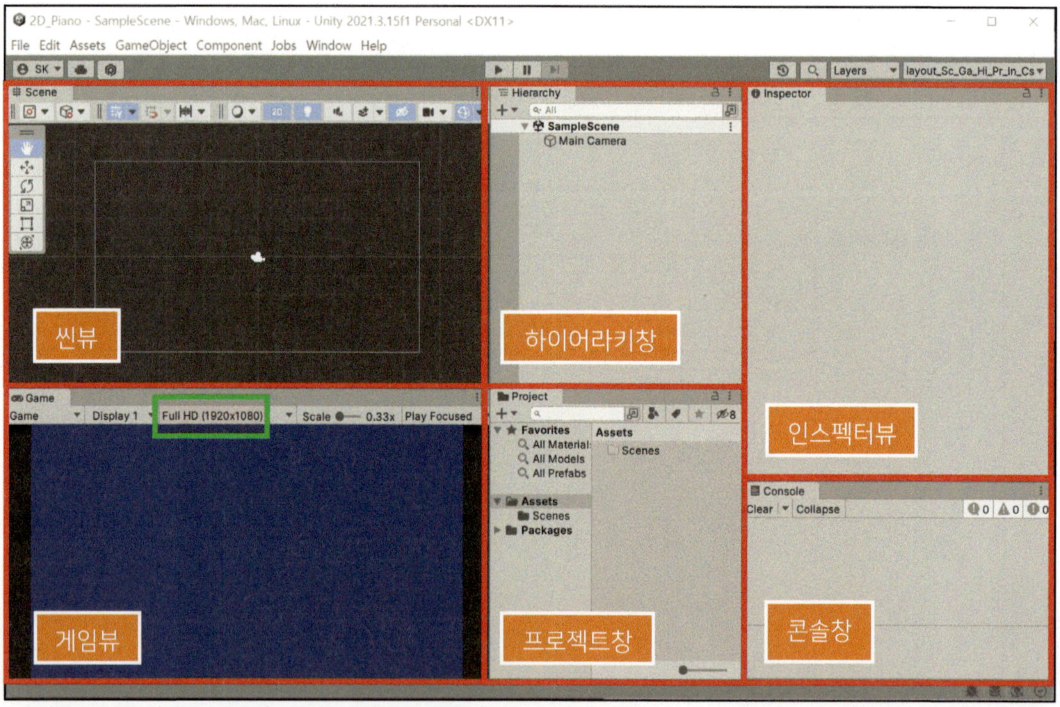

2) 피아노 건반 제작하기

01 프로젝트창에서 {Assets}-{Scenes}폴더를 선택하여 SampleScene 씬을 Piano 로 명명합니다. 씬의 명칭을 바꿀 때는 새로고침 과정이 있습니다.

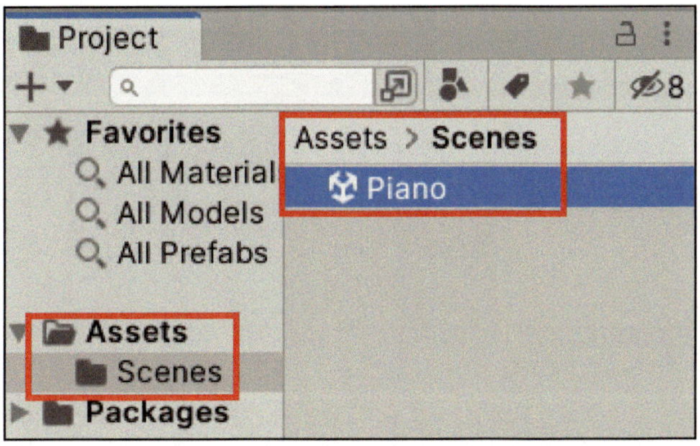

02 하이어라키창에서 [+]버튼-[UI]-[Image]를 선택하여 객체를 생성합니다. 객체를 WhiteKey 로 명명하고 너비, 높이 및 위치를 조절한 뒤, 동일한 크기와 위치로 10 개까지 복제합니다.

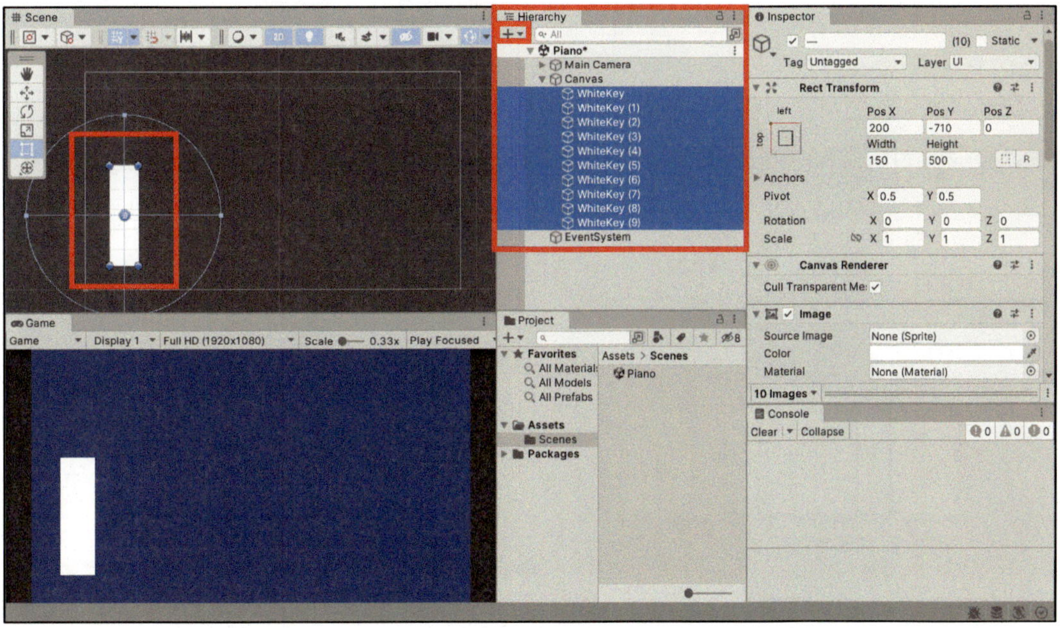

<TIP> 건반을 복사할 때 마지막 번호가 9 번인 것에 주목합니다. 첫번째 건반에 번호가 없기 때문에 실제 개수는 10 개라는 점을 주의해야 합니다. 다소 외람된 이야기지만 컴퓨터 프로그래밍에서 순번이 0 부터 시작하여 마지막 번호가 총 개수보다 1 개 적은 경우는 매우 일반적입니다.

03 하이어라키창에서 WhiteKey 객체 10 개를 모두 선택한 채로 [마우스 오른쪽 클릭]-[Create Empty Parent]를 선택하여 부모 객체를 만들고, 생성된 부모 객체인 GameObject 를 WhiteKeys 로 명명합니다. 다음으로, WhiteKeys 를 선택한 뒤, 인스펙터창에서 Add Component 를 선택하고 [Horizontal Layout Group]을 선택하면, WhiteKey 10 개가 수평으로 펼쳐집니다.

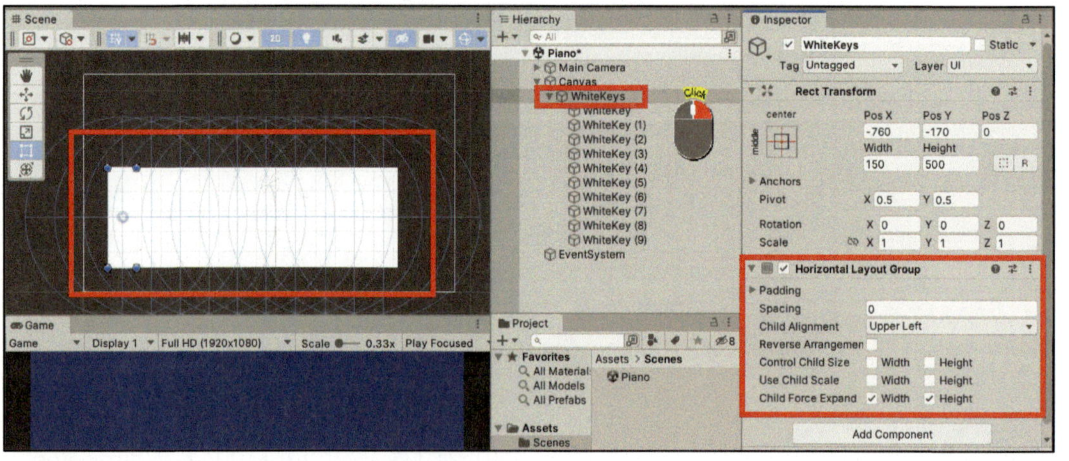

<TIP> 처음에 건반 10 개가 모두 한 장소에 겹쳐 있습니다. 동시 선택이 어려울 경우 하이어라키창에서 Shift+마우스 왼쪽 클릭 기능을 이용하여 한꺼번에 선택할 수 있습니다.

04 WhiteKeys 를 선택한 상태에서 인스펙터창에서 (Horizontal Layout Group)컴포넌트의 Spacing 수치를 조절하여 WhiteKey 10 개의 간격을 적당히 배치합니다. 이어서, (Rect Transform)컴포넌트의 Pos X 와 Y 수치 조절로 WhiteKeys 의 위치를 적절히 조정하여 흰 건반 10 개를 만듭니다.

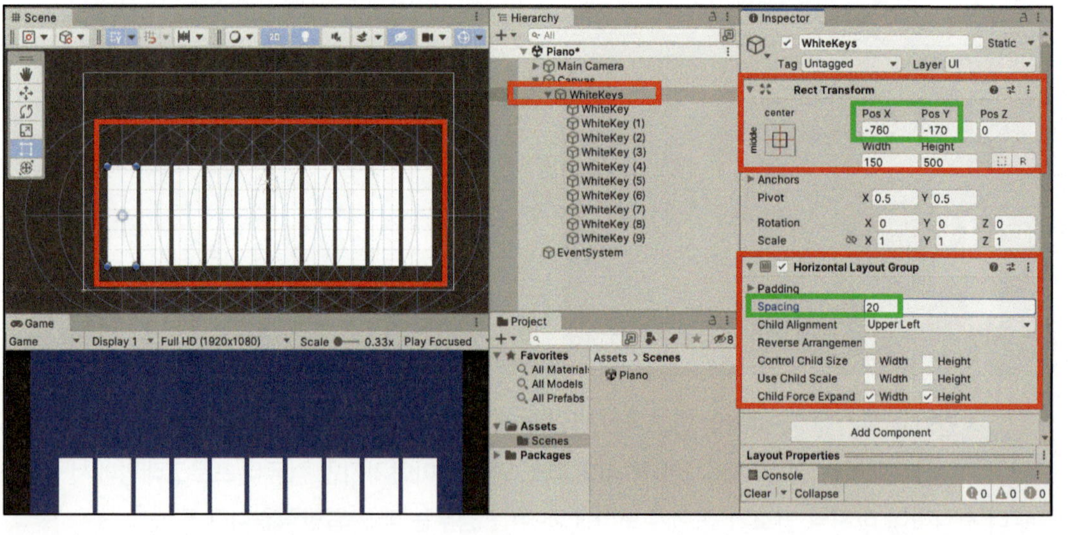

05 WhiteKeys 를 복제한 뒤, 복사한 객체 BlackKeys 로 명명합니다. 또한 BlackKeys 의 자식 객체에 해당하는 10 개의 Key 를 모두 BlackKey 형식으로 명명합니다. 다음으로 BlackKey 10 개를 모두 선택한 상태에서, 인스펙터창에서 (Image)컴포넌트의 Color 를 검은색으로 선택합니다.

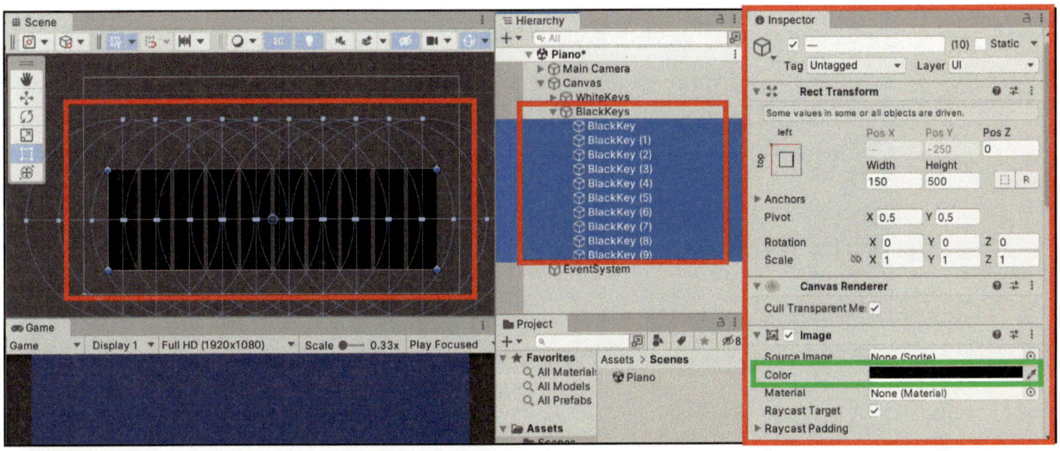

<TIP> BlackKey 10 개의 명칭을 일일이 변경하기 보다는, Key 하나만 남기고 나머지를 모두 삭제한 뒤 이 객체를 BlackKey 로 명명하고 10 개까지 복제하는 것이 더 쉽고 편리합니다. 부모 객체인 BlackKeys 에 (Horizontal Layout Group)컴포넌트가 부착된 상태로 복제되었기에 가능합니다.

06 마지막 BlackKey 1 개를 삭제한 뒤, BlackKey 9 개를 모두 선택하고, (Rect Transform)의 Height 을 조절하여 검은 건반의 형태로 만듭니다. 다음으로 BlackKeys 의 가로 위치와 (Horizonaltal Layout Group)의 Spacing 값을 조절하여 적절히 배치합니다. 마지막으로 BlackKey 9 개 중 좌측에서 3 번째, 우측에서 3 번째 것을 동시 선택한 뒤, 인스펙터창의 (Image)컴포넌트를 체크 해제하여 비활성화 함으로써 7 개의 피아노 건반 형태를 완성합니다.

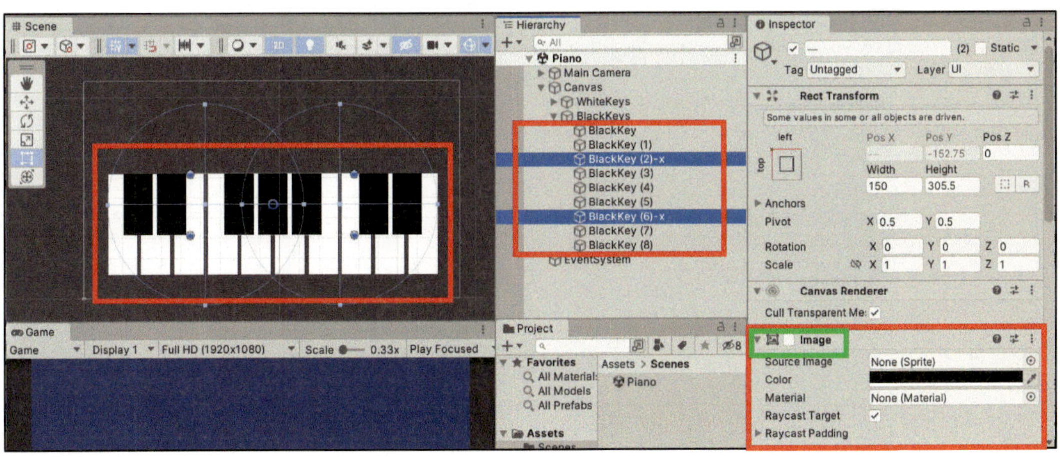

3) 마우스, 터치 및 키보드 입력을 피아노 건반에 대응시키기

01 프로젝트창의 {Assets}폴더 내에서 [+]버튼-[Folder]를 선택하여 새로운 폴더를 생성하고 이를 Scripts 로 명명합니다. 다음으로 {Assets}-{Scripts}폴더에서 [+]버튼-[Script]를 선택하여 스크립트 파일을 생성하고 PianoSounds 라 명명합니다.

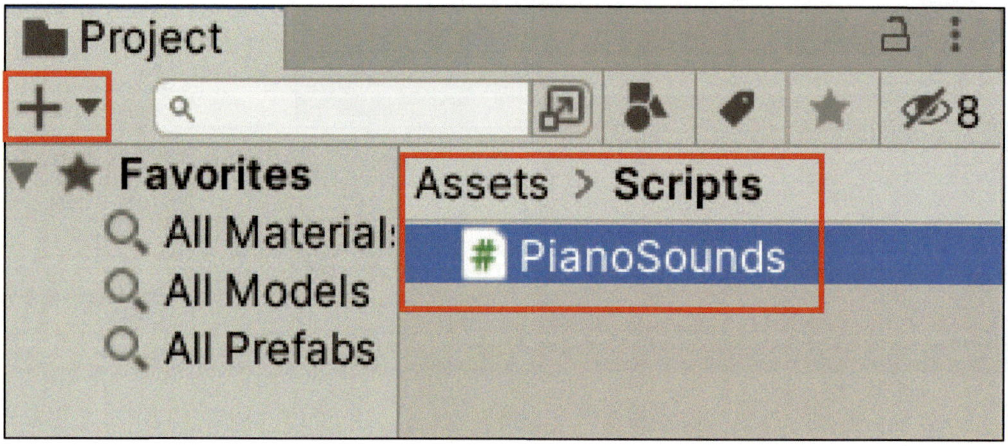

02 PianoSounds 스크립트 파일의 PianoSounds 클래스에 아래와 같이 코드를 입력하고 저장합니다. 이는 피아노 건반과 사용자의 입력이 상호작용을 일으키는 지 확인하기 위함입니다.

```
using System.Collections;
using System.Collections.Generic;
using UnityEngine;
using UnityEngine.EventSystems; //키보드, 마우스 및 터치입력 등과 관련된 네임스페이스

public class PianoSounds : MonoBehaviour, IPointerDownHandler, IPointerUpHandler
{
    public void OnPointerDown(PointerEventData eventData) //마우스나 터치 시작 시 작동
    {
        Debug.Log("터치 시작");
    }

    public void OnPointerUp(PointerEventData eventData) //마우스나 터치 종료 시 작동
    {
        Debug.Log("터치 종료");
    }
}
```

(코드 해설) 3 줄에서 using 문으로 네임스페이스를 선언하여 유니티를 다루기 위한 핵심적인 스크립트들을 활용할 수 있도록 하는 기반을 세웁니다.

4 줄에서 using 문으로 네임스페이스를 선언하여 이벤트 관련 기능을 종합적으로 활용하기 위한 준비를 마칩니다. 키보드, 마우스 입력 등 다양한 이벤트를 처리하게 됩니다.

6 줄의 IPointerDownHandler 와 IPointerUpHandler 는 인터페이스에 해당하며, 마우스 클릭이나 터치 이벤트를 인식하는 함수들을 준비하는 기능을 담당합니다. 명칭에서 짐작할 수 있듯, IPointerDown 은 마우스 버튼을 누르고 있는 시점을, IPointerUp 은 마우스 버튼에서 손을 뗀 시점을 의미하게 됩니다.

8~16 줄은 OnPointerDown() 함수와 OnPointerUp()함수를 선언하여 마우스 클릭이나 터치의 시작과 끝을 인식할 수 있게 합니다. 함수 내의 Debug.Log("내용") 함수는 '내용'을 콘솔창에 표시합니다. 참고로, Debug.Log()함수는 using UnityEngine; 네임스페이스에 기반합니다.

03 하이어라키창에서 흰 건반과 검은 건반을 모두 선택한 상태에서, 프로젝트창의 PianoSounds 스크립트를 마우스로 드래그하여 인스펙터 창에 추가합니다.

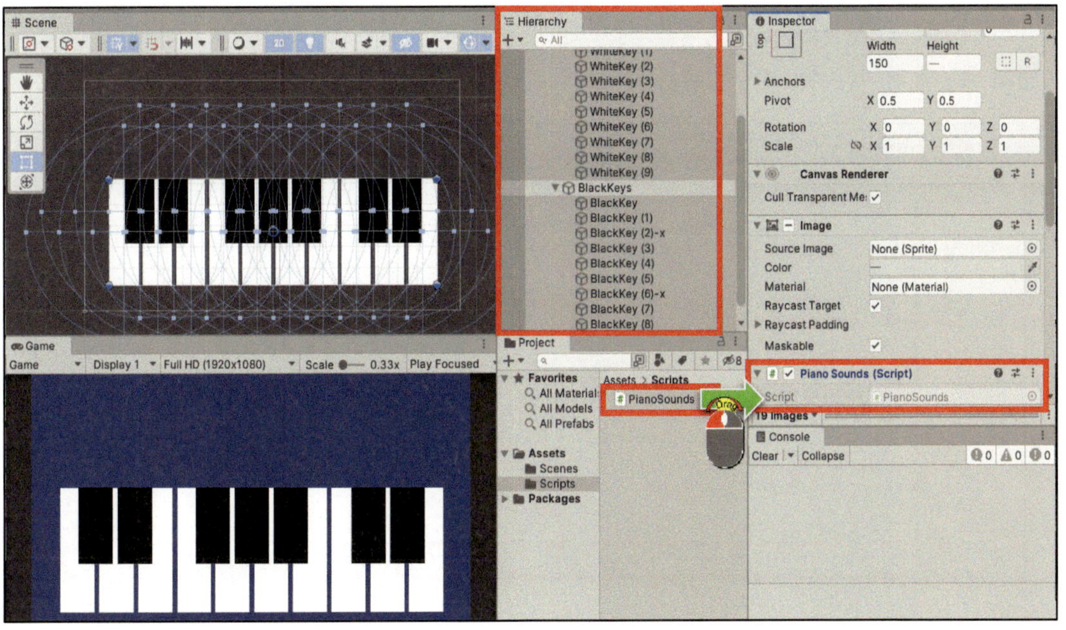

<TIP> 유니티 에디터는 여러 개의 객체에 대한 동시작업을 통해 작업 효율을 올리는 것이 중요합니다. 객체를 하나하나 클릭하며 작업하기 보다는 가급적 동시에 작업을 처리하기 위한 방법을 구상해보는 것이 도움이 됩니다.

04 에디터 중앙 상단의 Play 버튼을 누른 뒤 게임뷰에서 아무 건반이나 클릭합니다. 클릭 시, '터치 시작', 마우스 버튼을 떼었을 때 '터치 종료'라는 문구를 콘솔창에서 확인합니다.

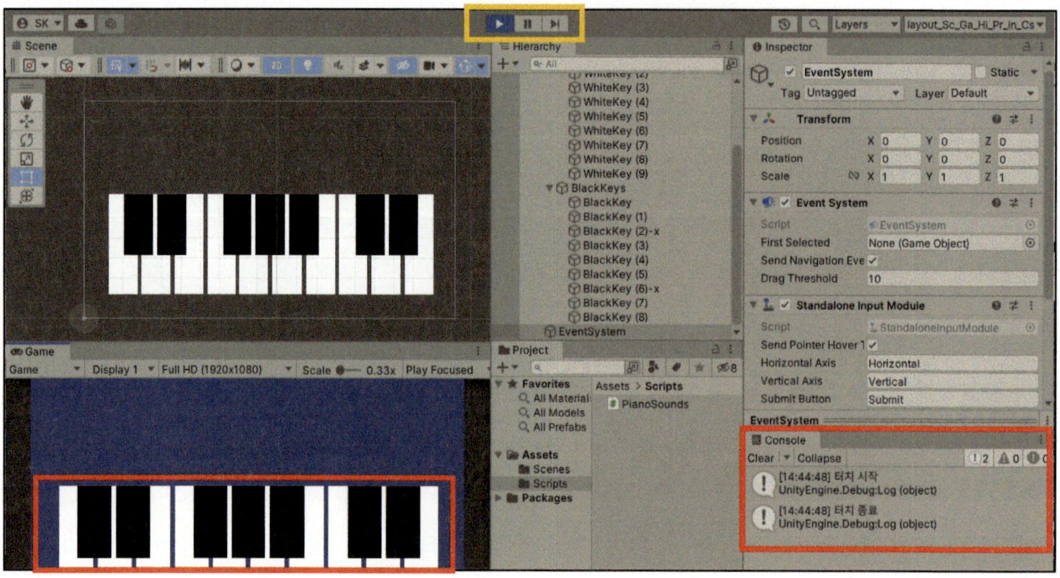

05 PianoSounds 스크립트를 다시 열고 아래와 같이 코드를 추가합니다. 사용자의 입력에 따라 피아노 건반의 색깔에 하이라이트 효과를 넣는 것이 목적입니다.

```
using UnityEngine.EventSystems; //키보드, 마우스 및 터치입력 등과 관련된 네임스페이스
using UnityEngine.UI; //UI활용을 위한 네임스페이스

public class PianoSounds : MonoBehaviour, IPointerDownHandler, IPointerUpHandler
{
    Color originalKeyColor; //건반의 원래 색상 할당용 변수 선언

    private void Start() { // 앱을 시작할 때 작동
        originalKeyColor = gameObject.GetComponent<Image>().color; //변수에 건반의 원래 색상을 할당
    }

    public void OnPointerDown(PointerEventData eventData) //마우스나 터치 시작 시 작동
    {
        // Debug.Log("터치 시작");
        gameObject.GetComponent<Image>().color = Color.green; //건반에 초록색 할당
    }

    public void OnPointerUp(PointerEventData eventData) //마우스나 터치 종료 시 작동
    {
        // Debug.Log("터치 종료");
        gameObject.GetComponent<Image>().color = originalKeyColor; //건반에 원래 색상 할당
    }
}
```

(코드 해설) 5 줄에서 using 문으로 네임스페이스를 지정하여 UI 관련 기능을 활용 준비를 합니다.

9 줄에서 Color 클래스의 변수를 originalKeyColor 로 지정하여 피아노 건반의 원래 색상(흰색 또는 검은색)을 담을 준비를 합니다. 이는 피아노 건반 색상에 하이라이트 효과를 준 뒤, 원래대로 되돌리기 위한 것입니다.

12 줄에서 Start() 함수가 실행되는 라이프사이클에 originalKeyColor 에 피아노 건반에 본래 설정되었던 색상(여기서는 흰색 또는 검은색)을 담습니다.

18 줄의 함수는 건반의 (Image)컴포넌트의 색상을 변화시키고 24 줄의 함수는 건반을을 원래 색으로 되돌리도록 합니다. 끝으로, Debug.Log() 함수는 더 이상 활용하지 않으므로 주석 처리합니다.

06 에디터 중앙 상단의 Play 버튼을 누른 뒤 게임뷰에서 아무 건반이나 클릭합니다. 피아노 건반의 색상이 초록색으로 변하는 것을 확인할 수 있으며, 마우스를 떼면 건반의 색상이 원래대로 돌아옵니다.

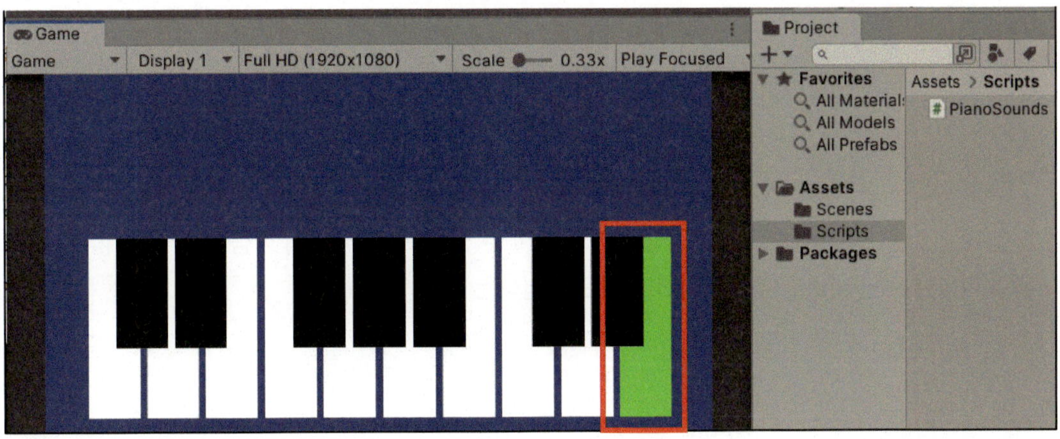

07 키보드를 피아노 건반에 대응하겠습니다. PianoSounds 스크립트를 열고 아래의 코드를 작성합니다.

```
    4 references
9   Color originalKeyColor; //건반의 원래 색상 할당용 변수 선언
10
11  [SerializeField]   //Unity에디터에서 키보드 키를 key 문자열 변수(12줄) 할당하기 위한 변수 선언
    3 references
12  private string key;
13
```

(코드 해설) 11 줄에서 필드 직렬화 및 12 줄의 변수 선언을 통해 유니티 에디터 상에서 key 변수에 원하는 키를 쉽게 지정할 수 있도록 합니다.

```
   0 references
14 private void Start() { // 앱을 시작할 때 작동
15     originalKeyColor = gameObject.GetComponent<Image>().color; //변수에 건반의 원래 색상을 할당
16 }
17
   0 references
18 private void Update() { // 앱 동작 중 매 프레임마다 작동
19     if (key.Length>0) //키의 길이가 0보다 클 때(즉, 키 값이 있을 때) 작동
20     {
21         if (Input.GetKeyDown(key)) //Unity 에디터에서 key에 등록한 키보드 키를 누르면 작동
22         {
23             gameObject.GetComponent<Image>().color = Color.green; //건반에 초록색 할당
24         }
25         if (Input.GetKeyUp(key)) //Unity 에디터에서 key에 등록한 키보드 키에서 손가락을 떼면 작동
26         {
27             gameObject.GetComponent<Image>().color = originalKeyColor; //건반에 원래 색상 할당
28         }
29     }
30 }
```

18~30 줄은 Update() 함수 내에 키보드 상호작용 관련 함수들을 호출하여 Play 시 매 프레임마다 내부 코드를 추적할 수 있도록 구성합니다. 19 줄은 조건문으로 key 값의 길이가 0 보다 클 때, 즉 어떠한 키가 입력된 경우에만 내부 코드가 실행되게 합니다. 21, 25 줄은 역시 조건문으로 키를 눌렀거나 (Down), 떼었을 때(Up) 각 상황에 맞게 조건문 내부 코드가 실행되도록 합니다. 23, 27 줄은 (Image) 컴포넌트 color 속성에 각각 초록색, 처음 색을 집어 넣습니다.

08 건반마다 인스펙터창의 (PianoSounds)스크립트 컴포넌트를 선택하여 Key 에 원하는 키보드 키를 입력합니다. 이를 통해 키보드 키를 각 건반에 대응할 수 있으며, Play 하여 작동을 확인합니다. 키보드에서 'a'키를 누르면 키보드에 색상이 초록색으로 변하는 지 확인합니다.

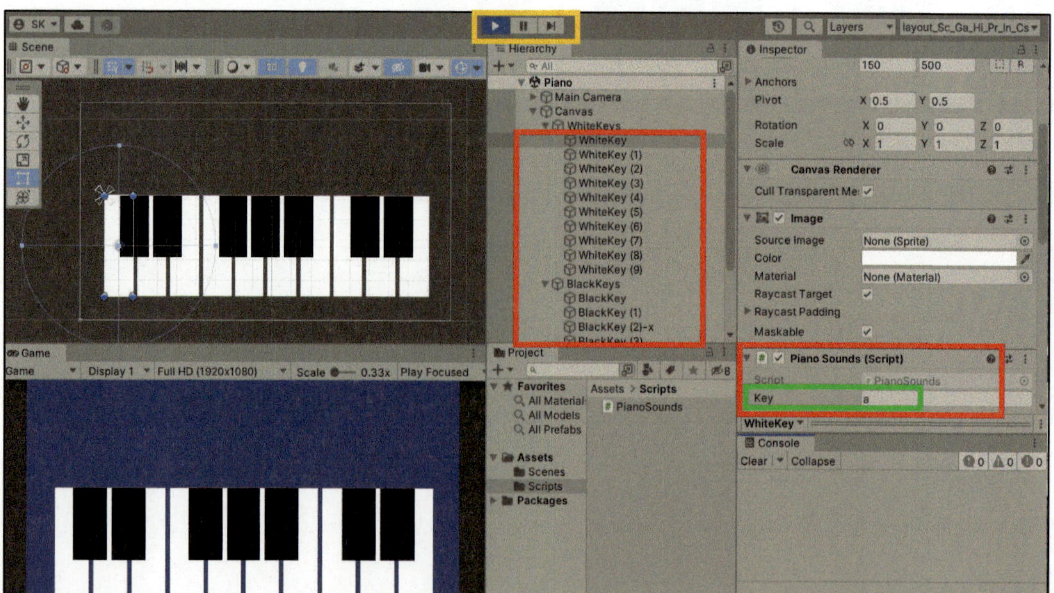

4) 음원을 피아노 건반에 대응하기

01 피아노의 각 건반에 음원을 대응시켜 보겠습니다. 프로젝트창에서 {Assets}폴더에 {Scenes}폴더를 생성하고 피아노 건반 17 개에 대응하는 음원파일을 모두 집어넣습니다.

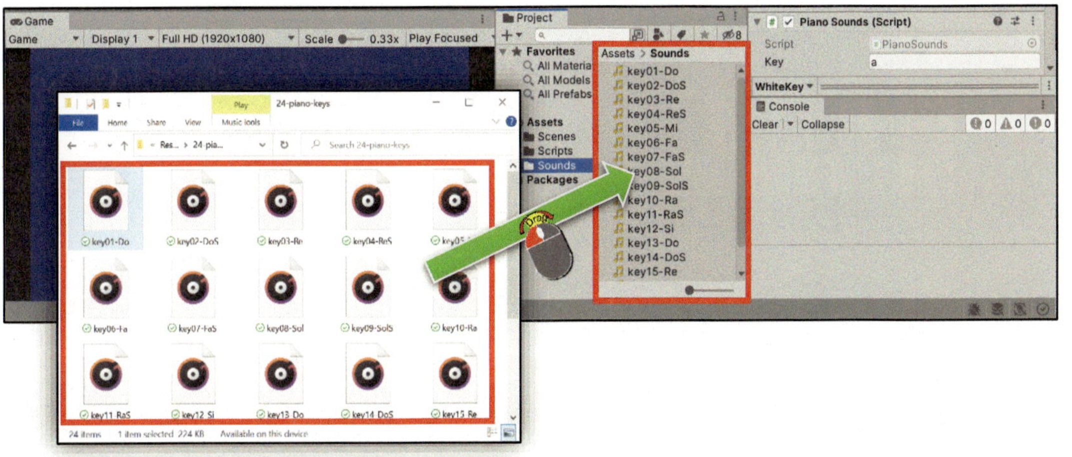

[출처] Internet archive (CC0 1.0 Universal), https://archive.org/details/24-piano-keys/

음원은 Internet archive 에서 찾아 이용할 수 있습니다. 학술이나 연구를 목적으로 활용하는 것이 허용된 음원입니다. 다른 곳에서 직접 mp3 나 wav 형식의 파일을 구해서 활용해도 좋습니다.

02 하이어라키창에서 피아노 건반 17 개를 모두 선택하고 인스펙터창에서 (Audio Source)컴포넌트를 연결합니다. 또한, 아래와 같이 옵션들은 모두 체크해제 합니다.

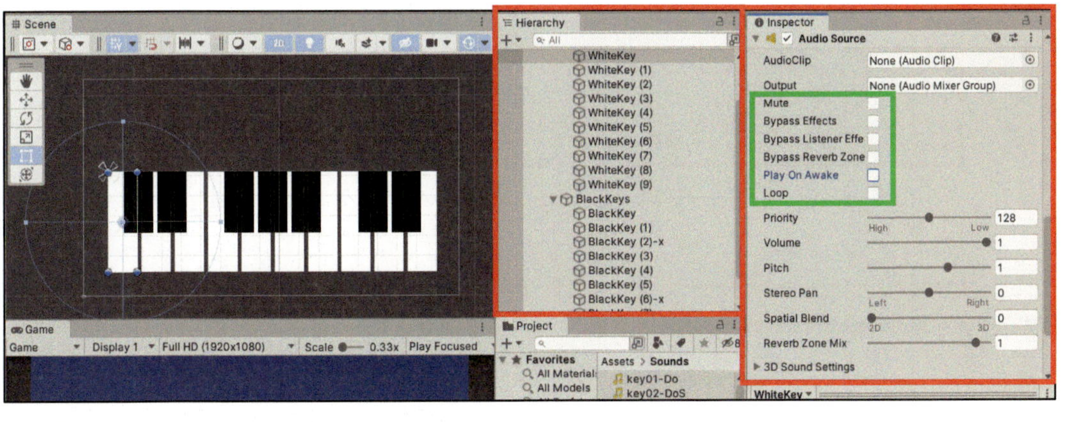

<TIP> Mute 는 음소거, Bypass 는 특수효과(별도 지정 시) 무시, Play On Awake 는 Play 시 음원의 바로 재생, Loop 은 음원의 반복 재생을 의미합니다. 본 프로젝트에서는 활용되지 않는 기능입니다.

03 각 건반의 (Audio Source)컴포넌트에 대응하는 음원들을 프로젝트창의 {Assets}폴더에서 찾아 건반 17 개에 집어넣습니다.

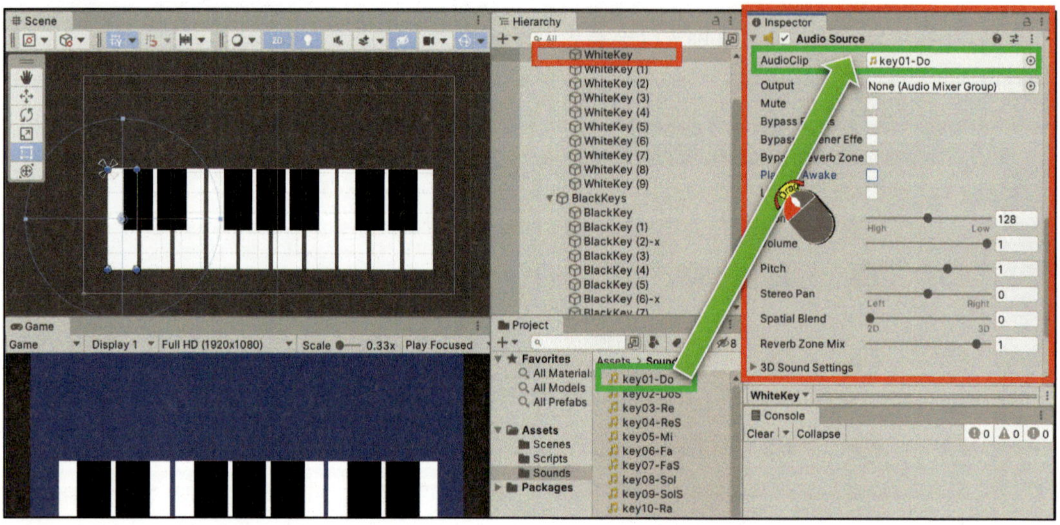

<TIP> 건반에 들어갈 음원을 규칙적으로 명명해두어야 작업 시간을 절약할 수 있습니다. 또한, BlackKey (3)과 BlackKey (7)은 실제로는 작동하지 않는 건반이기 때문에 음원을 넣지 않아도 됨에 유의합니다. (단, 레이아웃 유지를 위해 BlackKey (3)과 BlackKey (7)을 숨기거나 지우면 안 됩니다.)

04 건반을 연주할 시 음원이 재생됨과 동시에 건반에 색상이 들어오도록 코드로 작업하겠습니다. PianoSounds 스크립트를 다시 열고 아래의 코드를 작성합니다.

```
    0 references
7   public class PianoSounds : MonoBehaviour, IPointerDownHandler, IPointerUpHandler
8   {
        2 references
9       Color originalKeyColor; //건반의 원래 색상 할당용 변수 선언
        3 references
10      AudioSource audioSource; //음원 할당용 오디오소스 변수 선언
11
12      [SerializeField]      //Unity에디터에서 키보드 키를 key 문자열 변수(12줄) 할당하기 위한 변수 선언
        3 references
13      private string key;
14
        0 references
15      private void Start() { // 앱을 시작할 때 작동
16          originalKeyColor = gameObject.GetComponent<Image>().color; //변수에 건반의 원래 색상을 할당
17          audioSource = GetComponent<AudioSource>(); //Audio소스 컴퍼넌트를 변수에 할당
18      }
```

(코드 해설) 9 줄에서 건반의 색상을, 10 줄에서 음원 재생 관련 AudioSoure 컴포넌트를 담을 수 있는 변수를 추가하며, 15~18 줄의 Start() 함수 내에서 audioSource 변수에 컴포넌트를 담습니다.

```
   0 references
20 private void Update() { // 앱 동작 중 매 프레임마다 작동
21     if (key.Length>0) //키의 길이가 0보다 클 때(즉, 키 값이 있을 때) 작동
22     {
23         if (Input.GetKeyDown(key)) //Unity 에디터에서 key에 등록한 키보드 키를 누르면 작동
24         {
25             AudioPlay(); //음원 재생 함수 실행
26         }
27         if (Input.GetKeyUp(key)) //Unity 에디터에서 key에 등록한 키보드 키에서 손가락을 떼면 작동
28         {
29             Invoke("AudioStop",0.7f); //음원 종료 함수를 0.7초 뒤에 실행 예약
30         }
```

23, 27 줄의 키보드 관련 조건문 내에서 각각 AudioPlay()함수와 AudioStop()함수를 새롭게 호출합니다. 해당 함수들은 추후 하단에서 정의할 예정입니다. 이 때 AudioStop()함수는 Invoke 함수 내에서 "문자열"로 호출하며 0.7 초의 딜레이를 주고 연주 중인 음을 멈추도록 합니다. 이는 피아노 건반에서 손을 뗄 때 소리가 잠시 뒤 멈추는 효과를 연출하기 위함입니다.

```
   0 references
34 public void OnPointerDown(PointerEventData eventData) //마우스나 터치 시작 시 작동
35 {
36     // Debug.Log("터치 시작");
37     AudioPlay(); //음원 재생 함수 실행
38 }
39
   0 references
40 public void OnPointerUp(PointerEventData eventData) //마우스나 터치 종료 시 작동
41 {
42     // Debug.Log("터치 종료");
43     Invoke("AudioStop",0.7f); //음원 종료 함수를 0.7초 뒤에 실행 예약
44 }
45
   2 references
46 void AudioPlay(){
47     gameObject.GetComponent<Image>().color = Color.green; //건반에 초록색 할당
48     CancelInvoke("AudioStop"); //음원 종료 함수의 0.7초 뒤 실행 예약기능을 취소
49     audioSource.Play(); //음원 재생
50 }
51
   0 references
52 void AudioStop(){
53     gameObject.GetComponent<Image>().color = originalKeyColor; //건반에 원래 색상 할당
54     audioSource.Stop(); //음원 종료
55 }
```

37, 43 줄에서 마우스 클릭과 터치 동작에 대응하여 키보드 때와 마찬가지로 AudioPlay()함수와 AudioStop()함수를 입력합니다.

46~55 줄은 이 때 AudioPlay()함수와 AudioStop()함수를 정의한 것입니다. 먼저, AudioPlay()함수를 살펴보면 (Image)컴포넌트의 color 속성을 초록색으로 변환하고 AudioStop()함수를 Invoke 하는 함수를 멈춘 다음, 음원이 출력되도록 audioSource.Play() 합니다. 다음으로 AudioStop()함수를 통

하여 연주 종료 시, 즉 건반에서 손을 뗄 경우 (Image)컴포넌트의 color 속성을 건반이 연주되기 전의 처음 색으로 되돌리고 음원이 멈추도록 합니다.

05 유니티 에디터로 돌아와 Play 하여, 키보드나 마우스 입력으로 건반이 잘 작동하는 지 확인합니다.

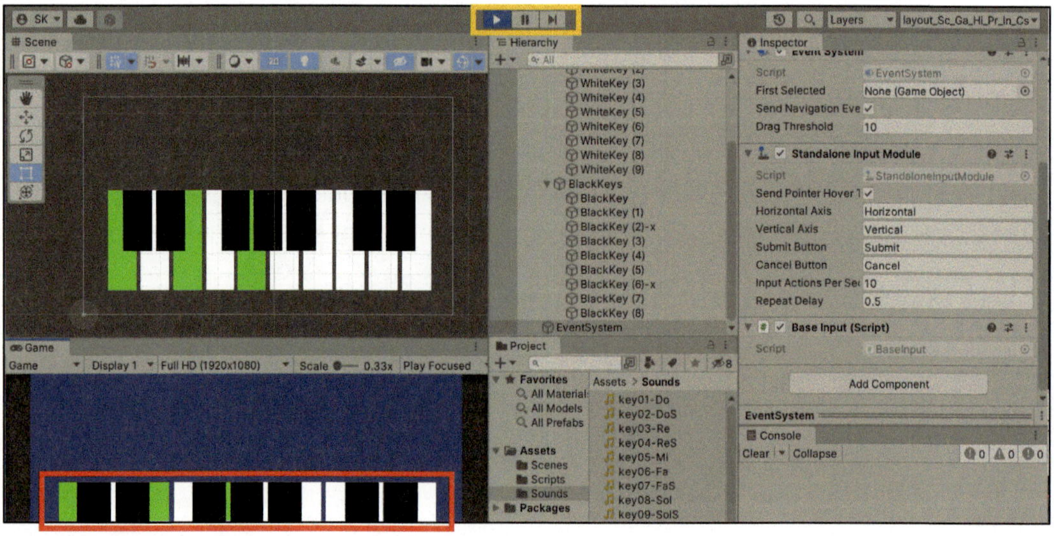

06 배경화면을 하나 추가하기 위해 프로젝트창으로 그림 파일을 드래그 해서 가져오고, 연이어 Main Camera 객체로 그림 파일을 드래그해서 자식 객체로 집어넣습니다. 이를 통해 카메라의 위치에 배경화면을 정확히 배치할 수 있습니다. background 객체를 더블클릭하면 씬뷰에서도 확인 가능합니다.

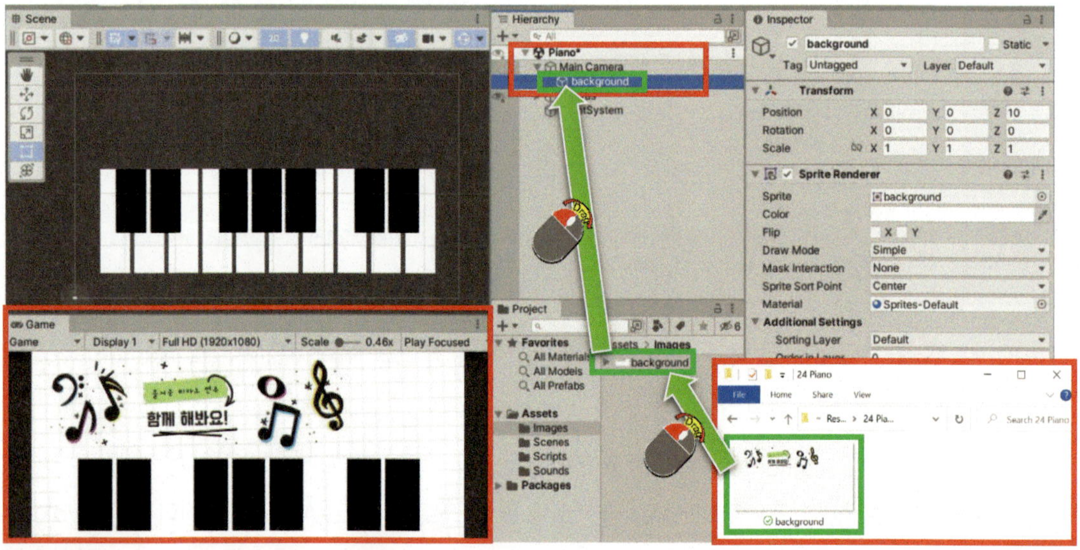

[출처] background.jpg (자체 제작)

07 배경화면의 색상이 너무 밝아 피아노 건반이 잘 구별되지 않는 관계로 background 객체-(Sprite Renderer)컴포넌트의 Color 속성을 선택하여 색상을 약간 어둡게 조절합니다.

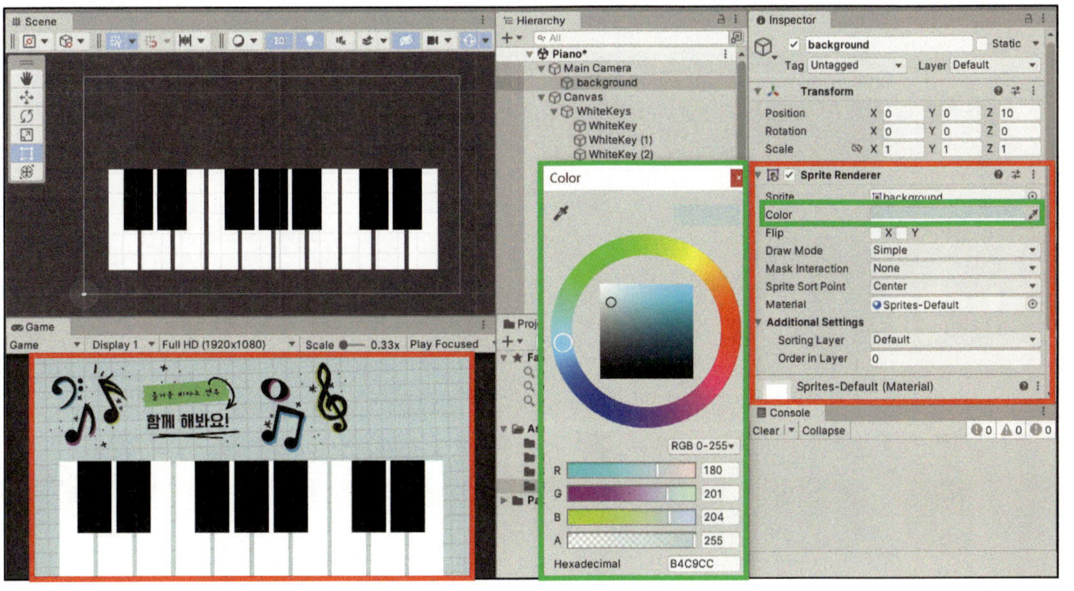

심화 학습: 자동 연주 기능 구현하기

01 이번에는 '비행기' 곡을 자동으로 연주하는 기능을 추가해보겠습니다. 하이어라키창에서 [+]버튼-[UI]-[Legacy] -[Button]을 선택하여 새로운 버튼을 생성합니다.

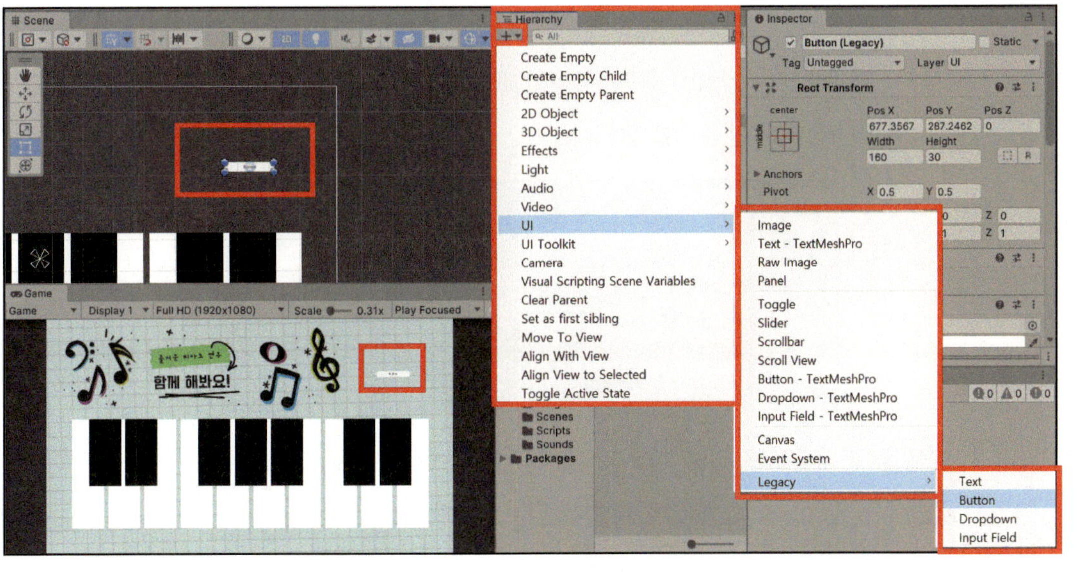

02 Button 객체의 색상을 원하는 대로 변경한 뒤, Button 객체의 자식 객체인 Text(Legacy)에서 Text 속성을 이용하여 '비행기 자동연주 켜고 끄기' 라고 입력합니다. 또한, 입력한 Text 의 Font, Font Size, Color 등을 원하는 대로 조절합니다.

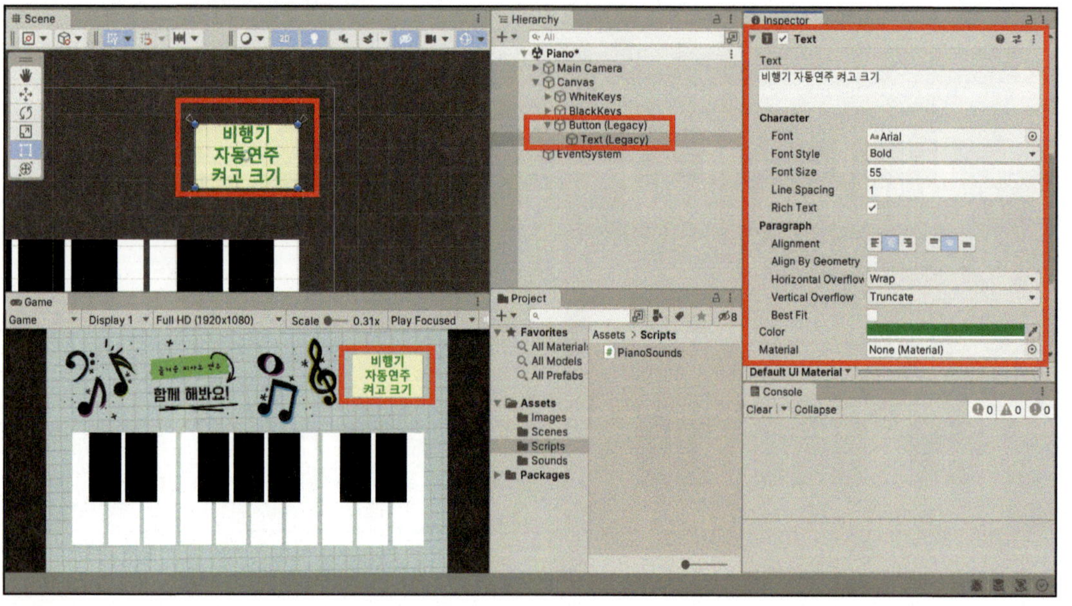

<TIP> Button 을 생성할 때 활용한 Legacy 는 이전 버전의 Unity 에서 활용한 Button 입니다. 하지만, 최신 버전 Button 은 TextMeshPro 를 활용하여 글자를 입력하는데 한글을 입력하기 위해서는 별도의 조치를 취해야 합니다. TextMeshPro 는 글자의 해상도를 높여 가독성을 높이거나 폰트의 세부적인 사항을 향상하는 장점을 지닙니다. 해당 기능은 다음 2 강에서 다루겠습니다.

03 프로젝트창의 {Assets}-{Scripts}폴더에서 AutoPlay 스크립트 파일을 새로 생성하여 '비행기'곡 자동 연주 기능을 추가하기 위한 준비를 합니다.

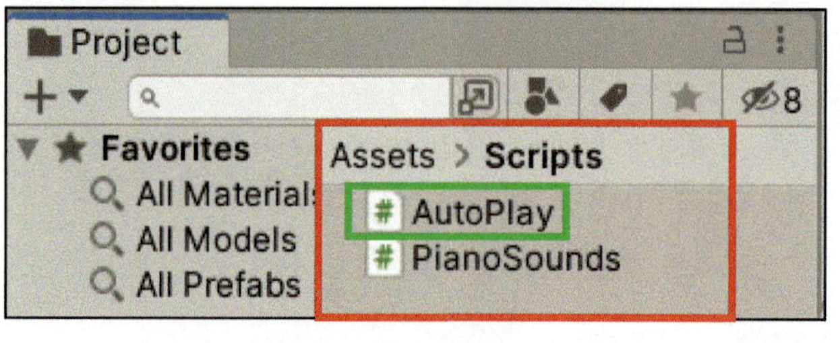

<TIP> 스크립트 파일을 최초 생성 이후 명칭을 변경한 경우, 코드 내에서 클래스의 명칭이 자동으로 반영되지 않습니다. 만약, 스크립트 명칭을 변경한다면, 코드 내의 클래스 명칭은 수동으로 변경해야 함에 유의합니다.

04 AutoPlay 스크립트 파일을 열고 아래의 코드를 작성합니다.

```
1   using System.Collections; //배열, 배열리스트 등의 자료구조 활용을 위한 네임스페이스
2   using System.Collections.Generic; //리스트, 딕셔너리 등의 구조체 활용을 위한 네임스페이스 (이 프로젝트에선 활용x)
3   using UnityEngine; //Unity를 활용하기 위한 네임스페이스
4   using UnityEngine.UI; //UI를 활용하기 위한 네임스페이스
5
    0 references
6   public class AutoPlay : MonoBehaviour
7   {
        3 references
8       GameObject playingKey; //연주할 건반을 할당하기 위한 변수 선언
        3 references
9       float runTime;  //현재 연주 시간 추적을 위한 변수 선언
        4 references
10      static int keyCount = 25; //연주에 필요한 총 노트 수를 할당할 변수 선언 및 25로 초기화
        4 references
11      int crtCounts; //코루틴 함수 개수를 할당하며 추적하기 위한 변수 선언
12
13      [Header("비행기 음노트 25개")] //Unity에디터에 제목으로 나타낼 내용 표시를 위한 선언
        1 reference
14      public GameObject[] pianoKey = new GameObject[keyCount]; //연주할 노트를 할당할 배열 변수 선언 및 초기화
        1 reference
15      public float[] playTime =  new float[keyCount]; //연주할 노트 시작 전, 지연 시간을 주기 위한 선언 및 초기화
16
```

(코드 해설) 1 줄은 C#에서 활용가능한 자료구조 중 하나인 배열을 활용하기 위한 네임스페이스 선언입니다. 이를 통해 13~15 줄에서 각 건반에 해당하는 객체를 불러와 저장하기 위한 pianoKey 배열 변수와 각 건반의 실행 시간을 저장하기 위한 playtime 배열 변수를 정의하고 활용할 수 있습니다. 13 줄의 [Header("비행기 음노트 25 개")는 AutoPlay 스크립트의 컴포넌트로서 Button 객체에 할당한 배열 변수들의 제목으로 나타납니다.

8~11 줄에서 AutoPlay 스크립트에서 활용할 다양한 변수들을 선언합니다.

8 줄은 특정 음의 연주 대상인 객체를 저장할 변수이며, 9 줄은 실시간으로 현재 연주시간을 저장하기 위한 변수입니다. 10 줄은 연주될 음의 개수를 변수에 저장하며, '비행기'곡에 맞게 25 를 입력합니다. 11 줄은 활용되는 코루틴 함수의 총 개수를 추적하기 위한 변수입니다.

<TIP> 코루틴 함수는 코드를 비동기적으로 작동시키기 위해 활용됩니다. 이는 추후 '비행기'곡을 자동으로 연주할 때 각 건반이 연주되는 시간차를 조율하기 위해 쓰일 예정입니다.

```
   0 references
17 public void MusicPlay() //함수 선언 및 Unity에디터에서의 접근을 위한 공개
18 {
19     //코루틴 수가 0개, 25개 일 때 작동(자동연주 시작전, 종료시에만 작동)
20     if (crtCounts == 0 || crtCounts == keyCount)
21     {
22         runTime = 0f; //자동연주 시작 시 연주 시간 0초로 초기화
23         for(int i = 0; i < keyCount; i++) //연주할 노트 개수 만큼 반복 실행
24         {
25             //runTime 변수에, Unity에디터에서 할당할 노트별 시간을 반복 시마다 누가
26             runTime += playTime[i];
27 
28             //playingKey 변수에, Unity에디터에서 할당할 건반 객체 할당
29             playingKey = GameObject.Find(pianoKey[i].name);
30 
31             //연주할 건반 연주 중단(이전에 실행 중인 것이 있을 시 중단 목적)
32             playingKey.GetComponent<AudioSource>().Stop();
33 
34             backToOriginalColor(); //건반을 원래 색상으로 돌려 놓기 위한 함수 실행(하단에 별도 선언)
35 
36             //연주할 건반 연주가 순차적으로 이루어지도록 코루틴 함수 실행(하단에 별도 선언)
37             StartCoroutine(PlayCoroutine(i, playingKey));
38         }
39     }
40     else //코루틴 수가 1개~24개일 때 작동(자동연주 중일 때 작동)
41     {
42         StopAllCoroutines(); //예약에 들어간 모든 코루틴 함수 중단
43         backToOriginalColor(); //건반을 원래 색상으로 돌려 놓기 위한 함수 실행(하단에 별도 선언)
44         crtCounts = 0; //코루틴 개수 0으로 초기화
45     }
46 }
```

17 줄에서 MusicPlay() 함수를 public 으로 공개하여 유니티 에디터 창에서 접근할 수 있도록 하며, return 값이 없기 때문에 void 로 선언합니다.

20, 40 줄에서 If-else 문을 통해 코루틴 함수의 수가 0 이거나 25 개일때만 if 문 내부의 코드(자동연주 실행)가 실행되고, 코루틴 함수의 수가 1~24 개일 때는 else 문 내부의 코드(자동 연주 종료)가 실행되도록 합니다.

22 줄은 현재 연주 지연 시간으로 0f(=0 초)로 초기화합니다.

23 줄은 연주 노트 개수(=keyCount)인 25 만큼 반복문을 작성합니다.

25~37 줄에 이르기까지 반복문 속에서, 유니티 에디터에서 할당한 노트별 연주 시간을 가산하여 각 노트별로 할당된 건반의 연주시점을 지연(가령, '미도'를 연주할 시, 첫 음인 '미'가 2 초간 연주된다면, 다음 음인 '도'는 2 초 뒤에 연주되는 식)하여 조절합니다. 또한, 건반의 색깔을 연주 시 하이라이팅한 뒤 되돌리도록 코드를 작성합니다.

40 줄의 else 문에서 자동연주가 진행 중일 때 연주를 중단하고, 모든 건반의 색상을 원래의 흰색이나 검은색으로 되돌리며, 코루틴 개수(=crtCounts)를 0 으로 초기화 합니다.

```
   1 reference
48 IEnumerator PlayCoroutine(int i, GameObject playingKey) //순차 연주용 코루틴 함수 선언
49 {
50     yield return new WaitForSeconds(runTime); //runTime만큼 기다렸다가 하단의 코드 실행
51     crtCounts += 1; //코루틴 함수가 추가로 예약될 때마다 수치 증가
52     playingKey.GetComponent<AudioSource>().Play(); //연주할 건반 연주 실행
53     playingKey.GetComponent<Image>().color = Color.green; //연주할 건반 색상에 초록색 할당
54     Invoke("backToOriginalColor",0.2f); //0.2초 뒤 건반을 원래대로 돌려놓는 함수 실행(하단에 별도 선언)
55 }
   2 references
56 void backToOriginalColor() //건반을 원래대로 돌려놓는 함수 선언
57 {
58     //흰색 건반을 모두 담을 배열 선언 및 "whiteKey" 태그가 붙은 건반 객체 모두 할당
59     GameObject[] whiteKeys = GameObject.FindGameObjectsWithTag("whiteKey");
60 
61     //검은색 건반을 모두 담을 배열 선언 및 "blackKey" 태그가 붙은 건반 객체 모두 할당
62     GameObject[] blackKeys = GameObject.FindGameObjectsWithTag("blackKey");
63 
64     foreach(GameObject key in whiteKeys) //해당하는 모든 건반에 원래 색상인 흰색 할당
65     {
66         key.GetComponent<Image>().color = Color.white;
67     }
68     foreach(GameObject key in blackKeys) //해당하는 모든 건반에 원래 색상인 검은색 할당
69     {
70         key.GetComponent<Image>().color = Color.black;
71     }
72 }
```

48~55 줄에서 PlayCoroutine()함수를 정의합니다. 앞선 23 줄의 반복문에서 정수 i 값과 객체 playingKey 값을 순차적으로 전달받으며 코루틴을 추가해 나갑니다.

51 줄을 통해 Coroutine 이 누적된 개수를 추적합니다. 이를 통해, 자동연주 명령이 메모리 상에 누적된 횟수를 추적하여 자동연주 중단, 자동연주 중복방지 등의 조건문을 구성할 때 지표로 활용할 수 있습니다.

52~53 줄에서 순차적으로 전달받은 건반을 연주하고 건반의 색깔도 초록색으로 교체합니다. 2 가지 모두 컴포넌트에 내장된 함수나 속성에 접근한 것으로 확인할 수 있습니다.

54 줄에서는 0.2 초 뒤 건반의 색깔들을 모두 원래대로 되돌립니다. Invoke("문자열 함수 명칭", 시간) 함수의 활용 방법에 주목합니다.

56~72 줄에서 backToOriginalColor() 함수를 정의합니다. 흰색 건반은 whiteKey 태그를, 검은색 건반은 blackKey 태그를 붙여서 건반 연주 후 원래 색으로 되돌리는 데 활용합니다. 건반 하나 하나를 연주마다 찾아가기 어렵기 때문에 연주시 마다 전체 건반을 모두 원래 색상으로 되돌리는 방법을 선택한 코드입니다. foreach 구문을 통하여 흰색 건반에 모두 접근하여 색상을 흰색으로 되돌리는 코드를 입력하였고, 마찬가지 방식으로 검은색 건반에 모두 접근하여 검은색으로 되돌리는 코드를 주입하였습니다. backToOriginalColor()함수는 54 줄에서 PlayCoroutine() 코루틴 함수 내의 Invoke() 함수에서 호출되어 활용되도록 코드가 구성되었음을 알 수 있습니다.

05 이제 AutoPlay 에서 작성한 코드에 대응하기 위해 유니티 에디터 화면에서 작업을 진행합니다. 먼저, 프로젝트창의 AutoPlay 스크립트를 Button (Legacy)객체에 컴포넌트로서 추가합니다.

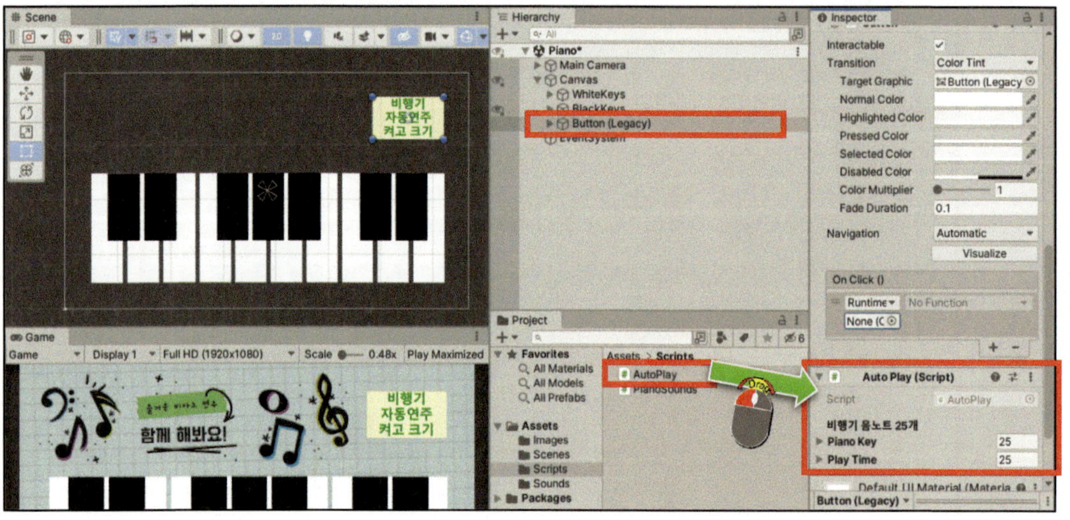

06 Button (Legacy)객체를 마우스로 드래그하여 Button (Legacy)객체 내의 (Button)컴포넌트 On Click()함수의 객체로 집어넣습니다. 이 후 AutoPlay 함수를 할당함으로써, '비행기 자동연주 켜고 크기' 버튼 클릭이 Auto Play 내의 MusicPlay() 함수를 호출할 수 있도록 합니다.

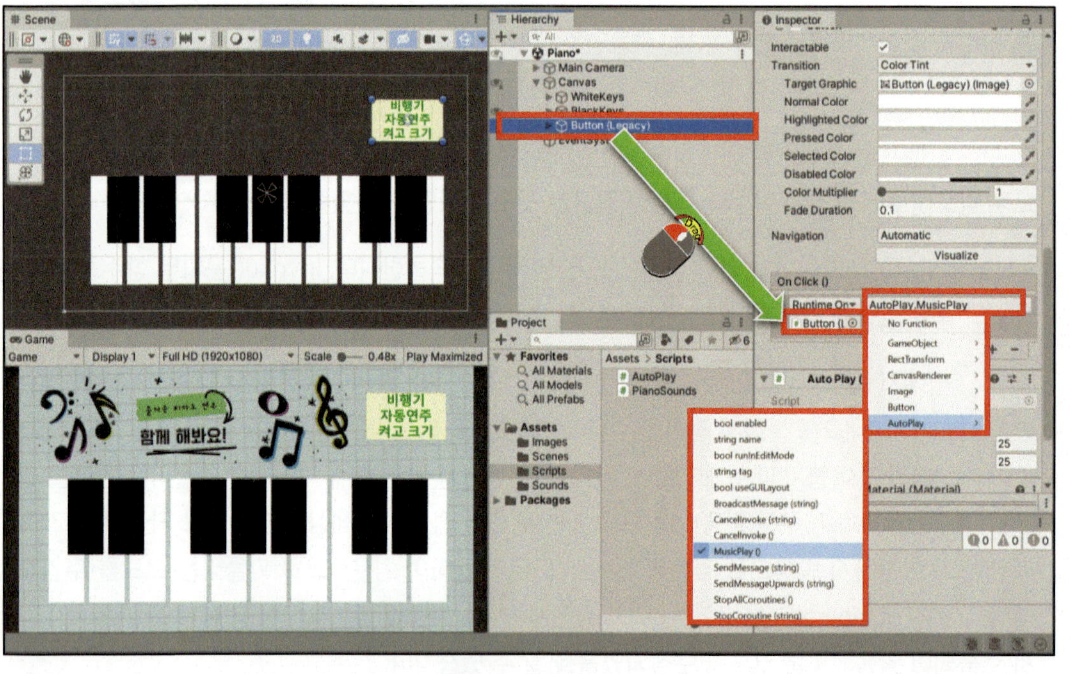

07 자동연주 종료 시 건반 색상을 되돌리기 위해 건반 모두에 Tag 를 지정할 순서입니다. 하이어라키창에서 모든 흰색 건반을 선택하고 인스펙터창의 Tag 에서 whiteKey 를 지정합니다. 처음에는 whiteKey Tag 는 없기 때문에 Add Tag 를 클릭하여 만든 후 지정합니다. 마찬가지 방식으로 검은색 건반에도 blackKey Tag 를 모두 지정합니다.

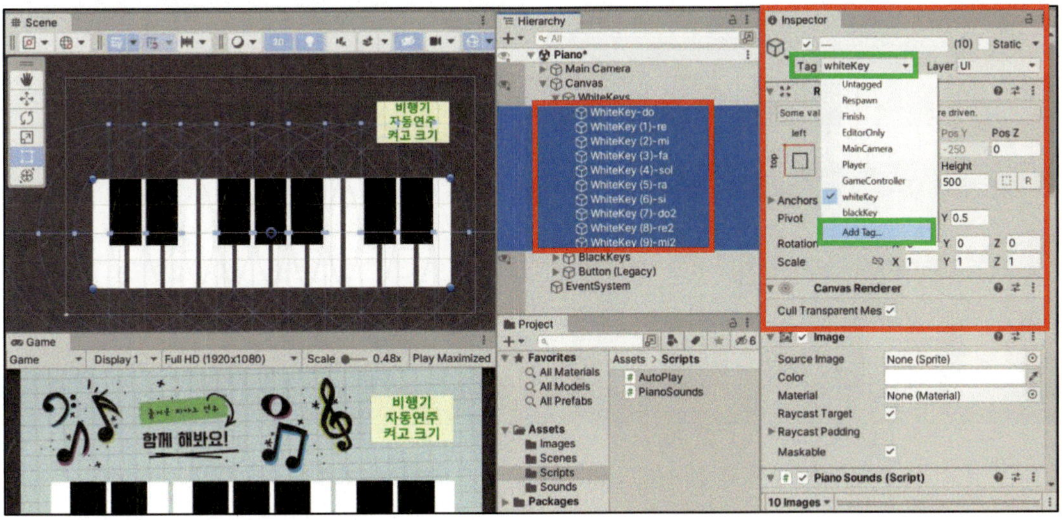

<TIP> WhiteKey 건반 명칭의 끝부분을 do, re, mi, … 와 같은 형식으로 변경한 것은 추후 자동연주를 위해 노트마다 건반 객체를 할당할 때 작업을 손쉽게 진행하기 위함입니다.

08 '비행기'곡에 알맞게 건반 객체를 할당합니다. 할당 대상은 Button (Legacy)의 (AutoPlay)컴포넌트 내부 속성인 Piano Key 배열 변수입니다.

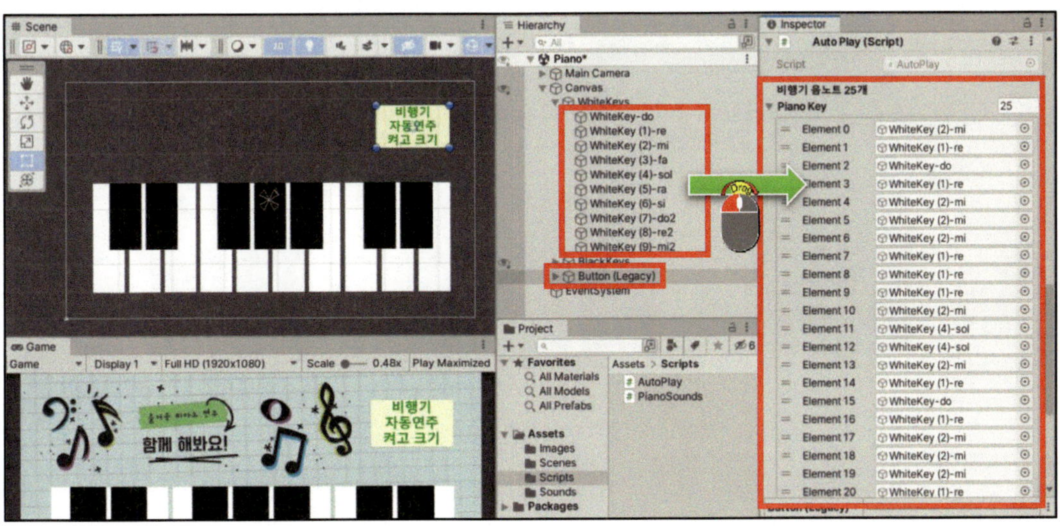

09 '비행기'곡에 알맞게 노트별 연주 지연 시간을 할당합니다. 할당 대상은 Button (Legacy)의 (AutoPlay) 컴포넌트 내부 속성인 Play Time 배열 변수입니다. Play 상황에서 조절하면 편리합니다.

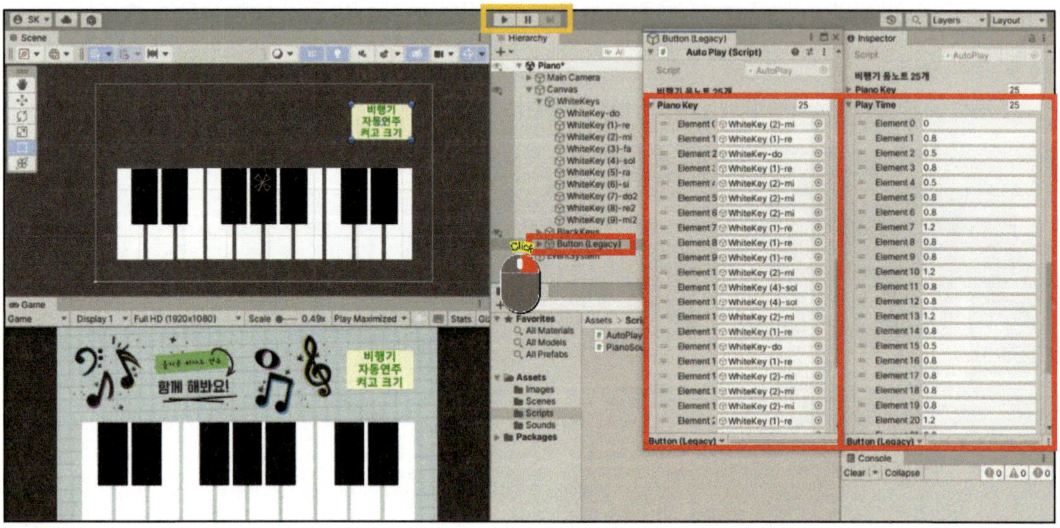

<TIP> Button (Legacy)객체에서 마우스 오른쪽 클릭 후 Properties 를 클릭하면 위의 장면처럼 인스펙터창의 화면을 하나 더 띄워서 건반과 지연 시간 양쪽을 비교하며 시간 작업을 진행할 수 있습니다.

10 Play(+Play Maximized)하여 피아노 애플리케이션이 정상적으로 잘 작동하는지 확인합니다.

추가 과제

*음계의 소리를 다른 악기로 연주하는 방법을 궁리해 봅시다.

준비물

(예상) 다른 악기 음원

예상 알고리즘

필요한 C#코드

2 강 국어교과: 2D 이야기 애니메이션 제작하기 [관련 코드 & 애셋 – 부록 참고]

국어 시간에 활용할 수 있는 애니메이션 콘텐츠를 제작해 보겠습니다. 유니티의 내부 기능과 외부 소스(폰트, 그림)를 종합적으로 활용하여, 캐릭터 간 대화를 주고받는 애니메이션을 만들 수 있습니다.

핵심 요소

2D 객체	TextMesh Pro	애니메이션	타임라인	UI	C#

순서

1) 2D 프로젝트 생성하기
2) 삽입할 그림 조각 제작하기 – 학생 만들기
3) 삽입할 그림 조각 제작하기 – 말풍선 만들기
4) 애니메이션 효과 다루기
5) 타임라인 효과 다루기

1) 2D 프로젝트 생성하기

01 Unity Hub 를 통해 2D_Animation 이란 명칭의 2D 프로젝트를 생성합니다.

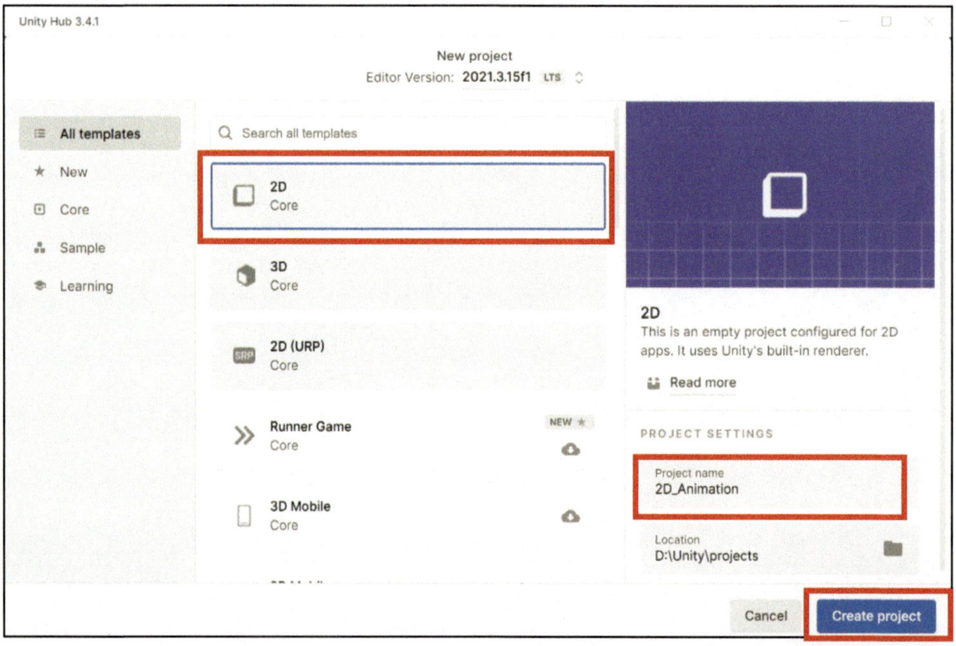

02 Unity Hub 를 통해 생성한 2D 프로젝트를 실행합니다.

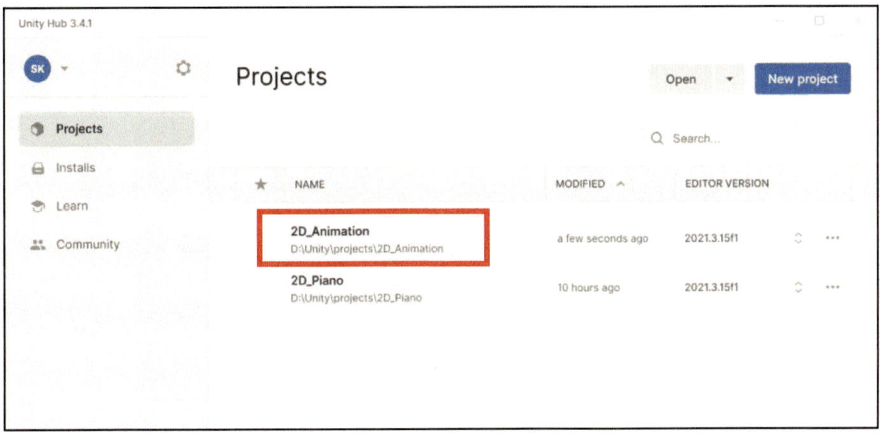

03 유니티 에디터 화면에서 아래의 2 가지 뷰와, 7 가지 창을 포함하도록 레이아웃을 조절하되, 타임라인창, 애니메이션창, 애니메이터창은 겹치도록 배치합니다. 또한, 게임뷰에서 가장 일반적인 Full HD 로 게임 화면 크기를 설정합니다.

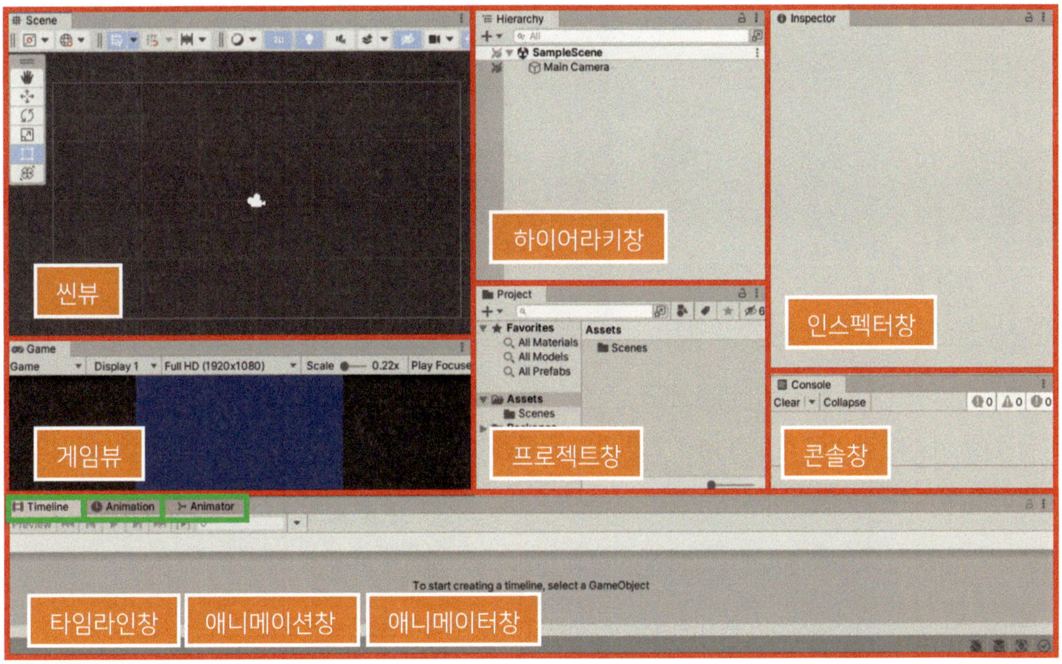

<TIP> 타임라인창, 애니메이션창, 애니메이터창은 닫지 않고 필요한 상황이 발생하는 시점에 활용하는 것을 추천합니다.

2) 삽입할 그림 조각 제작하기 - 학생 만들기

01 프로젝트창에서 {Assets}-{Scenes}폴더를 선택하여 SampleScene 씬을 Animation 으로 명명합니다. 씬의 명칭을 바꿀 때는 새로고침 과정이 있습니다.

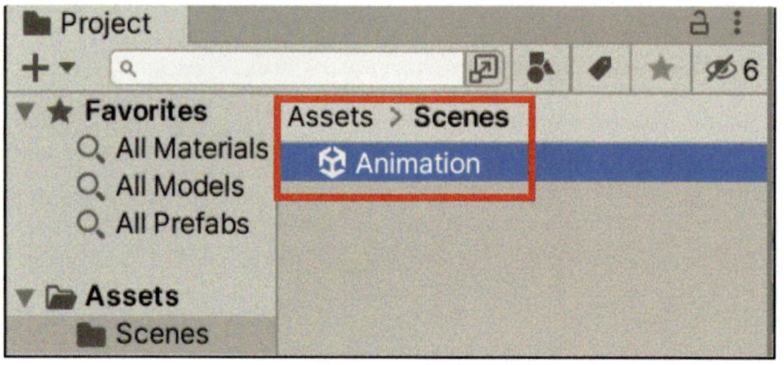

02 애니메이션에서 활용할 학생 그림 파일을 프로젝트창으로 가져옵니다.

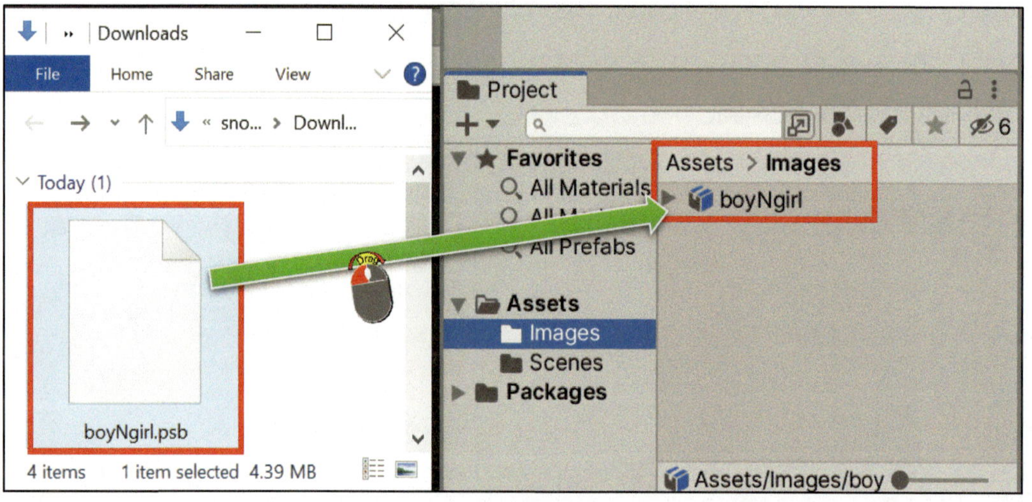

<TIP> 본 프로젝트에서는 또다른 접근 방법을 선보이기 위해 psb 확장자(포토샵이나 Photopea 에서 활용)를 가지는 레이어 정보가 담긴 그림파일을 활용했습니다. png 나 jpg 등의 일반적인 형식의 그림 파일을 활용하여도 무방합니다.

[Photopea 웹사이트 주소] https://www.photopea.com/

Photopea 는 웹기반 사진/그림 편집 도구로 2013 년부터 무료로 운영되고 있습니다. 2022 년 11 월 22 일에 이르기까지 지속적인 업데이트가 이루어지고 있으며, 현 시점에는 포토샵 등의 유료 도구 못지 않게 다양한 기능 등을 활용할 수 있습니다.

[출처] boyNgirl.psb (자체 제작)

03 프로젝트창의 그림파일을 선택하고 인스펙터창 Settings 에서 Open Sprite Editor 를 클릭합니다.

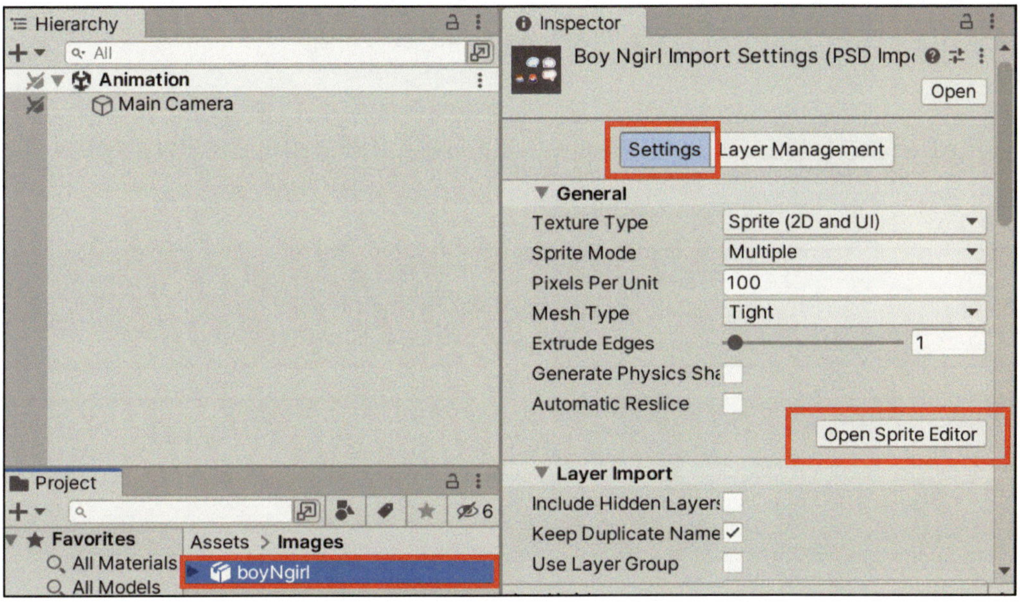

04 Sprite Editor 창에서 아래와 같이 그림파일들을 배치합니다.

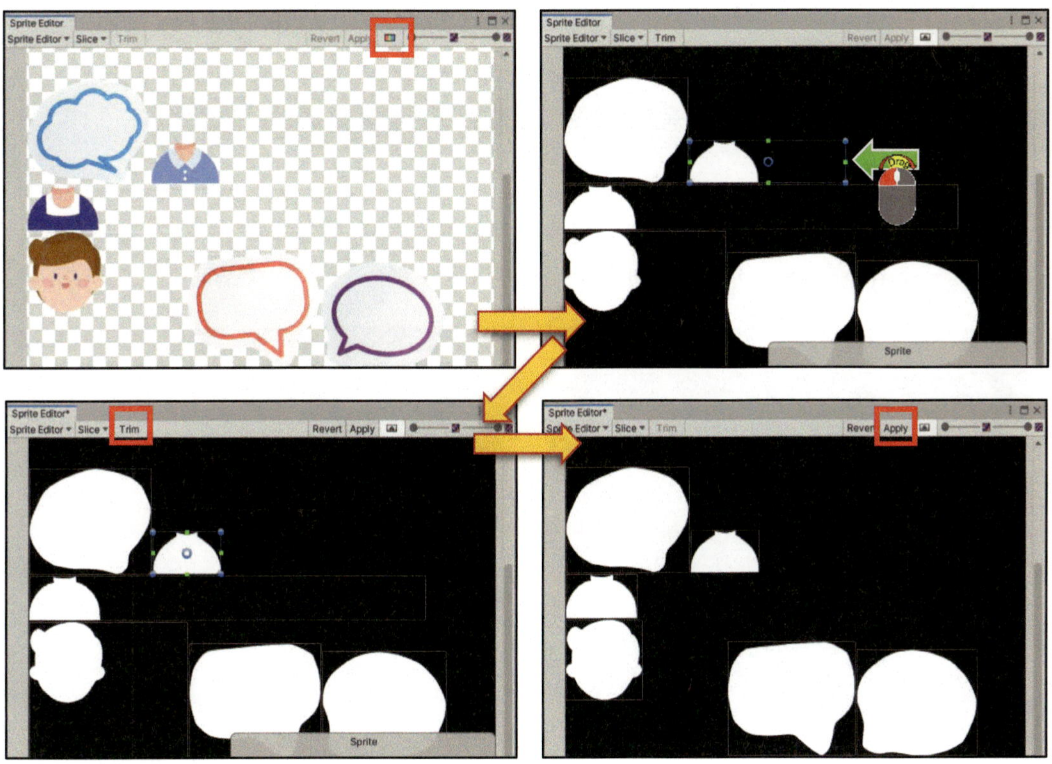

먼저, 우측 상단의 색조 변조 버튼을 눌러 psb 그림 파일을 흑백으로 전환합니다. 이후 그림의 테두리가 과도하게 크게 설정된 부분을 정리하기 위해 마우스 드래그를 통해 조절하고 좌측상단의 Trim 버튼을 누릅니다. 모든 그림 객체에 작업을 마치면 Apply 버튼을 누릅니다.

05 Sprite Editor 창을 닫고 유니티 에디터 화면으로 돌아오면, 좌측과 같이 스프라이트 형식의 그림파일들이 깔끔하게 정리된 것을 볼 수 있습니다.

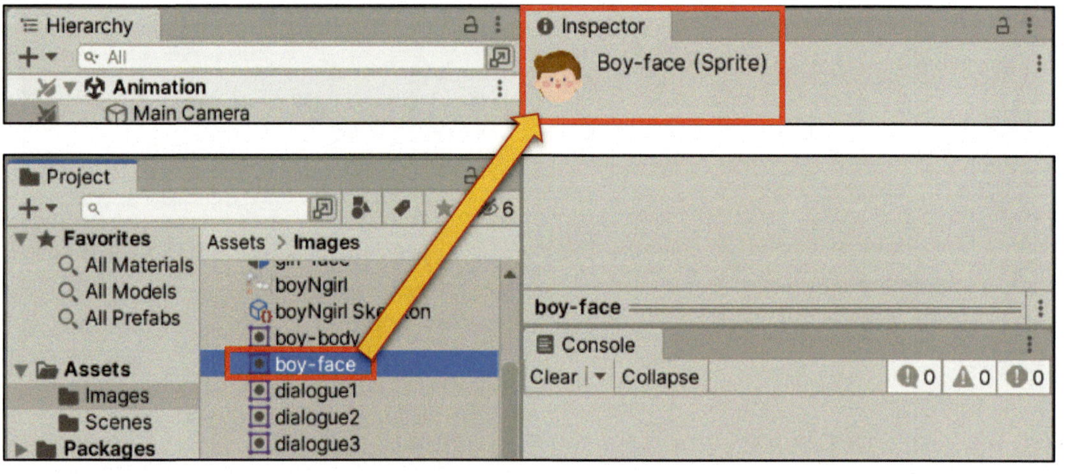

<TIP> 스프라이트는 2D 그래픽 객체입니다. 3 강부터 활용할 3D 모델과 대응하는 개념이라고 볼 수 있습니다. 특히, UI 관련 기능을 활용할 때에는 반드시 스프라이트 형식을 활용하여야 하며, PNG 나 JPG 형식의 파일도 Unity 에서 자동으로 스프라이트로 변환하여 활용하도록 해줍니다.

06 하이어라키창에서 [+]버튼-[UI]-[Canvas]를 선택하여 객체를 생성하고, 그 속에 빈 객체를 생성(Create Empty)하여 Boy 라고 명명합니다.

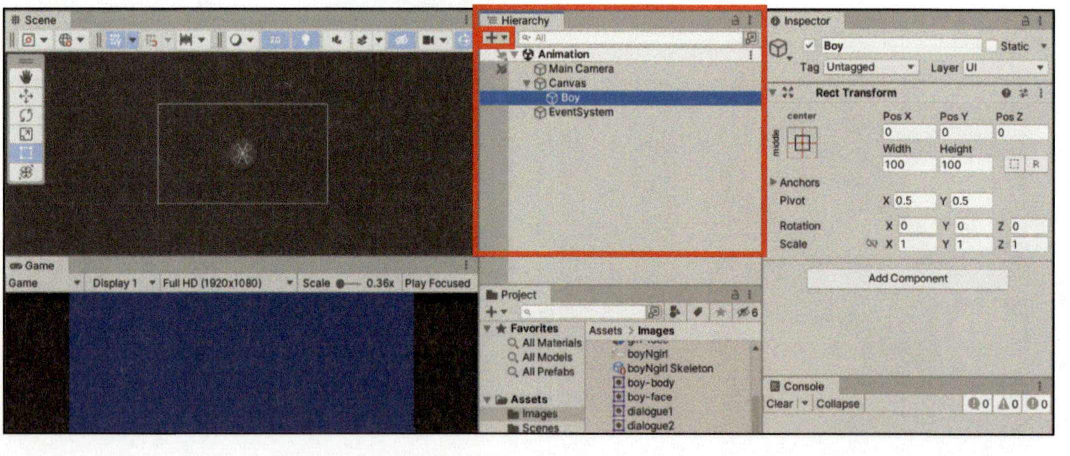

07 Boy 객체를 클릭한 뒤, 하이어라키창에서 [+]버튼-[UI]-[Image]를 선택하는 방식으로 객체를 2 개 생성하고, 각각 boy_face, boy_body 라고 명명합니다. 분할된 객체로 애니메이션 효과를 만들 예정입니다.

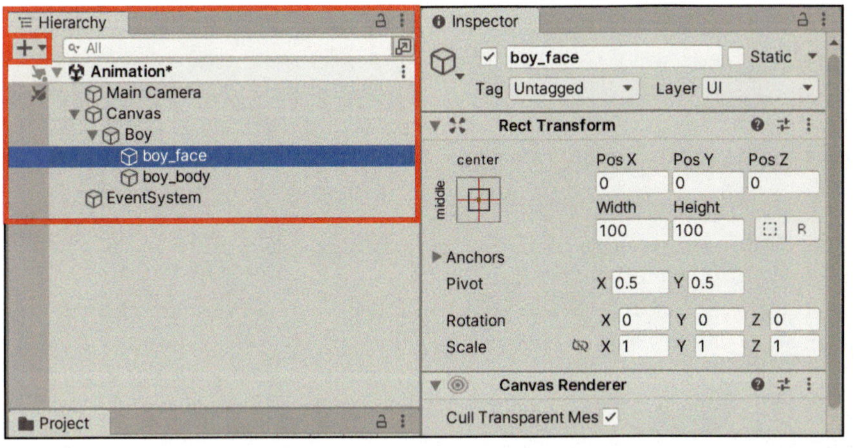

08 boy_face 객체를 클릭한 뒤, 프로젝트창에서 boy-face 스프라이트를 마우스로 드래그하여 인스펙터 터창의 (Image)컴포넌트 Source Image 에 집어넣습니다. boy_body 객체에도 같은 방식으로 스프라이트를 적용합니다.

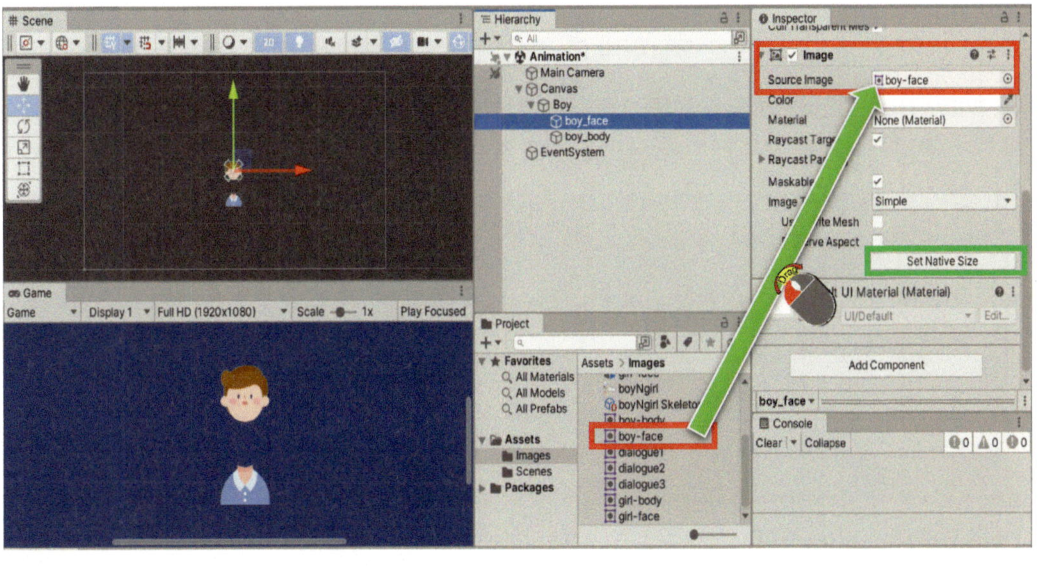

<TIP> boy_body 객체의 세로가 약간 길게 나타나면 (Rect Transform)컴포넌트의 Y 축 Scale 값을 0.7 정도로 조정합니다. Set Native Size 로 원본 크기를 회복한 뒤, 크기를 조정할 수도 있습니다.

09 남학생의 객체에 스프라이트만 여학생의 것으로 변경하면 간편하게 모습이 바뀜을 기억합니다.

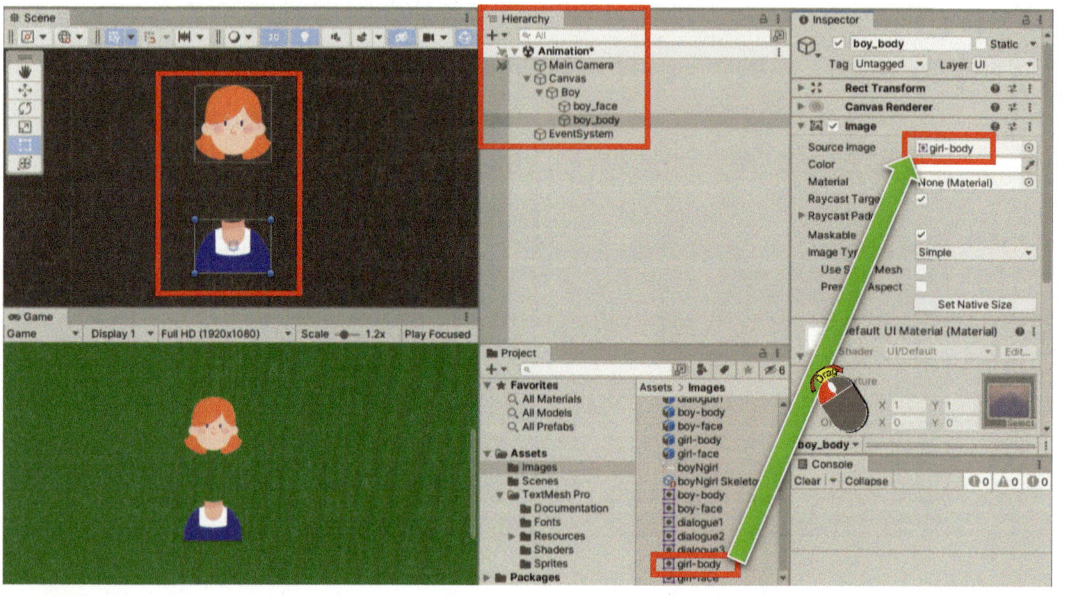

<TIP> 여학생의 옷이 잘 보이지 않아 Main Camera 에서 배경색을 초록색으로 수정하였습니다.

3) 삽입할 그림 조각 제작하기 - 말풍선 만들기

01 학생 그림 객체는 남학생으로 되돌려 놓고, 이번에는 말풍선을 제작하겠습니다. 하이어라키창에서 Canvas 객체를 선택한 채로 [+]버튼-[UI]-[Image]를 선택하여 객체를 3 개 생성하고, Dialogue1 이라고 명명합니다. 이후 객체의 (Image)컴포넌트 Source Image 에 말풍선 스프라이트를 담아줍니다.

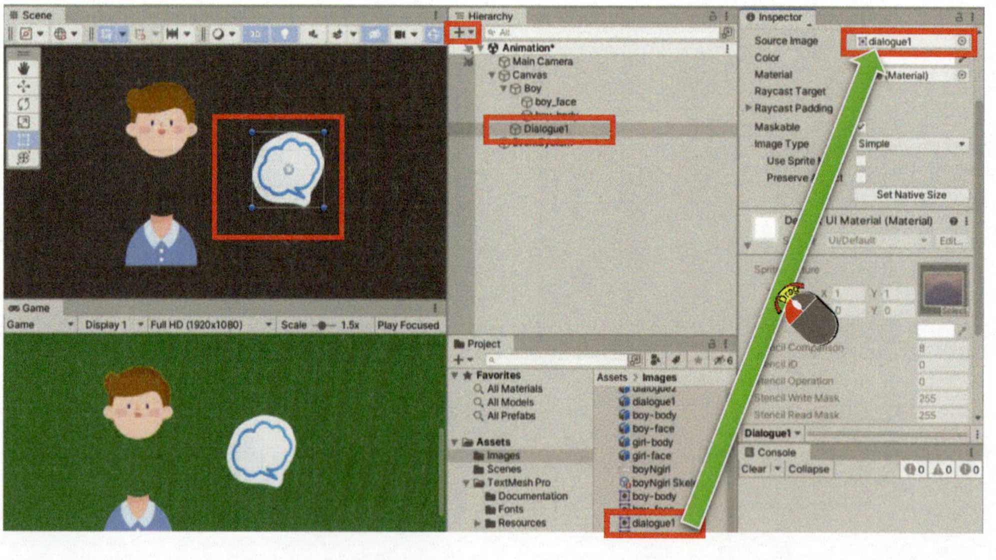

02 하이어라키창에서 Boy 객체의 좌측 눈동자 버튼을 눌러 씬뷰에서 보이지 않도록 잠시 숨겨두고 말풍선의 크기를 적절히 조절하여 화면상에 배치합니다.

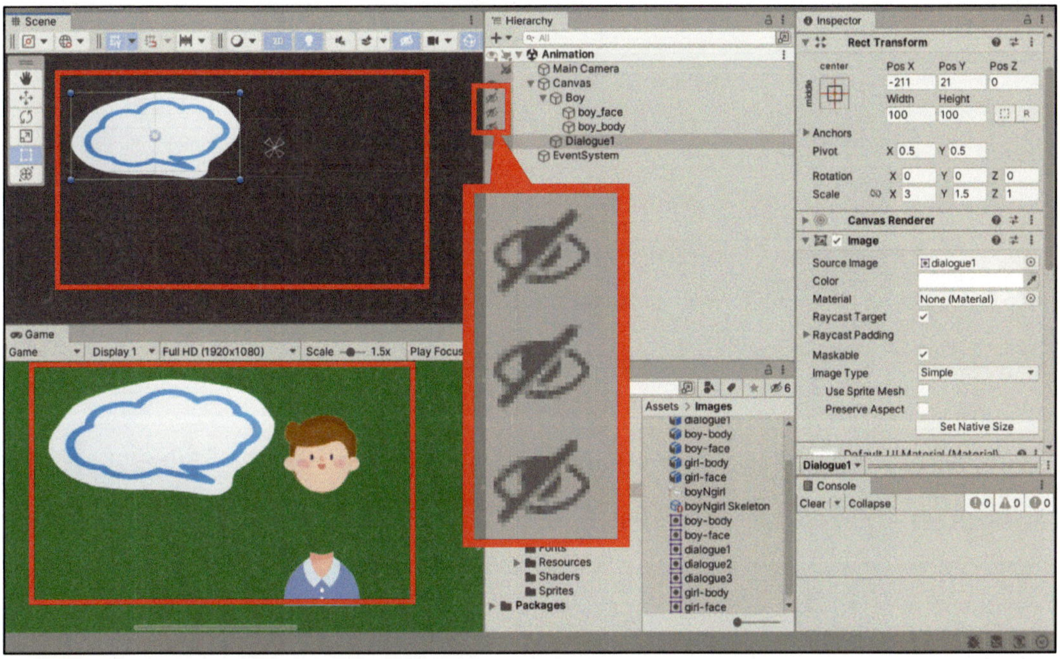

<TIP> 숨긴 객체는 씬뷰에서는 드러나지 않지만, 게임뷰에서는 정상적으로 표시됩니다.

03 4 장 1 강에서 피아노 제작 시 언급했던, TextMesh Pro 제작을 진행해보겠습니다. 말풍선에서 활용할 TTF 형식의 폰트 파일을 프로젝트창으로 가져오고 파일명을 정돈합니다. 파일을 담는 폴더명은 TextMesh Pro 로 합니다.

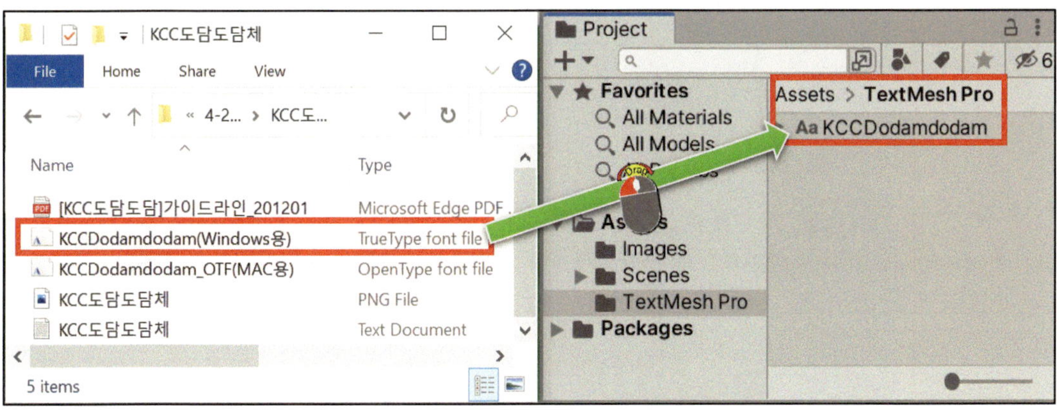

[출처] KCC 도담도담체 (한국저작권위원회, 2018-11-30), gongu.copyright.or.kr

04 화면 최상단의 [Window]-[TextMeshPro]-[Font Asset Creator]를 선택하면 나타나는 아래의 창에서 Import TMP Essentials 를 클릭합니다.

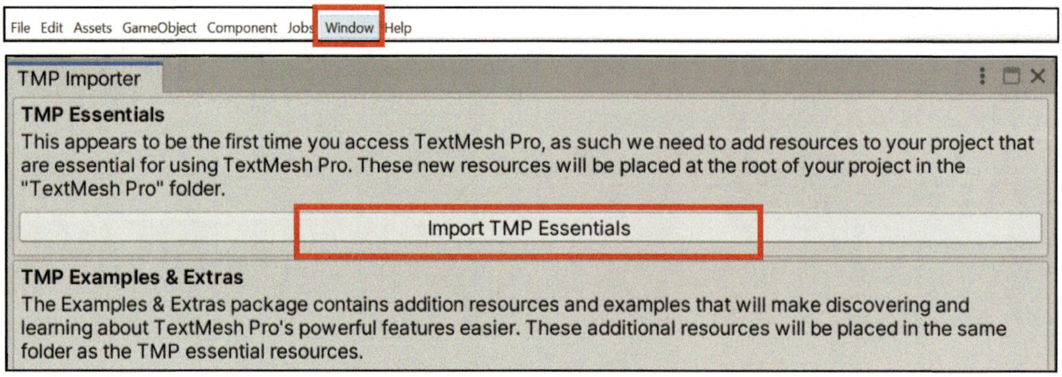

05 [Font Asset Creator]창에서 Source Font File 에 프로젝트창의 폰트파일을 집어넣고 아래와 같이 입력합니다. 다음 Generate Font Atlas 를 선택하고, TMP 폰트가 생성되면 Save 를 진행합니다.

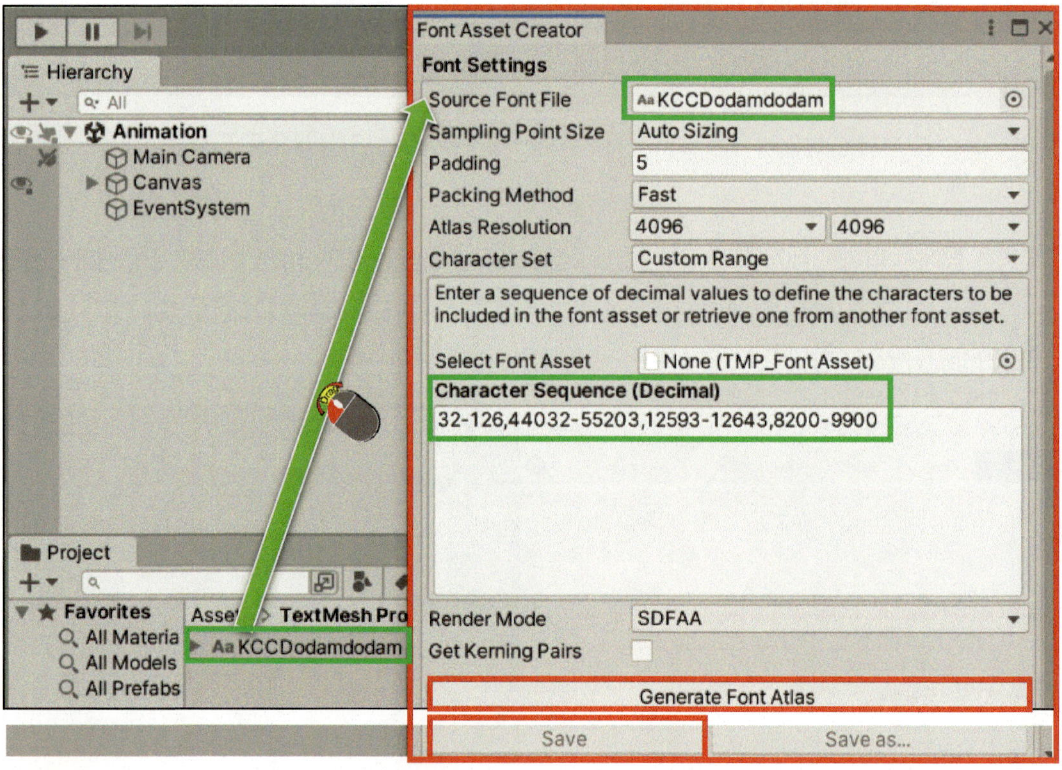

<TIP> Character Sequence 에 입력하는 수치는 유니코드로서 다음을 의미합니다.
영어: 32-126 / 한글: 44032-55203 / 한글자모: 12593-12643 / 특수문자: 8200-9900

06 Save 를 마치면, 프로젝트창의 {Assets}-{TextMesh Pro}폴더 내에 TMP_Font 파일이 형성된 것을 푸른색 사각형에 감싸진 F 아이콘을 통해 확인할 수 있습니다.

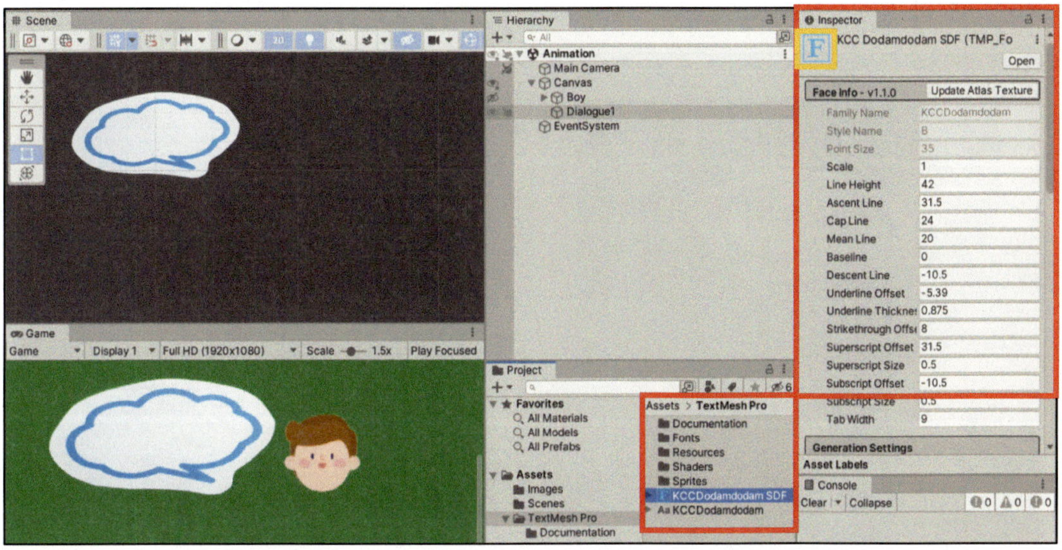

<TIP> 우측 인스펙터창에서 폰트의 세부적인 속성을 수정할 수 있습니다. 추후 말풍선에 적용하고 나서도 기본적인 속성은 변경할 수 있기에, 여기서 폰트의 세부속성을 조정할 필요는 없습니다.

07 이제 말풍선 속에 TextMesh Pro 를 적용하겠습니다. 하이어라키창에서 Dialogue1 객체를 선택한 채로 [+]버튼-[UI]-[Text - TextMeshPro]를 선택하여 객체를 생성합니다.

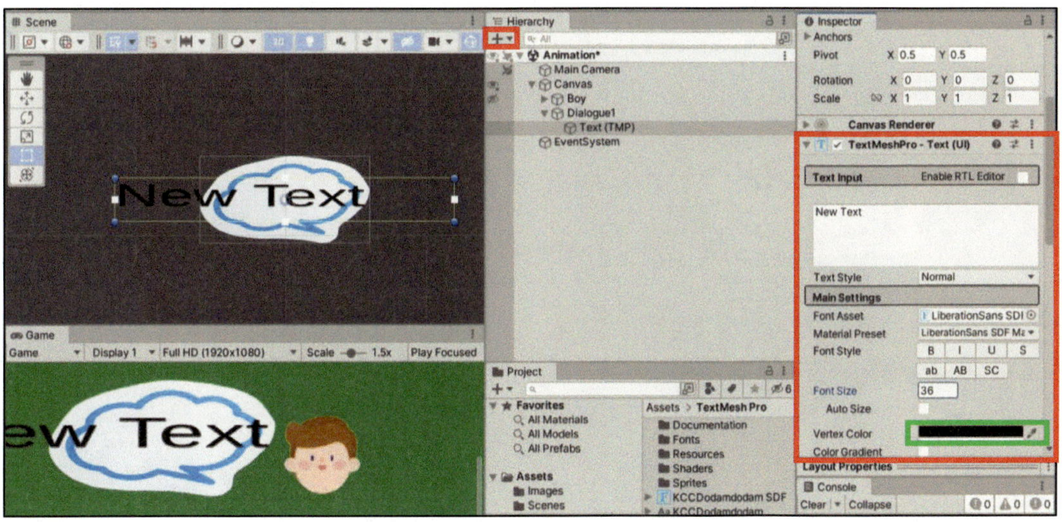

<TIP> TextMeshPro 폰트의 초기 색상은 흰색입니다. 잘 보이도록 검은색으로 변경한 상태입니다.

08 Dialogue1 객체의 Text (TMP)객체를 선택하고, 인스펙터창에서 (TextMeshPro-Text)컴포넌트를 선택합니다. 'New Text'를 '테스트입니다'로 변경하고, 앞서 생성한 TextMeshPro 폰트 애셋 파일을 Font Asset 에 적용합니다.

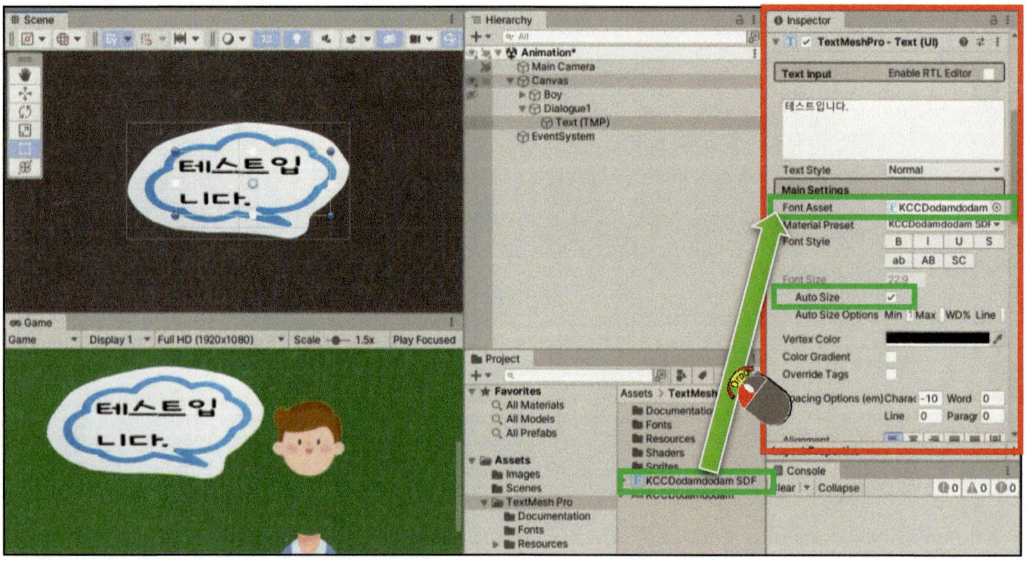

<TIP> Auto Size 옵션을 선택하면 폰트 크기를 폰트 상자에 맞게 자동으로 조절해줍니다.

09 남학생에서 여학생으로 스프라이트를 교체했을 때처럼 말풍선의 디자인 변경도 스프라이트 교체만으로 손쉽게 가능합니다.

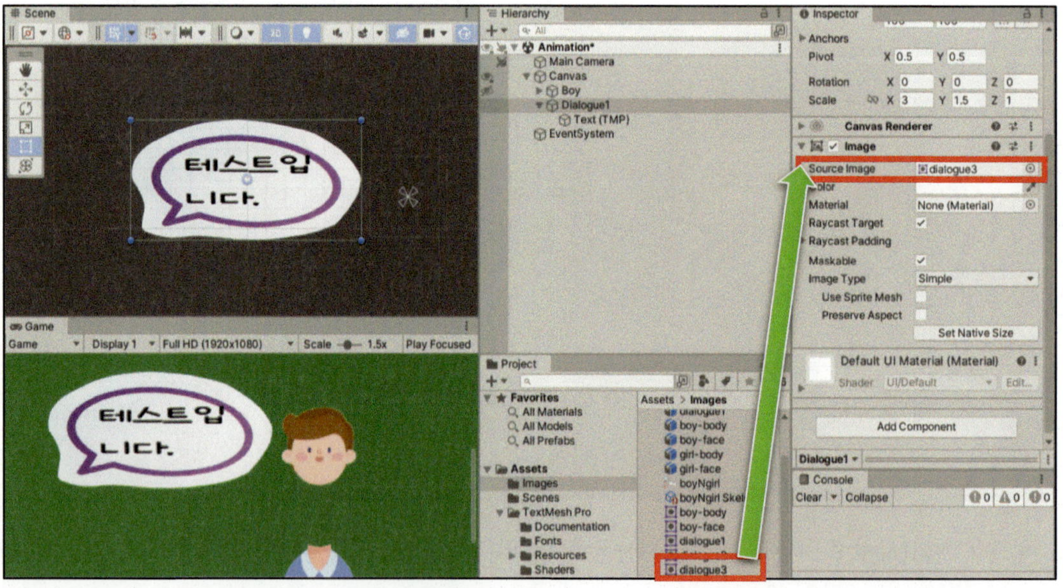

4) 애니메이션 효과 다루기

< 알아두기 >

Unity 에서 재생되는 영상 전환 효과는 크게 애니메이션과 타임라인으로 나눌 수 있습니다.

애니메이션은 GIF 파일과 같이 객체 하나가 홀로 움직이는 효과를 구현하는 것입니다. Unity 는 여기에 트리거를 걸어 이 효과가 시작하고 정지하는 시점을 자유자재로 조정할 수 있도록 하는 것이 특징입니다.

한편, 타임라인은 Unity 상에 존재하는 모든 객체(애니메이션이 포함된 객체 포함)를 시간의 흐름에 따라 조작하여 전체적인 영상 전환 효과를 노릴 수 있는 기능입니다. 애니메이션과 마찬가지로 효과의 시작 및 정지 시점을 원하는 대로 조절할 수 있습니다.

애니메이션과 타임라인 효과를 조화롭게 활용하면 원하는 장면을 연출하는 데 큰 도움이 되므로 사용방법을 익혀 두면 유용하게 쓸 수 있습니다.

01 하이어라키창의 객체 좌측 눈동자를 클릭하여 Boy 객체를 보이게 하고 Dialogue1 은 잠시 숨깁니다. 레이아웃 하단에 Timeline, Animation, Animator 창이 나타나도록 합니다.

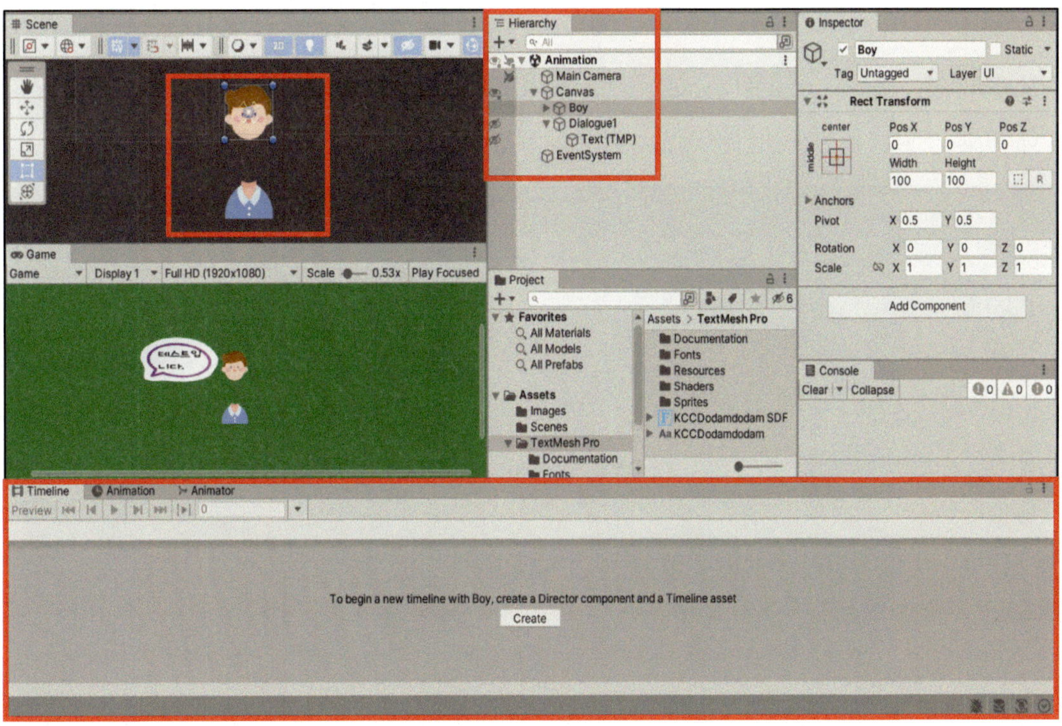

<TIP> 레이아웃은 작업의 편의성을 위해 필요에 따라 지속적으로 적절히 조절합니다. 레이아웃을 저장해두고 필요한 시점에 불러와 전환하며 쓰는 것이 유용합니다.

02 Boy 객체의 자식에 해당하는 boy_body 객체와 boy_face 객체를 정돈합니다. 부모 객체인 Boy 를 기준으로 boy_face 는 동일한 Pos Y 값을 부여하여 같은 높이에 오도록 하고, boy_body 는 조금 낮은 위치에 배치합니다.

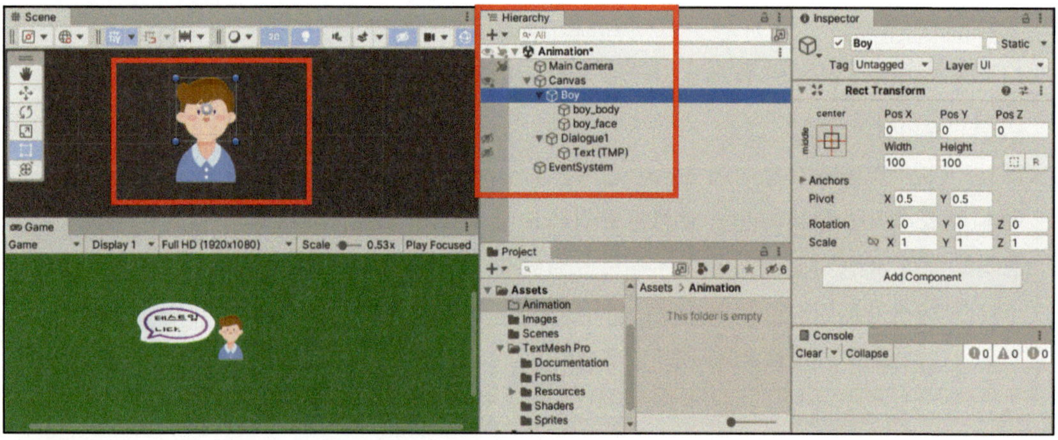

<TIP> 2D 객체는 하이어라키창 내에서 위에서 아래 순서로 뷰에 그려집니다. 따라서, boy_face 가 boy_bady 보다 하이어라키창 내에서 하단에 놓일 수 있도록 유의합니다.

03 프로젝트창에서 {Assets}폴더 내에 {Animation}폴더를 생성합니다. 이후 하단의 애니메이션창에서 애니메이션 클립을 만들기 위해 Create 버튼을 누릅니다.

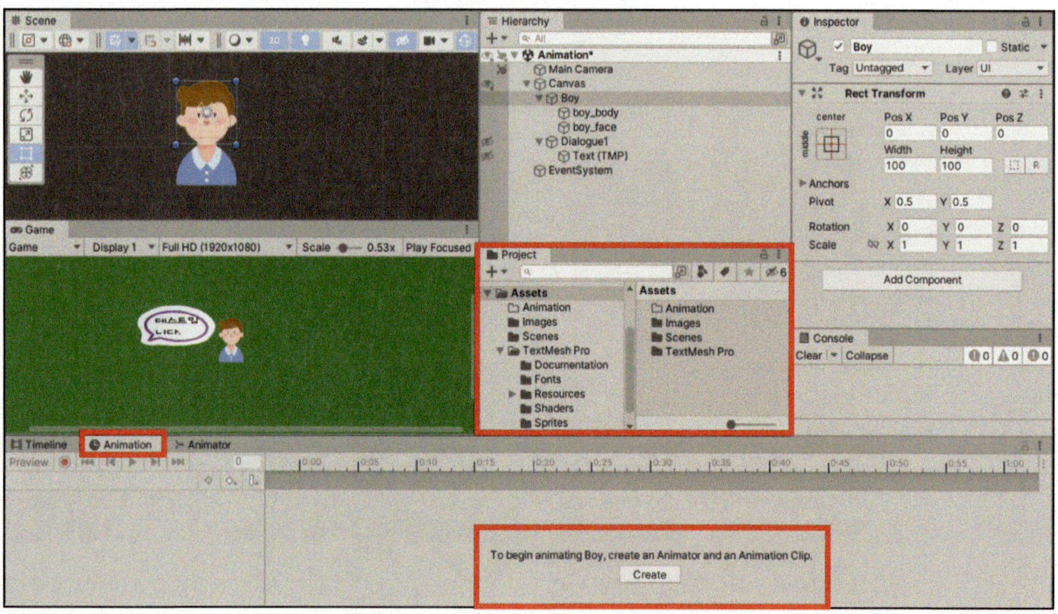

04 student_yes 라는 파일명으로 anim 파일을 생성합니다.

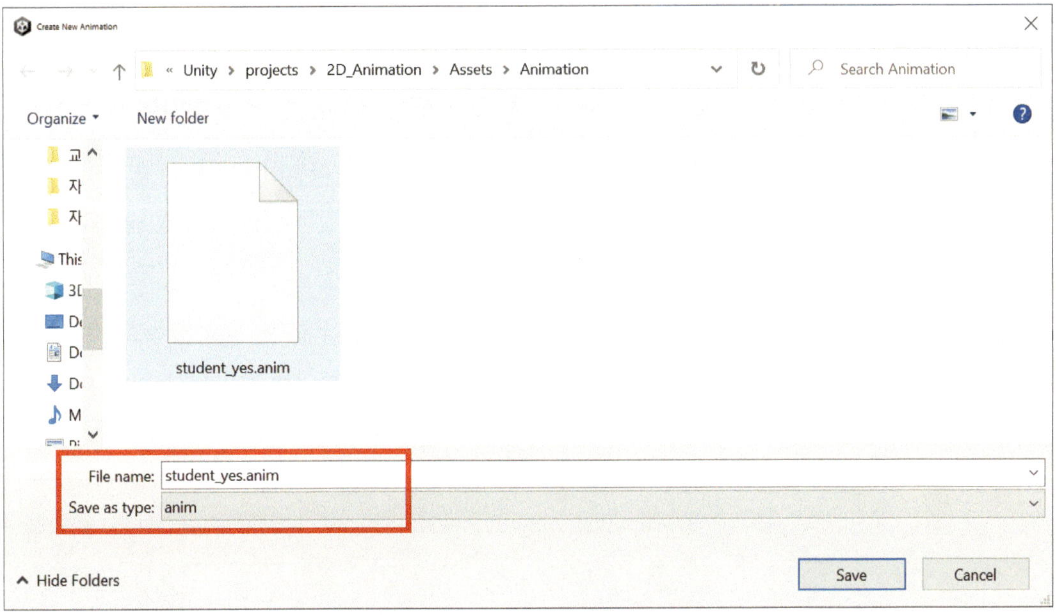

05 Boy 객체를 기준으로 변화된 부분이 많습니다. 하나씩 살펴보겠습니다.

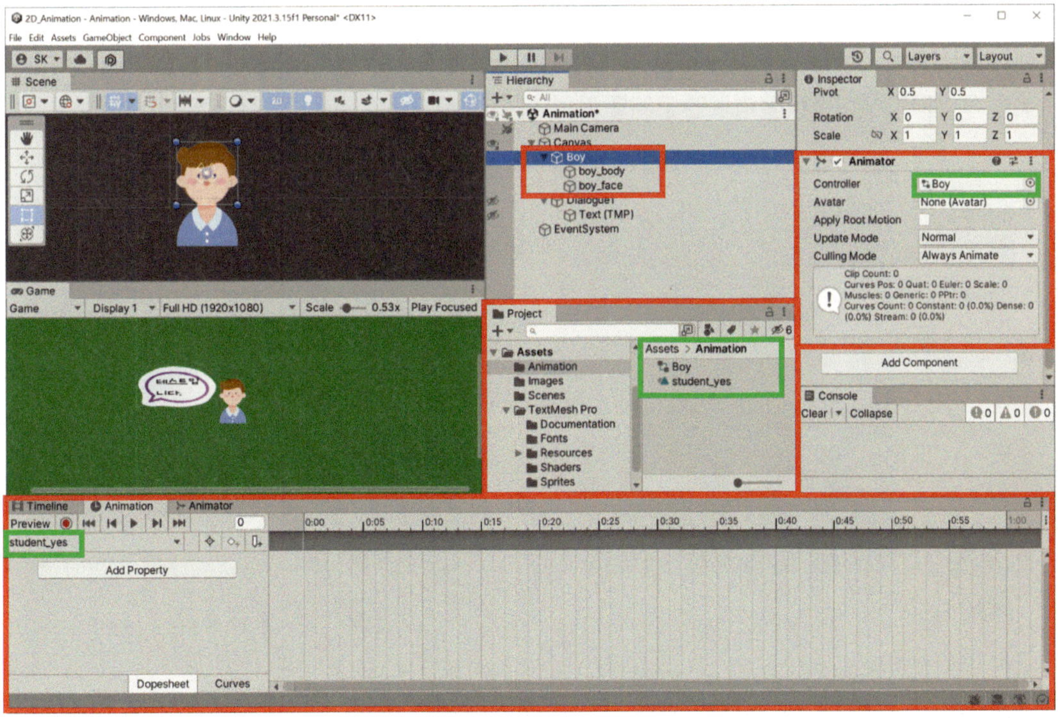

중앙의 프로젝트창을 살펴보면 {Animation}폴더 내에 2 개의 파일이 생성되어 있습니다. Boy 는 애니메이션 컨트롤러이며, student_yes 는 애니메이션 클립입니다.

하이어라키창의 Boy 객체를 선택해보면 인스펙터창에 (Animator)컴포넌트가 자동으로 추가되어 있으며, Controller 항목에 Boy 컨트롤러가 마찬가지로 자동적용 되어있는 것을 확인할 수 있습니다.

마지막으로, 하단의 애니메이션창을 살펴보면 시간이 표시된 작업환경이 구축되어 있습니다. 그리고 해당 공간에 student_yes 애니메이션 클립이 자동으로 적용되어 있는 것을 볼 수 있습니다.

06 이제 학생이 긍정적인 의견을 이야기할 때 연출될 student_yes 애니메이션 클립을 녹화해보겠습니다. 먼저, 화면 하단의 시간바에서 Ctrl+마우스 휠 조작을 이용하여, 시간바를 1:00 지점까지 표시할 수 있도록 간격을 조절합니다.

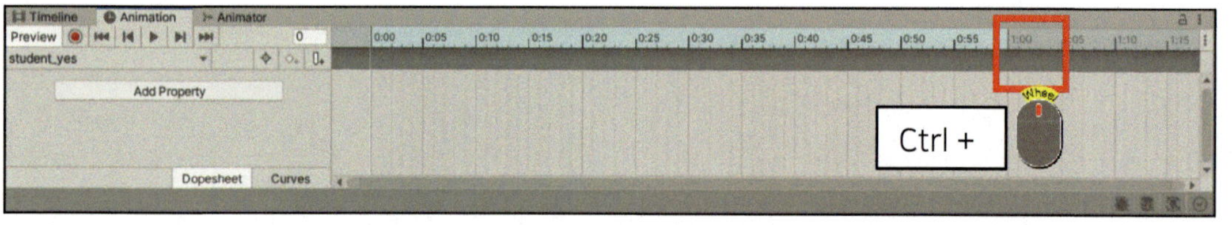

07 애니메이션창에서 좌측의 녹화버튼(붉은 동그라미)를 누른 뒤, 시간바의 상단에서 0:10 지점을 클릭합니다. 다음, boy_face 의 Pos Y 값을 -10 정도로 조절하여 조금 내려오도록 수정합니다. 그리고 녹화버튼 우측의 재생버튼을 눌러보면 고개를 끄덕이는 애니메이션이 반복적으로 재생됩니다.

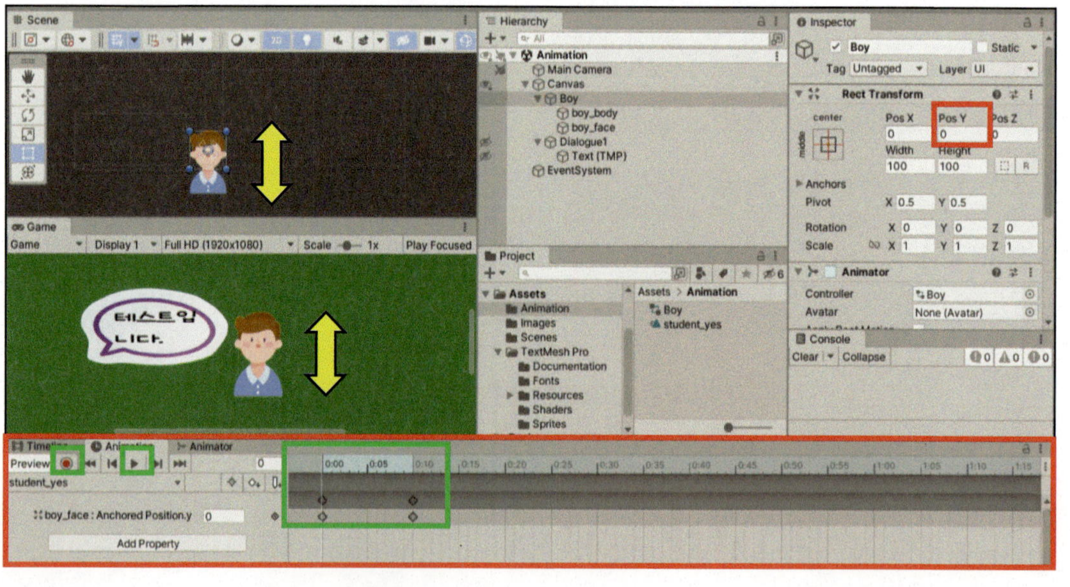

단, 여기서 실행하는 애니메이션은 미리보기에 해당합니다. 실제 Play 시 적용하기 위해서는 좀더 설정을 진행해야 합니다. 또한, 하단의 시간바에서 0:50 다음 1:00(실제 1 초)로 시간이 이어짐에 주목합니다. 이는 애니메이션의 샘플레이트를 60FPS(Frame Per Second)로 설정된 것과 관련이 있습니다. 이는 초당 화면이 60 프레임 만큼 재생됨을 의미합니다.

<TIP> 샘플레이트는 애니메이션창의 우측 상단에 점이 3 개 찍혀있는 곳을 클릭한 뒤, Set Sample Rate 를 변경하여 조절할 수 있습니다.

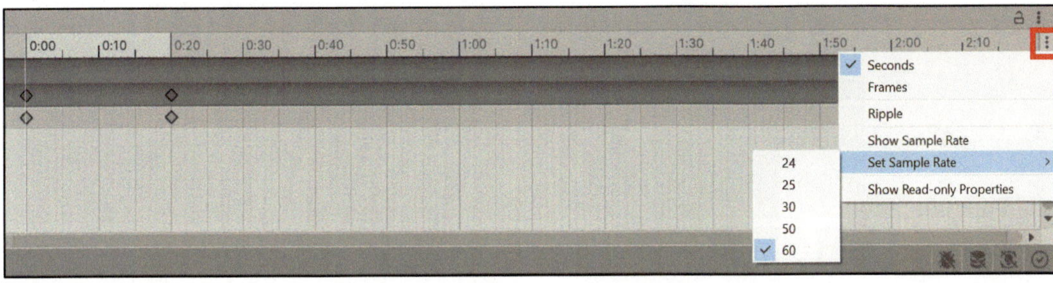

08 애니메이션창의 0:00 지점과 0:10 지점의 키프레임을 동시에 선택(Shift+클릭 또는 마우스 드래그)하여, 0:20, 0:40, 1:00 지점에 복사하면, 총 4 차례 정도 고개를 끄덕이는 애니메이션을 기록되는 것과 같은 효과를 얻을 수 있습니다.

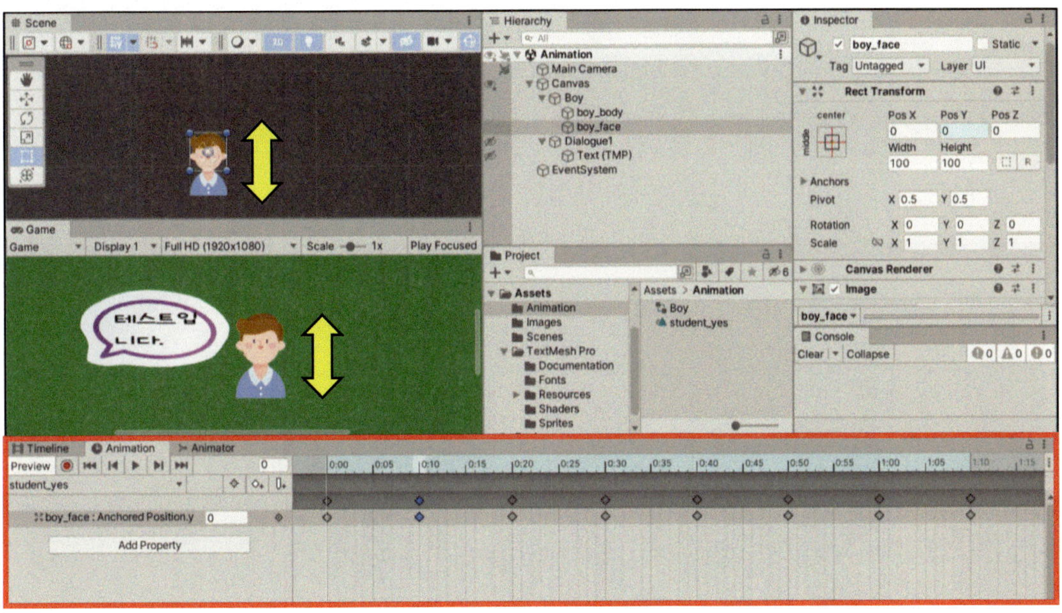

<TIP> 키프레임은 마우스로 선택 후 좌우로 이동시켜 원하는 대로 애니메이션의 시간 간격을 조절할 수 있습니다.

09 애니메이터창으로 이동하여 방금 제작한 애니메이션이 실행되는 트리거를 설정해보겠습니다. Student_yes 노드를 인스펙터창에서 살펴보면 Motion 속성에 이미 student_yes 애니메이션 클립이 할당되어 있는 것을 보실 수 있습니다. 또한 Entry 노드로부터 student_yes 로 화살표가 직결되어 있기 때문에, Play 실행시 애니메이션이 곧장 실행되는 모습을 확인할 수 있습니다.

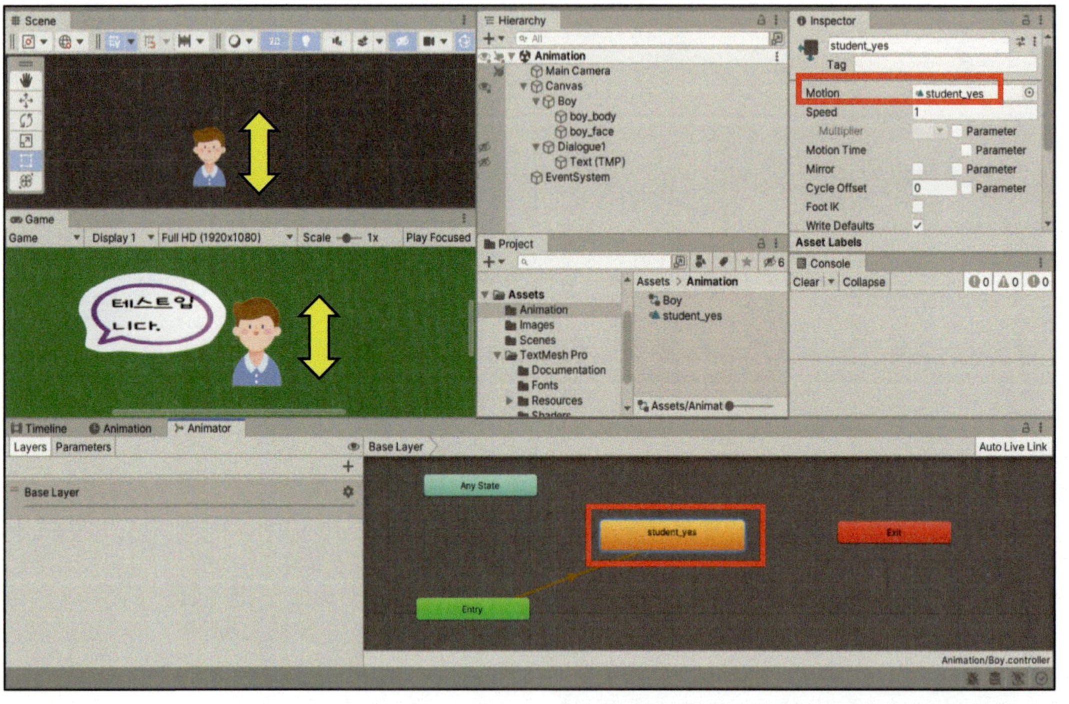

<TIP> student_yes 애니메이션클립을 선택 후 인스펙터창을 살폈을 때 Loop Time 속성이 해제되어 있어야 Play 시 애니메이션이 무한 반복하여 실행되지 않고 정해 놓은 만큼 작동합니다.

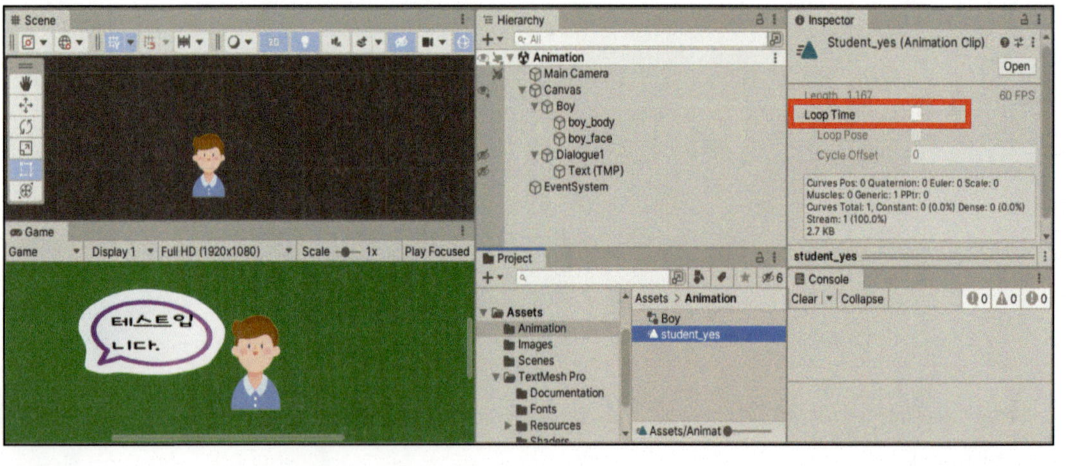

10 애니메이터창의 회색 바탕에 마우스 오른쪽 클릭하여 [Create State]-[Empty]를 선택합니다. 이 노드는 특정 조건을 만족할 시 student_yes 애니메이션을 실행하기 위한 대기단계로 활용하게 됩니다.

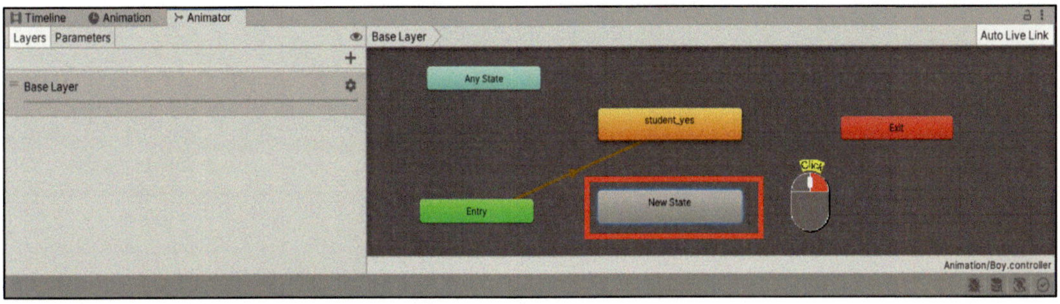

<TIP> 애니메이션 클립 녹화시에 자동으로 생성되어 있는 student_yes 노드와 달리 New State 노드에는 어떠한 애니메이션 클립도 적용되어 있지 않은 상태입니다.

11 애니메이터창의 New State 노드의 명칭을 Idle 로 변경합니다. 변경 시 인스펙터창을 활용합니다. 이후 애니메이터창의 Idle 노드에서 [마우스 오른쪽 클릭]-[Set as Layer Default State]를 선택할 시, Entry 노드의 화살표가 Idle 로 향한 것을 볼 수 있습니다.

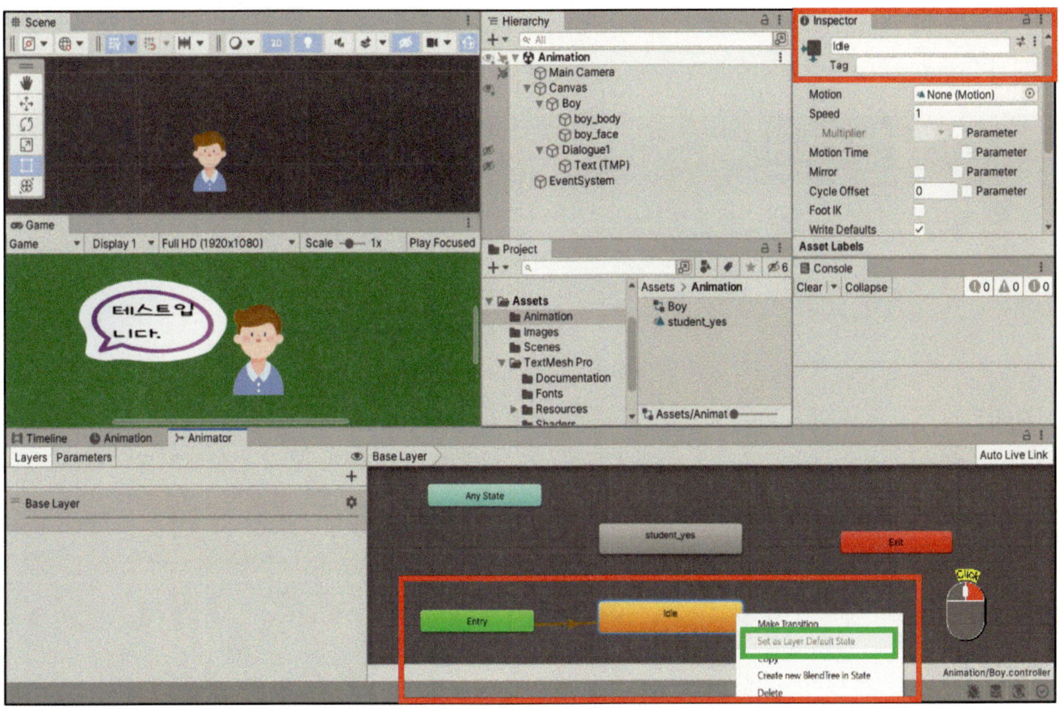

12 추가적으로 Idle 노드에 [마우스 오른쪽 클릭]-[Make Transition]을 선택하고 화살표를 student_yes 노드와 연결합니다. 또한 student_yes 노드에서도 Make Transition 을 선택하여 Idle 에 연결합니다.

13 애니메이터창에서 Parameters 탭을 선택하고, [+]-[Trigger]를 선택합니다. 이후 생성된 트리거의 명칭을 student_yes 로 입력합니다.

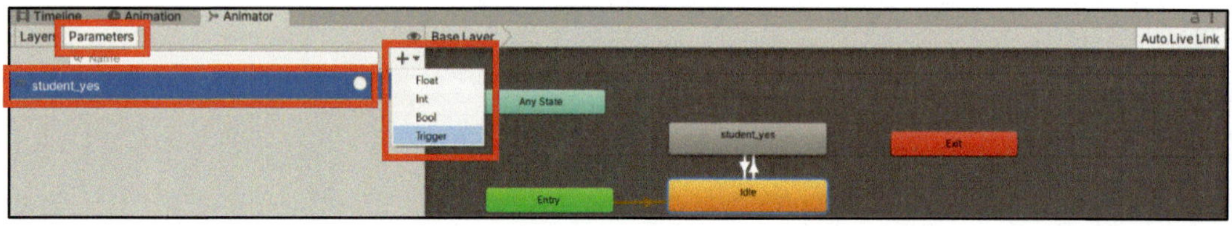

14 다음으로 애니메이터창에서 Idle 에서 student_yes 로 향하는 화살표를 클릭합니다. 이후 인스펙터창에서 Conditions 속성에 student_yes 트리거를 지정합니다.

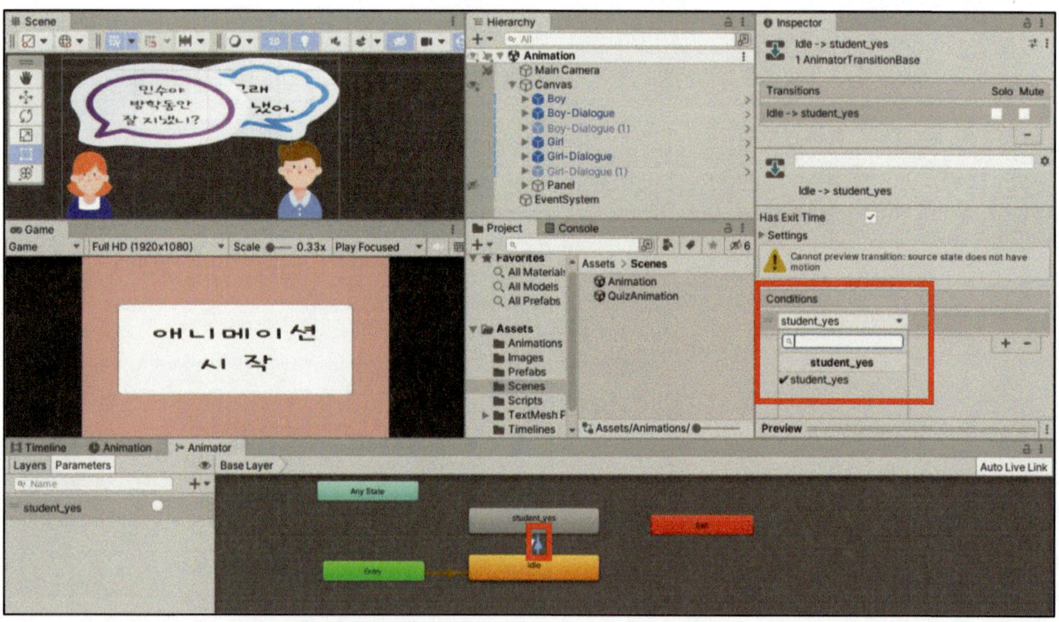

15 Play 하여 애니메이터창의 Parameters 에서 흰색 student_yes 트리거를 누르면 애니메이션이 작동하는 것을 확인할 수 있습니다. 또한 애니메이터 상태창에서도 파란 띠를 통해 상태를 보여줍니다.

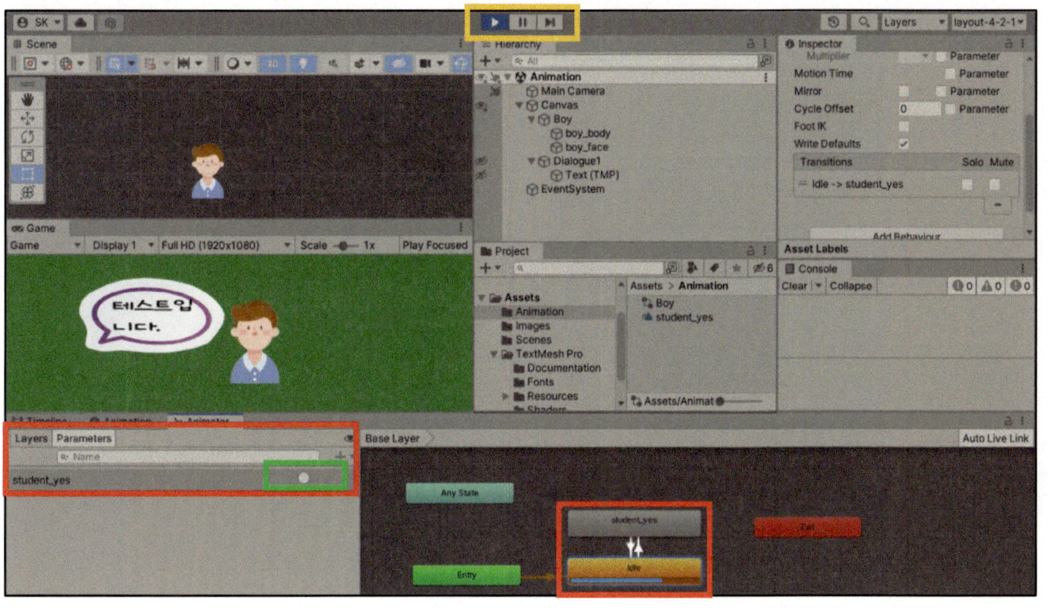

<TIP> 트리거가 체크된 상태로 두면 계속해서 동작 중인 것으로 인식하니 확인 후에는 꼭 해제합니다.

16 이번에는 student_yes 트리거를 버튼을 통해 제어해보겠습니다. 하이어라키창의 Canvas 객체를 클릭하고 [+]-[UI]-[Button]-[TextMeshPro]를 선택합니다. 버튼의 위치, 크기도 적절히 조정합니다.

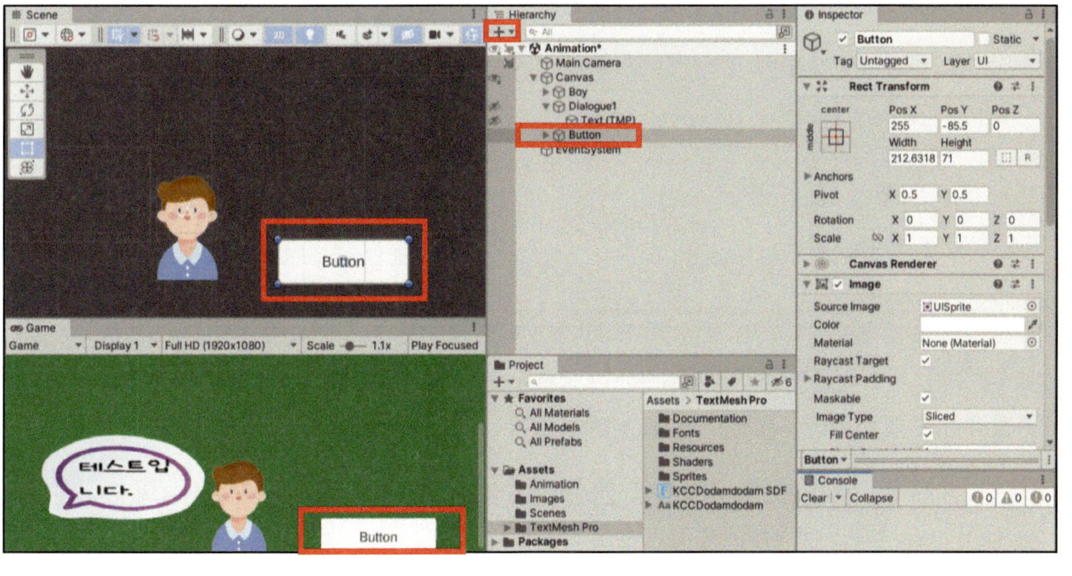

17 {Assets}폴더에서 {Scripts}폴더를 새롭게 생성하고 student_yes 라는 스크립트 파일을 생성합니다. 또한 해당 파일을 마우스로 드래그하여 Button 객체의 컴포넌트로 삼습니다.

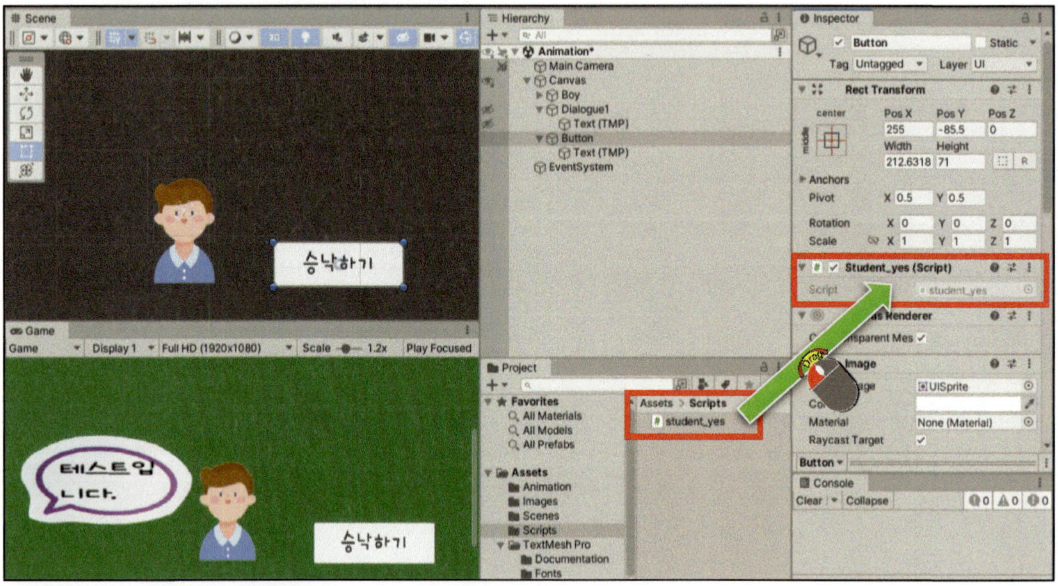

<TIP> 버튼 내의 문구를 '승낙하기'로 변경했습니다.

18 student_yes 스크립트 파일을 열고 아래의 코드를 작성합니다.

```
1   using UnityEngine;
2
    0 references
3   public class student_yes : MonoBehaviour
4   {
5       [SerializeField] //유니티 에디터에서의 접근 허용
        1 reference
6       private Animator animator; //Animator 클래스 변수 선언
7
        0 references
8       public void Student_yes()
9       {
10          animator.SetTrigger("student_yes"); //animator의 student_yes 트리거 작동
11      }
12  }
```

(코드 해설) 5~6 줄에서 [SerializedField] 문을 이용하여 유니티 에디터 상에서 animator 변수에 접근할 수 있도록 합니다. 이를 통해 코드 상에서도 유니티 에디터 상의 객체에 곧장 접근할 수 있습니다.

8~11 줄에서는 Student_yes()함수를 선언하였으며, 이를 통해 유니티 에디터 상의 애니메이터 중 student_yes 트리거를 실행하도록 코드를 작성합니다.

19 Button 객체 (Student_yes Script)컴퍼넌트의 Animator 속성에 Boy 객체를 집어넣습니다.

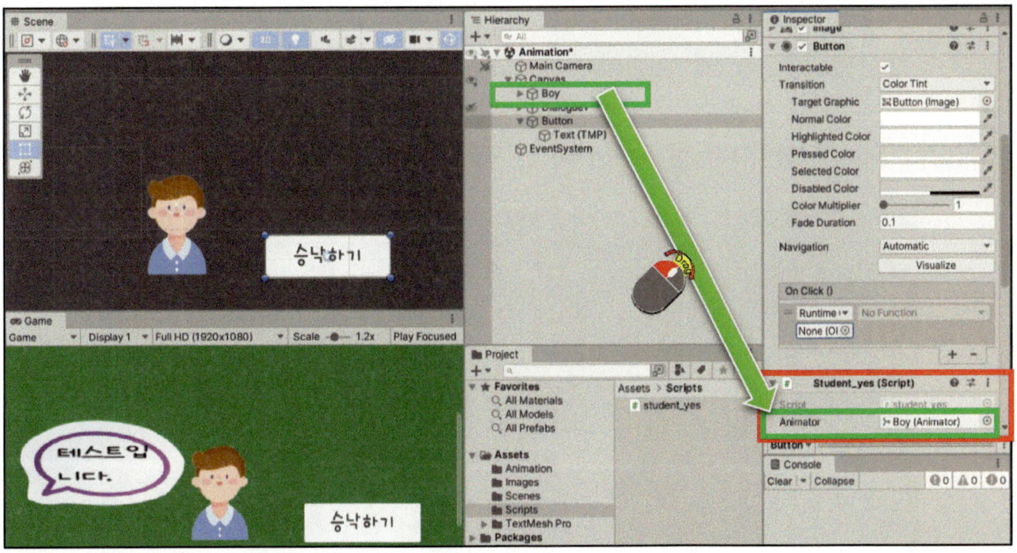

<TIP> 이를 통해 Button 객체의 student_yes 스크립트 컴포넌트는 Boy 에 있는 Animator 컴포넌트에 연결됩니다.

20 Button 객체의 (Button)컴퍼넌트 On Click() 속성에 Button 객체를 집어넣습니다. 다음으로, student_yes 파일에서 선언한 Student_yes() 함수를 적용합니다.

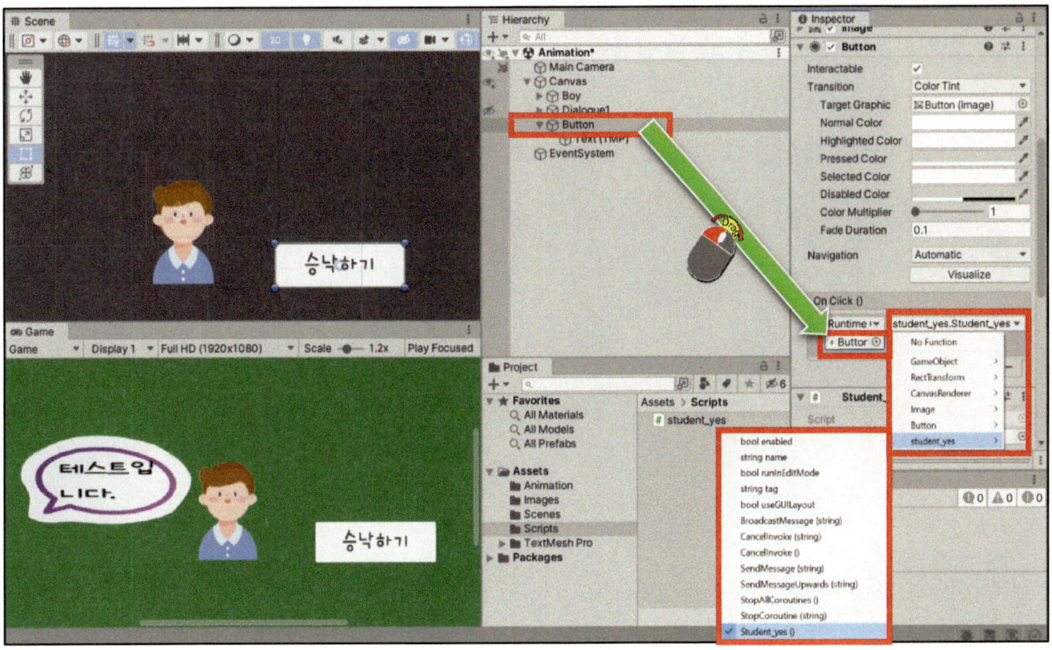

<TIP> Button 객체 내의 속성에 Button 객체를 다시 집어넣는 과정이 특이하게 느껴질 수 있으나, 이는 Button 컴포넌트가 지닌 OnClick()함수와 Button 객체에 담긴 스크립트 컴포넌트를 연결하는 필수적인 과정입니다.

21 이제 Play 하여, '승낙하기' 버튼을 누르면 Boy 객체의 애니메이션이 정상 작동합니다.

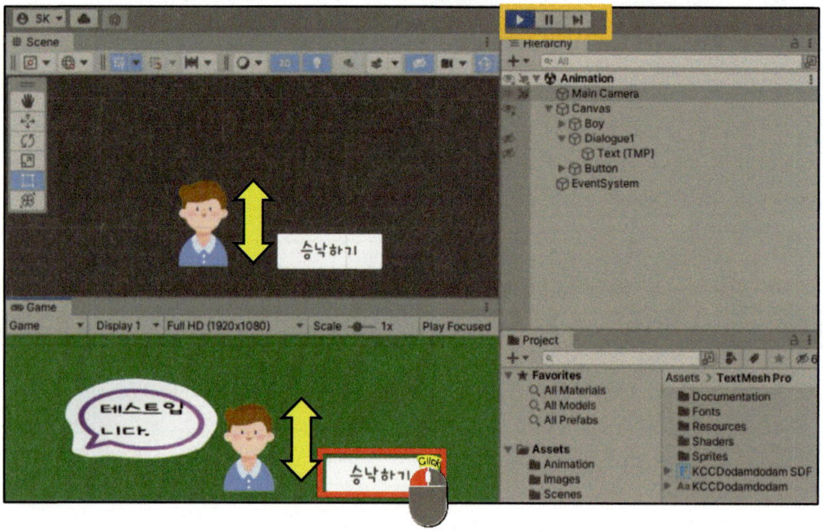

5) 타임라인 효과 다루기

01 타임라인에서 상황에 맞게 객체들을 활용하기 위해 Prefab 을 제작하겠습니다. 먼저, {Assets}폴더 내에 {Prefabs}폴더를 만들고 Boy, Dialogue1, Button 객체를 모두 집어넣습니다.

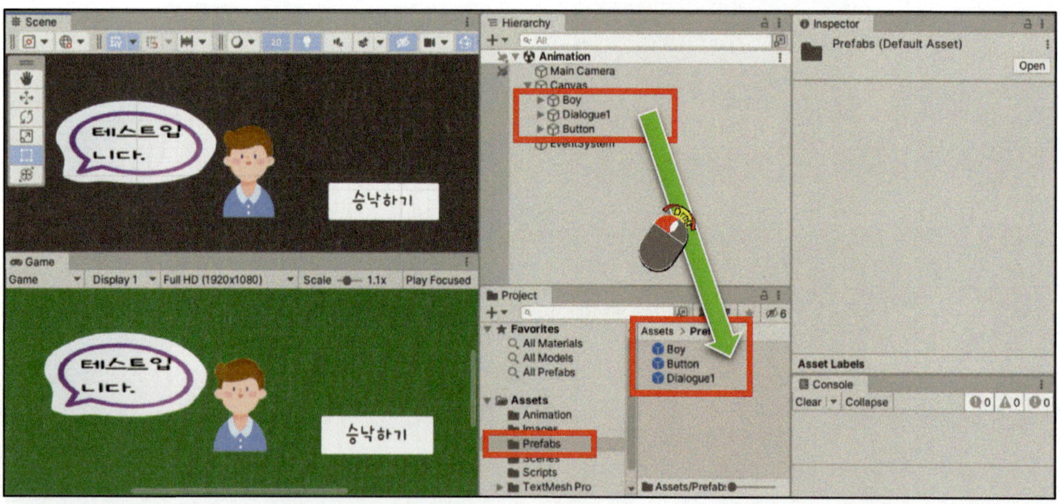

02 {Prefabs}폴더에서 Boy 파일을 더블 클릭합니다. 부모객체에 해당하는 Boy 를 Student 로 자식객체에 해당하는 boy_body, boy_face 도 body, face 로 변경하였습니다. 기존에 담아 두었던 (Animator) 컴포넌트 역시 그대로 포함되어 있습니다. 애니메이션 컨트롤러까지 Boy 로 지정되어 있으며, 이를 {Animation} 폴더에서 Student 로 명칭을 수정하면 컨트롤러에도 자동 반영됩니다.

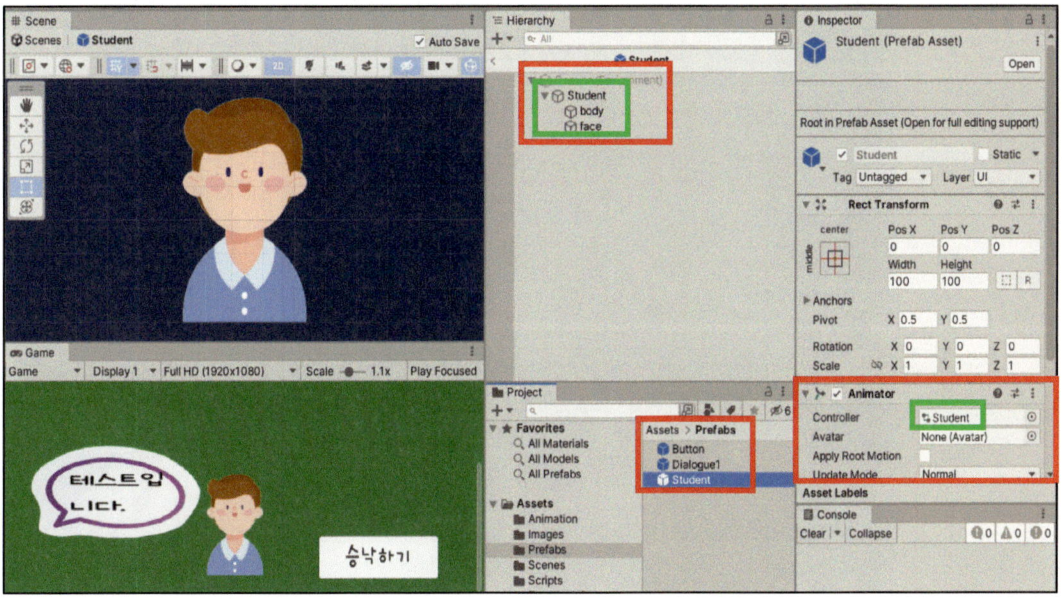

03 애니메이션창에서 student_yes 애니메이션 클립도 수정하여야 합니다. boy_face 라는 명칭을 face 로 변경하여야 애니메이션이 face 객체를 찾아 정상적으로 동작합니다.

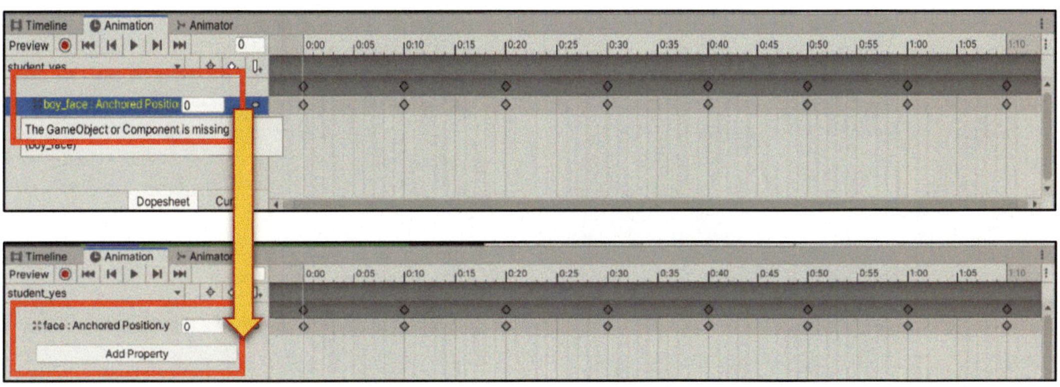

<TIP> 애니메이션 클립은 애니메이터창에서 볼 수 있는 애니메이션 컨트롤러 내, 노드의 Motion 에 설정되어 있음을 기억해야 합니다. 이는 애니메이션 컨트롤러가 부착된 객체 혹은 그 자식 객체에 접근하여 조작할 수 있도록 해줍니다.

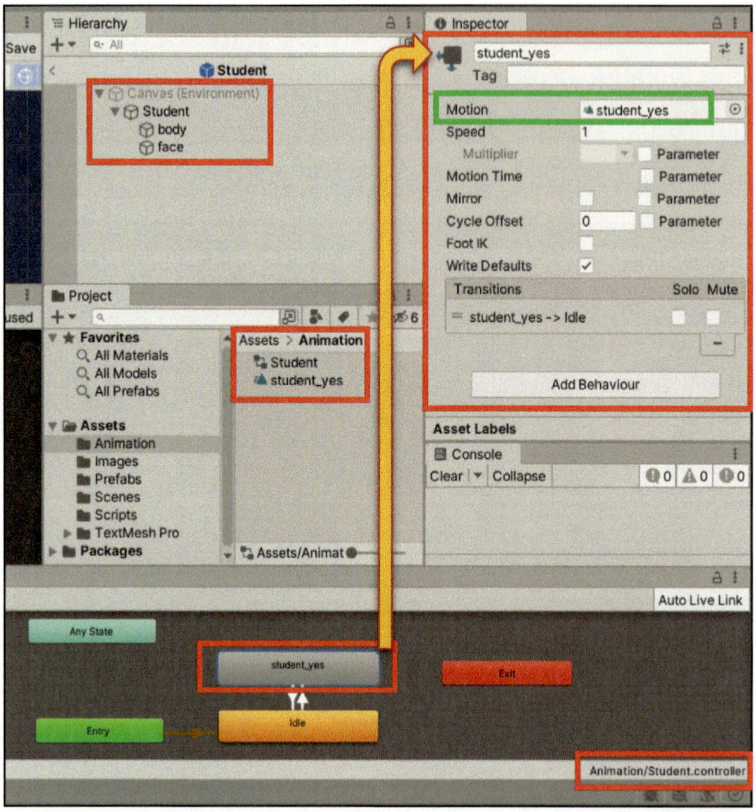

04 {Prefabs}폴더에서 Dialogue1 파일을 더블 클릭합니다. Student 와 마찬가지로 명칭을 Dialogue 로 변경하고, 상단의 '<' 모양의 버튼을 눌러 밖으로 빠져나옵니다.

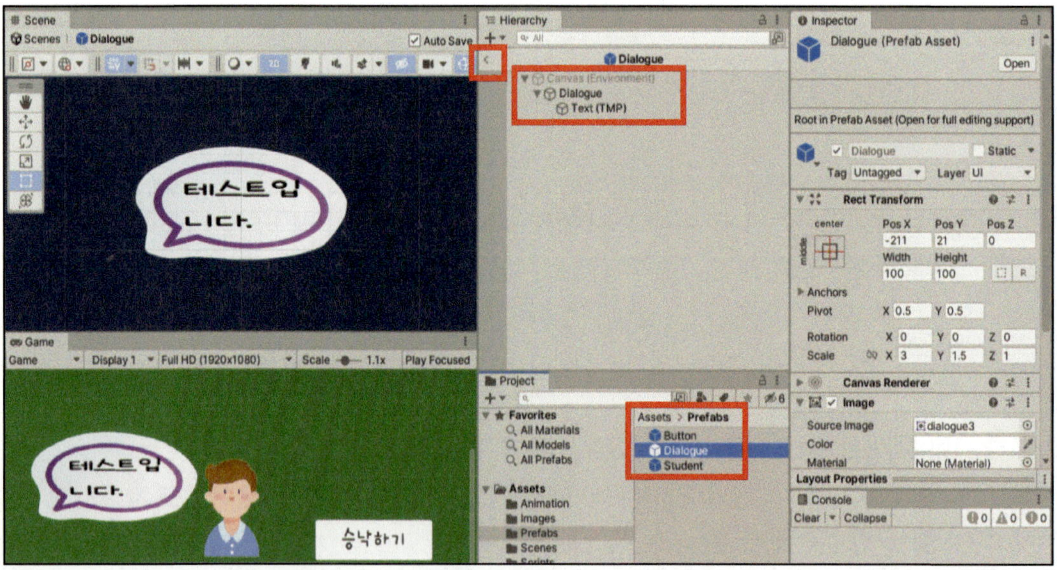

05 하이어라키창에서 Main Camera, Canvas, EventSystem 객체만을 남기고 모두 제거합니다. Prefab을 만들어 두었기에 언제든 재사용이 가능하기 때문입니다.

06 이제 타임라인창이 나타나도록 레이아웃을 정비합니다. 다음으로, 남학생 1 명, 여학생 1 명, 말풍선 2 개를 {Prefabs}폴더에서 하이어라키창 Canvas 의 자식 객체로 두고 위치를 적절히 조절합니다.

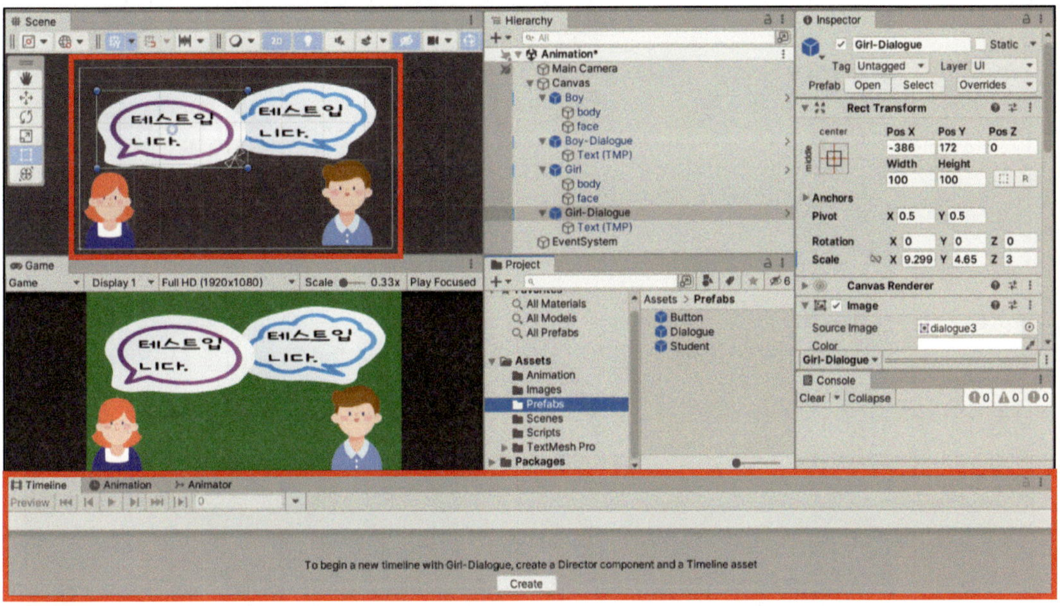

<TIP> 애니메이션 클립은 애니메이터창에서 볼 수 있는 애니메이션 컨트롤러 내, 노드의 Motion 에 설정되어 있음을 기억해야 합니다. 이는 애니메이션 컨트롤러가 부착된 객체 혹은 그 자식 객체에 접근하여 조작할 수 있도록 해줍니다.

07 Timeline 파일을 저장하기 위해 {Assets}폴더 내에 {Timelines}폴더를 생성합니다.

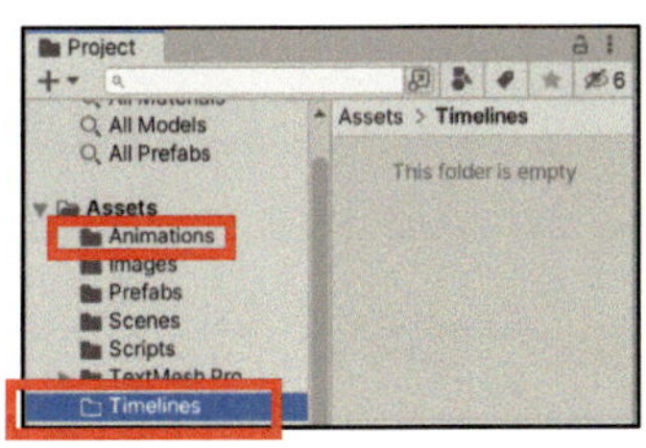

<TIP> 폴더에 여러 파일을 담는게 일반적이라 {Animation}폴더를 **{Animations}**로 수정했습니다.

08 하이어라키창에서 Main Camera 객체를 선택한 뒤, 화면 하단 타임라인창에서 Create 버튼을 클릭합니다. 생성되는 타임라인 애셋의 파일명을 story 로 합니다.

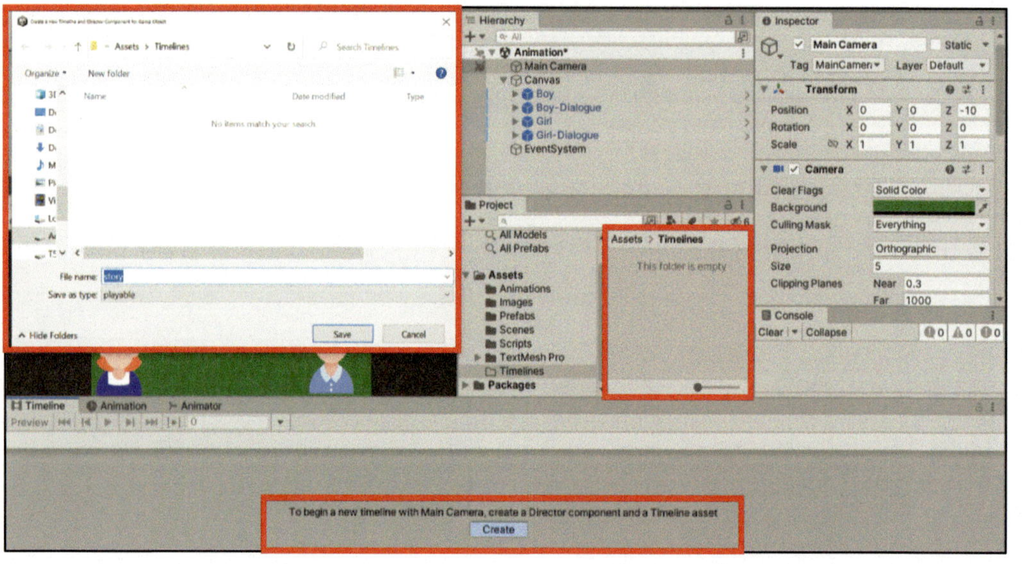

09 Main Camera 객체를 선택한 채로, 타임라인창에서 [+]-[Activation Track]을 클릭하여 Activation Track 타임라인 인스턴스를 생성합니다.

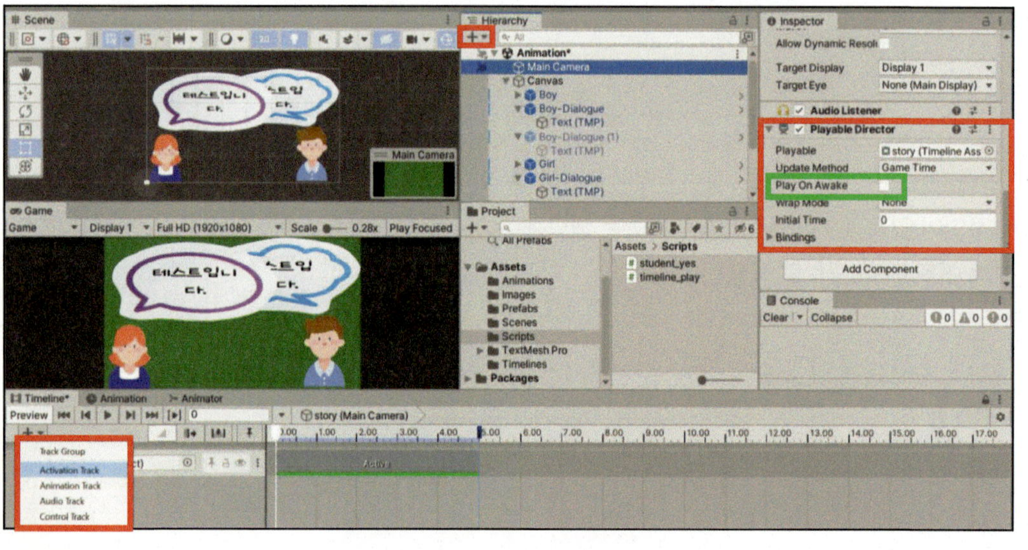

<TIP> 인스턴스 생성과 동시에 (Playable Director)컴포넌트가 자동으로 Main Camera 객체에 추가됩니다. 이 컴포넌트가 타임라인을 제어합니다. 또한, Play On Awake 를 체크해제하여 Play 시 타임라인이 곧바로 실행되지 않도록 합니다.

10 하이어라키창에서 Boy 객체를 타임라인창의 Activation Track 인스턴스에 적용한 뒤, 타임라인창의 시간바를 조정하면 남학생의 모습이 Active 시간 동안만 남아 있고 이후에는 사라집니다.

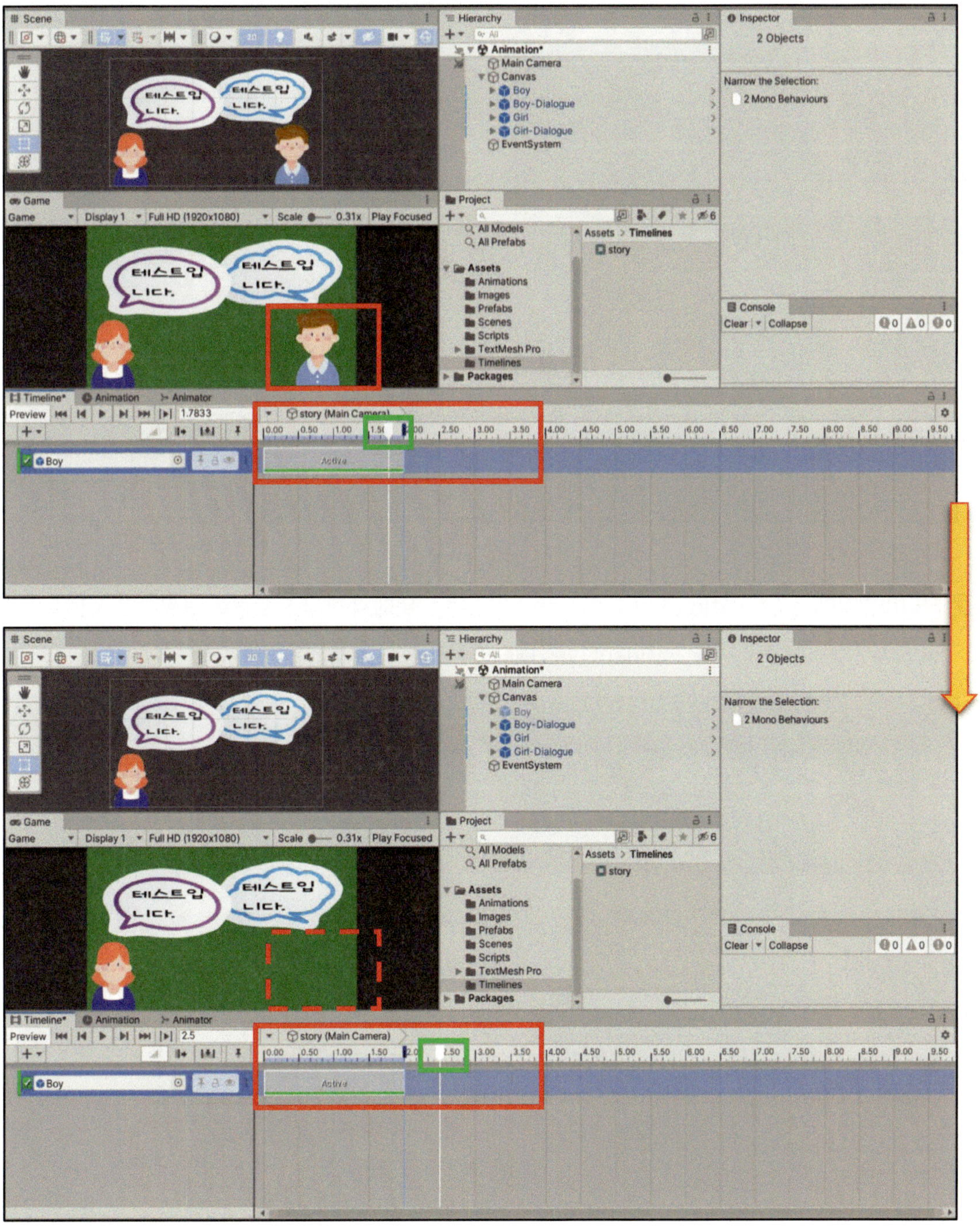

11 이번에는 타임라인창에서 [+]-[Animation Track]을 클릭하여 Animation Track 타임라인 인스턴스를 생성하고 Boy 객체를 적용합니다.

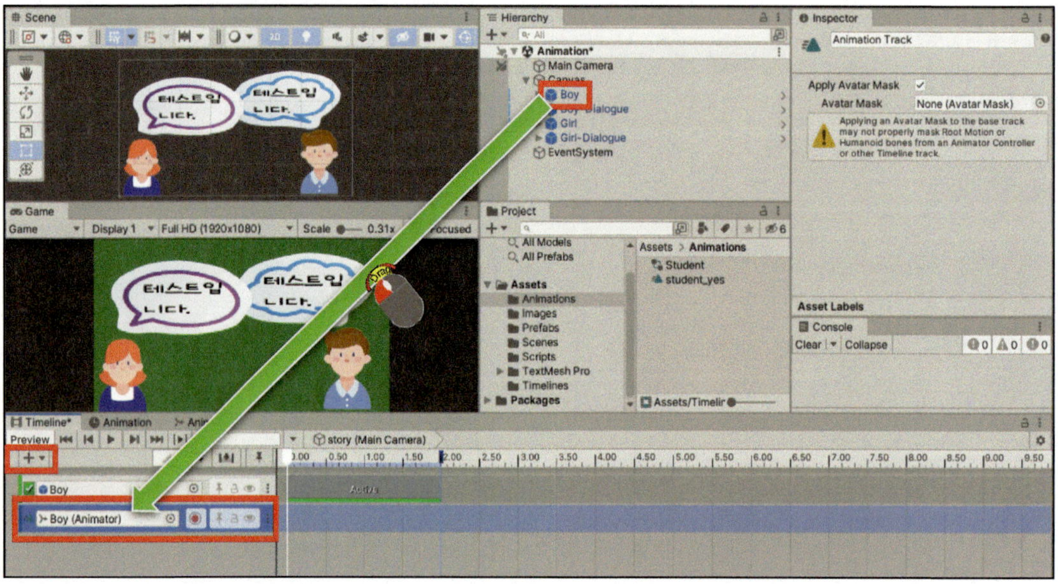

12 타임라인창에서 Animation Track 타임라인 인스턴스 위에서 마우스 오른쪽 클릭하고 Add From 애니메이션 클립을 클릭한 뒤, student_yes 애니메이션 클립을 불러옵니다.

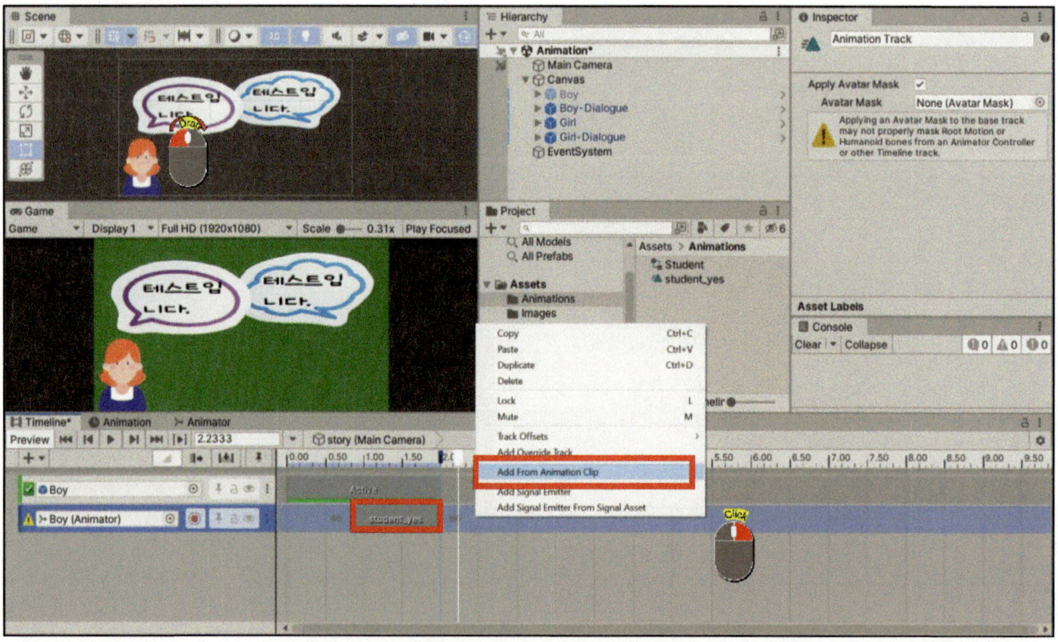

13 타임라인창의 Animation Track 타임라인 인스턴스 시간바 위에서 마우스로 좌우 드래그 하면 시간바에 표시된 시간 만큼 애니메이션이 동작함을 확인할 수 있습니다.

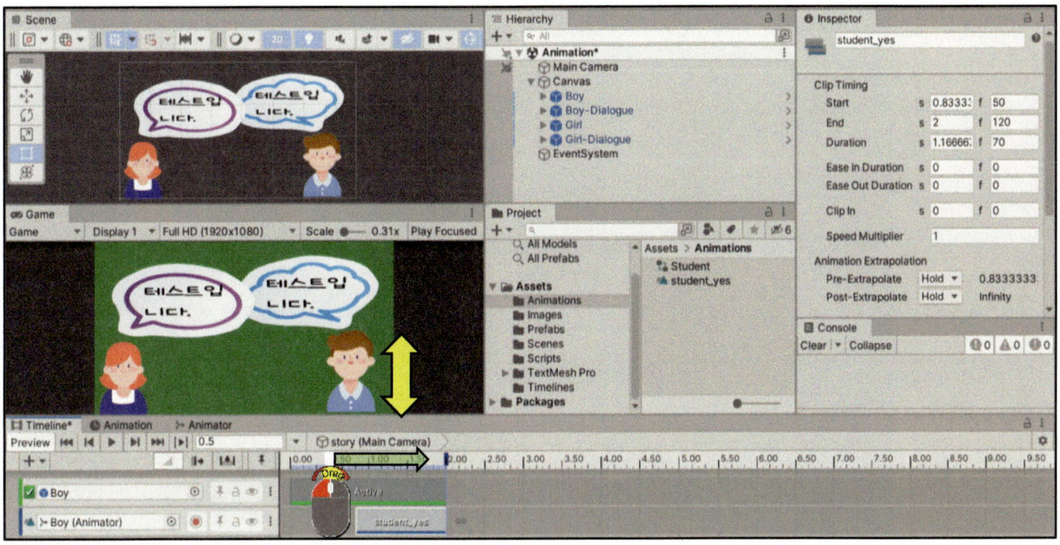

이는 Animation Track 타임라인 인스턴스가 이전에 만들어 둔 컨트롤러 설정과 관계없이 student_yes 애니메이션 클립을 작동시킨 것이라 볼 수 있습니다. 별도의 스크립트 없이 student_yes 객체의 애니메이션을 작동하였습니다. Boy 객체 (Animator)컴포넌트의 Controller 를 비워 두어도 정상적으로 작동합니다.

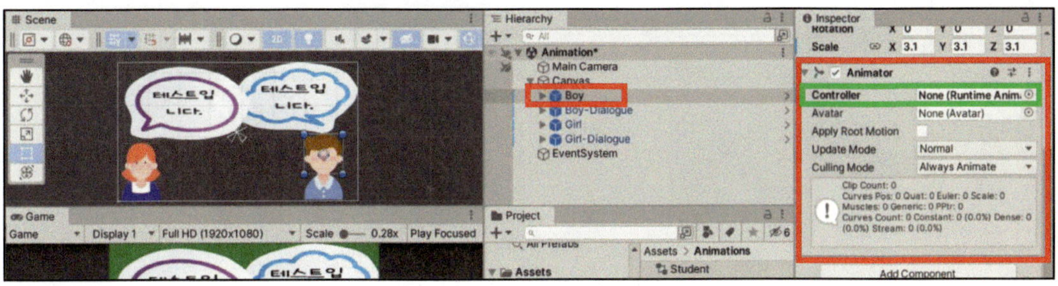

14 위의 2 가지 종류의 타임라인 인스턴스(Activation, Animation)를 활용하여 아래의 시나리오를 구성해보겠습니다.

장면 1) 여학생이 방학동안 잘 지냈는지 물으며 인사를 건네는 장면 장면 2) 남학생이 고개를 끄덕이며 그렇다고 묻는 장면 장면 3) 남학생이 여학생에게 방학 즐겁게 보냈는지 묻는 장면 장면 4) 여학생이 즐겁게 보냈다고 고개를 끄덕이며 대답하는 장면

15 Boy-Dialogue 객체와 Girl-Dialogue 객체를 복사하여 장면 1-4 까지 관련된 대사를 추가로 작성하고, 초기에는 모두 보이지 않도록 화면 상단의 네모에 클릭하여 체크를 해제 합니다.

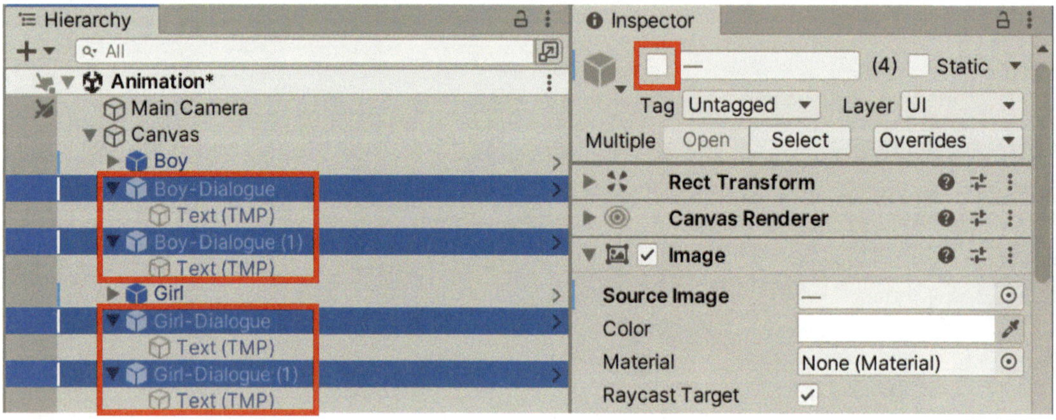

<TIP> Text (TMP) 객체들은 체크 해제하지 않도록 주의합니다.

16 아래와 같이 장면 1 과 장면 2 에 해당하는 애니메이션을 작성하고 정상 작동하는 것을 확인합니다.

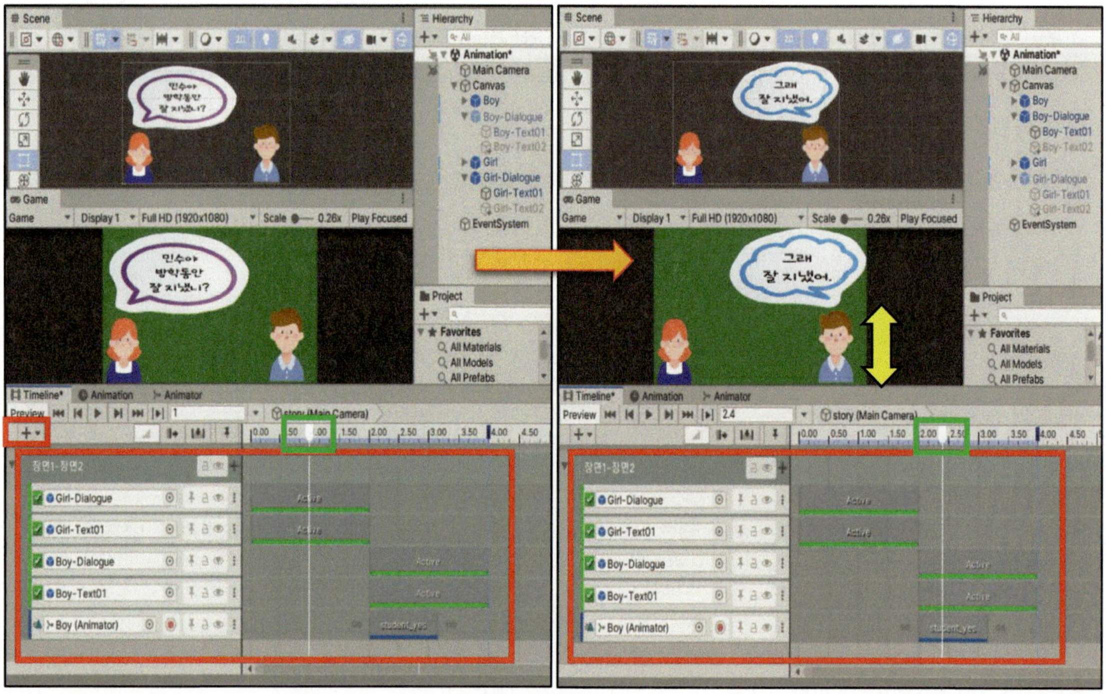

<TIP> 타임라인창에서 [+]-[Track Group]을 활용하여 장면 1-장면 2 에 해당하는 타임라인 인스턴스를 한 곳에 모두 묶어 두었습니다.

17 다음으로 아래처럼 장면 3 과 장면 4 에 해당하는 애니메이션을 작성하고 정상 작동을 확인합니다.

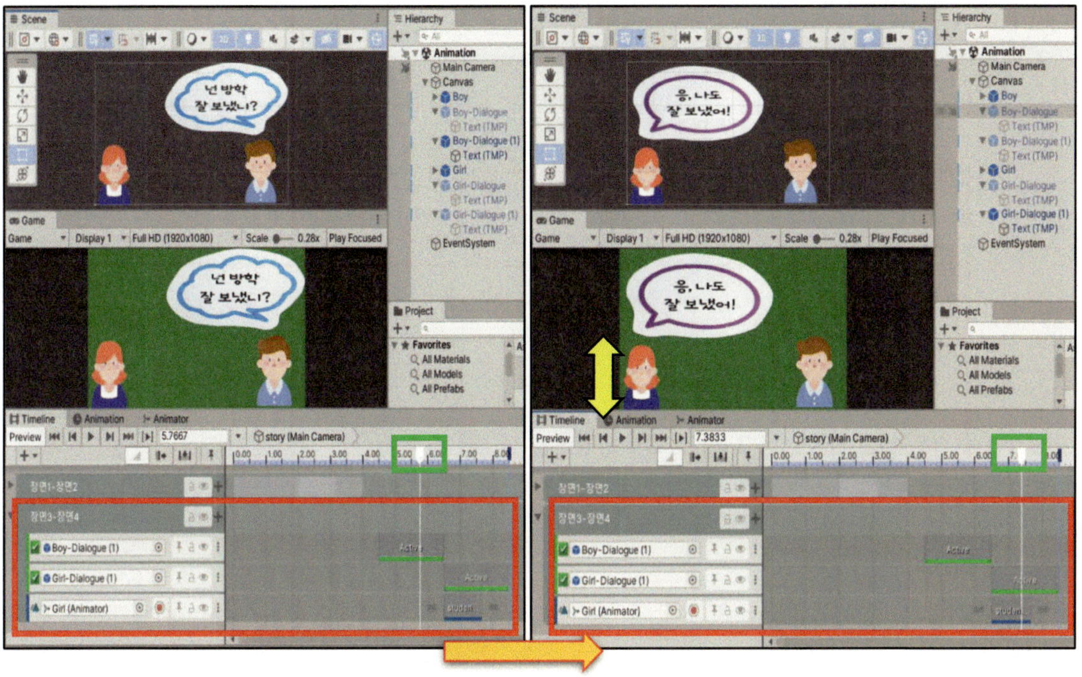

18 마지막으로, Play 이후 버튼을 누르면 타임라인이 시작되도록 구성해보겠습니다. 하이어라키창에서 Canvas 객체의 자식객체로서, 하단에 Panel 과 Button-TextMeshPro 를 추가하고 아래와 같이 하이어라키창에서 아래 순서에 생성 및 배치하여 애니메이션 장면을 가리도록 합니다.

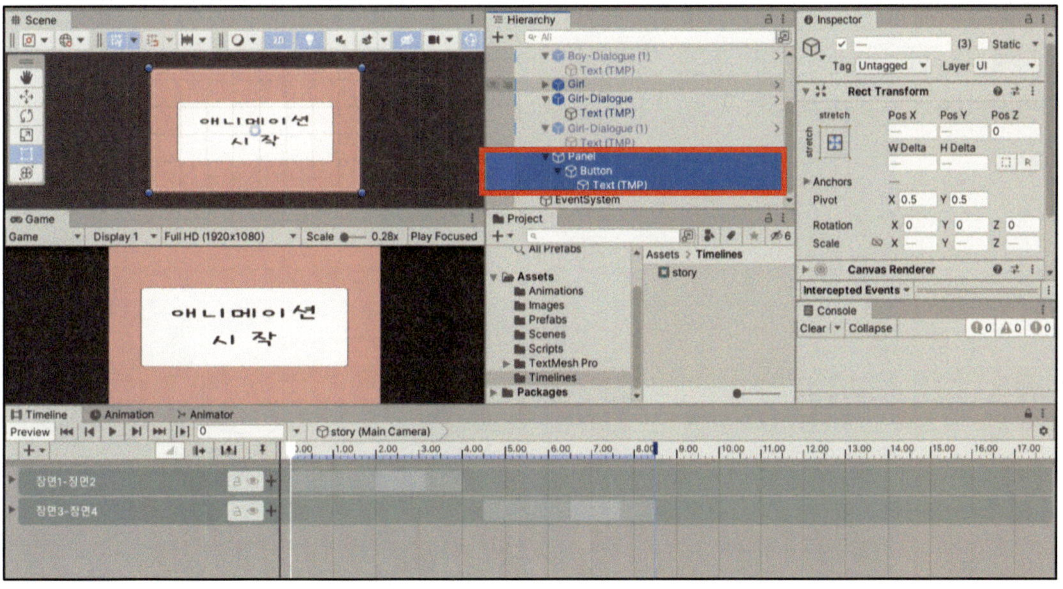

19 {Assets}-{Scripts}폴더에 timeline_play 스크립트 파일을 생성하고 아래의 코드를 작성합니다.

```
1   using UnityEngine;
2   using UnityEngine.Playables; //PlayableDirector 클래스 활용을 위한 네임스페이스 선언
    0 references
3   public class timeline_play : MonoBehaviour
4   {
        1 reference
5       public PlayableDirector playableDirector; //PlayableDirector 클래스 변수 선언
6
        0 references
7       public void Play()
8       {
9           playableDirector.Play (); //playableDirector을 통한 타임라인 실행
10
11          //Button의 부모 클래스에 해당하는 Panel을 비활성화 하기위한 코드
12          gameObject.transform.parent.gameObject.SetActive(false);
13      }
14  }
```

(코드 해설) 2 줄에서 using UnityEngine.Playables 선언을 통해 PlayableDirector 클래스를 활용할 수 있도록 합니다.

5 줄에서 playableDirector 변수를 public 으로 선언하여 유니티 에디터에서 접근할 수 있도록 합니다. public 선언으로 [SerializedField]문을 대신할 수 있습니다.

7~11 줄은 Play()함수를 public 으로 선언하여 유니티 에디터에서 접근하여 버튼에 등록하여 활용할 수 있도록 합니다. 9 줄은 5 줄에서 선언한 playableDirector 변수를 통해 Play()함수를 실행하도록 합니다. 11 줄은 유니티 에디터의 하이어라키창에서 Button 을 자식객체로 담고 있는 Panel 을 숨겨 애니메이션이 드러나도록 하는 구문입니다.

20 Play 후, 버튼을 눌러 애니메이션이 잘 작동하는지 확인합니다.

심화 학습: 분기점이 있는 애니메이션 만들기

01 심화 단계로 분기점이 있는 애니메이션을 제작해보겠습니다. 학생의 응답에 따라 캐릭터의 반응이 달라지는 효과를 표현하겠습니다. 프로젝트창에서 새로운 Scene 을 만들고 QuizAnimation 이라고 명명합니다.

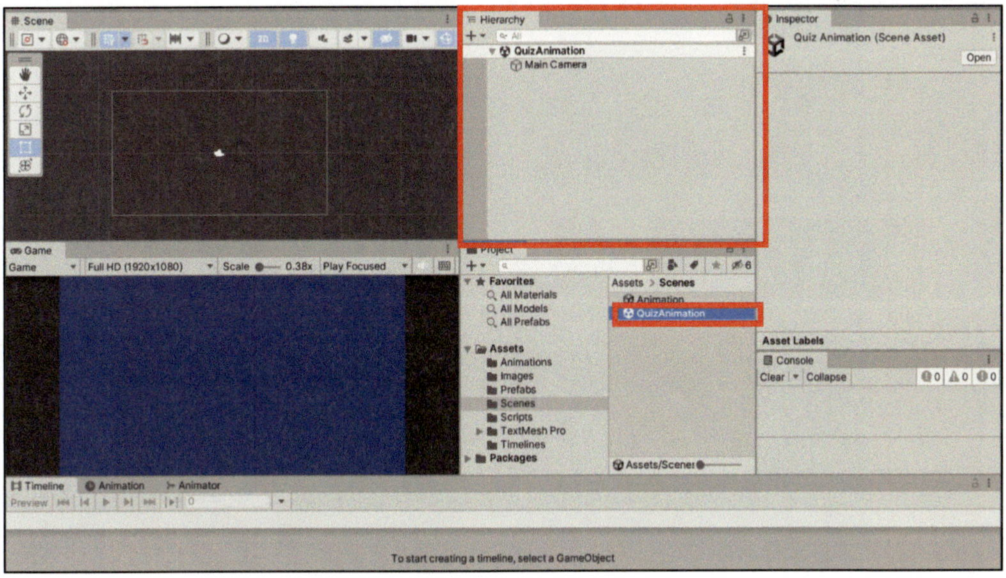

02 3 개의 PNG 그림 파일을 끌어서 프로젝트창의 Images 폴더로 가져옵니다. 이번엔 레이어로 나뉘어진 psb 파일이 아닌, png 파일을 활용해 보겠습니다.

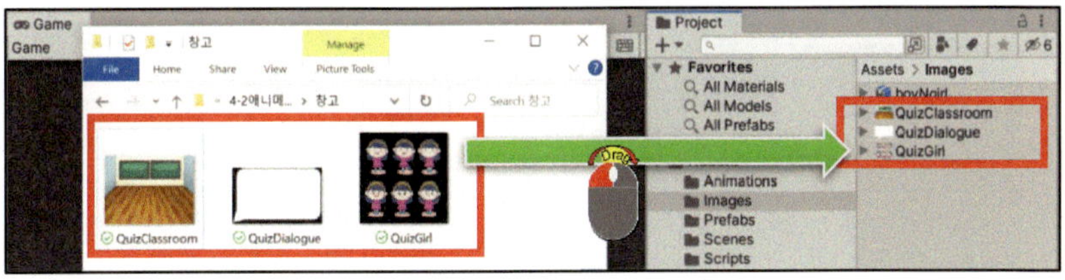

[출처] QuizClassroom.png (Designed by brgfx / Freepik),
https://kr.freepik.com/free-vector/an-empty-classroom-at-school-illustration-background_4564439.htm
QuizGirl.png (Designed by johnstocker / Freepik),
https://kr.freepik.com/free-vector/set-of-cute-girl-various-activities-and-emotions-cartoon-vector_33906372.htm
QuizDialogue.png (자체 제작)

03 먼저 QuizClassroom.png 파일을 하이어라키창으로 가져와서 배경을 설정합니다. 사전 설정한 FHD 해상도 및 카메라 시야에 비해 크기 때문에, QuizClassroom 객체의 Y 축 Position 과 Scale 을 인스펙터창에서 적절히 수정합니다.

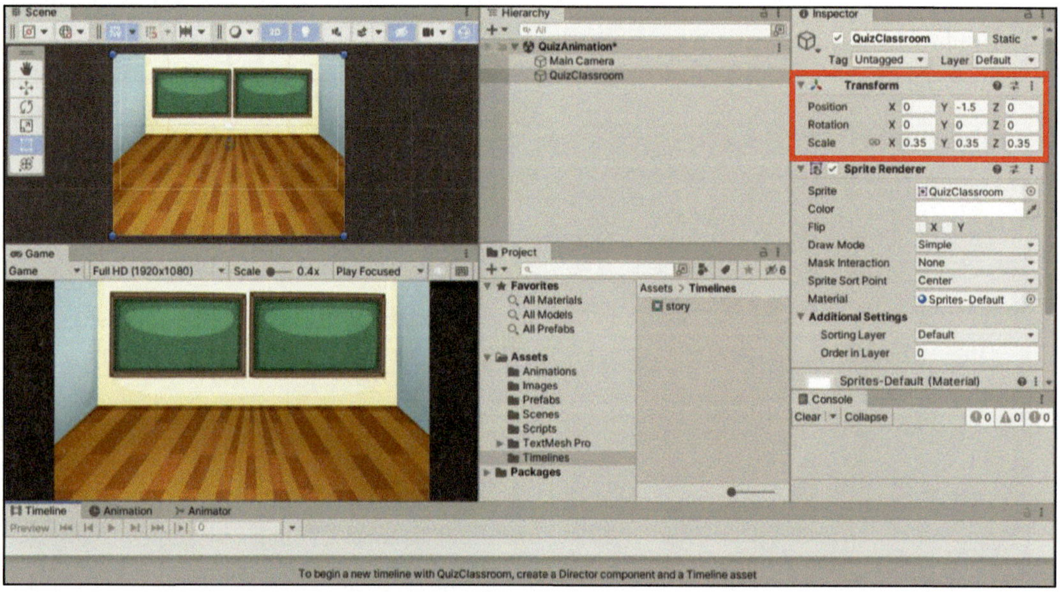

04 이어서 QuizGirl 를 프로젝트창에서 선택하고, 인스펙터창에서 Sprite Mode 를 Multiple 로 설정한 뒤, Sprite Editor 를 클릭합니다.

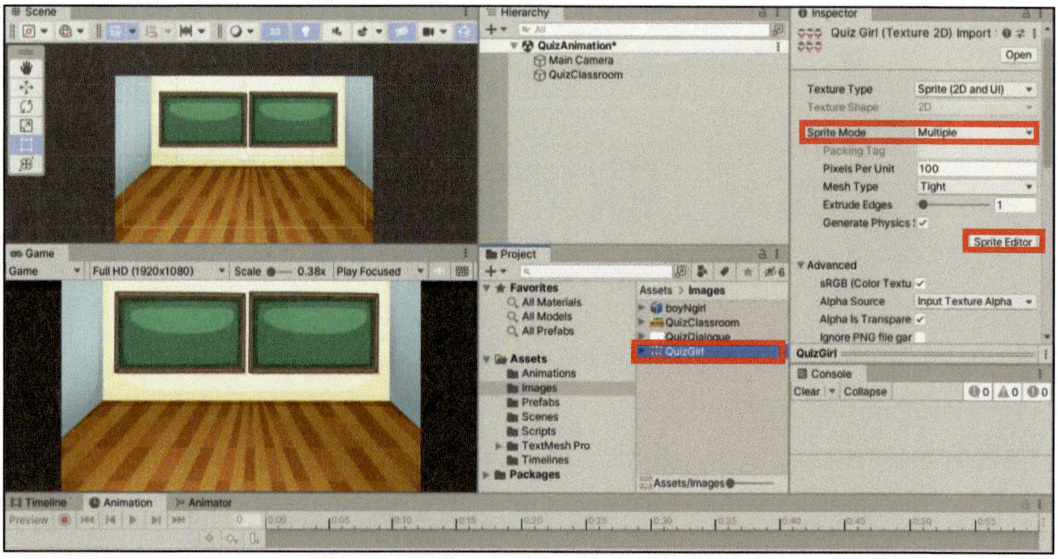

<TIP> Unapplied Import Settings 란 경고문이 뜨는 경우가 있으나, Apply 후 진행하면 됩니다.

05 앞선 이야기 애니메이션을 만들 때와 마찬가지로 자동 Slice 처리를 한 뒤, Apply 하여 적용합니다.

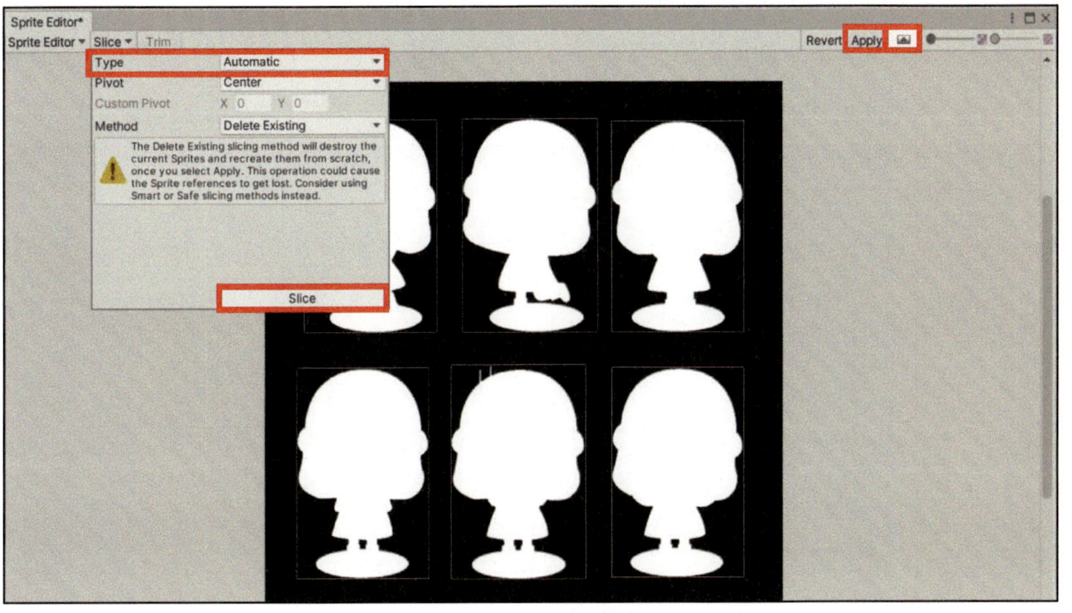

06 Sprite Editor 창을 바로 닫지 않고, 스프라이트마다 선택하여 명칭을 할당한 뒤, Apply 버튼을 눌러 적용합니다. 이를 통해 정답을 맞혔을 때의 반응과 그렇지 못했을 때의 반응을 구분하려 합니다.

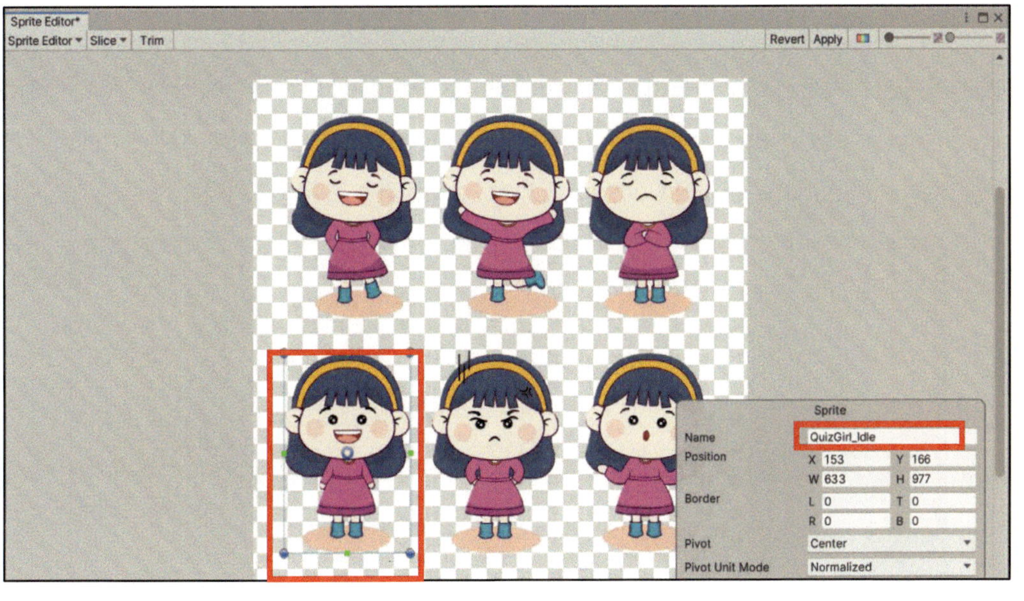

스프라이트명은 좌측 상단부터 QuizGirl_Correct1, QuizGirl_Correct2, QuizGirl_Wrong2, QuizGirl_Idle, QuizGirl_NoUse, QuizGirl_Wrong1 으로 합니다.

07 이제 QuizGirl.png 파일을 게임뷰에 적용하겠습니다. 하이어라키창에서 [+]-[UI]-[Image]를 선택하여 객체를 생성하고 객체명을 QuizGirl 로 변경합니다. 이어서 프로젝트창에서 QuizGirl_idle 스프라이트를 인스펙터창의 (Image)컴포넌트 내부 Source Image 속성에 적용합니다. 이후 QuizGirl 의 위치와 크기를 조절합니다.

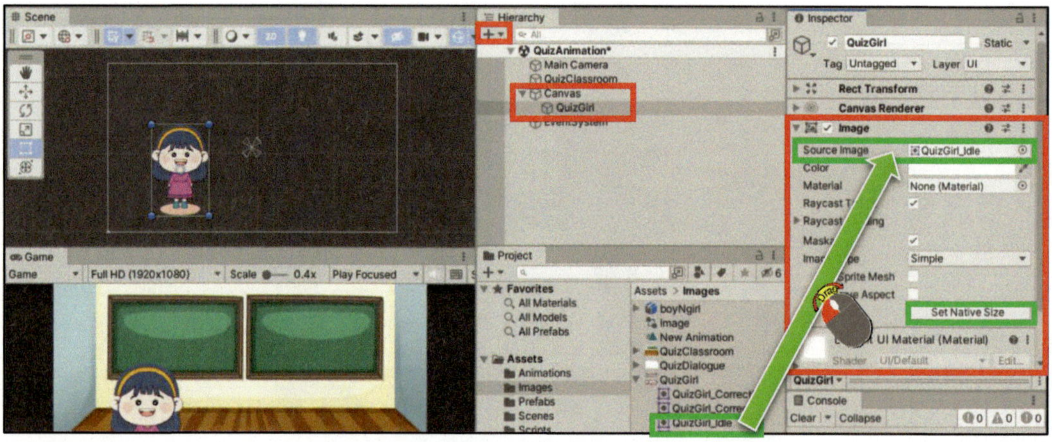

<TIP> Set Native Size 기능을 활용한 뒤 그림 크기를 수정하면 원본의 비율을 유지하기 용이합니다. 또한, QuizClassroom 는 그대로 하이어라키창에 적용한 데 비해 QuizGirl 는 Canvas 에 적용한 이유는 기기별 해상도에 관계없이 QuizGirl 객체의 크기나 위치를 비율에 맞게 유지하기 위함입니다. 이어서 추가할 말풍선도 Canvas 에 기반하기 때문에 둘의 위치관계를 조절하기 용이합니다.

08 QuizGirl.png 파일을 토대로 만들어 둔 스프라이트를 활용하여, 정답과 오답에 해당하는 애니메이션을 제작하겠습니다. 먼저, 하이어라키창의 QuizGirl 을 선택하고, 애니메이션창에서 애니메이션 클립을 생성한 뒤, {Animations}폴더에 QuizGirl-Correct.anim 파일로 저장합니다.

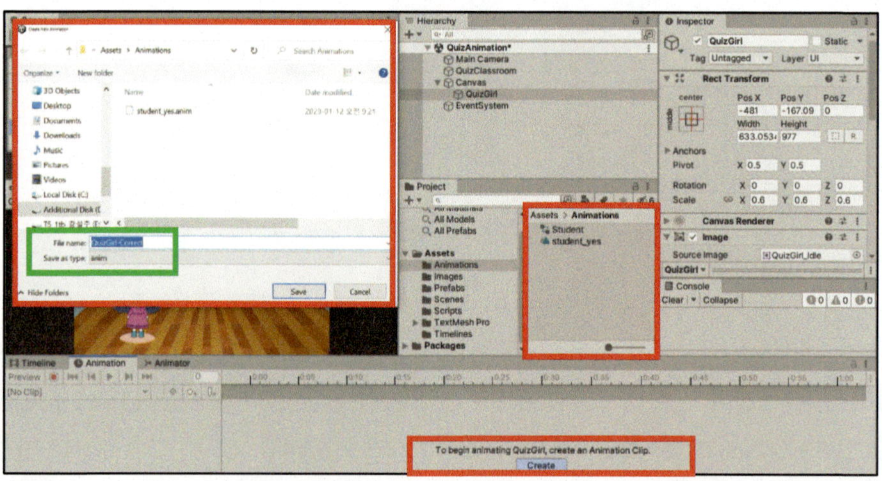

09 QuizGirl_idle, QuizGirl_Correct1, QuizGirl_Correct2 스프라이트를 애니메이션창의 시간바에서, 0:00, 0:05, 0:10 시점에 차례대로 마우스 드래그하여 배치합니다.

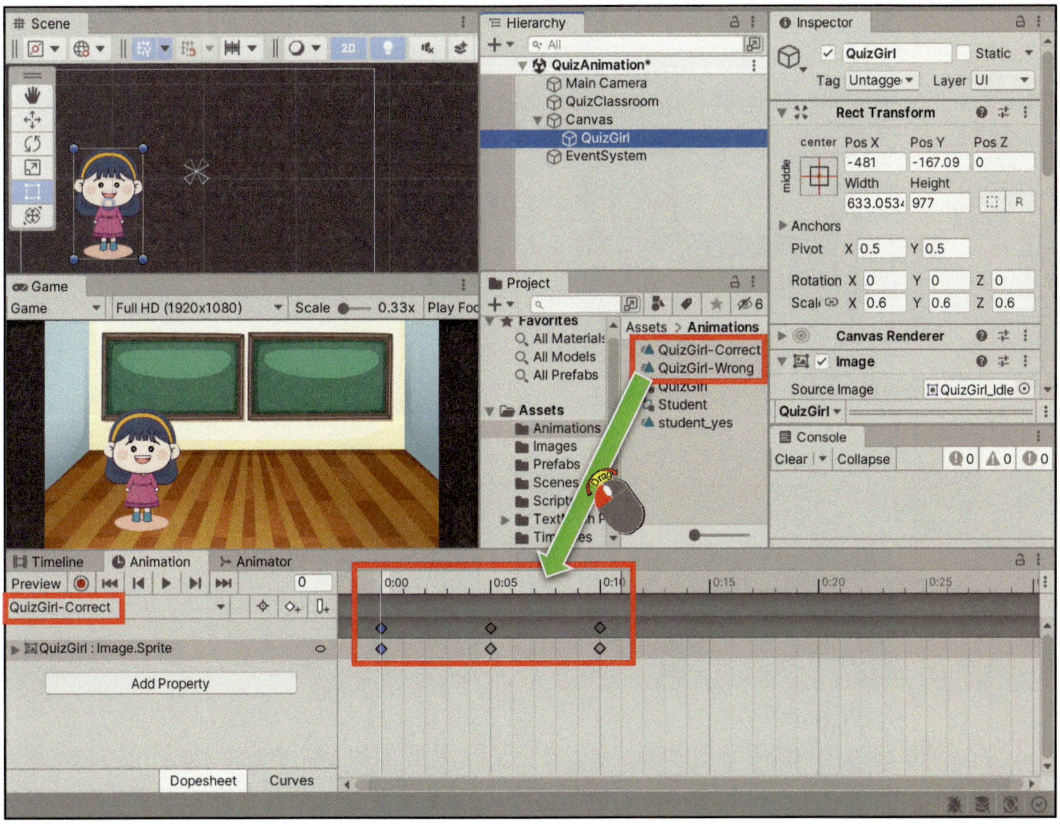

시간바에서 시점을 이동하면서 스프라이트가 전환되는 효과를 확인합니다.

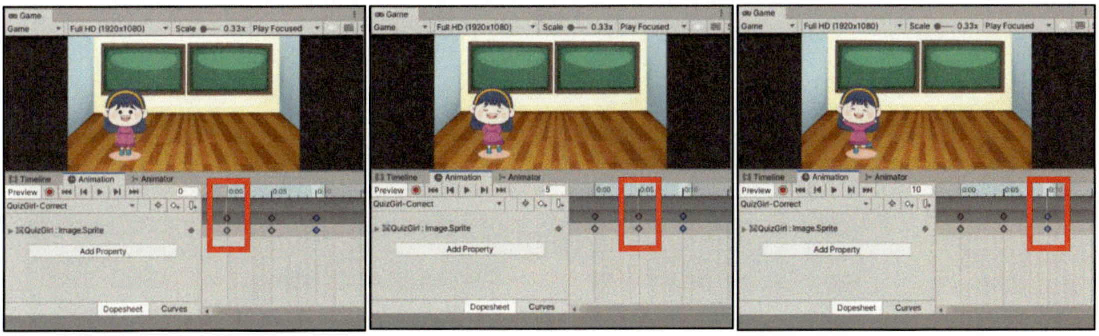

<TIP> Play 시 애니메이션이 자동으로 시작되거나 반복되는 문제를 막기위해 아래와 같이 설정을 합니다. QuizGirl-Correct 애니메이션 클립을 선택한 후, 먼저 인스펙터창에서 Loop Time 을 체크해제합니다. QuizGirl-Wrong 애니메이션 클립에도 동일하게 설정합니다.

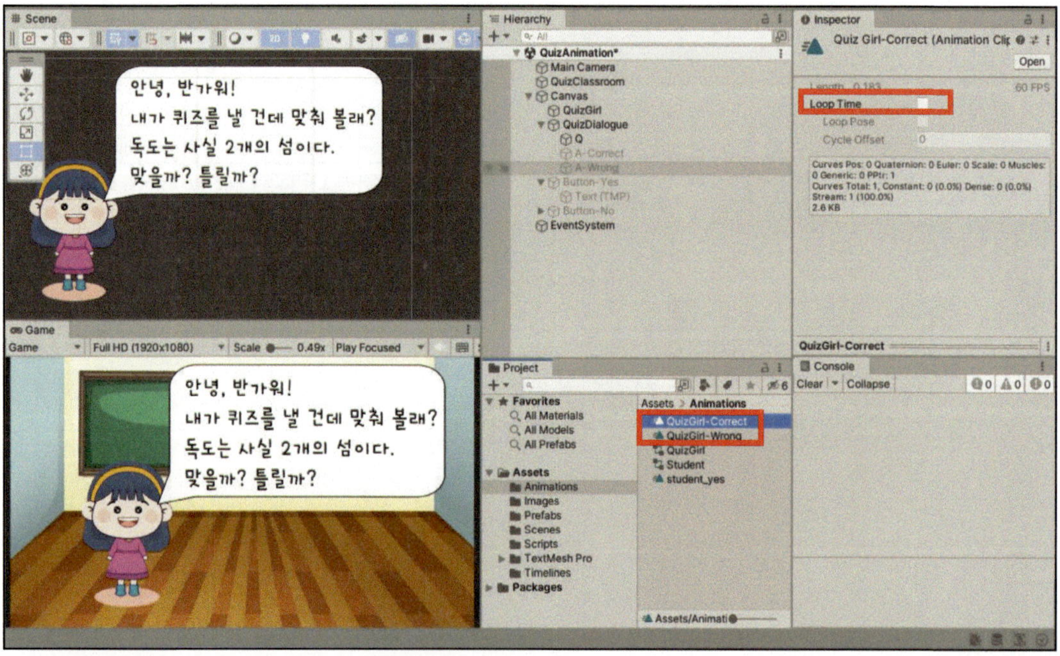

다음으로 QuizGirl 애니메이터 컨트롤러 파일을 선택한 뒤, 애니메이터창에서 Idle 이라는 노드를 새로 생성한 뒤, 이를 마우스 오른쪽 클릭하여 Set as Layer Default State 로 설정합니다. 이를 통해 애니메이션이 Play 시 곧장 실행되지 않고, 대기 상태에 머물도록 해줍니다.

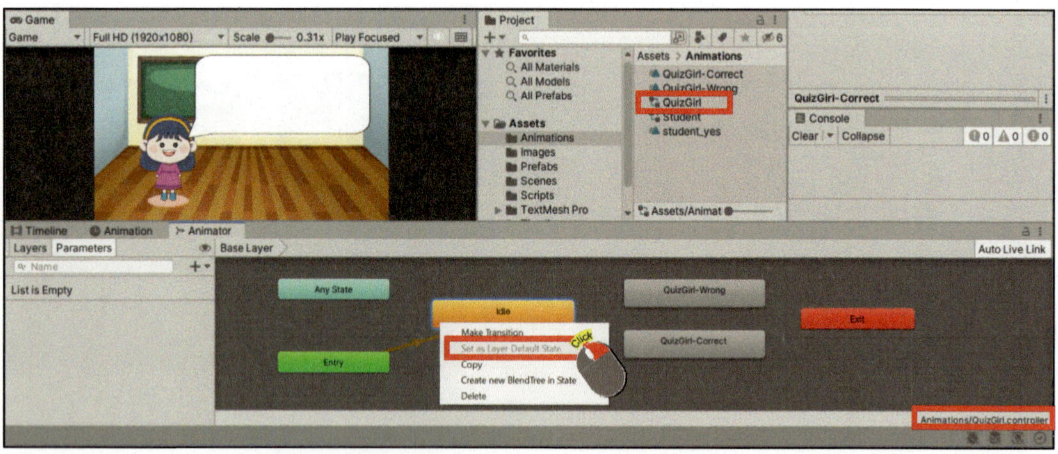

10 이번엔 애니메이션창에서 Create New Clip 기능을 이용하여 QuizGirl-Wrong.anim 파일을 생성하여 {Animations} 폴더에 저장합니다. 앞선 방식과 마찬가지로 QuizGirl_idle, QuizGirl_Wrong1, QuizGirl_ Wrong 2 스프라이트를 애니메이션창의 시간바에 있는 0:00, 0:05, 0:10 시점에 차례대로 마우스 드래그하여 배치합니다.

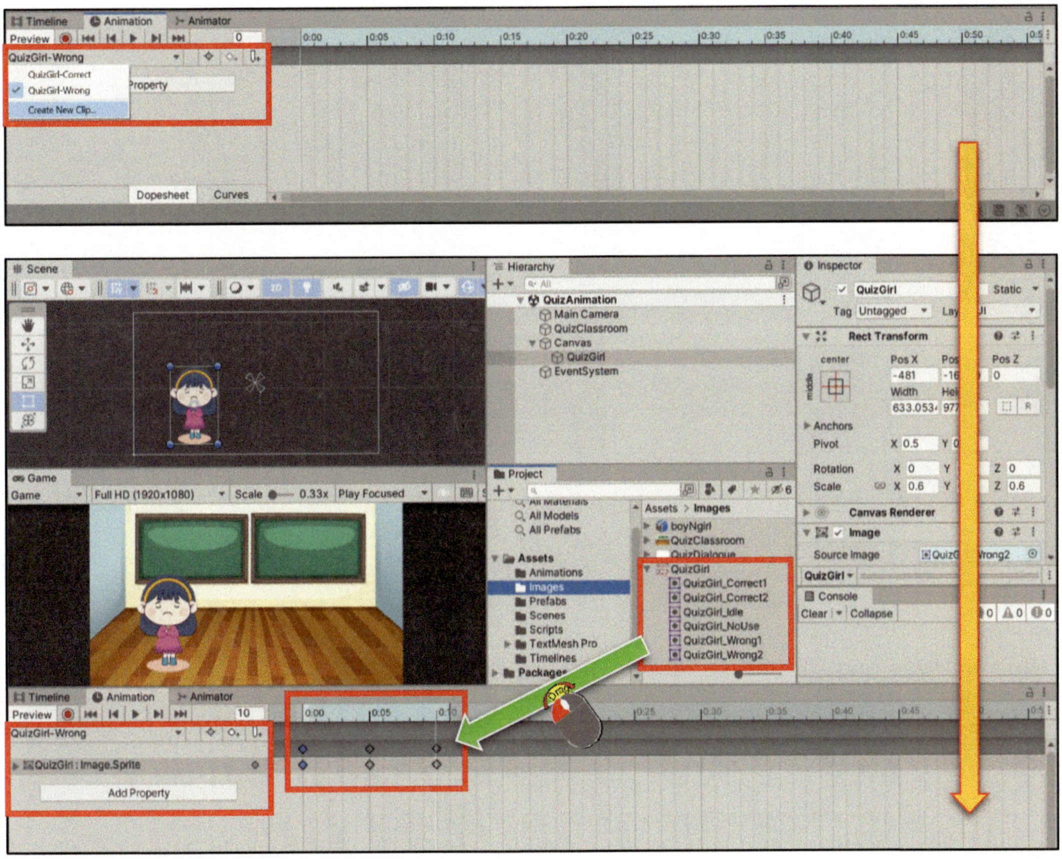

시간바에서 시점을 이동하면서 스프라이트가 전환되는 효과를 확인합니다.

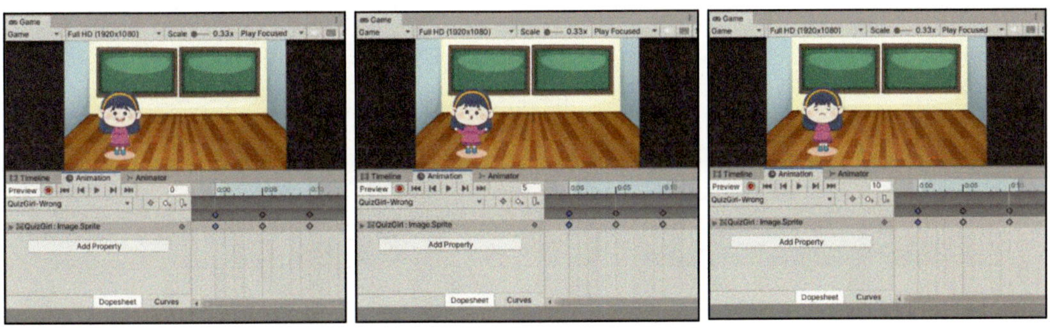

<TIP> 여기서 제작한 2 가지 애니메이션은 추후 버튼 액션과 연동하여 타임라인에서 활용됩니다.

11 다음으로 말풍선을 제작하기 위해 Canvas 객체 내에 Image 객체를 생성하고, 그 속에 Text (TMP) 객체를 생성합니다. 또한 Image 객체에 (Content Size Fitter) 컴포넌트와 (Vertical Layout Group) 컴포넌트를 추가합니다. (Image) 컴포넌트의 Source Image 속성에 QuizDialogue 를 적용합니다.

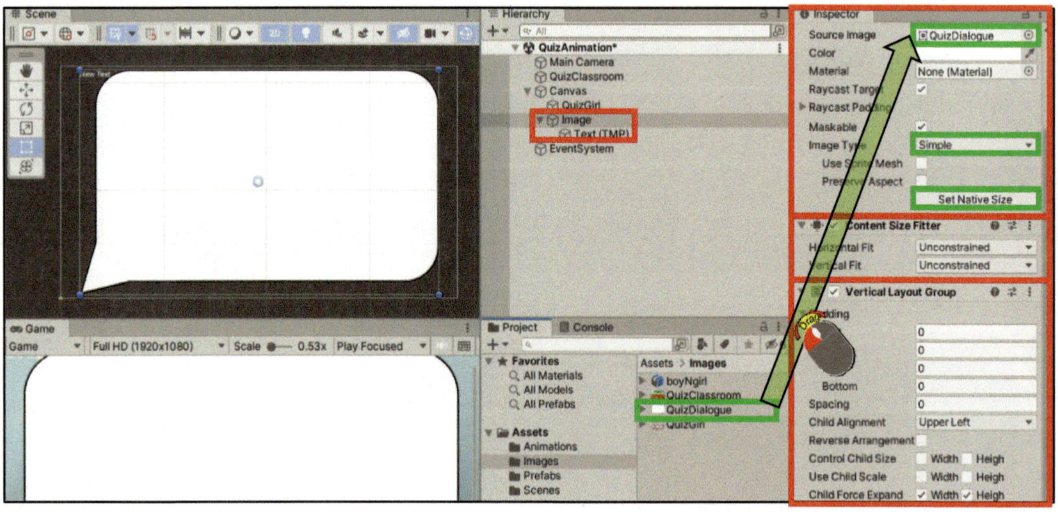

<TIP> Content Size Fitter 와 Vertical Layout Group 은 내부 Text 객체의 크기에 따라 말풍선 객체의 크기를 조절하는 데 필요한 컴포넌트입니다.

12 QuizDialogue.png 그림파일을 선택한 채로 인스펙터창에서 Sprite Mode 는 Single 을 선택하여 Sprite Editor 로 들어갑니다. 에디터 화면에서 Border, Pivot, Pivot Unit Mode 를 아래와 같이 설정합니다. 이를 통해 텍스트의 길이에 따라 말풍선이 자동으로 확장되도록 하겠습니다.

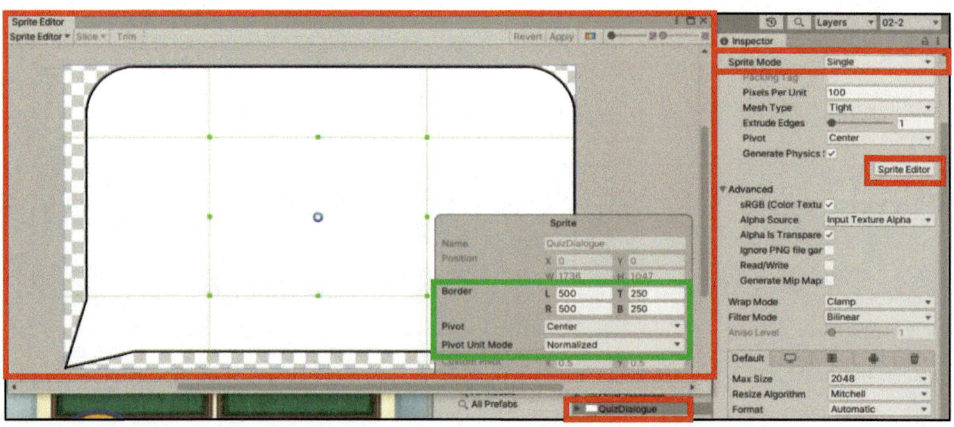

<TIP> Border 값은 Sprite Editor 창에서 초록색 색으로 나타납니다. Border 에 해당하지 않는 중앙 부분이 상하좌우로 늘어나게 됩니다.

13 하이어라키창에서 Text (TMP)객체를 선택한 뒤, Font Asset 에 앞서 만들어 둔 폰트를 적용합니다. '테스트입니다.' 문구를 다량 넣고 폰트 사이즈와 색깔을 조절해보면 문구가 부자연스럽게 한 쪽으로 치우친 모습을 볼 수 있습니다.

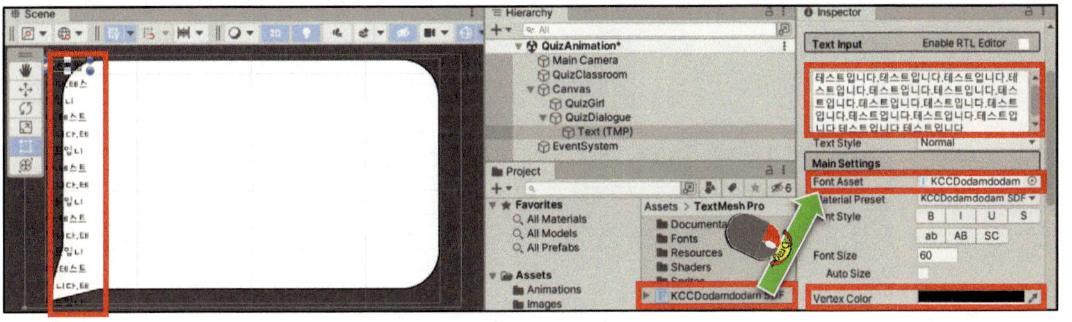

<TIP> Image 객체의 명칭을 QuizDialogue 로 변경하였습니다.

14 하이어라키창에서 QuizDialogue 객체를 선택하고, 인스펙터창에서 Vertical Layout Group 컴포넌트의 속성을 아래와 같이 수정합니다. Padding 과 Control Child Size 가 핵심 속성입니다.

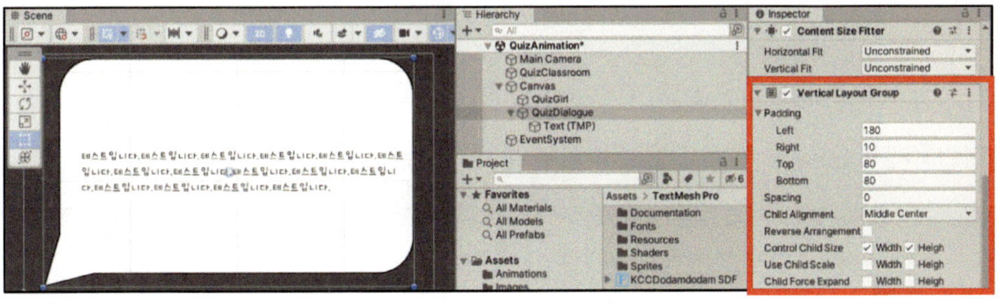

<TIP> 각 속성을 조절해보며 변화를 살펴보면 속성별 역할을 직관적으로 알 수 있습니다.

15 이제 인스펙터창에서 (Content Size Fitter)컴포넌트의 Vertical Fit 속성을 Preferred Size 로 수정한 뒤 글자의 양을 늘리면, 말풍선의 크기가 상하로 자동 확장되는 것을 확인할 수 있습니다.

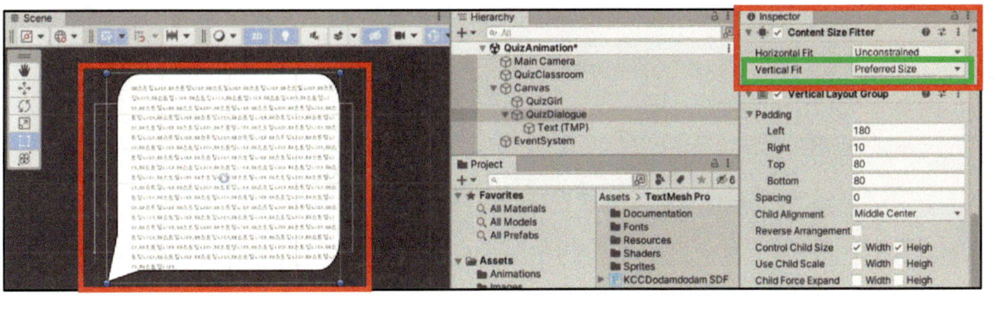

16 이제 QuizDialogue 의 위치와 크기를 적절히 조절하여 화면상에 배치하고, Text (TMP)의 문구도 '테스트입니다.'로 남겨두며 폰트 크기도 200 정도로 적당히 조절합니다.

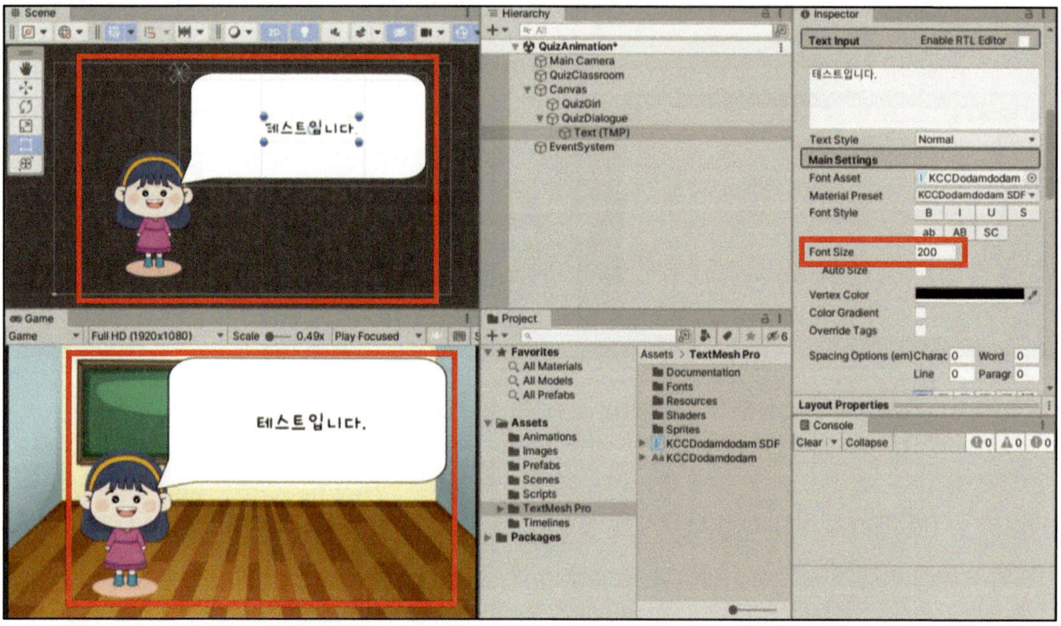

17 이야기 전개를 위한 타임라인을 하나 생성합니다. 하이어라키창에서 Main Camera 객체를 선택하고 타임라인창에서 Create 를 눌러 Quiz 파일을 생성하겠습니다.

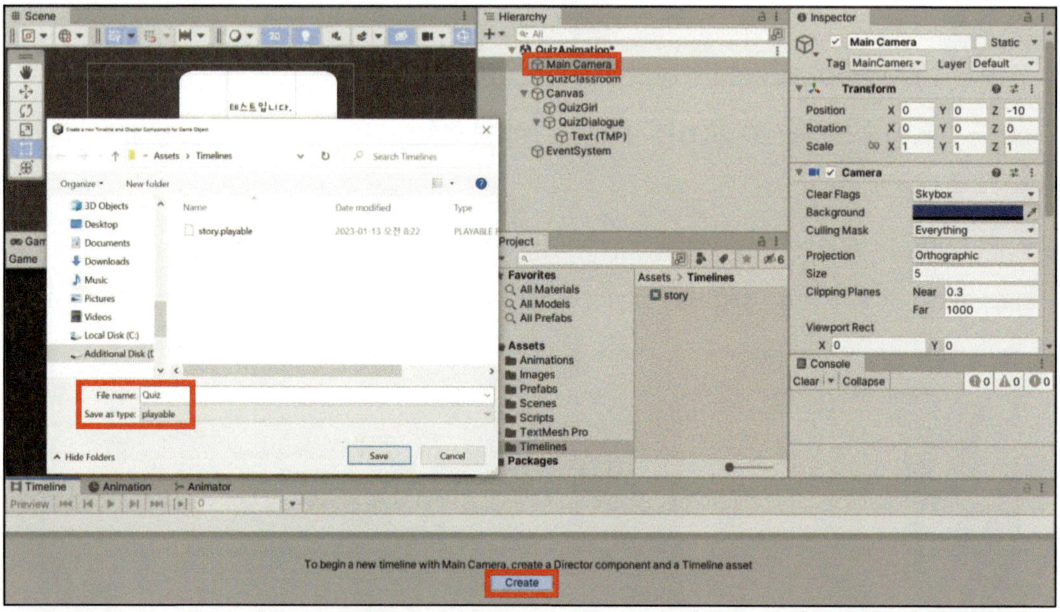

18 Quiz 타임라인에 담기 위한 대사에 해당하는 Text (TMP)객체를 3 개까지 생성하여 아래와 같이 문구를 입력합니다.

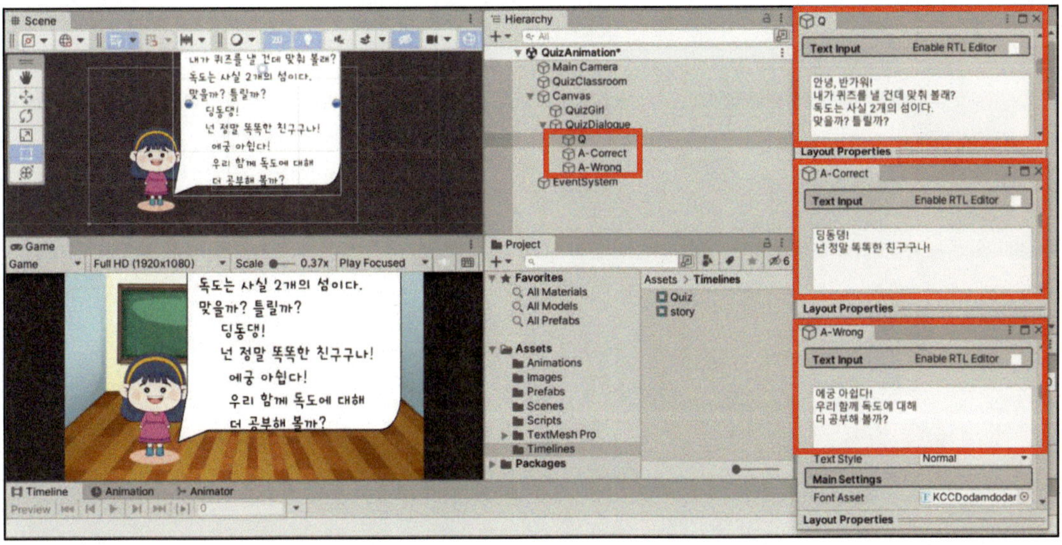

19 Quiz 타임라인에 대사가 등장하는 시점을 설정하기 위해 시간바를 활용합니다. Q, A-Correct, A-Wrong 객체를 모두 비활성화 하고, Activation 트랙을 활용하여 Q 객체만을 필요한 시점에 활성화하도록 배치합니다.

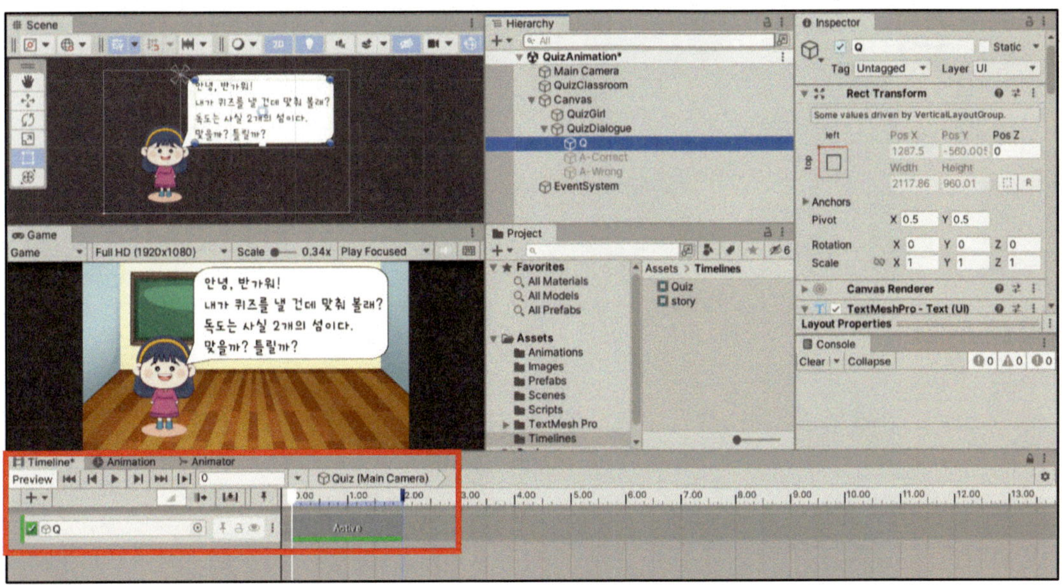

<TIP> 정적인 장면이기 때문에 재생시간은 1~2 초 정도로 짧게 재생해도 충분합니다.

20 Quiz 에 대한 응답에 따라 반응이 달라지도록 2 개의 타임라인을 더 생성하겠습니다. 각 타임라인을 제작할 시, A-Correct 와 A-Wrong 대사 외에 QuizGirl-Correct 와 Quiz-Wrong 애니메이션 클립도 각각 시간바에 반영하여 애니메이션 효과가 나타나도록 구성합니다.

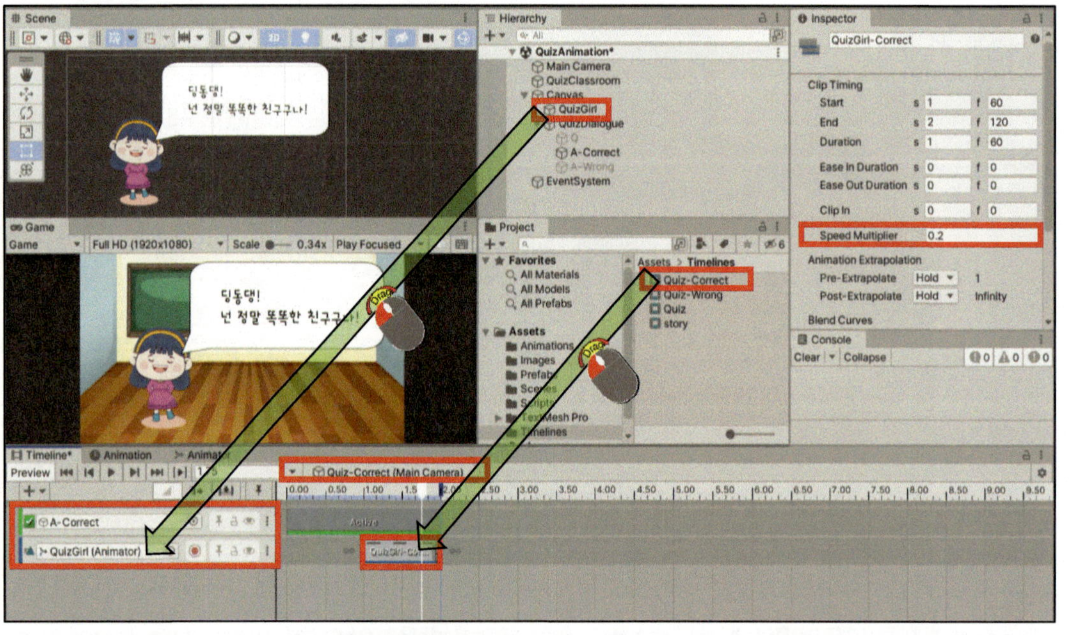

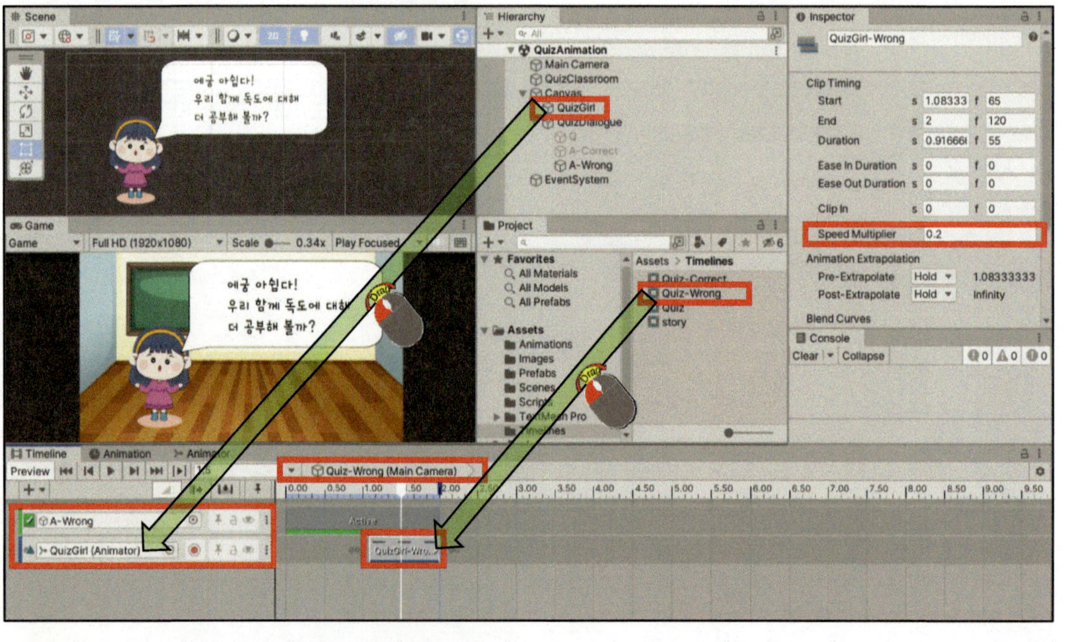

<TIP> 타임라인에서 애니메이션 클립을 선택하고 인스펙터창에서 Speed Multiplier 값을 0.2 로 낮추어 애니메이션 클립이 천천히 재생되도록 하였습니다.

21 하이어라키창의 Main Camera 객체를 선택하고, 인스펙터창의 (Playable Director)컴포넌트 Playable 속성을 통해 타임라인을 Quiz 로 되돌립니다. 이후 Quiz 에 대한 다른 응답을 받을 수 있도록 2 개의 UI 버튼을 추가하겠습니다.

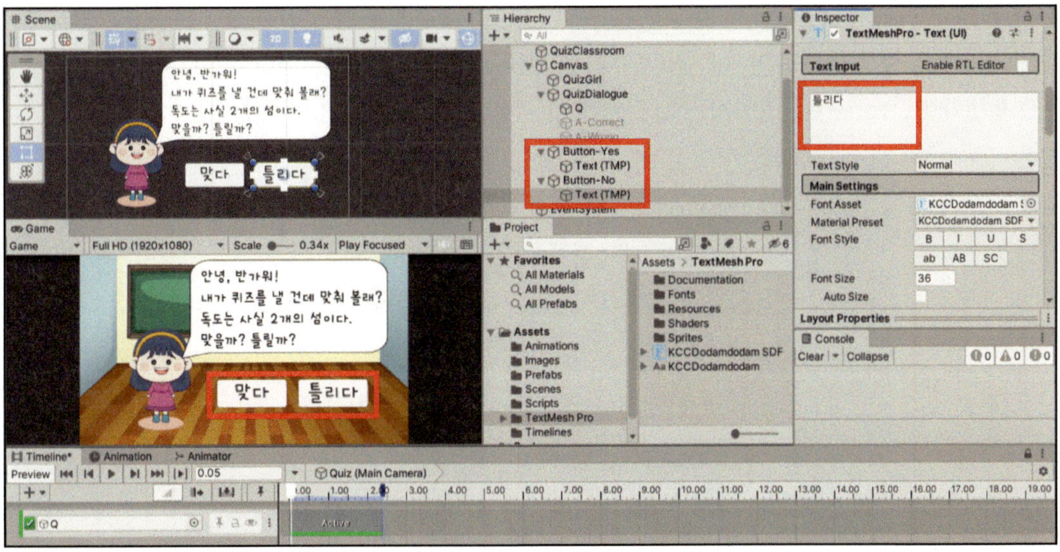

<TIP> 버튼에 들어간 Text 는 앞서 2D 이야기 애니메이션에서 활용한 Text Mesh Pro 폰트를 한 번 더 재활용하였습니다.

22 타임라인을 버튼으로 제어하기 위해 {Assets}-{Scripts}폴더에 Button 이라는 명칭의 스크립트 파일을 생성하고 아래의 코드를 입력합니다.

```
using UnityEngine;
using UnityEngine.Playables; //PlayableDirector를 다루기 위한 네임스페이스 선언
using UnityEngine.Timeline; //Timeline을 다루기 위한 네임스페이스 선언

0 references
public class Button : MonoBehaviour
{

    3 references
    public PlayableDirector playableDirector; //타임라인제어하는 객체(Main Camera)를 담는 변수
    1 reference
    public TimelineAsset timeline_Correct; //Quiz-Correct 타임라인 담는 변수 선언
    1 reference
    public TimelineAsset timeline_Wrong; //Quiz-No 타임라인 담는 변수 선언
    2 references
    public GameObject Q; //Q객체를 담는 변수 선언
    2 references
    public GameObject YesButton; //Button-Yes객체를 담는 변수 선언
    2 references
    public GameObject NoButton; //Button-No객체를 담는 변수 선언

```

(코드 해설) 2~3 줄에서 네임스페이스 선언을 통해 PlayableDirector 와 Timeline 을 스크립트에서 다룰 준비를 합니다.

8~13 줄은 유니티 에디터에서 직접 대상을 할당하기 위해 변수를 모두 public 으로 선언한 상황입니다. 8 줄 은 PlayableDirector 관련 선언으로 타임라인 제어를 위한 것이며, 9~10 줄은 기본 타임라인 외에 추가로 생성해 둔 2 가지 타임라인에 접근하기 위한 변수 선언입니다. 11~13 줄은 문제를 담은 Q 객체와, Button-Yes, Button-No 객체에 접근하여 제어하기 위한 변수 선언입니다.

```
15        //정답을 눌렀을 때 작동하는 함수 선언
16        public void Correct()
17        {
18            //Q, Butten-Yes, Button-No 객체 비활성화
19            Q.gameObject.SetActive(false);
20            YesButton.gameObject.SetActive(false);
21            NoButton.gameObject.SetActive(false);
22
23            // timeline_Correct 타임라인을 시작
24            playableDirector.Play(timeline_Correct);
25        }
26
27        //오답을 눌렀을 때 작동하는 함수 선언
28        public void Wrong()
29        {
30            //Q, Butten-Yes, Button-No 객체 비활성화
31            Q.gameObject.SetActive(false);
32            YesButton.gameObject.SetActive(false);
33            NoButton.gameObject.SetActive(false);
34
35            // timeline_Wrong 타임라인을 시작
36            playableDirector.Play(timeline_Wrong);
37        }
38    }
```

19~21, 31~33 줄은 문제를 소개하는 첫번째 타임라인이 종료된 이후, 정답이나 오답 여부에 따라 다른 타임라인으로 넘어갈 때, 문제를 내는 Text (TMP) 객체와 Button-Yes 및 Button-No 를 모두 비활성화하는 구문입니다. 타임라인이 전환될 때 자체적으로 객체를 비활성화하는 기능이 없어서 스크립트로 구현하였습니다.

24, 36 줄은 Correct()함수의 경우 timeline_Correct 변수에 Quiz-Correct 타임라인을, Wrong()함수의 경우 timeline_Wrong 변수에 Quiz-Wrong 타임라인을 담아 실행하도록 하는 구문입니다. 또한 2 개 함수 모두 public 으로 선언하여 유니티 에디터에서 각 변수에 곧바로 접근할 수 있도록 합니다.

23 이제 Button-Yes 와 Button-No 에 Button 스크립트를 컴포넌트로 적용하고, 아래와 같이 해당되는 객체를 인스펙터창으로 마우스로 드래그하여 반영합니다. 다음으로 Button-Yes 객체의 경우 Button.Correct() 함수를, Button-No 객체의 경우 Button.Wrong() 함수를 On Click()함수에 적용합니다.

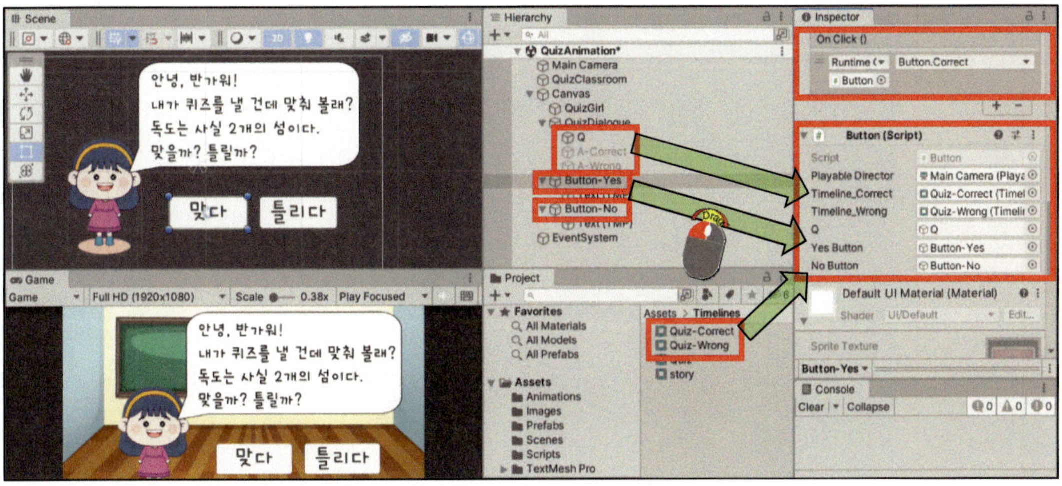

24 끝으로, Button-Yes 객체와 Button-No 객체가 아래와 같이 타임라인에 반영될 수 있도록 합니다.

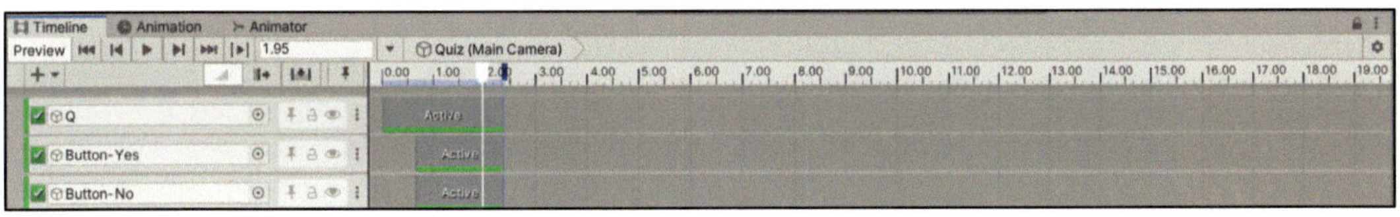

25 Play 하면, Button-Yes 와 Button-No 선택에 따라 달라지는 타임라인을 볼 수 있습니다.

추가 과제

* 학생들이 장소를 옮기며 대화를 나누는 애니메이션을 제작해 봅시다.

준비물

(예상) 여러 가지 배경 그림

예상 알고리즘

필요한 C#코드

3 강　수학교과: 3D 쌓기나무 제작하기 [관련 코드 & 애셋 - 부록 참고]

수학 시간에 활용할 수 있는 쌓기나무 입체도형 콘텐츠를 제작해 보겠습니다. 3D 를 다루기 때문에 2D 와는 다른 종류의 객체를 활용하며, 쌓기나무 모델링에 텍스처 작업, 조작을 위한 C#코드를 주입하겠습니다.

핵심 요소

3D 객체	카메라	Asset	텍스처(셰이더)	조명	C#

순서

1) 3D 프로젝트 생성하기
2) 쌓기나무 조각 모델링하기
3) 쌓기나무 조작 공간 구현하기
4) 쌓기나무 조작 기능 구현하기
5) 카메라 조작 기능 구현하기

1) 3D 프로젝트 생성하기

01 Unity Hub 를 통해 3D_Stack 이란 명칭의 3D 프로젝트를 생성합니다.

02 Unity Hub 를 통해 생성한 3D 프로젝트를 실행합니다.

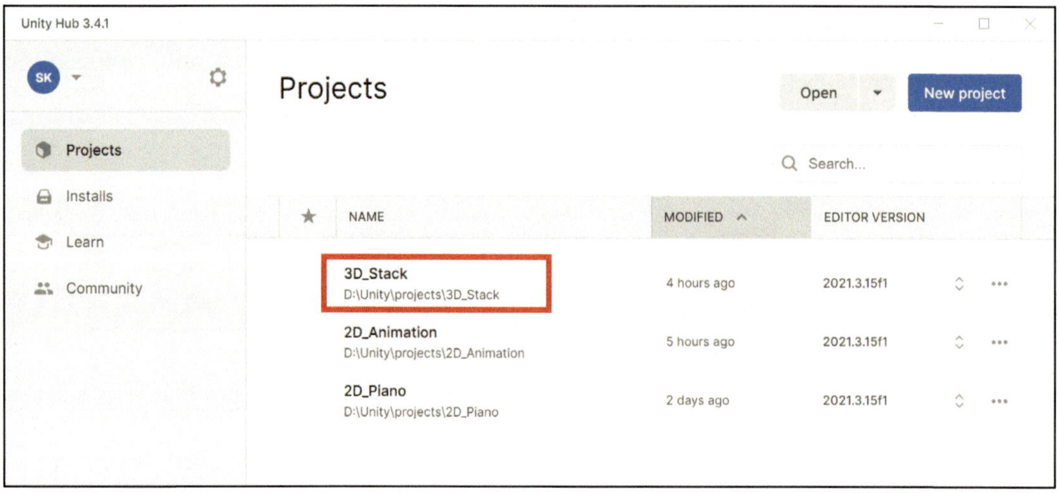

03 유니티 에디터 화면에서 아래의 2 가지 뷰와 5 가지 창을 포함하도록 레이아웃을 조절하되, 씬뷰, Asset Store 창은 겹치도록 배치합니다. 또한, 게임뷰에서 가장 일반적인 Full HD 로 게임 화면 크기를 설정합니다.

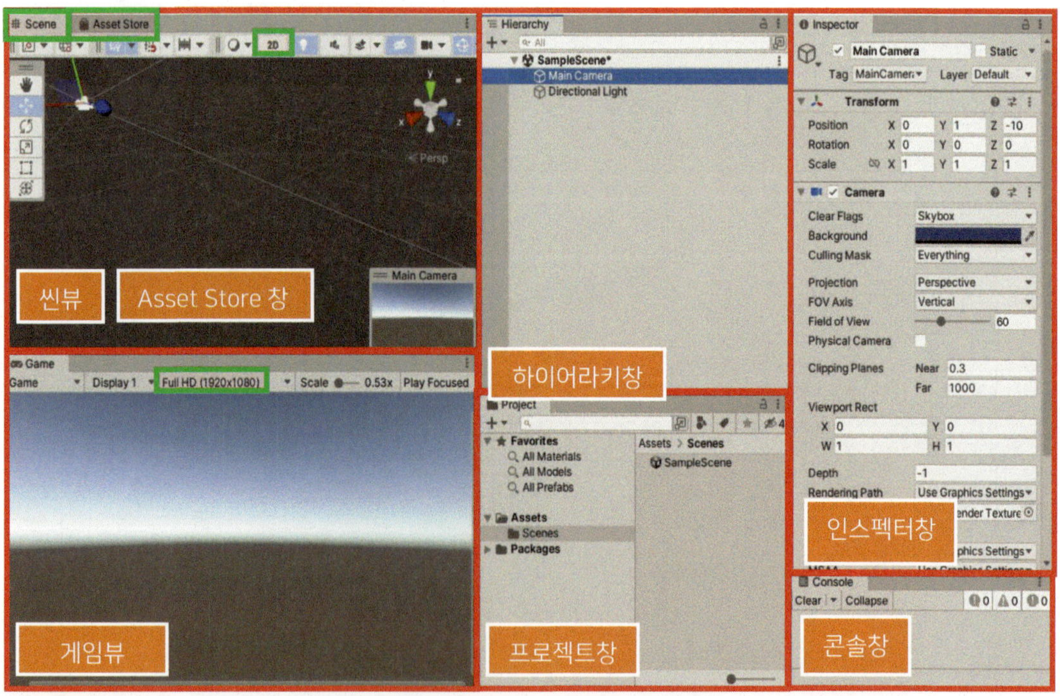

<TIP> 3D 프로젝트이기 때문에 씬뷰의 2D 버튼에 불이 꺼져 있는 것에 주목합니다.

2) 쌓기나무 조각 모델링하기

01 프로젝트창에서 {Assets}-{Scenes}폴더를 선택하여 SampleScene 씬을 Stack 으로 명명합니다. 씬의 명칭을 바꿀 때는 새로고침 과정이 있습니다.

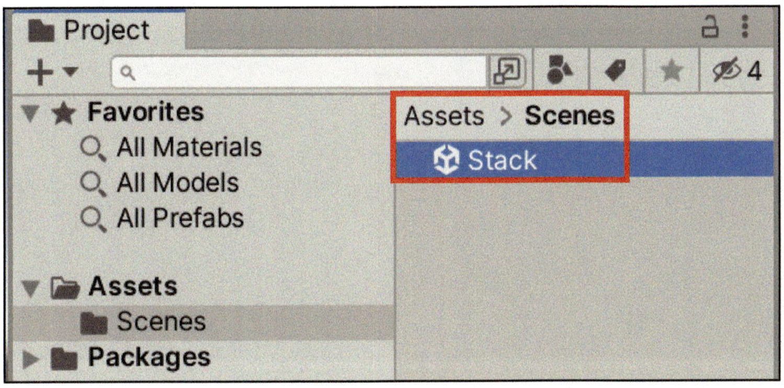

02 하이어라키창에서 Cube 를 하나 생성합니다.

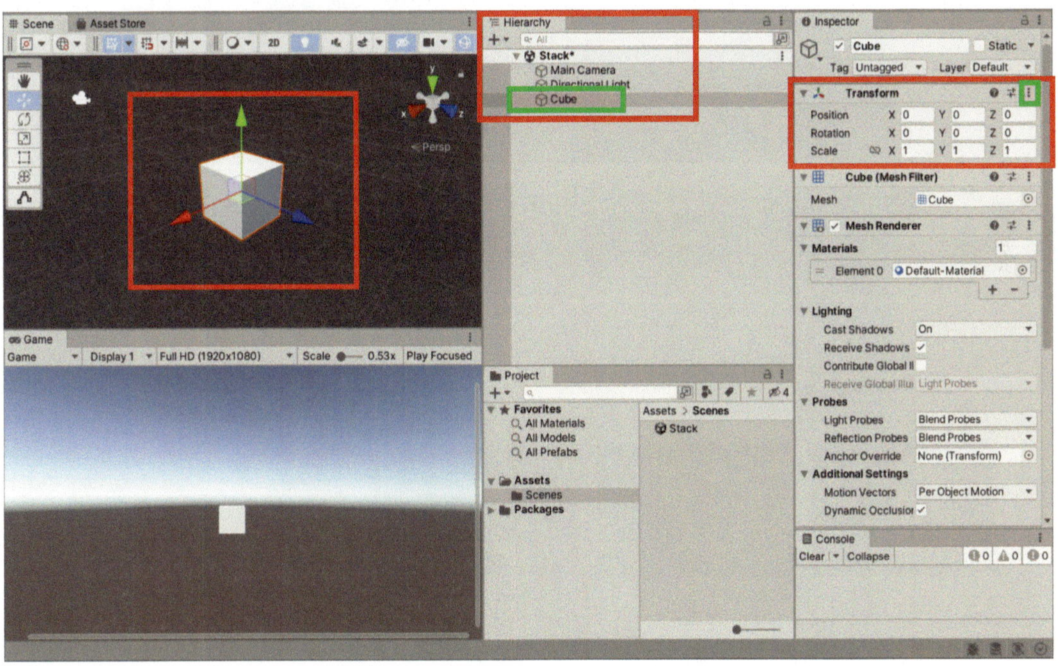

<TIP> Cube 객체를 선택한 상태로, 인스펙터창에서 (Transform) 컴포넌트의 reset 기능을 통해 Cube 객체를 화면의 정가운데로 놓고 작업하는 것을 추천합니다. reset 기능은 (Transform) 컴포넌트 우측 상단에 작은 점 3 개가 겹쳐진 아이콘을 클릭하면 접근할 수 있습니다.

03 Cube 객체의 표면에 텍스처로 적용할 셰이더 모델을 찾기위해 Unity Asset Store 로 접근하겠습니다. crate 를 검색하고 Add to My Assets 을 클릭하여 유니티 에디터로 가져옵니다. 본 텍스처는 상하 구분이 명확하여 추후 쌓기나무를 쌓았을 때 경계를 구분하기 좋아 선정하였습니다. 애셋을 가져오는 단계에는 로그인 과정을 거쳐야 합니다.

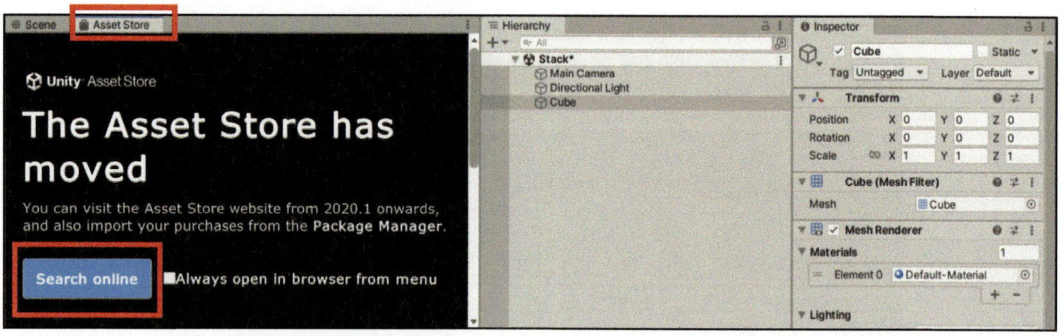

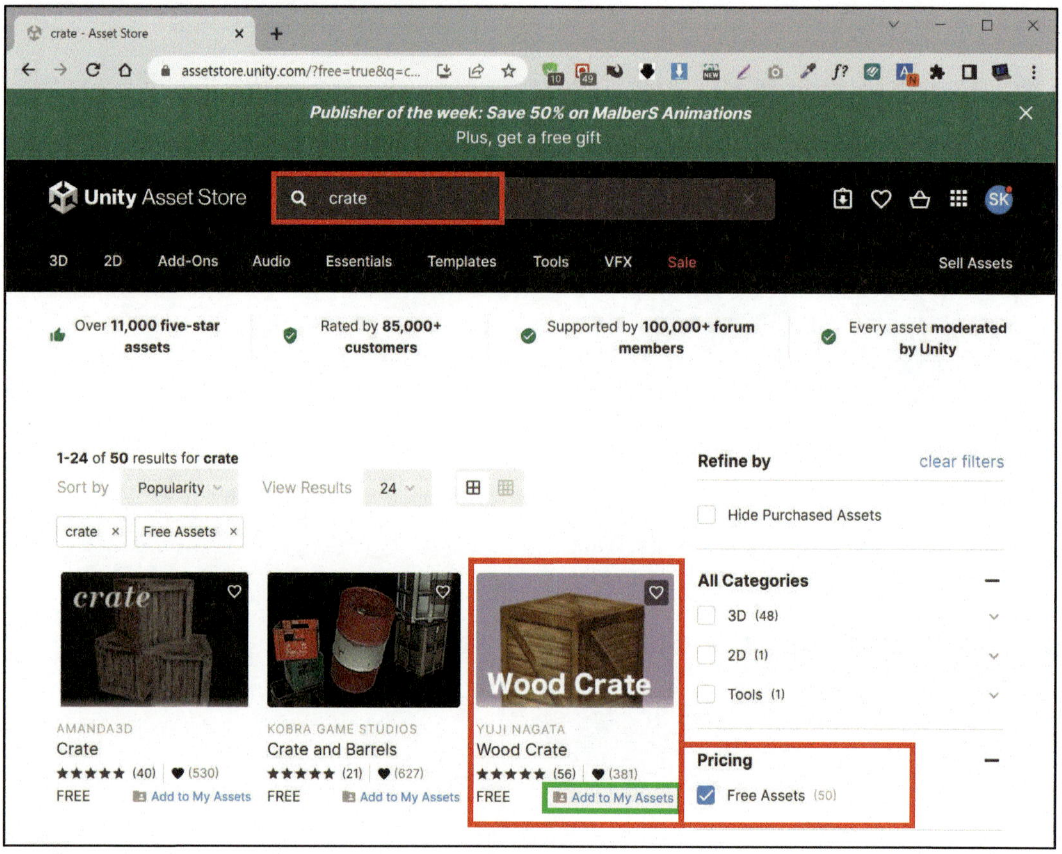

<TIP> 유니티는 자체 Asset Store 를 통해 다양한 유·무료 자료를 공유하고 있습니다. 화면 우측의 Free Assets 를 체크하여 무료 자원만을 골라 확인할 수도 있습니다.

04 Wood Crate 애셋을 가져오기 위해, Open in Unity 를 선택합니다. 이어서, Package Manager 를 통해 애셋을 다운로드하여 유니티 에디터에 적용합니다.

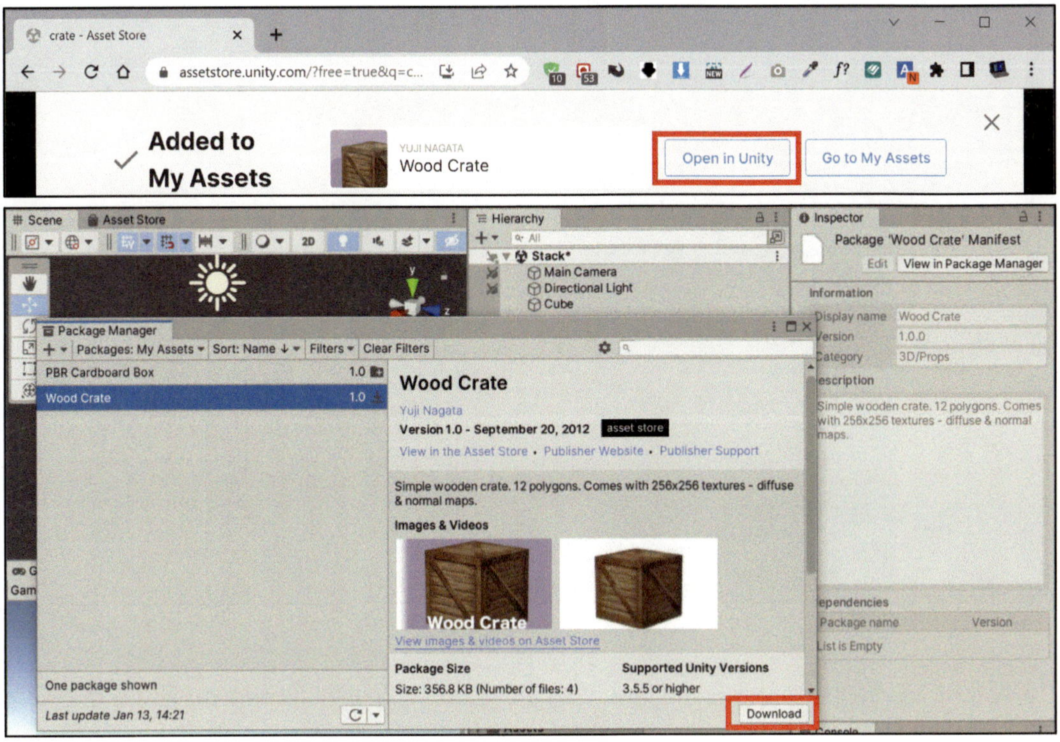

05 Wood Crate 의 모든 애셋 파일들을 Import 하여 쌓기나무 프로젝트로 가져옵니다.

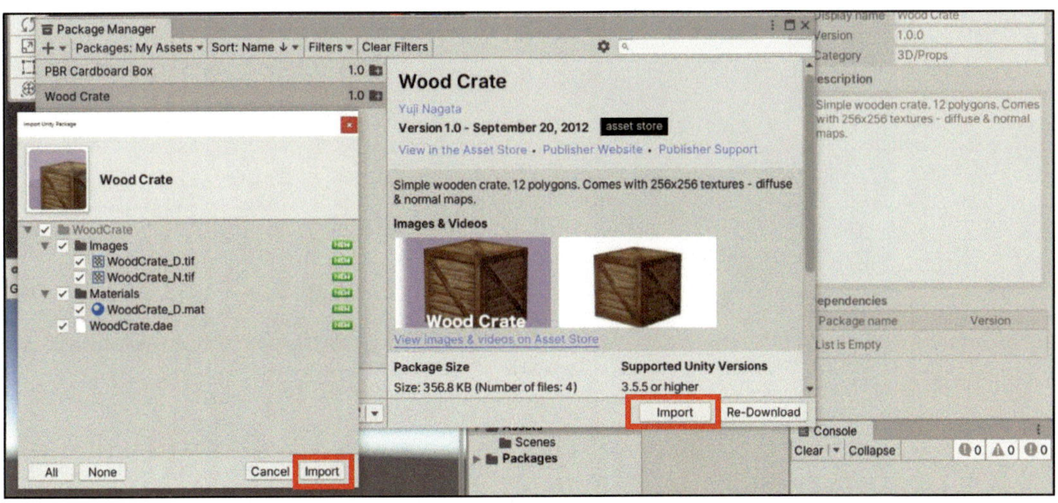

<TIP> 애셋의 용량이 과도하게 큰 경우 꼭 필요한 파일만 추려서 import 하는 것도 가능합니다.

06 {Assets}폴더 내에 생성된 {WoodCrate}폴더에서 WoodCrate_D 마테리얼 애셋을 마우스 드래그하여 Cube 객체 (Mesh Renderer) 컴포넌트 상의 Materials 속성 중 Element 에 적용합니다.

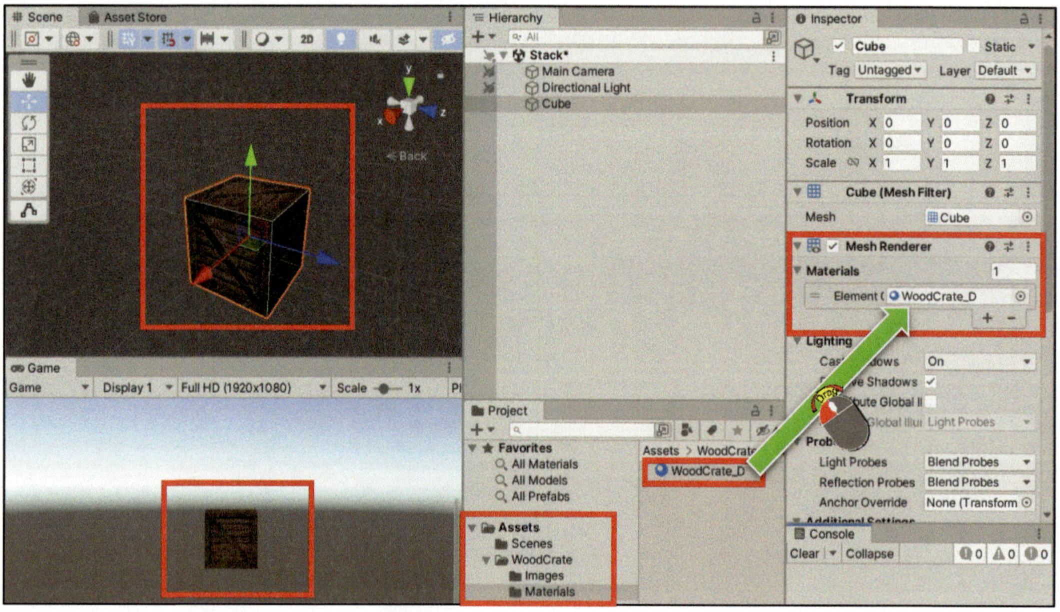

07 밝기가 어두운 관계로 Directional Light 객체에서 (Light)컴포넌트의 Intensify 를 2.5 로 올려 밝기를 높입니다.

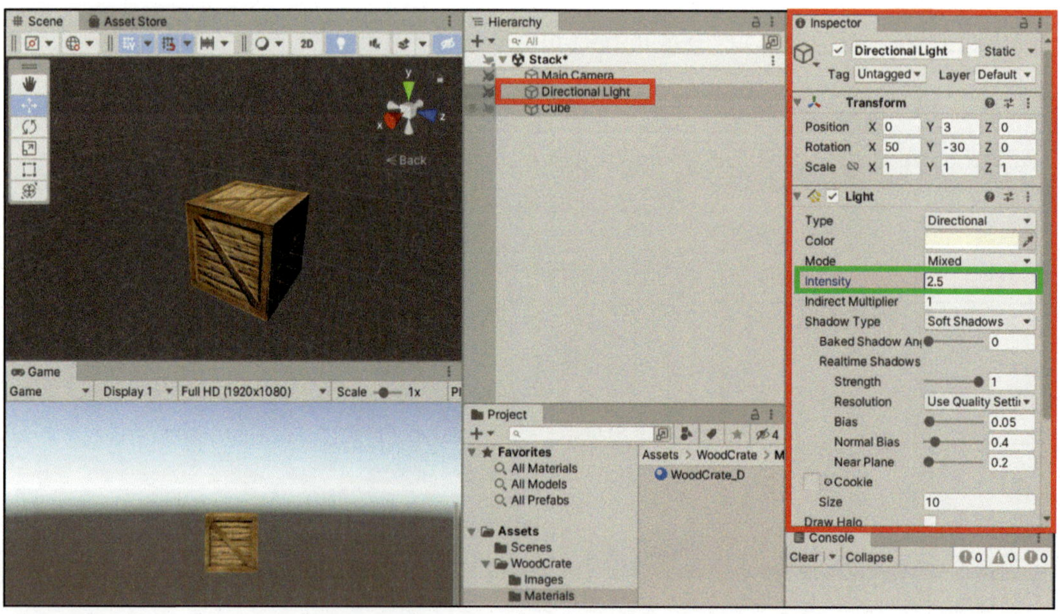

3) 쌓기나무 조작 공간 구현하기

01 이제 Cube 가 쌓기나무로서 차곡차곡 쌓일 공간과 구조를 정돈하겠습니다. 하이어라키창에서 [+]-[3D Object]-[Plane]을 선택하여 넓은 판을 생성합니다.

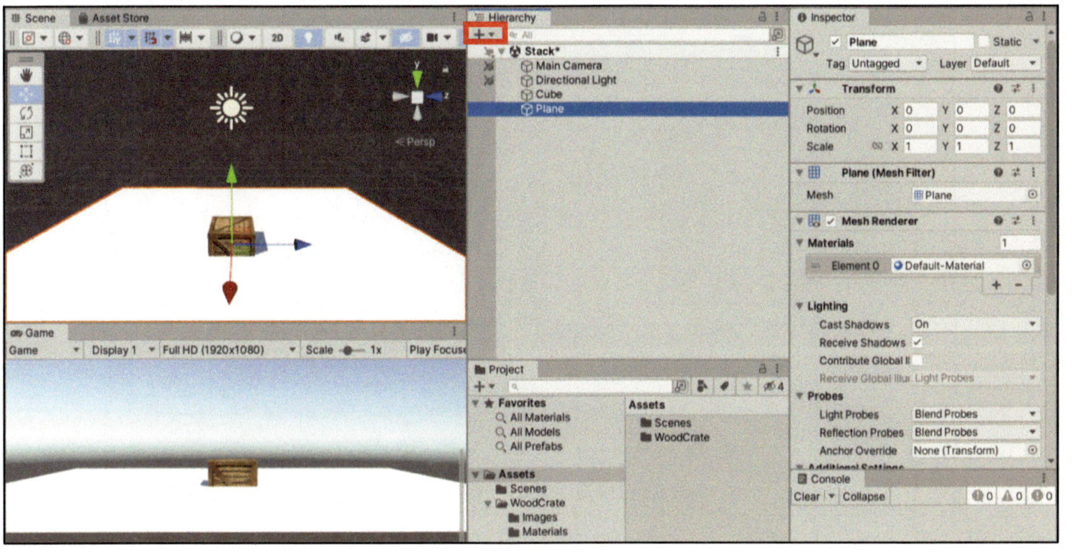

02 프로젝트창에서 {Assets} 폴더를 생성하고 {Materials} 폴더를 생성합니다. 다음으로 프로젝트창 좌측상단에서 [+]-[Material]을 클릭하여 새로운 마테리얼을 생성하고 Plane 이라 명명합니다. 이어서 Plane 마테리얼을 선택한 채로, 인스펙터창에서 MainMaps 속성 중 Albedo 의 색상을 변경합니다. 마지막으로, Plane 메테리얼을 하이어라키창의 Plane 객체 위 쪽으로 마우스 드래그하여 적용합니다.

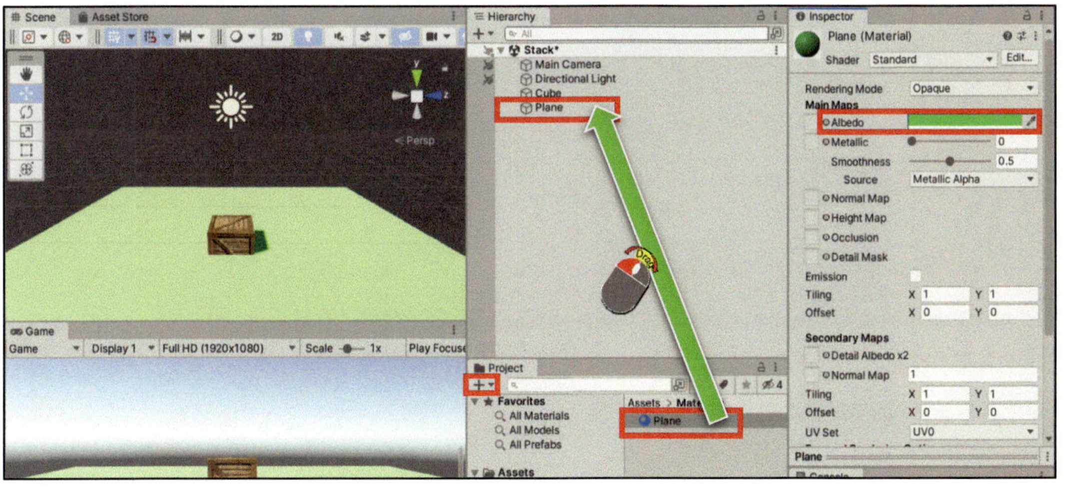

<TIP> Smoothness 를 조절하면 광원효과에 반사되는 눈부심을 줄일 수 있습니다.

03 하이어라키창에서 Cube 를 복사하여 아래와 같이 9 개 배치하고 각 Cube 의 위치를 파악하기 쉽게 명칭을 정돈합니다. 본 프로젝트에선 꼭 필요하지 않아 복사하여 처리하였지만, Cube 를 Prefab 으로 등록하고 작업하는 것도 가능합니다.

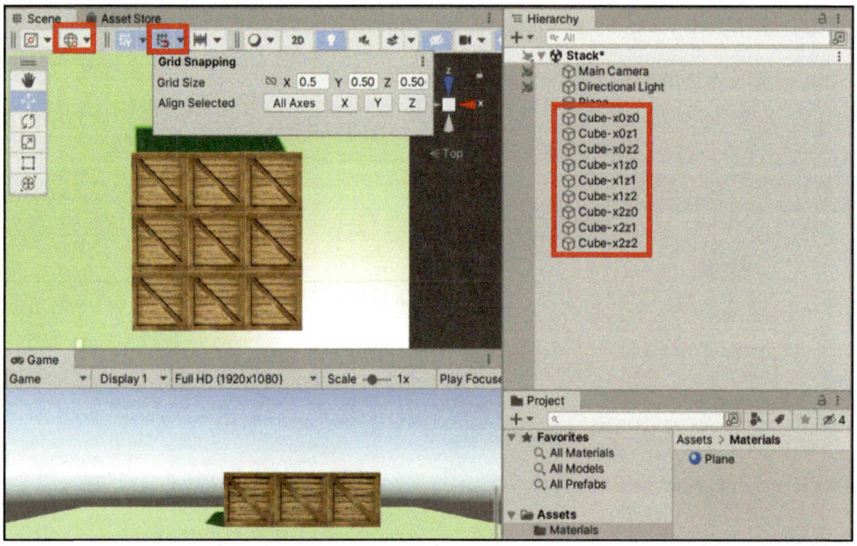

<TIP> 객체를 X 축, Z 축 방향으로 이동하며 정돈할 때, 화면 상단의 Grid Snapping 을 설정하고 작업하는 것이 편리합니다. Grid Snapping 은 글로벌 시점에서만 활용이 가능합니다.

04 이제 카메라의 시점을 조정하고, Plane 의 위치도 다소 치우쳐져 있는 관계로 재조정합니다.

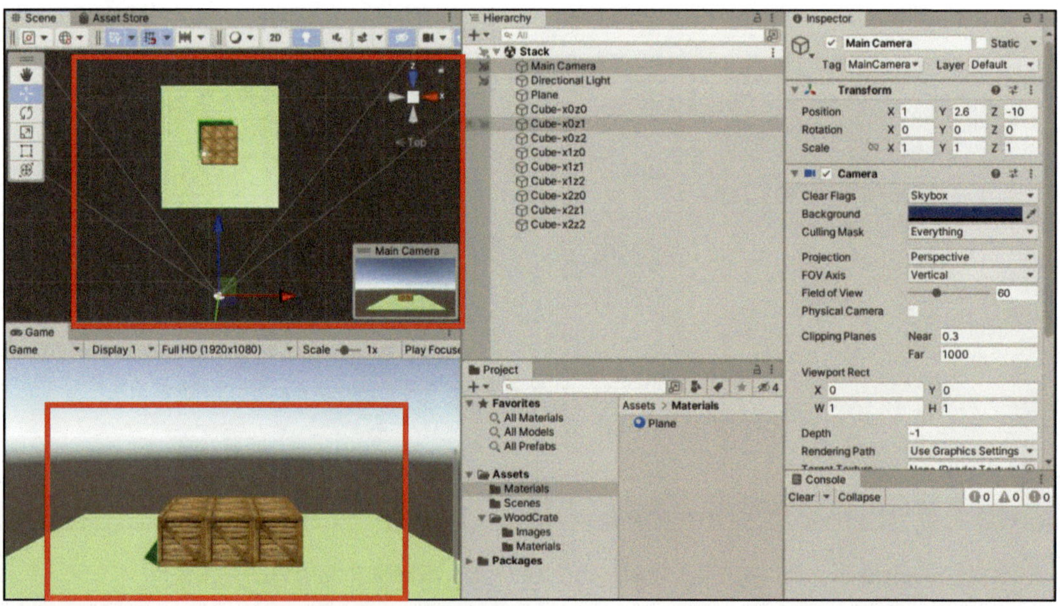

4) 쌓기나무 조작 기능 구현하기

01 이제 쌓기나무를 쌓아 올리거나 제거하는 기능을 추가하겠습니다. 먼저, 쌓기나무를 쌓는 기준이 되는 9 개 쌓기 나무의 높이를 Plane 객체에 맞게 적당히 조절합니다.

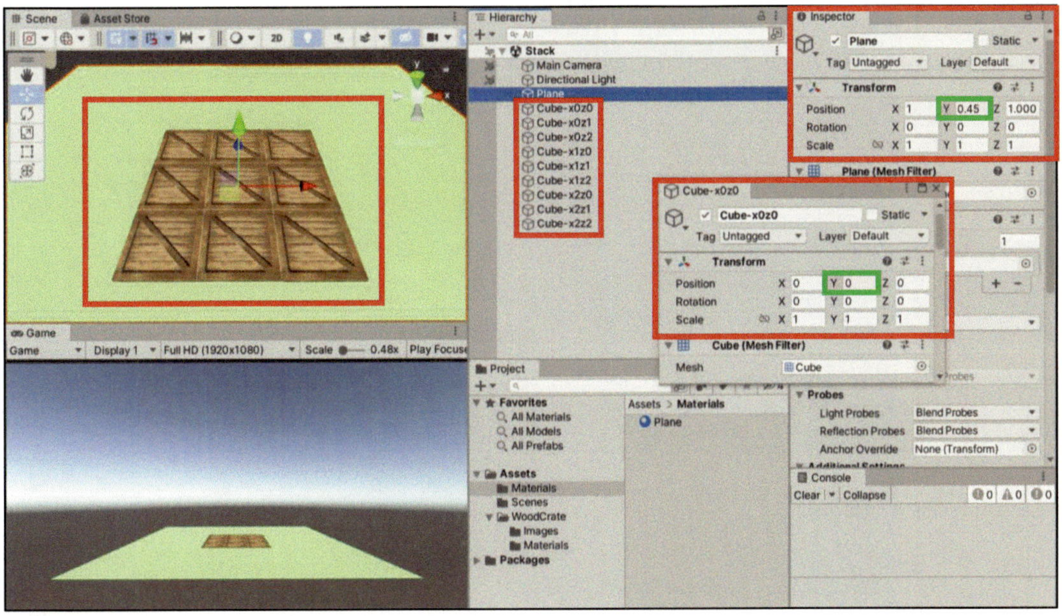

<TIP> Cube 객체의 높이(Y 값)는 0 인데 비해, Plane 객체의 높이(Y 값)는 0.45 인 것에 주목합니다. 만약, 2 개 객체의 면이 완전히 겹쳐 버리면 간섭이 일어나기 때문에 약간의 차이를 주어야 합니다.

02 아무 객체나 선택한 뒤, [Tag]-[Add Tag]를 선택합니다. 다음으로 [+]아이콘을 눌러 clone 이라는 새로운 Tag 를 하나 생성합니다. 이 태그는 스크립트로 생성되는 Cube 객체와 원본 Cube 객체를 구별하는 용도로 활용됩니다.

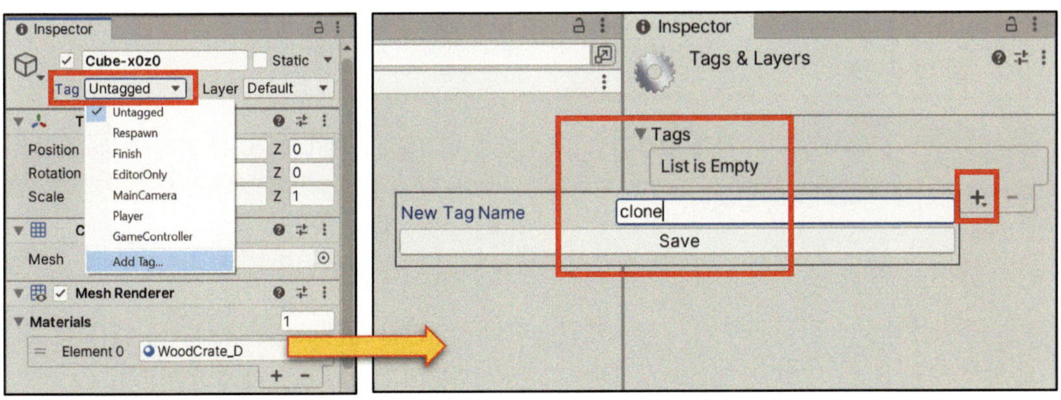

03 프로젝트창에서 {Assets}-{Scripts}폴더를 만들고, stack 이란 명칭의 스크립트 파일을 추가합니다.

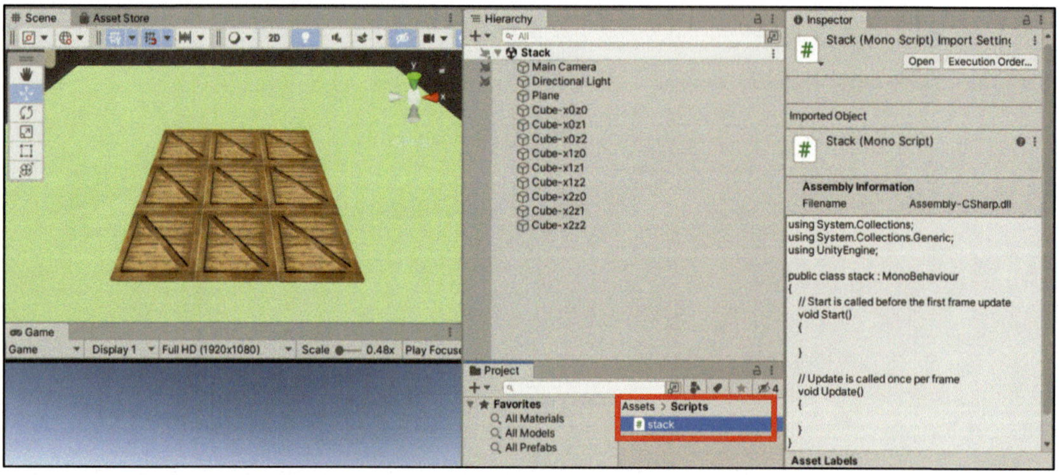

04 stack 스크립트 파일을 생성하고 아래의 코드를 입력합니다.

```
1   using UnityEngine;
2
    0 references
3   public class stack : MonoBehaviour
4   {
        0 references
5       void OnMouseOver() //마우스 커서를 올려둘 때 반응하는 함수
6       {
7           float x = gameObject.transform.position.x;
8           float y = gameObject.transform.position.y;
9           float z = gameObject.transform.position.z;
10          Quaternion q = Quaternion.identity;
11
12          //마우스 왼쪽 클릭(또는 터치)을 할 때 + 객체의 높이가 4 미만일 때만 작동
13          if (Input.GetMouseButtonDown(0) && y < 4f)
14          {
15              //마우스 클릭(또는 터치)을 한 객체의 clone을 y축 방향으로 1칸 높은 곳에 생성
16              //나머지 속성은 모두 원본의 것을 그대로 유지
17              GameObject clone = Instantiate(gameObject, new Vector3(x, y + 1f, z), q);
18              clone.tag = "clone"; //생성된 clone객체에 "clone" 태그 등록
19          }
```

(코드 해설) 5 줄에서 유니티 자체 함수인 OnMouseOver()를 선언합니다. 이를 통해 객체에 대한 사용자의 조작에 반응하도록 합니다.

7~10 줄은 원본 Cube 객체의 위치와 회전각 정보를 담기 위한 변수 선언 및 값 할당입니다.

13~19 줄은 마우스 왼쪽 클릭 시 대상 객체의 높이가 4 미만일 때만 clone 객체가 생성되도록 조건문을 작성한 것입니다. 또한 19 줄에서는, 생성된 clone 객체에 'clone' 태그를 부착합니다.

05 stack 스크립트를 9 개의 Cube 객체 모두에 대해 추가합니다.

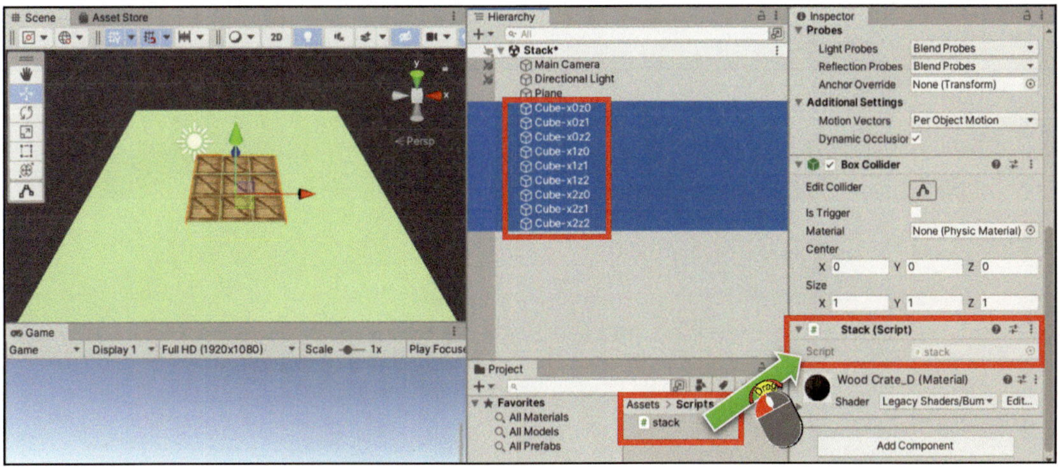

06 이제 Play 해보면 마우스를 클릭할 때마다 Cube(Clone)들이 생성되며, 4 층까지 만들어지는 것을 확인할 수 있습니다. 단, 동일한 Cube(Clone)가 중복되어도 계속해서 생성되는 문제가 발견됩니다. 이는 겉보기에는 문제가 없어보이나, 메모리에 부담이 됩니다.

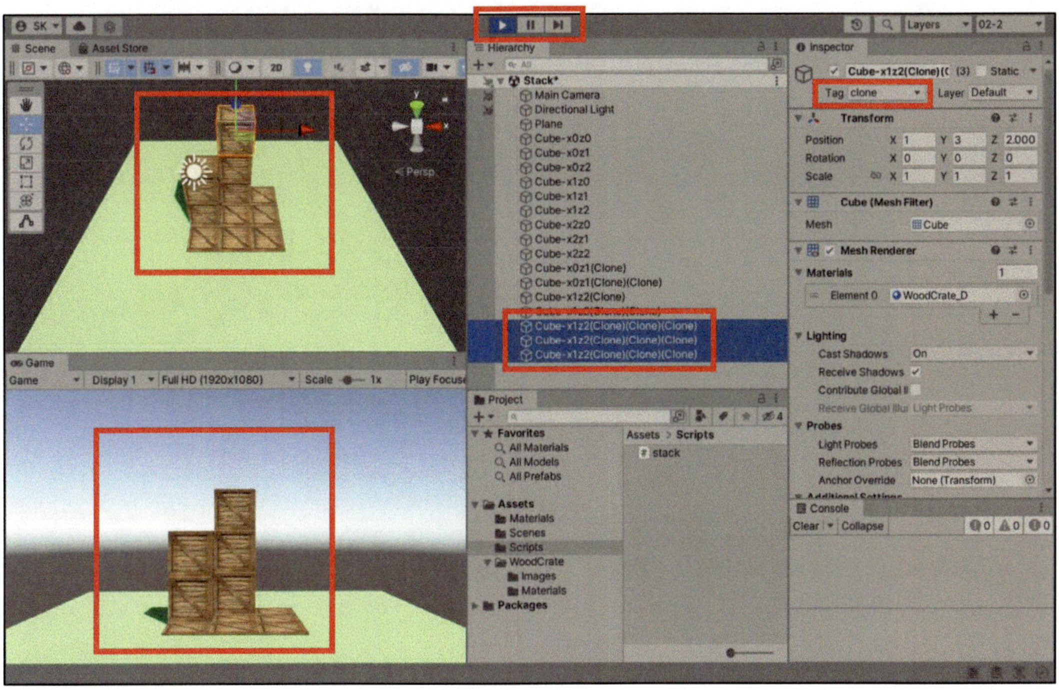

<TIP> (Clone)이란 글자가 포함된 객체를 클릭해보면 Tag 가 clone 으로 지정되어 있어 원본 객체와는 다른 객체인 것을 알 수 있습니다.

07 코드를 수정하여 원본객체 명칭에 (Clone)이 붙은 객체가 이미 존재할 경우 추가로 clone 객체가 생성되지 않도록 합니다.

```
using UnityEngine;

0 references
public class stack : MonoBehaviour
{
    0 references
    void OnMouseOver() //마우스 커서를 올려둘 때 반응하는 함수
    {
        float x = gameObject.transform.position.x;
        float y = gameObject.transform.position.y;
        float z = gameObject.transform.position.z;
        Quaternion q = Quaternion.identity;

        //마우스 왼쪽 클릭(또는 터치)을 할 때 + 객체의 높이가 4 미만일 때 + 객체의 명칭에 (Clone)이 더 붙은 객체가 없을 때 작동
        if (Input.GetMouseButtonDown(0) && y < 4f && !GameObject.Find(gameObject.name+"(Clone)"))
        {
            //마우스 클릭(또는 터치)을 한 객체의 clone을 y축 방향으로 1칸 높은 곳에 생성
            //나머지 속성은 모두 원본의 것을 그대로 유지
            GameObject clone = Instantiate(gameObject, new Vector3(x, y + 1f, z), q);
            clone.tag = "clone"; //생성된 clone객체에 "clone" 태그 등록
        }
    }
}
```

08 다시 Play 해보면, 동일한 명칭의 clone 객체는 더 이상 생성되지 않는 것을 확인할 수 있습니다.

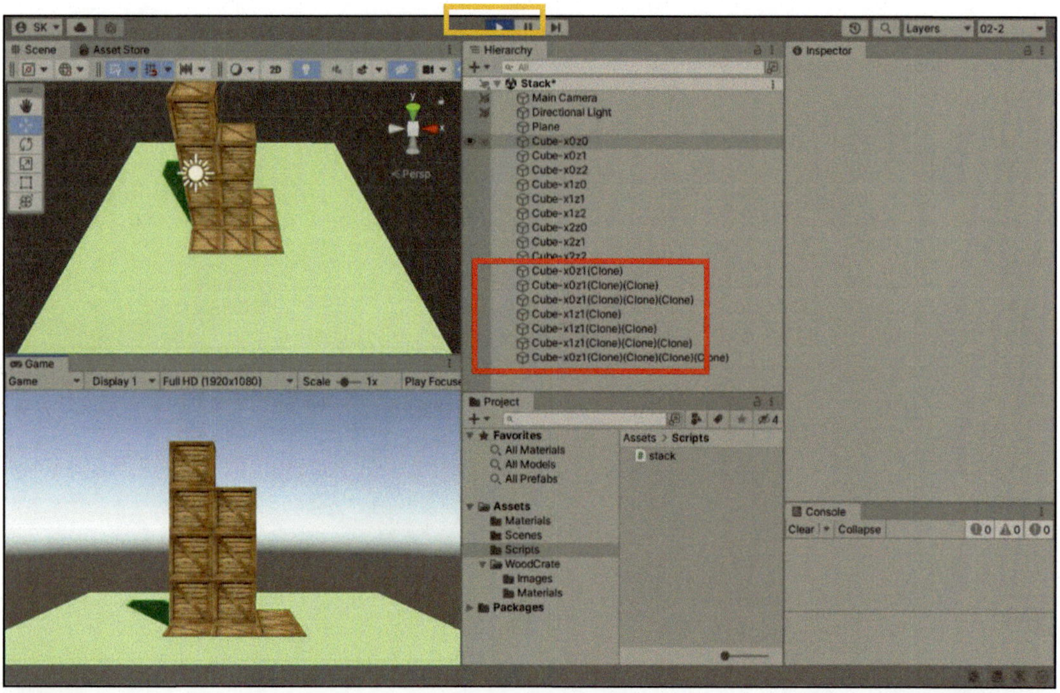

<TIP> 이러한 문제의 해결방법은 사실 다양합니다. 객체의 높이를 단서로 활용하거나, 배열을 활용하는 등 단서를 찾아 조건을 설정할 수도 있습니다.

08 이번에는 생성된 Cube(Clone)을 제거하는 코드를 작성해보겠습니다. stack 스크립트 파일을 열고 아래와 같이 코드를 수정합니다.

```
12          //마우스 왼쪽 클릭(또는 터치)을 할 때 + 객체의 높이가 4 미만일 때 + 객체의 명칭에 (Clone)이 더 붙은 객체가 없을 때 작동
13          if (Input.GetMouseButtonDown(0) && y < 4f && !GameObject.Find(gameObject.name+"(Clone)"))
14          {
15              //마우스 클릭(또는 터치)을 한 객체의 clone을 y축 방향으로 1칸 높은 곳에 생성
16              //나머지 속성은 모두 원본의 것을 그대로 유지
17              GameObject clone = Instantiate(gameObject, new Vector3(x, y + 1f, z), q);
18              clone.tag = "clone"; //생성된 clone객체에 "clone" 태그 등록
19          }
20          //마우스 오른쪽 클릭을 할 때 + 객체의 높이가 0 초과일 때만 작동
21          if (Input.GetMouseButtonDown(1) && y > 0f)
22          {
23              Destroy(gameObject);
24          }
```

(코드 해설) 21~24 줄에서, 마우스 오른쪽 클릭을 할 경우, 객체의 높이가 0 보다 클 경우에만 객체가 삭제될 수 있도록 하였습니다.

09 Play 하여 Cube 생성 후, 마우스 오른쪽 클릭으로 Clone 객체가 삭제되고 원본객체는 삭제되지 않지만 위층의 객체를 남겨두고 아래층의 객체가 삭제되는 문제가 있습니다.

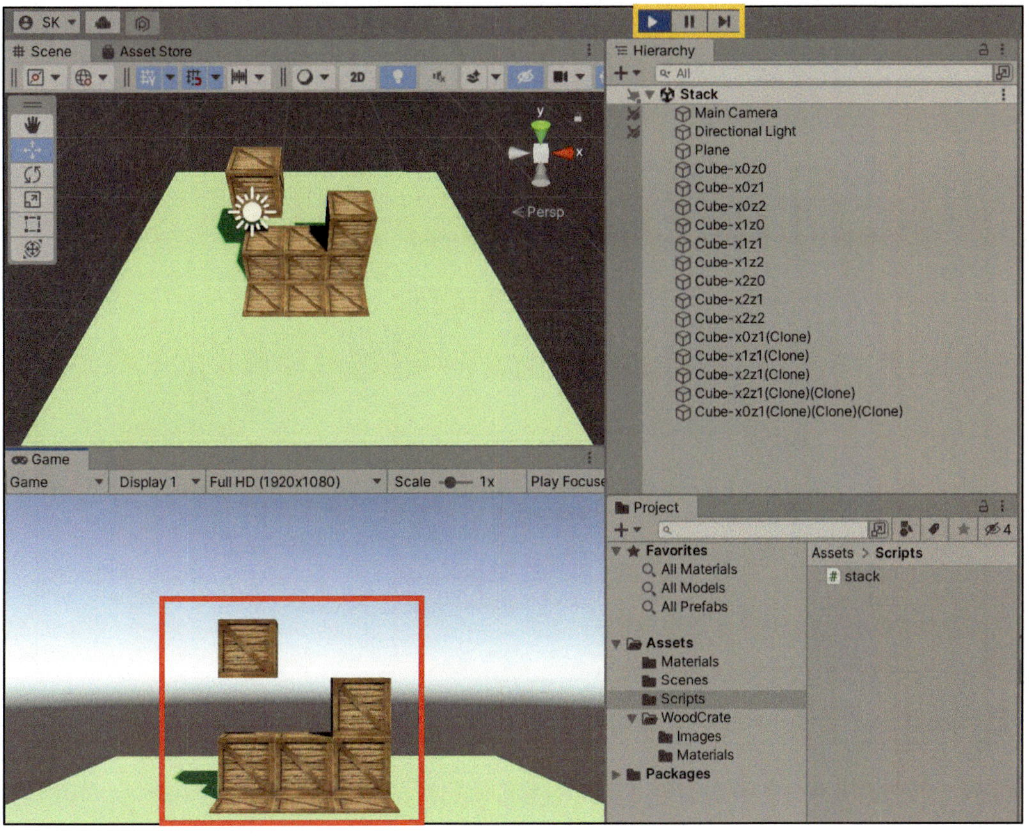

10 코드를 아래와 같이 수정하여 Clone 객체가 위에서부터 순차적으로 제거될 수 있도록 합니다.

```
12          //마우스 왼쪽 클릭(또는 터치)을 할 때 + 객체의 높이가 4 미만일 때 + 객체의 명칭에 (Clone)이 더 붙은 객체가 없을 때 작동
13          if (Input.GetMouseButtonDown(0) && y < 4f && !GameObject.Find(gameObject.name+"(Clone)"))
14          {
15              //마우스 클릭(또는 터치)을 한 객체의 clone을 y축 방향으로 1칸 높은 곳에 생성
16              //나머지 속성은 모두 원본의 것을 그대로 유지
17              GameObject clone = Instantiate(gameObject, new Vector3(x, y + 1f, z), q);
18              clone.tag = "clone"; //생성된 clone객체에 "clone" 태그 등록
19          }
20          //마우스 오른쪽 클릭을 할 때 + 객체의 높이가 0 초과일 때만 작동 + 객체의 명칭에 (Clone)이 더 붙은 객체가 없을 때 작동
21          if (Input.GetMouseButtonDown(1) && y > 0f && !GameObject.Find(gameObject.name+"(Clone)"))
22          {
23              Destroy(gameObject);
24          }
25      }
26  }
```

(코드 해설) 13 줄에서와 마찬가지의 방식으로, 21~24 줄에서 마우스 오른쪽 클릭을 할 경우, 대상이 되는 객체의 명칭에 (Clone)이 더 붙어있지 않은 객체만 삭제될 수 있도록 조건문으로 처리하였습니다.

11 코드와 관련하여 1 가지 더 수정하겠습니다. 터치를 활용할 시, 오른쪽 클릭이란 개념이 존재하지 않기 때문에 터치 시간이 0.6 초 이상 길어질 경우에 객체가 제거될 수 있도록 합니다.

```
1   using UnityEngine;
2   
    0 references
3   public class stack : MonoBehaviour
4   {
        3 references
5       private float clickTime; //마우스 왼쪽 클릭(터치) 중인 시간
        1 reference
6       public float minClickTime = 0.6f; //마우스 왼쪽 클릭(터치) 최소 시간
        3 references
7       private bool isClick; //마우스 왼쪽 클릭(터치) 중인지 여부 판단
8   
        0 references
9       void Update()
10      {
11          //마우스 왼쪽 클릭(터치) 여부에 따라 isClick 변수값 변환
12          if (Input.GetMouseButtonDown(0))
13              isClick = true;
14          else if (Input.GetMouseButtonUp(0))
15              isClick = false;
16  
17          //마우스 왼쪽 클릭(터치) 중이라면
18          if (isClick)
19          {
20              //마우스 왼쪽 클릭(터치)시간 측정
21              clickTime += Time.deltaTime;
22          }
23          //마우스 왼쪽 클릭(터치) 중이 아니라면
24          else
25          {
26              //마우스 왼쪽 클릭(터치)시간 초기화
27              clickTime = 0;
28          }
```

(코드 해설) 5~7 줄은 마우스 왼쪽 클릭이나 터치 시간에 관한 변수 선언입니다.

11~28 줄에서 마우스 왼쪽 클릭이나 터치 상황과 시간을 측정하여 isClick 변수와 clickTime 시간을 계산 / 초기화하여 변수에 반영합니다.

```
   0 references
31 void OnMouseOver() //마우스 커서를 올려둘 때 반응하는 함수
32 {
33     float x = gameObject.transform.position.x;
34     float y = gameObject.transform.position.y;
35     float z = gameObject.transform.position.z;
36     Quaternion q = Quaternion.identity;
37 
38     //마우스 오른쪽 클릭을 할 때 + 객체의 높이가 0 초과일 때만 작동 + 객체의 명칭에 (Clone)이 더 붙은 객체가 없을 때 작동
39     if ((Input.GetMouseButtonDown(1) || clickTime > minClickTime) && y > 0f && !GameObject.Find(gameObject.name+"(Clone)"))
40     {
41         Destroy(gameObject);
42     }
43     //마우스 왼쪽 클릭(또는 터치)을 할 때 + 객체의 높이가 4 미만일 때 + 객체의 명칭에 (Clone)이 더 붙은 객체가 없을 때 작동
44     else if (Input.GetMouseButtonUp(0) && y < 4f && !GameObject.Find(gameObject.name+"(Clone)"))
45     {
46         //마우스 클릭(또는 터치)을 한 객체의 clone을 y축 방향으로 1칸 높은 곳에 생성
47         //나머지 속성은 모두 원본의 것을 그대로 유지
48         GameObject clone = Instantiate(gameObject, new Vector3(x, y + 1f, z), q);
49         clone.tag = "clone"; //생성된 clone객체에 "clone" 태그 등록
50     }
51 }
```

39~42 줄과 44~50 줄의 코드 순서가 바뀌어 있는 것에 주목할 필요가 있습니다. 또한 44 줄에서 Input.GetMouseButtonDown(0)이 InputGetMouseButtonUp(0)으로 바뀐 것도 중요한 변화입니다. 이를 통해 마우스 왼쪽 클릭을 하고 있는 동안과 마우스 왼쪽 클릭을 마친 순간을 구분할 수 있으며, 그 시간도 측정하여 조건문에 반영할 수 있습니다.

12 이제 Play 해보면, 마우스 왼쪽 클릭을 길게 하여 Cube 를 제거할 수 있으며, 그 외의 특별한 문제사항은 없이 쌓기나무 애플리케이션이 잘 실행됨을 확인할 수 있습니다.

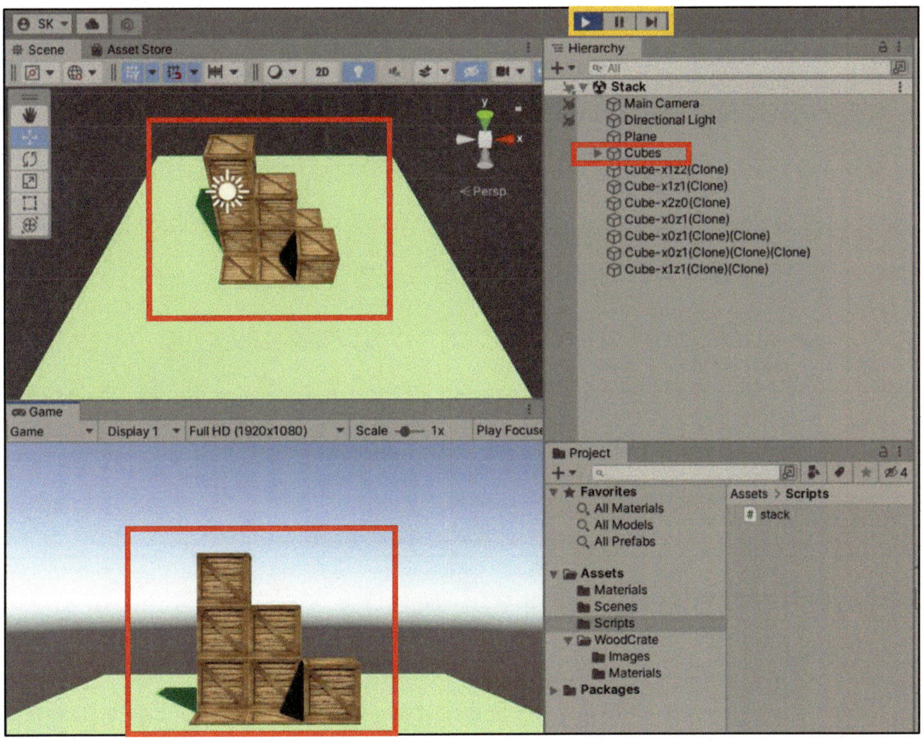

심화 학습: 카메라 조작 기능 구현하기

01 이제 카메라 조작을 통해 여러 시점에서 쌓기나무를 관찰하는 기능을 추가하겠습니다. 프로젝트창의 {Assets}-{Scripts}폴더 속에 camera_control 스크립트 파일을 만들고 아래 코드를 입력합니다.

```
1   using UnityEngine;
2
    0 references
3   public class camera_control : MonoBehaviour
4   {
        0 references
5       public GameObject workingCamera; //움직일 카메라객체 변수 선언 - 유니티 에디터 접근 허용
        3 references
6       public Transform target; //주목할 기준 객체 변수 선언 - 유니티 에디터 접근 허용
        6 references
7       public static float speedMod = 10.0f; //카메라 이동속도 변수 선언(축 별로 수식을 통한 속도 조정) - 유니티 에디터 접근 허용
8
        4 references
9       private static Vector3 point; //주목할 기준 객체의 위치 변수 선언
        2 references
10      private Vector3 OriginalPosition; //카메라 최초 위치 저장 변수 선언
        2 references
11      private Quaternion OriginalRotation; //카메라 최초 각도 저장 변수 선언
        2 references
12      private float OriginalFOV; //카메라 최초 시각범위 저장 변수 선언
13
        0 references
14      void Start()
15      {
16          OriginalPosition = transform.position; //카메라 최초 위치 저장
17          OriginalRotation = transform.rotation; //카메라 최초 각도 저장
18          OriginalFOV = GetComponent<Camera>().fieldOfView; //카메라 최초 시각범위 저장
19      }
```

(코드 해설) 5~7 줄은 유니티 에디터에서 접근이 가능한 3 가지 변수를 선언합니다. 움직일 카메라, 카메라가 주목할 기준이 되는 객체, 카메라의 이동속도를 결정하는 변수입니다. 이를 통해 스크립트를 매번 열지 않고도 수정이 가능하게 코드를 구성합니다.

9~12 줄은 기준 객체의 위치와 카메라의 위치, 각도, 시각범위를 저장하기 위한 변수를 선언한 것입니다. 외부에서 접근할 필요가 없기 때문에 private 으로 선언합니다.

14~19 줄은 Play 시 카메라의 초기 정보를 3 가지 변수에 저장하도록 코드를 구성합니다.

```
        0 references
21      void Update()
22      {
23          //주목할 기준 객체의 위치 저장
24          point = new Vector3(target.transform.position.x,target.transform.position.y+3f,target.transform.position.z);
25          transform.LookAt(point); //카메라가 바라볼 대상 적용
26
```

24 줄은 카메라가 주목하고자 하는 기준이 되는 객체의 위치 정보를 저장합니다. 이 정보는 카메라를 움직일 때 활용됩니다.

25 줄은 스크립트가 할당된 객체(카메라)가 주목하고자 하는 객체를 바라보도록 하는 코드입니다.

```
27         //키보드 A키나 왼쪽 화살표키를 누르면 카메라를 대상 기준 반시계방향으로 회전
28         if (Input.GetKey(KeyCode.A) || Input.GetKey(KeyCode.LeftArrow))
29         {
30             transform.RotateAround(point, Vector3.up, Time.deltaTime * speedMod * 20f);
31         }
32 
33         //키보드 D키나 오른쪽 화살표키를 누르면 카메라를 대상 기준 시계방향으로 회전
34         if (Input.GetKey(KeyCode.D) || Input.GetKey(KeyCode.RightArrow))
35         {
36             transform.RotateAround(point, Vector3.down, Time.deltaTime * speedMod * 20f);
37         }
38 
39         //키보드 S키나 아래쪽 화살표키를 누르면 카메라를 대상 기준 하단방향으로 회전
40         if ((Input.GetKey(KeyCode.S) || Input.GetKey(KeyCode.DownArrow)) && GetComponent<Camera>().fieldOfView < 85.0f
41         {
42             if (transform.position.y > 2.4f)
43             {
44                 transform.Translate(Vector3.down * Time.deltaTime * speedMod * 2f);
45             }
46         }
47 
48         //키보드 W키나 위쪽 화살표키를 누르면 카메라를 대상 기준 상단방향으로 회전
49         if ((Input.GetKey(KeyCode.W) || Input.GetKey(KeyCode.UpArrow)) && GetComponent<Camera>().fieldOfView > 45.0f)
50         {
51             if (transform.position.y < 8f)
52             {
53                 transform.Translate(Vector3.up * Time.deltaTime * speedMod * 2f);
54             }
55         }
```

28~37 줄은 카메라를 수평으로 시계 혹은 반시계방향으로 회전시키며, 40~55 줄은 카메라를 상하로 회전시킵니다. 세부적인 수치가 조금씩 다른 것에 주의합니다. 또한, 상하 회전의 경우 제한을 두어 카메라가 과도한 각도로 회전하는 것을 방지합니다.

```
57         //키보드 Q키나 콤마키를 누르면 카메라를 대상 방향으로 전진
58         if ((Input.GetKey(KeyCode.Q) || Input.GetKey(KeyCode.Comma))&& GetComponent<Camera>().fieldOfView > 60.0f)
59         {
60             GetComponent<Camera>().fieldOfView -= speedMod / 20;
61         }
62 
63         //키보드 E키나 마침표키를 누르면 카메라를 대상 방향에서 후진
64         if ((Input.GetKey(KeyCode.E) || Input.GetKey(KeyCode.Period)) && GetComponent<Camera>().fieldOfView < 75.0f)
65         {
66             GetComponent<Camera>().fieldOfView += speedMod / 20;
67         }
68 
69         //키보드 B키를 누르면 카메라를 최초 상태로 복구
70         if (Input.GetKey(KeyCode.B))
71         {
72             GetComponent<Camera>().fieldOfView = OriginalFOV;
73             transform.position = OriginalPosition;
74             transform.rotation = OriginalRotation;
75         }
```

58~67 줄은 카메라가 주목하는 대상을 향해 전진하거나 후진하도록 하는 코드입니다. 상하 회전의 경우와 마찬가지로 제한을 두어 카메라가 과도하게 접근하거나 후퇴하는 것을 방지합니다.

70~75 줄은 카메라가 최초에 가지고 있던 위치, 회전, 시야 값으로 되돌아올 수 있도록 하는 코드입니다. 키보드 B 키로 작동하도록 하였습니다.

02 Main Camera 에 camera_controller 스크립트를 컴포넌트로 적용시킨 뒤, Transform 컴포넌트의 수치와 Camera 컴포넌트의 Field of View 의 수치를 아래와 같이 입력합니다.

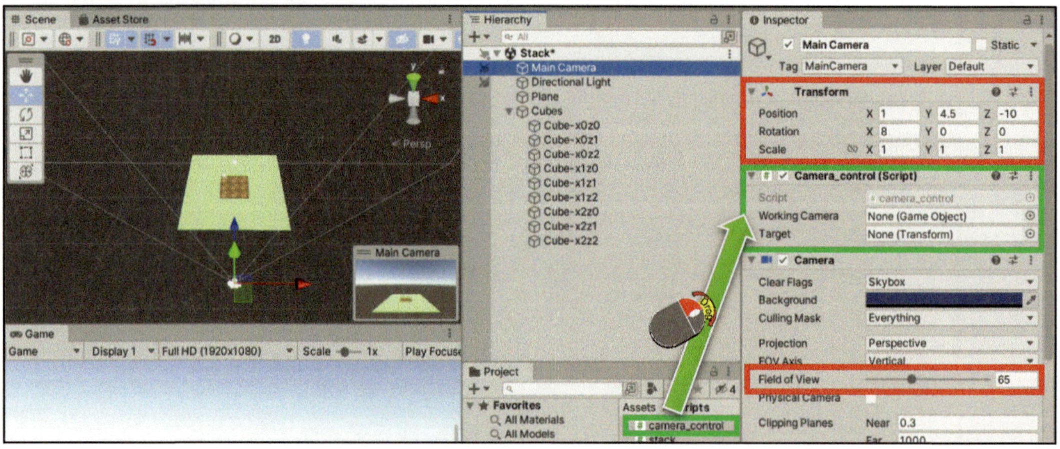

03 Main Camera 객체가 지닌 (camera_control)컴포넌트의 Working Camera 속성에 Main Camera 객체를, Target 속성에 9 개 Cube 객체 중 정가운데에 위치한 Cube-x1z1 을 적용합니다. 이후 Play 하면 카메라가 정상적으로 잘 작동합니다.

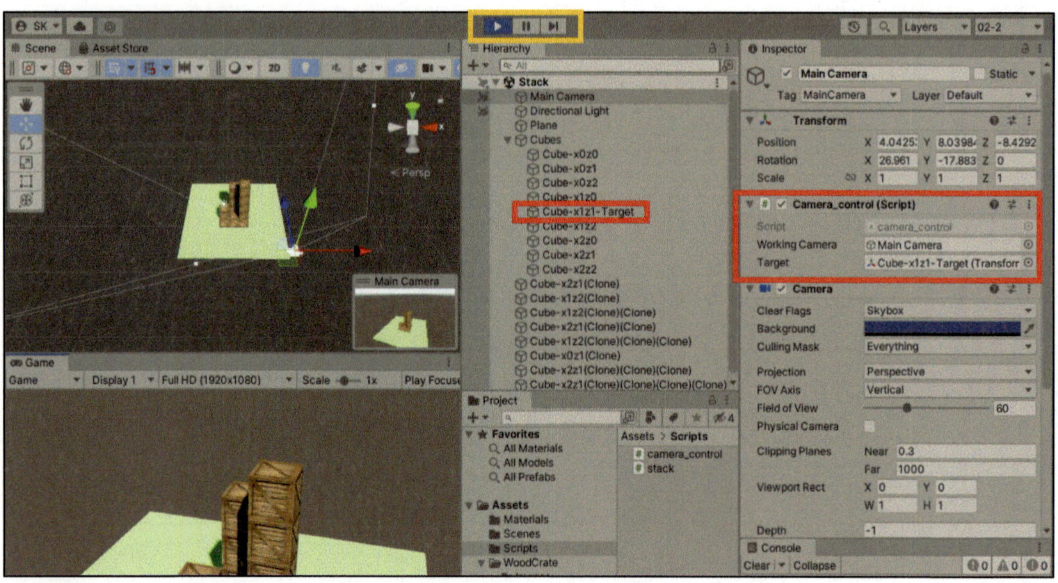

<TIP> 카메라가 Target 으로 할 Cube-x1z1 객체명 뒤에 '-Target'을 넣어 구별이 쉽게 했습니다.

04 마지막으로, 카메라 조작이 모바일 환경에서도 대응할 수 있도록 작업해보겠습니다. 프로젝트창에서 {Assets}폴더 내에 {Images}폴더를 생성하고 arrows.png 파일을 가져옵니다. 다음으로, 인스펙터 창에서 Texture Type 에 Sprite(2D and UI)를 선택하고 Sprite Mode 에 Multiple 을 선택합니다. 끝으로, Sprite Editor 를 엽니다.

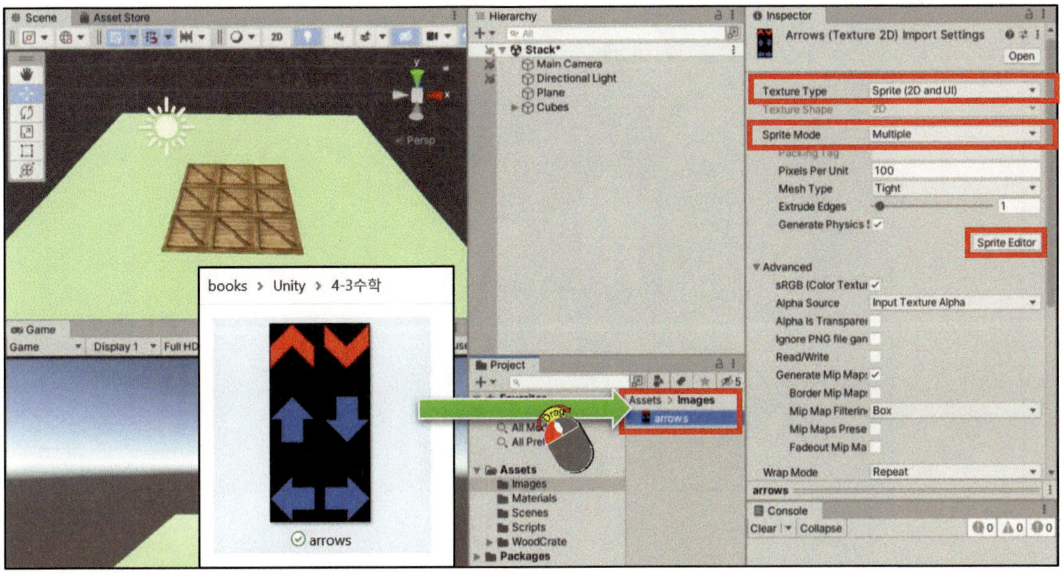

<TIP> 프로젝트를 3D 기반으로 열었기 때문에 Sprite Editor 를 이용하기 위해서는 아래 화면에서와 같이 Package Manager 를 통해 설치하여야 합니다.

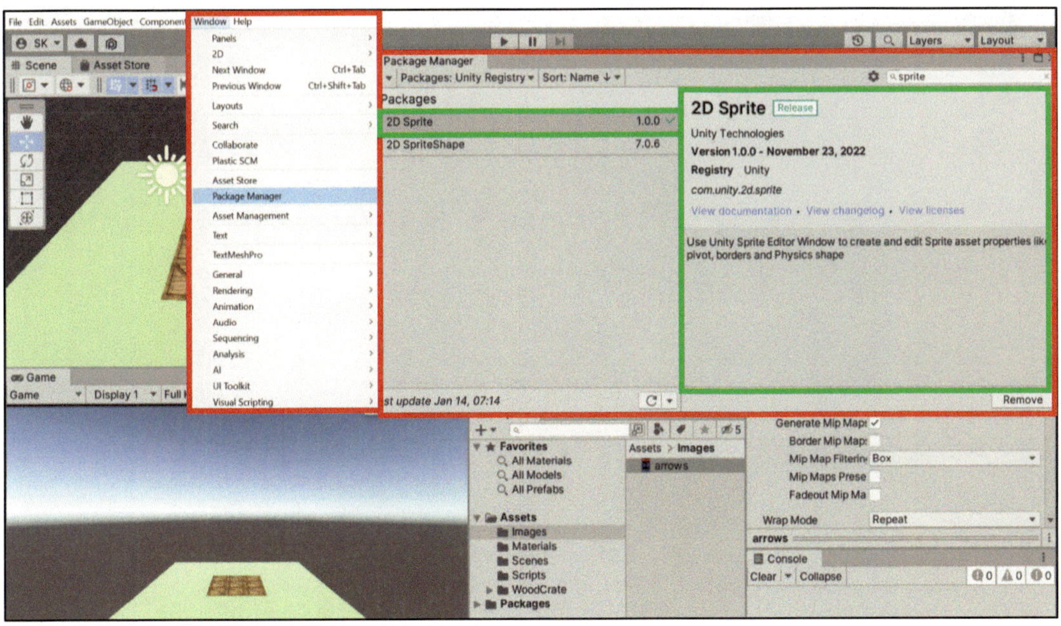

05 Sprite Editor 화면 우측 상단의 버튼 클릭을 통해 흑백 처리를 하고, 화면 좌측 상단의 Slice 기능을 활용하여 화살표 스프라이트를 6 조각으로 나눈 뒤 Apply 하여 적용합니다.

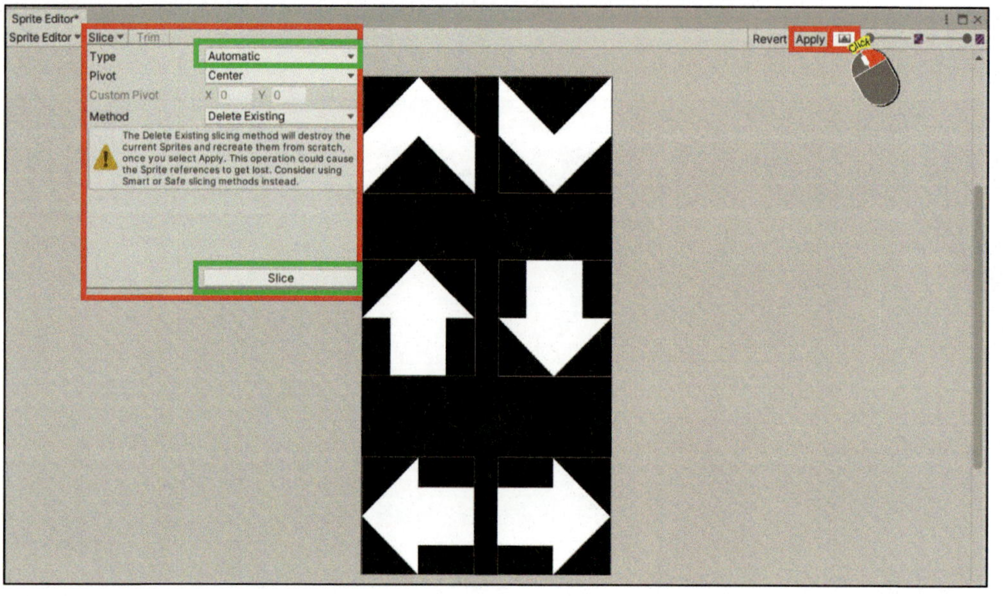

06 하이어라키창에서 [+]-[UI]-[Image]를 6 개 추가하고 아래 화면처럼 대각선 구성에 배치합니다. 이 때 Anchor 를 활용하여 기준점을 잡아주어야 디바이스 화면 크기가 변해도 적절히 대응됩니다.

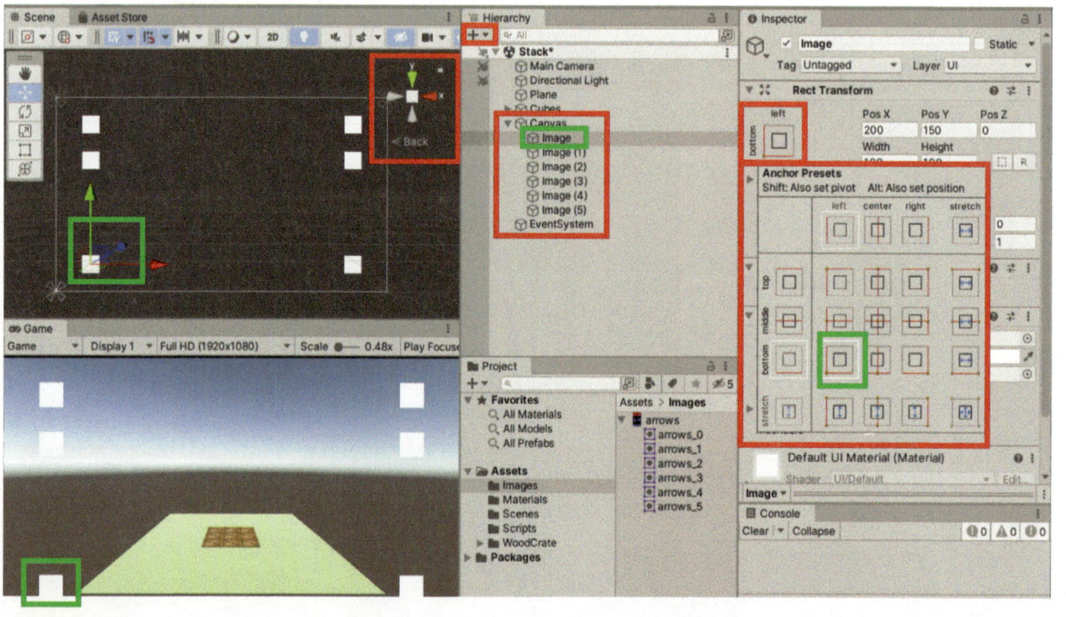

<TIP> 씬뷰 우측 상단의 기즈모를 활용하면 편집 화면의 시점을 잡을 때 편리합니다.

07 하이어라키창에서 이미지 객체들의 명칭을 적절히 수정하고, 인스펙터창에서 (Image)컴포넌트의 Source Image 속성에 각각의 Sprite 를 적용합니다. 또한, (Rect Transform)컴포넌트의 Scale 을 약간 수정하여 화살표의 크기를 키워줍니다. 카메라를 최초 상태로 되돌리기 위한 TurnBack 버튼도 [+]-[UI]-[Button - TextMeshPro]로 추가하였습니다.

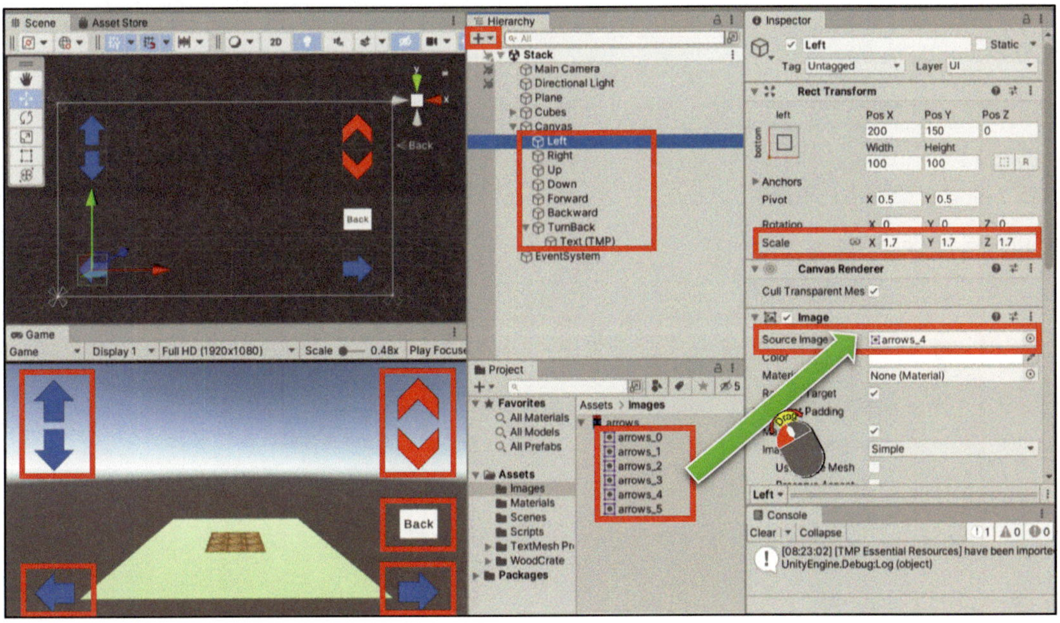

08 이제 {Assets}-{Scripts}폴더에서 camera_control 스크립트 파일을 복사하여 camera_control_m 으로 명명한 뒤, 파일을 열고 아래처럼 코드를 수정합니다.

```
1   using UnityEngine;
2
    0 references
3   public class camera_control_m : MonoBehaviour
4   {
        0 references
5       public GameObject workingCamera; //움직일 카메라객체 변수 선언 - 유니티 에디터 접근 허용
        3 references
6       public Transform target; //주목할 기준 객체 변수 선언 - 유니티 에디터 접근 허용
        6 references
7       public static float speedMod = 10.0f; //카메라 이동속도 변수 선언(축 별로 수식을 통한 속도 조정) - 유니티 에디터 접근 허용
8
        4 references
9       private static Vector3 point; //주목할 기준 객체의 위치 변수 선언
        2 references
10      private Vector3 OriginalPosition; //카메라 최초 위치 저장 변수 선언
        2 references
11      private Quaternion OriginalRotation; //카메라 최초 각도 저장 변수 선언
        2 references
12      private float OriginalFOV; //카메라 최초 시각범위 저장 변수 선언
```

(코드 해설) 3 줄에서 클래스명을 반드시 camera_control_m 으로 변경하여 스크립트 파일명과 동일하게 합니다.

5~12 줄의 코드는 camera_control 스크립트의 것과 다른 점이 없습니다.

```
   3 references
14 private bool onLeftButton = false; //카메라 왼쪽 회전 버튼 작동 여부 확인용 변수 선언(초기값은 false 할당)
   3 references
15 private bool onRightButton = false; //카메라 오른쪽 회전 버튼 작동 여부 확인용 변수 선언(초기값은 false 할당)
   3 references
16 private bool onDownButton = false; //카메라 아래쪽 회전 버튼 작동 여부 확인용 변수 선언(초기값은 false 할당)
   3 references
17 private bool onUpButton = false; //카메라 위쪽 회전 버튼 작동 여부 확인용 변수 선언(초기값은 false 할당)
   3 references
18 private bool onForwardButton = false; //카메라 전진 버튼 작동 여부 확인용 변수 선언(초기값은 false 할당)
   3 references
19 private bool onBackwardButton = false; //카메라 후진 버튼 작동 여부 확인용 변수 선언(초기값은 false 할당)
20
   0 references
21 void Start()
22 {
23     OriginalPosition = transform.position; //카메라 최초 위치 저장
24     OriginalRotation = transform.rotation; //카메라 최초 각도 저장
25     OriginalFOV = GetComponent<Camera>().fieldOfView; //카메라 최초 시각범위 저장
26 }
27
   0 references
28 void Update()
29 {
30     //주목할 기준 객체의 위치 저장
31     point = new Vector3(target.transform.position.x,target.transform.position.y+3f,target.transform.position.z);
32     transform.LookAt(point); //카메라가 바라볼 대상 적용
33
34     //각 버튼별 작동 여부가 true이면 하단의 함수를 실행하는 기능 모음
35     if(onLeftButton)
36     {
37         TouchLeft();
38     }
39     if(onRightButton)
40     {
41         TouchRight();
42     }
43     if(onDownButton)
44     {
45         TouchDown();
46     }
47     if(onUpButton)
48     {
49         TouchUp();
50     }
51     if(onForwardButton)
52     {
53         TouchForward();
54     }
55     if(onBackwardButton)
56     {
57         TouchBackward();
```

14~19 줄에서 Left, Right, Up, Down, Forward, Backward 객체(버튼)의 작동, 즉 터치 혹은 마우스 왼쪽 클릭 여부를 확인하는 변수를 선언하고 초기값은 false 로 둡니다. 이를 통해 카메라 작동 시점을 제어합니다. TurnBack 버튼은 단일 클릭으로 작동하므로 해당하지 않습니다.

21~32 줄의 코드는 camera_control 스크립트의 것과 동일합니다.

34~59 줄은 14~19 줄의 변수 상태에 따라 카메라를 제어하는 코드를 실행하도록 합니다. 카메라의 위치나 각도를 연속적으로 변환시켜야 하기 때문에 Update()함수 속에서 구문을 작성하였습니다.

<TIP> 입력하여 할 코드가 많기 때문에, 코드를 복사 한 뒤, 기존 선택한 단어와 동일한 단어를 동시에 선택해주는 다음의 단축키를 활용하는 것이 시간 절약에 유리합니다.

비쥬얼스튜디오 에디터: Alt + Shift + .　　　비쥬얼스튜디오 코드 에디터: Ctrl + D

```
61  //각 버튼별 작동 여부 true/false 전환 기능 모음
    0 references
62  public void TouchLeft_PointerDown()
63  {
64      onLeftButton = true;
65  }
    0 references
66  public void TouchLeft_PointerUp()
67  {
68      onLeftButton = false;
69  }
70
    0 references
71  public void TouchRight_PointerDown()
72  {
73      onRightButton = true;
74  }
    0 references
75  public void TouchRight_PointerUp()
76  {
77      onRightButton = false;
78  }
79
    0 references
80  public void TouchDown_PointerDown()
81  {
82      onDownButton = true;
83  }
    0 references
84  public void TouchDown_PointerUp()
85  {
86      onDownButton = false;
87  }
88
    0 references
89  public void TouchUp_PointerDown()
90  {
91      onUpButton = true;
92  }
    0 references
93  public void TouchUp_PointerUp()
94  {
95      onUpButton = false;
96  }
97
    0 references
98  public void TouchForward_PointerDown()
99  {
100     onForwardButton = true;
101 }
    0 references
102 public void TouchForward_PointerUp()
103 {
104     onForwardButton = false;
105 }
106
    0 references
107 public void TouchBackward_PointerDown()
108 {
109     onBackwardButton = true;
110 }
    0 references
111 public void TouchBackward_PointerUp()
112 {
113     onBackwardButton = false;
```

(코드 해설) 61~114 줄에서 버튼별 작동여부를 true/false 로 전환하는 코드를 작성합니다.

```
116     //카메라의 위치, 각도를 최초 상태로 복구
        0 references
117     public void TurnBack()
118     {
119         GetComponent<Camera>().fieldOfView = OriginalFOV;
120         transform.position = OriginalPosition;
121         transform.rotation = OriginalRotation;
122     }
123
124     //그 외 카메라 위치, 각도 조정 함수 모음
        1 reference
125     private void TouchLeft() //누르면 카메라를 대상 기준 반시계방향으로 회전
126     {
127         transform.RotateAround(point, Vector3.up, Time.deltaTime * speedMod * 20f);
128     }
129
        1 reference
130     private void TouchRight() //누르면 카메라를 대상 기준 시계방향으로 회전
131     {
132         transform.RotateAround(point, Vector3.down, Time.deltaTime * speedMod * 20f);
133     }
134
        1 reference
135     private void TouchDown() //누르면 카메라를 대상 기준 하단방향으로 회전
136     {
137         if (GetComponent<Camera>().fieldOfView < 85.0f)
138         {
139             if (transform.position.y > 2.4f)
140             {
141                 transform.Translate(Vector3.down * Time.deltaTime * speedMod * 2f);
142             }
143         }
144     }
145
        1 reference
146     private void TouchUp() //누르면 카메라를 대상 기준 상단방향으로 회전
147     {
148         if (GetComponent<Camera>().fieldOfView > 45.0f)
149         {
150             if (transform.position.y < 8f)
151             {
152                 transform.Translate(Vector3.up * Time.deltaTime * speedMod * 2f);
153             }
154         }
155     }
156
        1 reference
157     private void TouchForward() //누르면 카메라를 대상 방향으로 전진
158     {
159         if (GetComponent<Camera>().fieldOfView > 60.0f)
160         {
161             GetComponent<Camera>().fieldOfView -= speedMod / 20;
162         }
163     }
164
        1 reference
165     private void TouchBackward() //누르면 카메라를 대상 방향에서 후진
166     {
167         if (GetComponent<Camera>().fieldOfView < 75.0f)
168         {
169             GetComponent<Camera>().fieldOfView += speedMod / 20;
170         }
```

116~122 줄에서 카메라를 원래 위치로 되돌리는 함수를 선언합니다.

125~171 줄에서 카메라의 위치, 각도를 조정하는 6 가지 함수를 모두 선언합니다.

09 하이어라키창에서 Main Camera 객체를 선택하고 프로젝트창에서 camera_control_m 스크립트 파일을 마우스 드래그하여 인스펙터창에서 컴포넌트로 추가합니다. Working Camera 속성과 Target 속성도 Camera_control 과 동일하게 등록합니다.

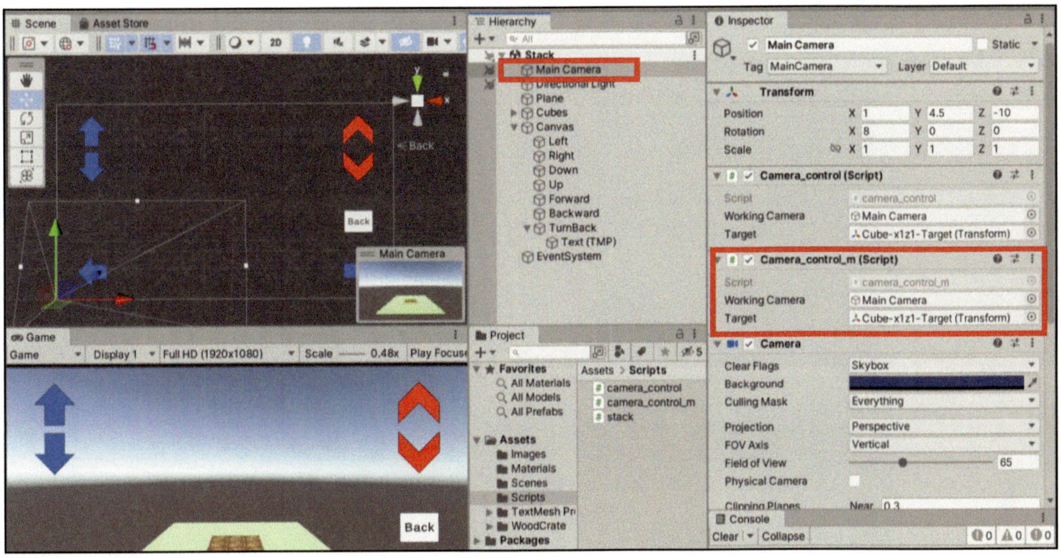

10 하이어라키창에서 Left, Right, Up, Down, Forward, Backward 객체를 선택하고, 인스펙터창에서 (Button)컴포넌트를 등록합니다. 추가로 (EventTrigger)컴포넌트도 등록합니다.

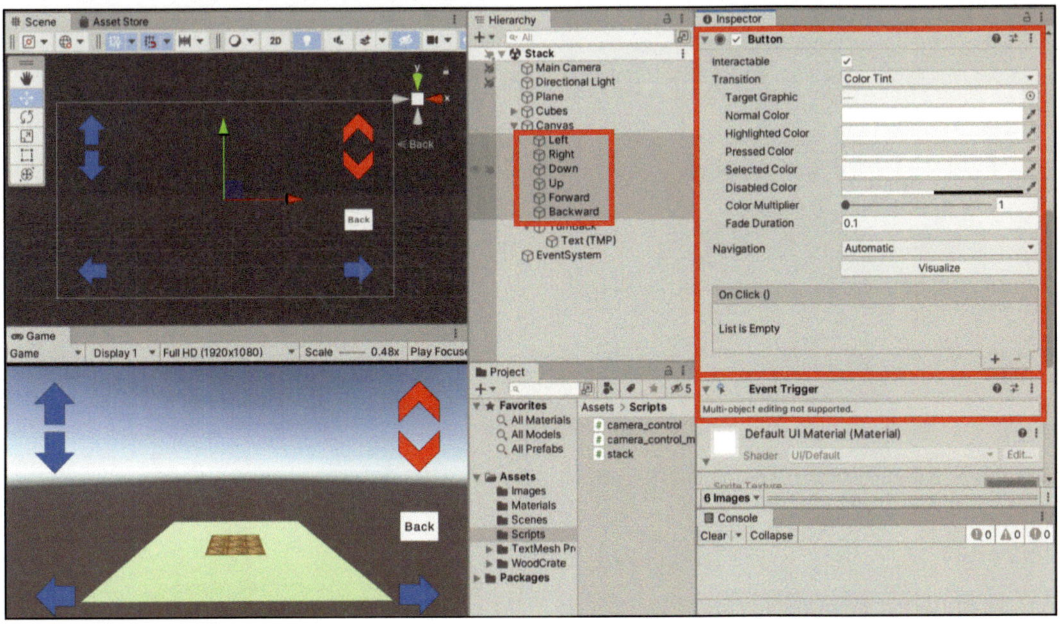

11 하이어라키창에서 Left 객체를 선택하고, 인스펙터창에서 (EventTrigger) 컴포넌트에서 Add New Event Type 을 눌러 PointerDown 과 PointerUp 이벤트를 등록합니다. 이후 Main Camera 를 각 이벤트의 객체로 입력하고 Main Camera 에 담겨있는 스크립트 상의 함수들을 적용합니다. Right, Up, Down, Forward, Backward 객체에도 동일하게 작업합니다.

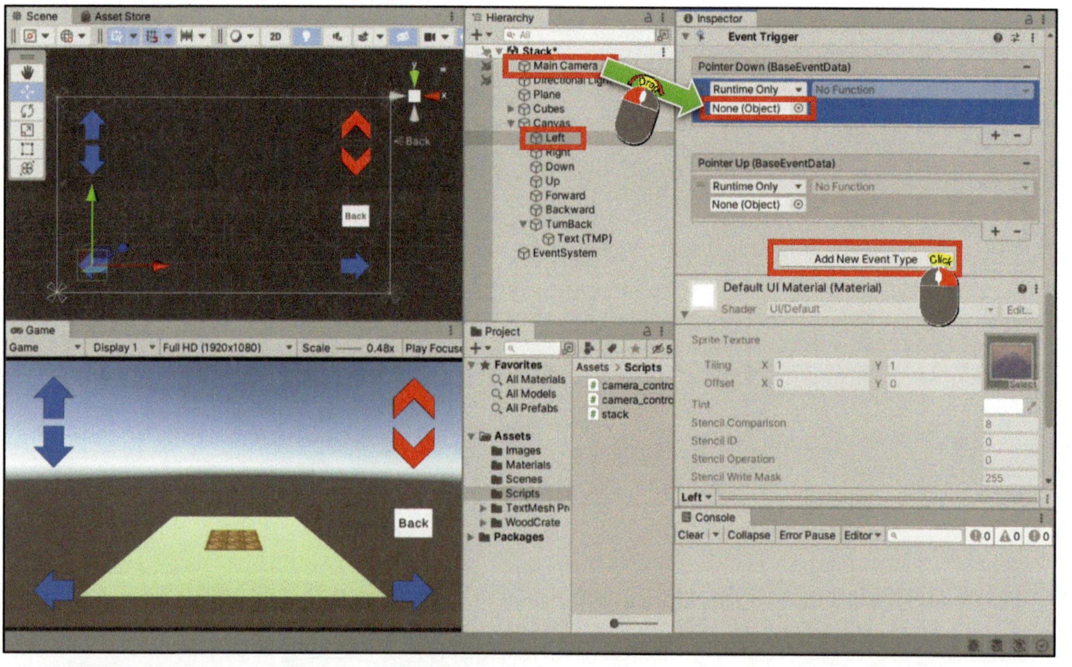

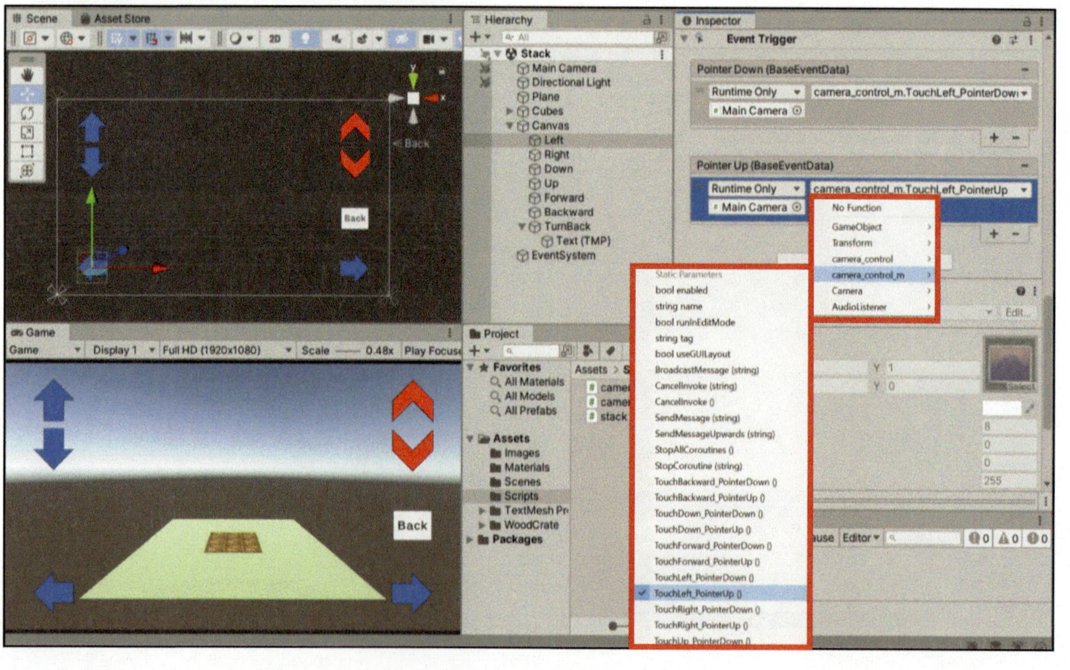

12 TurnBack 객체의 경우 지속적인 터치나 클릭에 반응하는 것이 아니라 단일 작용에 대응하기 때문에 (Button) 컴포넌트의 OnClick() 함수를 활용합니다. 하이어라키창에서 Main Camera 객체를 OnClick() 함수에 반영하고, Main Camera 객체의 (camera_control_m) 스크립트 컴포넌트에 내장된 TurnBack() 함수를 적용합니다.

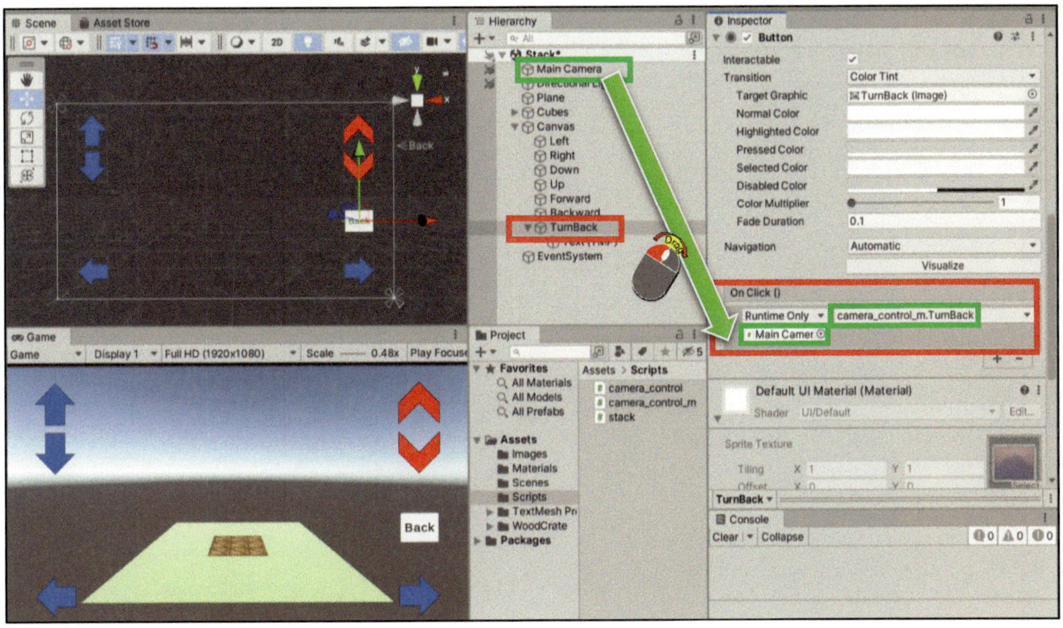

13 Play 하여, 쌓기나무 애플리케이션이 정상적으로 작동하는지 확인합니다.

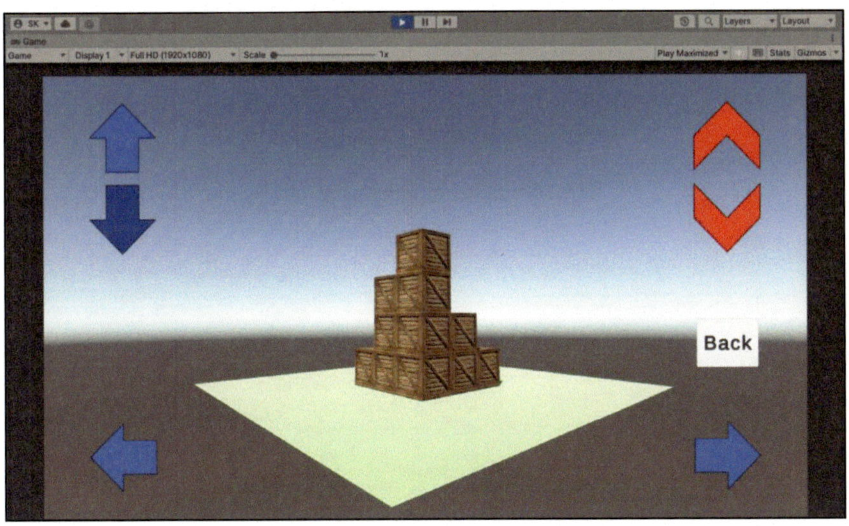

<TIP> 세부적인 수치를 수정하여 카메라의 거리를 적절히 조절할 수 있습니다.

추가 과제

* 쌓기나무의 텍스처 종류를 바꾸어 보고 가로, 세로, 높이 각 5 개까지 쌓을 수 있도록 해 봅시다.

준비물

(예상) 쌓기나무용 텍스처

예상 알고리즘

필요한 C#코드

4 강 과학교과: 3D 천체의 이동 시뮬레이션 제작하기 [관련 코드 & 애셋 - 부록 참고]

과학 시간에 활용할 수 있는 지구와 달 천체의 이동 시뮬레이션 콘텐츠를 제작합니다. 3D 객체로서 태양과 지구, 달을 구현하며 각각 해당하는 모델을 가져옵니다. 모델의 사실적 구현을 위해 3D URP template 을 활용하며, 지구와 달의 이동 과정의 수학적 구현을 위해 C#코드를 활용하겠습니다.

핵심 요소

3D 객체	URP	애셋	카메라	이펙트	조명	C#

순서

1) 3D (URP) 프로젝트 생성하기
2) 천체(태양, 지구, 달) 모델링 가져오기
3) 천체를 우주 공간에 배치하기
4) 천체의 움직임 코딩하기
5) 천체의 이동 시뮬레이션 구현하기

1) 3D (URP) 프로젝트 생성하기

01 Unity Hub 를 통해 3D_Space 이란 명칭의 3D (URP) 프로젝트를 생성합니다.

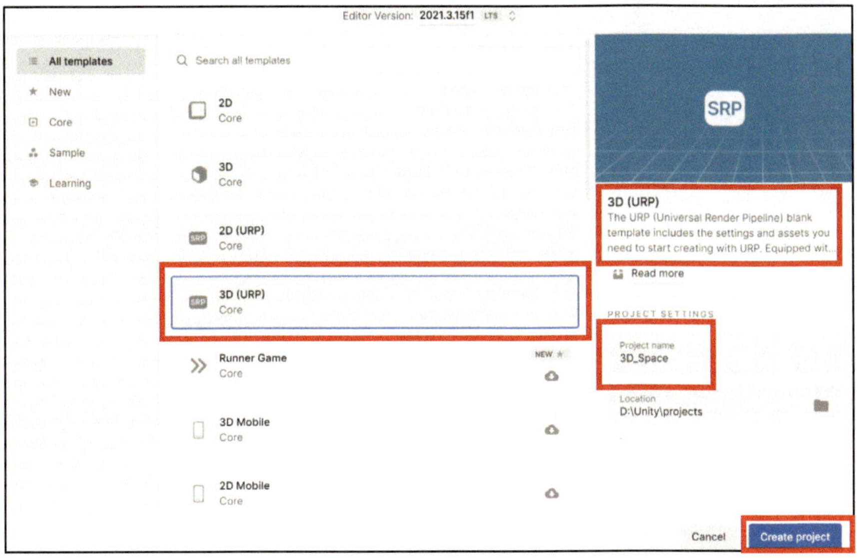

02 Unity Hub 를 통해 생성한 3D 프로젝트를 실행합니다.

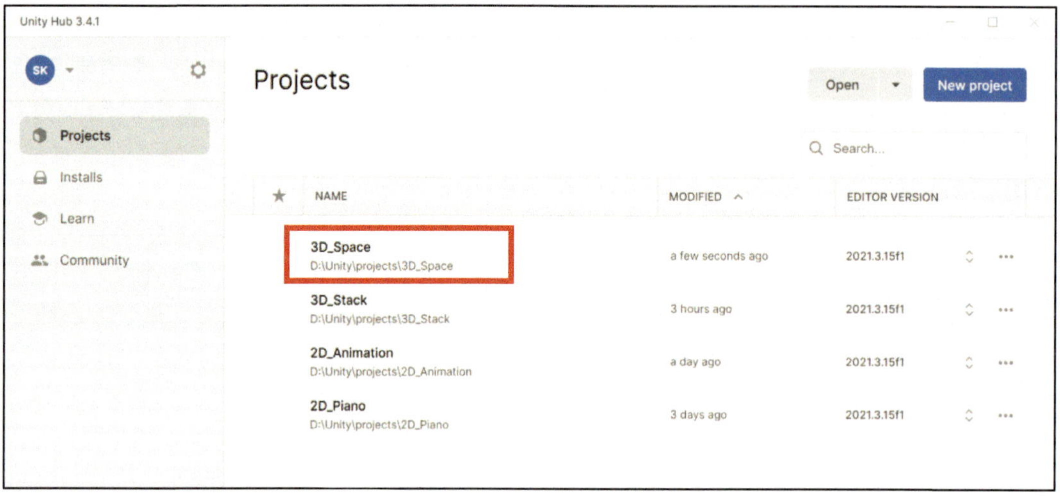

03 유니티 에디터 화면에서 아래의 6 가지 뷰를 포함하도록 레이아웃을 조절하되, 씬뷰, Asset Store 창은 겹치도록 배치합니다. 또한, 게임뷰에서 가장 일반적인 Full HD 로 게임 화면 크기를 설정합니다.

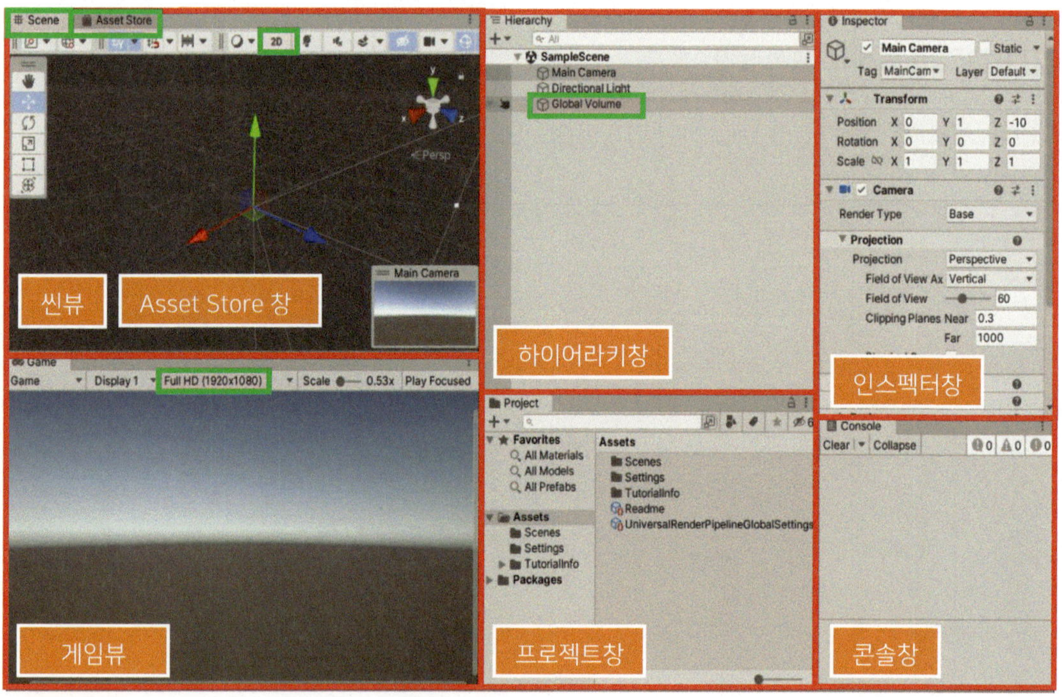

<TIP> 3D 프로젝트이기 때문에 씬뷰의 2D 버튼에 불이 꺼져 있는 것에 주목합니다. 또한, 하이어라키창의 Global Volume 은 시각적인 효과에 세부적인 영향은 미치는 포스트프로세싱 관련 객체입니다.

2) 천체(태양, 지구, 달) 모델링 가져오기

01 프로젝트창에서 {Assets}-{Scenes}폴더를 선택하여 SampleScene 씬을 Space 로 명명합니다. 씬의 명칭을 바꿀 때는 자동으로 프로젝트가 새로고침되는 과정이 있습니다.

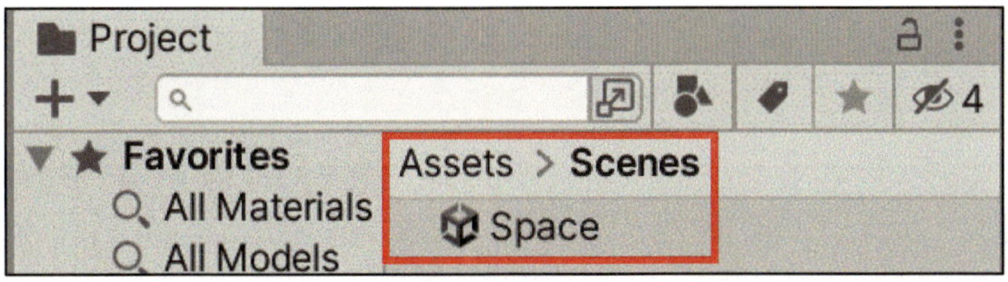

02 태양, 지구, 달에 해당하는 모델링을 가져오기 위해 Unity Asset Store 로 접근하겠습니다. Planets of solar system 을 검색하고 Add to My Assets 을 클릭하여 유니티 에디터로 가져옵니다. 본 애셋에는 태양계와 관련된 천체 모델링이 모두 포함되어 있습니다. 애셋을 가져오는 단계에는 로그인 과정을 통과해야 합니다.

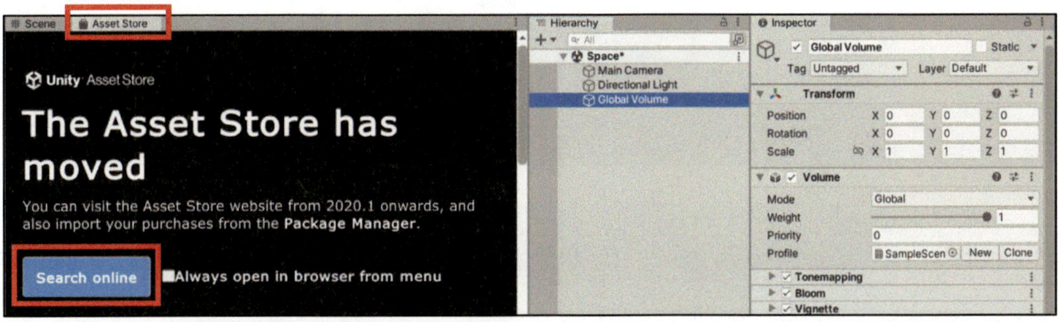

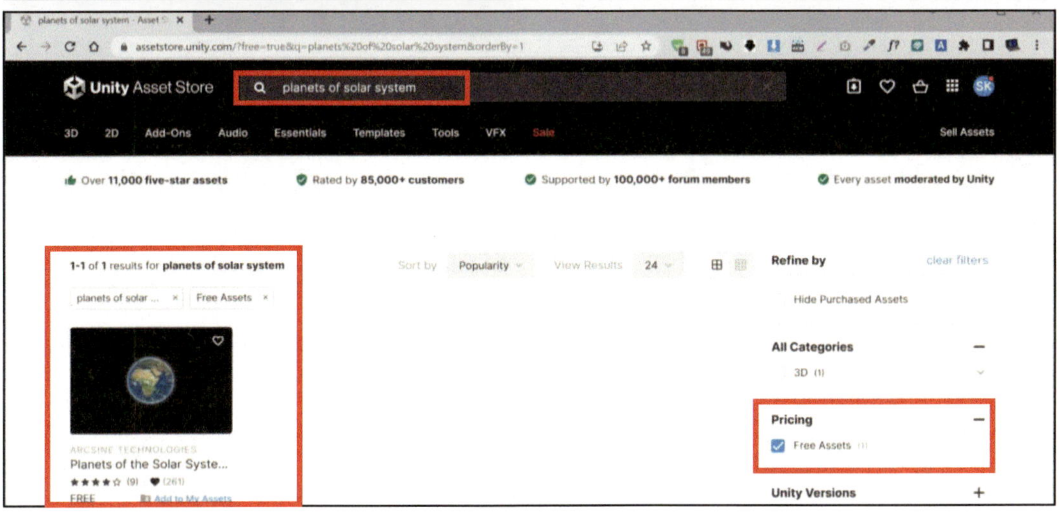

<TIP> 유니티 자체 Asset Store 의 무료 자원을 적극 활용합니다.

03 Planets of the Solar System 3D 애셋을 가져오고, Open in Unity 를 선택한 다음, Package Manager 를 통해 유니티 에디터로 다운로드 받습니다.

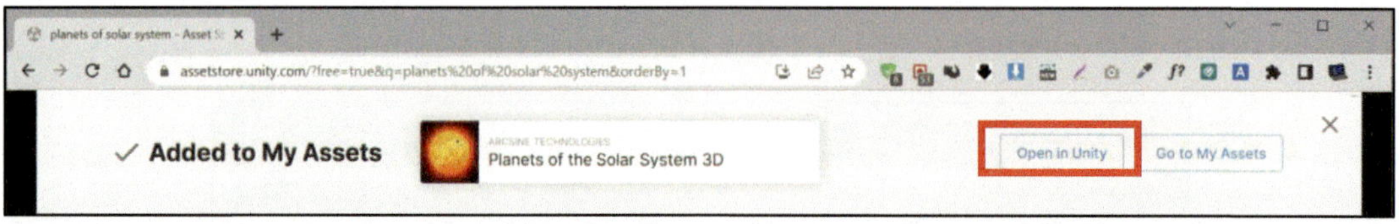

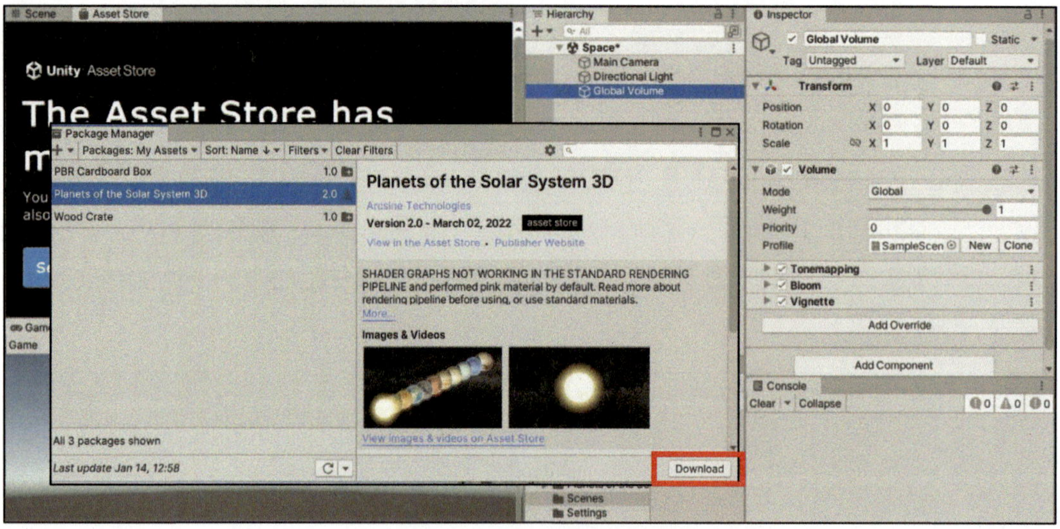

04 Planets of the Solar System 3D 의 모든 파일을 Import 해서 천체의 이동 프로젝트로 가져옵니다.

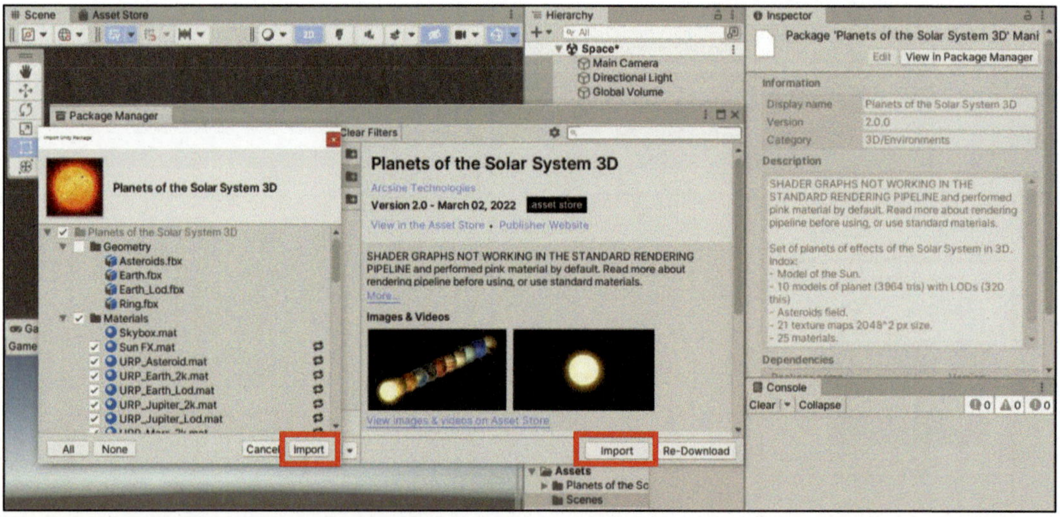

<TIP> 애셋을 모두 가져온 뒤, 필요로 하지 않는 것은 추후 프로젝트창에서 제거할 수 있습니다.

05 프로젝트창의 {Assets}-{Planets of the Solar System 3D}-{Prefabs}폴더에서 Sun, Earth, Moon 에 해당하는 Prefab 을 하이어라키창으로 가져오면 3 가지 천체를 확인할 수 있습니다.

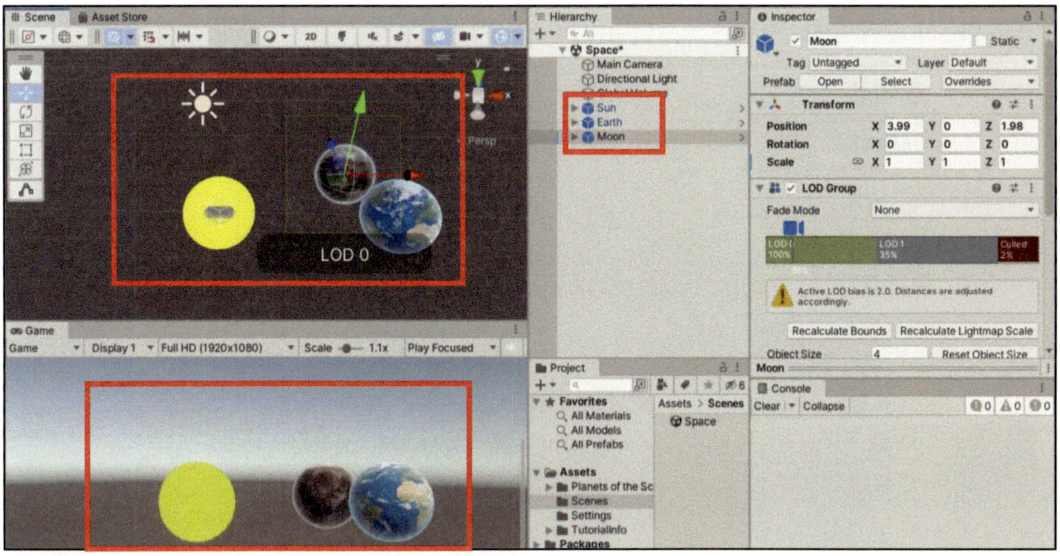

<TIP> LOD(Level Of Detail)는 객체가 카메라 드러나는 거리에 따라 묘사의 디테일을 조절하는 것으로 성능상의 효율을 꾀하는 기능입니다.

06 URP template 에서의 차이는, 아래와 같이 Play 시 특수한 그래픽 효과 발휘에 적합하다는 점입니다.

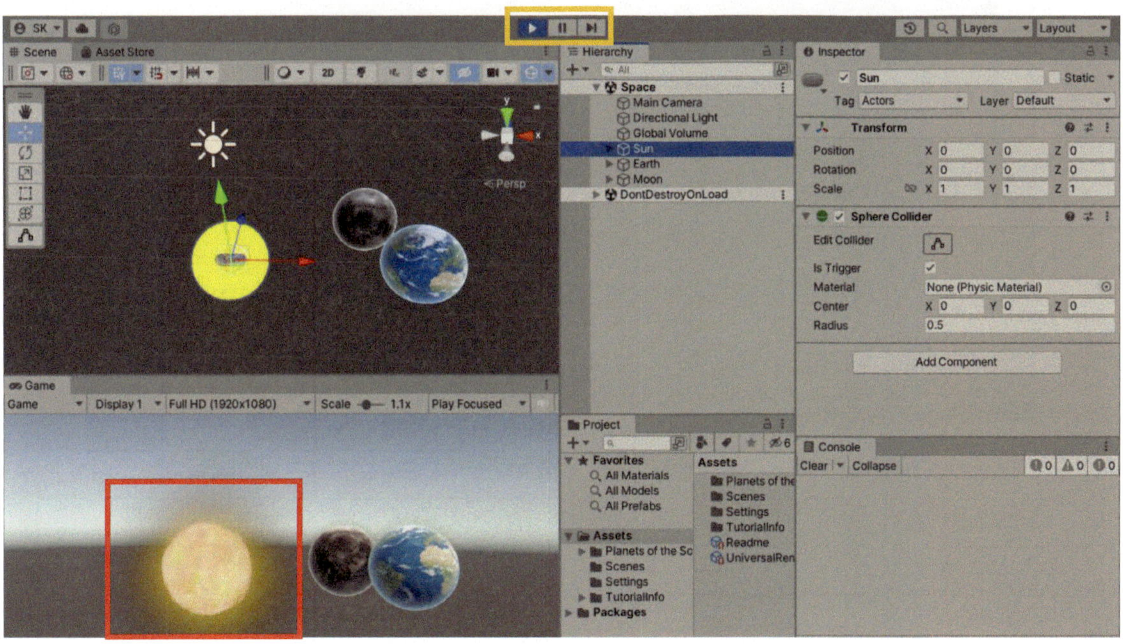

3) 천체를 우주 공간에 배치하기

01 3 가지 천체 중 태양을 중심으로, 지구와 달의 움직임을 구현할 것이기 때문에, 필요한 관련 데이터를 표를 이용해 대략적으로 정리해 보겠습니다.

절대값	태양	지구	달
지름(km)		약 12,742	약 3,474
지구에서 거리(km)		0	구현하지 않음.
자전주기		약 1 일	약 27 일
공전주기	구현하지 않음.	약 365 일	약 27 일
황도 기준 자전축 기울기		약 23.5 도	구현하지 않음.
황도 기준 공전축 기울기		구현하지 않음.	약 23.5 도

[출처] 위키백과, https://ko.wikipedia.org/

02 3 가지 천체의 관계를 중 과도하게 수치가 크거나 세밀한 부분은 생략하고, 지구와 달의 자전과 공전을 중심으로 시뮬레이션 해보겠습니다. 아래와 같이 태양과 지구, 달의 Transform 값을 설정하여 카메라 정면에서 3 가지 천체를 일직선 상에 배치합니다.

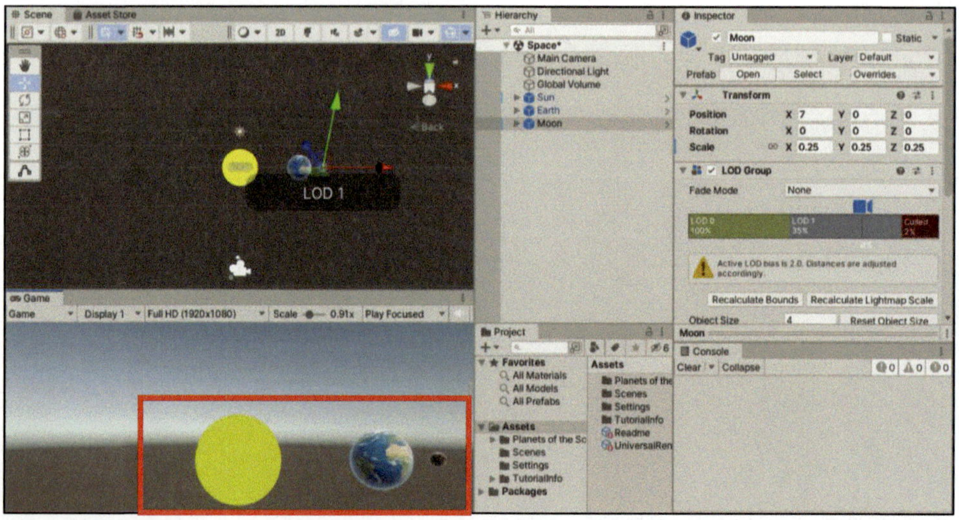

Transform 값	태양	지구	달
Position (x, y, z)	0, 0, 0	5, 0, 0	7, 0, 0
Rotation (x, y, z)	0, 0, 0	0, 0, 0	0, 0, 0
Scale (x, y, z)	1.5, 1.5, 1.5	1, 1, 1	0.25, 0.25, 0.25

03 우주 분위기를 나타내기 위해 [Window]-[Rendering]-[Lighting]을 클릭합니다. 나타나는 Lighting 창의 Environment 탭 내 Skybox Material 속성에, Planets of the Solar System 3D 애셋의 Materials 폴더의 Skybox 를 적용합니다. 화면이 우주 배경으로 바뀐 것을 볼 수 있습니다.

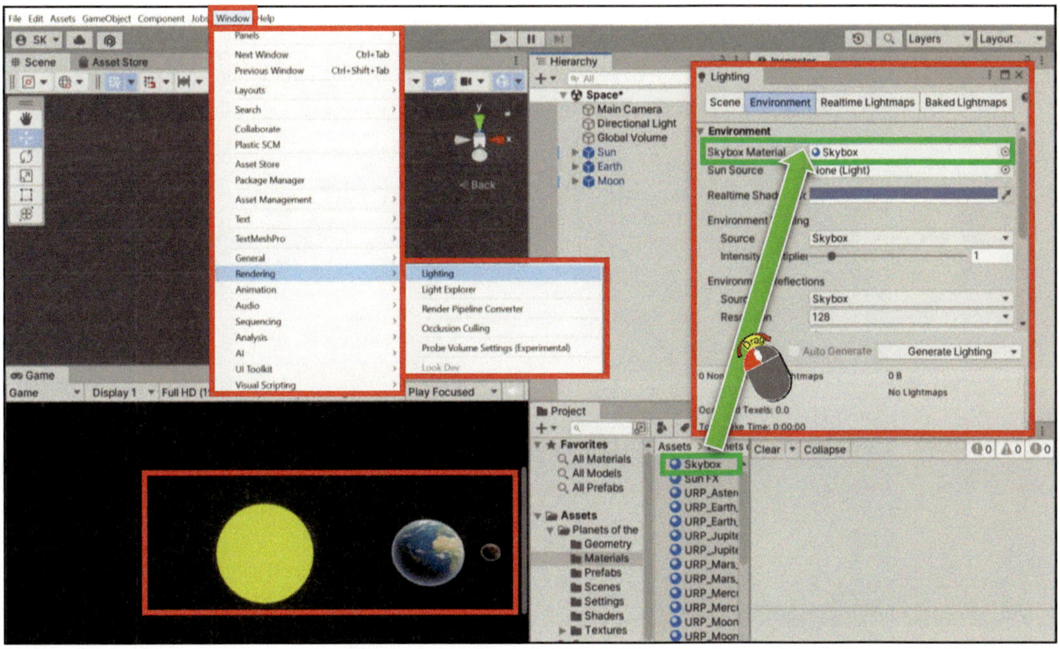

04 이제 지구의 자전축을 23.5 도 기울여 보겠습니다. 하이어라키창에서 Earth 객체를 선택한 뒤, (Transform)컴포넌트 Rotation 값을 (0, 0, -23.5)로 조절합니다. 지구의 자전축 공전축의 법선 사이의 각도를 말하며, 유니티 상에서 Z 축 기준 음의 방향으로 나타납니다.

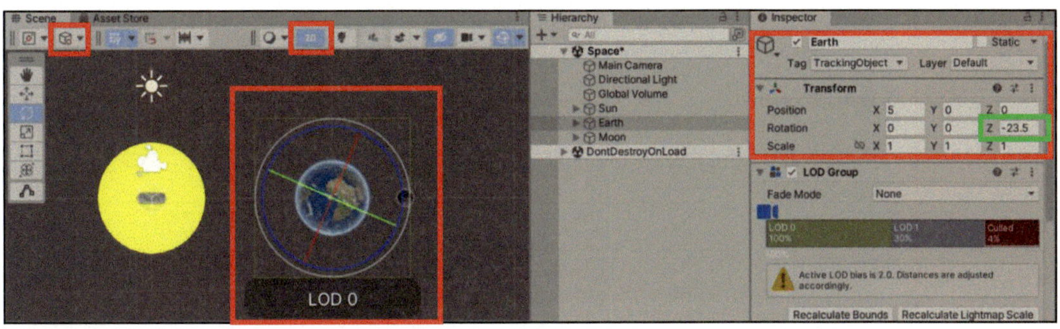

<TIP> 지구의 자전축이 기울어진 모습을 효과적으로 드러내기 위해서, 씬뷰 좌측 상단에서 Local 설정으로 Earth 객체의 축이 기울어진 것을 나타냈습니다. 또한, 씬뷰의 2D 버튼을 선택하여 태양과 지구, 달의 위치를 수평으로 놓고 시각적으로 잘 보이도록 하였습니다.

05 이번에는 달의 위치와 각도도 조절해 보겠습니다. 지구의 위치에 대응하기 위해 하이어라키창에서 Moon 객체를 선택한 뒤, (Transform)컴포넌트 Position 값을 (6.5, -0.65, 0)으로, Rotation 값을 (0, 0, -23.5)로 조절합니다. Scale 값은 별도로 손대지 않습니다. 이로서, 태양과 지구, 달의 초기 위치 설정을 마쳤습니다.

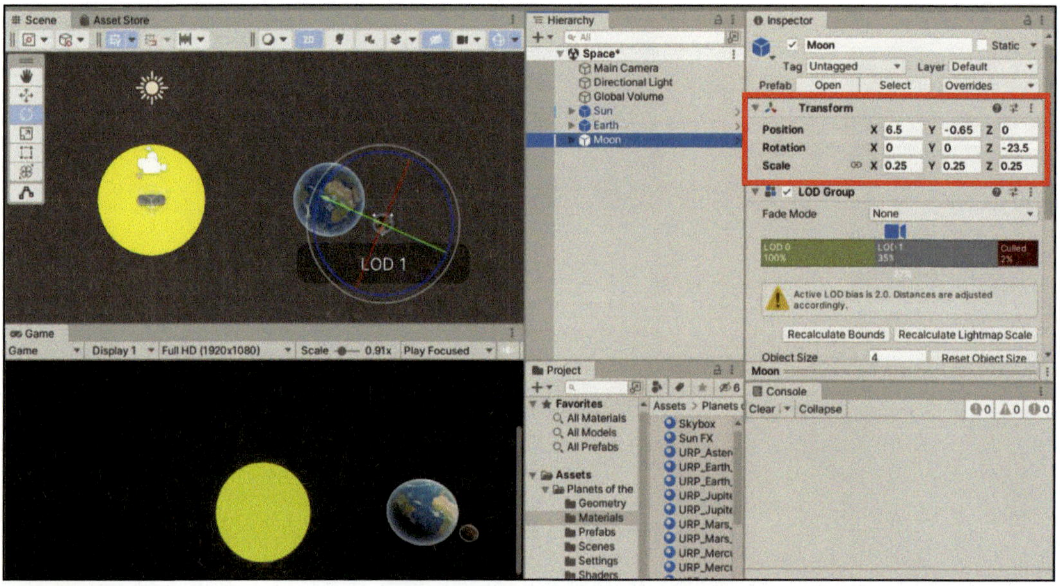

<TIP> 카메라 시야의 한계 때문에 태양이 비정상적으로 가깝게 위치해 있습니다. 필요에 따라, 태양을 기준으로 지구와 달의 거리를 조절하여 좀더 현실감 있는 시뮬레이션을 연출하는 것도 가능합니다.

4) 천체의 움직임 코딩하기

01 이제 본격적으로 지구와 달의 움직임을 C#코드로 구현할 차례입니다. 하루 동안의 시간을 단위로 하여 지구와 달의 상대적인 움직임을 수치화 하여 비교 및 정리해 봅니다.

절대값	지구	달
자전주기	1 일	약 27 일
공전주기	365 일	약 27 일

<TIP> 지구의 자전을 기준으로 지구의 공전은 365 배, 달의 자전과 공전은 27 배로 차이가 남에 주목합니다. 이는 수식으로 지구와 달의 움직임을 계산하여 표현할 때 수치를 적절히 적용하여 현실에 가깝게 시뮬레이션하기 위한 것입니다. 물론 기준이 되는 지구의 시간을 달리하면 그에 상응하여 지구와 달 모두가 비례적으로 움직일 수 있도록 구현하는 것이 중요합니다.

02 지구 자전을 구현하기 위해 {Assets}폴더에 {Scripts}폴더를 생성하고, EarthMove 라는 스크립트 파일을 하나 생성합니다. 해당 파일을 통해 지구의 자전과 공전 현상을 구현해 봅니다.

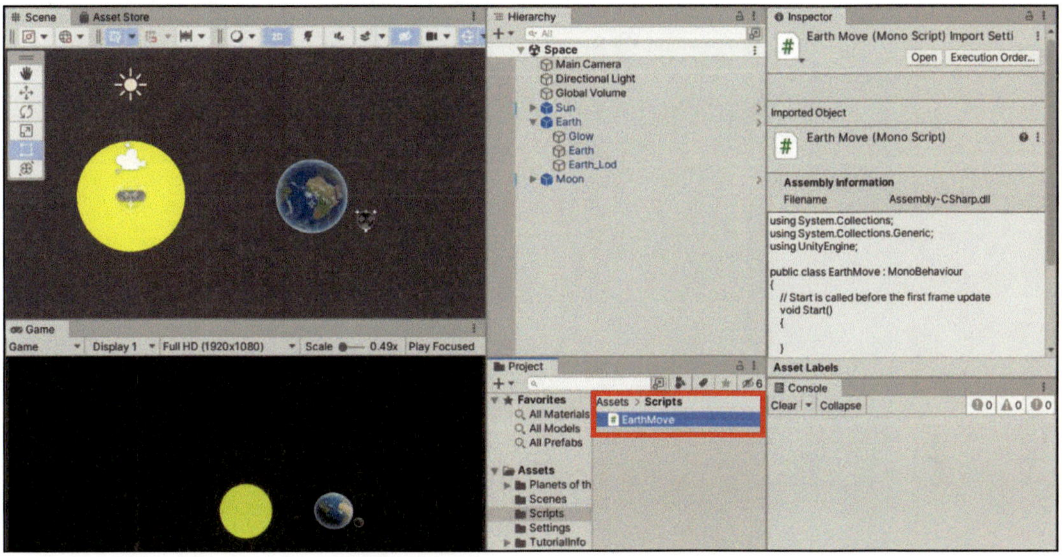

03 먼저 지구 자전을 구현하기 위해 EarthMove 스크립트 파일을 열고 아래의 C#코드를 입력합니다.

```
1   using UnityEngine;
2
    1 reference
3   public class EarthMove : MonoBehaviour
4   {
5       //public으로 선언하여, 유니티 에디터에서 수정을 가능케 함과 동시에
6       //다른 스크립트에서도 speed변수에 접근할 수 있게 합니다.
        1 reference
7       public float speed = 10f;
8
        0 references
9       private void Update()
10      {
11          //본 스크립트가 부착된 객체를 반시계방향으로 자전
12          transform.Rotate(Vector3.down * Time.deltaTime * speed);
13      }
```

(코드 해설) 7 줄에서 변수 time 을 public 으로 설정하고 초기값을 10f 로 잡습니다. 이를 통해 추후 유니티 에디터에서도 얼마든지 조정이 가능하게 합니다.

11~12 줄에서 본 스크립트를 부착한 객체가 반시계방향으로 자전하게 합니다. transform.Rotate() 함수를 선언합니다. Vector3.down 은 회전의 기준을 가리키는 코드이며, Time.deltaTime 코드를 활용해 기기 성능과 관계없이 동일한 회전 속도를 가지도록 구성합니다.

03 하이어라키창에서 Earth 객체를 선택하고, 프로젝트창의 EarthMove 스크립트를 인스펙터창을 통해 스크립트 컴포넌트로 적용합니다. 이후, Play 하면 지구의 자전 모습을 확인할 수 있습니다.

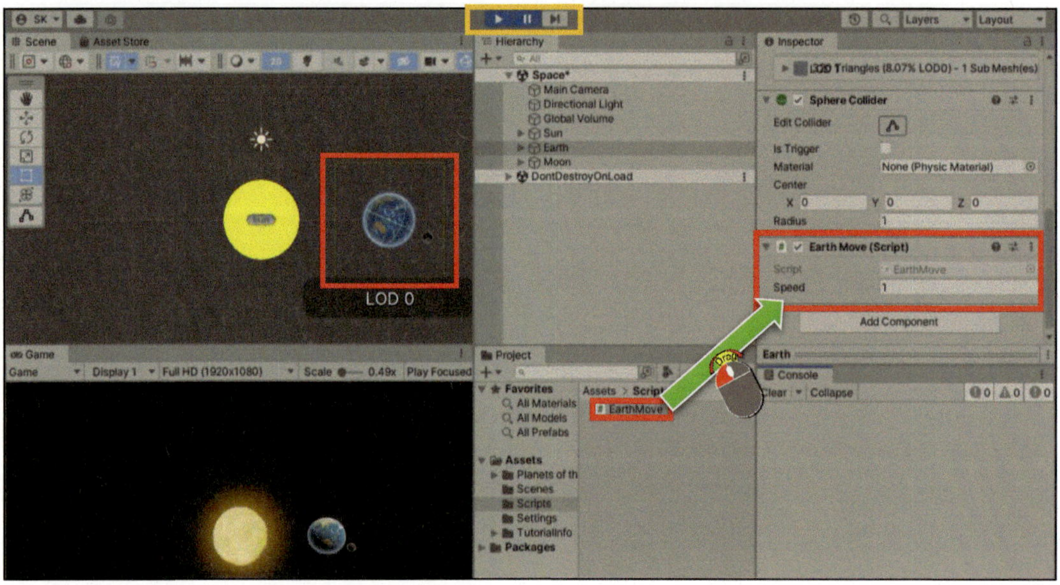

04 이번에는 지구의 공전을 구현하기 위해 EarthMove 스크립트에 아래 C#코드를 입력합니다.

```
using UnityEngine;

1 reference
public class EarthMove : MonoBehaviour
{
    //public으로 선언하여, 유니티 에디터에서 수정을 가능케 함과 동시에
    //다른 스크립트에서도 speed변수에 접근할 수 있게 합니다.
    3 references
    public float speed = 10f;
    1 reference
    public GameObject target; //태양을 유니티 에디터에서 타겟으로 삼기 위한 변수 선언
    2 references
    private Vector3 targetPosition; //태양의 위치를 담기 위한 변수 선언

    0 references
    private void Start()
    {
        targetPosition = target.GetComponent<Transform>().position; //태양의 위치를 변수에 할당
    }

    0 references
    private void Update()
    {
        //본 스크립트가 부착된 객체를 반시계방향으로 자전
        transform.Rotate(Vector3.down * Time.deltaTime * speed);

        //본 스크립트가 부착된 객체를 반시계방향으로 대상 중심으로 공전
        transform.RotateAround(targetPosition, Vector3.down, Time.deltaTime * speed);
    }
}
```

(코드 해설) 8~9 줄에서 태양의 정보를 담기 위한 변수 선언을 진행합니다.

13 줄에서 변수에 태양의 위치를 할당합니다.

22 줄에서 지구의 공전을 구현하기 위한 코드를 작성합니다. 태양을 기준으로 하여 지구가 회전하기 위해 transform.RotateAround() 함수를 활용합니다.

<TIP> transform.Rotate()와 transform.RotateAround() 함수는 모두 회전 시 각속도를 다룹니다.

05 인스펙터창에서 Target 속성에 하이어라키창의 Sun 객체를 할당하여, 태양을 지구 공전의 중심점으로 삼습니다.

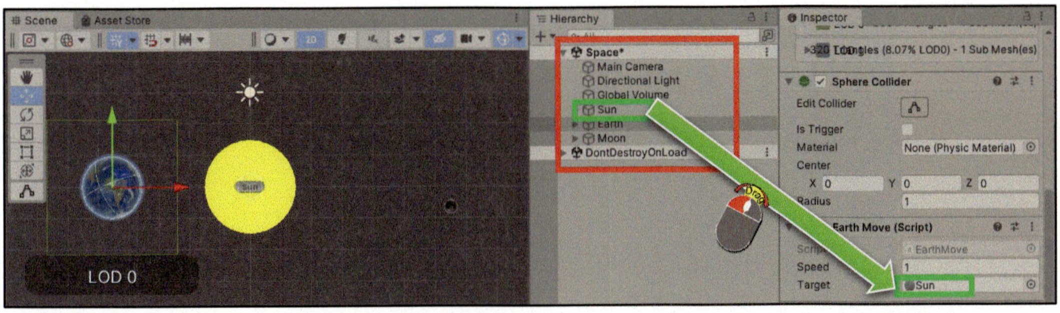

06 다음으로 Play 후 일시정지 기능을 활용하며 지구의 자전과 공전 상황을 확인하면, 지구가 태양을 1 바퀴 도는 동안 아프리카의 위치가 정확히 2 번 보이는 것이 확인됩니다. 이는 자전으로 인한 1 바퀴의 회전에, 공전으로 인한 1 바퀴 회전의 효과가 중첩된 것입니다.

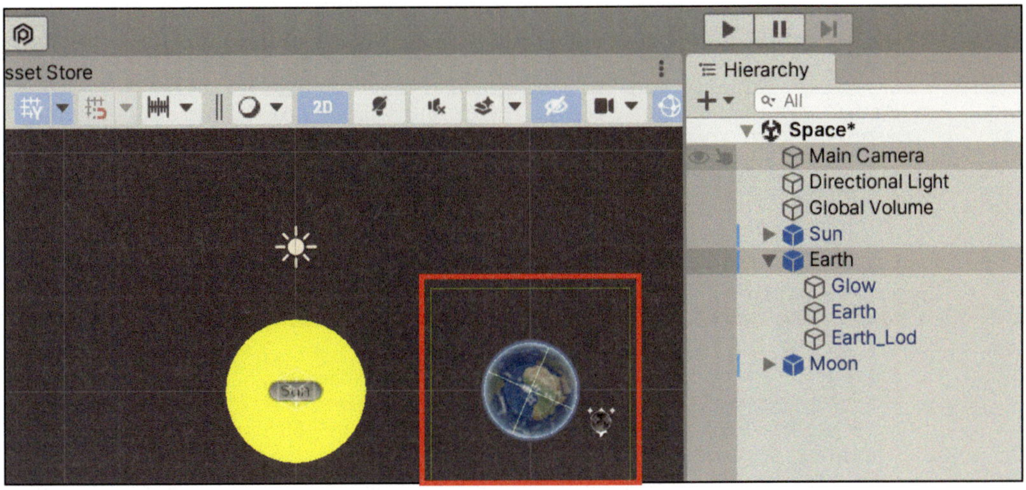

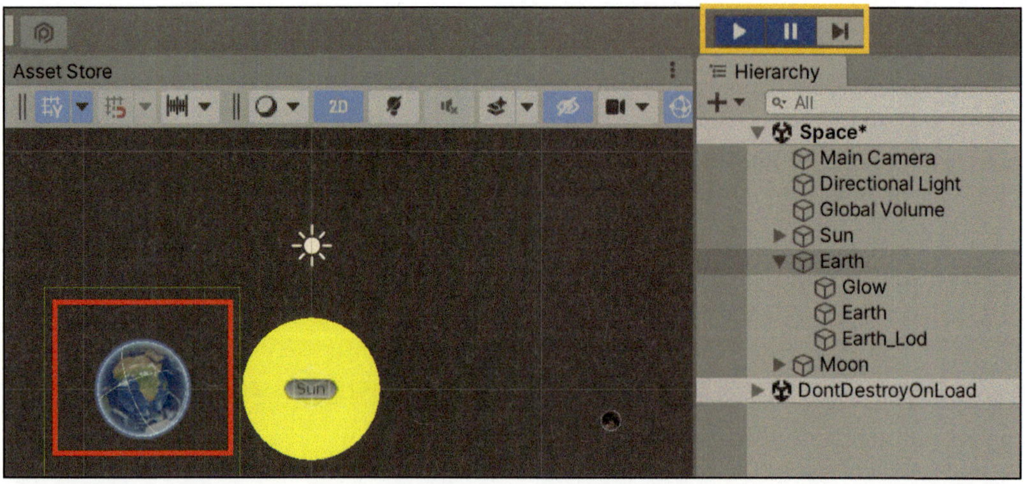

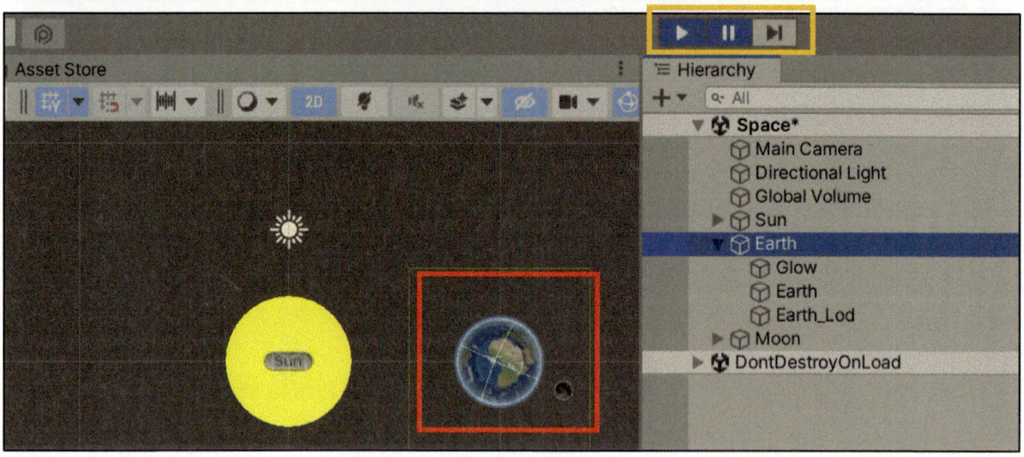

<TIP> 자전 기능을 구현한 코드를 주석 처리하고 다시 Play 해보면, 자전 효과 없이 공전 효과만으로 인해 아프리카의 모습이 정확히 1 번만 나타남을 확인할 수 있습니다.

```
    0 references
    private void Start()
    {
        targetPosition = target.GetComponent<Transform>().position; //태양의 위치를 변수에 할당
    }

    0 references
    private void Update()
    {
        // //본 스크립트가 부착된 객체를 반시계방향으로 자전
        // transform.Rotate(Vector3.down * Time.deltaTime * speed);

        //본 스크립트가 부착된 객체를 반시계방향으로 대상 중심으로 공전
        transform.RotateAround(targetPosition, Vector3.down, Time.deltaTime * speed);
    }
```

07 이제 코드를 수정하여, 자전과 공전 주기의 365 배 차이를 반영한 시뮬레이션을 해보겠습니다.

```
1   using UnityEngine;
2
    1 reference
3   public class EarthMove : MonoBehaviour
4   {
5       //public으로 선언하여, 유니티 에디터에서 수정을 가능케 함과 동시에
6       //다른 스크립트에서도 speed변수에 접근할 수 있게 합니다.
        3 references
7       public float speed = 1f; //지구의 공전 각속도로 가정(기준)
        1 reference
8       public GameObject target; //태양을 유니티 에디터에서 타겟으로 삼기 위한 변수 선언
        2 references
9       private Vector3 targetPosition; //태양의 위치를 담기 위한 변수 선언
10
        0 references
11      private void Start()
12      {
13          targetPosition = target.GetComponent<Transform>().position; //태양의 위치를 변수에 할당
14      }
15
        0 references
16      private void Update()
17      {
18          //본 스크립트가 부착된 객체를 반시계방향으로 자전(지구의 자전 각속도는 공전 각속도의 365배)
19          transform.Rotate(Vector3.down * Time.deltaTime * speed * 365f)
20
21          //본 스크립트가 부착된 객체를 반시계방향으로 대상 중심으로 공전
22          transform.RotateAround(targetPosition, Vector3.down, Time.deltaTime * speed);
23      }
24  }
```

(코드 해설) 7 줄에서 지구의 속도, speed 를 1f 로 수정하였습니다. 이를 지구 공전 각속도로 봅니다.

19 줄에서 지구의 자전 주기와 공전 주기를 반영하기 위해 자전 각속도에 365f 를 곱하여 수치를 조정하였습니다. 공전 각속도가 자전 각속도의 약 365 배로 차이가 나는 부분을 고려하였습니다.

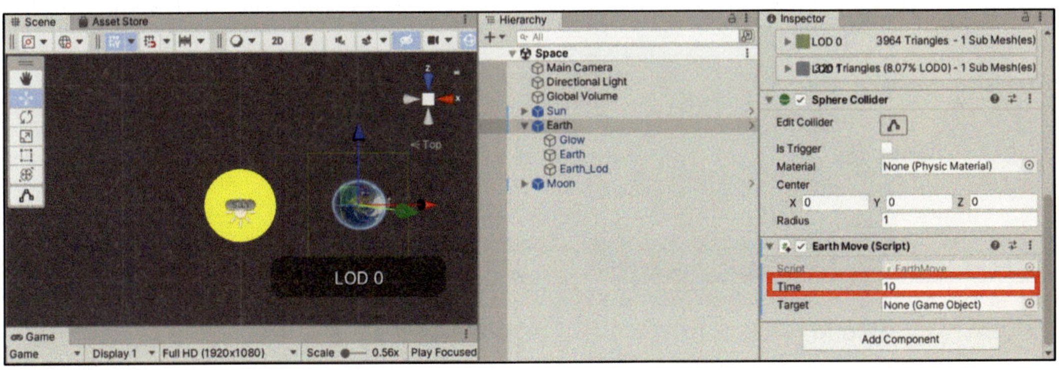

<TIP> Time 수치를 스크립트 상에서 10f 에서 1f 로 수정하였지만, 일단 컴포넌트로 등록하고 나면 자동으로 변환되지 않습니다. 직접 1f 로 수치를 조정해 두어야 합니다.

08 Play 후 확인하면, 지구의 움직임은 정상이지만, 달이 계속 처음 위치에 머물러 있는 문제가 있습니다.

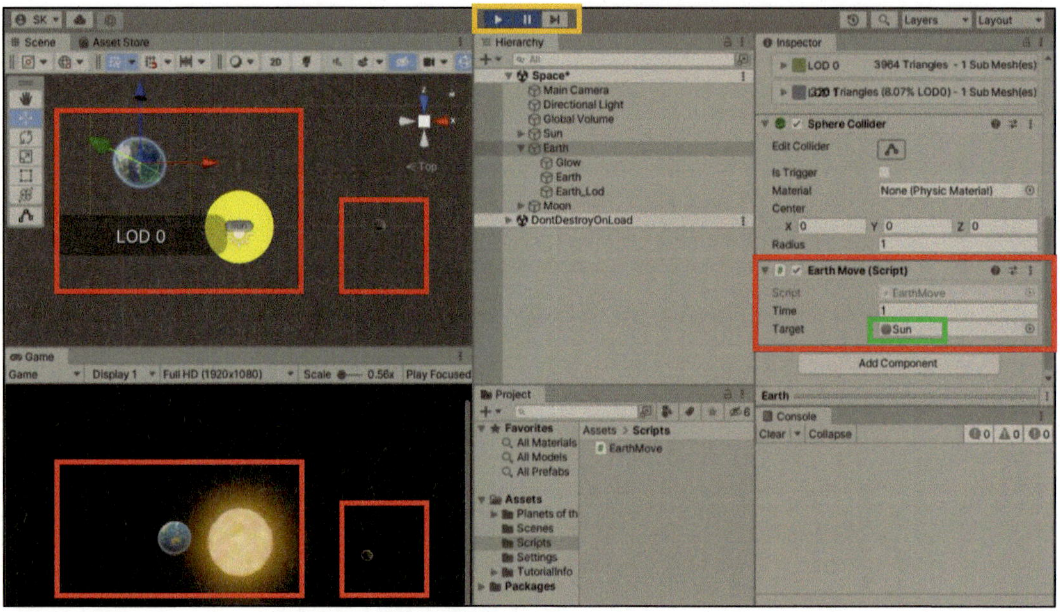

09 이제 달의 움직임을 구현하겠습니다. 달은 지구의 위성이며 공전 및 자전 주기가 동일하기 때문에 다소 다른 방법으로 접근합니다. 먼저, Earth 객체를 복사하고 AxisforMoon 으로 명명합니다. 이어서, AxisforMoon 객체의 Scale 수치를 x, y, z 값 모두 0.95 로 수정하여 Earth 에 가려지게 합니다.

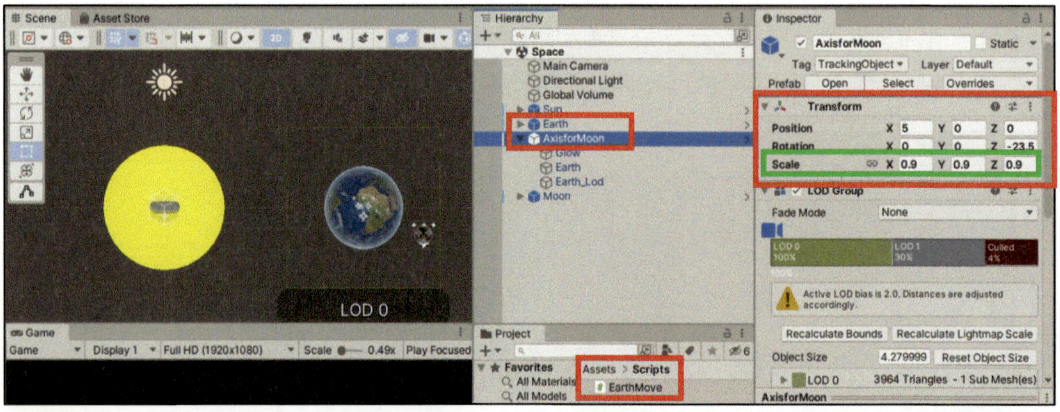

<TIP> AxisforMoon 객체도 Earth 와 같은 EarthMove 스크립트를 가지고 있어 같은 움직임을 가지는 상태임에 주목합니다. 여기서 약간의 수정을 가하여 달의 자전과 공전을 구현하려 합니다.

10 다음으로, Moon 객체를 AxisforMoon 객체의 자식 객체로 삼습니다. 이로써, AxisforMoon 객체의 움직임을 통해 Moon 객체를 제어할 수 있습니다.

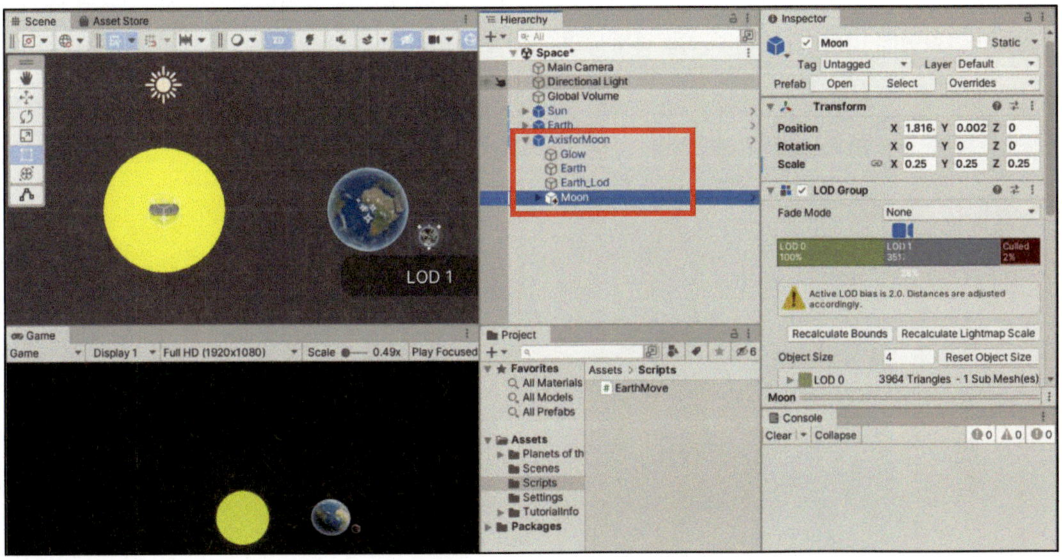

11 Play 해보면, 달이 지구의 기울어진 축을 중심으로 적절한 궤도를 그리며 회전하는 모습을 확인할 수 있습니다. 정확히는 AxisforMoon 객체를 따라 이동하며 회전하고 있습니다.

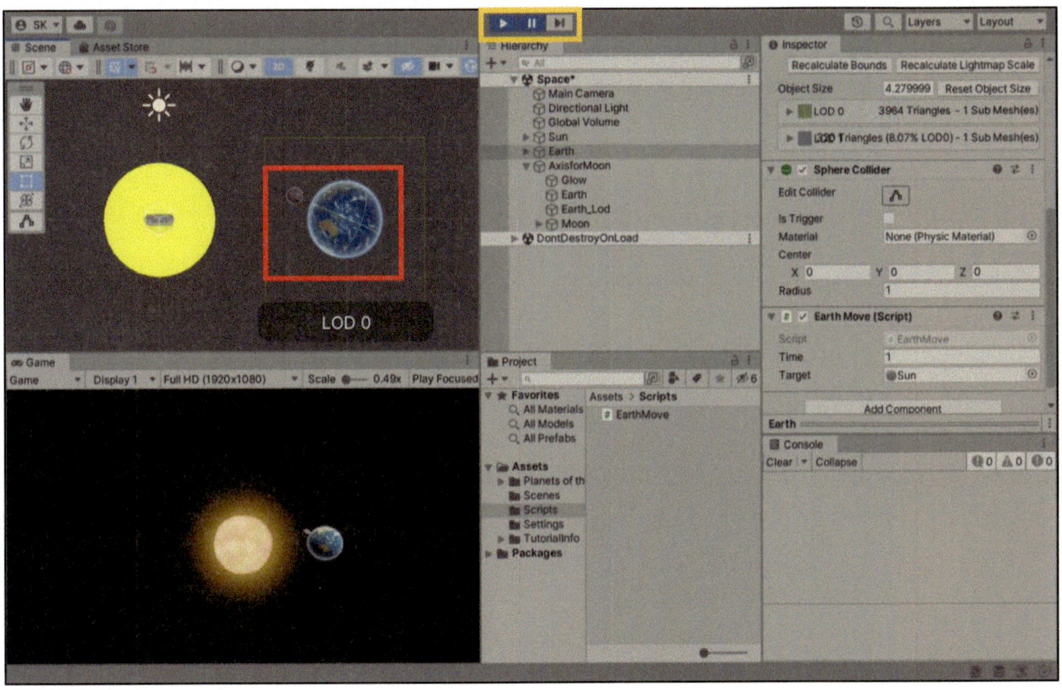

<TIP> Moon 객체의 LOD 값에 대한 주의사항이 있습니다. Moon 객체 선택 시, 인스펙터창에서 LOD1 의 Transition(% Screen Size) 값의 적용에 따라, LOD1 상태와 Culled 상태의 경계를 넘나드는 과정에서 Moon 객체가 사라지는 현상이 있을 수 있습니다. 적절히 수치를 조절하여 이러한 현상을 예방해야 합니다. (화면에 나타나지 않는 만큼 성능상의 이점을 노리는데 이런 부작용이 있을 수 있습니다.)

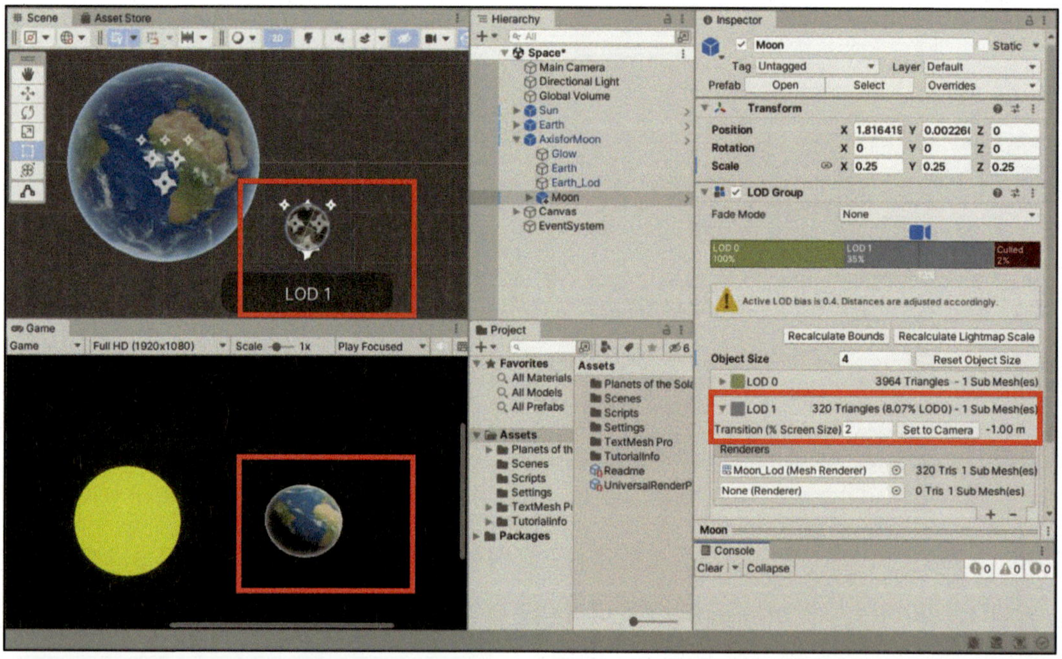

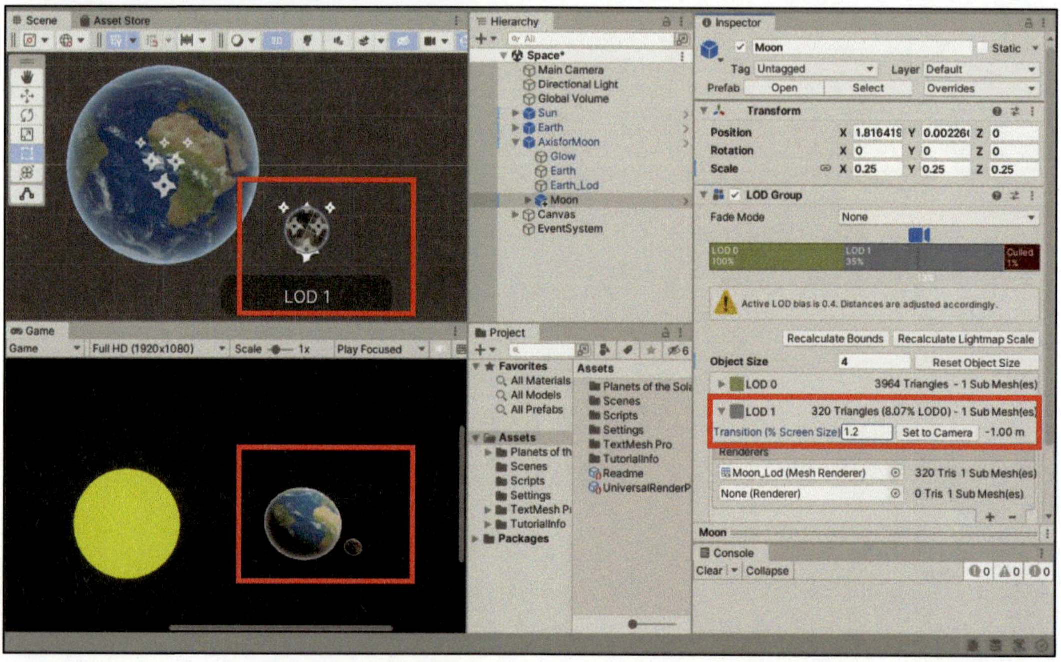

12 달의 자전 및 공전 속도 조절을 위해 스크립트 작업을 진행합니다. {Assets}-{Scripts}폴더에서 EarthMove 스크립트 파일을 복사하고, 파일명을 MoonMove 로 설정합니다. AxisforMoon 객체에 적용할 스크립트입니다.

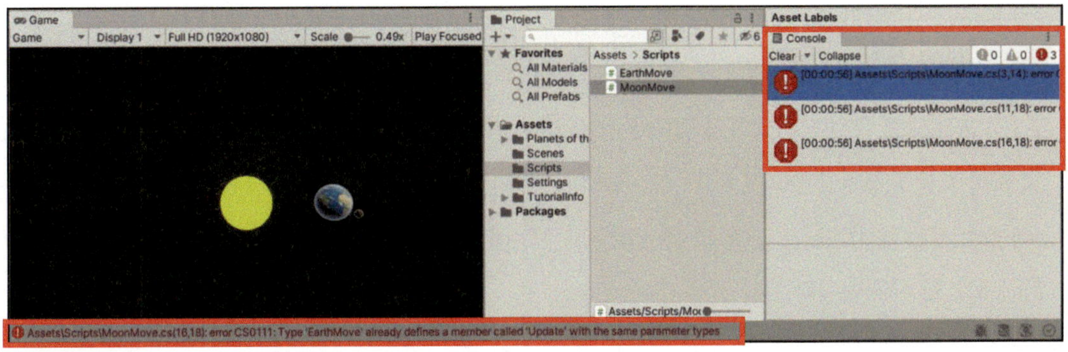

<TIP> 파일명을 수정하였지만, 스크립트 파일내의 클래스를 동일하게 맞춰주지 않아 오류가 나타난 상태입니다. 스크립트 파일을 열어 클래스 명을 파일 명에 맞게 수정하면 오류가 사라집니다.

13 MoonMove 스크립트 파일을 열고 아래처럼 코드를 수정하여 달의 움직임을 구현할 준비를 합니다.

```
using UnityEngine;

0 references
public class MoonMove : MonoBehaviour
{
    //public으로 선언하여, 유니티 에디터에서 수정을 가능케 함과 동시에
    //다른 스크립트에서도 time변수에 접근할 수 있게 합니다.
    1 reference
    public GameObject target; //태양을 유니티 에디터에서 타겟으로 삼기 위한 변수 선언
    2 references
    private Vector3 targetPosition; //태양의 위치를 담기 위한 변수 선언
    1 reference
    public GameObject earth; //지구를 유니티 에디터에서 담기 위한 변수 선언
    3 references
    private float earthSpeed; //지구의 속도를 담기 위한 변수 선언

    0 references
    private void Start()
    {
        targetPosition = target.GetComponent<Transform>().position; //태양의 위치를 변수에 할당
    }

    0 references
    private void Update()
    {
        //지구의 속도를 변수에 할당 및 달에 맞게 변환
        earthSpeed = earth.GetComponent<EarthMove>().speed;

        //본 스크립트가 부착된 객체를 반시계방향으로 자전 (달의 공전에 대응)
        transform.Rotate(Vector3.down * Time.deltaTime * earthSpeed * 365f / 27f);

        //본 스크립트가 부착된 객체를 반시계방향으로 대상 중심으로 공전
        transform.RotateAround(targetPosition, Vector3.down, Time.deltaTime * earthSpeed);
```

(코드 해설) 9 줄에서 지구 객체를 유니티 에디터에서 담을 변수를 선언하고, 10 줄에서 지구의 속도를 담을 변수를 선언합니다. earthSpeed 변수의 경우 EarthMove 스크립트 파일과는 달리 private 으로 선언하여 유니티 에디터 상에 노출되지 않도록 하였습니다.

20 줄은 유니티 에디터 상에서 Earth 객체에 부착된 EarthMove 스크립트 컴포넌트로부터 speed 변수값을 받아옵니다. 이를 earthSpeed 변수에 할당합니다.

23 줄에서 달의 공전에 대응하기 위해 earthSpeed(지구의 공전 각속도)의 365/27 배로 속도를 조절한 부분에 주목합니다. 즉, 지구의 자전 각속도의 1/27 배로 움직이도록 설정하였습니다.

26 줄은 지구가 공전하는 궤도를 달이 따라서 움직이도록 하는 것으로 EarthMove 스크립트와 동일하게 코드를 유지합니다.

14 유니티 에디터로 돌아와서 인스펙터창을 활용하여 MoonMove 스크립트를 AxisforMoon 객체의 컴포넌트로 지정하고 (EarthMove) 스크립트 컴포넌트는 제거합니다. 이후 Sun 과 Earth 객체를 Target 과 Earth 속성에 할당합니다.

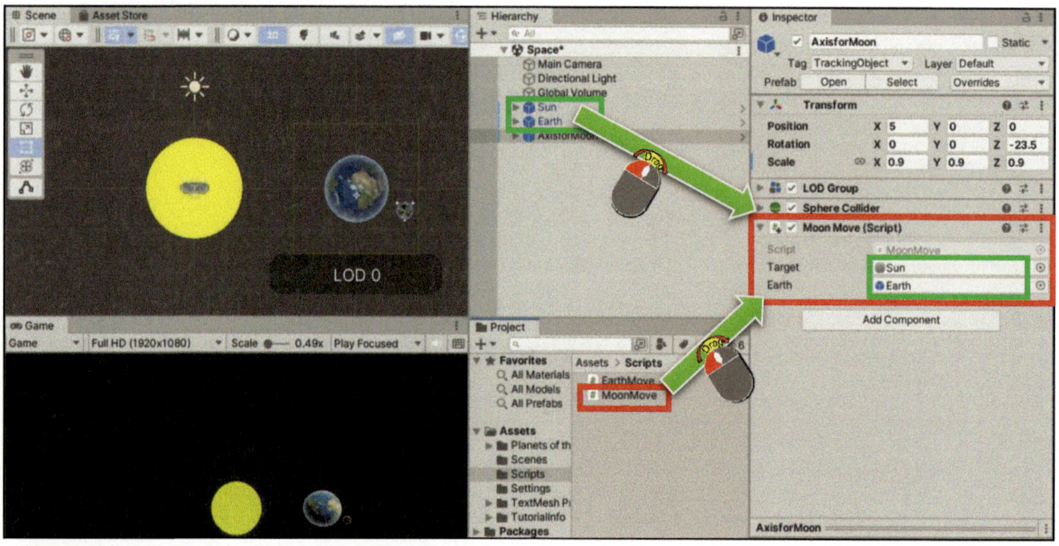

<TIP> 현재, AxisforMoon 객체는 Moon 객체를 자식으로 가진 채로, Earth 객체 속에 가려져 있는 점에 주목합니다. 또한 AxisforMoon 객체에 컴포넌트로 적용된 MoonMove 스크립트는, Earth 객체에 컴포넌트로 적용된 EarthMove 객체와 공전 각속도가 동일하기 때문에 동일한 궤도를 그리며 Sun 객체 주위를 공전하도록 합니다. 둘의 차이는 자전 각속도에서 납니다. 유니티 상에는 Earth 객체가 자전하는 것은 보이는 데 비해, AxisforMoon 객체의 자전은 보이지 않습니다. 대신, AxisforMoon 객체의 자식 객체인 Moon 객체가 AxisforMoon 을 중심에 두고 공전하는 것으로 보이게 됩니다.

15 Play 버튼을 누르면, 지구의 공전과 자전 및 달의 공전과 자전이 정상적으로 구현되는 것을 볼 수 있습니다. Play 상태에서 하이어라키창의 Earth 객체를 선택한 뒤, 인스펙터창에서 (Earth Move) 스크립트 컴포넌트의 Speed 속성을 조절하면 지구와 달이 움직이는 속도를 조절할 수 있습니다.

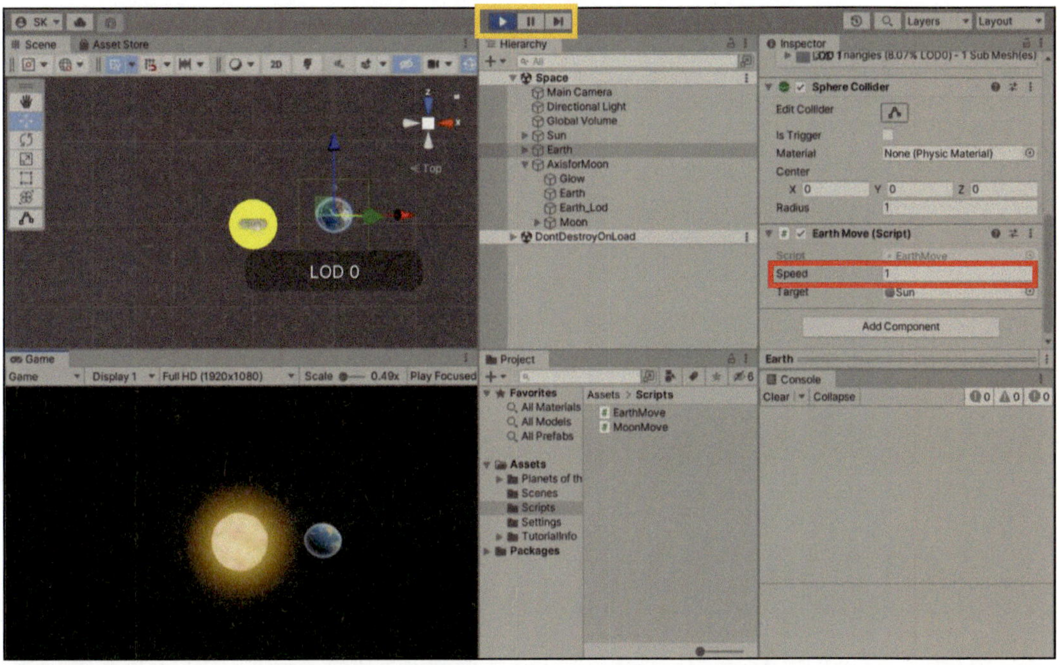

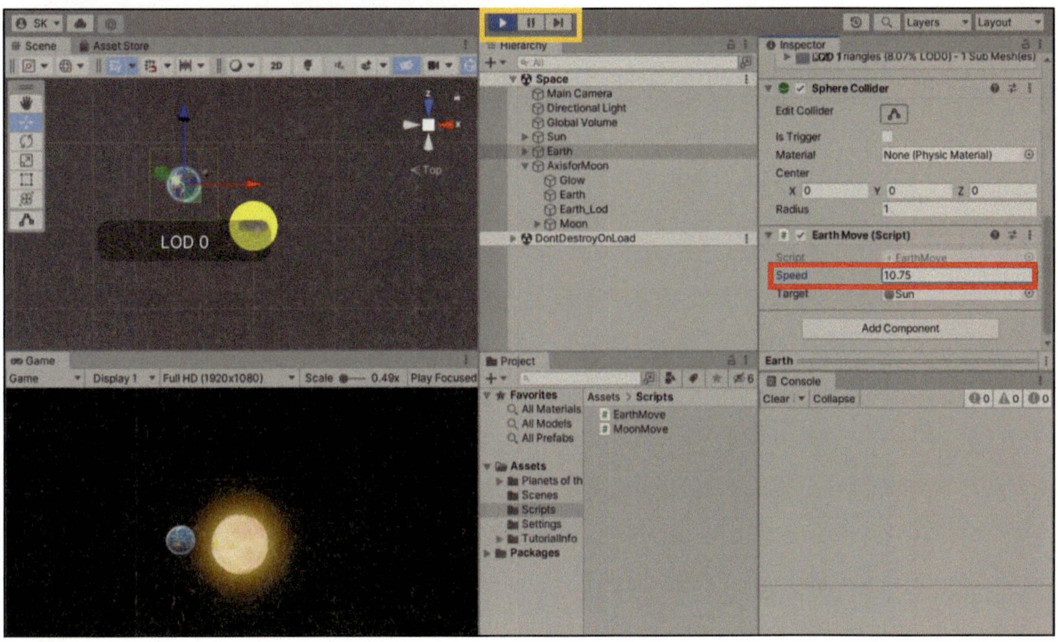

<TIP> Speed 값을 조절해도 각 천체가 움직이는 상호관계는 변하지 않습니다.

16 마지막으로 Play 시에도 천체가 움직이는 속도를 조절할 수 있도록 하겠습니다. 하이어라키창에서 [+]-[UI]-[Slider]를 선택하여 화면상에 Slider 를 생성한 뒤, 화면 우측에 배치합니다.

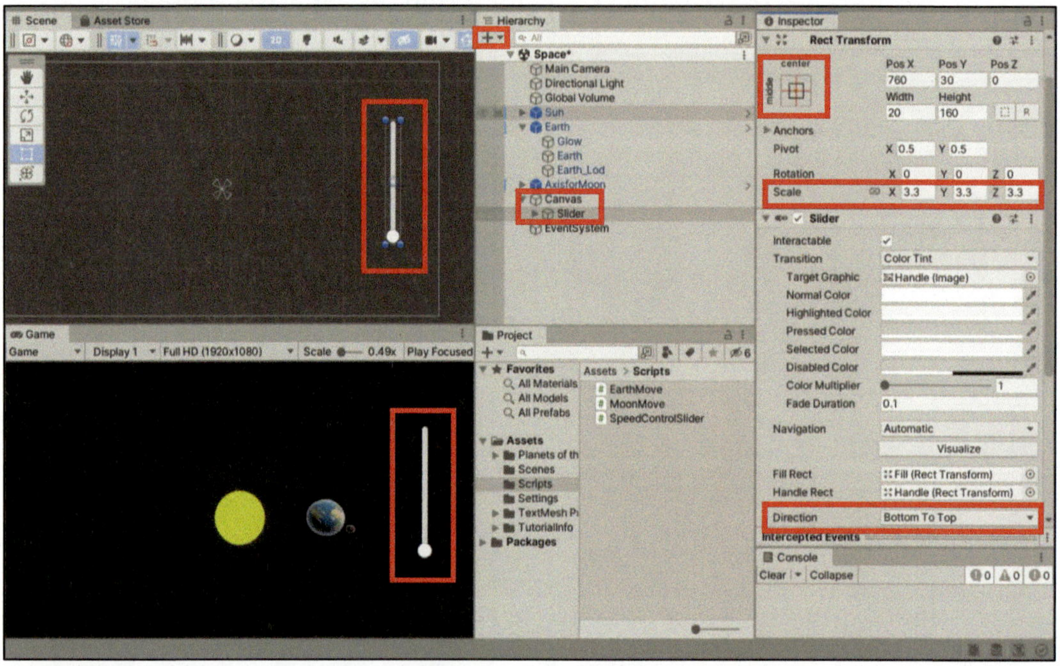

<TIP> (Rect Transform) 컴포넌트에서 Anchors 를 활용하여 화면 우측에 고정시키도록 하고, Scale 을 활용하여 크기를 조정하는 것이 편리합니다. 또한, (Slider) 컴포넌트에서 Direction 을 Bottom To Top 으로 설정하면 아래에서 위로 향하는 Slider 를 표현할 수 있습니다.

17 Slider 객체를 선택한 상태에서, 인스펙터창에서 다음의 수치를 조정합니다. 각각, 최소값, 최대값, 초기값입니다. 모두 지구 공전의 속도 speed 와 연결할 예정입니다.

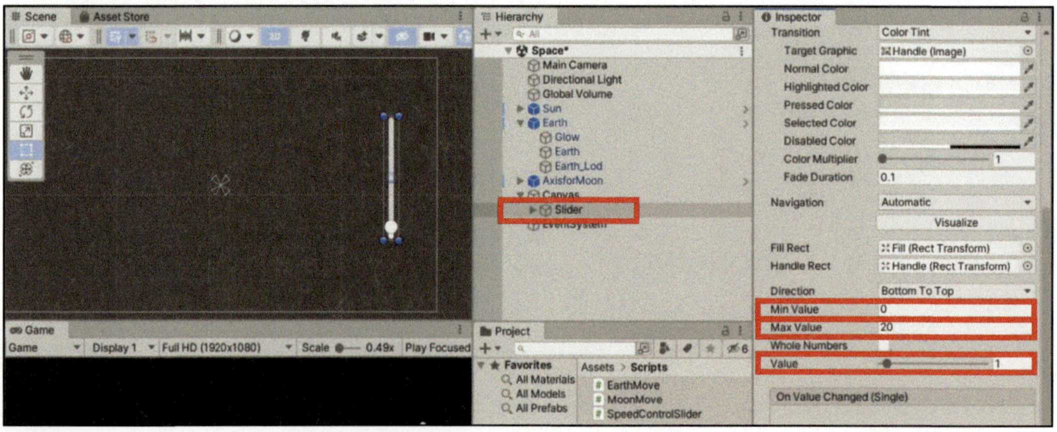

18 프로젝트창에서{Assets}-{Scripts}폴더 내에 SpeedControlSlider 스크립트 파일을 생성합니다. 이를 통해 Slider 와 천체 속도를 연결 짓겠습니다.

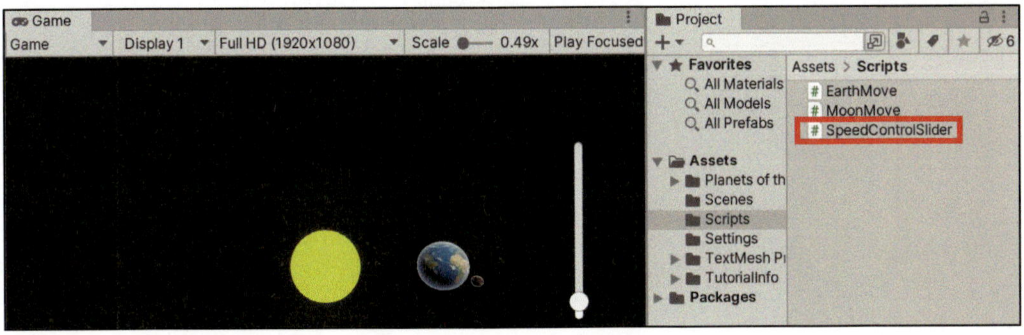

19 SpeedControlSlider 스크립트 파일을 열고 아래의 코드를 입력합니다.

```
1   using UnityEngine;
2   using UnityEngine.UI; //UI관련 기능 접근을 위한 네임스페이스 선언
3
    0 references
4   public class SpeedControlSlider : MonoBehaviour
5   {
        2 references
6       public Slider slider; //slider변수를 public으로 선언하여 유니티 에디터에서의 접근 허용
        1 reference
7       public GameObject earth; //지구를 유니티 에디터에서 담기 위한 변수 선언
8
        0 references
9       public void Start()
10      {
11          //slider의 onValuChanged 속성에 ValueChangeCheck()라는 하단의 함수를 delegate 명령을 통해 할당하여 리스너 추가
12          slider.onValueChanged.AddListener(delegate {ValueChangeCheck(); });
13
14      }
15
16      //slider의 값이 바뀌면 호출할 함수 선언
        1 reference
17      public void ValueChangeCheck()
18      {
19          //유니티 에디터 상의 Earth객체를 찾고, 그 속의 EarthMove스크립트 컴포넌트 speed값에 접근하여 슬라이드 밸류값으로 변환
20          earth.GetComponent<EarthMove>().speed = slider.value;
21      }
22  }
```

(코드 해설) 2 줄에서 using UnityEngine.UI 네임스페이스 선언으로 UI 기능에 접근하도록 합니다.

6 줄에서 Slider 타입의 slider 를 public 으로 선언하여 추후 유니티 에디터에서 객체를 할당합니다.

7 줄에서 지구 객체를 유니티 에디터에서 담기 위해 변수를 public 으로 선언합니다.

12 줄에서 slider 에 리스너를 추가하여 slider 값이 바뀔 때 반응할 수 있도록 합니다. delegate 는 함수의 매개변수에 함수를 집어넣기 위해 활용하는 명령어입니다.

17~21 줄에서 ValueChangeCheck() 함수를 선언합니다. 함수 내의 19 줄을 통해 유니티 에디터 상의 하이어라키창에 위치한 Earth 객체에 접근하며, Earth 객체의 (EarthMove) 스크립트 컴포넌트에 담겨있는 변수인 speed 의 값을 조절할 수 있게 됩니다.

20 최종적으로, SpeedContorlSlider 스크립트를 Slider 객체에 할당하고, 인스펙터창에서 (Speed Control Slider) 스크립트 컴포넌트의 속성인 Slider 에 하이어라키창의 Slider 를 할당합니다. 이후, Slider 객체와 Earth 객체를 Slider 속성과 Earth 속성에 각각 할당합니다.

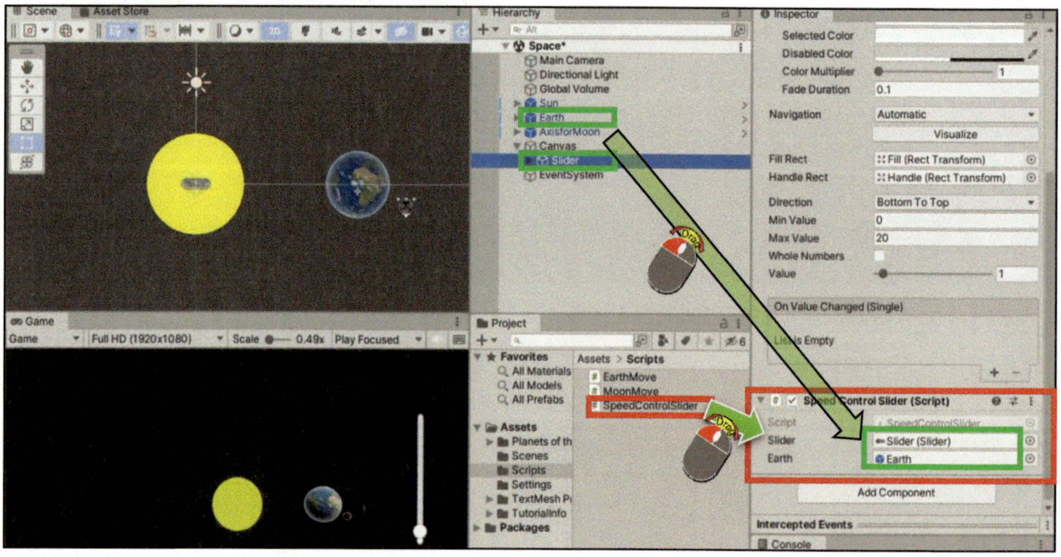

21 Play 후, slider 를 상하로 조절하면 천체 이동 속도가 변하며, 시뮬레이션이 정상 작동합니다.

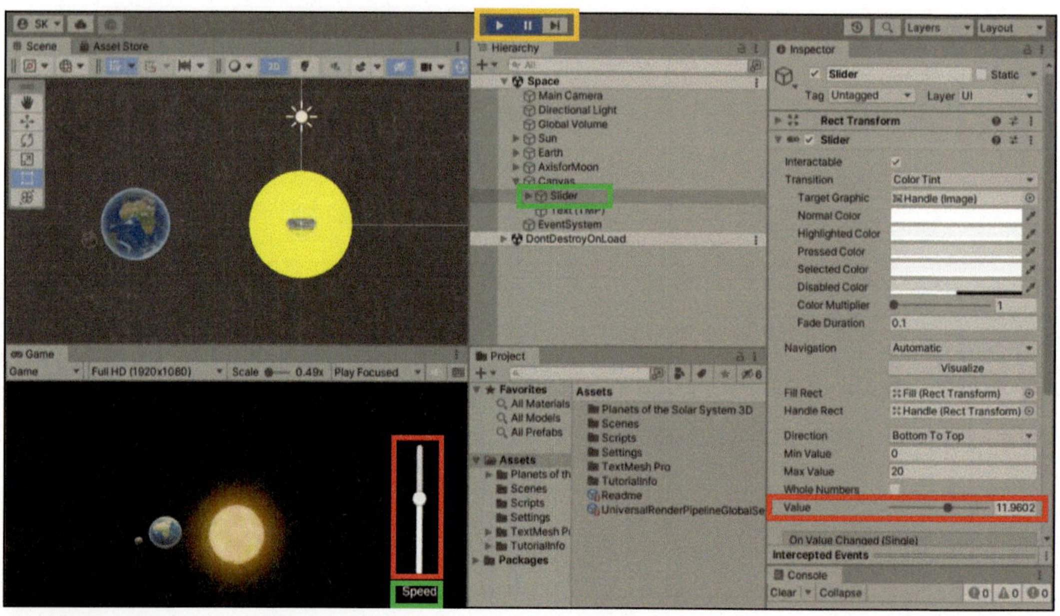

<TIP> slider 의 제목을 표시하기 위해 Text 객체를 추가하였습니다.

심화 학습: 태양계 표현하기

01 프로젝트를 심화하여 태양계 전체 움직임을 표현해보겠습니다. 태양계의 행성별로 거리나 크기를 모두 표현하기는 어렵기 때문에, 자전, 공전 및 각 궤도의 기울기를 표현하고자 합니다. 이를 위하여 관련되는 데이터를 표로 정리해 보겠습니다.

종류 / 행성	자전주기(일)	황도면 기준 자전축 기울기(도)	공전주기(일)	황도면 기준 공전궤도 기울기(도)
수성	58	0.03	88	7
금성	243(역방향)	177.4	224	3.39
지구	1	23.5	365	0
화성	1	25.9	687	1.85
목성	0.4	3.13	4328.9	1.3
토성	0.4	26.73	10752.9	2.48
천왕성	0.71(역방향)	97.77	30660	0.77
해왕성	0.67	28.32	60223	1.77

[출처] 위키백과, https://ko.wikipedia.org/

02 위의 데이터를 유니티 에디터 상에서 반영하기 위한 수치 데이터로 전환해봅니다.

종류 / 행성	자전주기(일) 회전속도 (스크립트)	황도면 기준 자전축 기울기(도) 본 객체의 기울기 - 공전궤도 분을 빼야 함 (Z 축 기준)	공전주기(일) 타겟 객체의 회전속도 (스크립트)	황도면 기준 공전궤도 기울기(도) 타겟 객체의 기울기 (Z 축 기준)
수성	1/58	-0.03 - 7	1/88	7
금성	-1/243(역방향)	-177.4 - 3.39	1/224	3.39
지구	1	-23.5	1/365	0
화성	1	-25.9 - 1.85	1/687	1.85
목성	1/0.4	-3.13 - 1.3	1/4328.9	1.3
토성	1/0.4	-26.73 - 2.48	1/10752.9	2.48
천왕성	-1/0.71(역방향)	-97.77 - 0.77	1/30660	0.77
해왕성	1/0.67	-28.32 - 1.77	1/60223	1.77

<TIP> 궤도 설계 시, 각 행성을 중심이 되는 태양을 타겟으로 공전 궤도가 기울어지게 됩니다. 이 때, 자전축도 동시에 기울어지기 때문에, 황도면 기준 자전축의 기울기를 정확하게 표현하기 위해서는 공전궤도를 만들 때 영향을 받은 만큼을 각 행성 객체의 자체 기울기에서 빼 주어야 합니다.

03 유니티 에디터로 돌아와, 프로젝트창의 {Scenes} 폴더에서 Space 씬을 복제(윈도우 탐색기를 이용)하여 Space_planets 씬을 생성한 뒤, 아래의 객체만 남기고 모두 제거합니다. Canvas 객체는 비활성화하여 남겨둡니다.

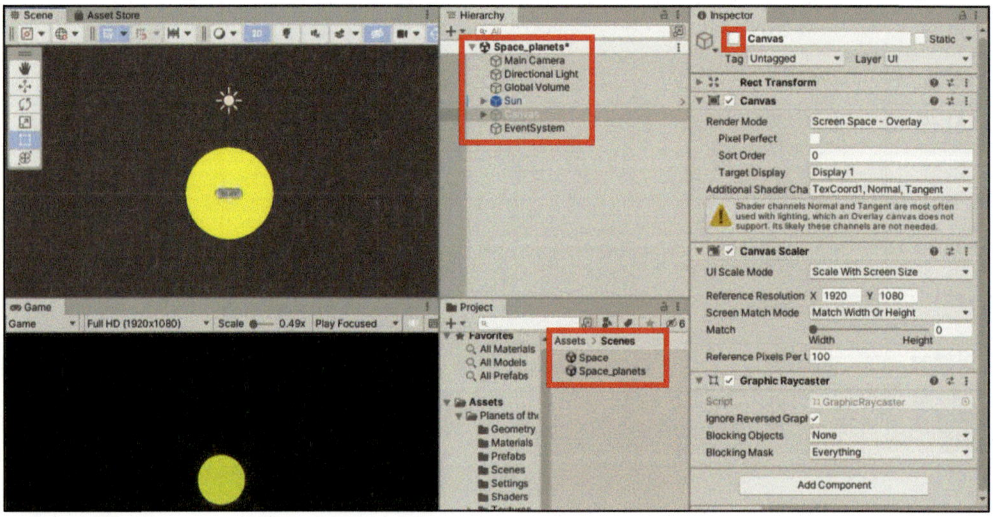

04 프로젝트창의 {Planets of the Solar System 3D}-{Prefabs} 폴더에서 Mercury, Venus, Earth, Mars, Jupiter, Saturn, Uranus, Neptune 까지 8 개의 행성 Prefab 을 하이어라키창에 가져옵니다.

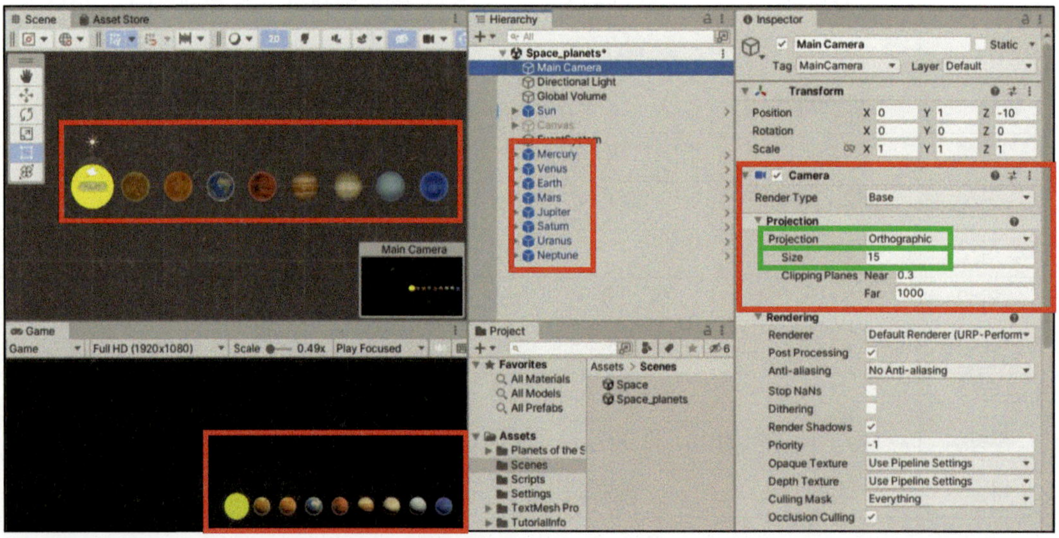

<TIP> 하이어라키창에서 Main Camera 객체를 선택한 채로, Camera 컴포넌트의 Projection 을 Orthographic, Size 를 15 로 설정하여 행성이 모두 게임뷰에 나타나도록 설정합니다.

05 다음으로, 각 행성의 공전 궤도의 축에 해당하는 빈 객체를 생성하고 명칭을 정리합니다. 생성하는 모든 객체의 위치와 회전각도는 Sun 객체와 동일한 (0,0,0)입니다. 인스펙터창에서 (Transform) 컴포넌트 Position 속성 및 Rotation 속성을 통해 확인합니다.

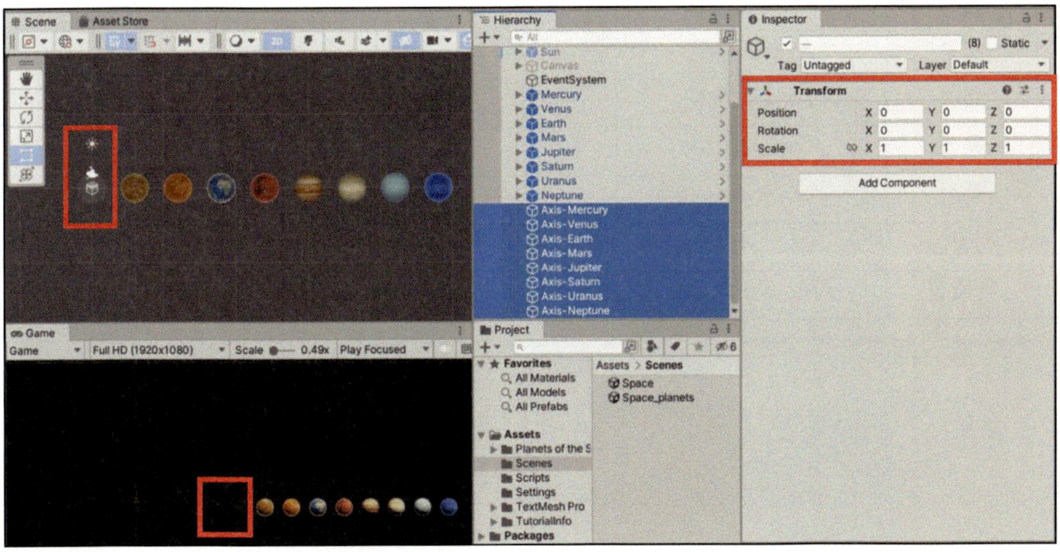

<TIP> Sun 객체는 다른 축 객체와의 구분을 위해 잠시 비활성화 처리하였습니다.

06 이제 각 행성을, 자신의 공전 궤도의 축에 해당하는 객체의 자식 객체로 모두 집어넣습니다.

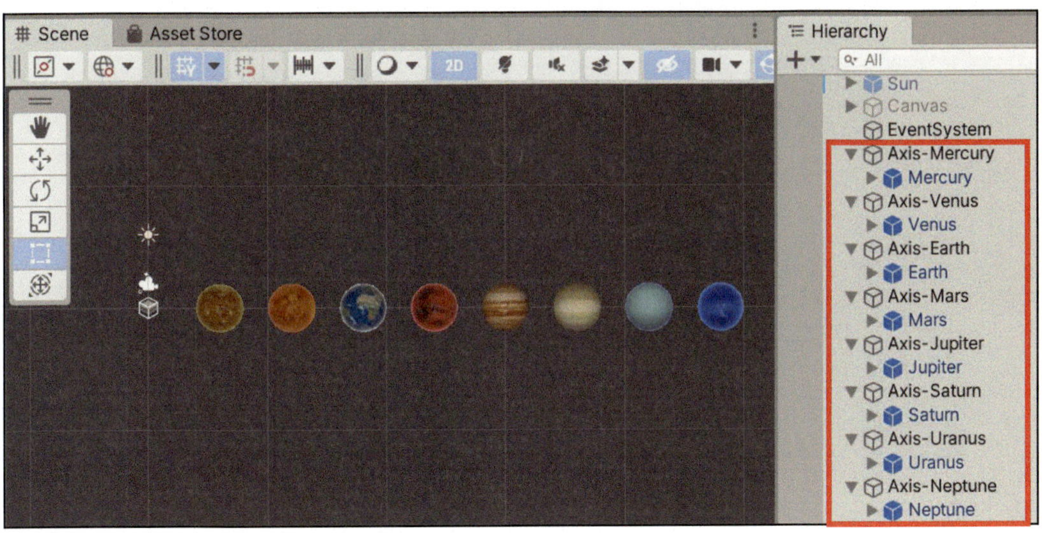

07 Axis-Mercury 부터, Axis-Neptune 까지 해당하는 공전 궤도 기울기 수치를 입력합니다. 지구의 공전면을 기준으로 조금씩 어긋나는 모습을 나타내는 것에 주목합니다.

종류 / 행성 명 / 축 객체		황도면 기준 공전궤도 기울기(도)
		타겟 객체의 기울기 (Z 축 기준)
수성	Axis-Mercury	7
금성	Axis-Venus	3.39
지구	Axis-Earth	0
화성	Axis-Mars	1.85
목성	Axis-Jupiter	1.3
토성	Axis-Saturn	2.48
천왕성	Axis-Uranus	0.77
해왕성	Axis-Neptune	1.77

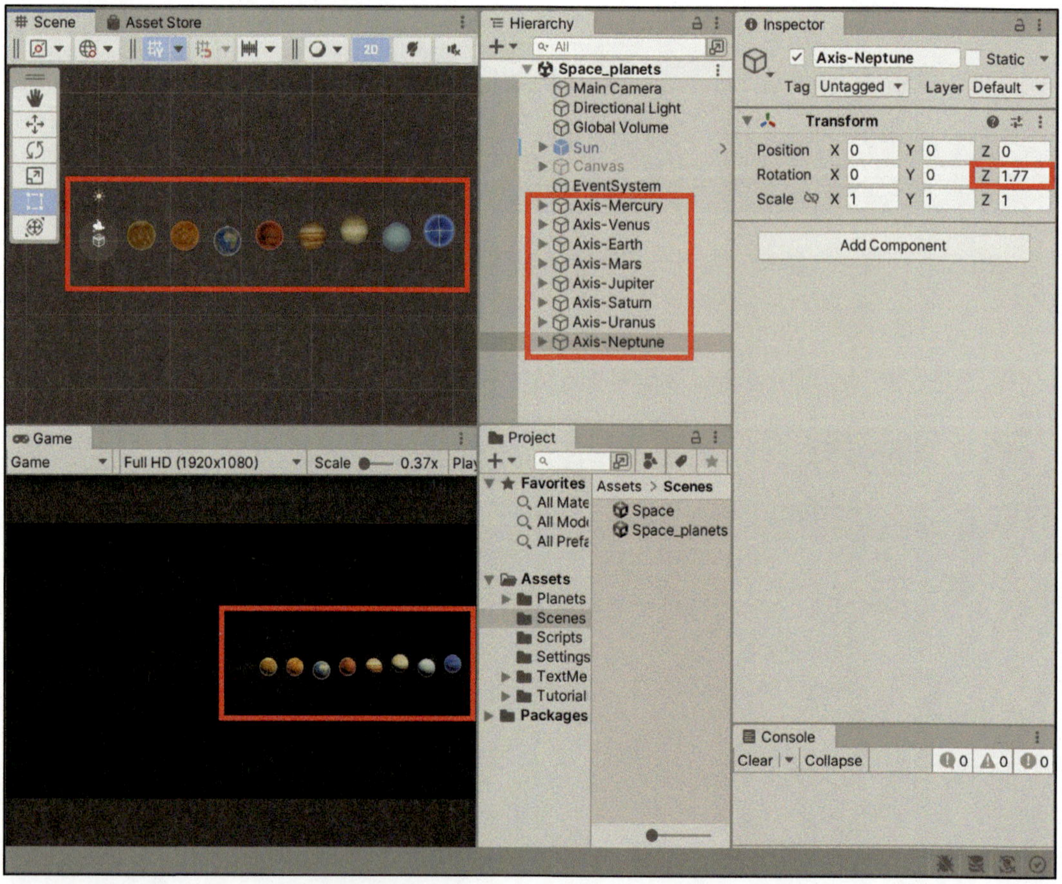

08 다음, Mercury 부터, Neptune 까지 해당하는 객체의 자전 축 기울기 수치를 입력합니다. 각 행성의 공전궤도가 기울어짐에 따라 행성의 자전축이 기울어진 부분을 보완하는 것을 잊지 않도록 합니다.

행성 명 / 객체 (종류)		황도면 기준 자전축 기울기(도) 타겟 객체의 기울기 (Z 축 기준)
수성	Mercury	-0.03 - 7 = -7.03
금성	Venus	-177.4 - 3.39 = -180.79
지구	Earth	-23.5
화성	Mars	-25.9 - 1.85 = -27.75
목성	Jupiter	-3.13 - 1.3 = -4.43
토성	Saturn	-26.73 - 2.48 = -29.21
천왕성	Uranus	-97.77 - 0.77 = -98.54
해왕성	Neptune	-28.32 - 1.77 = -30.99

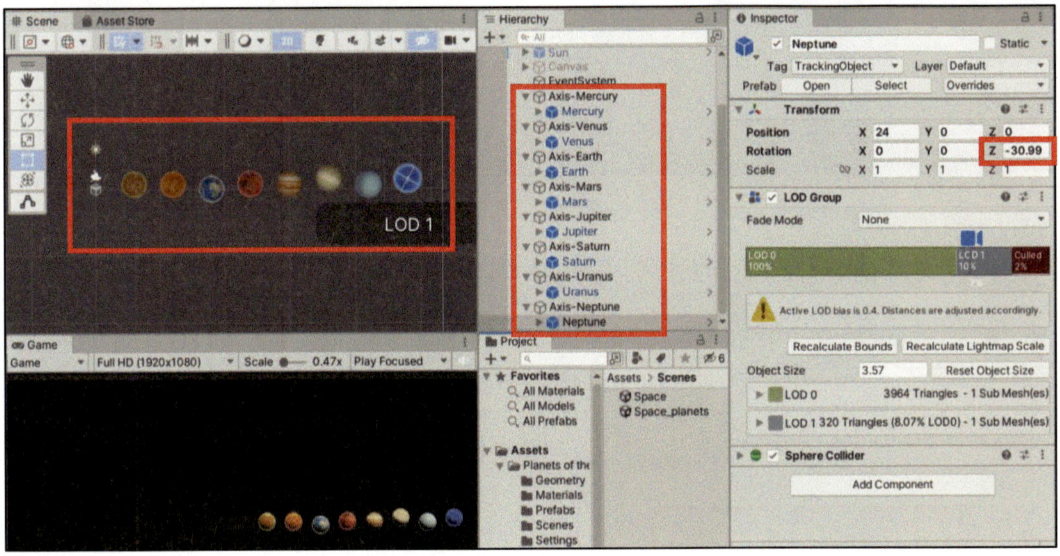

09 행성들의 움직임을 통일성 있게 제어하기 위해, 지구의 자전 속도를 모든 행성 속도의 기준으로 정하려 합니다. {Assets}-{Scripts} 폴더에 Speed 라는 스크립트 생성 후 아래의 코드를 입력합니다.

```
using UnityEngine;

1 reference
public class Speed : MonoBehaviour
{
    1 reference
    public float speed = 0f; //모든 행성들의 공전 혹은 자전의 기준이 되는 속도, slider로 제어
}
```

(코드 해설) 5 줄에서 speed 값을 0f 로 초기화합니다. 이 값은 추후 slider 객체로 조절할 수 있도록 할 예정입니다.

이어서 Speed 스크립트를 Earth 객체의 스크립트 컴포넌트로 적용합니다.

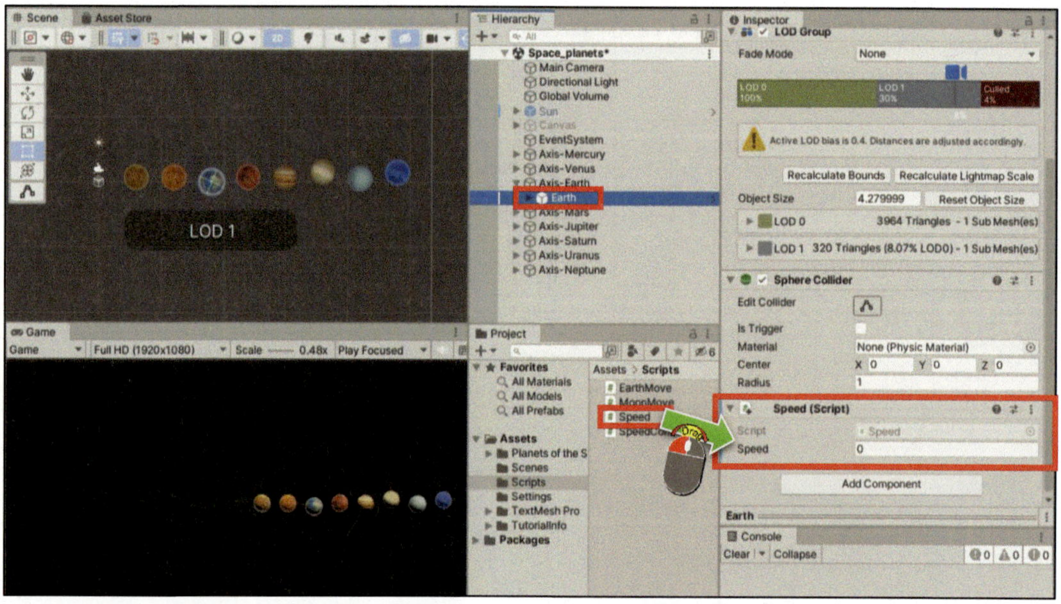

10 다음으로 행성들의 자전 움직임을 제어하는 스크립트를 작성합니다. {Assets}-{Scripts} 폴더에 PlanetRotate 라는 스크립트를 생성하고 아래의 코드를 입력합니다.

```
1  using UnityEngine;
2  
   0 references
3  public class PlanetRotate : MonoBehaviour
4  {
       2 references
5      private GameObject earth;
       2 references
6      private float earthSpeed;
7  
8      //유니티 에디터로 접근하여 행성별 속도 배수값을 입력하기 위한 변수 선언
       1 reference
9      public float planetSpeed;
```

(코드 해설) 5~6 줄에서 earth 객체와 그 속도를 담을 변수를 각각 선언합니다.

9 줄에서 planetSpeed 변수를 public 으로 선언하여 유니티 창에서 각 행성별로 구체적인 값을 할당할 수 있도록 선언합니다.

```
       0 references
11     private void Start() {
12         earth = GameObject.Find("Earth");
13     }
14
       0 references
15     private void Update()
16     {
17         //slider로 변하는 지구의 각속도 지속적으로 탐색
18         earthSpeed = earth.GetComponent<Speed>().speed;
19
20         //본 스크립트가 부착된 객체를 반시계방향으로 자전(지구의 각속도에 행성의 배수값을 곱)
21         transform.Rotate(Vector3.down * Time.deltaTime * earthSpeed * planetSpeed);
22     }
23 }
```

11~13 줄에서 earth 변수에 Earth 객체를 담을 수 있도록 Start 함수에 구문을 작성합니다. 이로서 Play 시 유니티가 Earth 객체에 담긴 Speed 스크립트 컴포넌트에 접근합니다.

18 줄에서 earthSpeed 에 Earth 객체의 Speed 스크립트 컴포넌트에 담긴 speed 값을 담습니다. Update() 함수에 구문을 입력하기 때문에 프레임마다 값을 갱신합니다. 이로서 slider 조절 값에 즉각 반응하여 행성의 속도를 실시간으로 조절할 수 있게 됩니다.

21 줄에서 행성의 자전을 명령합니다. earthSpeed 에 planetSpeed 를 곱하여 행성별로 속도의 차이를 반영하게 됩니다. (Time.deltaTime 은 기기별 성능차에도 균일한 속도를 보이도록 조절하는 구문임을 기억합니다.)

11 8 개 모든 행성에 PlanetRotate 스크립트를 컴포넌트로 두고, 각각의 자전 속도 값을 입력합니다.

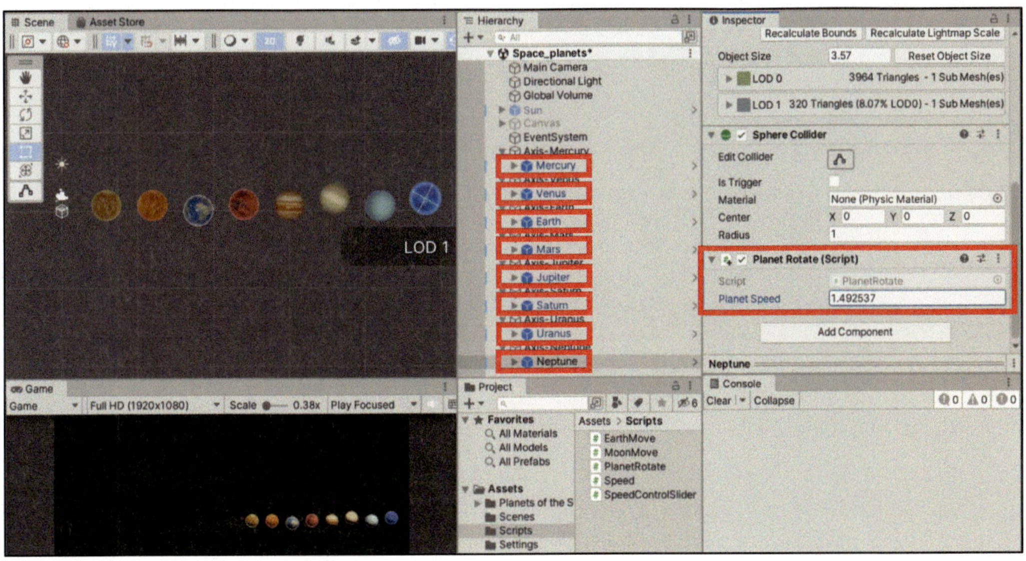

행성 명 / 객체 (종류)		자전주기(일) / 회전 속도 (스크립트)
수성	Mercury	1/58
금성	Venus	-1/243 (역방향)
지구	Earth	1
화성	Mars	1
목성	Jupiter	1/0.4
토성	Saturn	1/0.4
천왕성	Uranus	-1/0.71 (역방향)
해왕성	Neptune	1/0.67

<TIP> 수치를 입력창에 그대로 입력하면 분수를 입력해도 자동으로 소수로 계산되어 반영됩니다.

12 이제 Earth 객체를 선택한 상태로, 인스펙터창에서 (Speed) 스크립트 컴포넌트의 Speed 속성값을 1000 정도로 설정해보면 모든 행성이 자전하는 것을 확인할 수 있습니다.

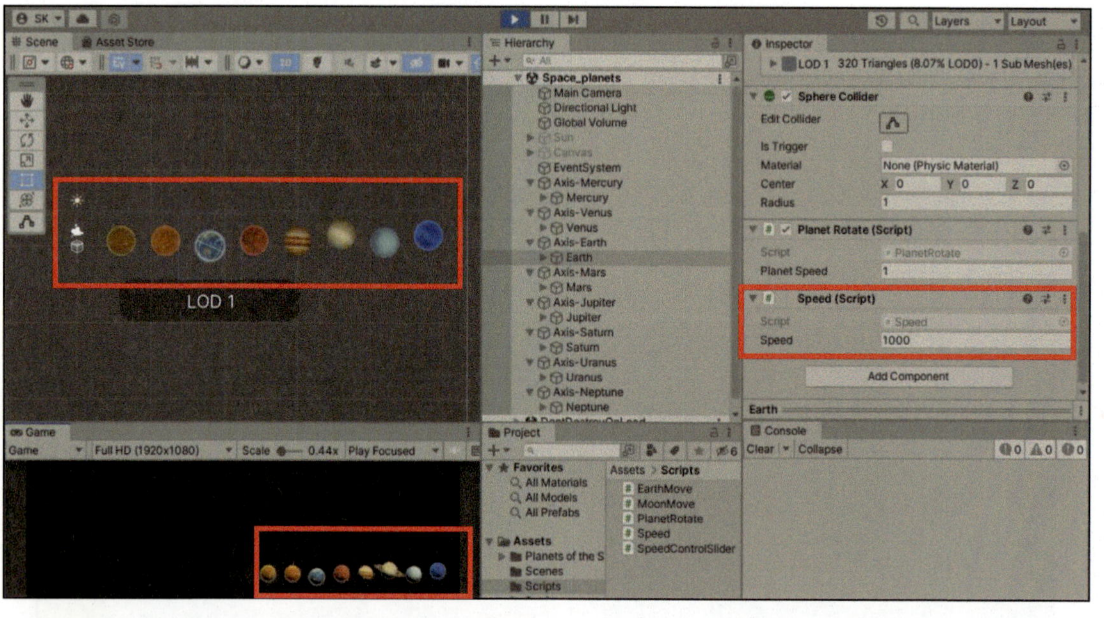

<TIP> 자전 속도가 지구에 비해 많이 느린 행성이 존재하기 때문에 상대적으로 빠른 값을 Speed 에 적용하였습니다. 원하는 대로 조절해 봅니다.

13 행성들의 공전 움직임을 구현하기 위해서도 PlanetRotate 스크립트를 그대로 활용합니다. Axis-Mercury 부터 Axis-Neptune 까지 8 개의 축 객체에 PlanetRotate 스크립트를 적용하고 해당하는 공전 속도 수치를 입력합니다.

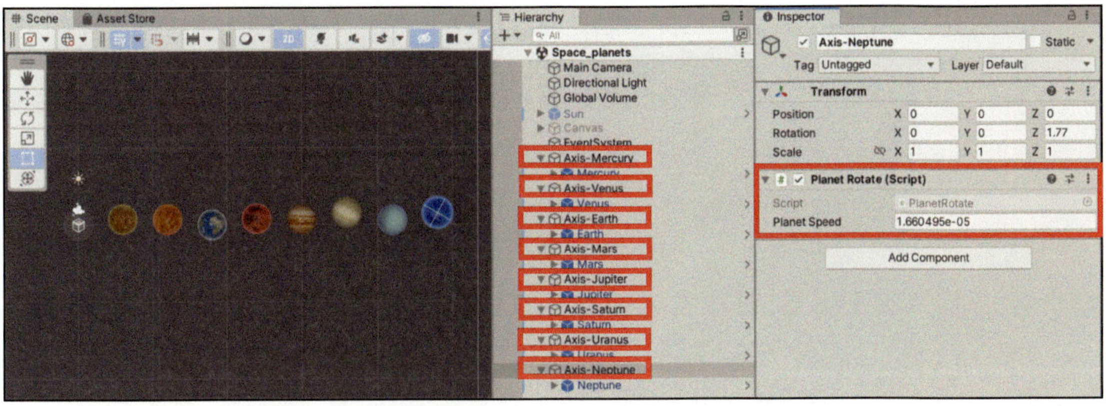

행성 명 / 객체 (종류)		공전주기(일) / 회전 속도 (스크립트)
수성	Mercury	1/88
금성	Venus	1/224
지구	Earth	1/365
화성	Mars	1/687
목성	Jupiter	1/4328.9
토성	Saturn	1/10752.9
천왕성	Uranus	1/30660
해왕성	Neptune	1/60223

<TIP> 수치를 입력창에 그대로 입력하면 분수로 입력해도도 자동으로 소수로 계산되어 반영됩니다.

14 Sun 객체를 활성화하고 Play 하면 행성들이 자전하며 공전하는 모습을 볼 수 있습니다.

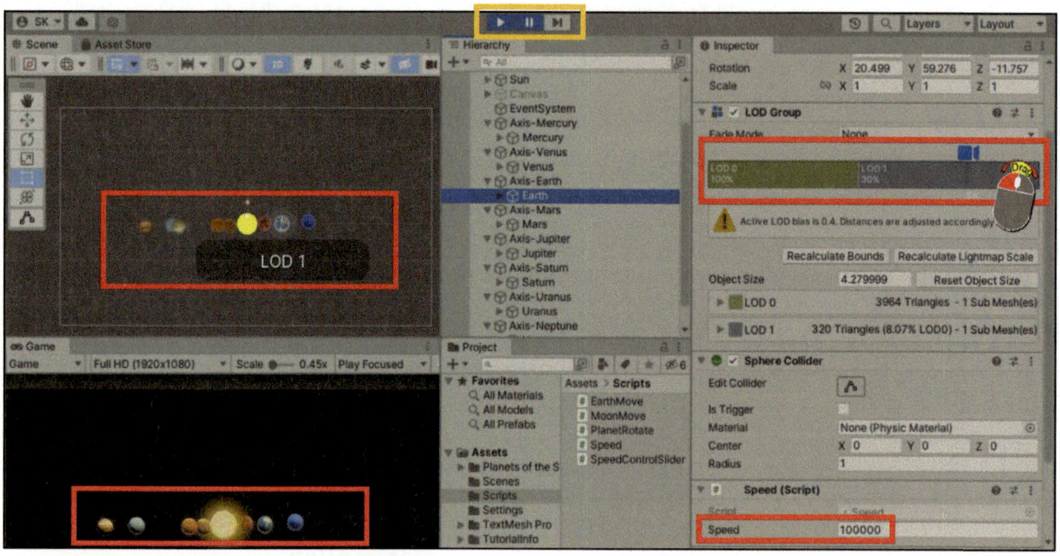

<TIP> 행성 객체별로 인스펙터창에서 LOD Group 값 맨 우측의 Cull 영역을 제거하면, 행성이 시야에서 멀어질 때 사라지는 현상을 막을 수 있습니다. 또한, 행성들의 속도 차이가 많이 나기 때문에 Speed를 100000 정도로 높여야 모든 행성의 움직임을 뚜렷하게 확인할 수 있습니다.

15 Slider 로 속도를 제어하기 위해 {Assets}-{Scripts} 폴더에서 SpeedControlSlider 스크립트를 복사하여 SpeedControlSlider2 파일을 생성하고 아래의 코드를 입력합니다.

```
1   using UnityEngine;
2   using UnityEngine.UI; //UI관련 기능 접근을 위한 네임스페이스 선언
3
    0 references
4   public class SpeedControlSlider2 : MonoBehaviour
5   {
        2 references
6       public Slider slider; //slider변수를 public으로 선언하여 유니티 에디터에서의 접근 허용
        1 reference
7       public GameObject earth; //지구를 유니티 에디터에서 담기 위한 변수 선언
8
        0 references
9       public void Start()
10      {
11          //slider의 onValuChanged 속성에 ValueChangeCheck()라는 하단의 함수를 delegate 명령을 통해 할당하여 리스너 추가
12          slider.onValueChanged.AddListener(delegate {ValueChangeCheck(); });
13      }
14
15      //slider의 값이 바뀌면 호출할 함수 선언
        1 reference
16      public void ValueChangeCheck()
17      {
18          //유니티 에디터 상의 Earth객체를 찾고, 그 속의 EarthMove스크립트 컴포넌트 speed값에 접근하여 슬라이드 밸류값으로 변환
19          earth.GetComponent<Speed>().speed = slider.value;
```

<TIP> 기존 SpeedControlSlider 스크립트에서 4 줄, 19 줄의 대상 명칭만 수정되었습니다.

16 하이어라키창에서 Slider 객체를 재활성화하고, 아래처럼 위치와 크기를 조절합니다. 인스펙터창에서 Direction 을 Left to Right 으로 설정하며, Min Value 를 1000, Max Value 를 100000 으로 조정합니다.

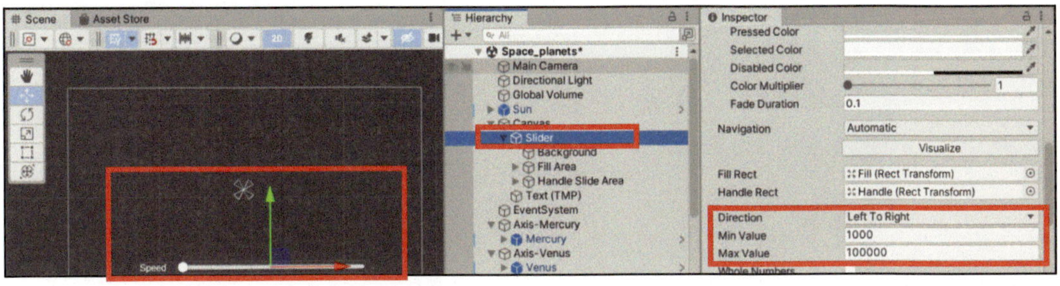

17 하이어라키창에서 Slider 객체를 선택한 채, 인스펙터창을 통해 SpeedControlSlider2 스크립트 파일을 적용하고, Slider 와 Earth 속성에 각각 Slider 객체와 Earth 객체를 반영합니다. 이제 Play 하면 모든 행성이 자전과 공전하며 움직이는 것을 볼 수 있으며, Slider 로 속도 조절도 가능합니다.

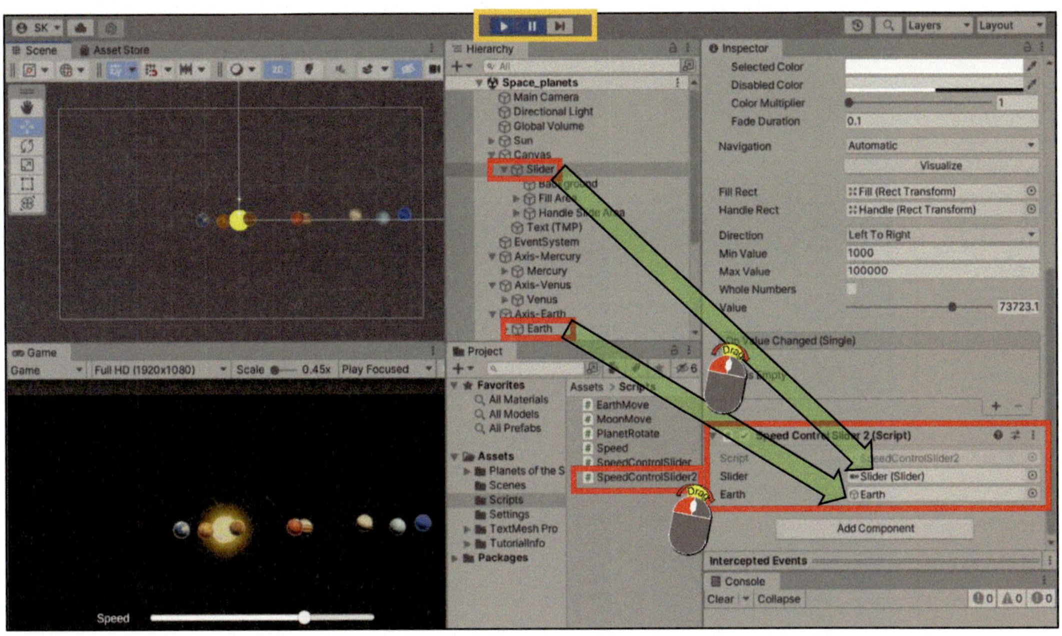

<TIP> 카메라의 세부 설정을 수정하면 천체 이동을 다른 각도에서도 살펴볼 수 있습니다.

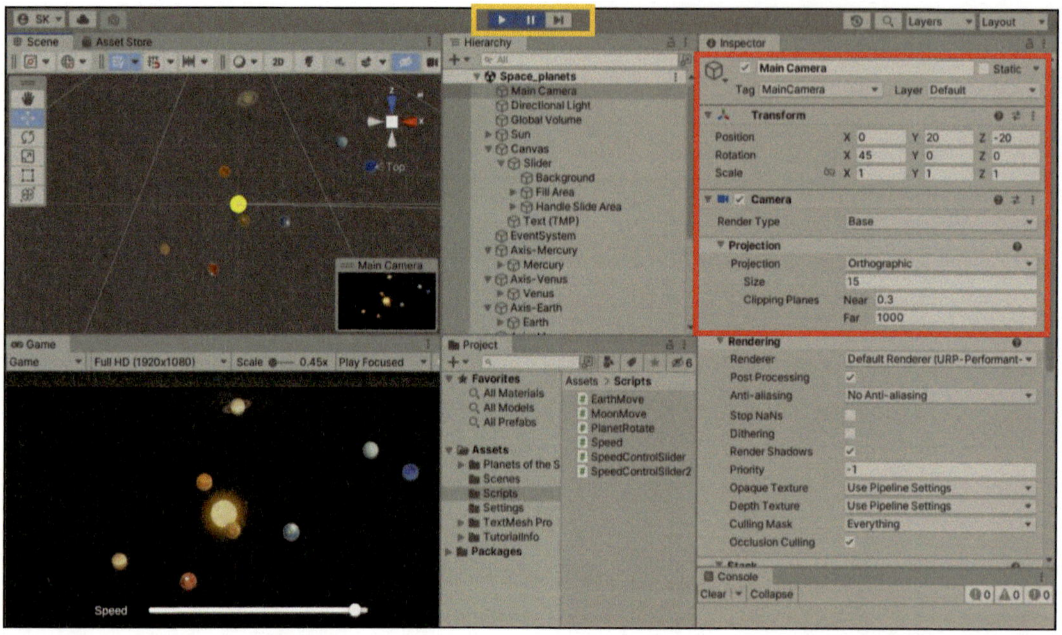

추가 과제

*태양계의 행성의 크기와 거리를 사실적으로 고려하여 시뮬레이션 해 봅시다.

준비물

(예상) 천체 별 크기와 태양을 기준으로 한 거리

예상 알고리즘

필요한 C#코드

4 장 교육 콘텐츠 공유하기

이번 장에서는 지금까지 다룬 프로젝트를 빌드하여 애플리케이션 형태로 공유하는 방법을 알아보겠습니다. 열심히 제작한 애플리케이션에 접근성과 편의성을 부여하는 과정은 프로젝트의 유종의 미를 장식해 줍니다. WebGL 형태로 웹 상에 공유하는 방법과, 안드로이드 스마트폰 환경에 공유하는 방법을 익혀 실제로 결과물을 공유해 봅니다.

✔ 주제 콕콕

1 강에서는 프로젝트를 애플리케이션으로 빌드하기까지 유의해야 할 사항들을 다룹니다. 동일한 애플리케이션으로 다양한 화면 크기의 기기들에 대응하기 위해 어떤 점을 유의해야하는 지 알아보고, 다양한 종류의 플랫폼에 대응하는 방법을 알아봅니다.

2 강에서 애플리케이션을 실제로 공유해 봅니다. GitHub 웹 사이트를 활용하여 WebGL 형태의 애플리케이션을 공유해봅니다. 무료로 활용이 가능하기 때문에 이용가능성이 무한합니다. 또한, 안드로이드 스마트폰에 프로젝트를 공유해 봅니다. 이를 통해 스마트폰 환경에서의 애플리케이션 동작 모습도 확인합니다.

1 강　애플리케이션 공유 준비하기

4 강 1 장에서 제작한 음악 교과 피아노 애플리케이션을 공유해보도록 하겠습니다. 공유를 위해서는 몇 가지 주의해야 할 부분이 있습니다.

1) 해상도 조절하기

2D_Piano 프로젝트를 다시 열고, 해상도를 Full HD 로 조절하였는지 확인합니다. 또한, Canvas 객체를 선택한 뒤, 인스펙터창에서 Canvas Scaler 가 아래와 같이 설정되었는지 점검합니다. 이를 통해 화면의 크기가 다른 기기에 대해서도 어느 정도 대응할 수 있습니다.

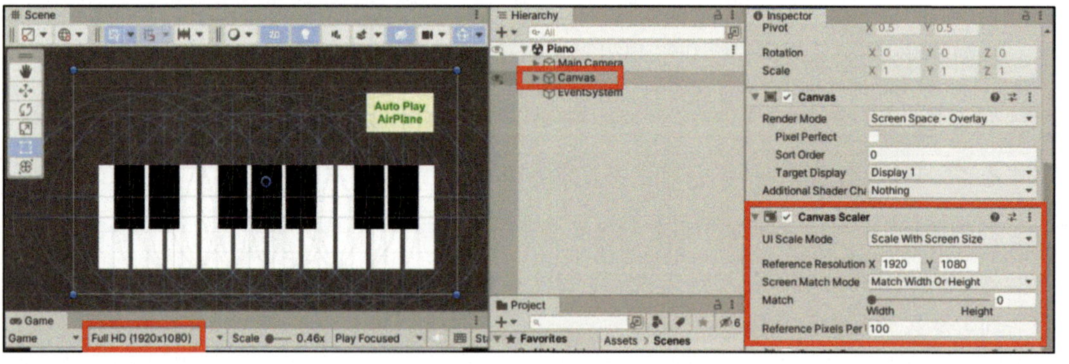

2) Quality 설정하기

[Edit]-[Project Settings]를 선택한 뒤, Quality 탭을 클릭합니다. 여기서 기기별 기본적인 품질 속성을 제어할 수 있습니다. PC 를 대상으로는 Ultra 까지 높은 품질을 적용할 수 있지만, 모바일 기기나 모바일 기기로 접속할 WebGL 의 경우 Medium 에서 Low 정도로 품질을 낮추는 것이 좋습니다.

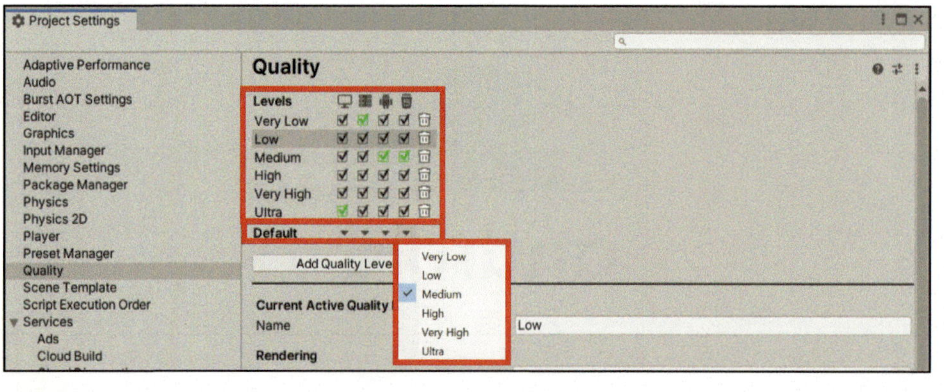

<TIP> 녹색 명암으로 처리된 부분이 선택된 품질 옵션입니다.

4) 플랫폼별 대응을 위한 빌드 준비하기

잠시 2D_Piano 프로젝트를 내려놓고, 아래처럼 Unity Hub 로 돌아와 아래처럼, Android Build Support 에 해당하는 3 개의 모듈과, WebGL Build Support 모듈 1 개를 설치합니다.

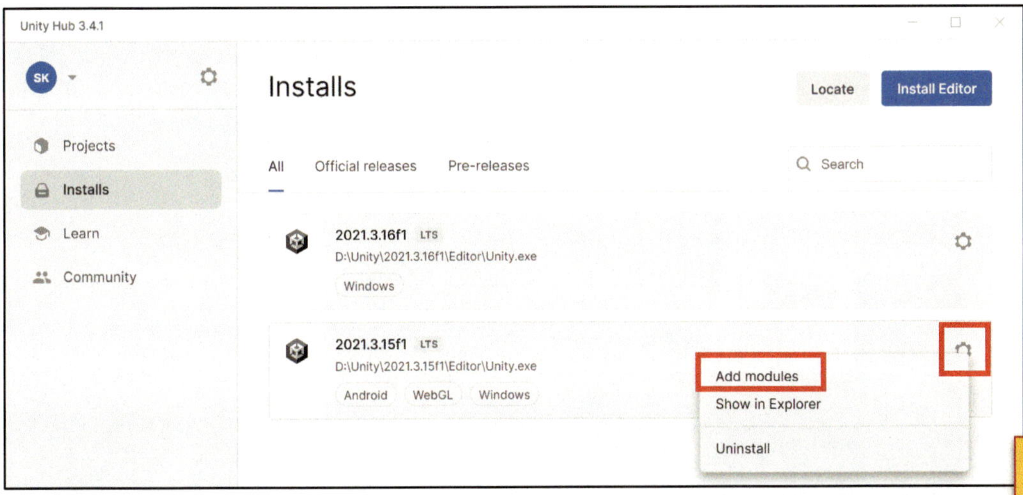

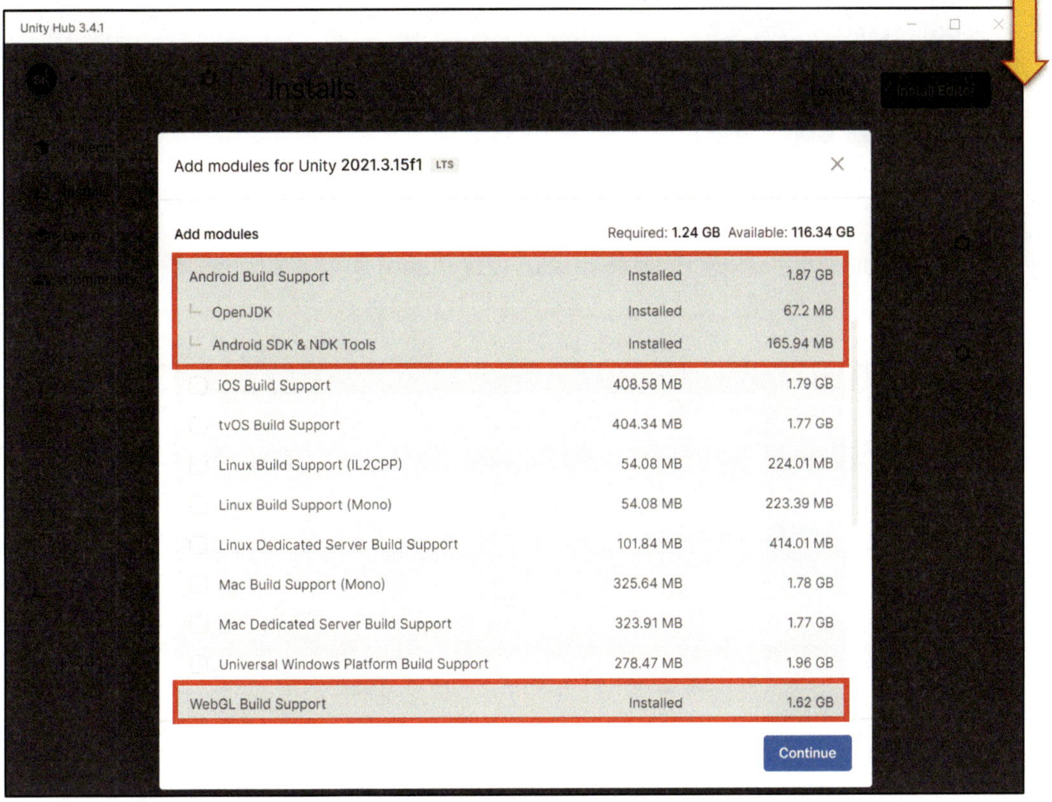

5) WebGL 형식 빌드하기

01 먼저, [File]-[Build Settings…]를 선택하고 {Scenes}폴더의 Piano 씬을 빌드를 위해 추가한 뒤, WebGL 빌드를 위해 WebGL 을 선택합니다. 다음으로 Switch Platform 을 클릭합니다.

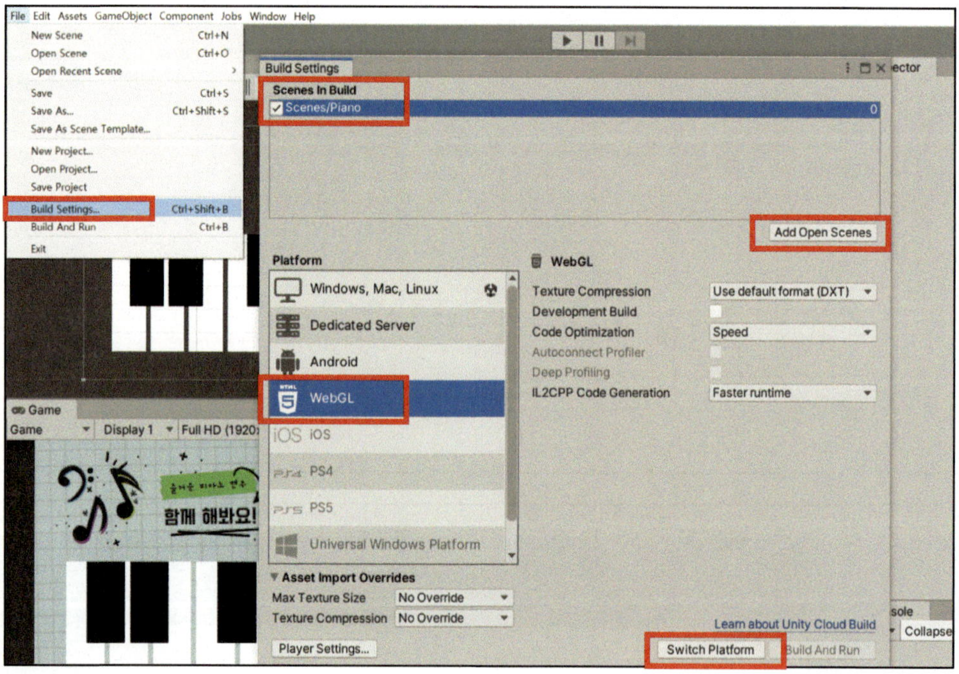

02 Switch Platform 이 완료되면 Build 를 누르고, {2D_Piano}폴더 내에 {build}라는 폴더를 만들고 선택하여 빌드를 진행합니다.

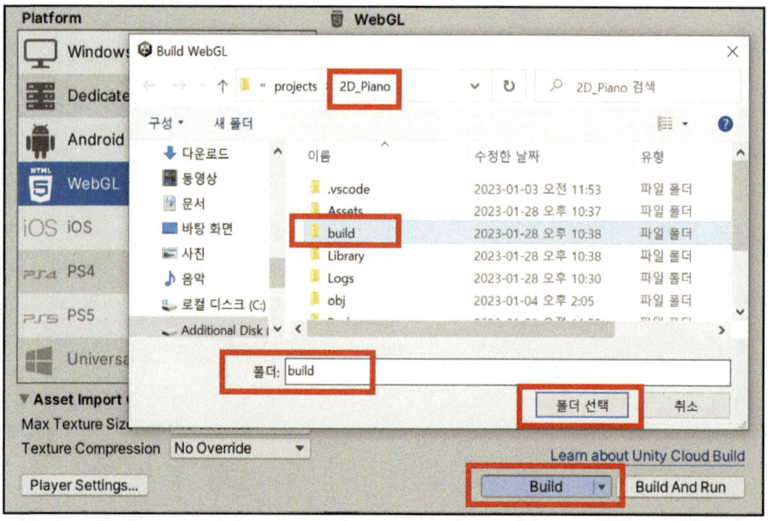

03 빌드가 완료되면 아래와 같이 4 개 항목을 확인할 수 있습니다. WebGL 형식의 빌드가 완료되었으며, GitHub 에 웹호스팅을 통해 공유할 예정입니다.

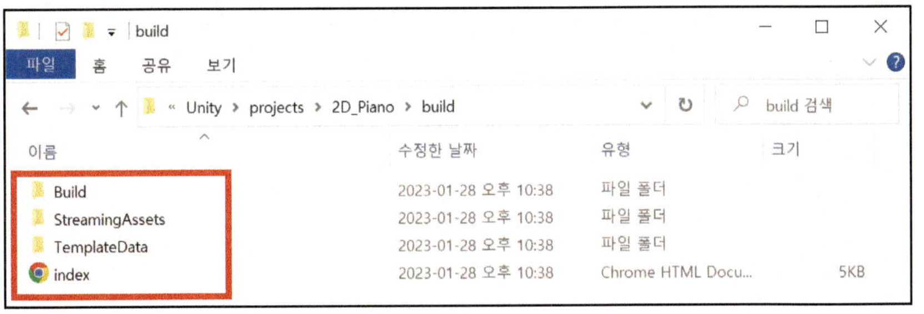

6) 안드로이드 형식 빌드하기

01 이번에는 [File]-[Build Settings]에서 Android 방식으로 Switch Platform 을 선택합니다.

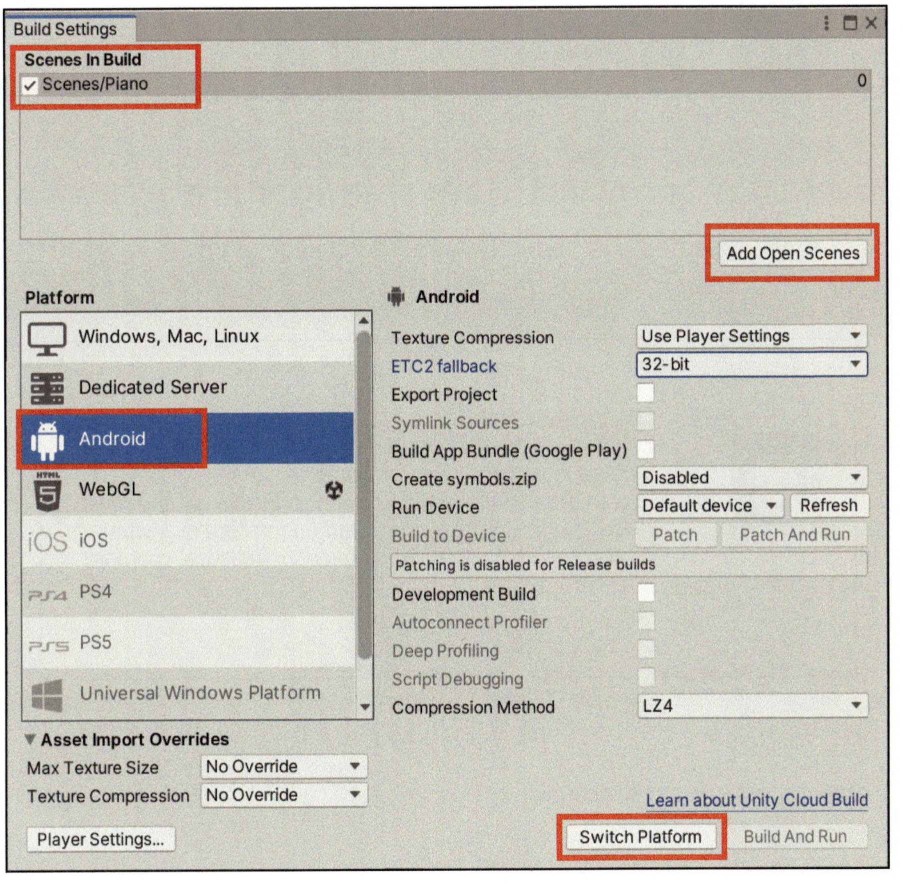

02 Switch Platform 이 완료되면 Build 버튼을 누르고 {build-APK} 라는 폴더를 만들어, 그 내부에 2D_Piano 란 명칭으로 빌드를 시도합니다.

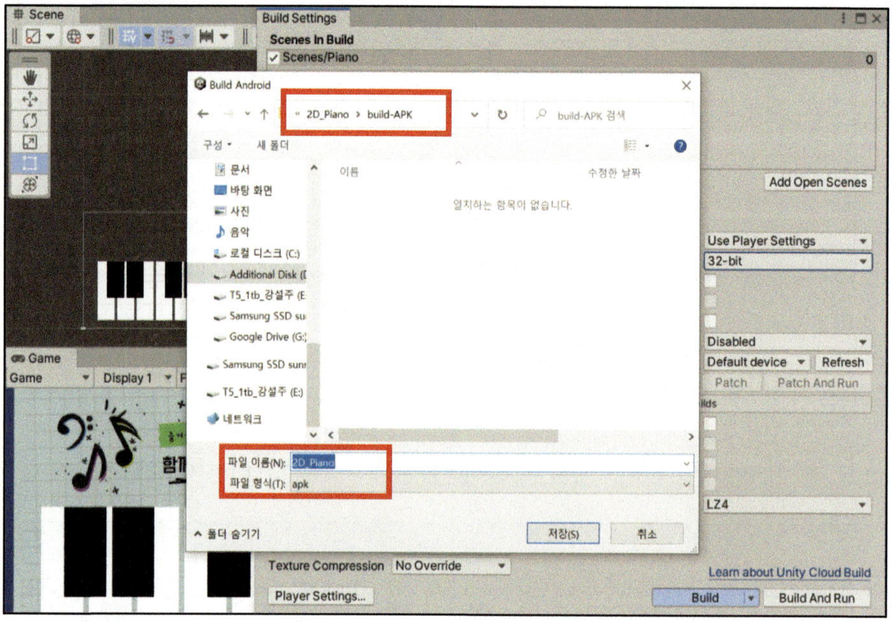

03 그러면 아래와 같은 에러 메시지가 등장합니다. 간단히 확인하면, [Player Settings]에서 'com.YourCompanyName.YourProductName'으로 Package Name 을 수정하라는 것을 확인할 수 있습니다.

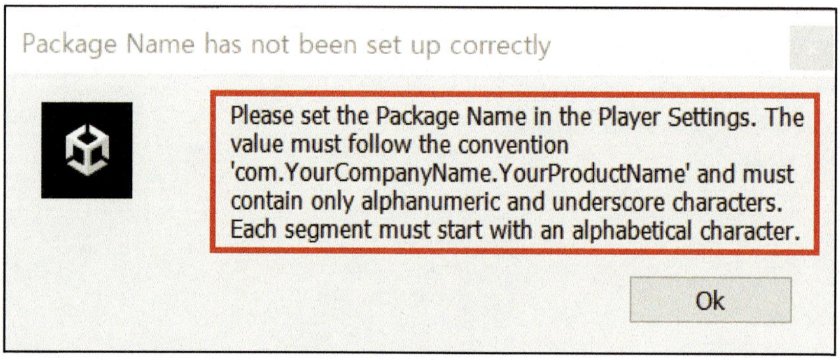

<TIP> 패키지 명칭을 설정할 때, 2 가지를 유의합니다.

첫번째, 알파벳과 언더바(_)만을 활용한다.

두번째, 숫자를 사용할 수 있으나, 맨 처음에 두지는 않는다.

04 [Project Settings]에서 Company Name, Product Name 을 명명 규칙에 맞게 다음과 같이 수정하고 빌드를 하면 정상적으로 빌드가 진행됩니다.

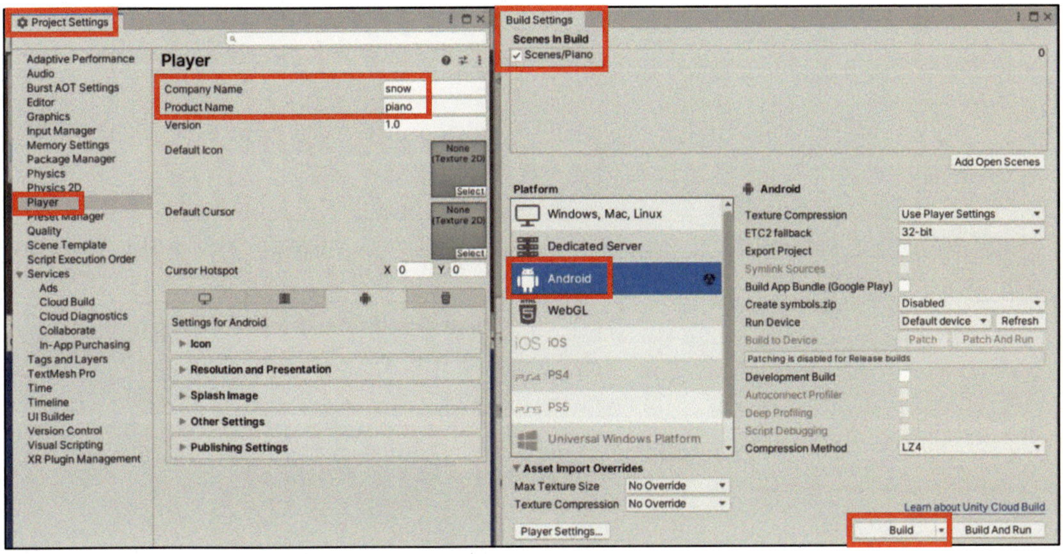

05 빌드 결과 생성된 2d_piano.apk 파일을 활용하면 안드로이드 스마트폰 환경에 애플리케이션을 설치하여 활용할 수 있습니다.

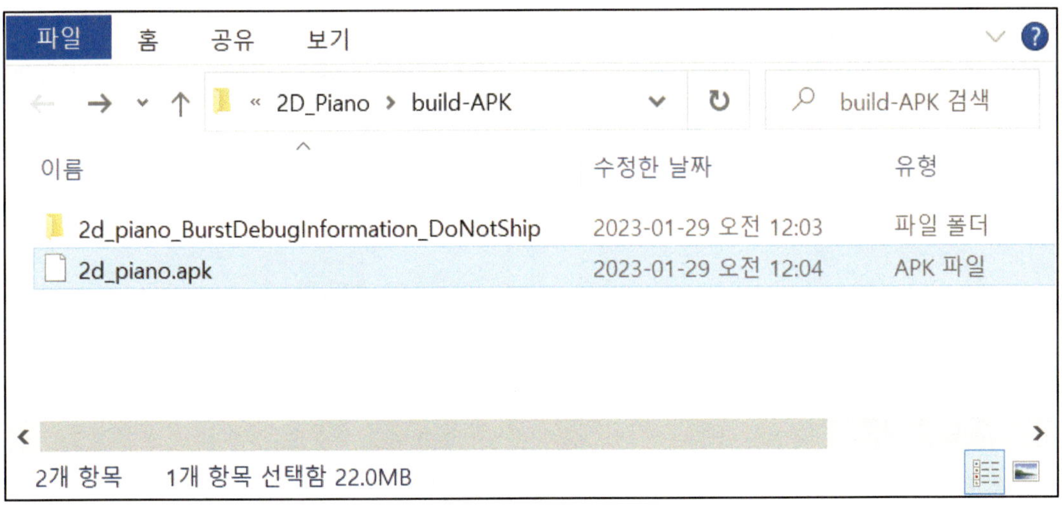

<TIP> 파일명은 패키지의 명명 규칙을 따를 필요가 없습니다.

2 강　애플리케이션 공유하기

빌드를 마친 애플리케이션은 이제 플랫폼에 맞게 공유하여 설치 및 활용할 수 있습니다. WebGL 빌드는 GitHub 의 무료 웹페이지 서비스와 연동하여 Web 을 통해 공유하고, apk 빌드는 안드로이드 스마트폰에 설치하여 공유하는 방법을 알아보겠습니다.

1) Web 환경에 공유하기 [관련 코드 & 애셋 – 부록 참고]

01 깃허브 웹사이트에 접속하여 가입 절차를 진행합니다. 가입과정에 이메일 계정이 하나 필요합니다.

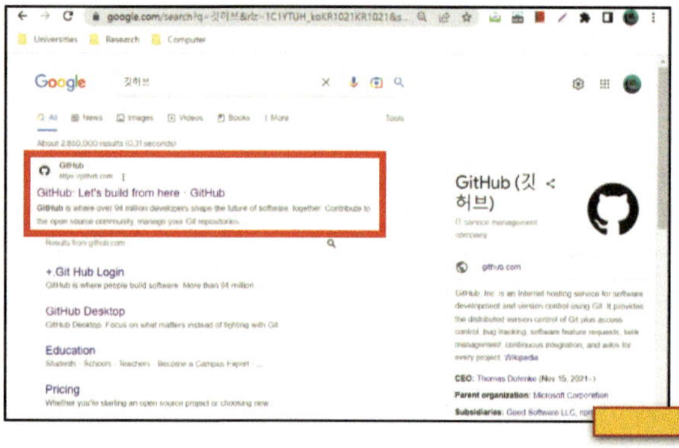

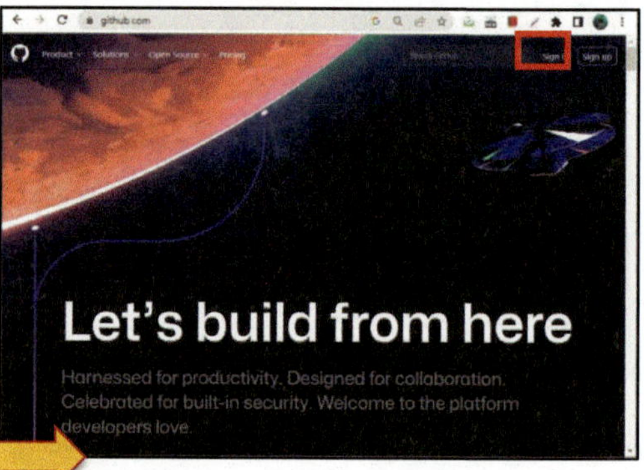

02 새로운 저장소(repository)를 생성하고, 빌드한 WebGL 파일들을 업로드할 준비를 합니다.

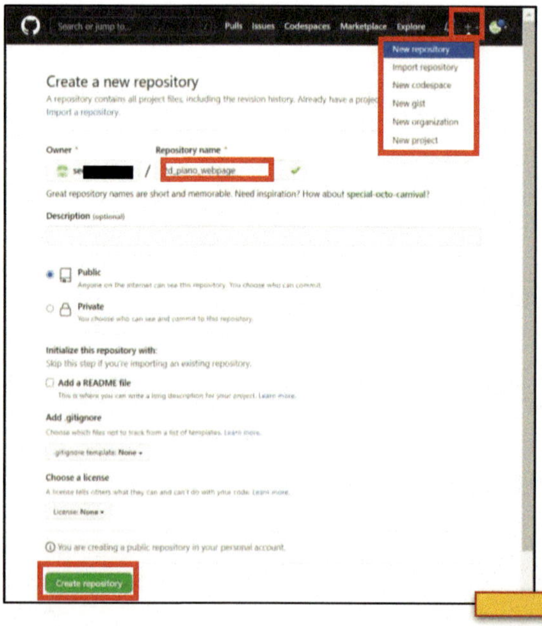

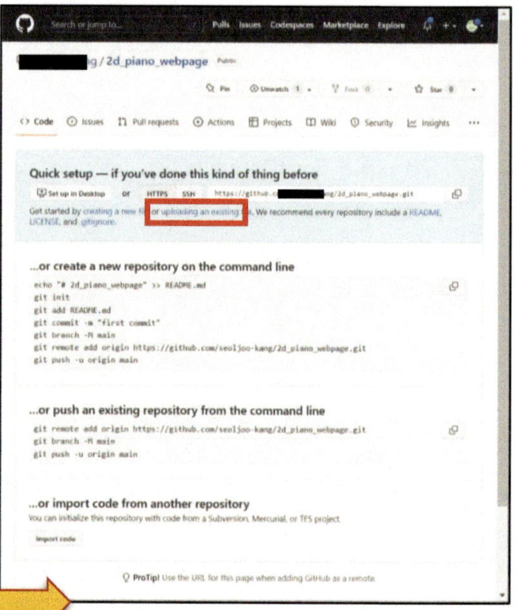

03 빌드한 WebGL 파일들을 생성된 저장소에 아래와 같이 업로드하고 웹페이지 설정을 진행합니다.

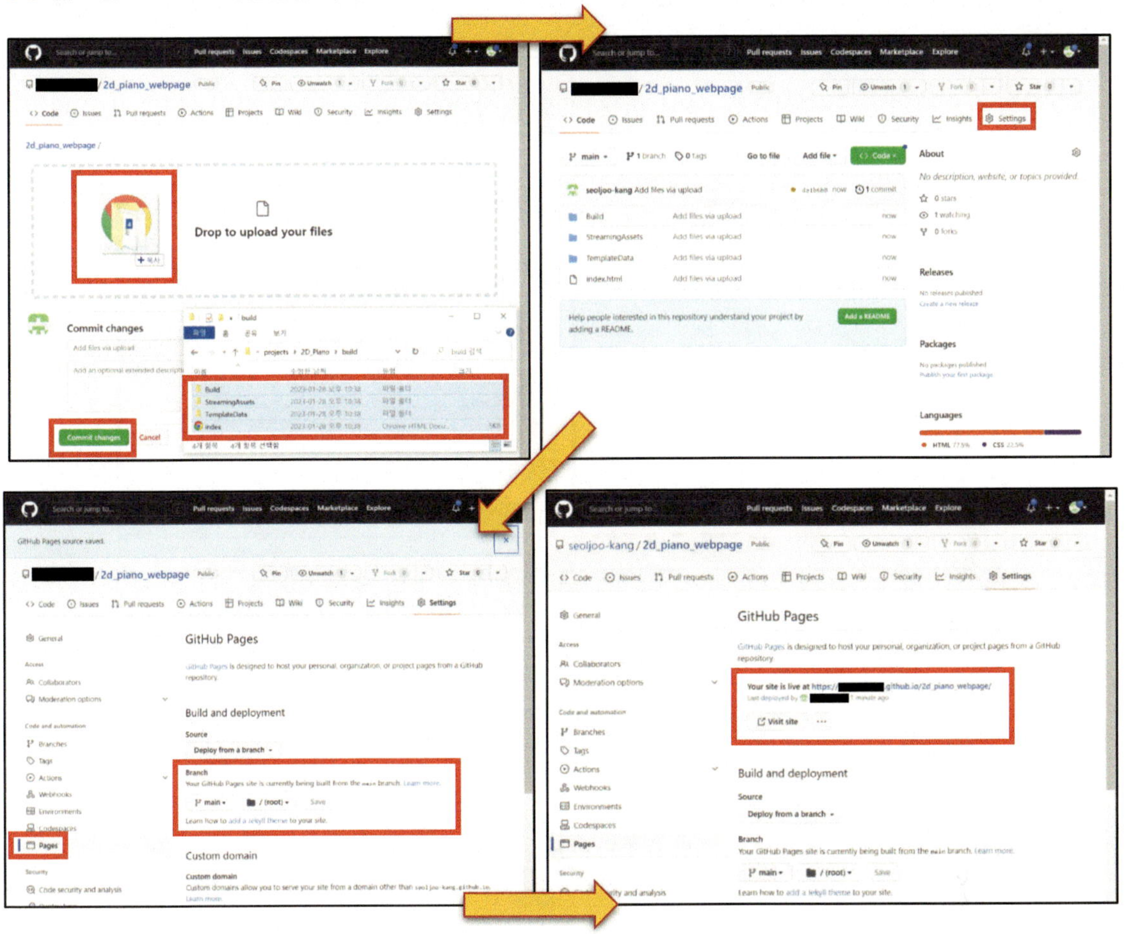

04 이제 주소를 눌러 사이트에 접속하면, 피아노 애플리케이션이 잘 작동하는 것을 확인할 수 있습니다.

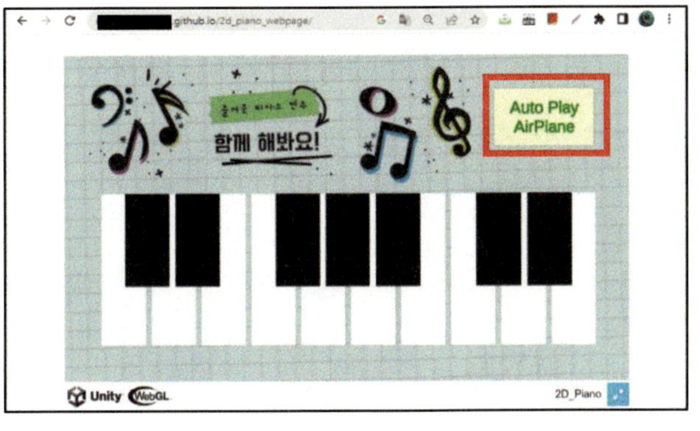

<TIP>빌드 진행 시, Text (Legacy) 객체의 한글이 유니티 기본 폰트인 Arial 로 정상출력 되지 않는 문제가 발견되어 영문("Auto Play AirPlane")으로 입력하였습니다.

2) 안드로이드 스마트폰 환경에 공유하기

01 빌드한 2d_piano.apk 파일을 안드로이드 스마트폰으로 가져옵니다. 이메일이나 클라우드 서비스를 이용할 수 있으며, USB 형식으로 스마트폰을 PC 와 직접 연결하여 가져올 수도 있습니다. 이후 파일을 선택하여 설치를 진행합니다.

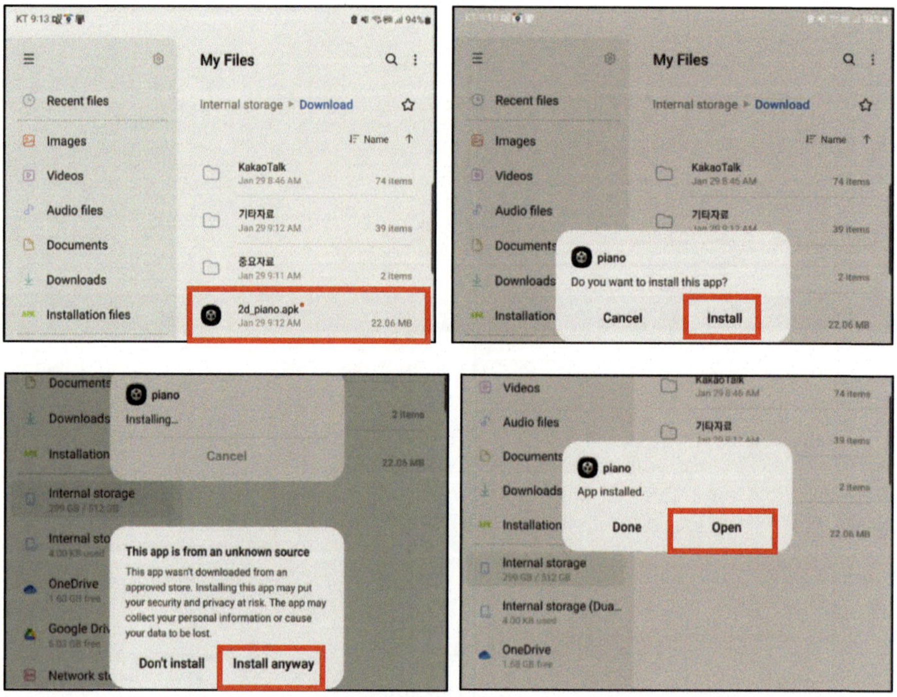

<TIP> [설정]에서 '개발자 옵션'을 활성화해야 위의 방식으로 애플리케이션 설치가 가능합니다. 안드로이드 기기마다 조금씩 다를 수 있으니, 인터넷 검색을 통해 안내에 따라 활성화하시기 바랍니다.

02 설치한 피아노 애플리케이션이 정상 작동하는 것을 확인할 수 있습니다

<TIP> USB 연결을 통해 컴퓨터와 스마트폰을 직결하고, 유니티 상에서 [File]-[Build and Run]을 통해 애플리케이션을 빌드 및 바로 실행하는 장면은 아래와 같습니다. 이 경우 빌드 된 애플리케이션이 스마트폰에 바로 설치되어 있는 장점이 있습니다.

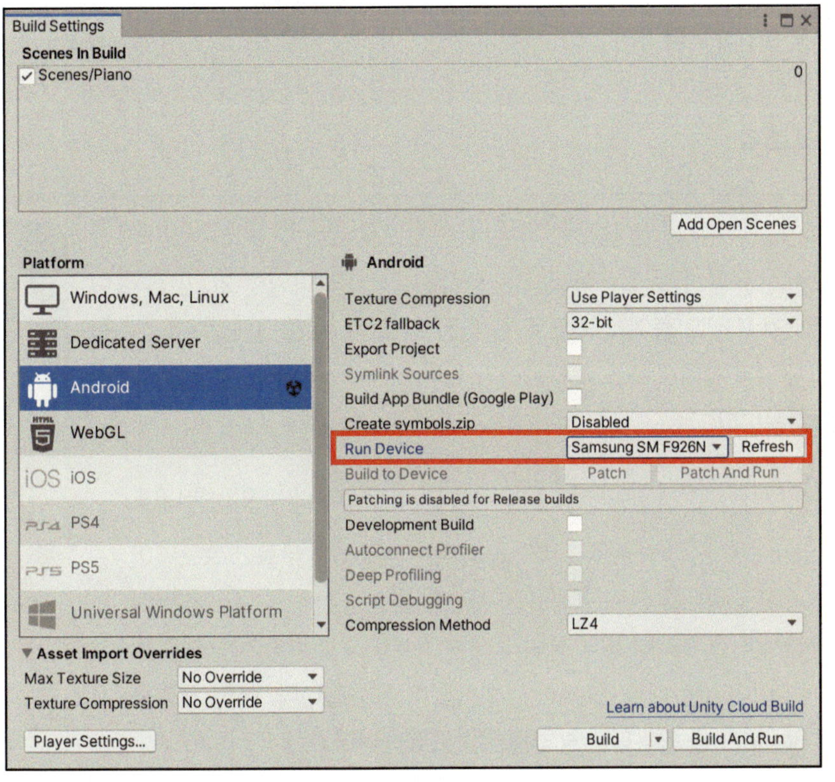

단, 기기에 알맞은 USB 드라이버를 설치해야 연결이 정상적으로 이루어짐을 명심합니다. 또한, 드라이버 설치 후, 유니티 Build Settings 에서 Run Device 의 Refresh 를 누르고, 스마트폰에서 접속을 허용하는 과정이 필수적으로 요구됩니다.

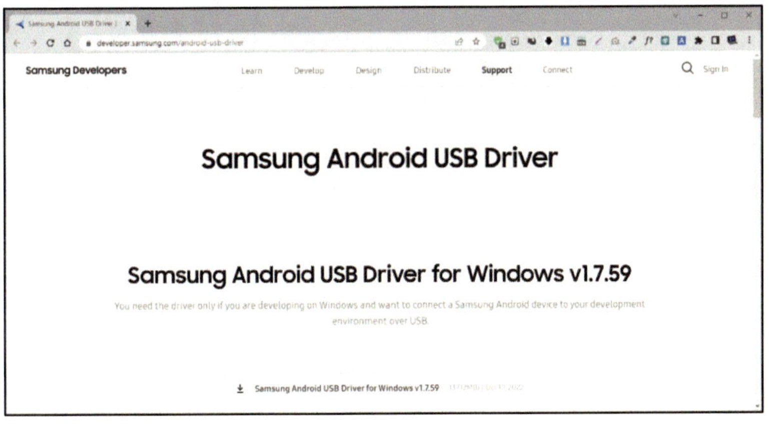

5 장 유니티의 세계 확장하기

이번 장에서는 유니티의 활용도를 더욱 높이기 위해 외부 소스를 가져와 적용하는 과정을 알아봅니다. 그 과정에서 2D 이미지, 3D 모델을 편집하고 유니티에서 활용하는 방법을 다룹니다. 또한, 최근 각광받고 있는 AR, VR 및 메타버스 기술을 유니티에서 어떻게 다룰 수 있는 지 확인해보도록 하겠습니다.

✔ 주제 콕콕

1 강에서는 2D 이미지를 다루는 방법을 알아봅니다. 예전에는 Adobe 의 Photoshop 을 주로 활용하였지만, 현재는 그 외의 다양한 2D 편집 툴이 많아졌습니다. 그 중에서도 무료 웹 툴인 Photopea 를 알아봅니다. 이를 통해, 유니티 상에서 소스로 활용하기 위한 2D 애셋을 직접 제작하는 방법을 살펴봅니다.

2 강에서는 3D 모델링을 다루기 위해 Blender 에 대해 알아봅니다. Blender 는 3 차원 컴퓨터 그래픽을 다루는 대표적인 무료 소프트웨어입니다. 프로젝트를 진행하다 보면, 자신이 원하는 애셋을 유니티 에디터 상에서 직접 제작하거나, 유니티 애셋 스토어에서 구하기 어려울 수 있습니다. 이러한 경우, Blender 가 상당히 유용합니다. 애셋 제작을 위해 Blender 를 활용하는 방법을 알아보겠습니다.

3 강에서 AR 과 VR 기술을 유니티 에디터 상에서 다루는 방법을 알아봅니다. AR 을 스마트폰을, VR 을 HMD(Head-Mounted Display)를 활용한다는 점에서 차세대 기술로 관심이 높은 분야입니다. 분명 아직은 개선사항의 여지가 많은 영역이지만, 기술이 급진적으로 발전하는 최근의 추세를 감안할 때 알아 둘 가치가 충분합니다.

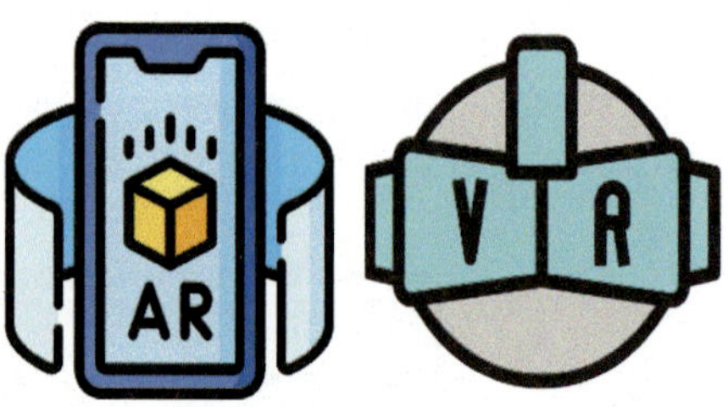

4 강에서는 네이버 Z 의 'ZEPETO'를 중심으로 메타버스 기술을 다룹니다. 'ZEPETO' 플랫폼에서 기본적으로 제공하는 기능들에 유니티와 Blender 를 활용하여 제작한 애셋을 추가하고 교육적으로 활용하는 방법을 알아봅니다.

1 강 Photopea 살펴보기

Photopea 는 HTML5 및 JavaScript 를 토대로 만들어진 웹 기반 무료 그래픽 에디터입니다. Photopea 를 통해 2D 이미지를 가공 및 유니티에서 활용할 수 있게 하는 2 가지 방법을 알아봅니다.

1) Photopea 로 배경 제거하기

01 먼저, 웹에서 photopea 를 검색하여 접속합니다.

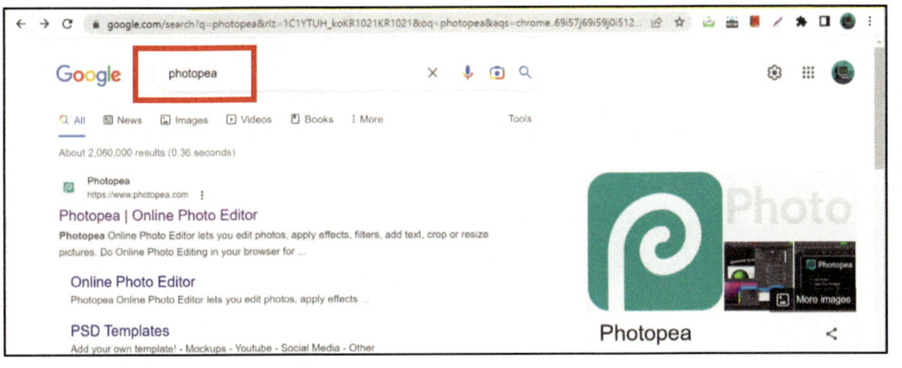

02 편집을 위한 그림이나 사진 파일을 마우스로 드래그하여 Photopea 로 가져옵니다.

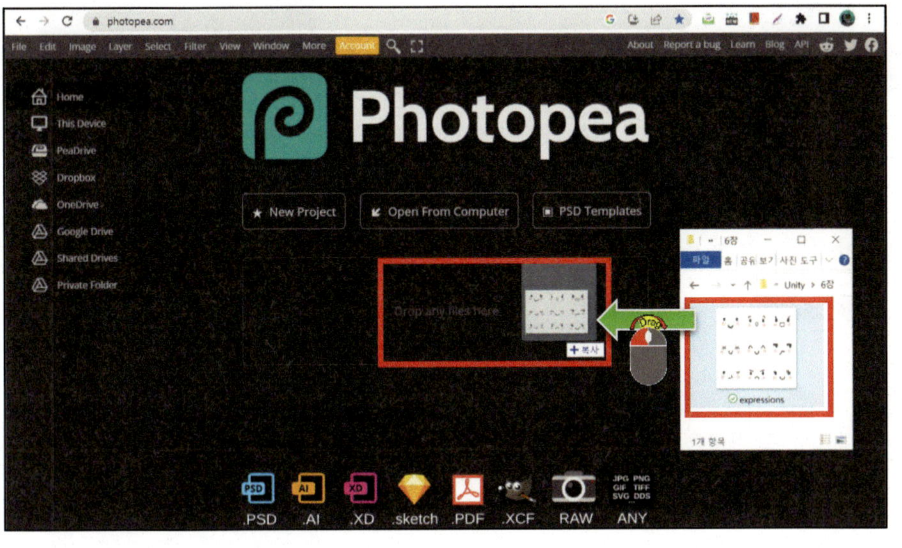

[출처] expressions.jpg (Freepik) [다른 jpg 이미지를 활용해도 무방]

https://kr.freepik.com/free-vector/hand-drawn-flat-design-kawaii-face-collection_26174500.htm#&position=8&from_view=collections

03 2D 이미지 편집을 위해 활용하는 기능 중 첫번째는 배경 제거입니다. Magic Wand 도구를 활용하여 흰 바탕을 클릭한 뒤, 키보드 delete 키를 누르면 배경을 쉽게 제거할 수 있습니다.

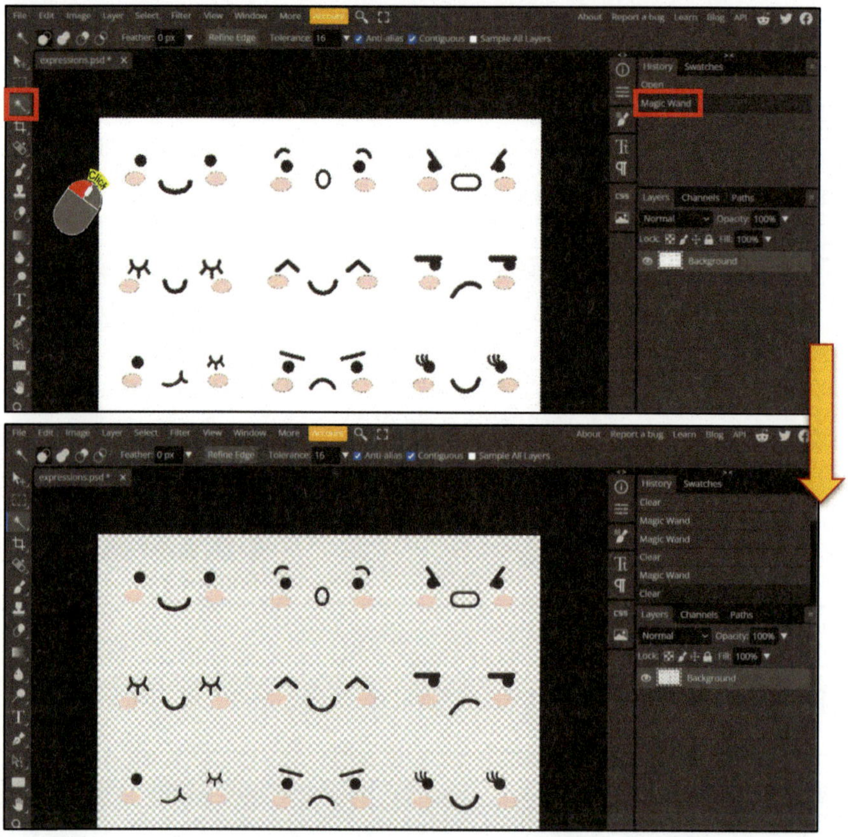

<TIP> 한 번에 배경이 제거되지 않는 곳은 Magic Wand 및 Delete 기능을 몇 번 더 활용하면 됩니다.

04 이후, [File]-[Export as]-[PNG]를 선택하여 배경의 투명성을 유지하며 이미지 파일을 추출합니다.

2) Photopea 로 레이어 제작하기

01 2D 이미지 편집을 위한 두번째 기능은 레이어입니다. 원본 그림파일을 다시 가져온 후, 아래와 같이 Rectangle Select 기능 및 마우스 우클릭 이후 Layer Via Copy 를 선택하여 레이어를 생성하고 Background 는 삭제합니다.

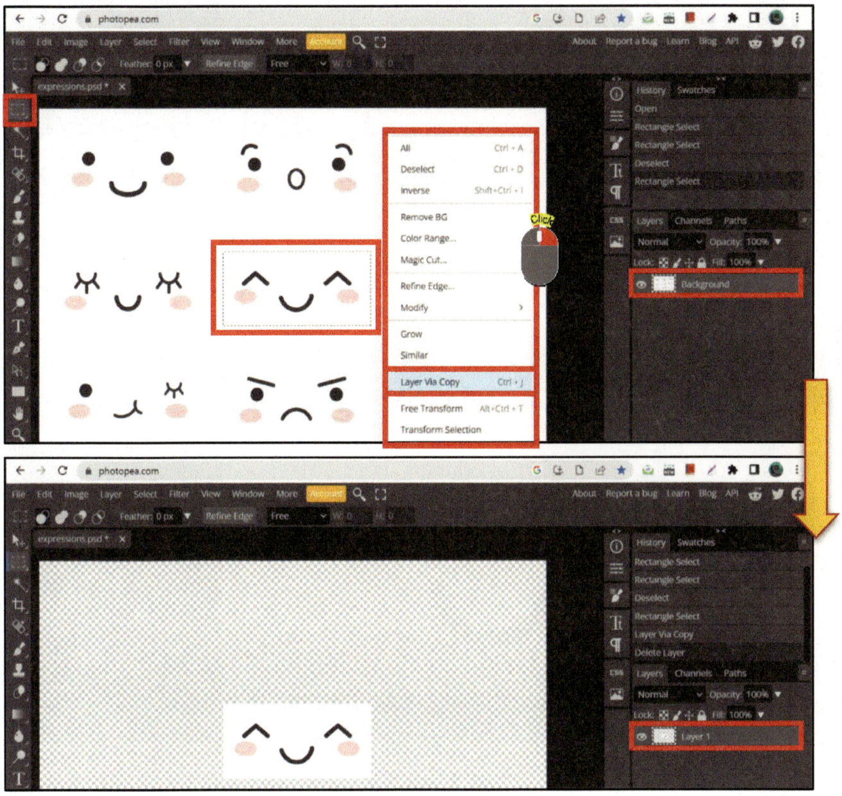

02 Crop Tool 을 활용하여 편집영역을 좁혀 줍니다.

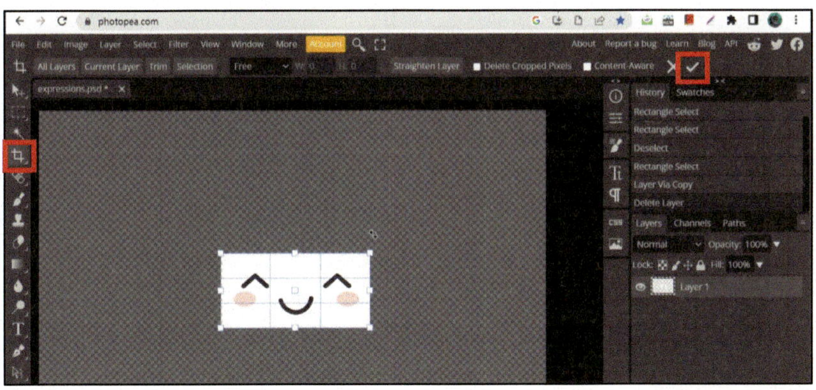

03 다시 한번 Magic Wand 로 양쪽 볼의 핑크색 부분을 선택합니다. 이후 마우스 우클릭 하여 Layer Via Copy 를 선택하여 레이어를 생성합니다. Layer 1 은 눈동자 아이콘 클릭으로 잠시 숨겼습니다.

<TIP> Magic Wand 활용 시 Shift+마우스클릭을 이용하면 여러 장소에 동시 적용이 가능합니다.

04 반대로 Layer 1 에서는 흰색 붓을 활용하여 핑크색 부분을 제거합니다. 이렇게 하면 양쪽 볼 부분과 표정을 별도로 관리하여 3 장 2 강에서와 같이 애니메이션 효과를 만들 수 있습니다. 이런 식으로 레이어가 나뉘어지면 같은 이미지 파일(PSB) 내에서 서로 다른 동작을 표현하는데 활용할 수 있습니다.

05 이제 [File]-[Save More]-[Save PSD/PSB]를 선택하고 PSB 로 추출하면 레이어를 유니티 상에서 스프라이트 단위로 활용할 수 있습니다. 3 장 2 강의 애니메이션의 애셋이 이렇게 제작되었습니다.

2 강　Blender 살펴보기

유니티는 분명 강력한 도구이지만, 3D 모델링을 전문으로 하지는 않습니다. Blender 의 설치와 기본 기능을 살펴봅니다. 단, Blender 역시 기능이 엄청나게 많기 때문에 모든 영역을 다루기 보다 교육적인 애셋 개발에 초점을 맞추어 필요한 부분을 선별하여 다루도록 하였습니다. 본서는 특히 Unity 에서 필요한 교육용 애셋을 Blender 로 제작 및 편집하는 사례를 접해봅니다. 추가적으로 가공한 애셋을 추출하여 유니티로 가져오는 과정까지 확인해 보겠습니다.

1) Blender 설치 및 기본 화면 확인하기

01 먼저, blender 를 웹에서 검색하여 다운로드 및 설치를 진행합니다.

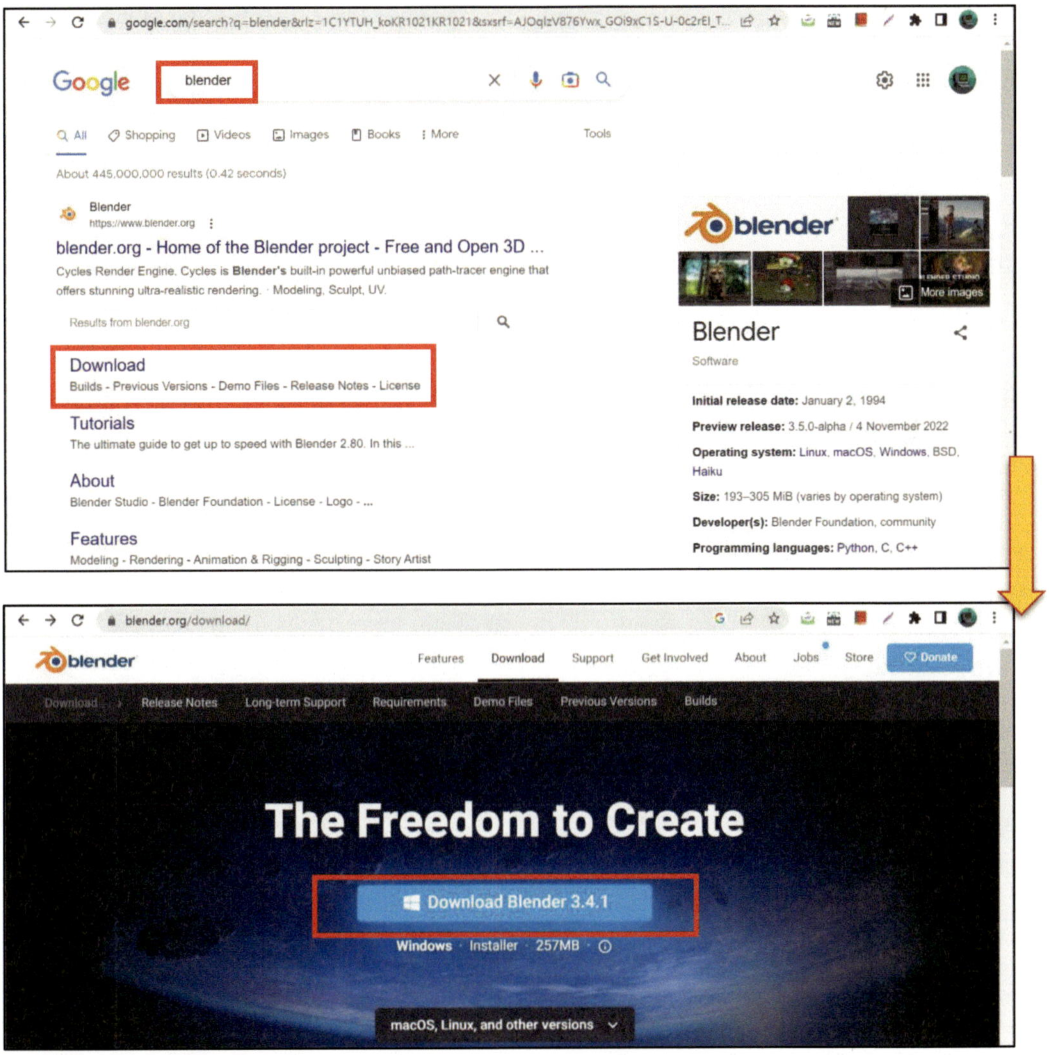

02 blender 를 실행하고 아래에서 간단히 설정을 마친 뒤, Save New Settings 를 클릭합니다. 저장 이후에도, [Edit]-[Preference]를 선택하여 설정을 변경할 수 있습니다.

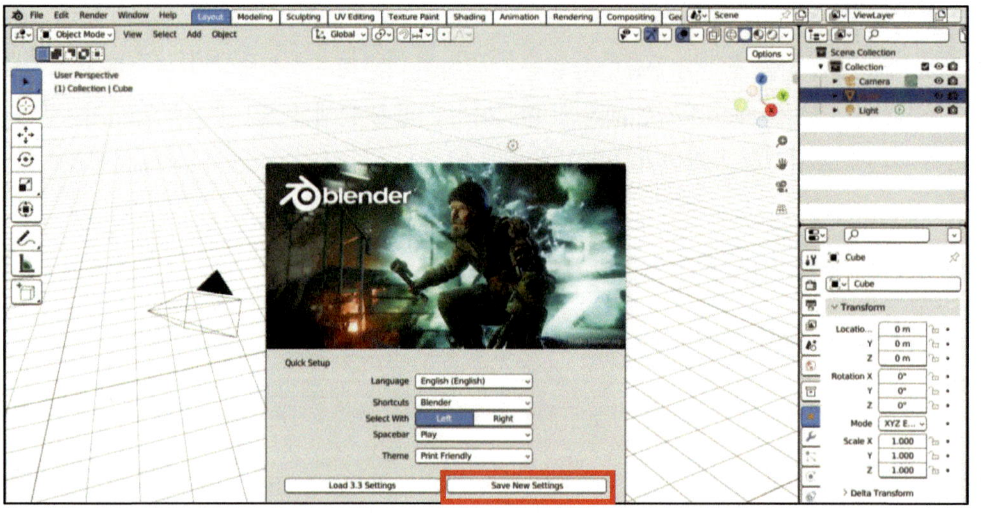

<TIP> blender 는 한글 번역본을 지원하지만, 본서는 영어로 작업을 진행하기를 추천합니다. blender 는 업데이트가 잦은 프로그램으로 기능이 추가될 때마다 한글 번역에 오류가 있어 혼란을 줄 우려가 있습니다. 또한, Select with 는 객체 선택 시 마우스 좌/우클릭 중에 고르는 옵션입니다. 추가로, 본서는 Theme 을 Print Friendly 로 하여 배경이 희지만, Dark 모드를 선택할 수도 있습니다.

03 [Edit]-[Preference]에서는 여러 가지 설정을 조절할 수 있으며, 단축키도 설정할 수 있습니다. 단, 본서를 따라 진행할 때에는 기본 설정을 유지하시기 바랍니다.

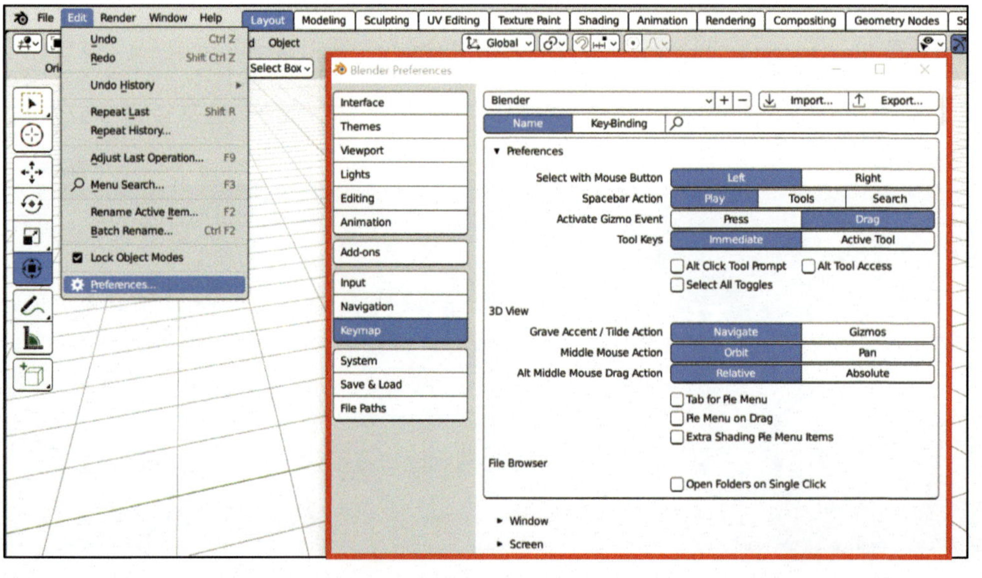

03 계속해서 화면 구성에 대한 확인해 보겠습니다. blender 는 상단 메뉴바, 워크스페이스, 3D 뷰포트, 도구모음, 아웃라이너, 속성창, 타임라인창, 하단 상태바까지 8 개 공간으로 구성되어있습니다.

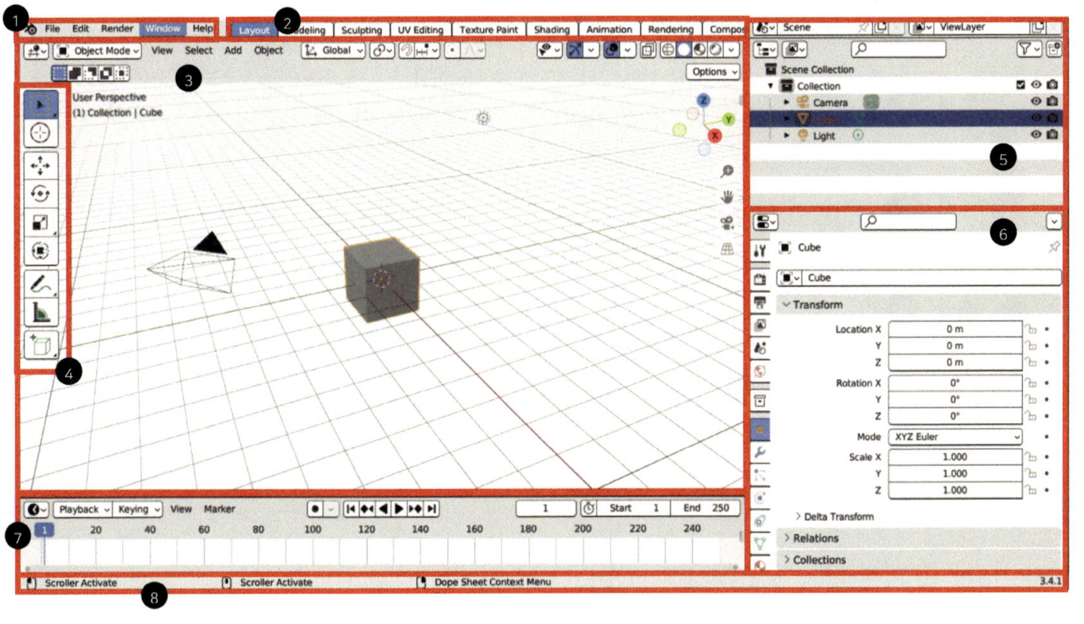

1. 상단 메뉴바: blender 파일을 여닫고 저장하거나, 렌더링(제작된 프로젝트를 사진이나 애니메이션 등으로 출력)하는 기능을 담당합니다. 또한 기본 설정을 조정하고 공식 매뉴얼을 확인할 수 있는 등의 기능도 가지고 있습니다.

2. 워크스페이스: 유니티의 레이아웃과 유사하게 모델링, 조각, 텍스처 작업, 애니메이션, 렌더링 등의 기능을 담당합니다.

3. 3D 뷰포트 : 유니티의 씬뷰와 같이 객체 모델링 등 실제 편집 작업이 이루어지는 공간입니다.

4. 도구모음: 각 객체(3D 뷰포트 상의 물체)를 편집하는 도구를 모아둔 공간입니다.

5. 아웃라이너: 유니티의 하이어라키 창과 같이, 모델링, 조각, 텍스처 작업, 에니메이션 등의 작업 환경에 알맞게 레이아웃을 작업에 편리하게 구성해주는 예시 프리셋 모음입니다.

6. 속성창: 유니티의 인스펙터창처럼 각 객체의 속성을 다루거나, 특수효과(유니티의 컴포넌트 추가 과정과 유사)를 추가할 수 있는 공간입니다.

7. 타임라인창: 유니티의 애니메이션 및 타임라인 기능을 종합적으로 가지고 있어, 동적인 상황에서 정지 사진을 추출하거나 애니메이션을 제작하기 위한 공간입니다.

8. 하단 상태바: 씬의 상태나 blender 가 활용하는 메모리 활용 상황을 알려주는 공간입니다.

04 추가적으로, blender 의 3D 뷰포트를 다루는 기본적인 사용법은 아래와 같습니다.

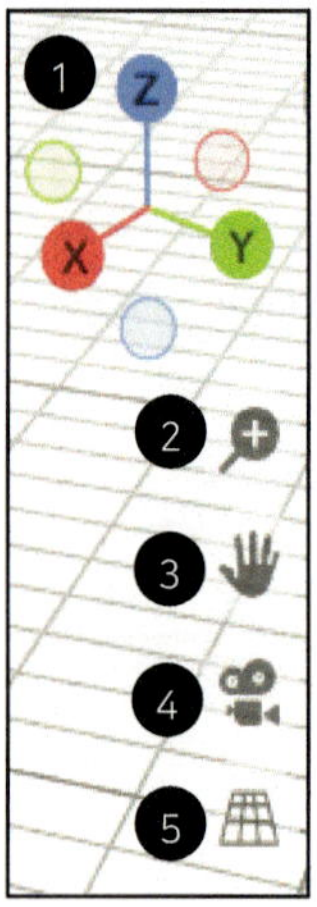

1 (기즈모 위에서 드래그 혹은 마우스 휠버튼 클릭 유지 후 조작)은 화면 가운데 중심으로 화면을 회전합니다. 또, 각 x, y, z 축 클릭 시 화면을 정렬하는 기능도 가집니다.

2 (기즈모 위에서 드래그 혹은 Ctrl 키 + 마우스 휠버튼 누르기 유지 후 조작)은 화면의 확대 및 축소 기능을 담당합니다.

3 (기즈모 위에서에 드래그 혹은 Shift 키 + 마우스 휠버튼 누르기 유지 후 조작)은 화면의 상하좌우 이동 기능을 담당합니다.

4 (아이콘 클릭 혹은 Numpad 0)은 카메라 객체가 프로젝트에 존재할 시, 카메라 시점으로 전환합니다.

5 (아이콘 클릭 혹은 Numpad 5)은 뷰의 원근감 적용 여부를 전환합니다.

2) Blender 의 기본 기능 확인하기 1 – Object Mode

01 3D 뷰포트 좌측 상단을 보면 Object Mode 라고 설정되어 있습니다. 이를 통해 현재 blender 에디터의 상태가 객체를 다루기 위한 것임을 알 수 있습니다.

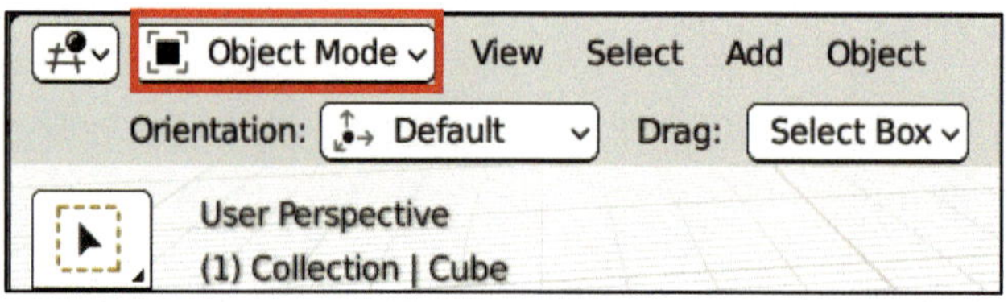

02 이제 객체를 다루어 봅니다. 먼저, 아웃라이너에서 마우스 우클릭 및 Delete(단축키 X)를 선택하여 현재 프로젝트 상의 모든 객체를 제거합니다.

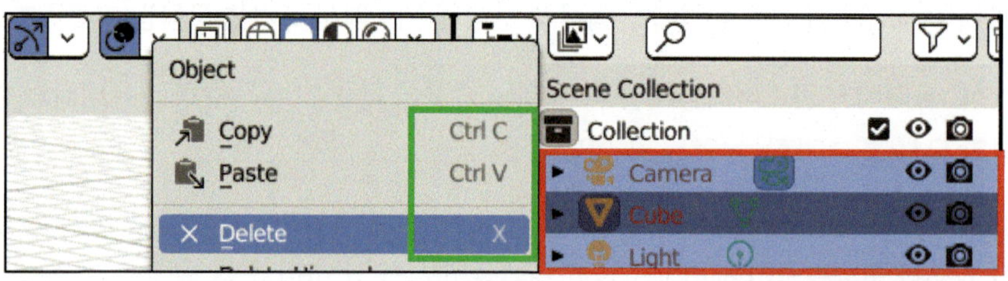

<TIP> blender 는 위와 같이 기능에 따라 단축키를 함께 보여주는 경우가 많이 있습니다. 필요에 따라 적절히 활용하면 작업 시간을 절약할 수 있습니다.

03 비어 있는 3D 뷰포트 정중앙(x, y, z 좌표 기준 0,0,0 지점)에는 3D 커서가 자리잡고 있습니다. 3D 뷰포트 상단의 Add 버튼을 누르면 여러 가지 객체를 생성(단축키 Shift+A)할 수 있습니다. 먼저 아래와 같이 Cube 를 하나 생성합니다. 3D 커서를 중심으로 하는 Cube 객체가 생성됩니다.

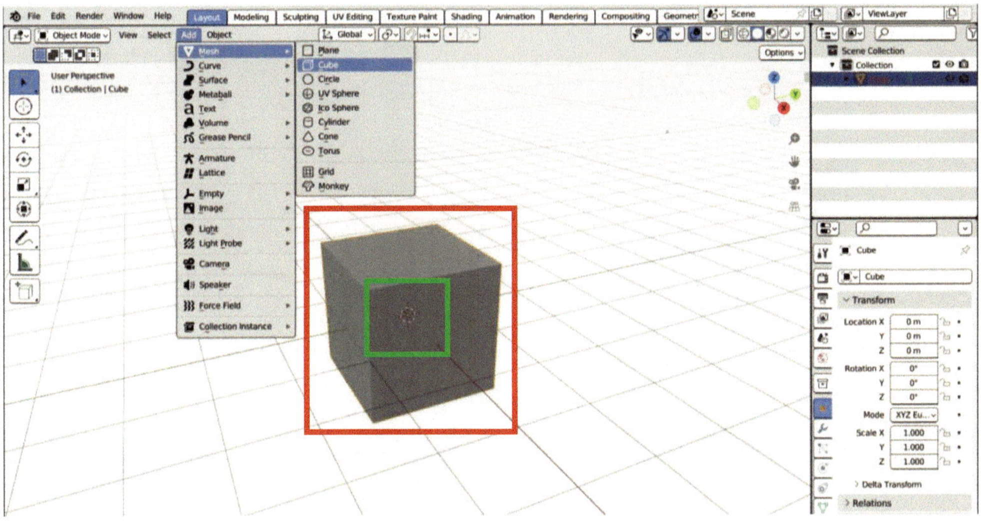

<TIP> 3D 커서는 여러 가지 작업의 기준점으로 활용됩니다.

04 Cube 와 같은 객체를 이동하려면, 좌측 도구모음에서 Move 를 선택하거나, 기본 단축키 G 를 누르고 핸들을 조작합니다. 3D 뷰포트 우측 상단의 기즈모를 보고, X, Y, Z 축의 방향을 확인합니다. 상태창에서는 현재 선택되어 있는 Cube 객체의 위치를 수치로 확인할 수 있습니다.

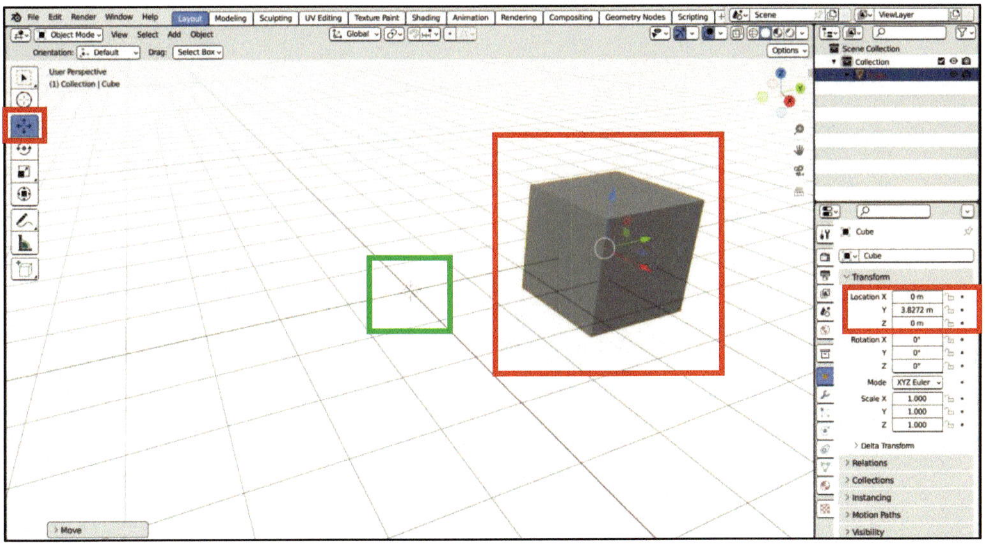

05 이번에는 Cube 를 움직일 때, 키보드 X, Y, Z 중 한 키를 각각 눌러 봅니다. Cube 가 이동하는 방향이 X, Y, Z 축으로 고정됩니다. 또한, Shift+X, Shift+Y, Shift+Z 중 하나를 누르면, Cube 가 YZ 평면, ZX 평면, XY 평면에서만 이동하도록 제한을 걸 수 있습니다.

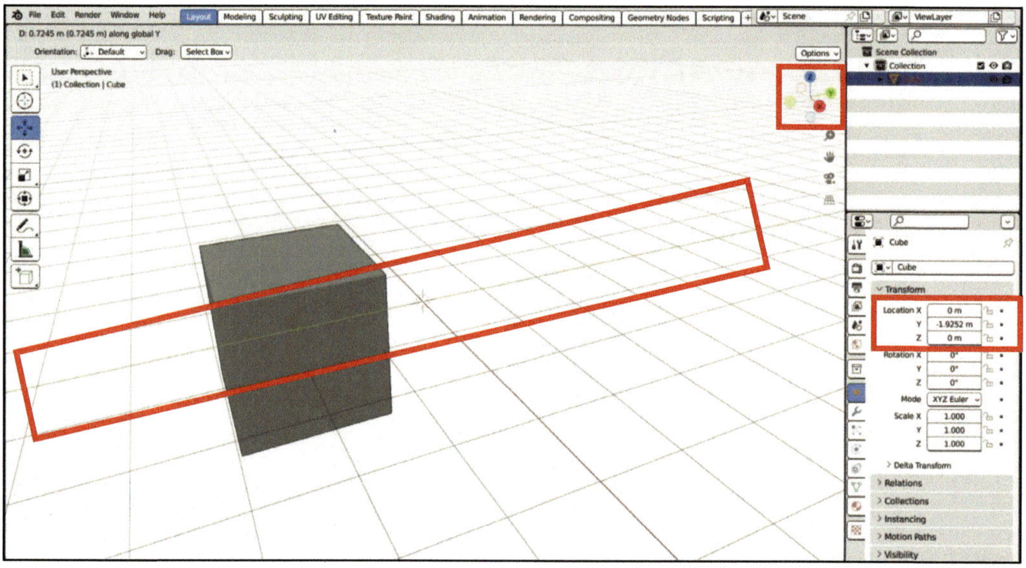

<TIP> Y 키를 누르자, Y 축 이동으로 고정되며, 기즈모의 Y 와 같이 초록색선이 표시된 모습입니다.

06 이번에는 Cube 를 회전시켜봅니다. 좌측 도구모음에서 Rotate 를 선택하거나, 기본 단축키 R 을 누르고 핸들을 조작합니다. 이동 때와 마찬가지로 X, Y, Z 키를 눌러 회전 방향에 제한을 걸 수 있습니다.

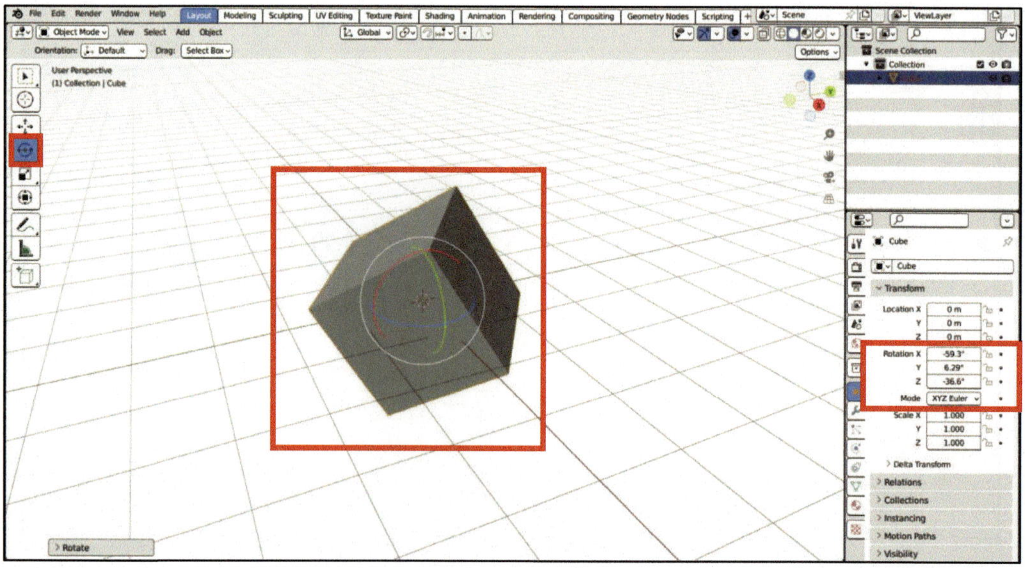

07 Cube 의 크기 조절은 좌측 도구모음에서 Scale 을 선택하거나, 기본 단축키 S 을 누르고 핸들을 조절합니다. 이동이나 회전 때와 마찬가지로 X, Y, Z 키를 눌러 확대 방향에 제한을 걸 수 있습니다.

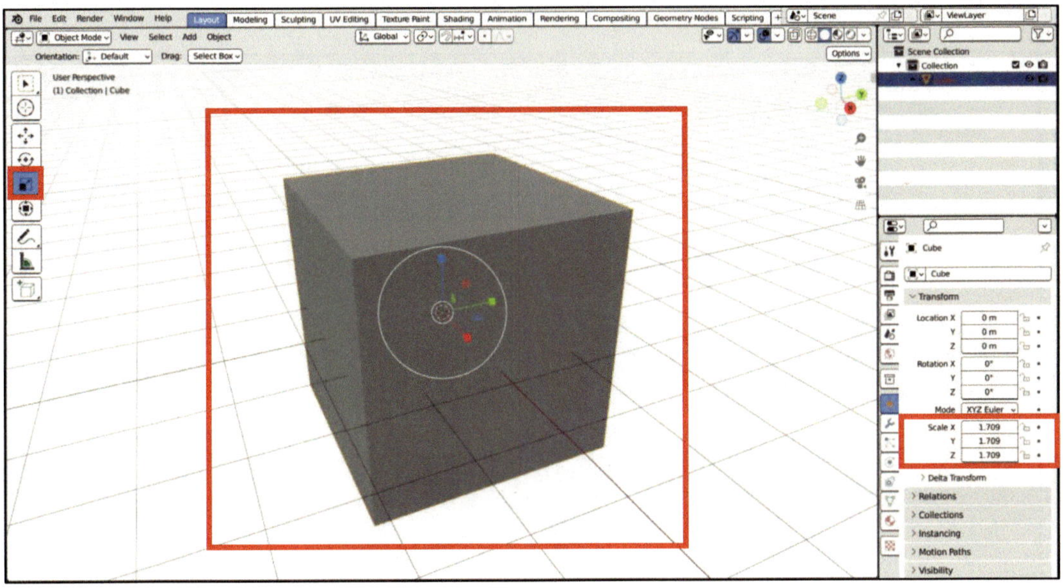

08 Scale 도구 아래의 Transform 도구는 이동, 회전, 확대 기능을 한꺼번에 포함하고 있습니다.

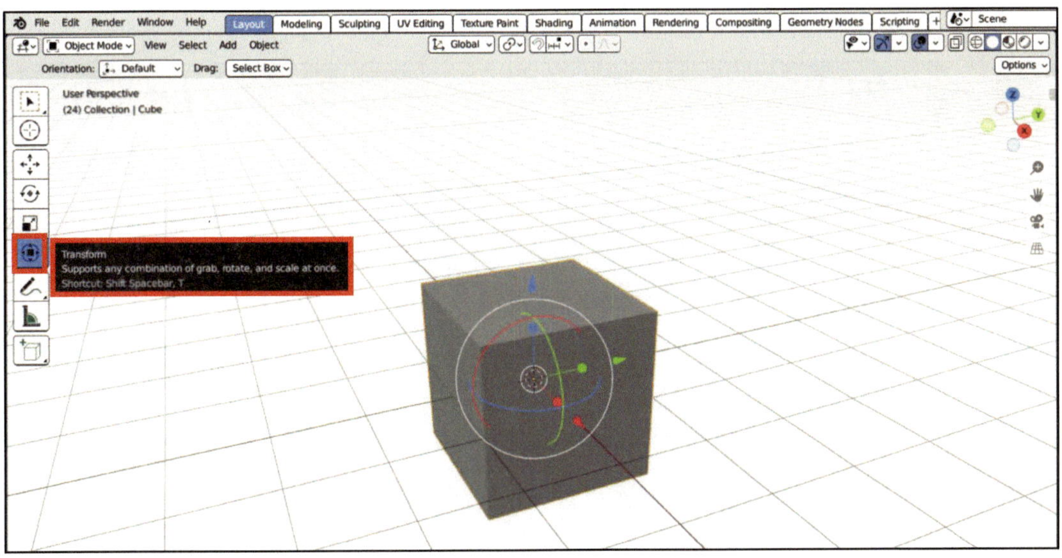

<TIP> Transform 아이콘에 마우스를 올리면 Shortcut: Shift Spacebar, T 라고 나옵니다. 이는 Shift Spacebar -> T 순으로 연속해서 누르면 기능이 선택된다는 의미입니다.

09 Annotate 는 3D 뷰포트 상에 메모를 남기기 위한 것입니다. 원하는 모델링을 미리 그려보는 용도로 활용이 가능합니다. 버튼을 마우스로 길게 누르면, Annotate Eraser 를 선택할 수 있고 메모를 삭제할 수도 있습니다.

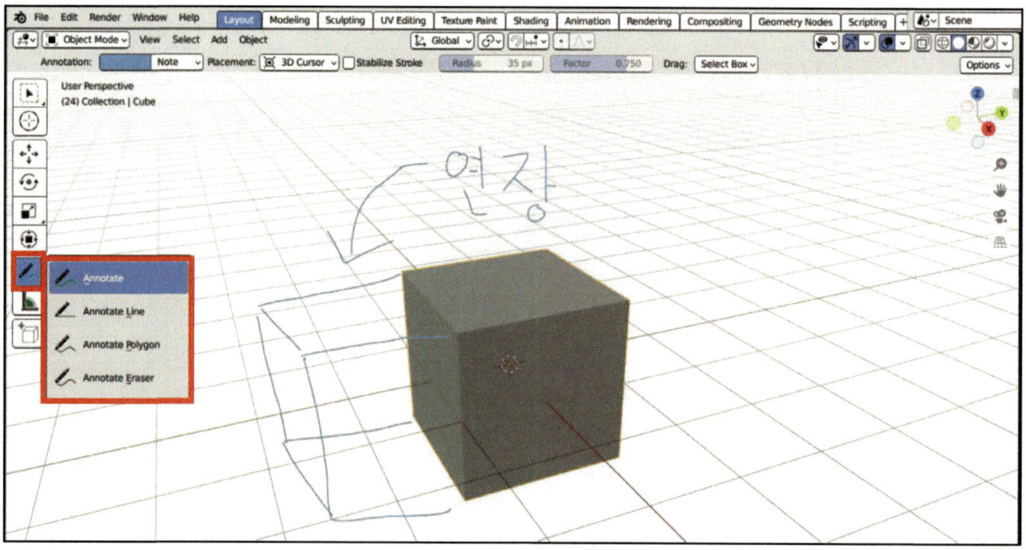

10 Measure 는 마우스 클릭 및 드래그를 통해 실제 길이를 측정할 수 있도록 합니다. Ctrl 키와 함께 마우스를 Vertex(점)에 가져다 대면 자석처럼 달라붙어 길이의 측정을 도와줍니다.

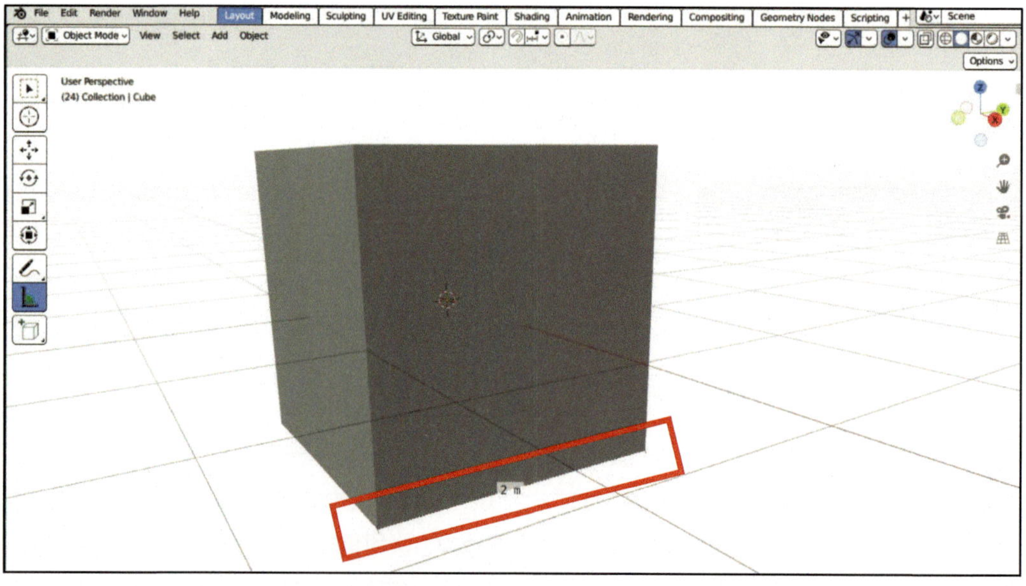

11 Measure 버튼 아래의 Add 버튼을 마우스로 길게 누르면 Cube 외에 Cone, Cylinder, UV Sphere, Ico Sphere 객체까지 만들 수 있습니다. 일단, Add Cone 을 생성하여 Cube 객체 옆에 옮겨 둡니다.

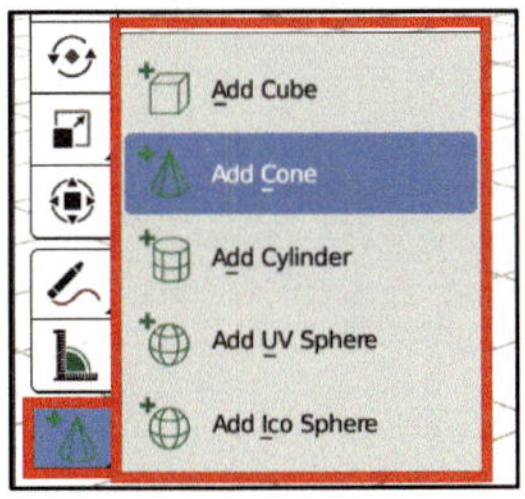

<TIP 1> 해당 버튼은 객체를 면->입체 순서로 생성하며, 객체 생성 시 등장하는 아래의 Add [객체 명칭] 버튼(처음에는 화면 좌측하단에 숨겨져 있음.)을 활성화하여 Vertex(점)의 수를 조절할 수 있습니다. 아래는 Vertices 를 4 로 하여 사각뿔이 생성된 모습입니다. 또한 객체의 바닥 면 생성 시 Shift 키를 함께 눌렀기 때문에 바닥 면이 정사각형으로 생성되었습니다. 추가로 화면 우측 상단의 X-Ray 기능을 활성화하였기 때문에 객체의 반대쪽 면까지 희미하게 보이는 상황입니다.

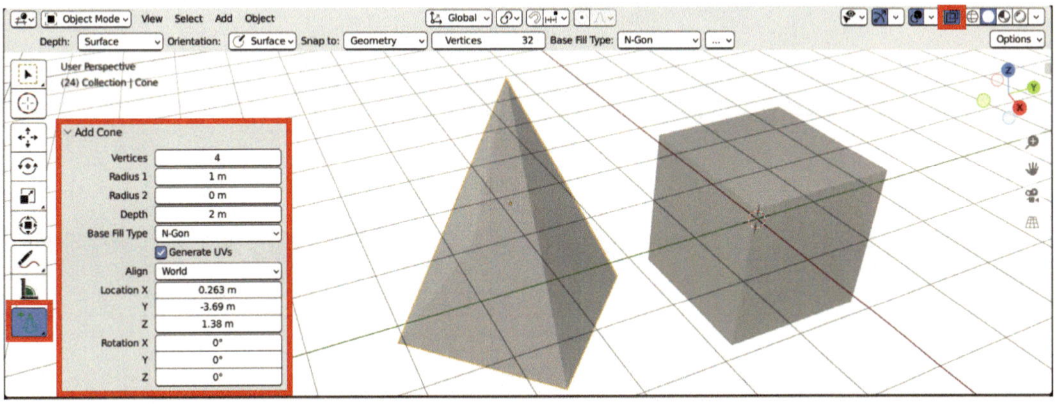

<TIP 2> 이 방식의 객체 생성은 최초 바닥 면 형성 시, 마우스를 가져다 댄 위치에 객체가 있다면 객체 면의 기울기를 인식합니다. 이로 인해 아래와 같은 형상도 손쉽게 만들 수 있습니다.

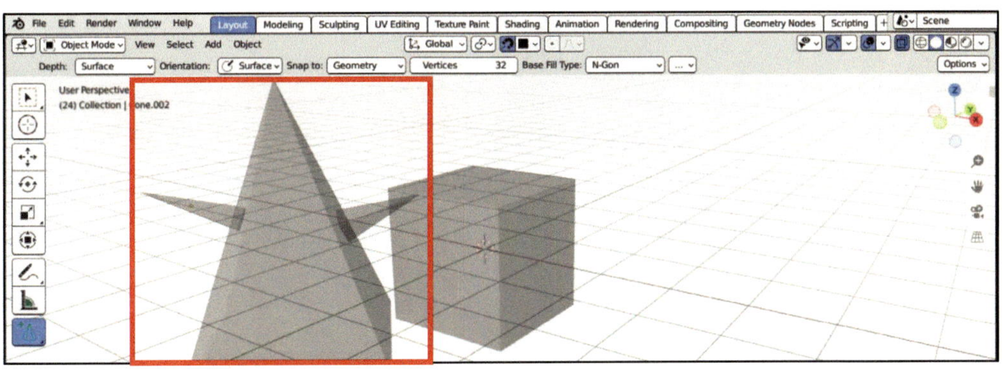

<TIP 3> 특정 도형이 정확히 몇 개의 점을 가지고 있는 지 확인하려면 아래의 방식을 활용합니다. 아웃라이너에서 점의 개수를 확인하기 원하는 객체만 밖으로 빼내고 나머지는 Collection 에 남겨둡니다. 연이어 Collection 옆의 눈동자 아이콘을 눌러 객체를 숨겨둡니다. 마지막으로 하단 상태바에서 마우스 우클릭 이후 Scene Statistics 을 활성화하면 남겨진 객체의 정보를 확인할 수 있습니다.

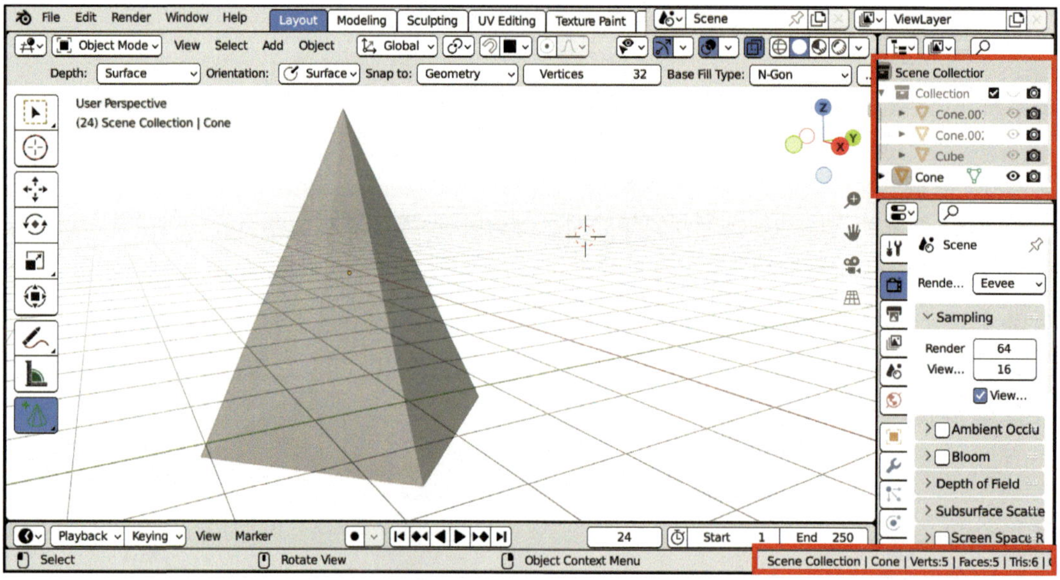

12 마지막으로 좌측 상단의 2 개 버튼은 각각 물체 선택 및 3D 커서 이동에 활용됩니다. 3D 커서는 키보드 N 키를 눌러 나오는 우측 창에서 위치를 설정할 수 있고, 객체가 생성되는 위치를 정하는데 쓰입니다.

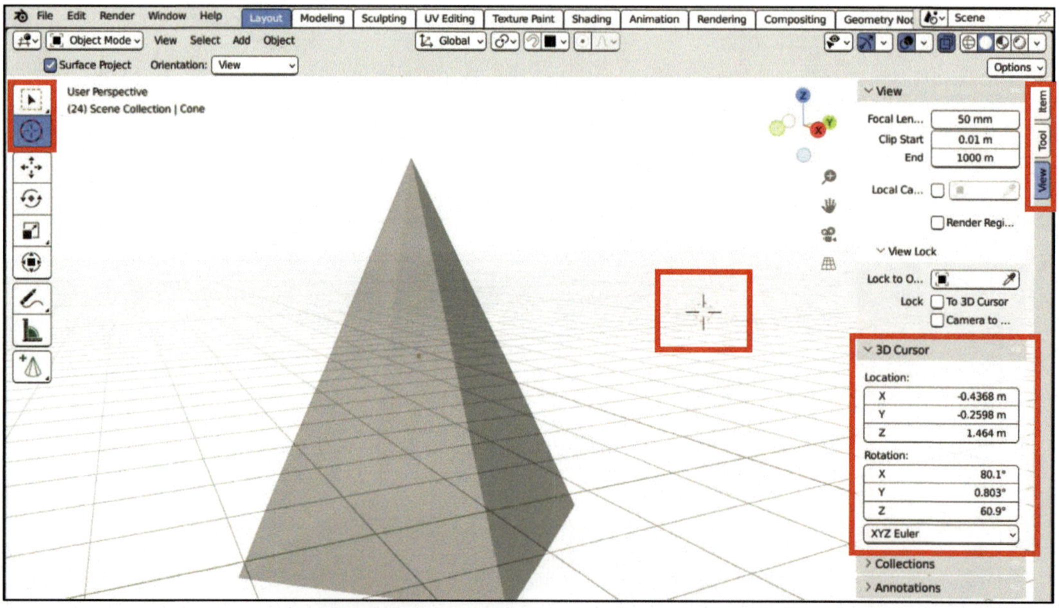

3) Blender 의 기본 기능 확인하기 2 – Edit Mode

01 이제 3D 뷰포트 상에 Cube 객체 하나만 남겨두고, 좌측 상단에서 Edit Mode 를 설정합니다.

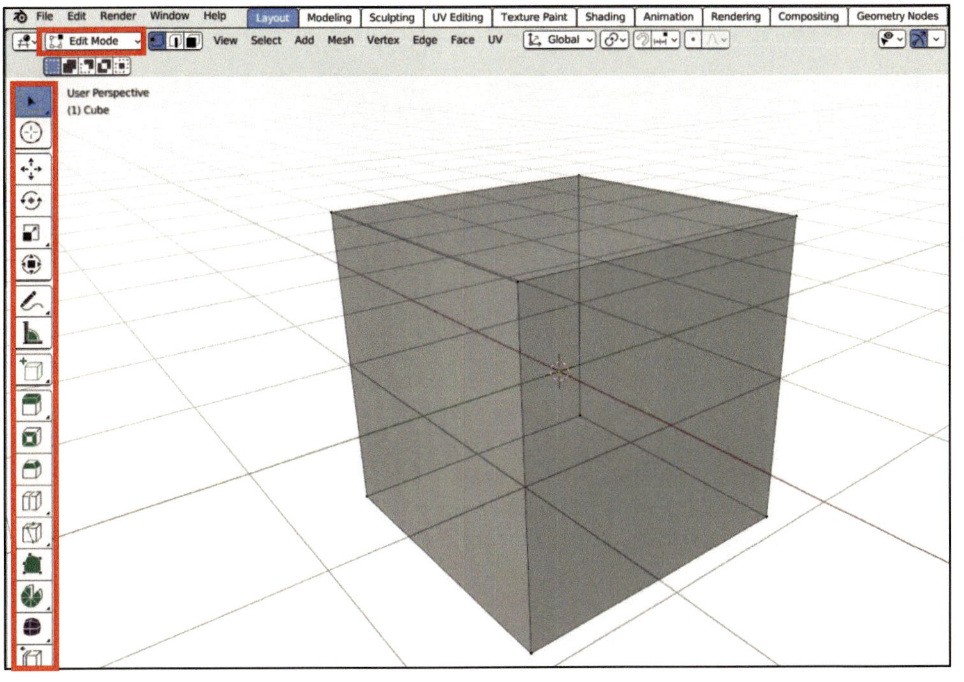

<TIP> Edit 모드에서는 도구모음의 구성이 달라지고, 도구의 수가 많이 늘어났음을 알 수 있습니다. 객체의 세부적인 모양을 다듬기 위해, 도구의 수가 Object 모드에 비해 더 많다는 점에 주목합니다.

02 Edit 모드에서는 좌측 상단의 설정에 따라 vertex(점), edge(선), face(면)의 모드 선택이 가능합니다. 각 모드에 따라 점, 선, 면을 편집하여 객체의 모델링을 수정할 수 있습니다.

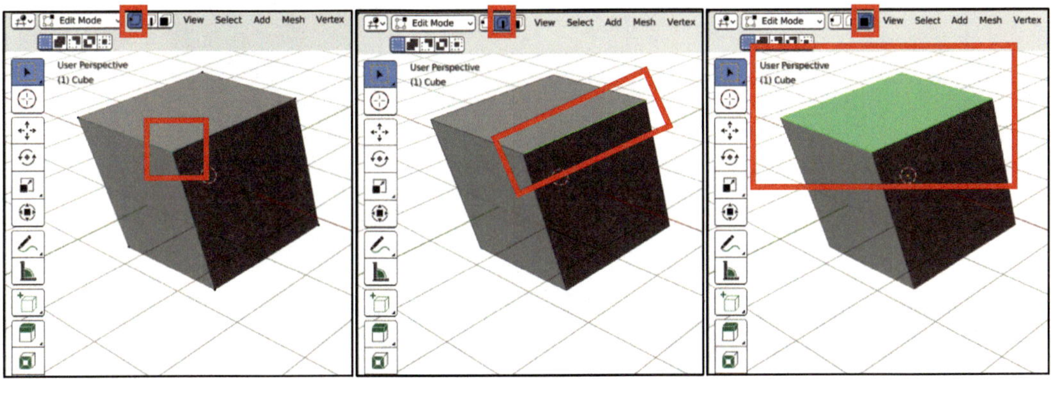

<TIP> Edit 모드에서는 키보드 좌측 상단의 1, 2, 3 번 키로 3 개의 모드를 전환할 수 있습니다.

03 Extrude Region 기능은 face(면) 모드에서 면을 돌출하는 데 활용합니다.

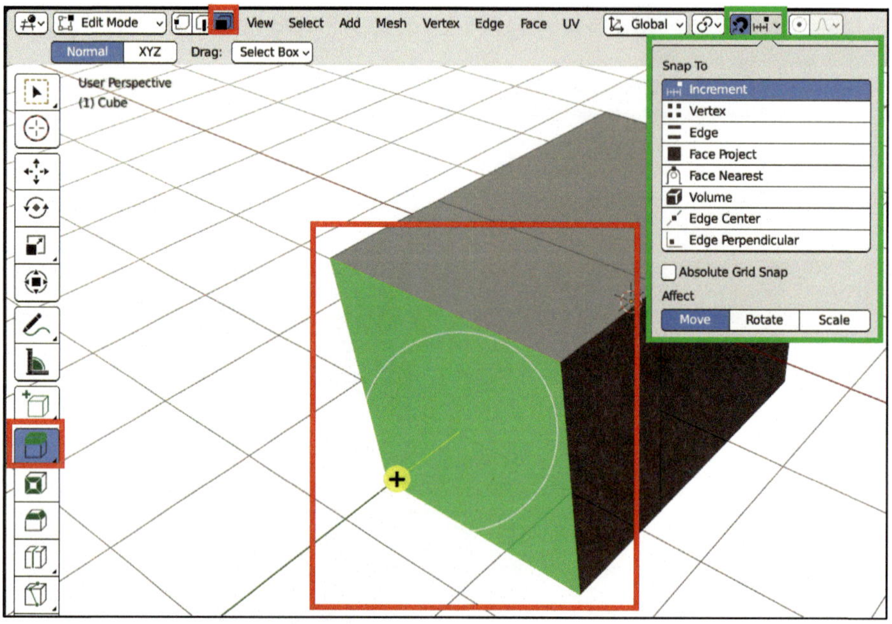

<TIP> 3D 뷰포트 화면 상단의 Snap(자석 모양) 기능을 활성화하면, 객체의 이동을 Grid(화면 하단의 격자 무늬)나 다른 객체의 점, 선, 면에 붙일 수 있는 등 편리하게 활용할 수 있습니다.

04 Extrude Region 기능은 face(면) 모드에서 면 내부에 새로운 면을 생성할 때 활용합니다.

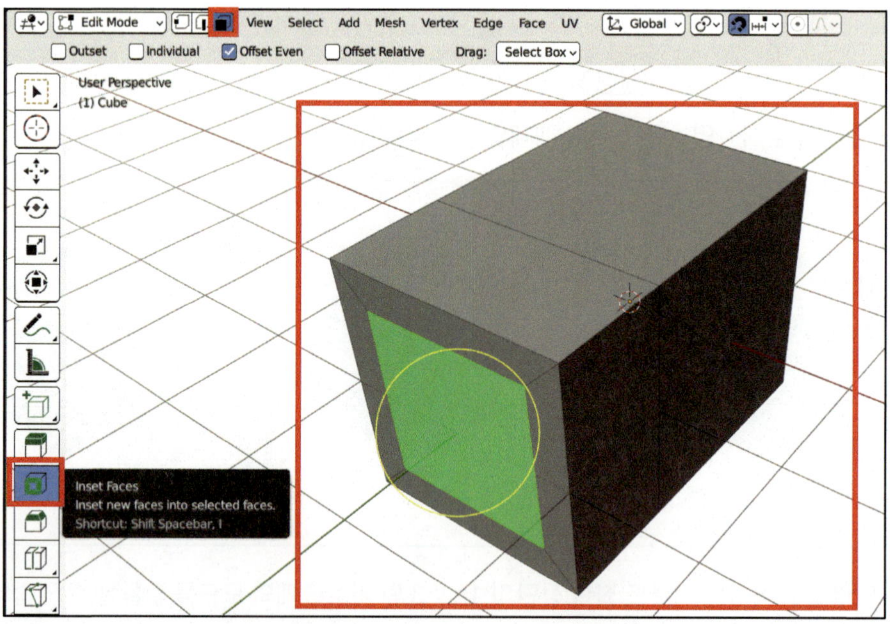

05 Bevel 기능은 Edge(선) 모드에서 모서리를 다듬는데 쓰입니다. 새로 Cube 객체를 만들고 노란색 핸들을 마우스 드래그로 당겨 Bevel 을 적용한 뒤, Segments 수치를 아래와 같이 조절합니다.

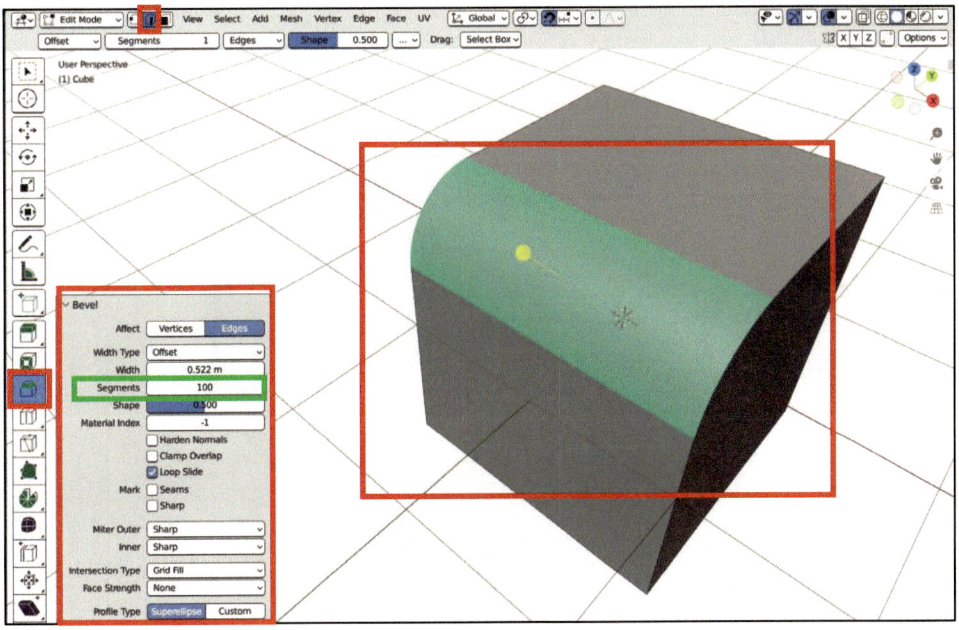

<TIP> 화면 좌측 하단 창은 처음에는 좌측 하단에 작은 아이콘으로 숨어있습니다.

06 Loop Cut 기능은 점, 선, 면 모드와 관계없이 작동하여 객체를 자르는데 활용됩니다. 상단의 Number of Cuts 수치를 조절하여 몇 번이나 나눌지 미리 설정할 수 있습니다.

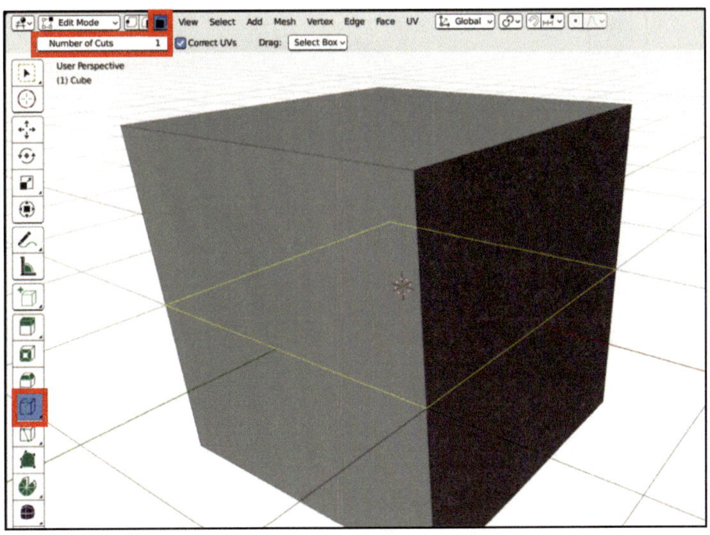

<TIP> 면을 자르게 되면 아래와 같이 세부적인 모델링 수정이 가능합니다. Loop Cut 한 면에 Extrude Region 기능을 추가적으로 활용하였습니다.

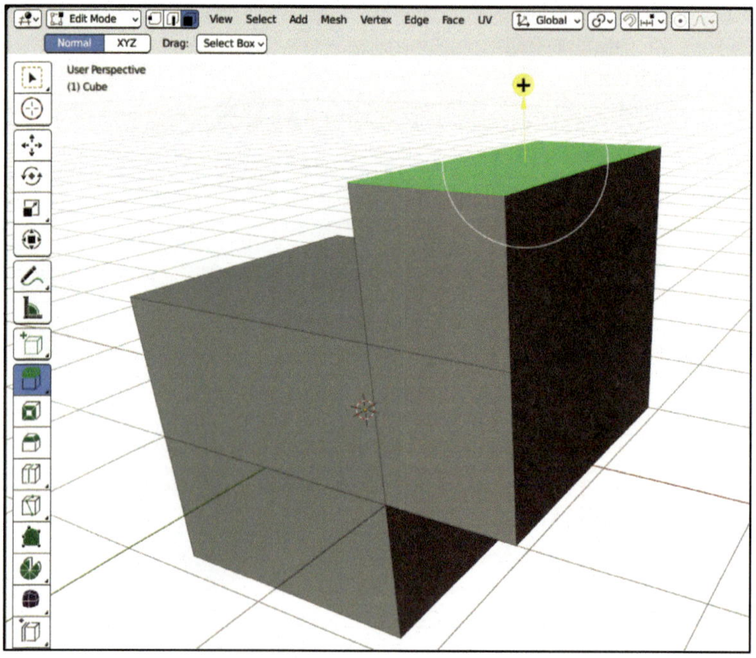

07 Edit Mode 에는 그 밖에도 Knife, Poly Build, Spin, Smooth, Edge Slide 등의 다양한 기능이 있습니다. 직접 활용하여 용법을 확인해보는 것이 좋습니다.

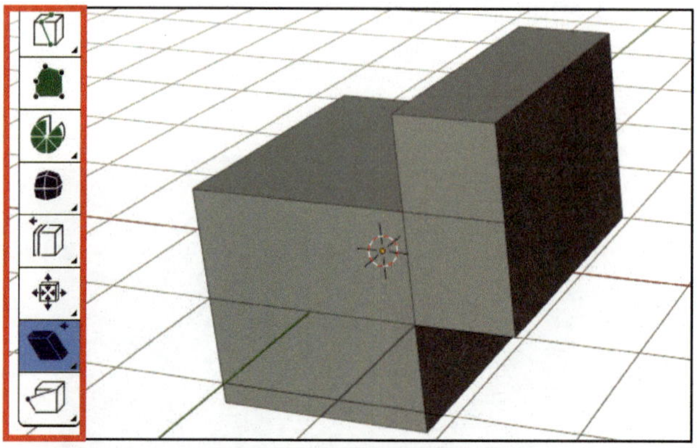

<TIP> 지금까지 blender 의 모델링을 위한 기초적인 부분을 알아보았습니다. 사실 blender 는 모델링 외에도 텍스처, 조각, 특수효과, 애니메이션 등 기능이 매우 다양합니다. 본서는 유니티에 초점을 맞추고 있어 기능 전부를 다룰 수는 없었습니다. 나머지 기능은 실제 애셋 개발을 진행하면서, 곳곳에서 활용될 수 있도록 본서를 구성하였으니 참고하시기 바랍니다.

4) Blender 로 애셋 만들기

01 이제 blender 로 프로젝트에 활용할 수 있는 애셋을 만들어 보겠습니다. 목표는 3 장에서 다루었던 놀이터 프로젝트의 Player 객체에 씌울 창모자를 만들어 유니티에 가져오는 것으로 하겠습니다. [File]-[New]-[General]을 눌러 새로운 프로젝트를 생성합니다. 이후 화면에 최초로 보이는 정육면체는 마우스 우클릭 및 Delete 를 선택하여 삭제합니다.

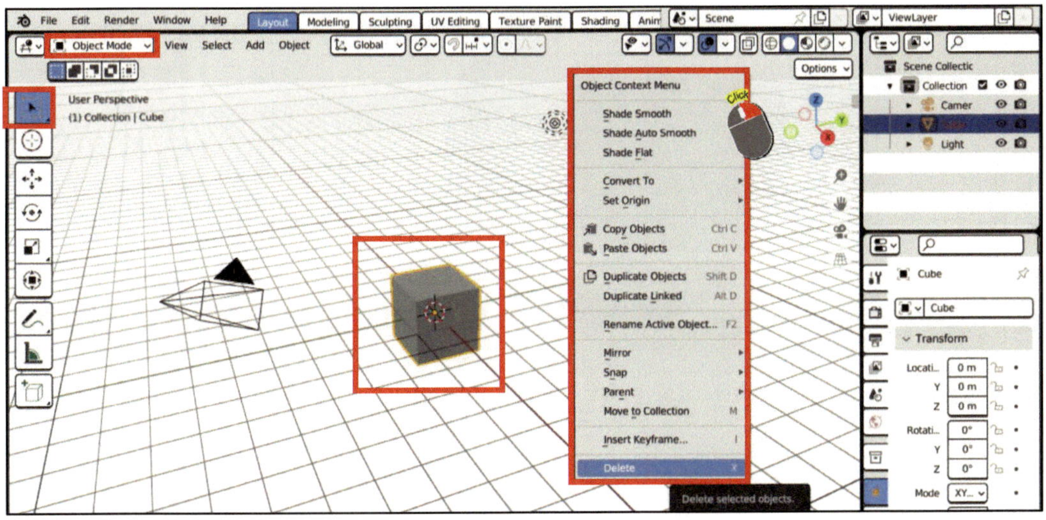

02 빈 자리에 Shift+A 를 누르고 [Mesh]-[UV Sphere]를 눌러 공 모양 모델을 추가합니다.

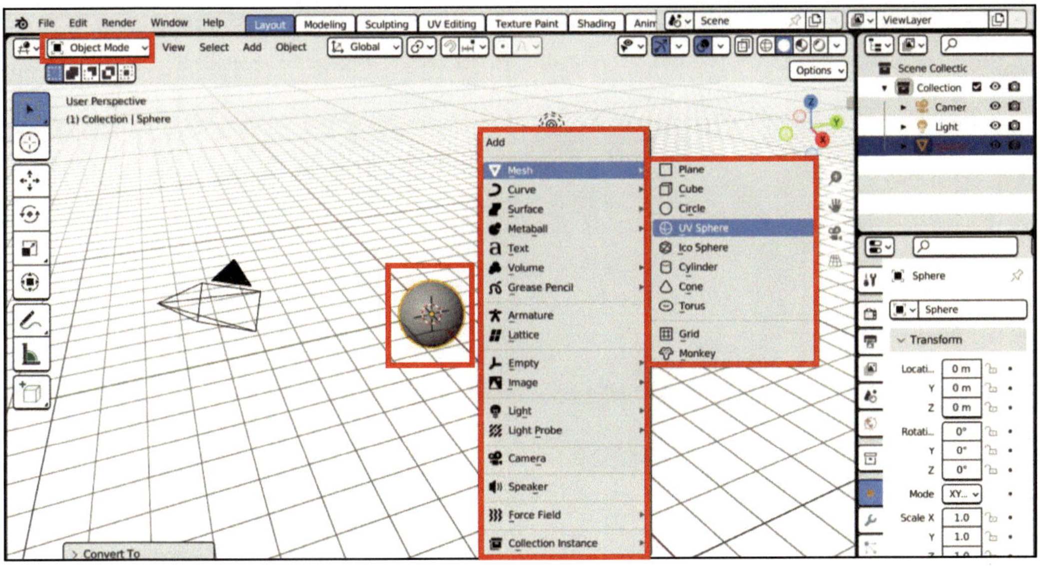

<TIP> 현재까지 작업은 좌측 상단에서 확인할 수 있듯, Object Mode 에서 진행되고 있습니다.

03 유니티와 유사한 기즈모를 클릭하여 수평 방향에서 공 모양 모델을 바라보고 Edit Mode 로 전환합니다. 또한, Select Mode 를 Face select 로 지정합니다. 이제 모델의 면을 수정할 수 있습니다.

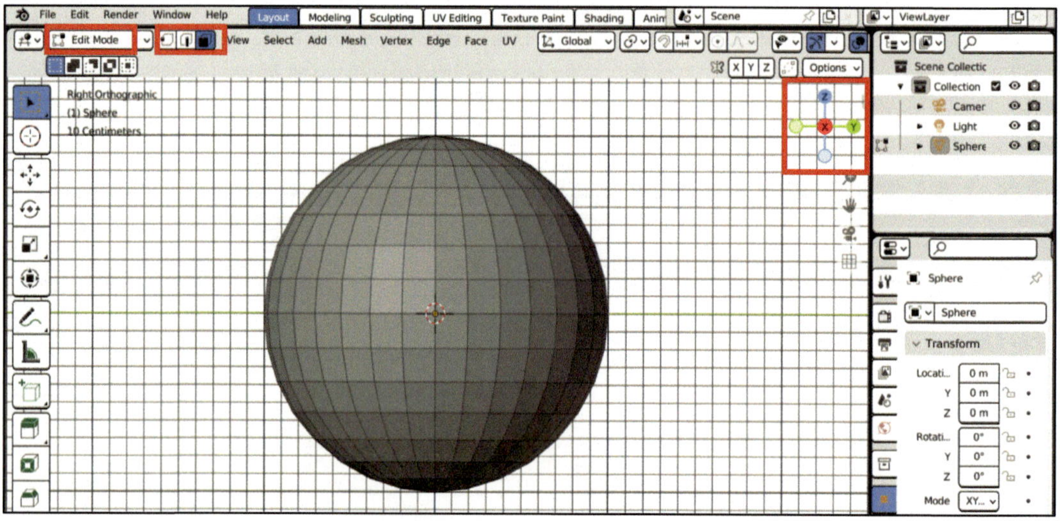

<TIP> 마우스 휠을 회전하여 화면을 확대할 수 있습니다. Shift+마우스 휠로는 화면을 이동합니다.

04 이제 마우스로 드래그하여, 구의 하반부를 선택합니다. 이후 마우스 우클릭하여, Delete Faces 를 클릭합니다. 이 과정을 한 번 더 반복하여 구의 하반부 전체를 제거합니다.

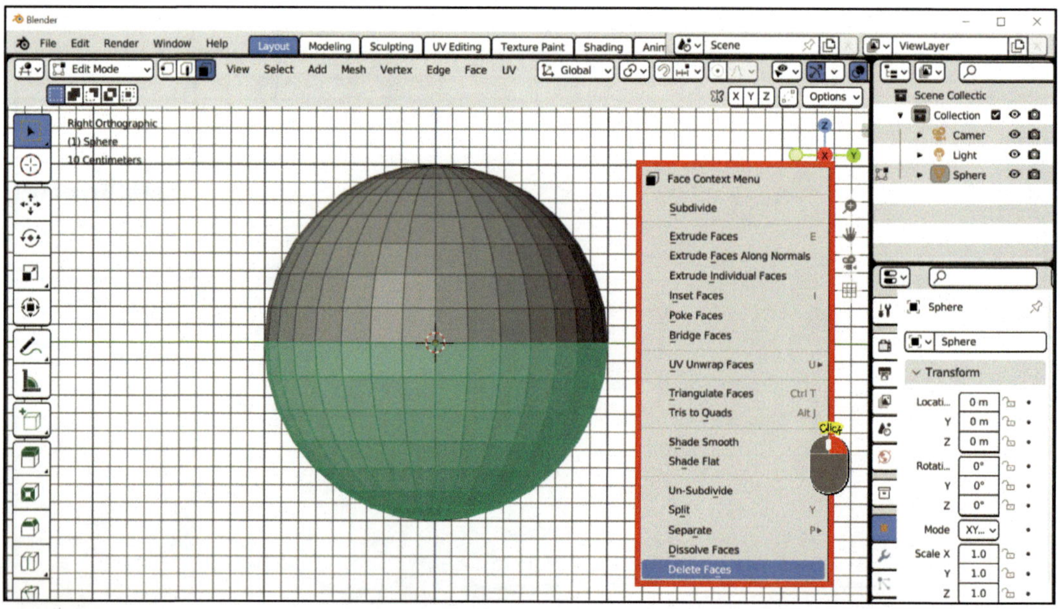

<TIP> 한 번의 마우스 드래그로 화면에 보이지 않는 반대쪽 면까지 선택되지는 않습니다.

05 이번에는 Select Mode 를 Edge select 로 변경합니다. 다음으로, 구멍이 뚫린 구 모델 하단의 모서리(Edge)하나를 마우스 클릭하고, 이어서 Alt 키를 누른 채로 바로 옆의 모서리를 마우스로 클릭하여 구 모델 하단을 1 바퀴 돌아서 감싸는 모서리 전체를 선택합니다.

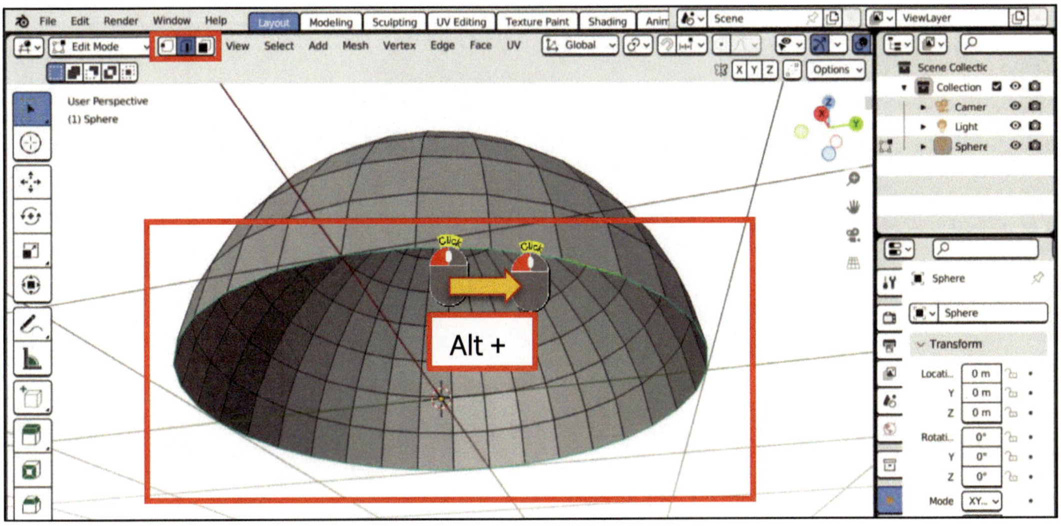

06 이제 마우스 우클릭 후 Fill 을 선택하면 객체의 하단이 면으로 가득 차게 됩니다.

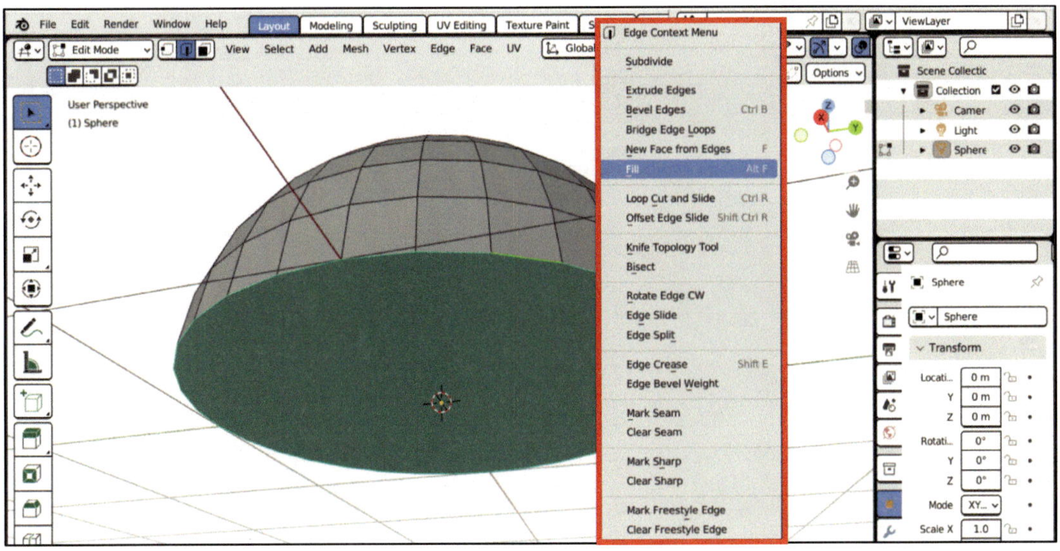

<TIP> 3D 모델링에 있어 빈 면이 존재하지 않게 하는 것은 아주 중요합니다. 기본적으로 생성된 모델을 안쪽 면에 대해 구현된 바가 없기 때문에, 실제 렌더링 시에 하단 쪽의 뚫린 쪽을 바라보게 되면, 화면에는 아무런 모습이 나타나지 않는 문제가 발생합니다.

07 다시 Select Mode 를 Face select 로 변경합니다. 이번엔, 반구 모델의 가장 아래 면을 마우스 클릭한 뒤, 그 바로 옆면에 추가로 Alt+마우스 클릭하여 한 바퀴의 면들을 모두 선택합니다.

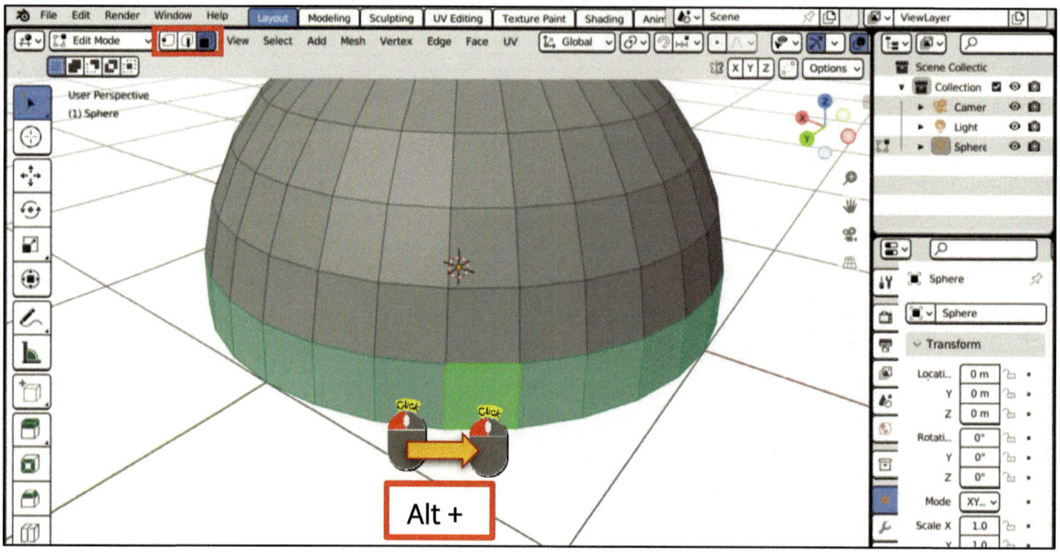

08 이제 Scale 도구를 선택하고 마우스 드래그를 통해 아래와 같이 모자의 창을 만듭니다.

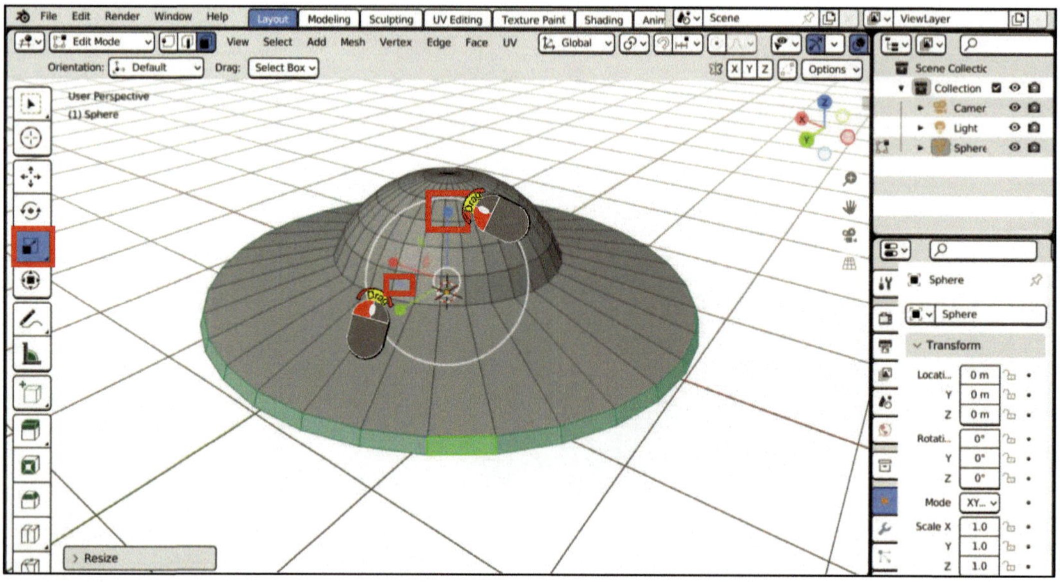

<TIP> 자세히 살펴보면, x 축과 y 축 사이의에 파란색의 얇은 사각형이 바닥에 놓여 있는 것을 볼 수 있습니다. 이를 바깥으로 드래그 하면 XY 축 방향으로 균등하게 면이 확장됩니다. 또한, 파란색 막대를 아래로 당겨 Z 축으로 수정하면 모자창을 얇게 만들 수 있습니다.

09 조금만 더 손을 보겠습니다. Select Mode 를 Edge select 로 변경합니다. 다음으로, 아래처럼 모델 하단의 모서리(Edge)하나를 마우스 클릭하고, 이어서 Alt 키를 누른 채로 바로 옆의 모서리를 마우스로 클릭하여, 모자 창 상단을 한 바퀴 돌아서 감싸는 모서리 전체를 선택합니다.

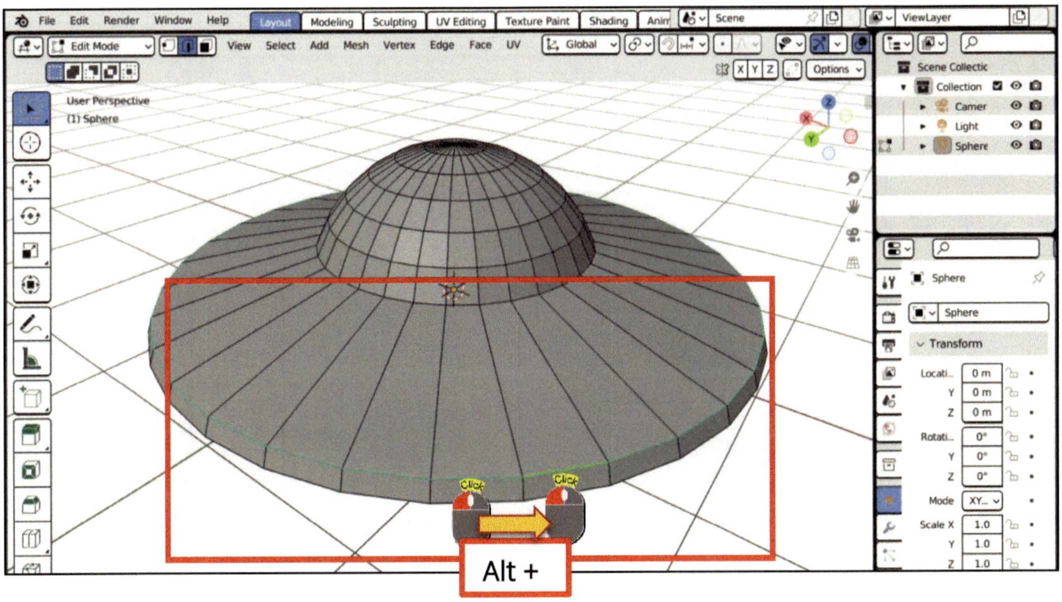

10 Bevel 도구를 선택하고 화면상의 노란색 핸들을 위로 당겨서 면을 비스듬하게 만듭니다.

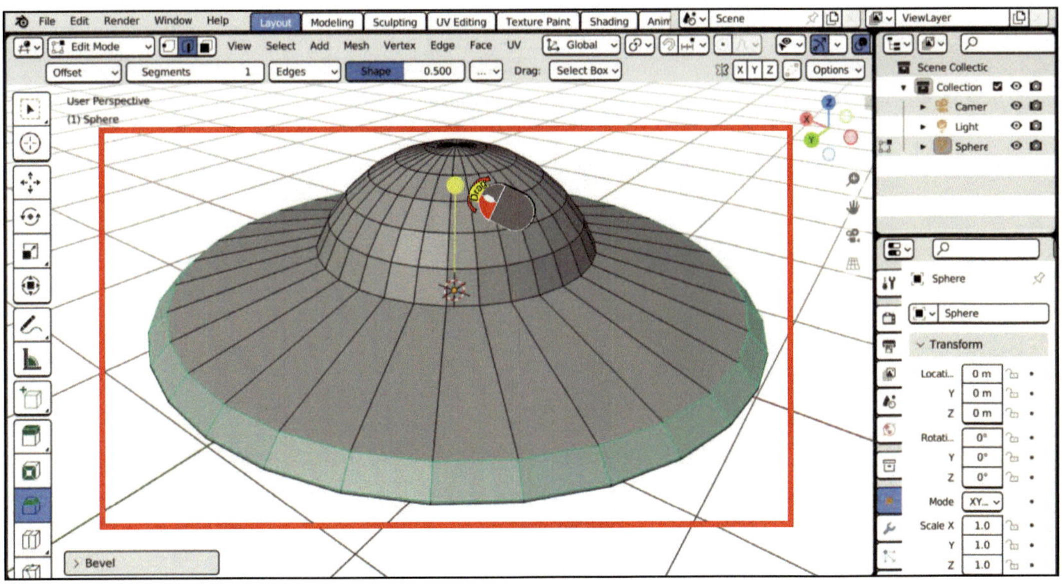

<TIP> Bevel 은 본디 '비스듬하게 하다'라는 뜻을 지니고 있는 단어입니다.

5) Blender 로 만든 애셋 추출하기

01 이제 화면 우측 상단의 Collection 에서 Camera 와 Light 를 삭제한 뒤, Sphere 만 남긴 채 프로젝트를 저장합니다. 파일명은 hat.blend 로 하겠습니다.

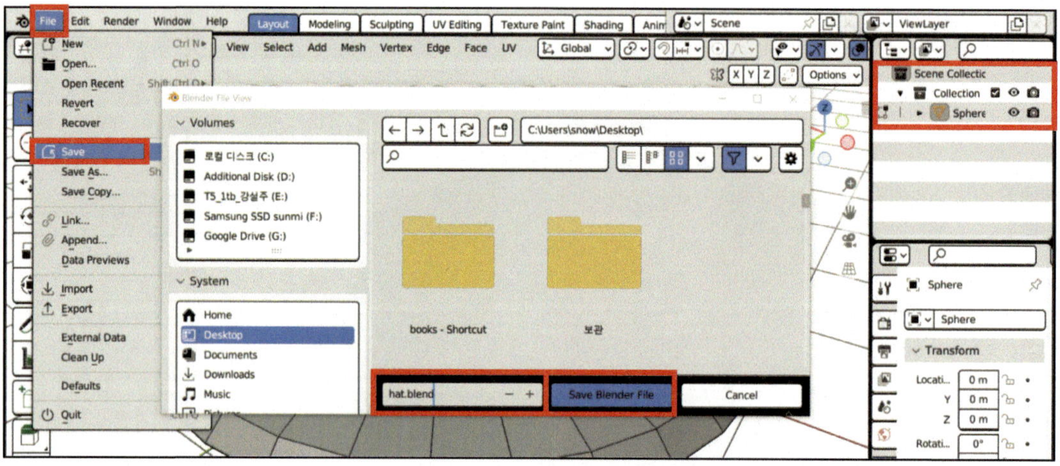

02 hat.blend 파일을 놀이터 프로젝트로 그대로 가져와 Prefabs 폴더에 담았습니다. 이후 Player 객체에 자식 객체로 적용하였으며, 분홍색 마테리얼도 새로 생성하여 정상 적용한 모습입니다. 모자를 다소 비스듬히 놓아서 사실감을 조금 더 부여했으며, Play 시에 모자가 캐릭터에 착용되어 잘 붙어 다니는 것을 확인할 수 있습니다.

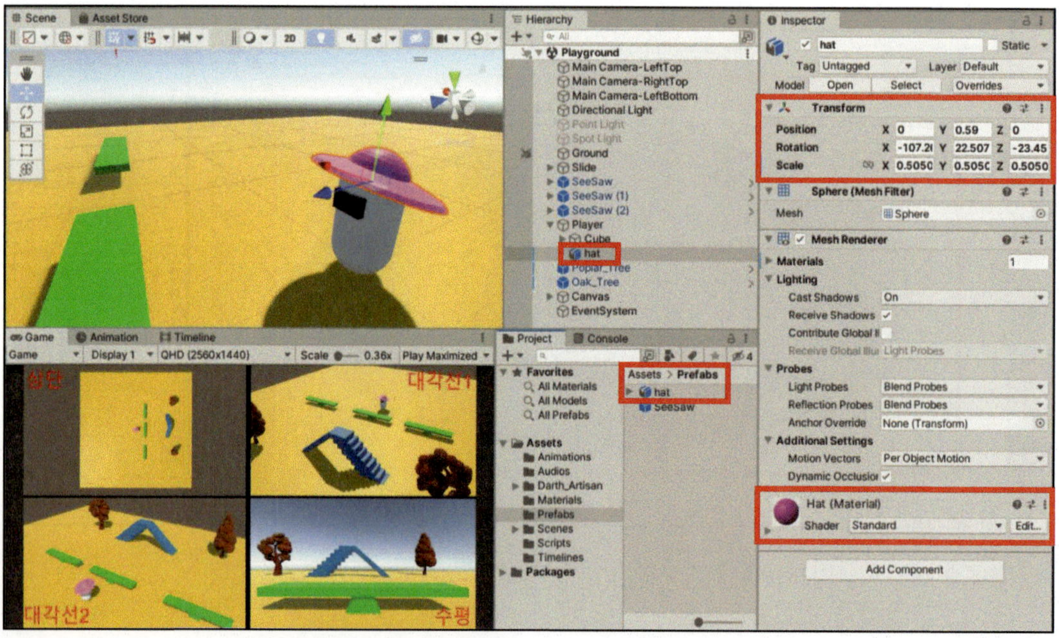

3 강　AR 다루기

AR(증강현실) 기술은 디지털 세계를 현실에 접목시키는 중요한 수단 중 하나로 활용되고 있습니다. 본 강에서 유니티를 활용하여 AR 콘텐츠를 다루어 봅니다.

1)　AR 다루기 1 – 기본 설정하기

01 유니티에서 AR 기술을 다루기 위해서는 여러 선택지가 있지만, 그 중 Unity Hub 에서 제공하는 AR 패키지를 활용하는 방법을 알아보겠습니다. Unity Hub 에서 AR(Core)을 선택하고 AR_test 라는 명칭으로 새로운 프로젝트를 생성합니다.

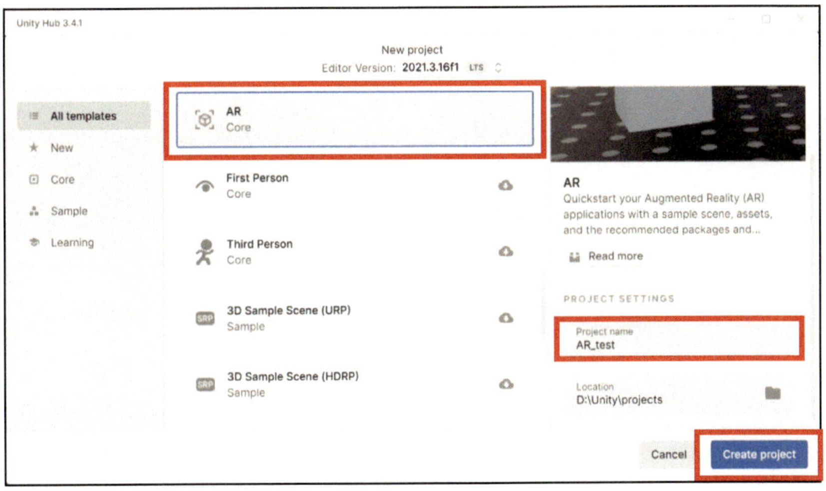

02 유니티를 통해 AR 기술을 다루기 위한 기본적인 구성이 완료되어 있습니다.

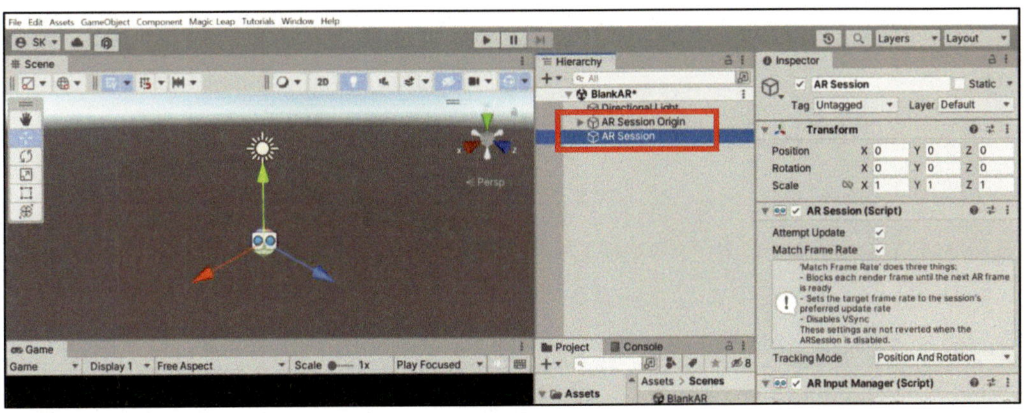

<TIP> 최초 튜토리얼 화면은 건너뛰고, 레이아웃을 작업에 편하도록 변경하였습니다.

03 일반적인 3D 프로젝트 제작용 템플릿과 비교하면, AR 을 위한 패키지가 자동으로 추가된 것을 확인할 수 있습니다.

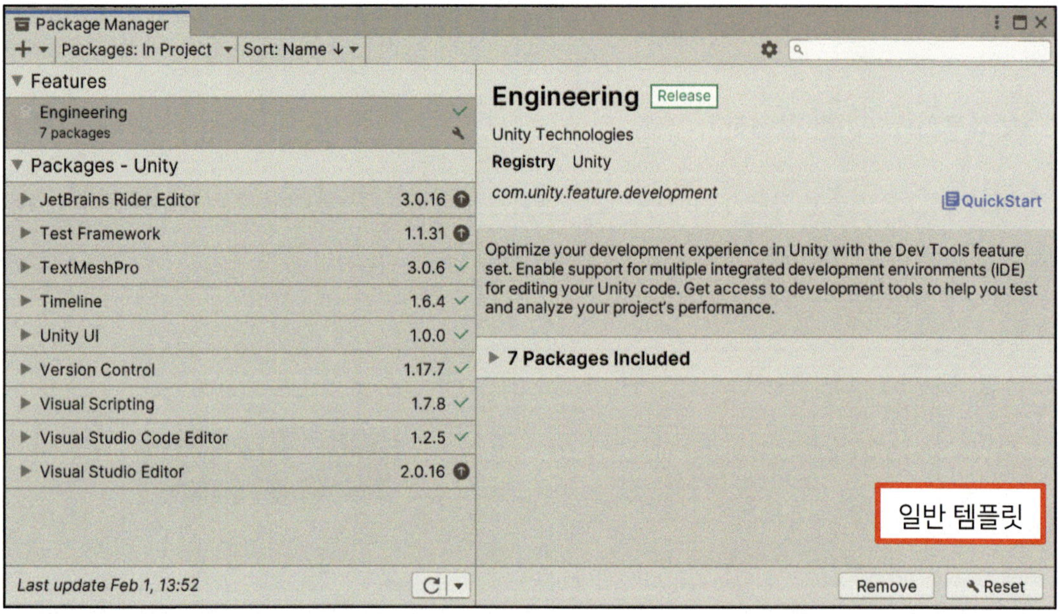

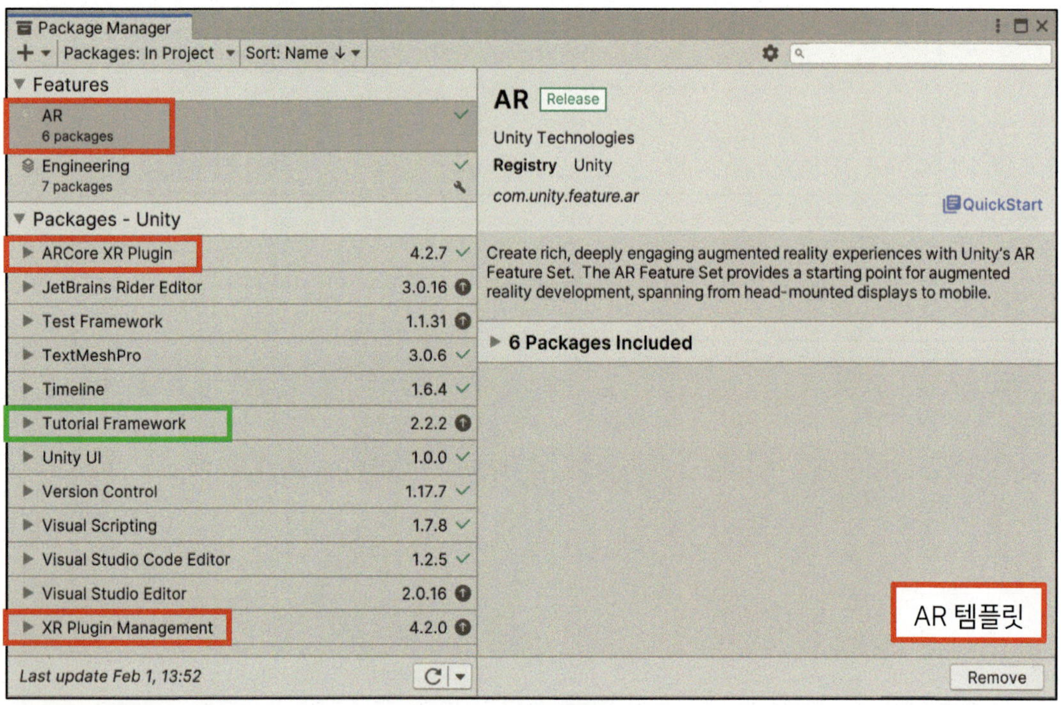

<TIP> Tutorial Framework 는 AR 기능 소개와 관련되어 설치된 패키지로 꼭 필요하진 않습니다.

04 안드로이드 스마트폰에 AR 기술 접목하기 위해 [Edit]-[Project Settings]에서 설정을 진행합니다.

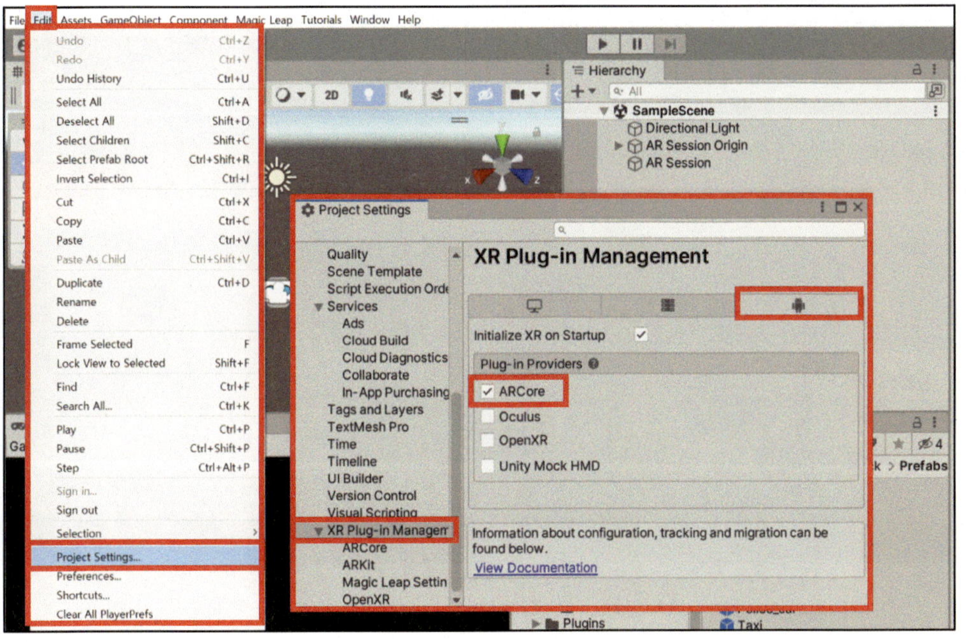

05 기본적인 AR 구동 과정을 확인하기 위해, 기존 {Assets}-{ExampleAssets}-{Scenes}폴더에 마련되어 있는 SampleScene 을 복사하고 {Assets}-{Scenes}폴더로 붙여넣기 하여 가져옵니다.

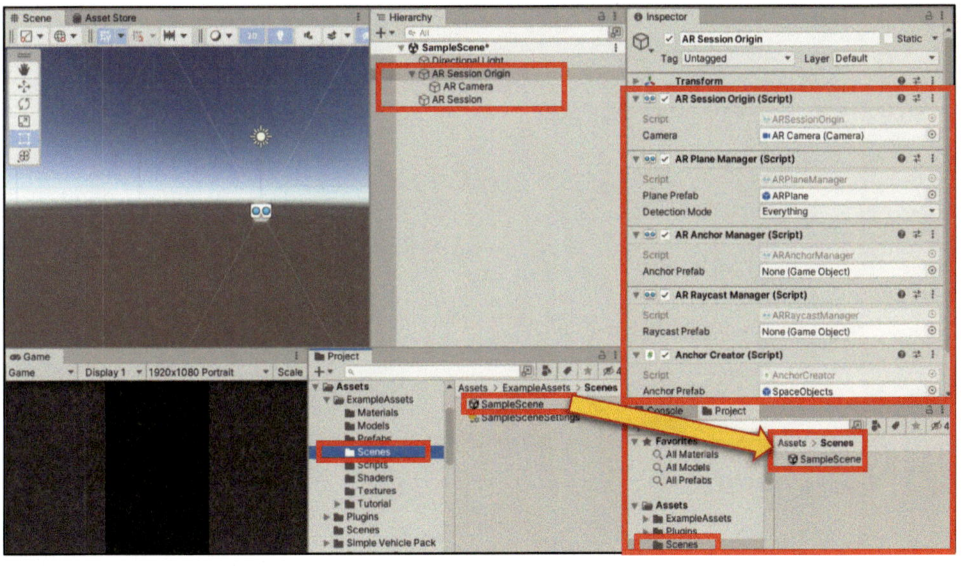

<TIP> 인스펙터 창에 보이는 컴포넌트들이 AR 기능을 구현하는 핵심 스크립트입니다. 이를 통해 스마트폰 카메라가 비추는 장면의 바닥을 탐지하고, 유니티 상에서 준비한 객체를 구현할 수 있습니다.

06 다음으로 AR 화면에 구현할 애셋 하나를 유니티 에디터로 가져옵니다.

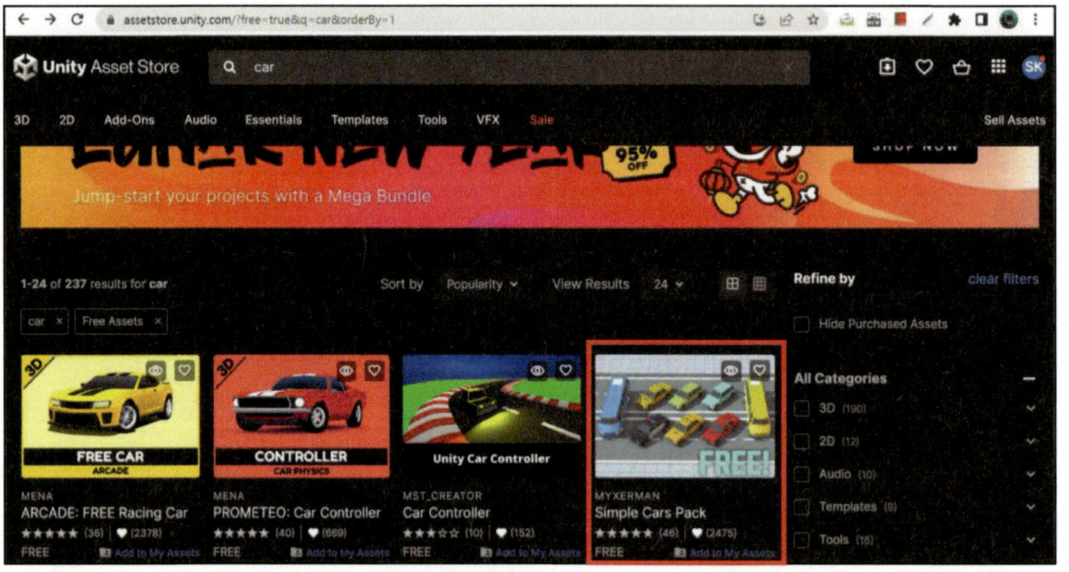

<TIP> 유니티 에디터 상의 기본 객체나 다른 애셋을 가져와도 무방합니다.

07 이제 하이어라키창에서 AR Session Origin 객체를 선택합니다. 계속하여 인스펙터창에서 (Anchor Creator)컴포넌트의 Anchor Prefab 속성에 Bus_2 Prefab 을 적용합니다.

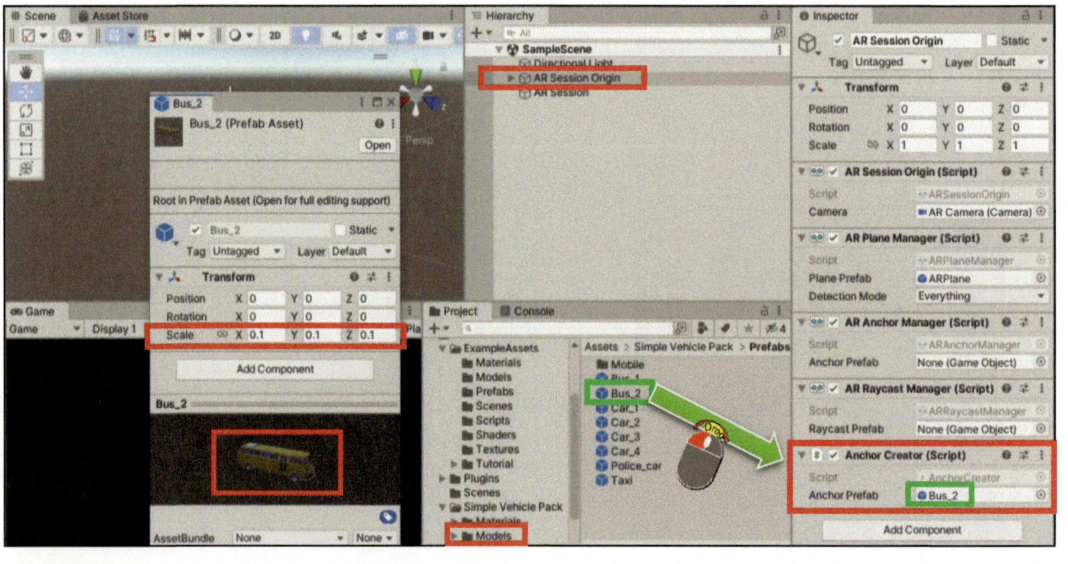

<TIP> Scale 에서 수치 1 의 값은 실제 1m 에 해당할 만큼 큽니다. 따라서 0.1 정도로 조절하여 애셋의 크기가 AR 상황에 적합하게 합니다.

08 이어서 안드로이드 플랫폼을 대상으로 빌드를 진행합니다.

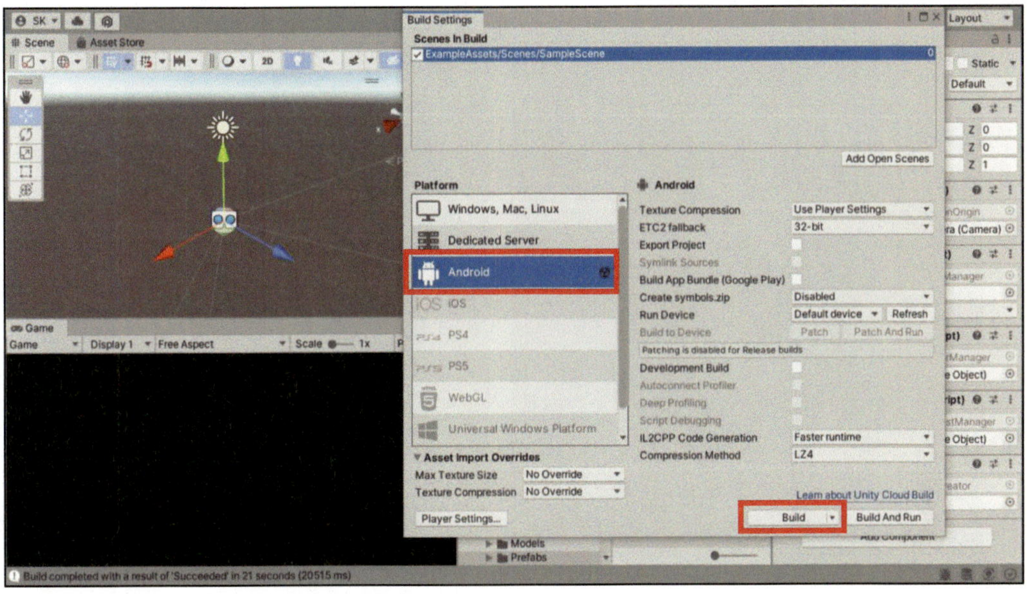

09 AR_test 란 명칭으로 APK 를 생성하고, 안드로이드 스마트폰에 옮겨 설치하고 실행합니다.

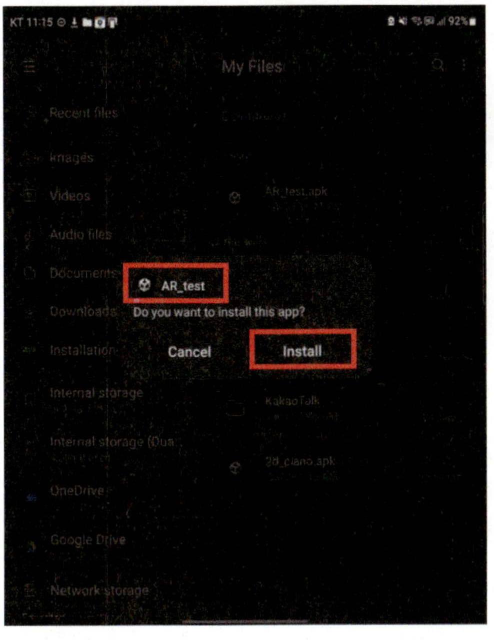

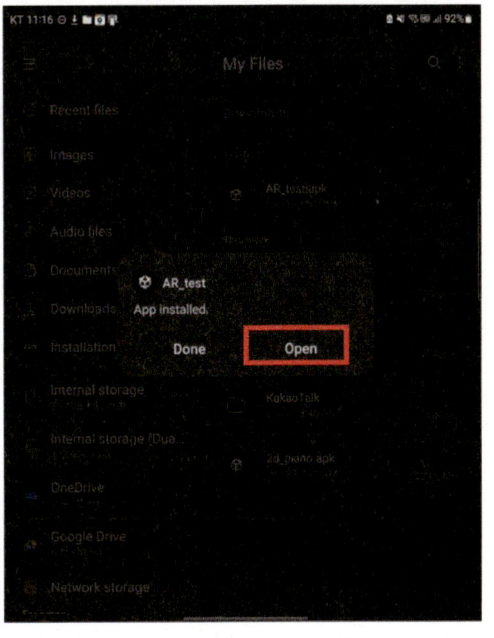

<TIP> 애플리케이션 설치 절차는 4 장 2 강의 애플리케이션 공유 과정을 참고하시기 바랍니다.

10 간단한 권한 부여 작업을 마친 뒤, 애플리케이션이 실행되고 카메라로 바닥을 비추면 하얀 점들이 바닥을 인식하였음을 사용자에게 알려줍니다.

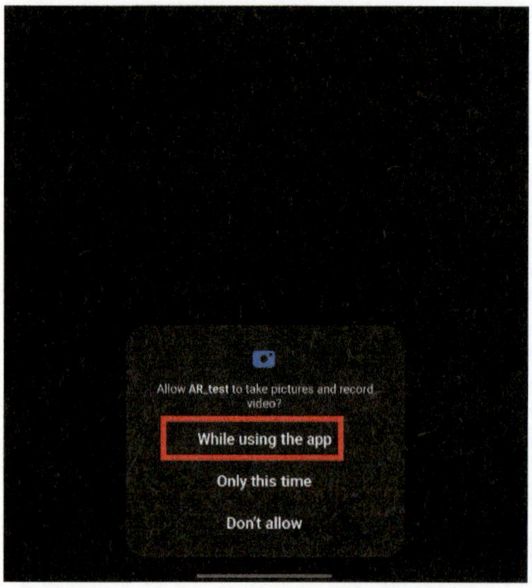

11 이제 하얀 점이 있는 부분을 스마트폰 화면상에서 터치하면 버스가 나타납니다. 또한 스마트폰을 들고 자리를 옮기며 확인하면 버스 애셋의 다른 각도도 입체적으로 확인할 수 있습니다.

<TIP> AR 활용을 위한 안드로이드 최소 버전은 7.0 Nougat 입니다. 2023 년 1 월을 기준으로 전세계 90%를 넘는 기기들이 해당 버전 이상으로 작동하고 있어 활용에 큰 무리가 없는 기술입니다.

12 그런데 이대로는 화면을 누를 때마다 버스가 무제한으로 생성됩니다. 너무 많은 객체가 생성되면, 메모리 누수 문제가 발생하고, 현재로선 버스를 제거할 수도 없기 때문에 코드를 약간 수정하겠습니다. 하이어라키창에서 [+]-[UI]-[Legacy]-[Button]을 선택하고 Text 를 수정하여 아래처럼 버튼을 생성합니다. 그리고 AR Session Origin 객체를 선택 후, 인스펙터창에서 (Anchor Creator)컴포넌트 내부의 Script 속성을 마우스 더블 클릭하여 AnchorCreator 스크립트를 엽니다.

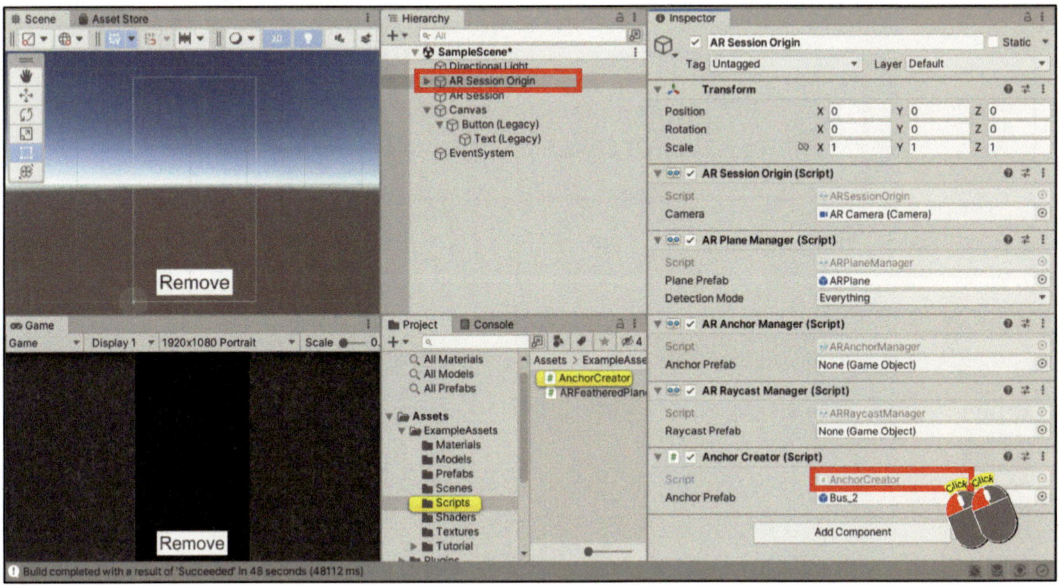

13 기존에 생성되어 있는 스크립트 코드 중에서 3 개 부분만 아래와 같이 수정합니다.

```
18      [SerializeField]
        3 references
19      GameObject m_AnchorPrefab;
        3 references
20      GameObject bus;
21
        0 references
22      public GameObject AnchorPrefab
23      {
24          get => m_AnchorPrefab;
25          set => m_AnchorPrefab = value;
26      }
27
        0 references
28      public void DestoryBus()
29      {
30          Destroy(bus);
31      }
32
```

(코드 해설) 20 줄에서 bus 를 GameObject 변수로 선언하여 버스 인스턴스를 담을 준비를 합니다.

28~31 줄에서 DestroyBus()라는 함수를 선언하여 bus 객체를 제거하는 구문을 작성합니다.

```
65          if (m_RaycastManager.Raycast(touch.position, s_Hits, TrackableType.PlaneWithinPolygon))
66          {
67              // Raycast hits are sorted by distance, so the first one
68              // will be the closest hit.
69              var hitPose = s_Hits[0].pose;
70              var hitTrackableId = s_Hits[0].trackableId;
71              var hitPlane = m_PlaneManager.GetPlane(hitTrackableId);
72
73              // This attaches an anchor to the area on the plane corresponding to the raycast hit,
74              // and afterwards instantiates an instance of your chosen prefab at that point.
75              // This prefab instance is parented to the anchor to make sure the position of the prefab
76              // with the anchor, since an anchor attached to an ARPlane will be updated automatically
77              var anchor = m_AnchorManager.AttachAnchor(hitPlane, hitPose);
78
79              if (bus == null)
80              {
81                  bus = Instantiate(m_AnchorPrefab, anchor.transform);
82              }
83
84              if (anchor == null)
85              {
86                  Debug.Log("Error creating anchor.");
87              }
```

79~82 줄에서 bus 가 null(빈 값)인 경우에만 버스 prefab 을 터치한 장소에 인스턴스화하여 구현하고 bus 변수에 담도록 합니다. 이처럼 변수에 담아주어야 Destroy() 함수의 대상으로 삼는 것이 가능합니다.

14 다시 빌드하여 스마트폰에서 구동하면 버스는 하나만 추가되고, Remove 버튼으로 버스를 제거할 수 있는 것을 확인할 수 있습니다.

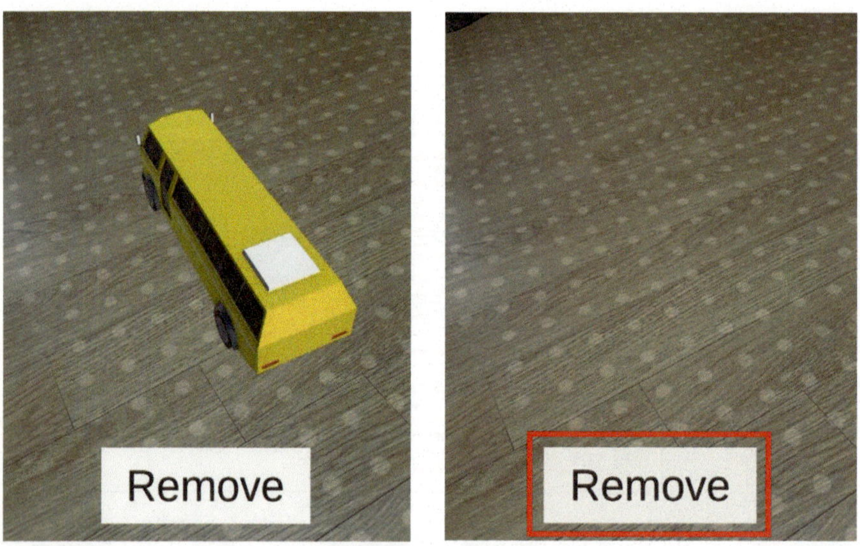

2) AR 다루기 2 – 기존 프로젝트에 적용하기 [관련 코드 & 애셋 – 부록 참고]

01 이번엔 AR 기술을 4 장 4 강에서 제작한 3D 천체의 이동 시뮬레이션과 연동해보겠습니다. 먼저, 기존 3D_Space 프로젝트를 열고 {Assets}-{Prefabs} 폴더를 생성한 다음, 하이어라키창에서 Sun, Earth, AxisforMoon 객체를 옮겨 담아 Prefab 으로 만듭니다.

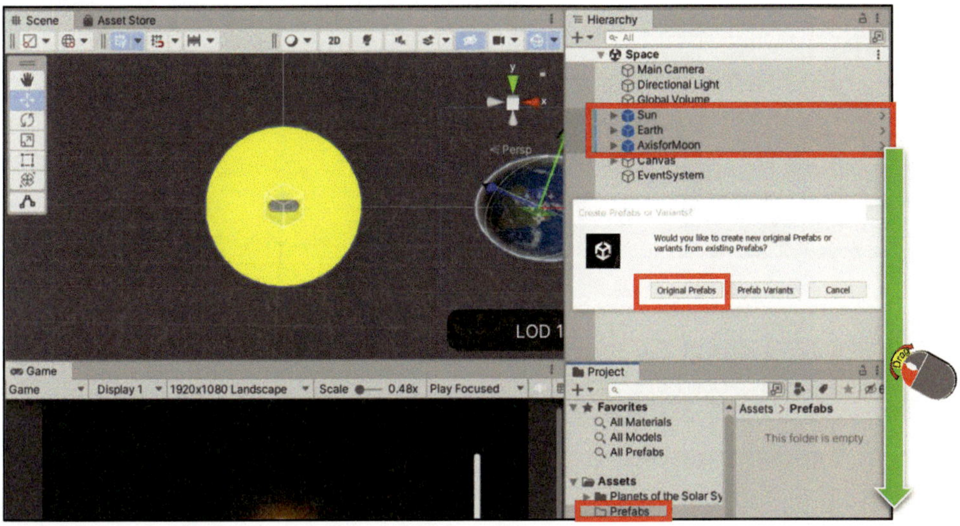

<TIP> Prefab Variants 는 원본 Prefab 과 관계를 유지하며 Prefab 을 만드는 것으로, 원본 Prefab 의 성질이 변경되면 영향을 받게 됩니다. 지금은 Original Prefab 을 선택하여 완전히 새로운 Prefab 을 만들어 다른 프로젝트로 내보낼 준비를 합니다.

02 이어서 새로 생성한 3 개의 Prefab 들을 아래와 같이 마우스 우클릭 및 Export Package 를 선택하여 외부로 Export 합니다. Export 시 SolarSystem 이라고 명명합니다.

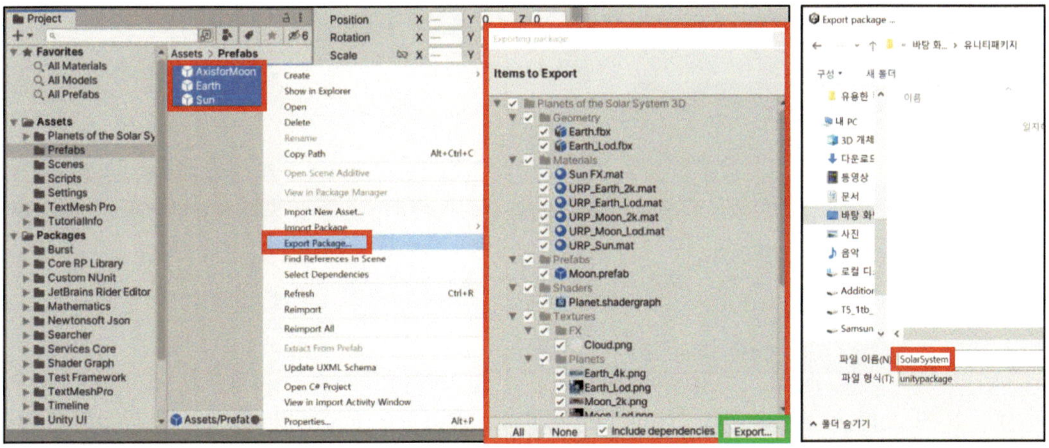

03 이제 AR_test 프로젝트로 돌아옵니다. SolarSystem 패키지를 마우스 드래그를 통해 프로젝트창으로 가져온 후 Import 시킵니다.

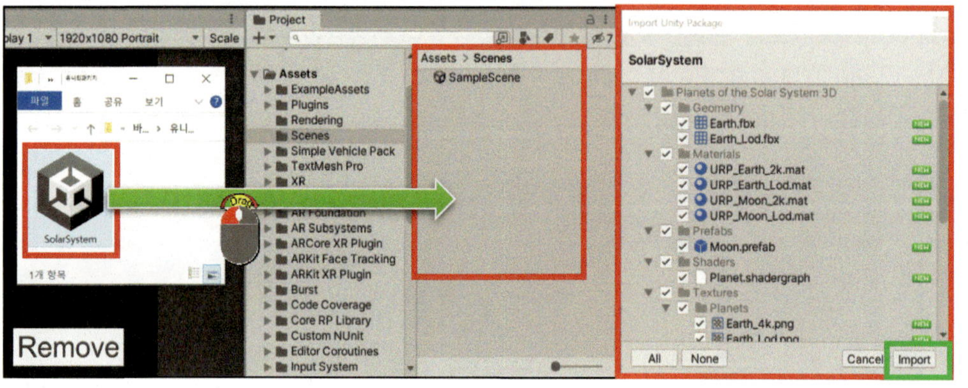

04 이후 프로젝트창을 살피면, 3D_Space 에서 작업했던 부분과 관련된 애셋과 스크립트 등이 그대로 본 프로젝트로 복사되어 생성된 것을 알 수 있습니다.

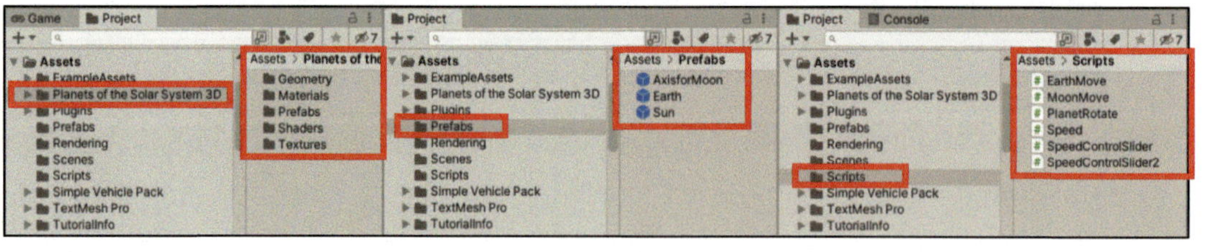

05 계속해서 가져온 애셋들을 조합하여, AR 에 활용할 수 있도록 가공할 순서입니다. {Assets}-{Prefabs} 폴더에 SolarSystem Prefab 을 새로 만들고, 그 속에 AxisforMoon, Earth, Sun 까지 3 개의 Prefab 을 모두 담습니다. 그리고, SolarSystem 의 Scale 값은 0.1 정도로 크기를 줄입니다.

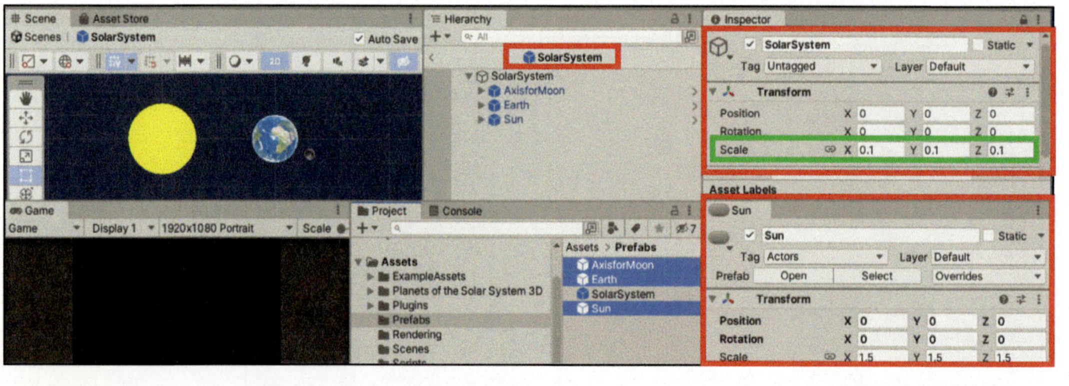

<TIP 1> SolarSystem 과 Sun Prefab 의 Position 값이 0,0,0(AR 에서 중심점)을 유지하게 합니다.

<TIP 2> 앞서 활용한 천체 애셋들은 렌더링 방식의 차이로 천체가 분홍색으로 나타나며 텍스처가 제대로 표현되지 않을 경우 아래의 절차에 따라 Universal RP 렌더링 패키지를 설치합니다.

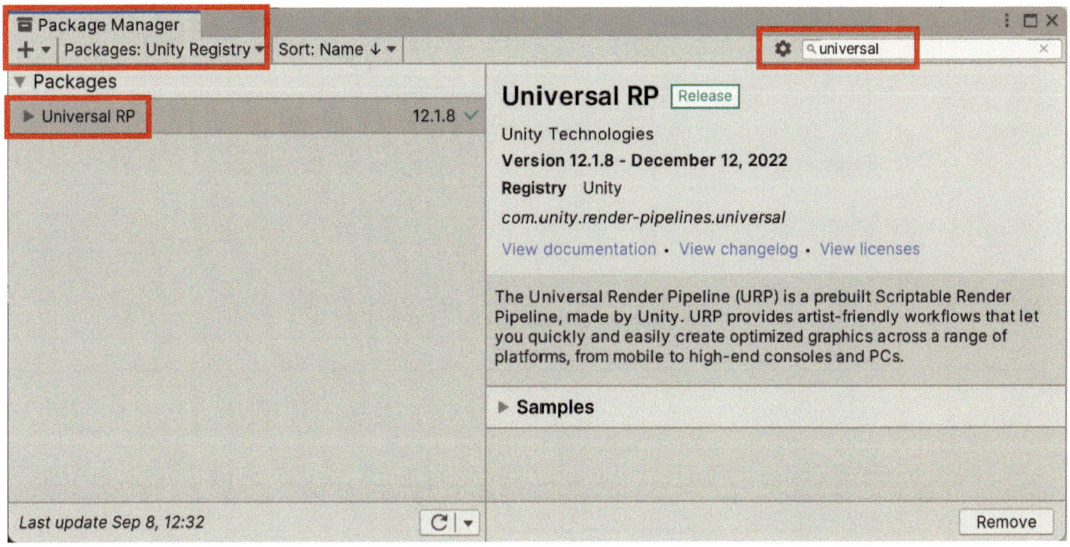

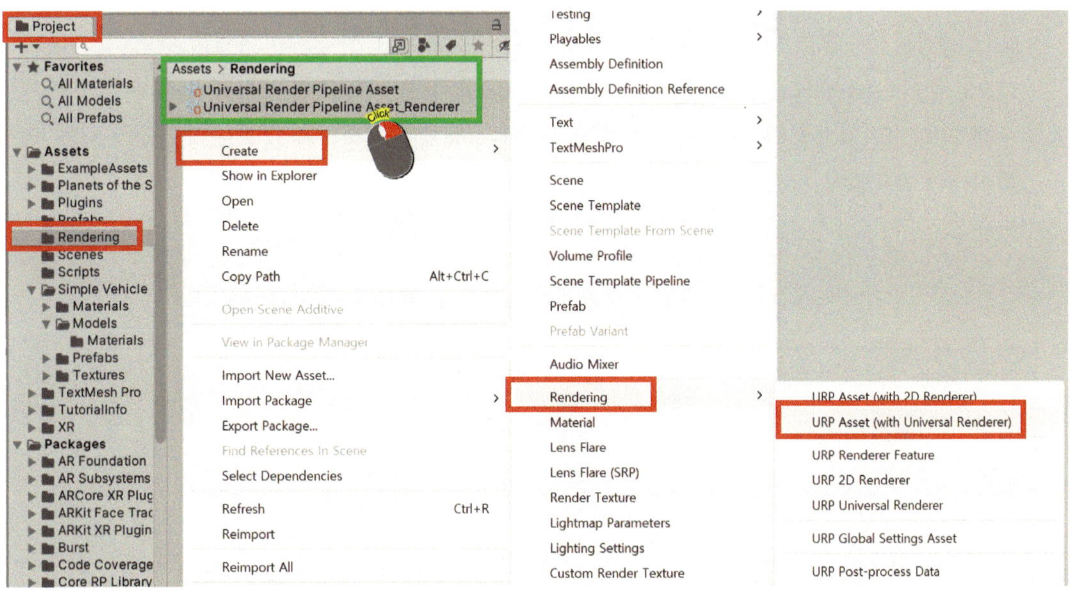

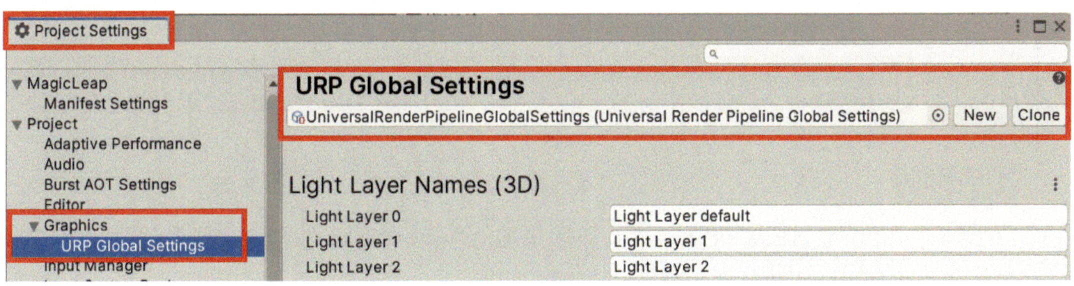

06 이번엔 스크립트를 약간 수정할 차례입니다. 3D_Space 를 제작했을 시와는 달리, AR 에서는 터치 시 Prefab 을 생성하여 모델을 구현한다는 점에서 발생 시점에 차이가 있는 점을 코드에 반영합니다. 먼저, AxisforMoon Prefab 내의 MoonMove 스크립트를 열고 아래와 같이 코드를 수정합니다.

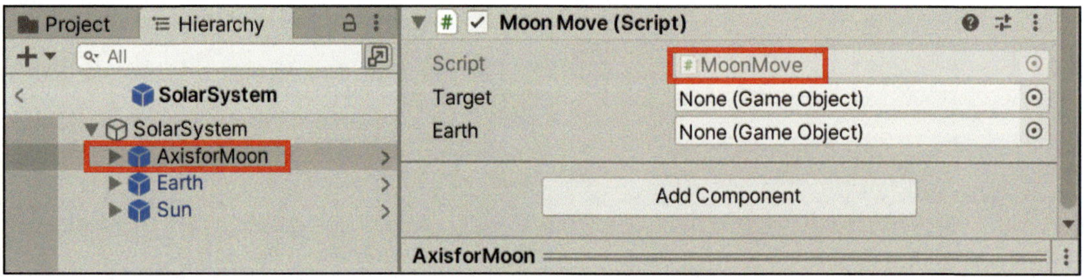


```
    0 references
12  private void Start()
13  {
14      // targetPosition = target.GetComponent<Transform>().position; //태양의 위치를 변수에 할당
15      targetPosition = GameObject.Find("Sun").GetComponent<Transform>().position; //태양의 위치를 변수에 할당
16
17      earth = GameObject.Find("Earth"); //지구를 찾아 변수에 할당
18  }
```

(코드 해설) 14 줄은 주석 처리하고, 15 줄에서 객체 생성 시 "Sun"객체를 찾아 그 위치를 변수 targetPosition 에 담도록 하였습니다. 또한, 17 줄에서 "Earth"객체를 찾아 earth 변수에 담도록 코드를 입력하였습니다. 이로써, 유니티 에디터 상에서 객체를 지정하지 않아도 태양의 위치를 동적으로 찾아내어 활용할 수 있습니다.

07 다음으로 Earth Prefab 내의 EarthMove 스크립트를 아래와 같이 수정합니다.

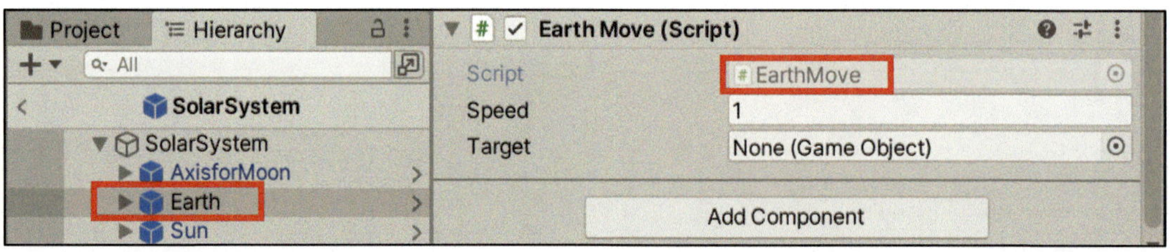


```
    0 references
11  private void Start()
12  {
13      // targetPosition = target.GetComponent<Transform>().position; //태양의 위치를 변수에 할당
14      targetPosition = GameObject.Find("Sun").GetComponent<Transform>().position; //태양의 위치를 변수에 할당
15  }
```

(코드 해설) 13 줄은 주석 처리하고, 14 줄에서 객체 생성 시 "Sun"객체를 찾아 그 위치를 변수 targetPosition 에 담도록 하였습니다. 이를 통해, 유니티 에디터 상에서 객체를 지정하지 않아도 태양의 위치를 동적으로 찾아내어 활용할 수 있습니다.

08 새로 생성한 Prefab 을 적용하기 위해, SampleScene 을 복사하여 SolarScene_AR 로 명명하고 선택합니다. SolarScene_AR 에서 화면 크기 및 Canvas 의 속성을 아래와 같이 조정합니다.

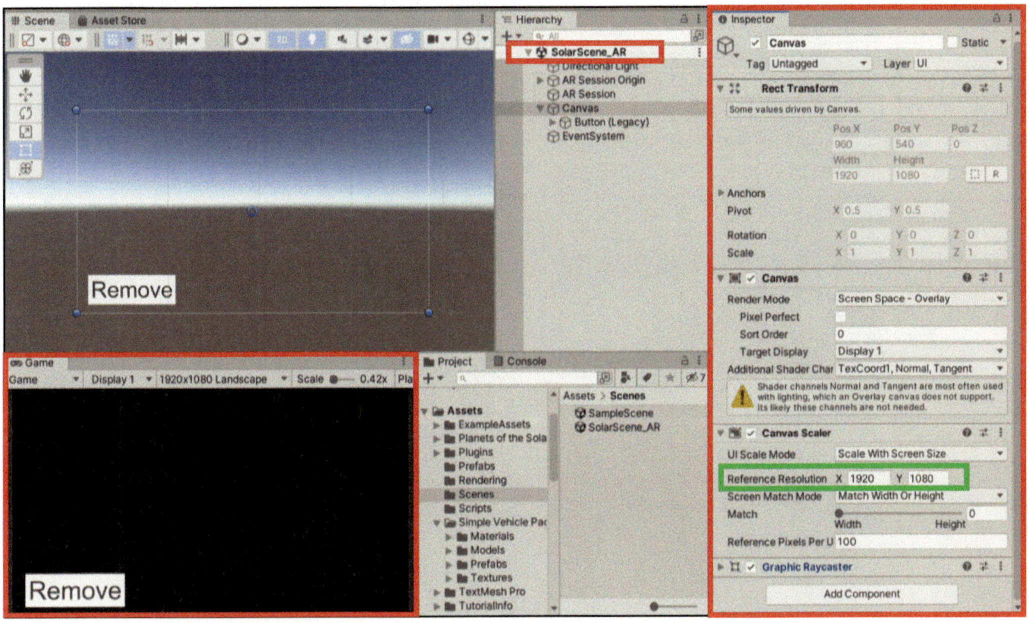

09 연이어 하이어라키창에서 [+]-[UI]-[Slider]를 선택하여, 3D_Space 프로젝트에서 행성의 속도를 조절할 때 활용한 Slider 를 추가하고, 위치와 크기를 조절합니다. 또한, [+]-[Legacy]-[Text]를 선택하여 Speed 라는 문구를 담은 Text 객체도 추가합니다.

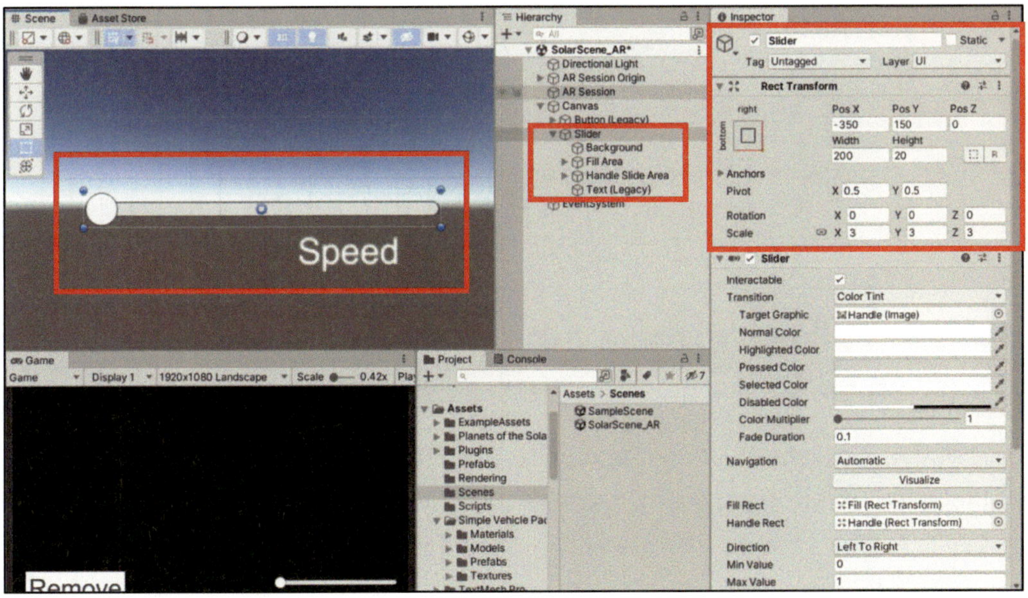

10 계속하여 SpeedControlSlider 스크립트를 Slider 객체의 컴포넌트로 적용합니다. 또한, 인스펙터창에서 (Speed Control Slider)컴포넌트의 Slider 속성에 하이어라키창의 Slider 객체를 마우스 드래그하여 집어넣습니다. 또한 Slider 의 Min, Max Value 를 조절하고, 초기 Value 도 1 로 설정합니다.

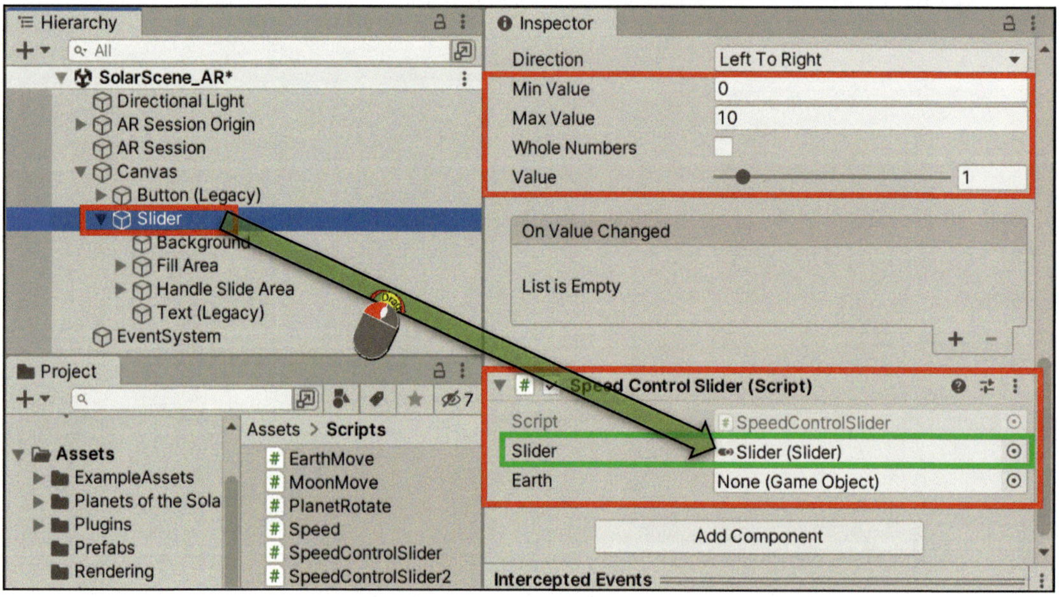

11 SpeedControlSlider 스크립트도 AR 상황에 대응하기 위해 아래와 같이 수정합니다.

```
14
15      //slider의 값이 바뀌면 호출할 함수 선언
        1 reference
16      public void ValueChangeCheck()
17      {
18          //슬라이드 값이 변할 경우 "Earth" 객체를 검색하여 earth 변수에 할당
19          earth = GameObject.Find("Earth");
20
21          //Earth객체를 찾아 존재할 경우에만,
22          //그 속의 EarthMove스크립트 컴포넌트 speed값에 접근하여  슬라이드의 값으로 변환
23          if (earth != null) earth.GetComponent<EarthMove>().speed = slider.value;
24      }
```

(코드 해설) 19 줄은 슬라이드 값이 변할 경우 "Earth"객체를 찾아내어 earth 변수에 담는 역할을 담당합니다. 이를 통해 필요한 시점에 "Earth"객체를 추적할 수 있습니다.

23 줄에서는 earth 변수의 값이 null 이 아닐 때, 즉 earth 객체가 존재할 경우에만 "Earth"객체의 속도 변화를 Slider 객체가 조절할 수 있도록 하는 구문입니다.

12 마지막으로 빌드를 진행합니다. SolarScene_AR 을 씬으로 설정하는 것을 잊지 않도록 합니다.

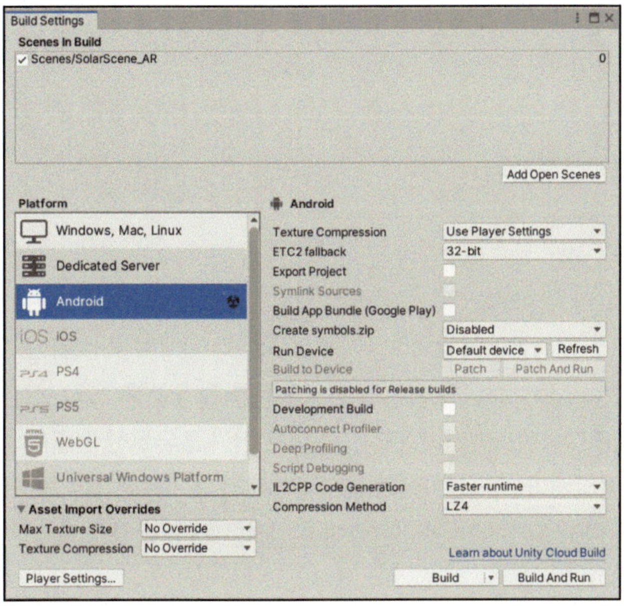

13 이제 스마트폰에 애플리케이션을 설치하면, AR 로 구현된 지구와 달의 자전과 공전 모습을 볼 수 있습니다. AR 상에 객체를 구현 후 직접 다가가거나, Slider 로 속도를 조절할 수 있는 것이 중요한 특징입니다.

4 강 VR 다루기

VR(가상현실) 기술은 디지털 세계 속에 현실을 구현하는 특징을 지니는 차세대 기술입니다. 본 강에서는 유니티를 활용하여 VR 콘텐츠를 다루어 봅니다.

1) VR 다루기 1 – 기본 설정하기

< 알아두기 >

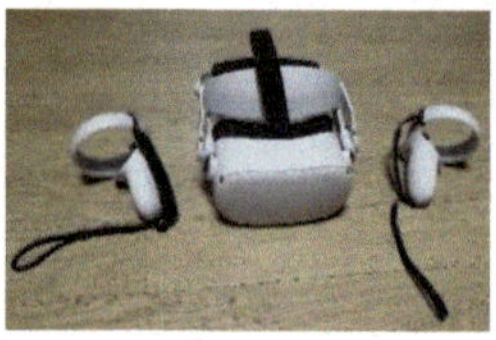

본서에서는 Meta 사의 Meta Quest2 를 다룹니다. Meta Quest2 는 2020 년 10 월 13 일에발매되었으며, 무게 503g 의 비교적 가벼워진 HMD(Head-Mounted Display)와 2 개의 컨트롤러를 활용할 수 있는 스탠드얼론 형식의 VR 디바이스입니다. PC 및 스마트 기기와 유무선 연결이 모두 가능하며, 애플리케이션을 설치하여 독자적인 구동도 가능한 장점을 지닙니다.

* 단, <u>사이버 멀미(Motion Sickness)</u> 현상이 발생하는 경우 장시간 사용은 삼가 하시기 바랍니다.

01 VR 기능을 다루기 위해서 VR 기기 설정을 진행합니다. Play Store 를 통해 스마트폰에 Meta Quest 애플리케이션을 설치 및 설정을 수행하며, Meta Quest 2 기기에서도 승인과정이 요구됩니다.

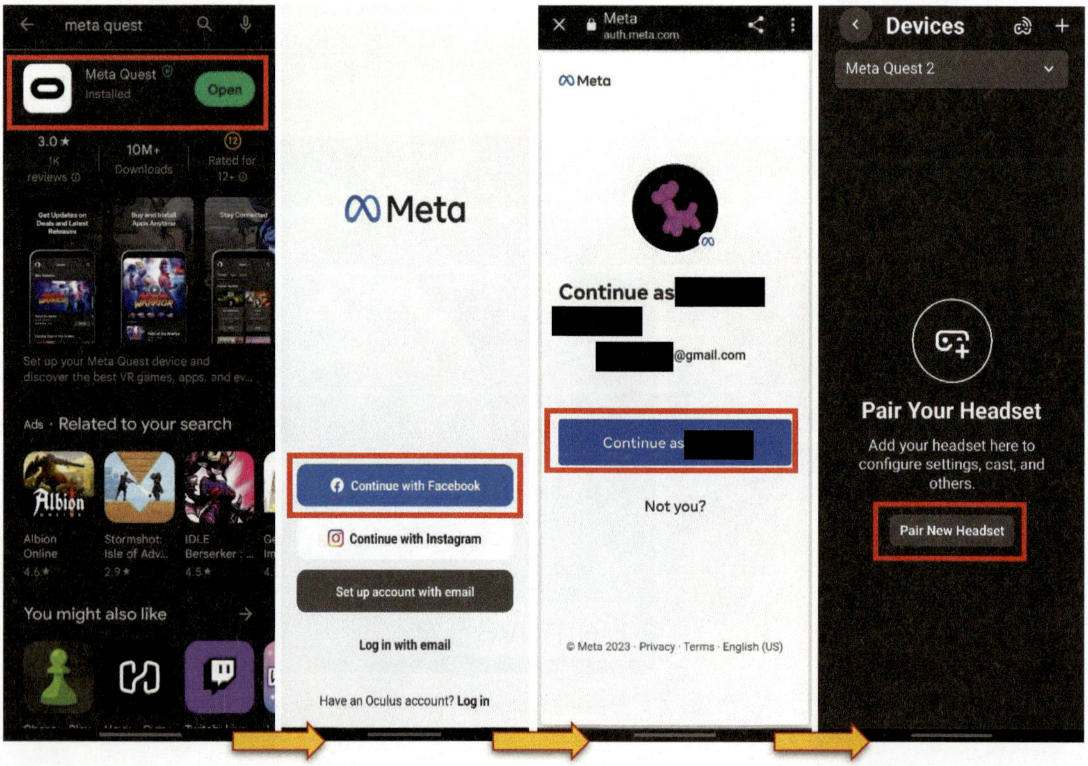

<TIP> Meta Quest2 를 활용하기 위해서는 페이스북이나 인스타그램 계정이 필요합니다. 본서에서는 페이스북 계정을 이용합니다.

02 계속해서 스마트폰과 Meta Quest2 기기를 다루면서 설정을 완료합니다.

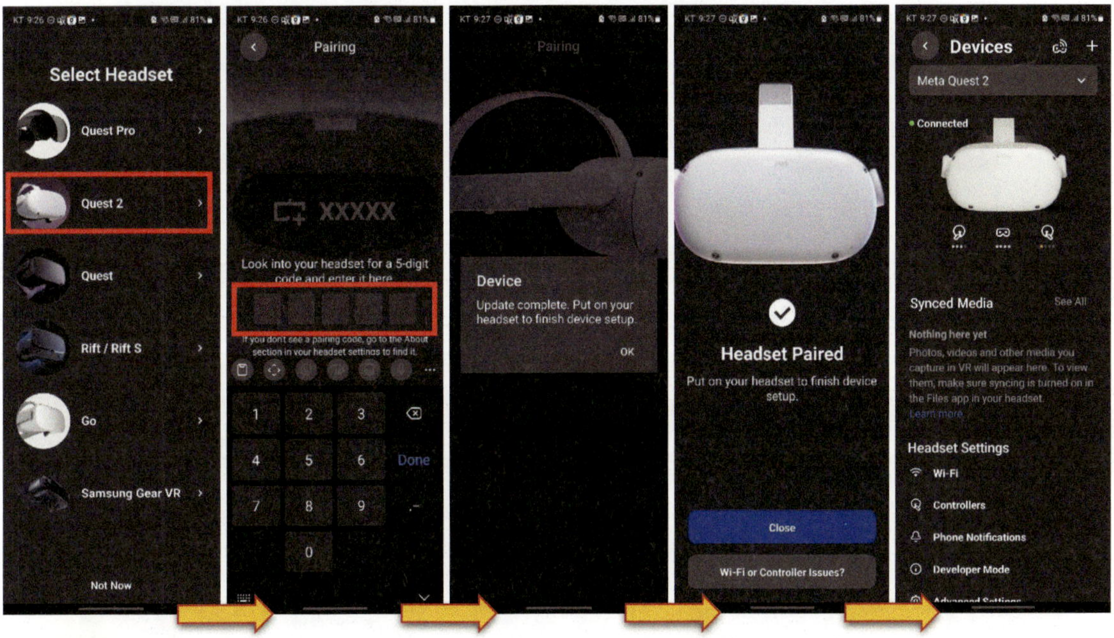

<TIP> Meta Quest2 를 초기 실행 시 안전 보호 경계를 설정합니다. 작동 환경에 따라 조절합니다.

03 이어서, 컴퓨터와 Meta Quest2 를 유선으로 연결 위해 OculusSetup.exe 파일을 설치합니다.

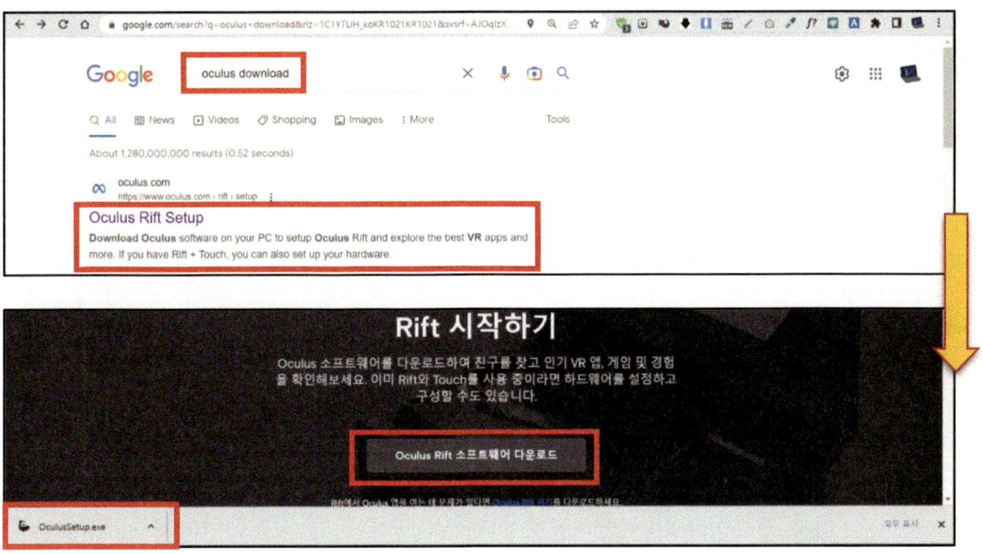

04 설치를 완료하면, Facebook 계정으로 로그인을 진행합니다. 설정창에서 확인할 수 있습니다.

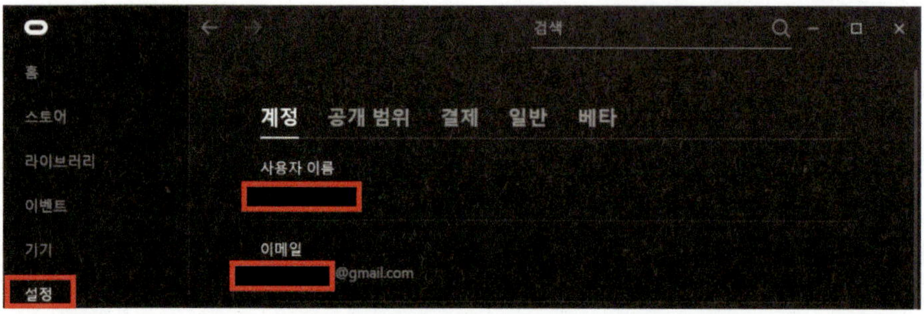

05 로그인 절차를 마치면, 기기탭을 선택하고 Meta Quest2 기기와 컴퓨터는 유선으로 연결합니다. 연결 시 간단한 페어링 절차를 거치며, 유선연결에는 USB3.0-C 타입 케이블을 활용하여야 합니다. Meta Quest2 제품에 동봉된 케이블은 USB2.0-C 타입 단자이므로 콘텐츠 활용은 가능하지만 유니티 에디터와 직접 연동한 개발 용도로는 사용에 차질이 있을 수 있습니다.

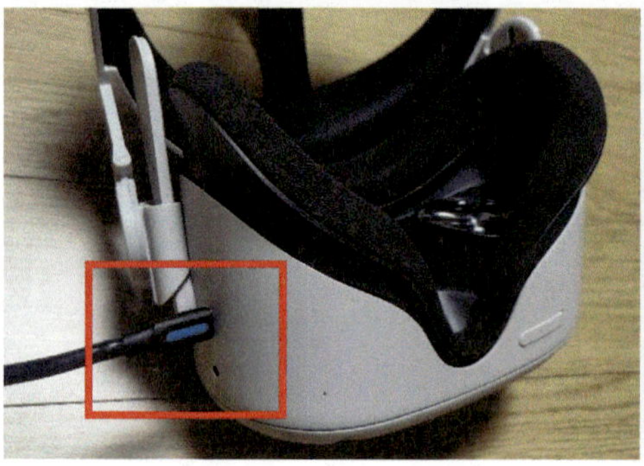

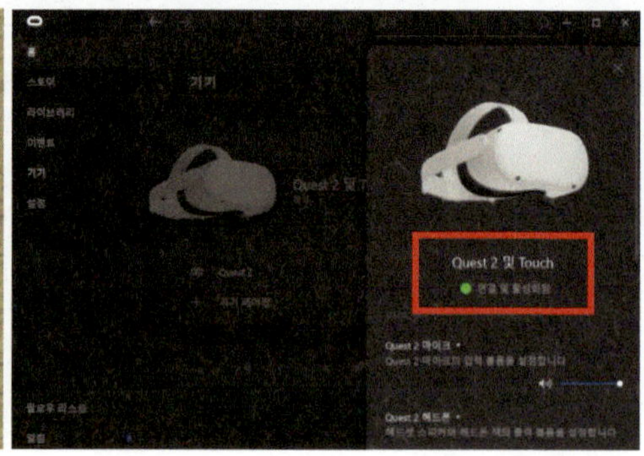

06 이제 오큘러스 화면으로 이동하여 아래와 같이 선택하여 Quest Link 로 이동합니다. 이를 통해 데스크탑 화면에 접근할 수 있습니다.

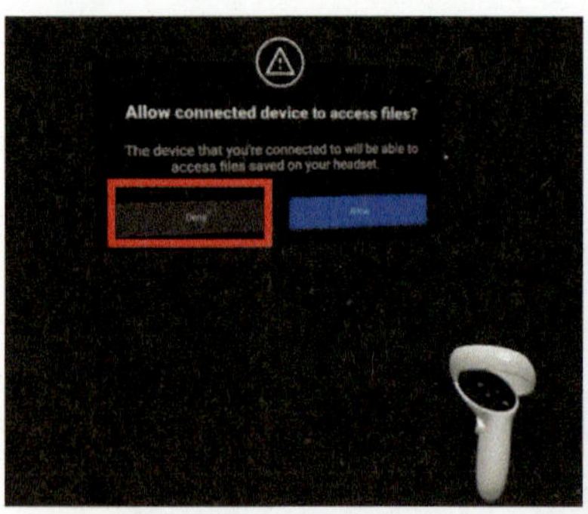

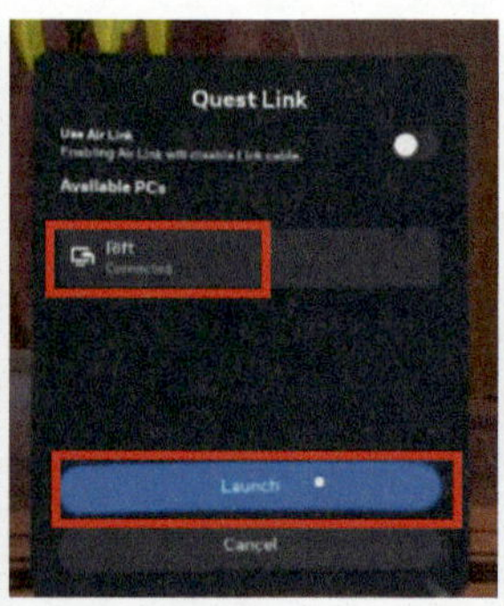

<TIP> Quest Link 접속이 안되면, 케이블을 해제 및 재연결하고, 좌측화면에서 Deny 를 누릅니다.

2) VR 다루기 2 – 기존 프로젝트에 적용하기 [관련 코드 & 애셋 – 부록 참고]

01 Meta Quest2 기기를 활용할 준비가 다 되었습니다. 기기는 잠시 내려 두고, 유니티를 설정하겠습니다. 3 장에서 만들어 둔 놀이터 공간을 VR 로 체험하기 위한 작업을 진행하겠습니다. 먼저 놀이터 프로젝트를 열고, 기존 씬을 하나 복제(윈도우 탐색기를 이용)하여, Playground_VR 로 명명합니다.

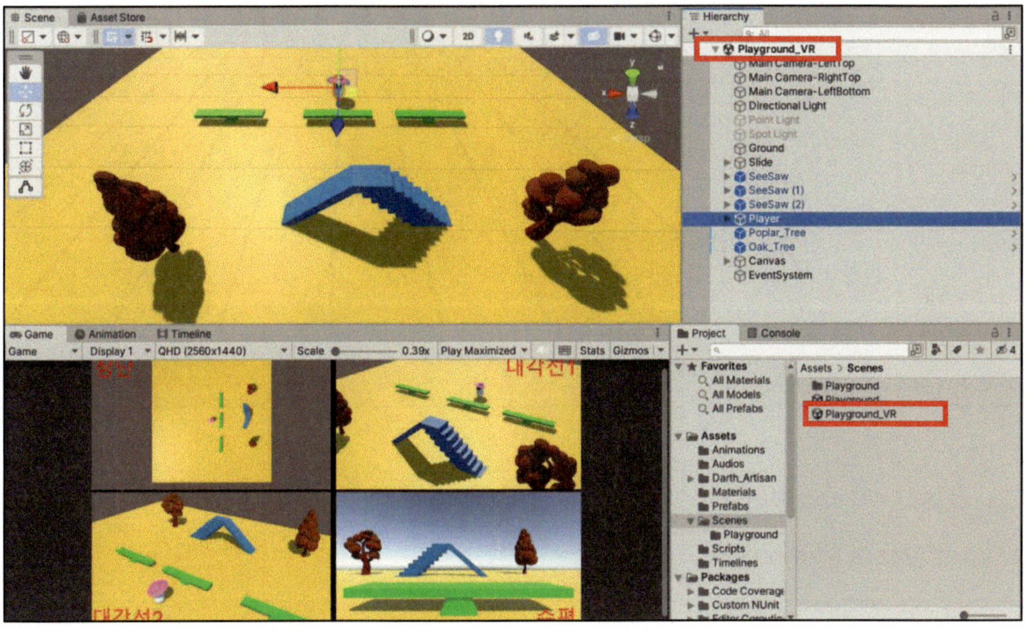

02 VR 을 다루기 위한 패키지를 활용하려 합니다. 아래와 같이 XR Interaction Toolkit 을 설치합니다.

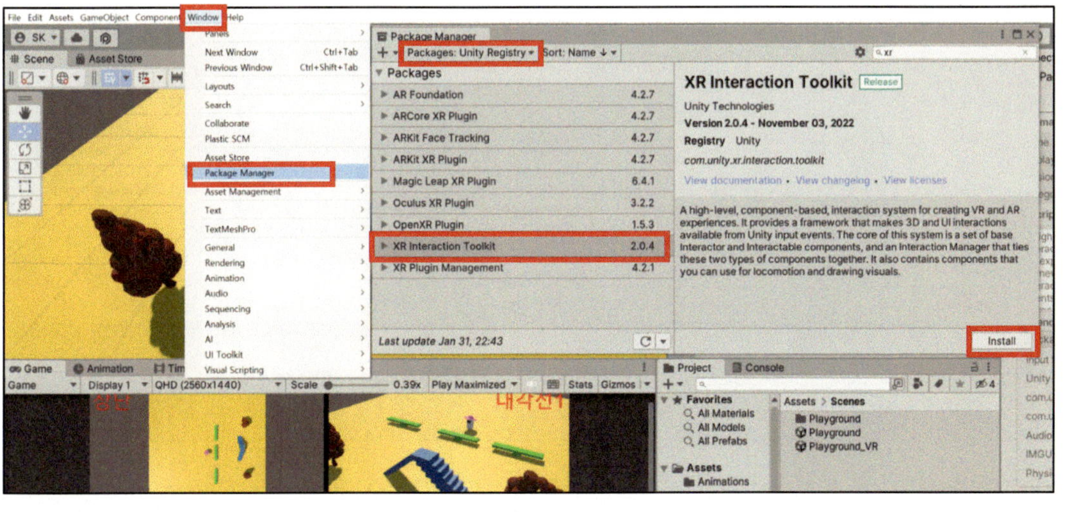

<TIP> Package Manager: Unity Registry 에서 검색하였습니다다.

03 새로운 Input system package 를 사용한다며 경고문을 나타내지만, 본 프로젝트에는 문제를 발생하지 않기 때문에 그대로 설치를 진행합니다. 이후 유니티 에디터가 재실행되는 절차가 진행됩니다.

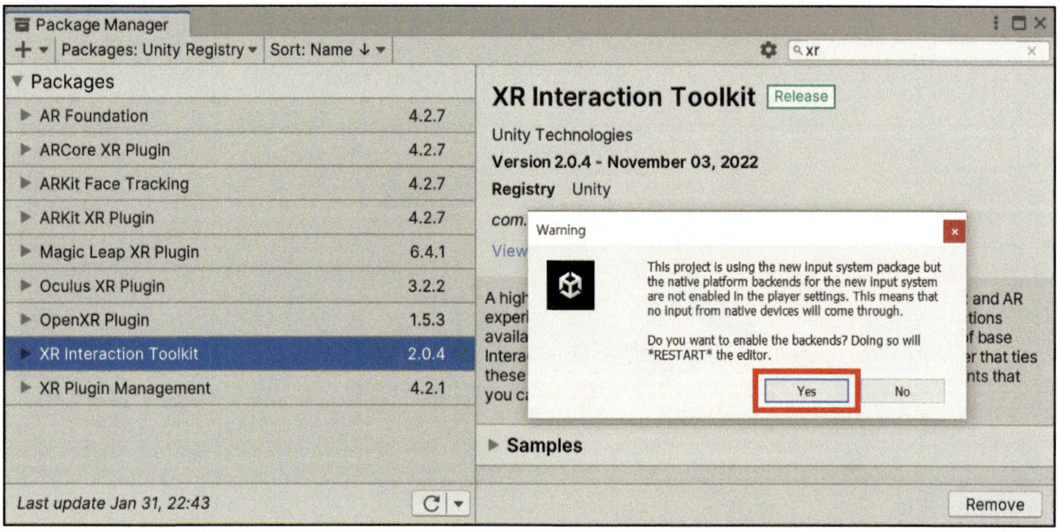

04 유니티 에디터가 재실행되고 나면, XR Interaction Toolkit 하단 부의 Samples 를 선택합니다. 이후 Starter Assets 를 Import 하여 프로젝트로 가져옵니다.

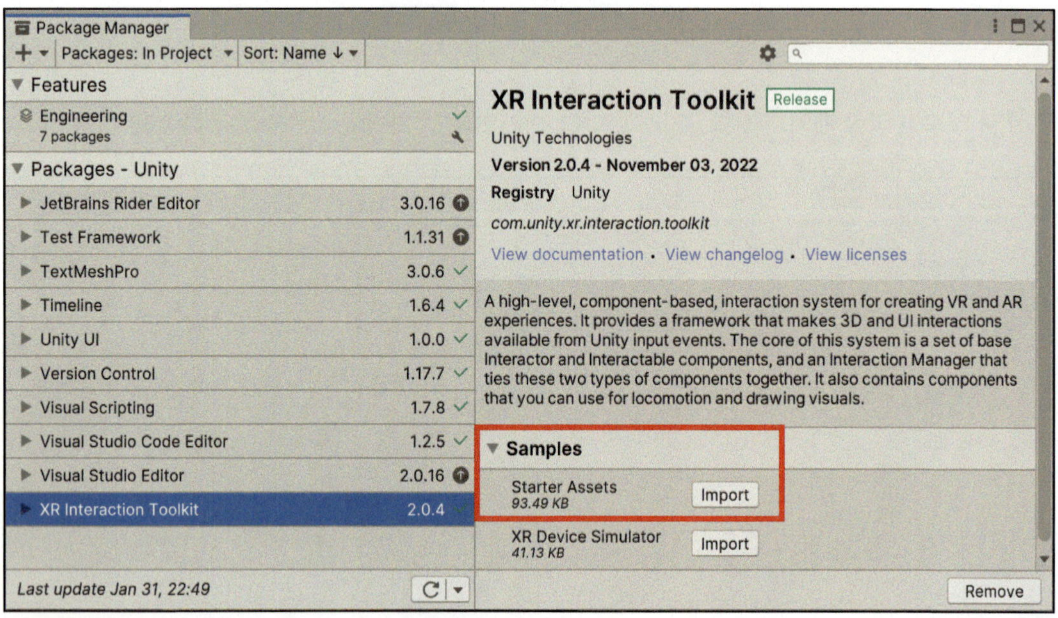

<TIP> XR Device Simulator 는 본 프로젝트에서는 필요로 하지 않습니다.

05 이제 [Edit]-[Project Setting]을 선택하고 XR Plugin Management 를 선택하고, Install XR Plugin Management 를 클릭합니다.

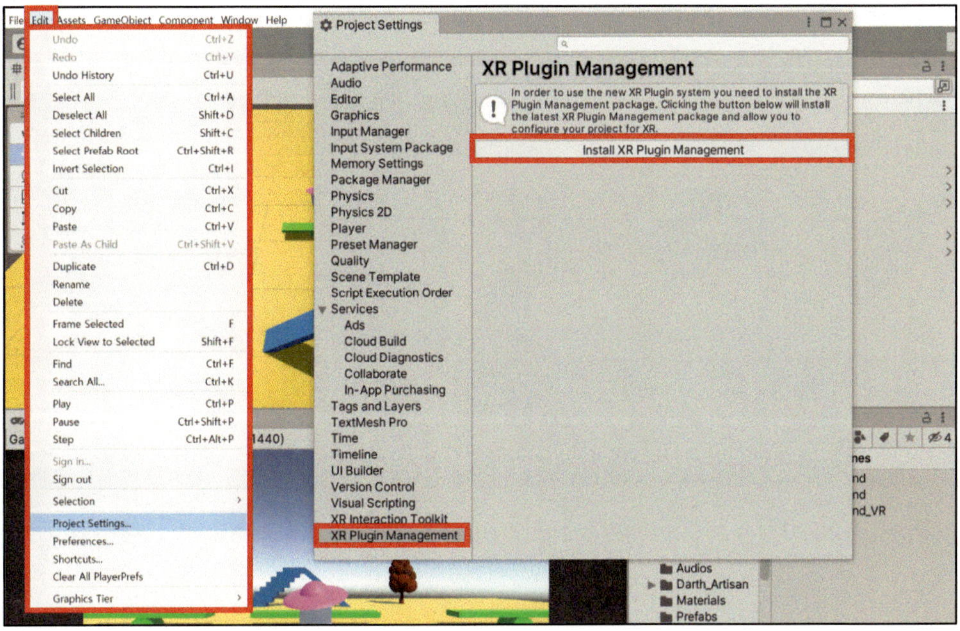

06 3 개의 탭에서 Oculus 플러그인을 활성화시킵니다.

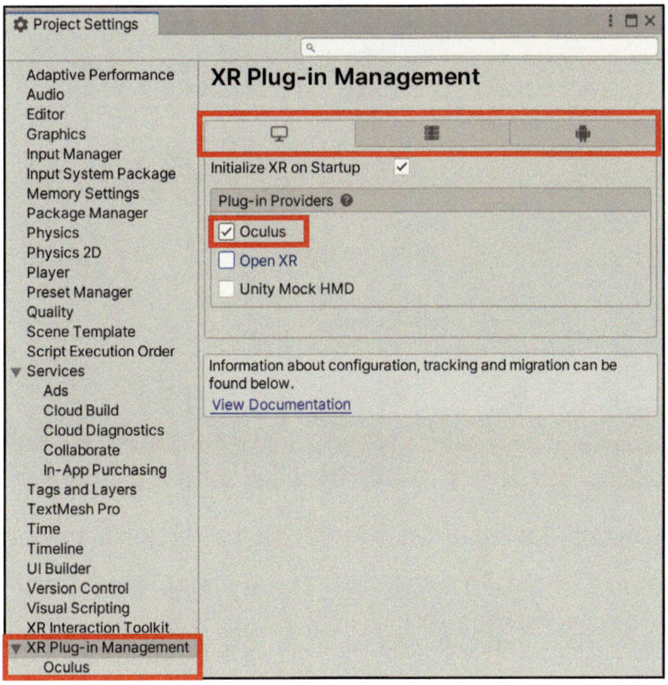

07 VR 은 새로운 아바타를 뷰에 놓는 상황을 연출합니다. 그에 따라 VR 을 위한 별도의 카메라를 필요로 하게 됩니다. 이를 적용하기 위해, 기존의 모든 카메라를 아래와 같이 하이어라키창에서 제거하겠습니다. 또한 Canvas 객체도 필요가 없으므로 제거합니다.

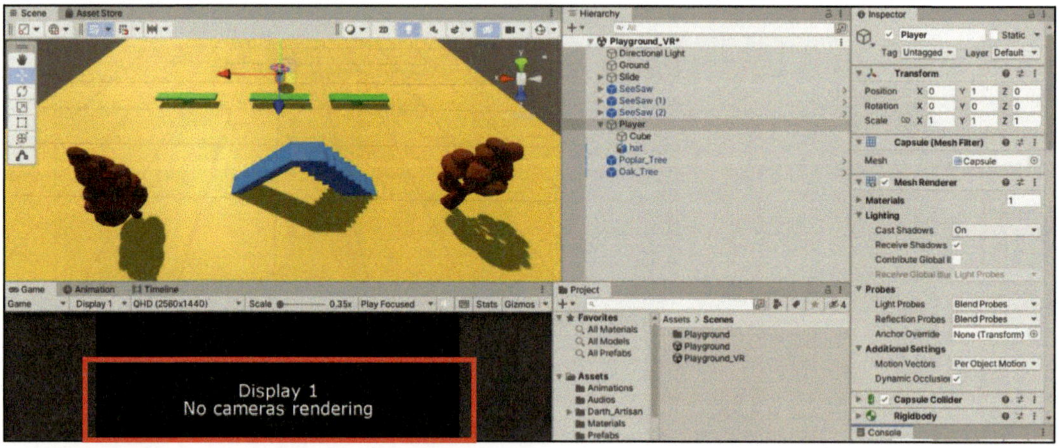

<TIP> Player 가 가지고 있던 카메라도 제거하여 Display 1 에 아무런 장면도 나타나지 않게 합니다.

08 [+]-[XR]-[XR Origin (Action-Based)]를 선택하여 VR 관련 객체를 추가합니다. 또한 인스펙터창에서 (XR Origin)컴포넌트의 Tracking Origin Mode 를 Floor 로 하여 바닥을 기준으로 삼습니다.

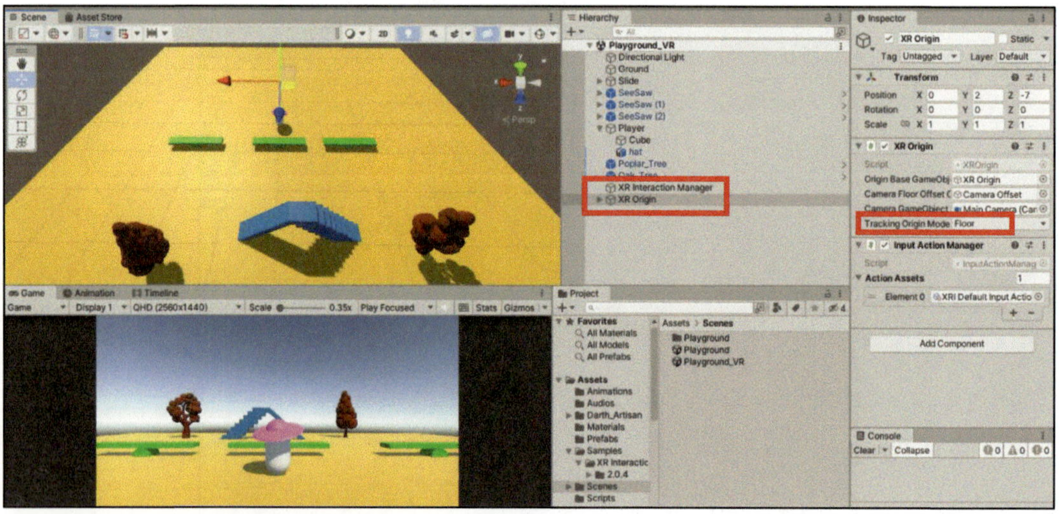

<TIP> XR Origin (Action-Based) 객체를 추가하면 XR Interaction Manager 객체도 자동으로 추가됩니다. XR Origin (Action-Based) 객체는 사용자가 VR 기기를 통해 장면에 참여하는 아바타와 같은 역할을 담당하며, XR Interaction Manager 는 VR 을 통한 상호작용을 관리합니다.

09 이제 Meta Quest2 기기의 Quest Link 를 통해 컴퓨터와 연결한 뒤 접속한 뒤, Play 하여 실행하면, 놀이터 내부의 장면을 VR 로 감상할 수 있습니다. HMD 를 통한 트랙킹 기술이 적용되기 때문에 장소 여기저기를 살피고 걸어다닐 수도 있습니다. 단, Meta Quest2 는 안전을 위해 Guardian Mode 설정(Stationary 또는 Roomscale)으로 활동 범위에 제한을 두므로 다닐 수 있는 범위는 한정됩니다.

<TIP> 화면상에 나타나는 붉은 선은 XR Interaction Toolkit 이 기본적으로 제공하는 Raycast 관련 기능입니다. 이 선을 통해 VR 사용자가 어떤 대상을 타겟팅하고 있는지 시각적으로 알 수 있습니다.

10 놀이터 내부의 객체와 상호작용을 위해 기능을 추가해 보겠습니다. 이를 위해서는 XR Origin 객체의 자식 객체인 LeftHand Controller 와 RightHand Controller 의 (XR Contoller)컴포넌트 설정을 진행해야 합니다. 현재로선 모든 공간이 비어 있습니다.

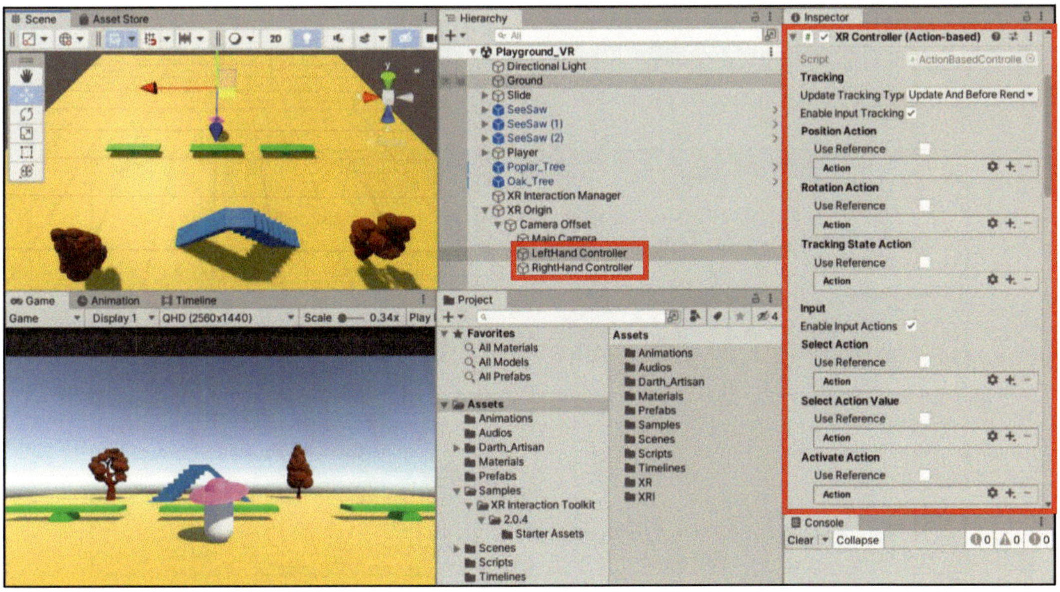

11 여기서, 조금 전에 설치한 XR Interaction Toolkit 의 Starter Assets 를 이용합니다. 프로젝트창에서 [Samples]-[XR Interaction Toolkit]-[2.0.4(버전은 다를 수 있음)]-[Starter Assets]를 선택하고, XRI Default Left Controller 항목을 클릭하여 선택합니다. 다음으로 인스펙터창에서 Add to ActionBasedController default 를 클릭합니다. XRI Default Right Controller 에도 동일하게 설정을 진행합니다.

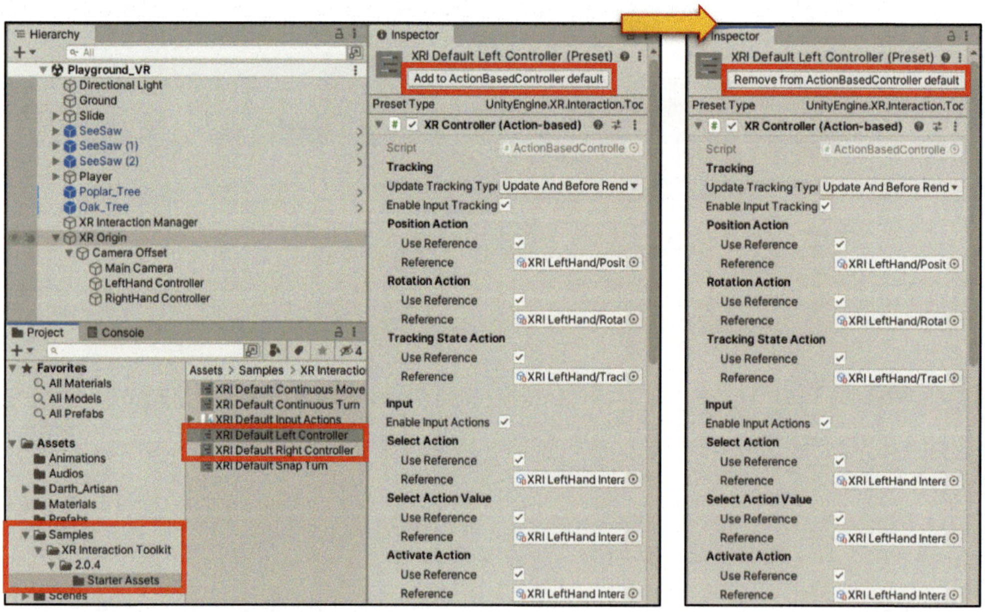

12 다음으로 [Edit]-[Project Settings…]에서 Preset Manager 탭을 선택한 뒤, 아래와 같이 왼쪽, 오른쪽 컨트롤러에 대한 Preset 을 설정합니다. 이를 통해 XR Origin 객체 생성시, 왼쪽 오른쪽에 대한 속성 설정이 자동으로 이루어지도록 합니다.

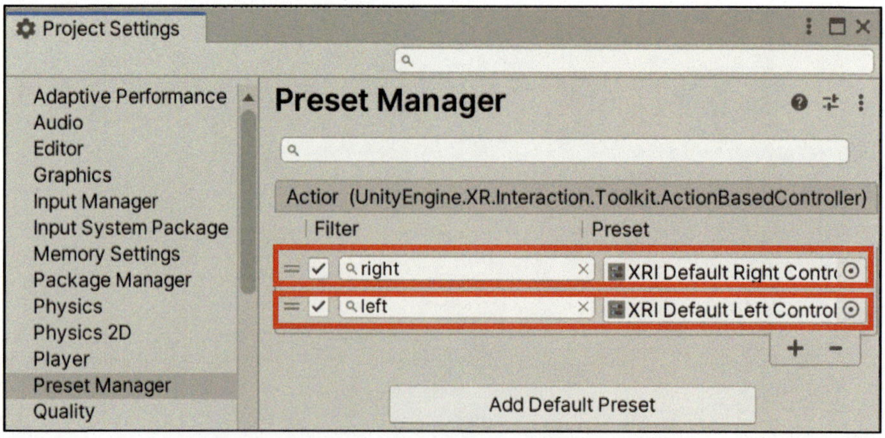

13 이제 하이어라키창에서 XR Origin 객체를 제거하고 다시 추가하면, LeftHand Controller 와 RightHand Controller 의 (XR Controller)컴포넌트에 속성이 자동으로 설정되어 있는 것을 볼 수 있습니다. 왼쪽에 Left 속성, 오른쪽에 Right 속성이 적절히 배치되었는지 확인합니다.

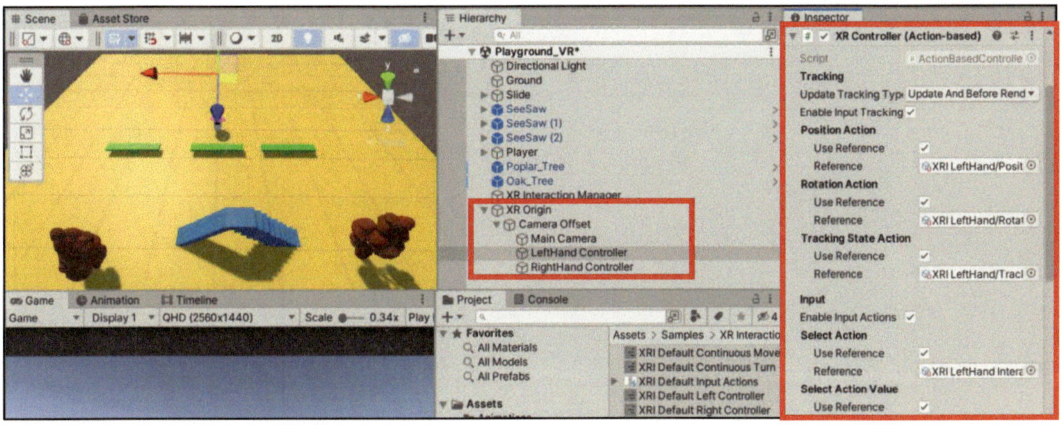

<TIP> XR Origin 객체를 새로 생성했으므로, 인스펙터창에서 (XR Origin)컴포넌트의 Tracking Origin Mode 를 Floor 로 하여 바닥을 기준으로 삼도록 설정하는 절차를 잊지 않도록 합니다.

14 계속하여 놀이터 내부에서 나타날 손 모양을 설정하기 위해 Asset Store 에서 아래와 같이 검색하여 Oculus Integration 애셋을 프로젝트로 가져옵니다.

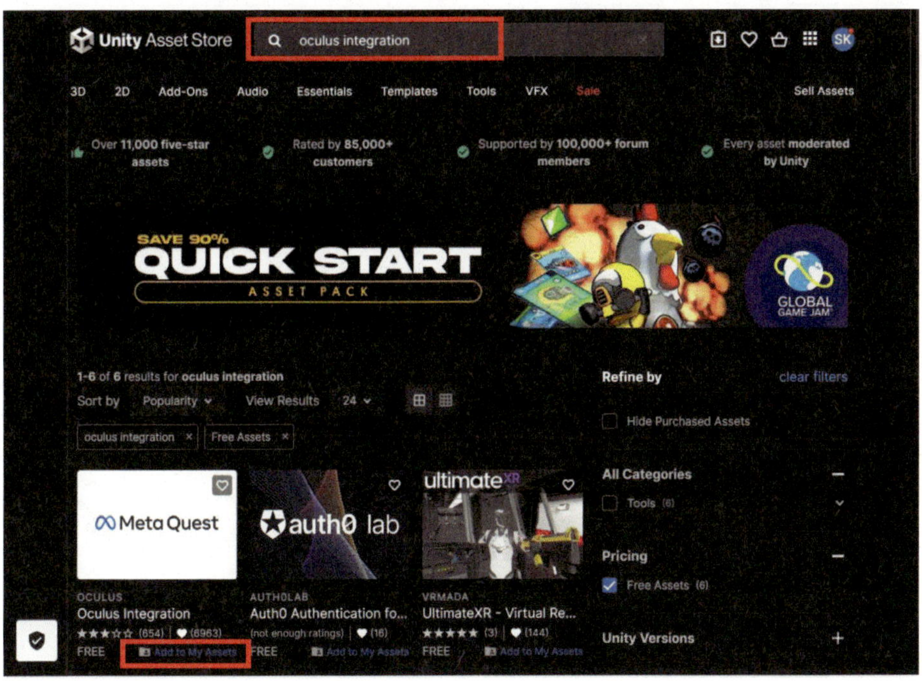

15 이제 손동작의 모델링과 애니메이션을 아래와 같이 Import 합니다.

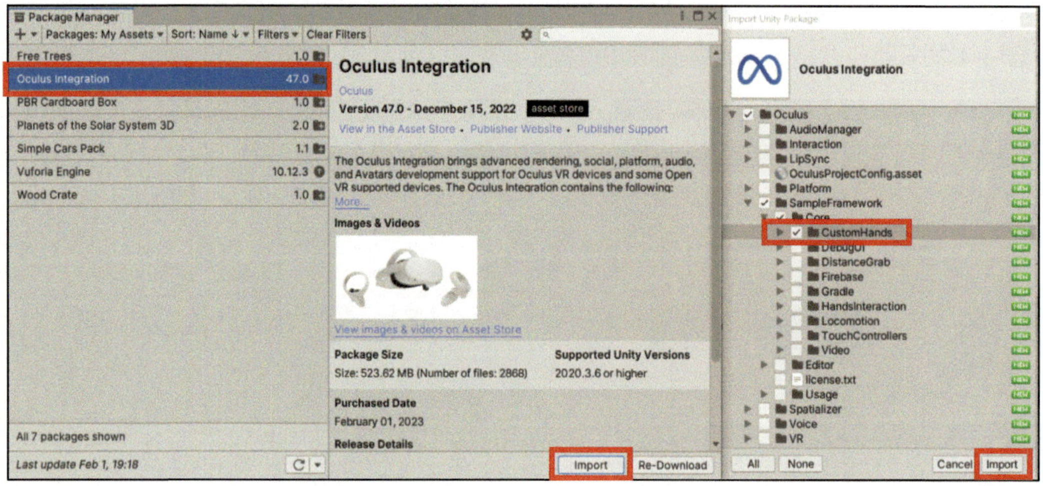

<TIP> Import 이후 Scripts 폴더에서 에러가 발견되는 것은 애셋 중 일부만을 가져왔기 때문입니다. Scripts 폴더는 필요가 없으므로 삭제합니다.

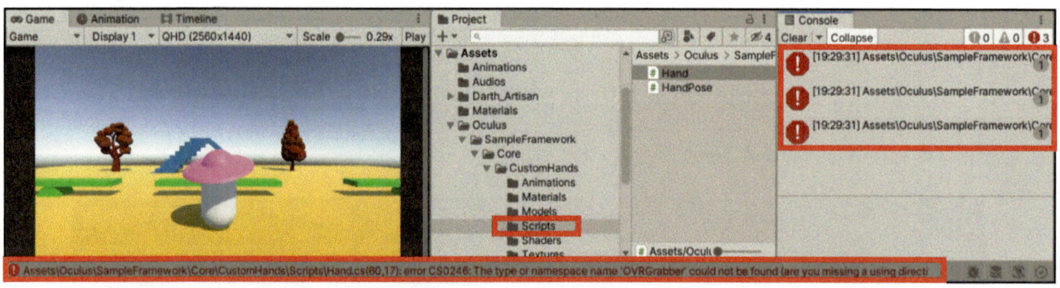

16 CustomHandLeft 와 CustomHandRight prefab 을 프로젝트창에서 하이어라키창으로 가져옵니다. LeftHand Controller 와 RightHand Controller 의 자식 객체로 왼쪽과 오른쪽 모두 집어넣습니다.

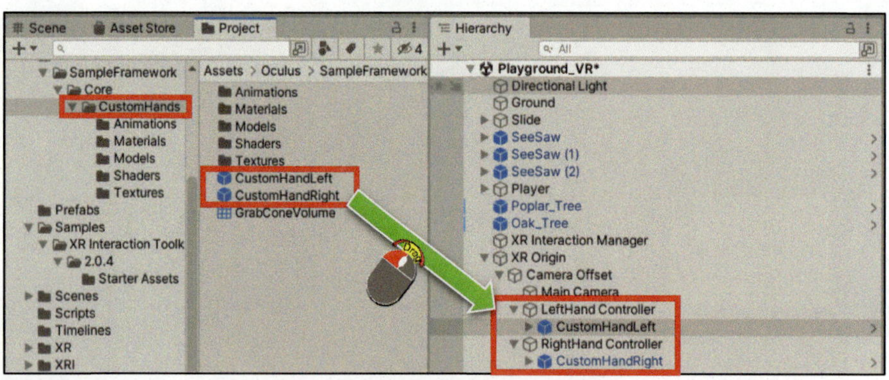

17 Meta Quest2 기기로 확인해본 화면은 다음과 같습니다. 양손이 제대로 구현되었습니다. 또한 양쪽의 레이저는 LeftHand Controller 객체와 RightHand Controller 객체에 부착된 XR Ray Interactor 와 관련이 있는 것으로 다른 객체와의 상호작용에 활용됩니다.

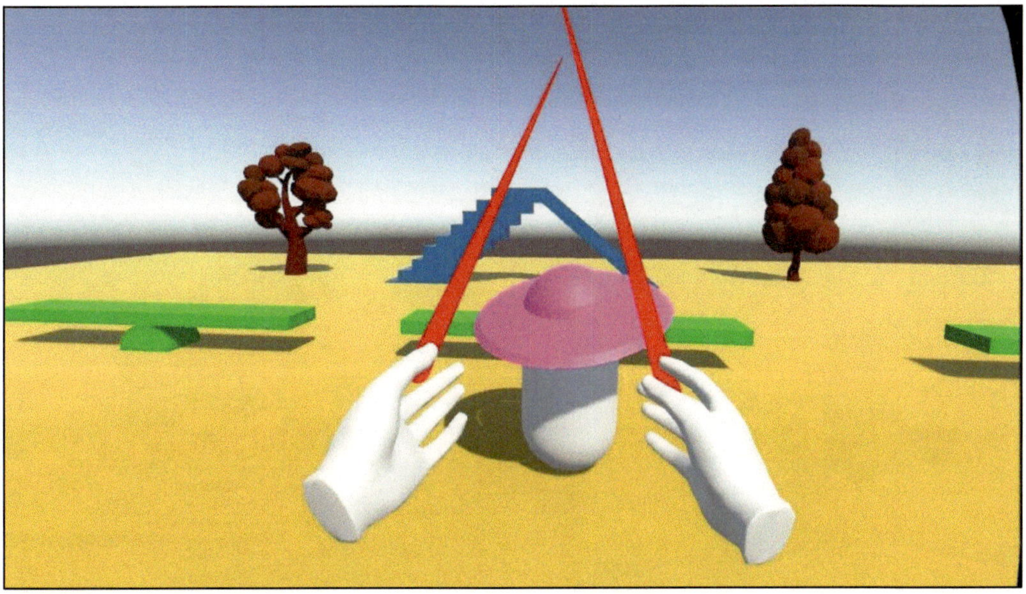

<TIP> CustomHandLeft, CustomHandRight prefab 을 열어보면 여전히 Missing 상태의 컴포넌트가 2 개씩 들어있습니다. 모두 제거합니다.

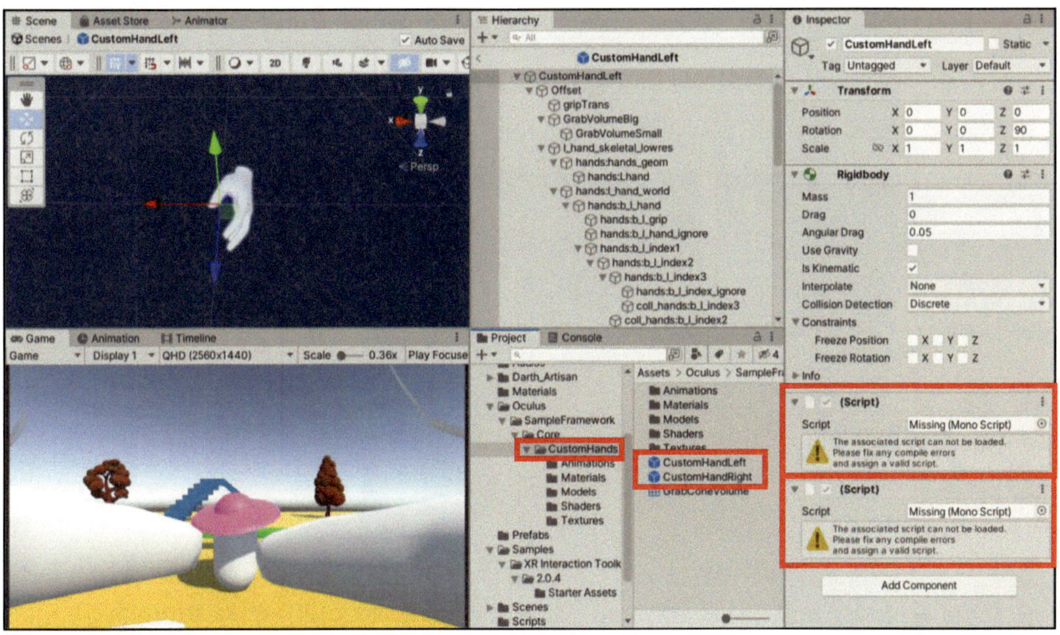

18 다음으로 놀이터 내부의 객체를 손으로 집어 올리는 상호작용을 구현합니다. 시소 위에 Cube 객체를 하나 생성하고, 인스펙터창을 활용하여 Cube 객체에 (XR Grab Interactable) 컴포넌트를 하나 추가합니다. (Rigidbody) 컴포넌트도 함께 자동으로 추가됩니다.

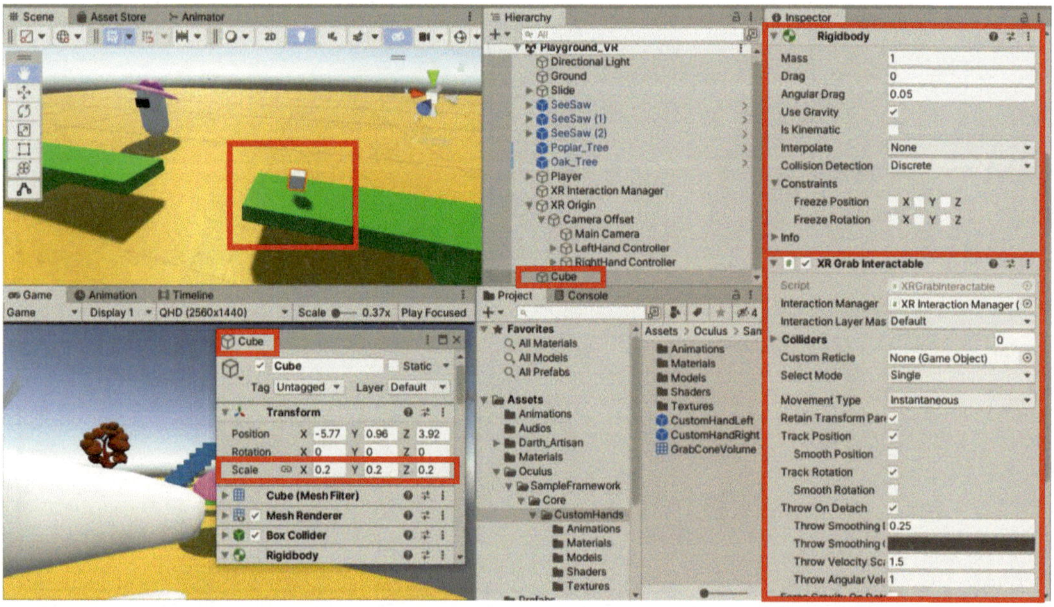

<TIP> Cube 의 Scale 값은 x, y, z 축 기준으로 모두 0.2 정도로 하여 크기를 적당히 조절합니다.

19 이제 Meta Quest2 로 실행하여, 레이저로 Cube 객체를 가리키면 레이저의 색이 흰색으로 변하여 상호작용 중인 것을 알립니다. 여기서 터치 컨트롤러의 아래쪽 트리거를 당기면 큐브를 손에 쥘 수 있고, 컨트롤러를 앞으로 휘두르며 트리거를 놓으면 Cube 객체를 던질 수도 있습니다.

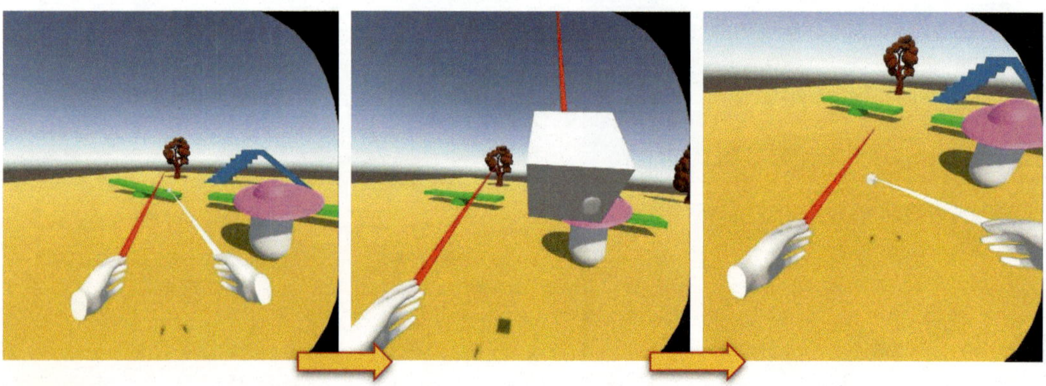

<TIP> Cube 객체가 중력의 영향을 받고 있기 때문에, Play 시 Cube 객체가 올려진 시소가 기울어지는 모습도 볼 수 있습니다. Cube 객체를 던졌을 때에도 Cube 객체가 낙하하는 장면이 연출됩니다.

20 마지막으로, 터치 컨트롤러를 활용하여 놀이터 내부를 돌아다닐 수 있는 기능을 구현합니다. 먼저 프로젝트창에서 XRI Decault Continuous Move 와 XRI Default Continuous Turn 애셋을 선택하고 Add to ActionBasedContinuousMove Provider default 와 Add to ActionBasedContinuous TurnProvider default 를 각각 클릭합니다.

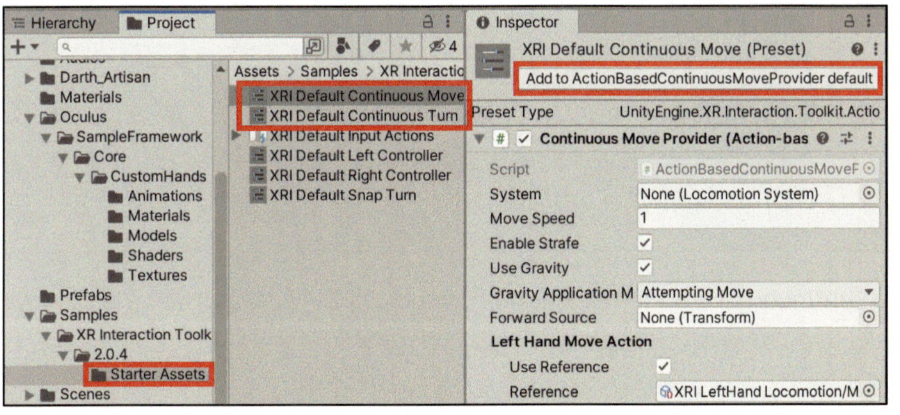

21 계속해서 XR Origin 객체를 하이어라키창에서 선택하고 (Locomotion System) 컴포넌트와 (Continuous Move Provider(Action-based)) 컴포넌트를 추가하고 아래와 같이 설정합니다.

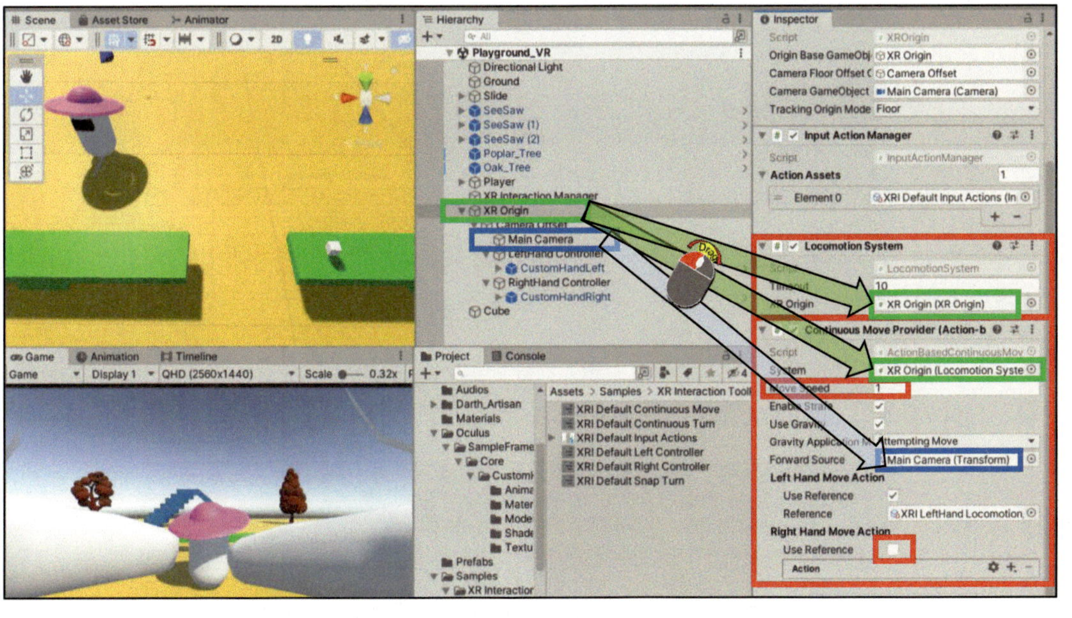

<TIP> (Continuous Move Provider(Action-based)) 컴포넌트 하단의 Right Hand Move Action 의 Use Reference 가 체크 해제된 것에 주목합니다. 이를 통해 왼쪽 컨트롤러만 이동을 담당하도록 설정하였습니다. 또한, 이동 속도가 너무 느리면 Move Speed 수치를 높입니다.

22 XR Origin 객체에 이번에는(Continuous Turn Provider(Action-based)) 컴포넌트를 추가하고 아래와 같이 설정합니다.

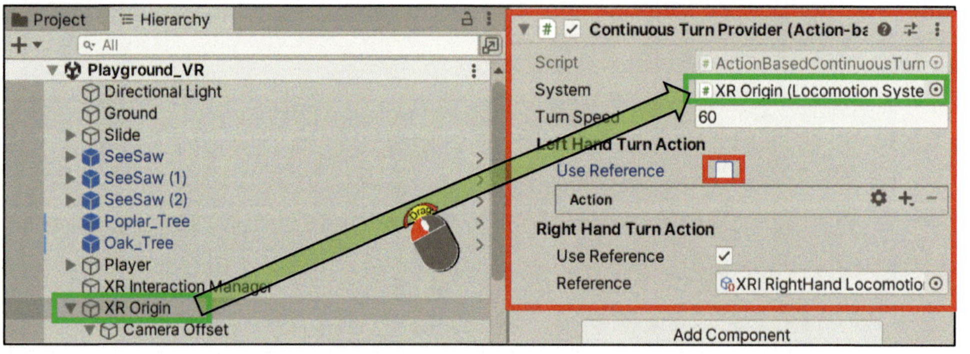

<TIP> (Continuous Turn Provider(Action-based)) 컴포넌트 하단의 Left Hand Move Action 의 Use Reference 가 해제되어 있습니다. 이를 통해 오른쪽 컨트롤러만 회전 동작을 담당하게 됩니다.

23 추가적으로 XR Origin 객체에 (Character Controller) 컴포넌트를 추가하여 아래처럼 설정합니다.

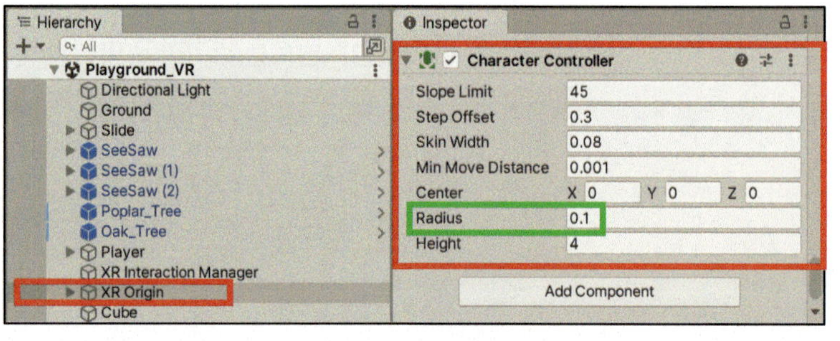

<TIP> Radius 가 너무 크면 Cube 객체를 손에 쥐었을 때 몸과 거리가 너무 가까워 충돌현상이 발생할 수 있습니다. 반경을 작게 조절합니다. 나머지 속성도 필요에 따라 조금씩 조절합니다.

24 이제 Meta Quest2 로 Play 하면, 놀이터 내를 돌아다니며 다양한 상호작용을 수행할 수 있습니다.

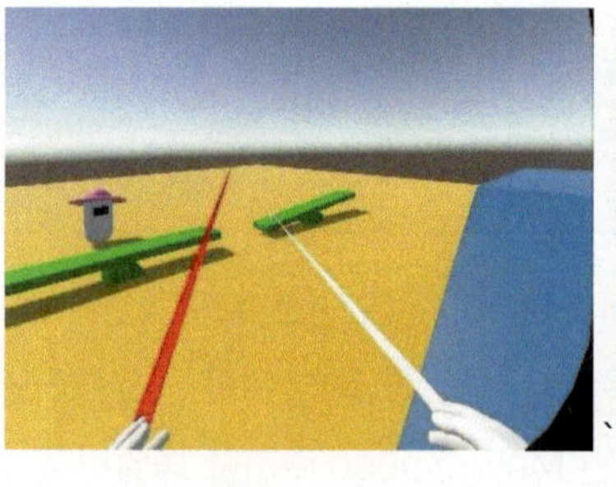

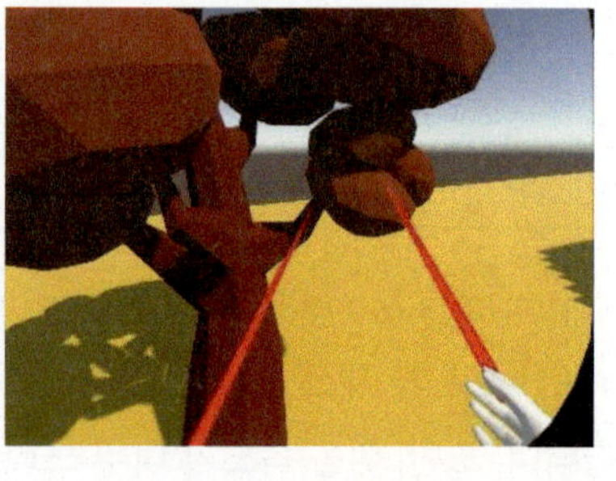

<TIP> 미끄럼틀 위에 올라서거나, 나무 주위에서 가서 새소리를 들을 수도 있습니다. 현재 XR Origin 객체의 자식 객체인 Main Camera 에 (Audio Listener) 컴포넌트가 자동 생성되어 있기 때문입니다.

3) VR 다루기 3 – VR 기기에 애플리케이션 설치하기

01 Meta Quest2 기기에 애플리케이션을 설치하기 위해서는 개발자 모드를 활성화해야 합니다. 아래처럼 검색하여 접속 후, 개발자 등록을 진행합니다.

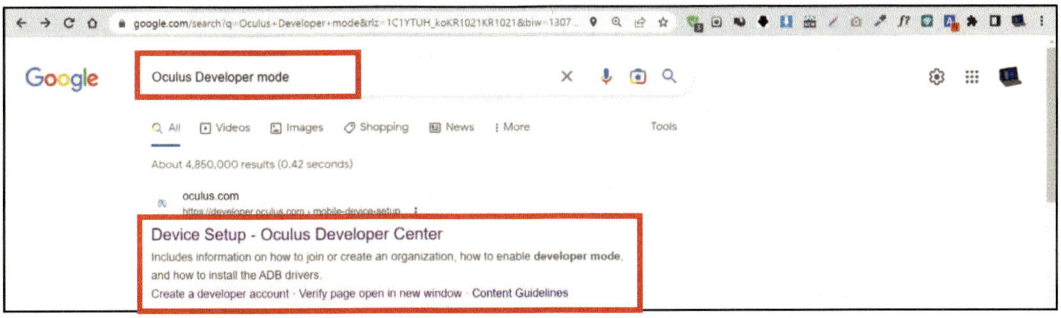

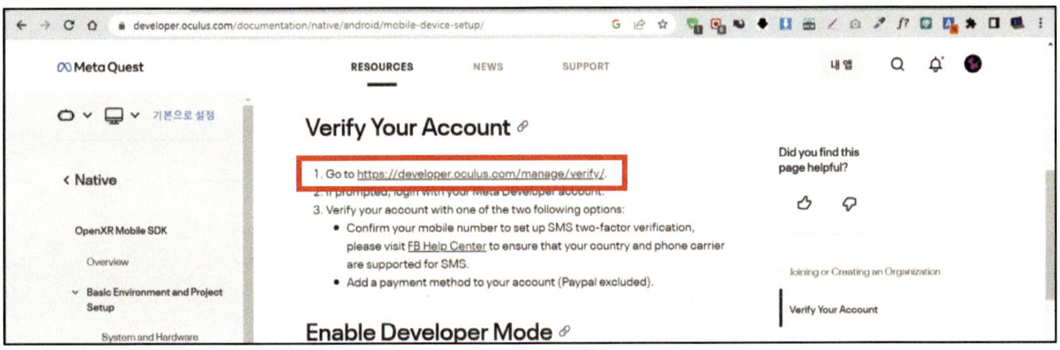

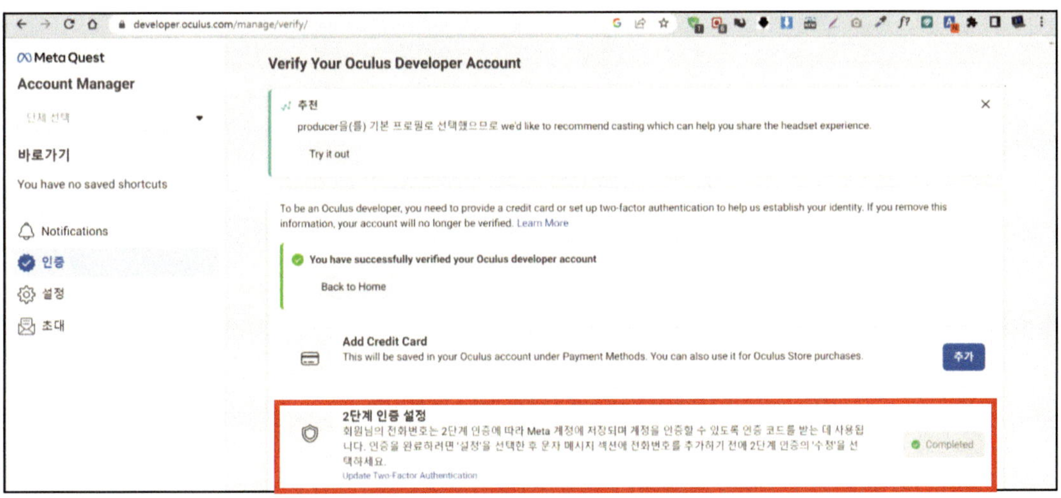

<TIP> 2 단계 인증 설정을 완료하여야, 개발자 등록이 정상적으로 진행됩니다.

02 이어서 스마트폰에서 개발자 모드 설정을 완료하여 기기에 개발자 모드 등록을 완료합니다.

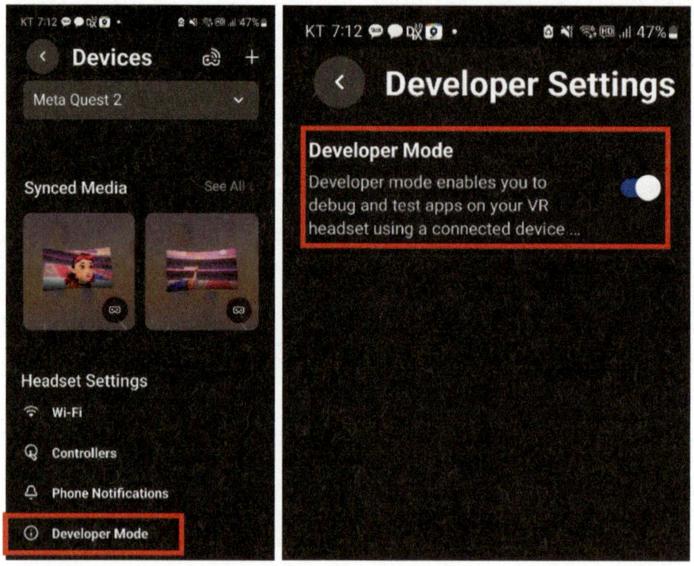

03 이제 Meta Quest Developer Hub 를 검색 및 다운로드 하여 설치를 진행합니다. 애플리케이션을 Meta Quest2 기기에 설치하기 위해 활용되는 소프트웨어입니다.

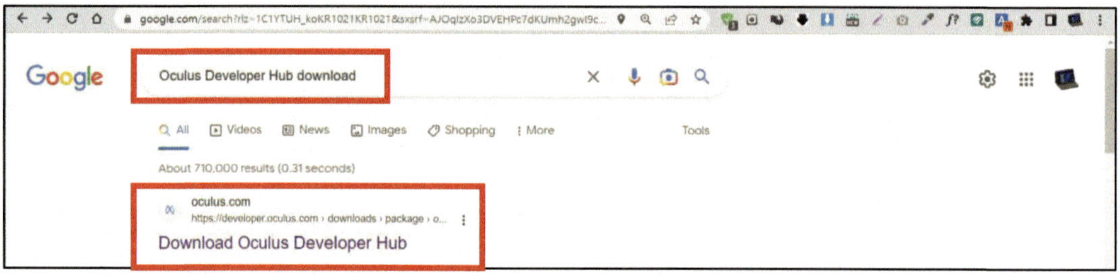

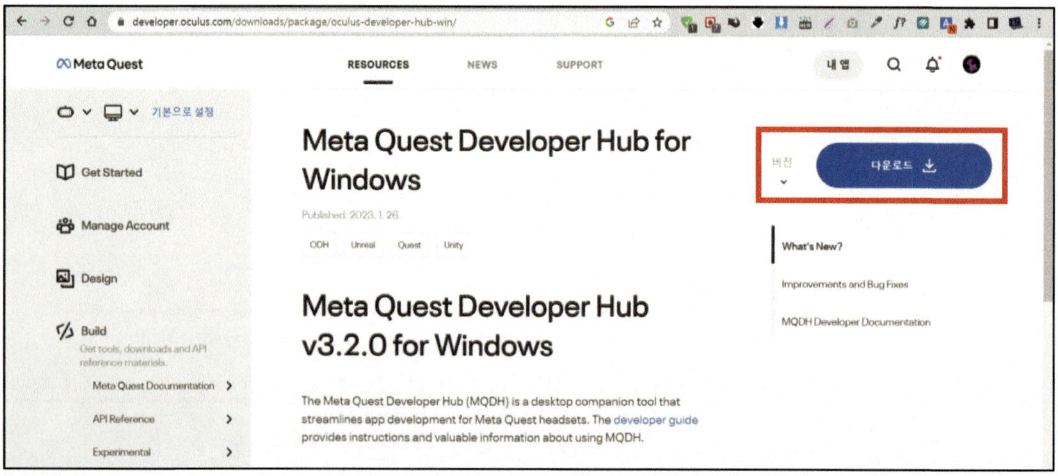

04 다시 놀이터 프로젝트로 돌아와서 Android 플랫폼에 대응하여 빌드를 진행합니다. 파일명은 playground_VR 로 합니다.

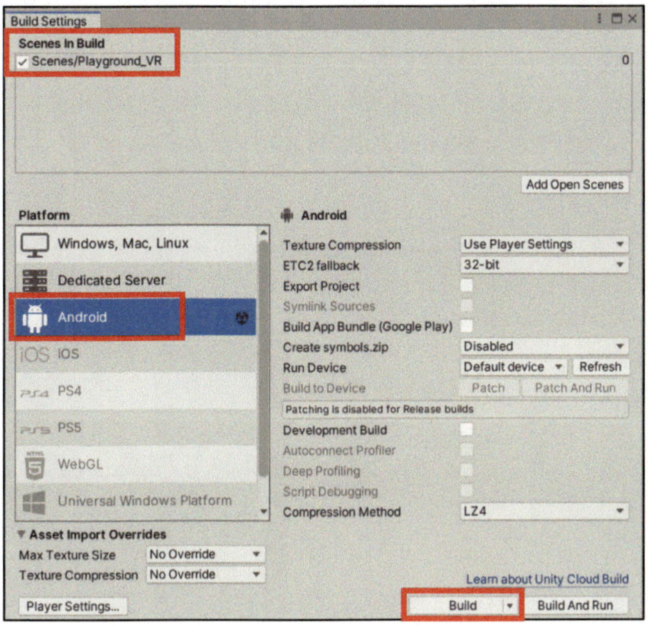

05 Meta Quest2 기기를 컴퓨터와 연결한 상태로 Quest Developer Hub 소프트웨어를 실행합니다. 기기를 착용하여 연결을 허용하는 절차를 거치고 나면, Device Manager 탭에서 아래 화면을 확인할 수 있습니다.

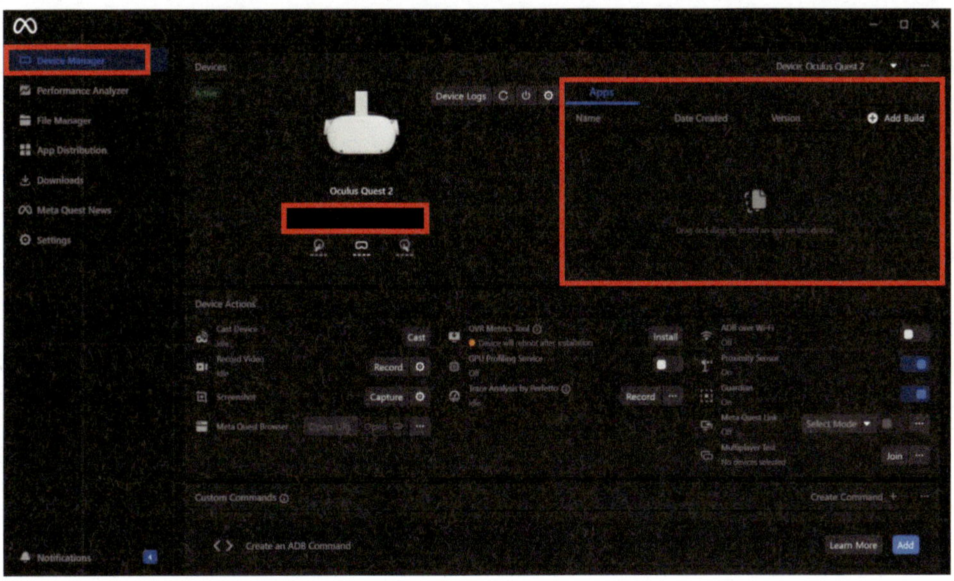

06 제작된 playground_VR.apk 파일을 마우스 드래그 하여 애플리케이션 설치를 진행합니다.

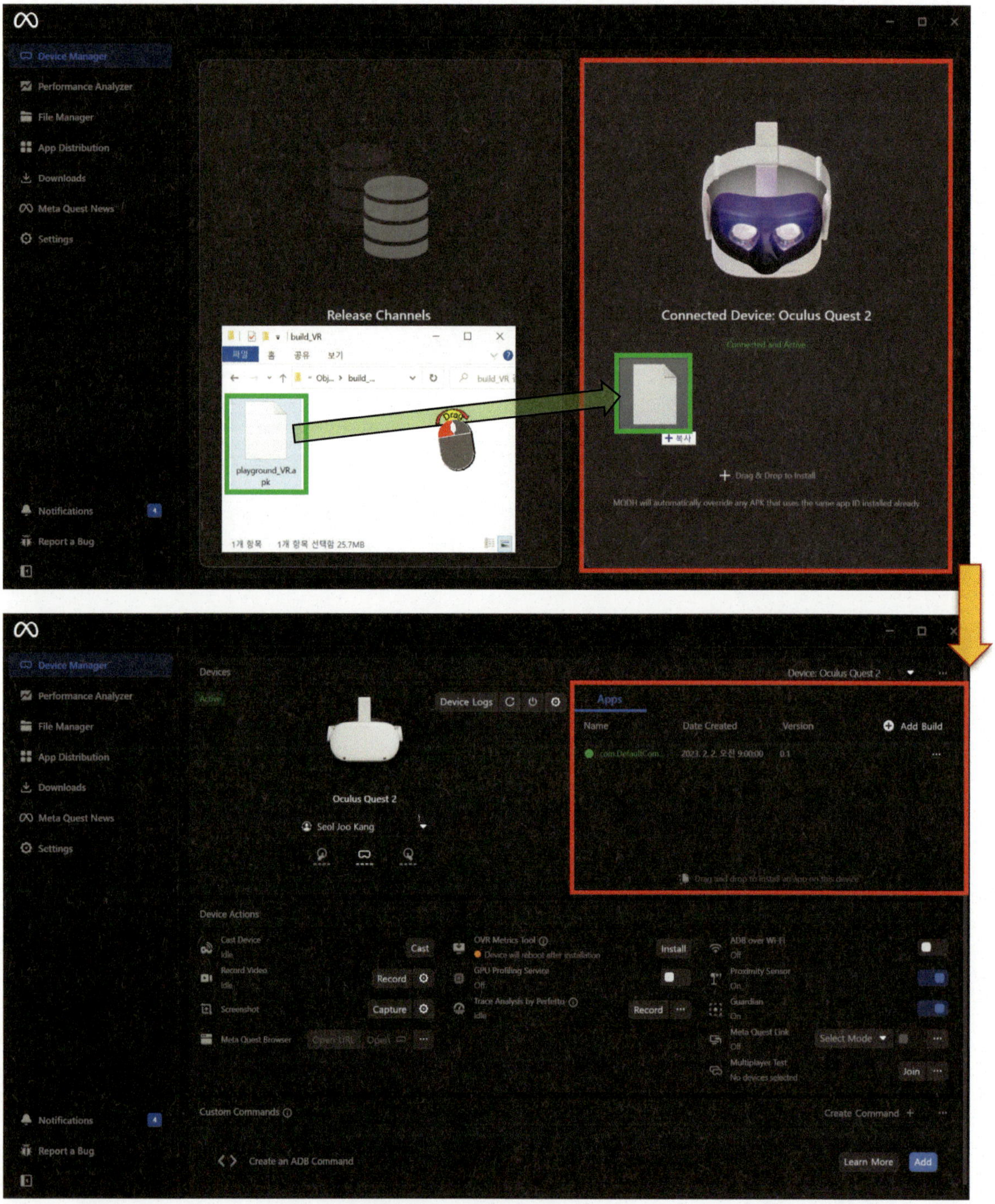

07 컴퓨터와 Meta Quest2 기기의 연결을 해제하겠습니다. 이후 Meta Quest2 기기 화면에서 App Library 에 접속한 뒤, Unknown Source 탭을 선택하고 애플리케이션을 실행합니다. 놀이터 VR 애플리케이션이 정상적으로 작동하는 것을 확인할 수 있습니다.

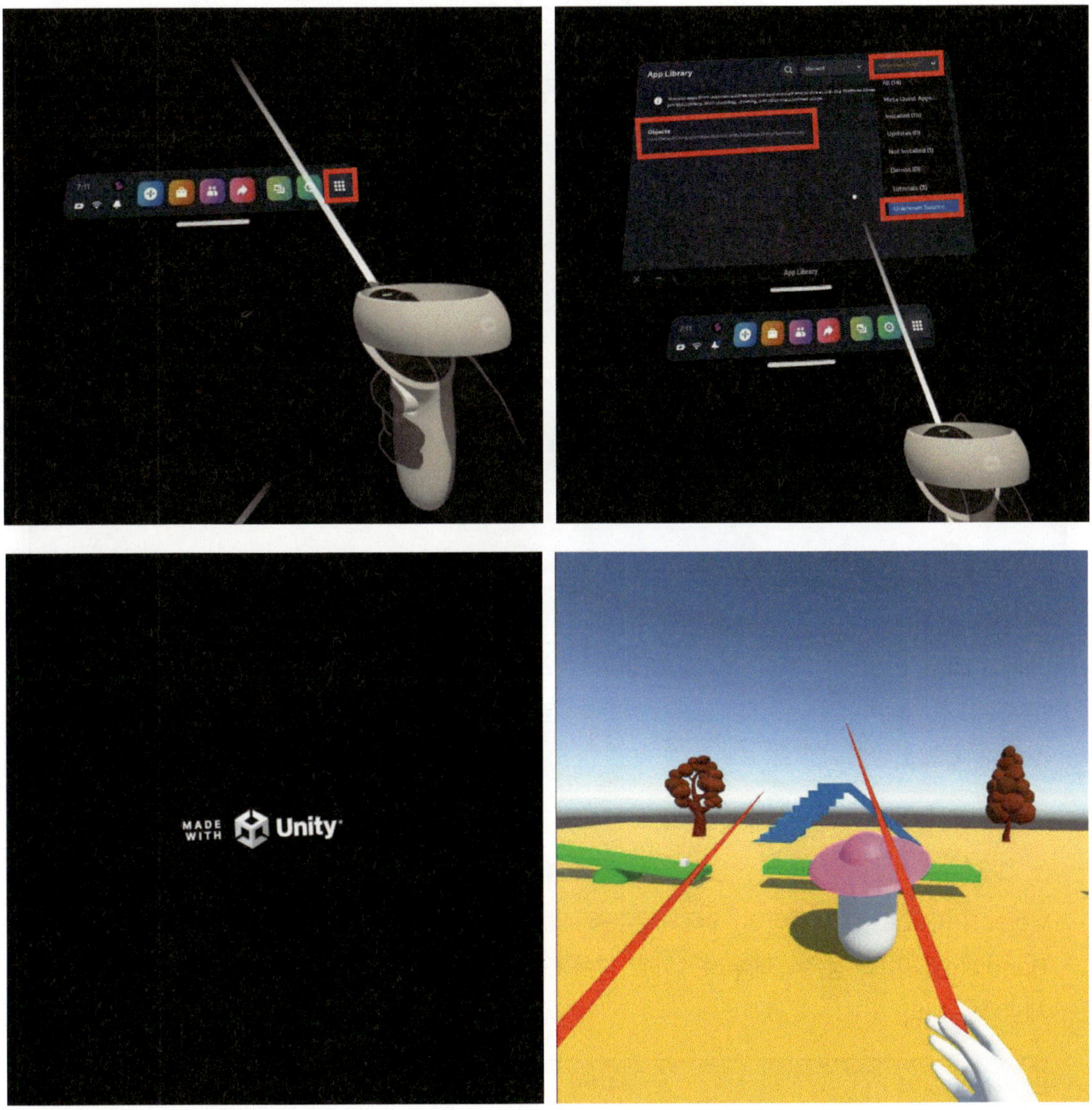

<TIP> VR 기기를 사용하여 공간을 돌아다닐 경우, 반드시 안전사고에 유의하여야 합니다. Meta Quest2 가 제공하는 안전 보호 경계 설정을 통해 안전한 범위를 꼭 확보한 뒤 콘텐츠를 활용하도록 주의합니다.

4) VR 다루기 4 – VR 애플리케이션에 교육적 상호작용 추가하기

01 놀이터 프로젝트를 보강하여 놀이터 안전교육 콘텐츠를 만들어 보겠습니다. 먼저 Playground_VR 씬을 복제(윈도우 탐색기를 이용)하여 Playground_Safety_VR 씬을 생성합니다. 그리고 아래와 같이 하이어라키창을 보기좋게 정리합니다.

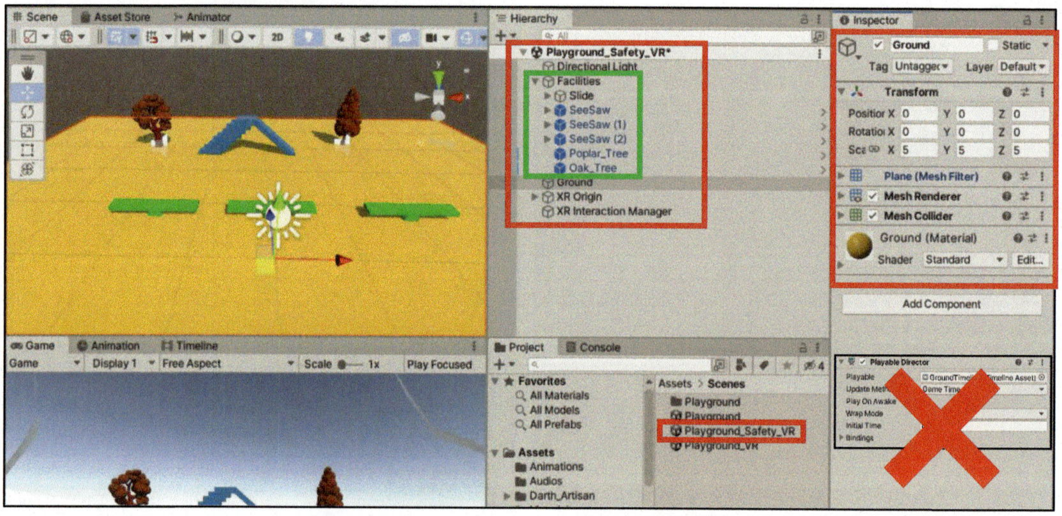

<TIP> Facilities 라는 빈 객체를 생성하고 그 속에 Slide, SeeSaw 3 개, Poplar_Tree, Oak_Tree 까지의 객체들을 담아줍니다. 이렇게 하면 다수의 객체들을 한꺼번에 관리하기 편리합니다. 그리고 Ground 객체에서 (Playable Director) 컴포넌트를 제거합니다. Slider 를 제어하는 타임라인을 활용하지 않을 계획이기 때문입니다.

02 안전수칙을 전달하기 위해 다음과 같은 푯말을 하나 제작하겠습니다. 하이어라키창에서, [+]-[3D Object]-[Cube]를 선택하여, 안전 문구를 넣을 Sign-SeeSaw 객체를 만듭니다. 이후 Cube-Handle(손잡이)과 검은색 테두리 4 개로 삼을 Cube 객체를 생성하여 Sign-SeeSaw 객체의 자식 객체로 삼습니다.

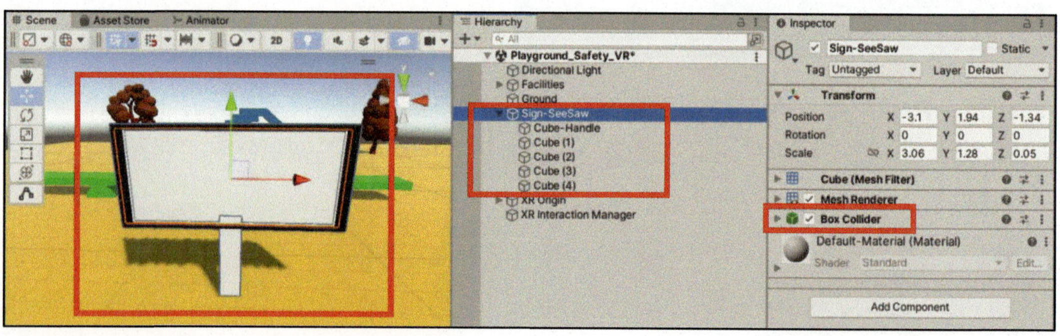

03 이제, 인스펙터창을 통해 Sign-SeeSaw 객체에 (XR Grab Interactable) 컴포넌트를 추가하여 아래처럼 속성을 조절합니다. 이 때, 자동으로 추가되는 (Rigidbody) 컴포넌트의 속성도 함께 조절합니다.

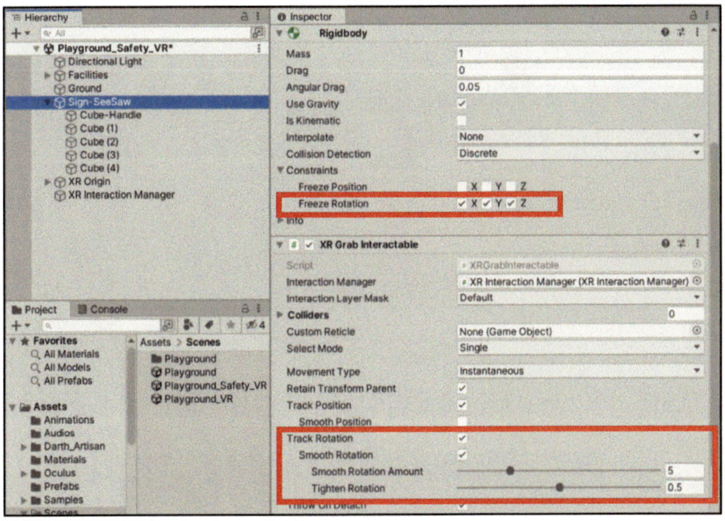

<TIP> (Rigidbody)의 Constraints-Freeze Rotation 속성은 객체의 회전을 방지합니다. 이를 통해 푯말이 넘어지는 경우를 방지합니다. 단, (XR Grab Interactable)의 Track Rotation 속성을 체크하여 잡기 동작으로 인한 회전 추적을 허용한 경우, 동작 동안 일어나는 푯말의 각도 변화는 허용합니다.

04 하이어라키창을 통해 푯말에 Text (TMP)객체를 Sign-SeeSaw 의 자식 객체로 추가하고 아래와 같이 입력합니다. 4 장 2 강에서 애니메이션 제작 시 다루었던 것처럼 Text Mesh Pro 를 활용하며, 당시 제작 및 활용한 폰트(KCCDodamdodam SDF)를 그대로 적용합니다.

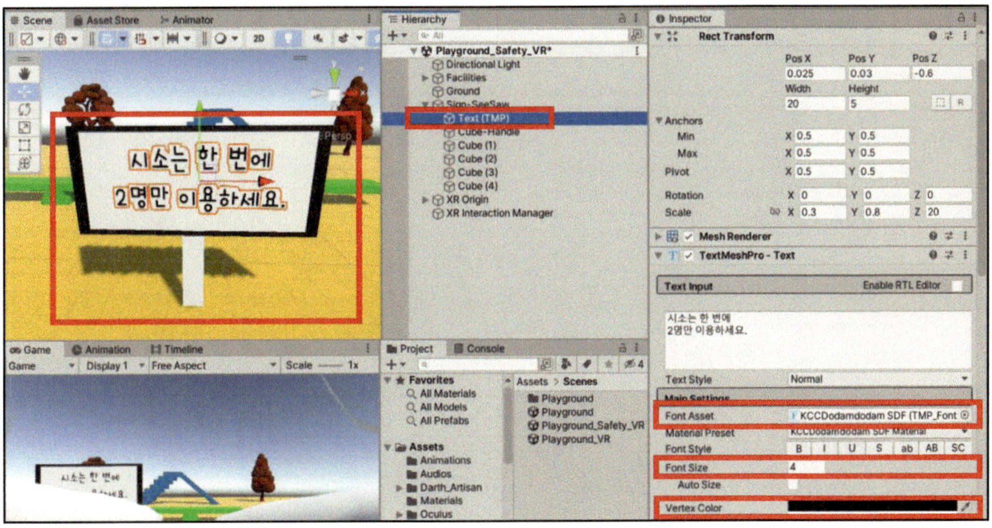

05 동일한 방식으로 미끄럼틀에 관해서도 Sign-Slide 객체를 생성하여 푯말로 삼습니다.

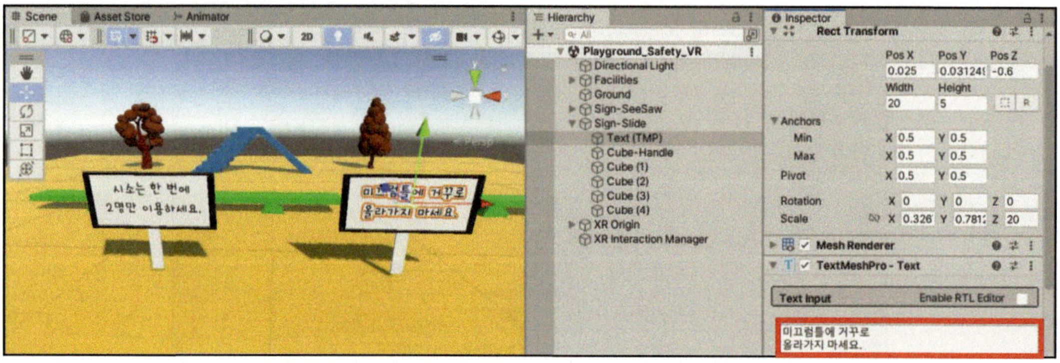

06 이제 프로젝트창에서 SignCheck 라는 스크립트 파일을 생성하고 아래와 같이 코드를 추가합니다.

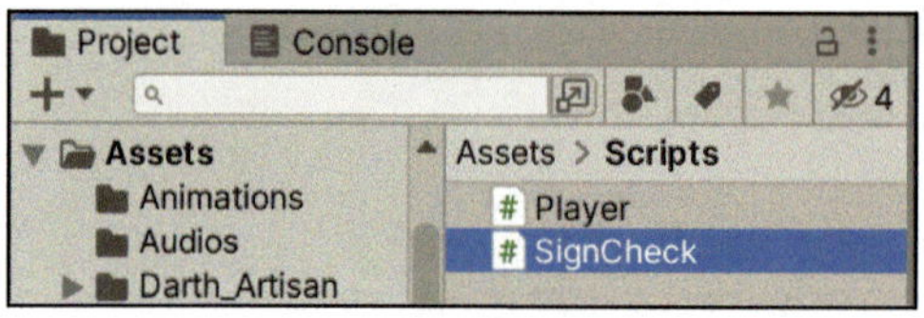


```
using UnityEngine;

0 references
public class SignCheck : MonoBehaviour
{
    0 references
    private void OnCollisionEnter(Collision other)
    {
        //해당 스크립트를 컴포넌트로 지닌 객체와 충돌 객체의 tag가 "SeeSaw"이면 아래의 구문이 작동
        if (tag =="SeeSaw" && other.collider.tag == "SeeSaw" )
        {
            GetComponent<Renderer>().material.color = Color.green; //해당 스크립트를 컴포넌트로 지닌 객체의 마테리얼의 색상을 녹색으로 변환
        }
        //해당 스크립트를 컴포넌트로 지닌 객체와 충돌 객체의 tag가 "Slide"이면 아래의 구문이 작동
        else if (tag =="Slide" && other.collider.tag == "Slide" )
        {
            GetComponent<Renderer>().material.color = Color.green; //해당 스크립트를 컴포넌트로 지닌 객체의 마테리얼의 색상을 녹색으로 변환
        }
    }

    0 references
    private void OnCollisionExit(Collision other)
    {
        //해당 스크립트를 컴포넌트로 지닌 객체와 충돌 이후 떨어져나간 객체의 tag가 "SeeSaw"이면 아래의 구문이 작동
        if (tag =="SeeSaw" && other.collider.tag == "SeeSaw" )
        {
            GetComponent<Renderer>().material.color = Color.red; //해당 스크립트를 컴포넌트로 지닌 객체의 마테리얼의 색상을 빨강으로 변환
        }
        //해당 스크립트를 컴포넌트로 지닌 객체와 충돌 이후 떨어져나간 객체의 tag가 "Slide"이면 아래의 구문이 작동
        else if (tag =="Slide" && other.collider.tag == "Slide" )
        {
            GetComponent<Renderer>().material.color = Color.red; //해당 스크립트를 컴포넌트로 지닌 객체의 마테리얼의 색상을 빨강으로 변환
        }
    }
}
```

(코드 해설) 본 코드는 유니티 에디터 상의 tag 기능을 이용하여 충돌 검사를 수행하고, 그 결과에 따라 특정한 이벤트를 일으키기 위한 구문입니다.

8~16 줄은 본 스크립트가 부착된 객체와, 해당 객체와 충돌한 객체가 모두 "SeeSaw", 또는 "Slide"로 동일할 때 내부의 구문이 발생하도록 하며, 5 줄의 OnCollisionEnter(Collision other)가 이런 기능을 내포한 유니티 내장 함수입니다.

22~30 줄은 본 스크립트가 부착된 객체와, 해당 객체와 닿아 있던 객체가 떨어져 나가는 시점에 두 객체가 지닌 tag 가 모두 "SeeSaw", 또는 "Slide"로 동일할 때 내부의 구문이 발생하도록 하며, 19 줄의 OnCollisionExit(Collision other)이 이런 기능을 내포한 유니티 내장 함수입니다.

07 다음으로 하이어라키창에서 [+]-[3D Object]-[Plane]을 선택하여 Ground-Slide 와 Ground-Seesaw 객체를 생성한 뒤, 아래와 같이 미끄럼틀 주변과 시소 주변을 각각 덮습니다. 또한 프로젝트창의 {Assets}-{Materials} 폴더에 Ground-Seesaw 와 Ground-Slide 마테리얼을 생성하여 Ground-Silde 와 Ground-Seesaw 객체에 각각 적용합니다. 앞서 생성한 SignCheck 스크립트도 양쪽 객체에 모두 컴포넌트로 등록합니다.

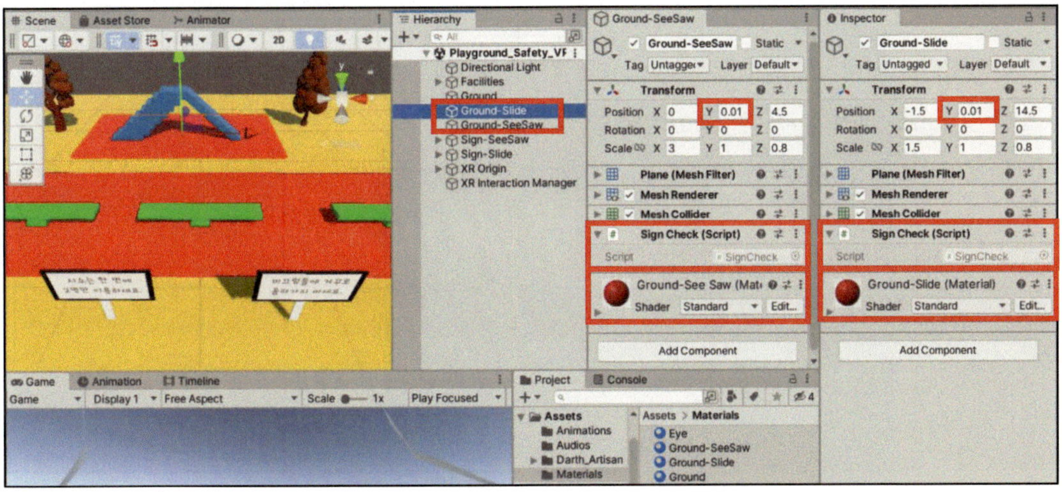

<TIP 1> Ground-Slide 와 Ground-Seesaw 객체 모두 (Transform) 컴포넌트의 Position.Y 값이 0.01 로 기존의 Ground 보다 살짝 높게 배치한 것에 주목합니다. 이를 통해 객체의 높이가 같을 때 발생하는 아래와 같이 바닥 이미지가 깨지는 간섭 문제를 피할 수 있습니다.

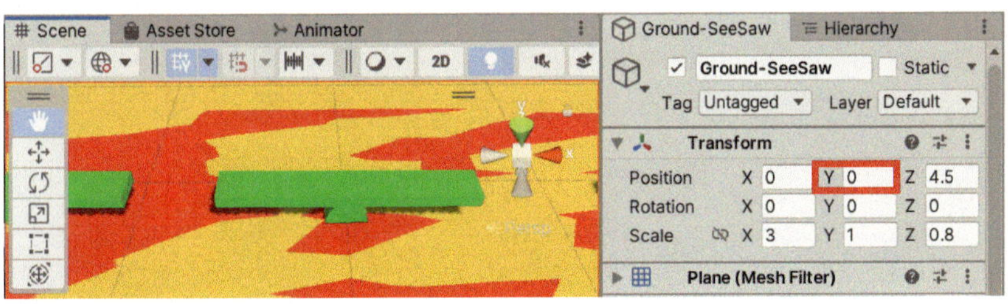

<TIP 2> Ground-Slide 와 Ground-SeeSaw 객체에 적용한 마테리얼의 색상은 스크립트 상의 Color.red 에 해당하는 것으로, RGBA 상으론 (255,0,0,255), Hexadecimal 상으로는 (FF0000)의 수치를 가집니다.

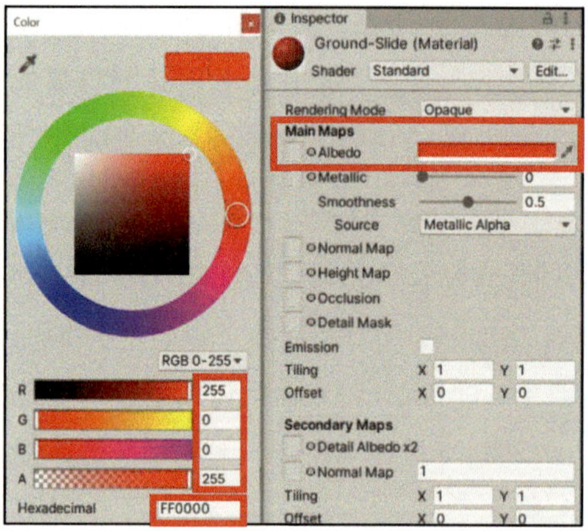

08 계속하여 하이어라키창에서 Ground-Slide 객체를 선택한 뒤, Slide 와 SeeSaw 태그를 생성합니다. 또한 Ground-Slide 객체에는 Slide 태그를 적용합니다.

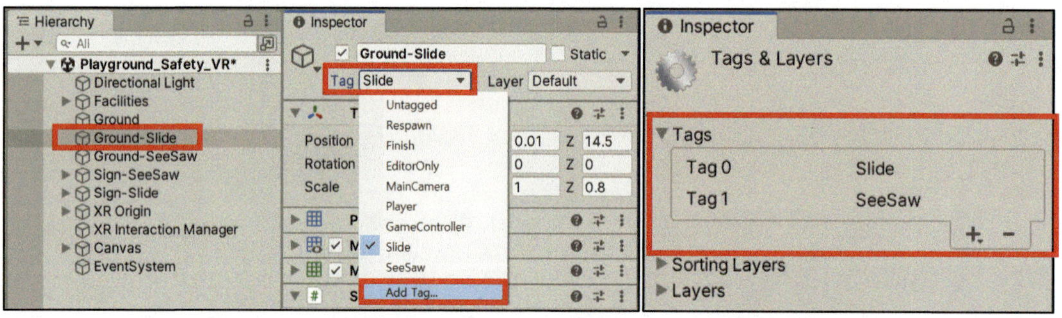

09 이어서, Sign-Slide 에도 Slide 태그를 적용합니다. 한편, Ground-SeeSaw 와 Sign-SeeSaw 객체에는 SeeSaw 태그를 적용하여 서로 매칭합니다.

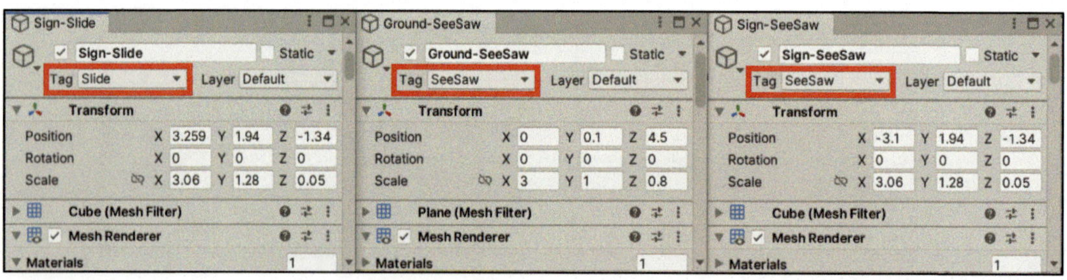

10 마지막으로 놀이터 안전 콘텐츠의 미션을 전달하기 위해 Canvas 객체를 하나 추가합니다. 하이어라키 창에서 [+]-[UI]-[Canvas]를 선택하여 추가합니다.

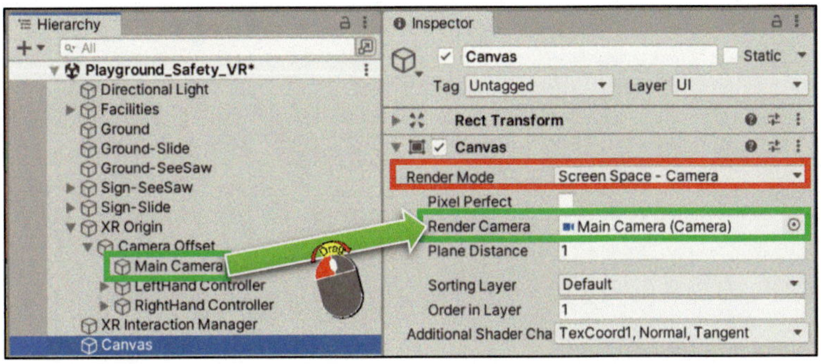

<TIP> Canvas 객체의 (Canvas) 컴포넌트에서 Render Mode 속성을 Screen Space-Camera 로 지정한 것에 주목합니다. 이를 통해 Canvas 가 VR 카메라를 따라다니면서 항상 사용자의 시야에 머무르게 됩니다.

11 하이어라키창에서 [+]-[UI]+[Panel]을 선택하여 생성한 Canvas 객체 내에 Panel 객체를 추가합니다. 인스펙터창의 (Rect Transform) 컴포넌트에서, Anchor, Pos, Width, Height 등의 속성을 활용하여 Panel 객체의 위치와 크기를 조절합니다.

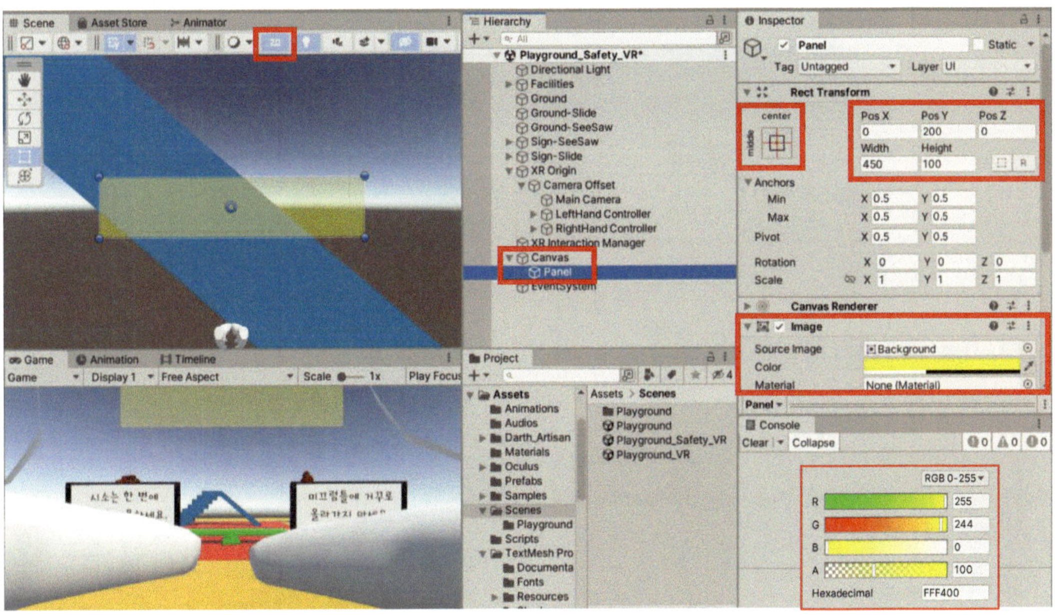

<TIP> 인스펙터창의 (Image) 컴포넌트에서 Color 속성을 조절하여 노란색으로 만들었습니다. RGBA 값은 (255,244,0,100)입니다. A 값을 100 정도 주어 투명도를 설정한 점에 주목합니다.

12 생성된 Panel 객체 내에 [+]-[UI]-[Text - Text Mesh Pro]를 선택하여 문구를 추가합니다. 내용과 속성은 아래와 같습니다. 표지판을 만들 때의 요령과 크게 다르지 않습니다.

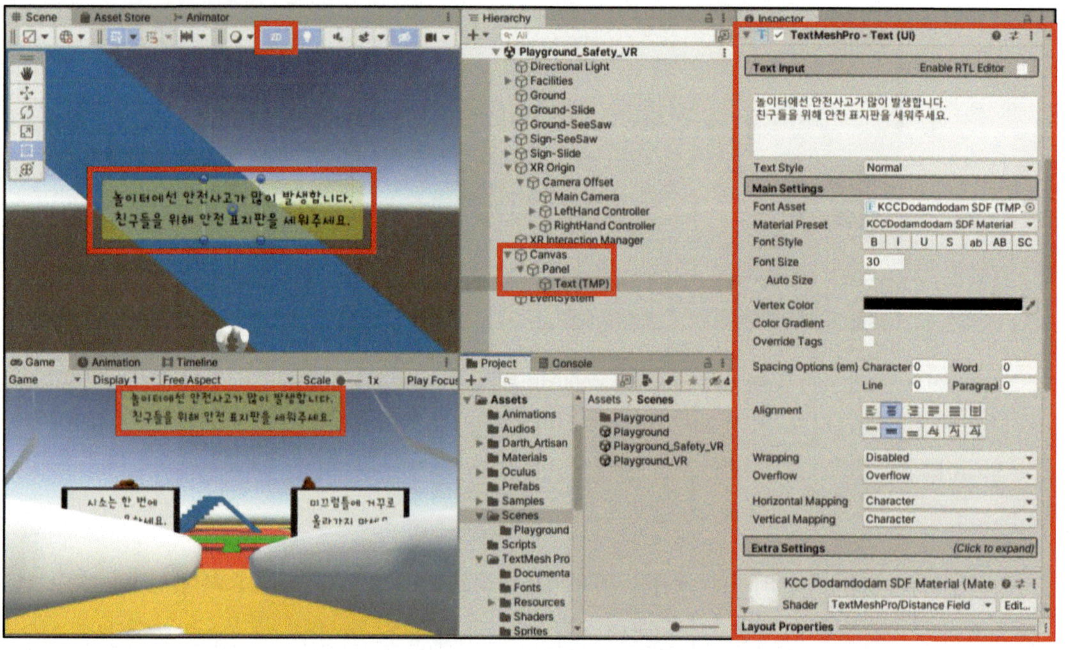

12 이제 Meta Quest2 를 착용하고 애플리케이션을 실행하여 의도한 기능들이 작동하는 지 확인합니다.

13 시소 사용 관련 안전 푯말을 손에 쥐고 시소 근처의 영역에 세우면 바닥 색깔이 빨간색에서 녹색으로 바뀌는 것을 볼 수 있습니다.

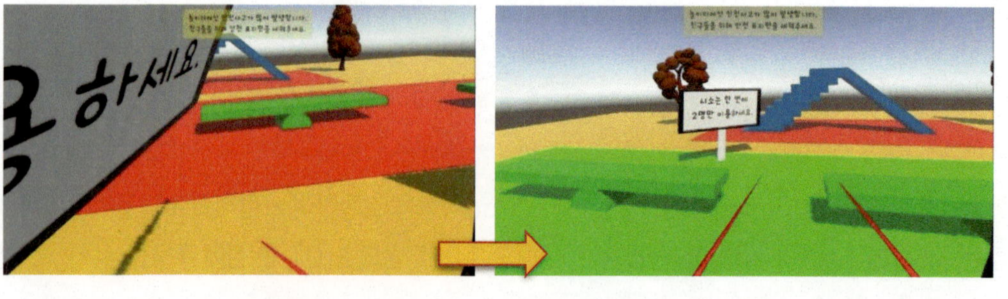

14 이어서 미끄럼틀 이용 관련 푯말도 설치하자 미끄럼틀 주변의 바닥 색깔까지 기존 의도한 것처럼 녹색으로 변한 모습입니다.

<TIP> 인스펙터창을 통해 XR Origin 객체의 Character Controller 를 비활성화(또는 제거)하고, 대신 Rigidbody 와 Capsule Collider 를 추가해 봅니다. 이렇게 하면 Meta Quest2 를 착용한 사용자가 미끄럼틀을 거꾸로 올라갈 때 중력의 영향을 받아 미끄러지거나, 시소를 밟고 튕겨져 올라가는 등의 물리적인 체험을 할 수 있습니다. 또한, Radius 가 너무 크면 푯말 객체를 손에 쥐었을 때 몸과 거리가 너무 가까워 충돌현상이 날 수 있기에 수치를 0.01 로 작게 설정하였습니다.

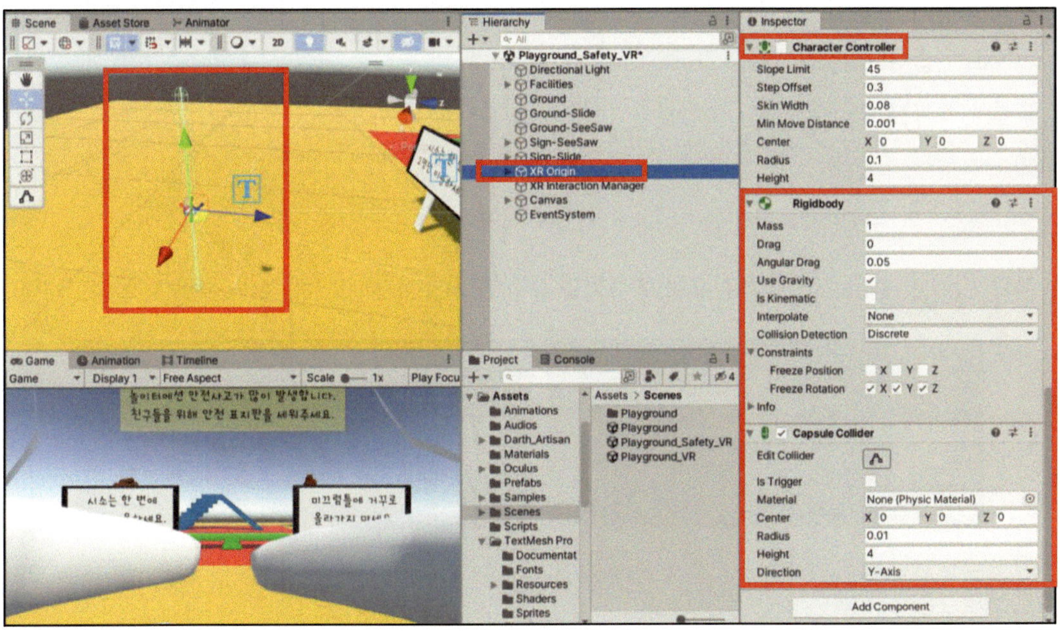

<TIP 2> (Capsule Collider) 컴포넌트에서 마우스로 클릭하여 Edit Collider 를 활성화하면, 씬뷰에서 연두색 핸들을 이용하여 Collider 를 직접 수정하는 것도 가능합니다.

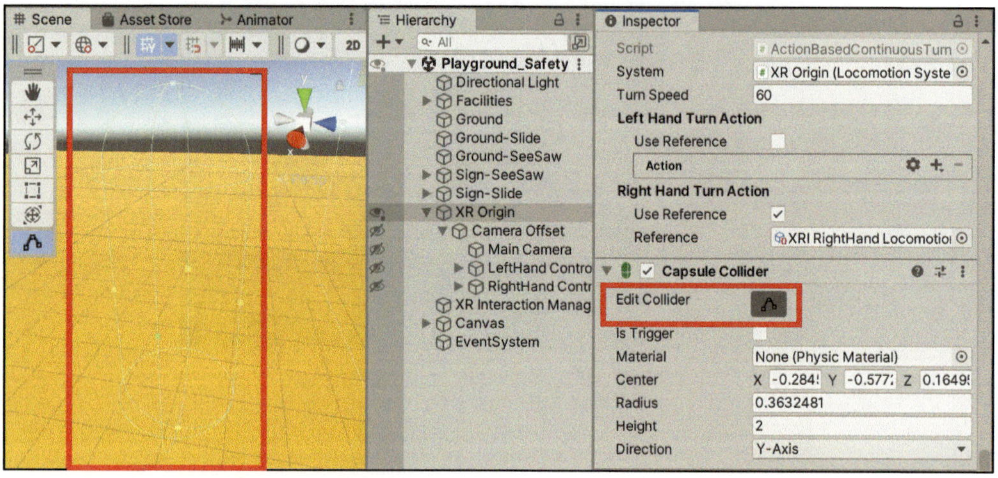

5 강　메타버스 다루기 - ZEPETO

최근 이슈가 되는 다양한 메타버스 중 하나인 'ZEPETO'를 다루어 봅니다. ZEPETO 는 자체적으로 많은 애셋을 제공하여 사용자의 아바타를 원하는 대로 커스터마이징 하도록 도우며, 각자의 아바타를 가지고 다양한 공간에서 사용자간 상호작용이 이루어질 수 있도록 합니다. 또한 ZEPETO 는 유니티와의 연동을 통해 '월드'라 불리는 공간을 직접 제작하고, 제작된 공간에서 활동할 수 있도록 하는 확장성을 가지고 있습니다. 본 강에서는 ZEPETO 를 활용하고, 나아가 직접 교실을 구성하며, 이렇게 구성한 공간을 사용자의 입장에서 활용하는 방법까지 확인해보겠습니다.

1) ZEPETO 와 친해지기

01 먼저, Google Play Store 를 활용하여 아래와 같이 ZEPETO(제페토)를 검색, 설치 및 실행합니다.

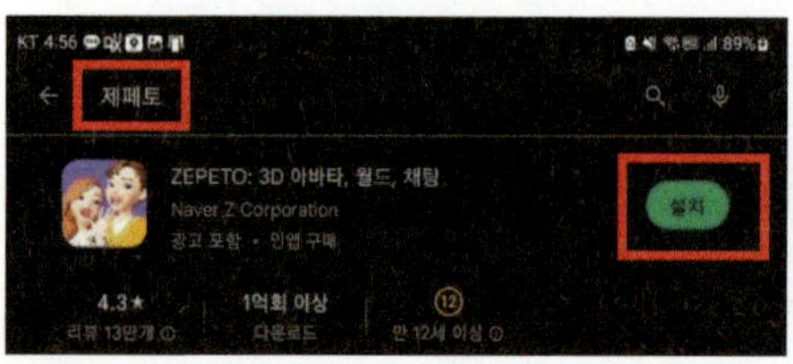

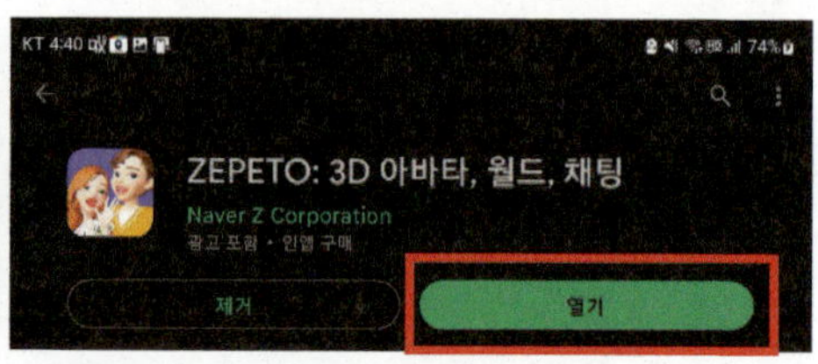

<TIP> 본서는 안드로이드 중심으로 저술되었기 때문에 구글의 Play Store 를 이용하였지만, 아이폰의 경우에도 App Store 를 통해 ZEPETO 를 설치 및 활용할 수 있습니다.

02 몇 가지 기본적인 설정을 마치면, 자신의 3D 아바타가 생성됩니다. 계속해서 계정 연결을 위해, 맨 우측 탭을 선택하여 나타난 화면에서 우측 상단의 톱니바퀴를 클릭합니다.

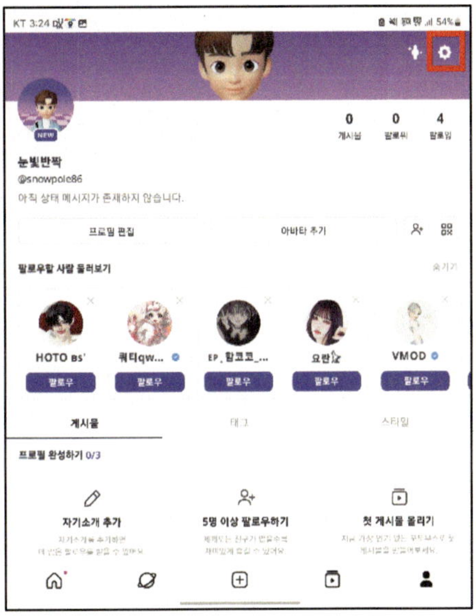

03 이후 [계정 관리]에 접근하여 원하는 방식으로 계정 연결을 진행합니다.

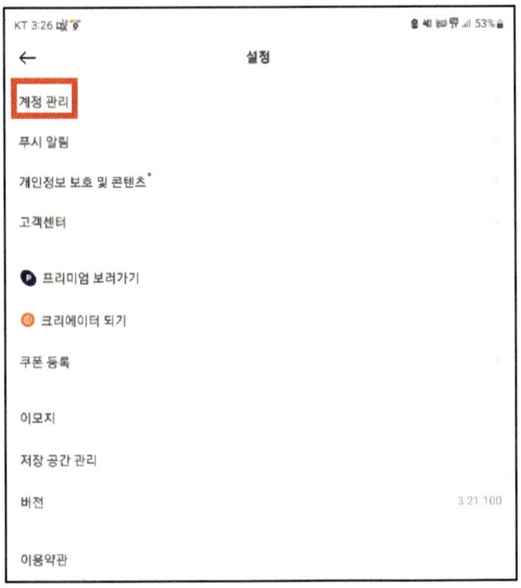

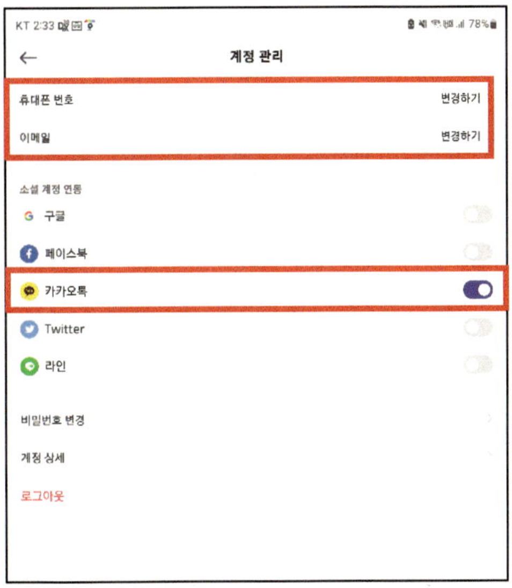

<TIP> 본서에서는 카카오톡 계정을 이용한 로그인을 진행해보았습니다. 또한, 추후 Unity 를 활용한 월드 개발을 진행하기 위해서는 휴대폰 번호나 이메일 중 하나를 등록해 두어야 합니다.

04 계정 연결을 정상적으로 마쳤다면, 스마트 디바이스 화면 하단에서 2 번째 탭 '월드'를 선택합니다. ZEPETO 에서 제공하는 다양한 메타버스 공간이 나타남을 확인할 수 있습니다.

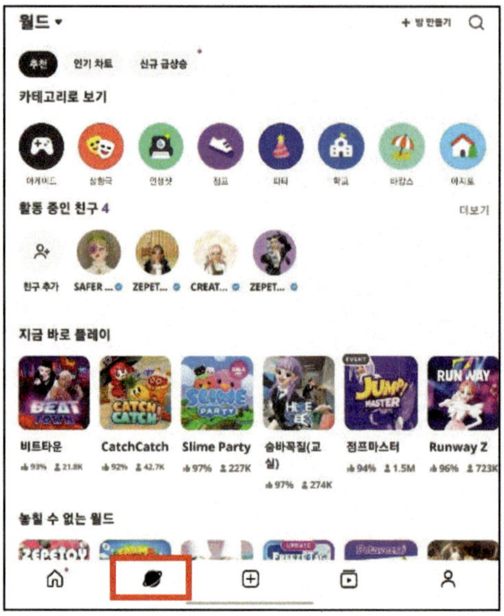

05 이어서 월드 탭에서 '학교'를 선택하면 ZEPETO 이용자들이 기존에 생성해 둔 다양한 월드를 확인할 수 있습니다. 이 중 한 가지를 선택한 뒤, 플레이 버튼을 눌러 입장합니다.

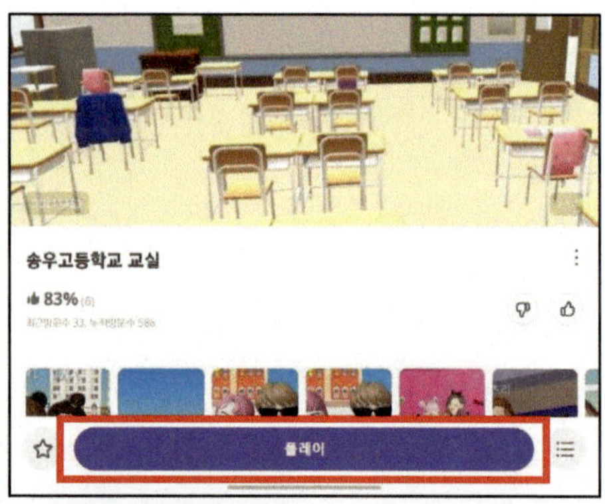

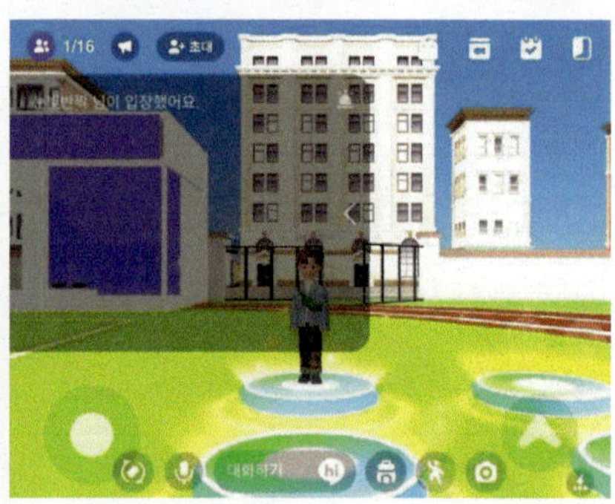

06 월드에 입장하면, 간단한 조작방법이 안내됩니다. 직접적인 음성 채팅이나 제스쳐 등의 동작을 통해 상호작용이 이루어지는 것이 특징적입니다.

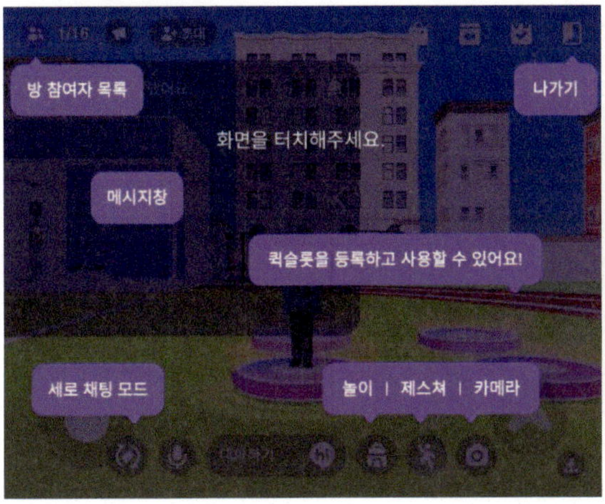

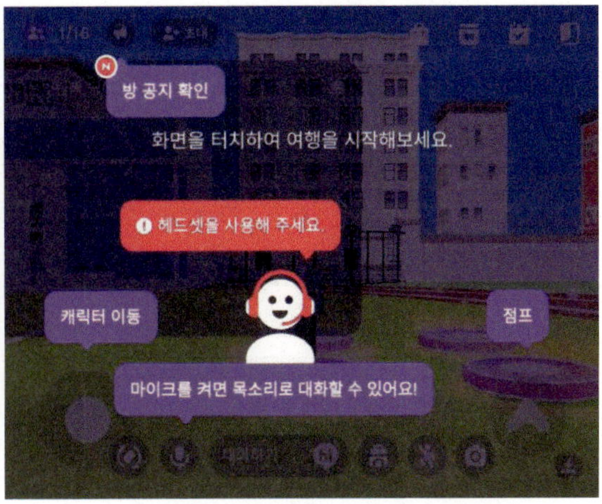

07 월드 내의 공간을 돌아다니거나 제스쳐를 취하는 등의 방법으로 상호작용을 진행해 봅니다.

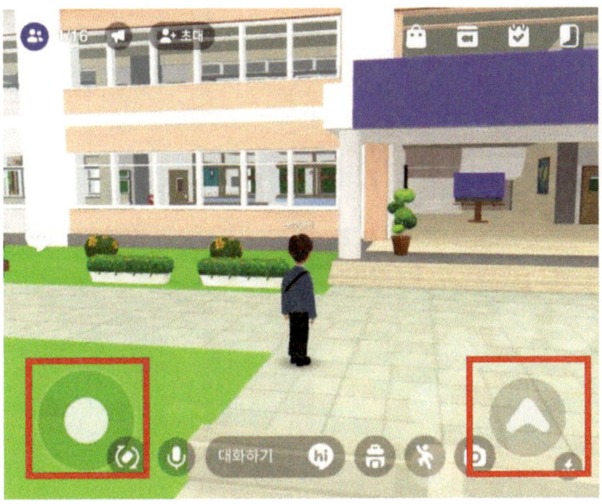

<TIP> ZEPETO 의 최대 접속인원은 유저가 만든 한 방을 기준하여 16 명입니다. 단, 상호작용 없이 단순히 관전에 참여하기 위한 인원은 60 명까지도 허용됩니다.

2) ZEPETO 월드 개발하기 – 빌드잇(build it) 설정 및 활용하기

01 ZEPETO 는 월드 개발을 위해 자체적인 제작 툴인 빌드잇을 제공합니다. 이를 통해 한정된 범위 내에서 개발자가 원하는 방식대로 손쉽게 월드를 구성할 수 있도록 도움을 제공합니다. 인터넷 검색창에서 '제페토 빌드잇'을 검색하여 접속합니다.

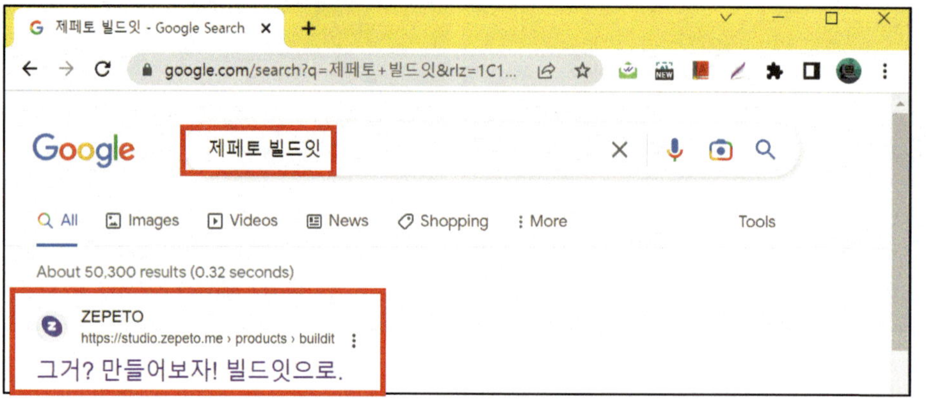

<TIP> ZEPETO 의 빌드잇은 PC 환경에서만 작동합니다.

02 계속해서 빌드잇을 다운로드하여 PC 에 설치합니다. 이후 계정 로그인을 진행합니다.

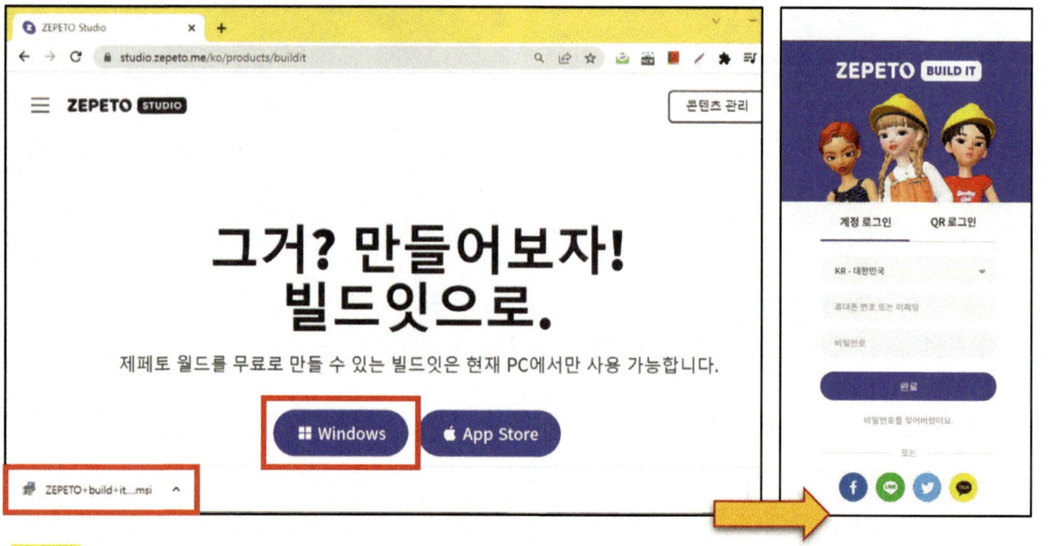

<TIP> 앞서 스마트폰 애플리케이션에서 연동한 카카오톡 계정을 그대로 활용하였습니다.

03 빌드잇이 실행되면 기본적으로 생성되어 있는 여러 가지 월드를 확인할 수 있습니다. [새로 만들기]탭에서 School 을 선택해 봅니다.

04 School 월드의 로딩이 끝나면, 앞서 스마트폰 애플리케이션에서 입장했던 곳과 동일한 구조의 기본 월드 양식을 확인할 수 있으며, 유니티와 유사하게 마우스와 키보드(WASD + QE 키로 상하좌우 및 줌인, 줌아웃, Del 키로 객체 삭제 등)를 활용하여 월드 내의 곳곳을 살펴 객체를 배치할 수 있습니다.

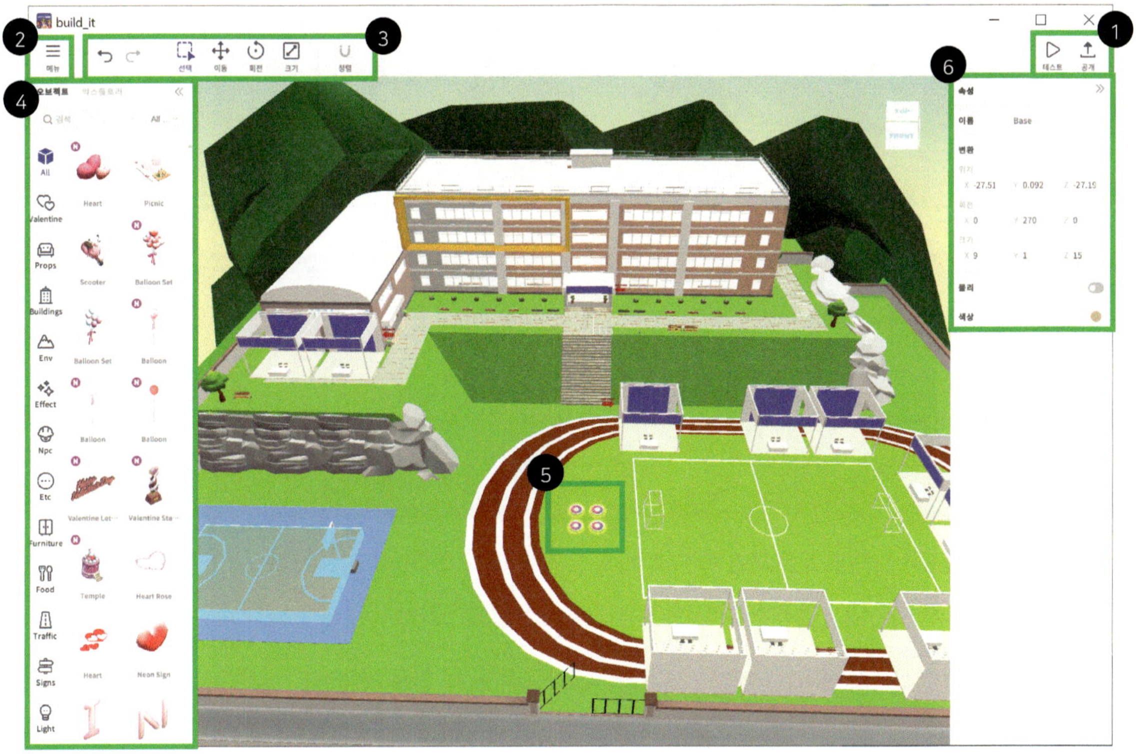

<TIP 1> 테스트 및 공개 버튼으로, 월드의 작동 여부를 확인하거나, 완성된 월드를 ZEPETO 에 공개할 수 있도록 합니다. 특히 공개 시에는 심사 과정을 거쳐야 하며, 무료 회원은 2 주, 유료 회원은 1 주정도의 심사 시간이 소요됩니다. 자세한 사항은 다음의 링크 주소를 참고하시기 바랍니다.
https://naverz-group.readme.io/studio-item/lang-ko/docs/bulidit_guidelines

<TIP 2> 메뉴 버튼으로, 월드를 저장하거나 단축키 등을 설정할 수 있게 합니다.

<TIP 3> 편집 버튼으로, 월드 내의 객체들을 선택, 이동, 크기 조절 등을 가능케 합니다. 가장 우측의 정렬 기능은 유니티의 Snapping 기능과 같이 객체를 그리드 단위로 움직이도록 보조합니다.

<TIP 4> 오브젝트 버튼으로, 월드 내에 설치할 수 있는 여러 가지 객체들을 제공합니다. 제공되는 객체는 상호작용이 가능한 것과 그렇지 않은 것으로 나뉘며, 개발자가 객체에 임의로 상호작용 기능을 삽입할 수는 없습니다. 상호작용이 가능한 객체는 아래처럼 톱니 바퀴 모양이 나타나며, 설치 후 테스트를 통해 작동여부를 확인할 수 있습니다. 테스트 이후 ESC 키를 누르면 편집 화면으로 다시 돌아옵니다.

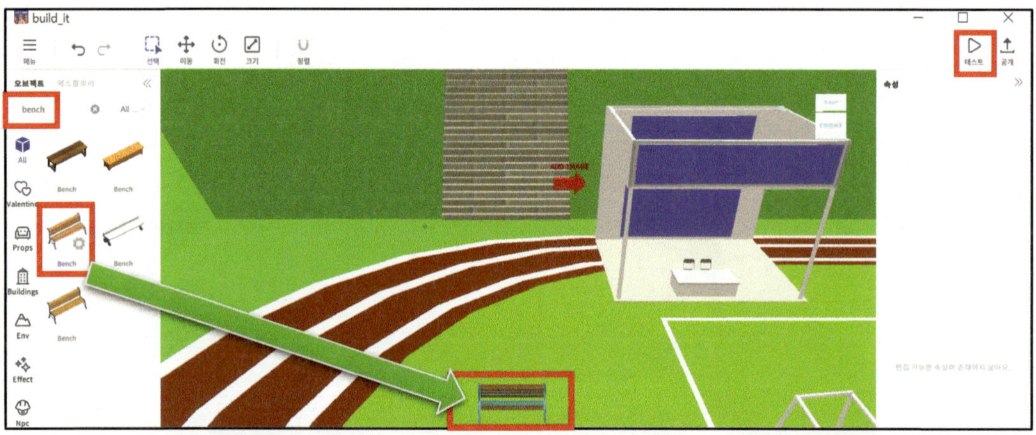

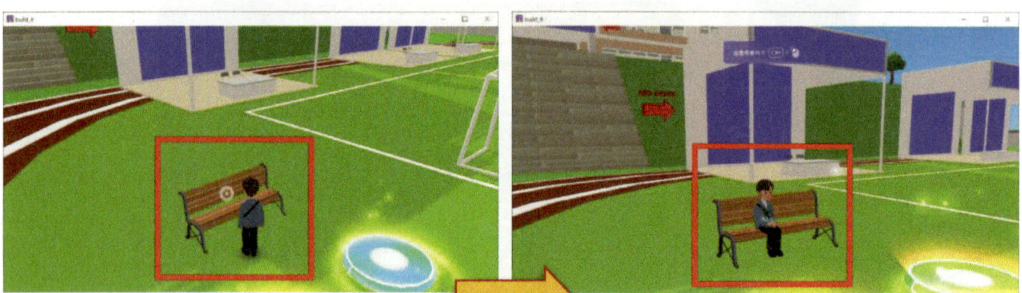

<TIP 5> Spawn 객체로 사용자가 월드에 처음 등장할 때 나타나는 지점을 나타냅니다. 다른 객체와 마찬가지로 여러 가지 디자인을 선택하거나 위치를 조정할 수 있습니다.

<TIP 6> 속성 창으로, 선택된 객체의 크기나 각도, 물리 속성 등을 확인 및 조절할 수 있습니다.

05 이처럼 빌드잇을 활용하면 다양한 객체 활용으로 개발자가 원하는 디자인의 월드 구현이 가능합니다.

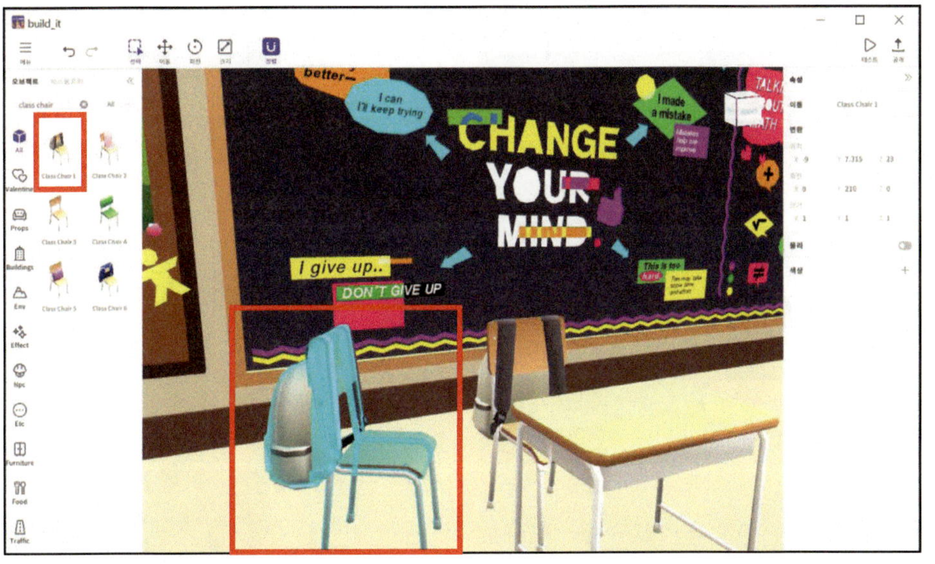

<TIP> 다음 내용 학습에 활용하기 위해 빌드잇 프로젝트를 저장해두도록 합니다.

3) ZEPETO 월드 개발하기 – 월드 패키지 설정하기 [관련 코드 & 애셋 – 부록 참고]

01 ZEPETO는 유니티를 통한 월드 개발을 위한 자체적인 패키지를 제공합니다. 이를 통해 개발자가 원하는 방식대로 높은 자유도를 누리며 월드를 구성할 수 있습니다. 빌드잇과 비교할 때 가장 큰 차별점은, ZEPETO 패키지를 통하여 개발자가 원하는 바를 제한(단, 월드 공개 시 윤리적인 문제가 없도록 유의) 없이 월드 내에 구현할 수 있다는 점입니다. '제페토 스튜디오'를 검색하여 접속합니다.

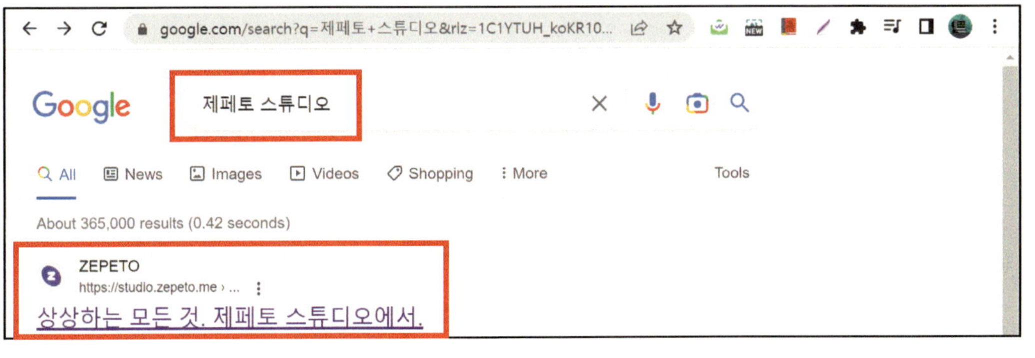

<TIP> 단, ZEPETO STUDIO(제페토 스튜디오) 관련 파일 설치 시 경로나, 운영체제 계정명에 한글이 포함되면 오류가 발생할 수 있습니다. 그 외의 개발 시에도 가급적 영문명을 활용하는 것이 좋습니다.

02 ZEPETO STUDIO 접속 후, 화면 좌상단의 아이콘을 클릭하고 [가이드]-[월드 가이드]를 선택합니다.

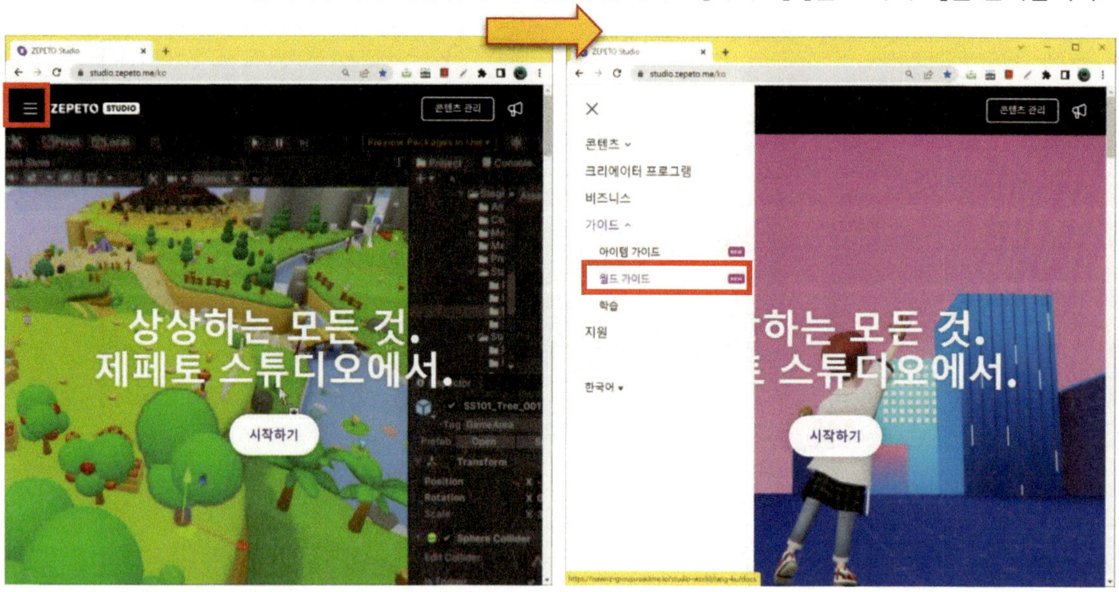

03 ZEPETO STUDIO 가이드 페이지로 이동하면, 안내에 따라 Unity 2020.3.9.1f 버전과 ZEPETO 월드 템플릿을 다운로드해야 합니다. 먼저 Unity 2020.3.9.1f (다운로드)를 마우스 클릭합니다.

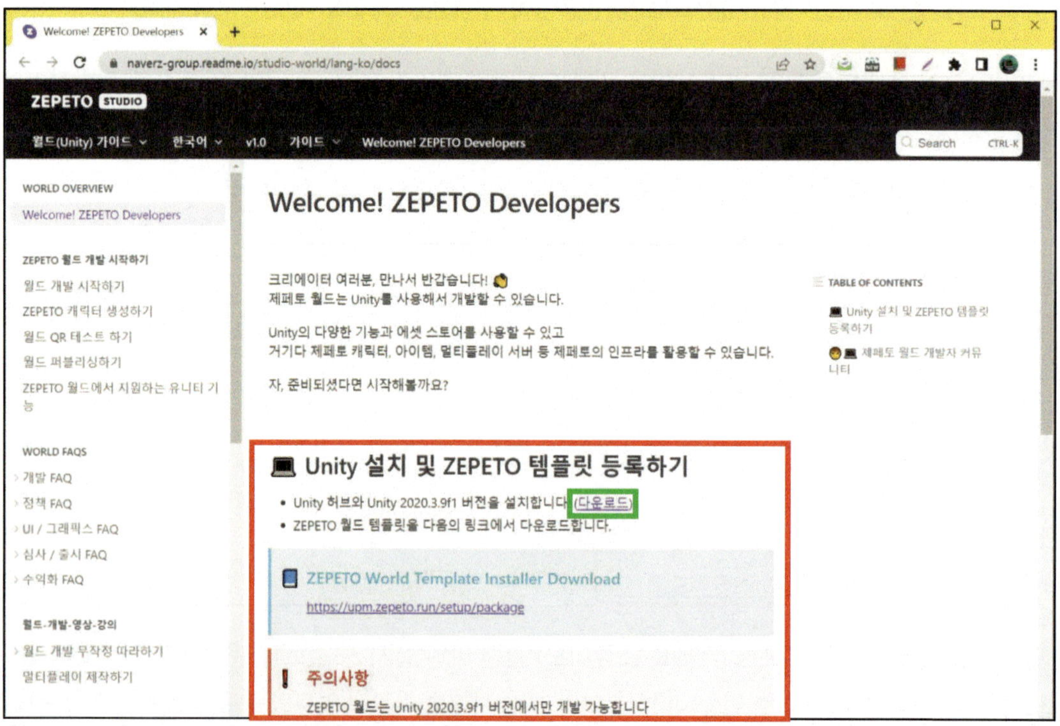

04 이후 Unity Archive 로 이어지면, Unity 2020.3.9 버전을 찾아 Unity Hub 버튼을 클릭합니다. 연이어 Unity Hub 열기를 선택하면 해당 버전의 유니티 에디터 설치가 진행됩니다.

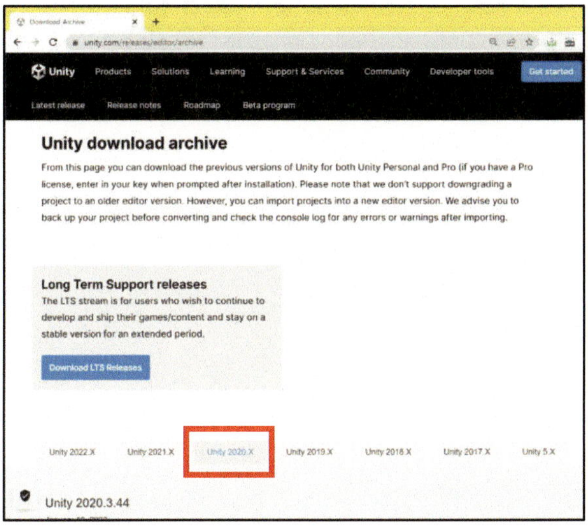

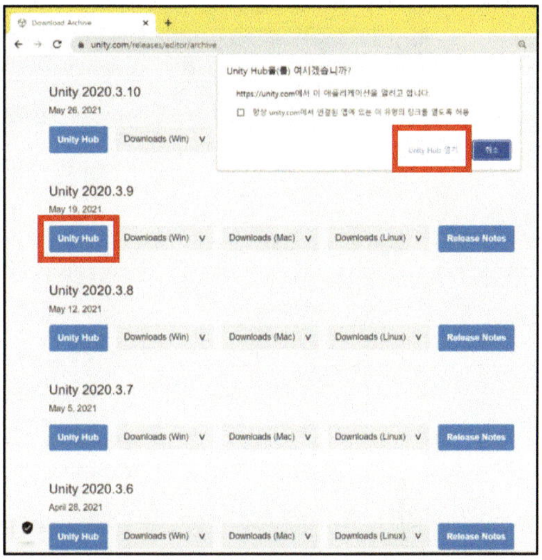

05 유니티 에디터 설치를 진행하되, 다른 모듈을 설치하지 않겠습니다. 에디터 설치에 관한 세부사항은 2 장 1 강의 유니티 설치하기 부분을 참고하시기 바랍니다.

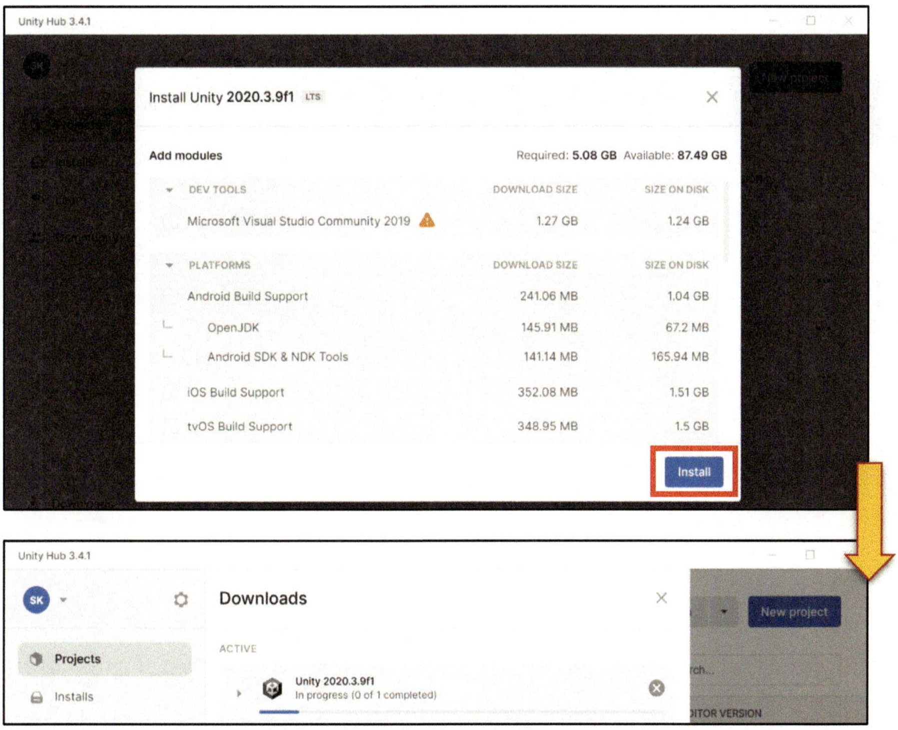

06 유니티 에디터 설치가 완료되면, ZEPETO 월드 템플릿 패키지를 다운받아 두도록 합니다.

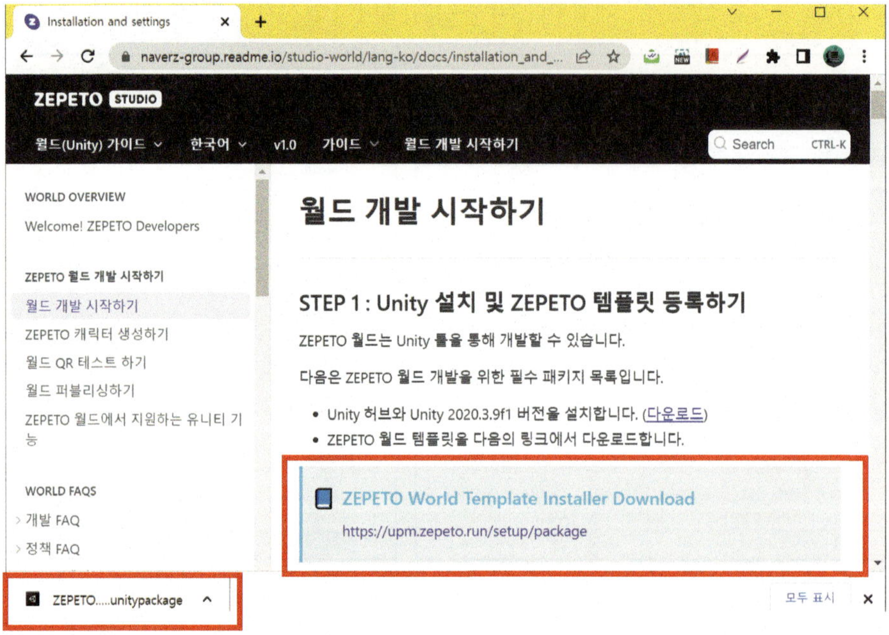

07 이제 ZEPETO 월드 템플릿 설치를 위해 임의의 프로젝트를 하나 생성합니다. 해당 프로젝트는 ZEPETO 월드 템플릿 설치 이후 삭제해도 무방합니다.

<TIP> 이 과정은 ZEPETO 관련 프로젝트의 시작이 되는 템플릿을 추가하기 위한 과정입니다. Unity Hub 에서 바로 진행할 수 없고, 임의의 유니티 프로젝트에서 템플릿 패키지 설치를 수행해야 합니다.

08 생성된 프로젝트에 진입하면, 화면 레이아웃을 정리합니다. 이어서 [Assets]-[Import Package]-[Custom Package]를 선택하여 조금 전에 다운로드한 ZEPETO 월드 템플릿 패키지를 설치합니다.

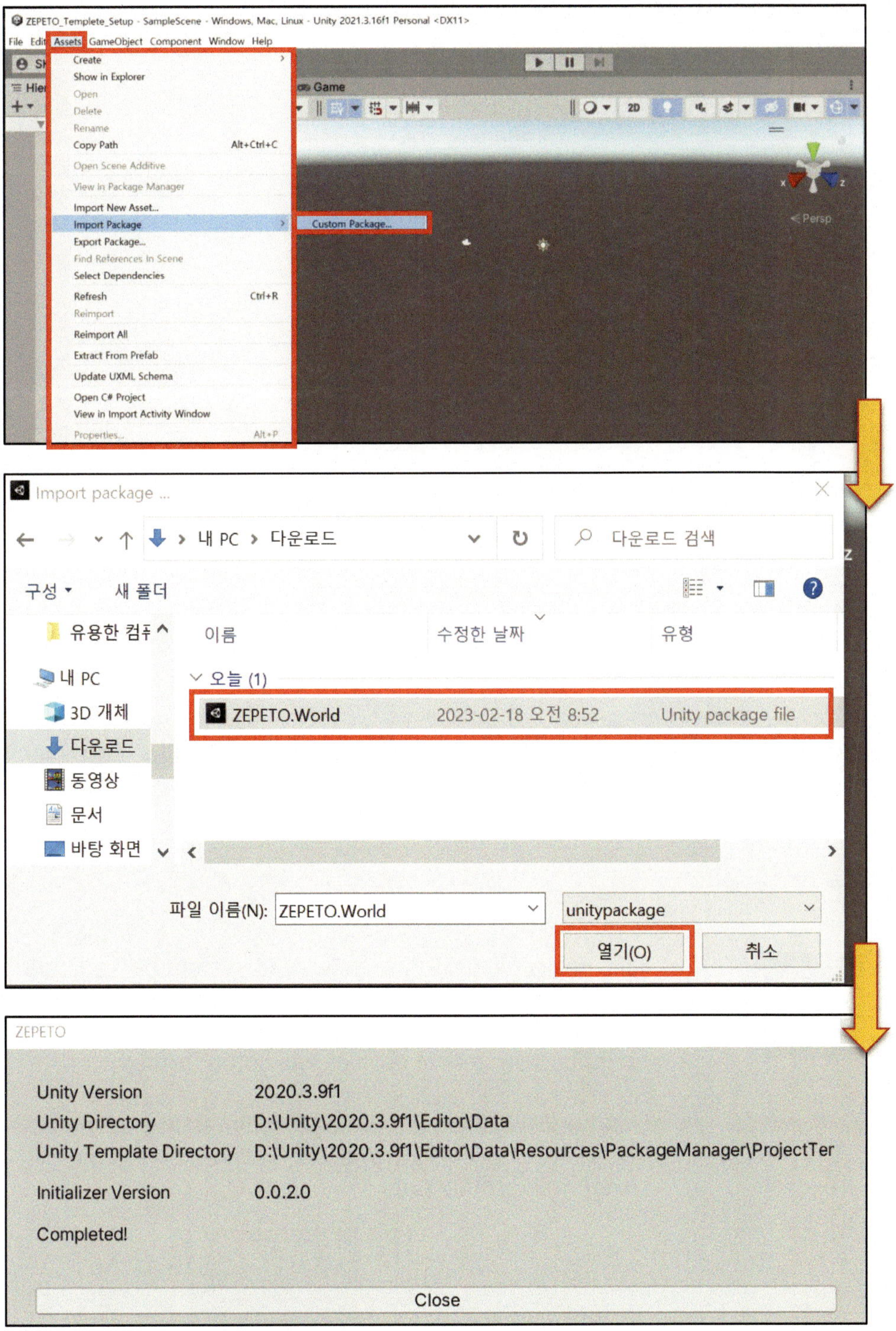

08 이제 다시 Unity Hub 로 돌아옵니다. 새롭게 추가된 ZEPETO Default Project 템플릿을 선택하고, ZEPETO_Class 라는 새로운 프로젝트를 생성합니다. 유니티 에디터 버전이 2020.3.9f1 인 것을 반드시 확인하고 진행합니다.

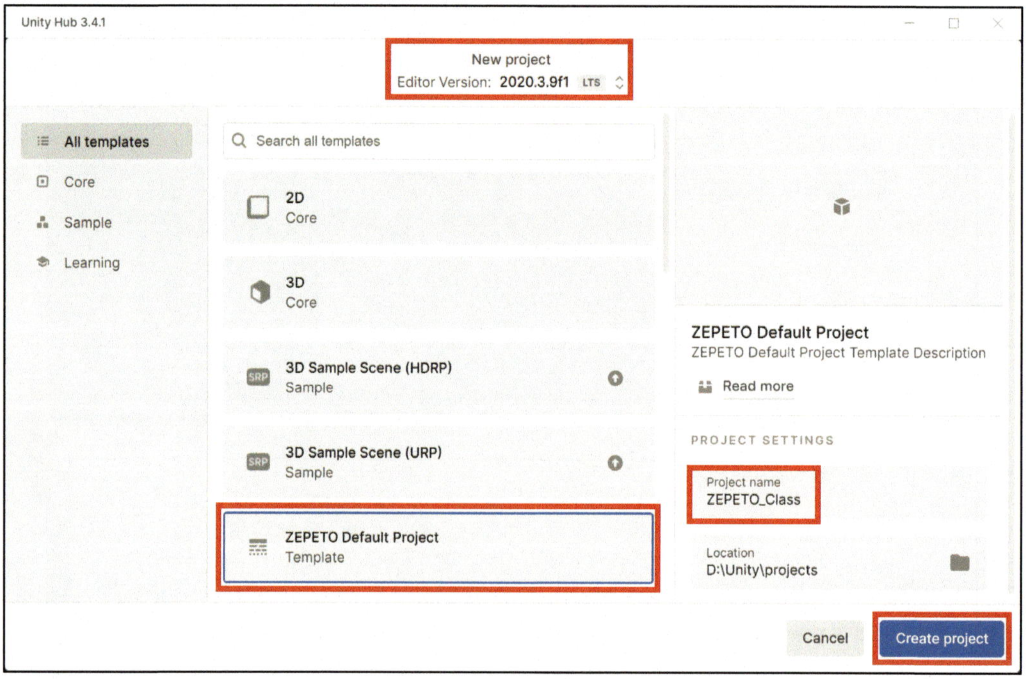

09 설치 과정에서, ZEPETO 에서 필요로 하는 새로운 입력 체계 패키지를 요구하며, 구버전 입력 API 비활성화 여부를 묻습니다. YES 를 선택하여 승인합니다.

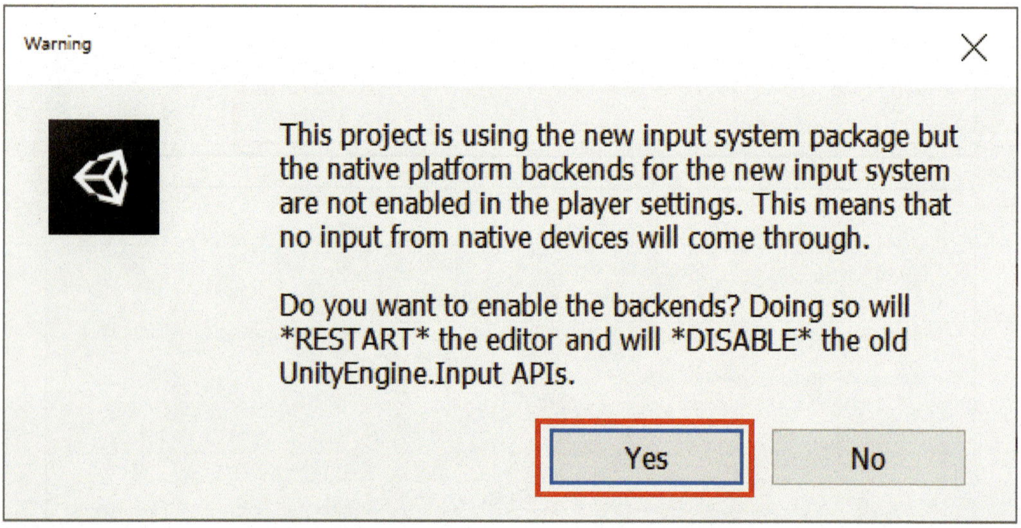

10 프로젝트의 최초 실행화면에서 콘솔창으로 접근하면 아래와 같이 package.json 파일을 찾을 수 없다는 오류가 발생하는 경우가 있습니다. 이는 ZEPETO 월드 패키지가 커스텀 패키지인 관계로 설치 과정에서 예상치 못한 약간의 문제가 발생한 것으로 판단됩니다.

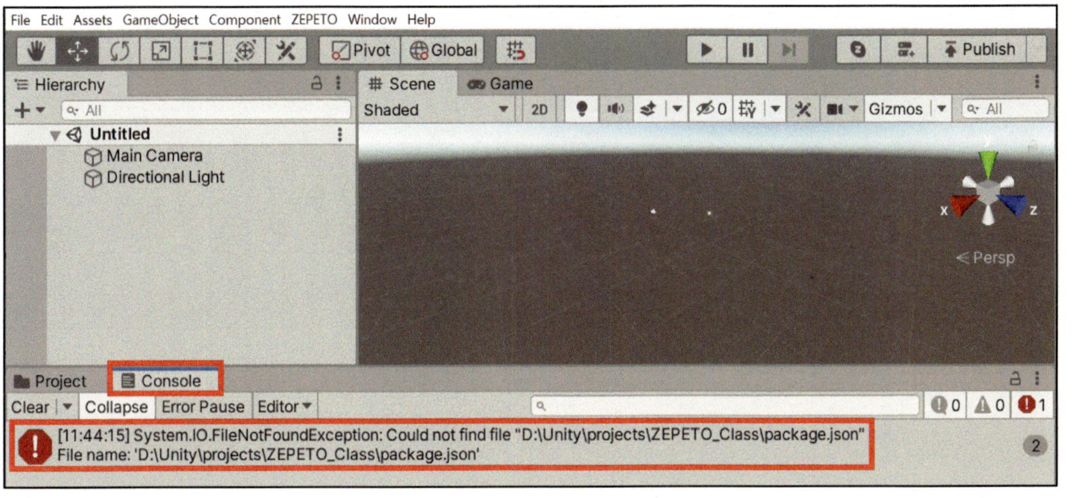

11 해당 오류를 해결하기 위해 프로젝트가 설치된 경로로 이동합니다. 이후 package-lock.json 파일을 복제해 package.json 으로 명명합니다. 프로젝트를 재실행하면 콘솔창에 오류가 나타나지 않습니다.

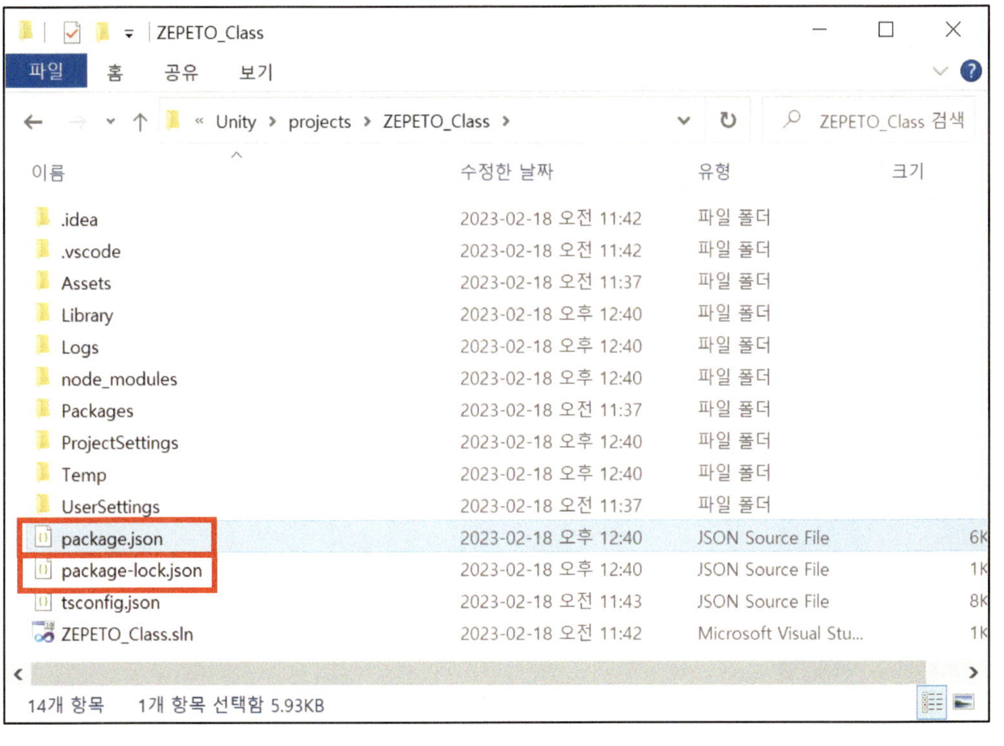

12 이후 프로젝트창의 {Assets}폴더를 선택하고 SampleScene 을 연 뒤, Play 버튼을 눌러 봅니다. Cube 객체가 뷰에서 회전한다면, ZEPETO 월드 패키지가 정상 설치되었다고 볼 수 있습니다.

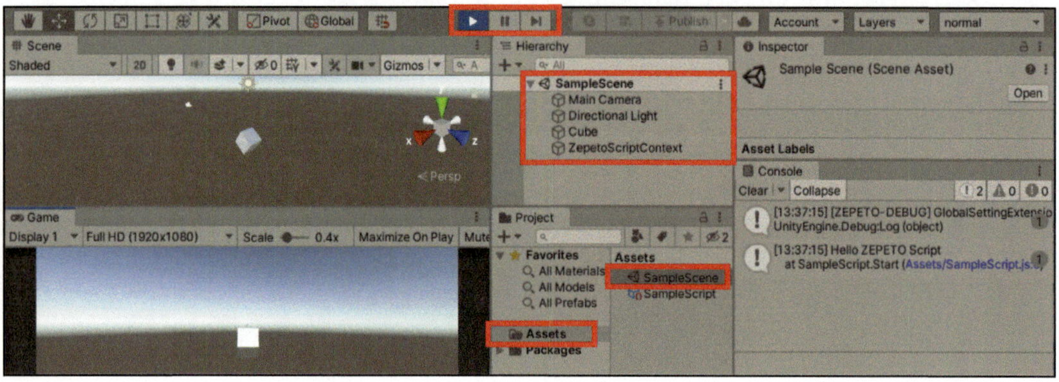

<TIP> 앞으로 있을 편집 작업의 수월성을 확보하기 위해 레이아웃을 정비하였습니다.

13 유니티 에디터는 잠시 두고, 월드 ID 를 프로젝트에 연결하기 위해 월드 콘솔에 접근합니다. 월드 ID 는 프로젝트를 ZEPETO 상에 공개하는 데 활용됩니다. 이제, ZEPETO STUDIO 웹페이지로 다시 접속하여 콘텐츠 관리를 클릭합니다. 이후 기존 로그인 계정으로 접속하고 월드 탭을 선택합니다.

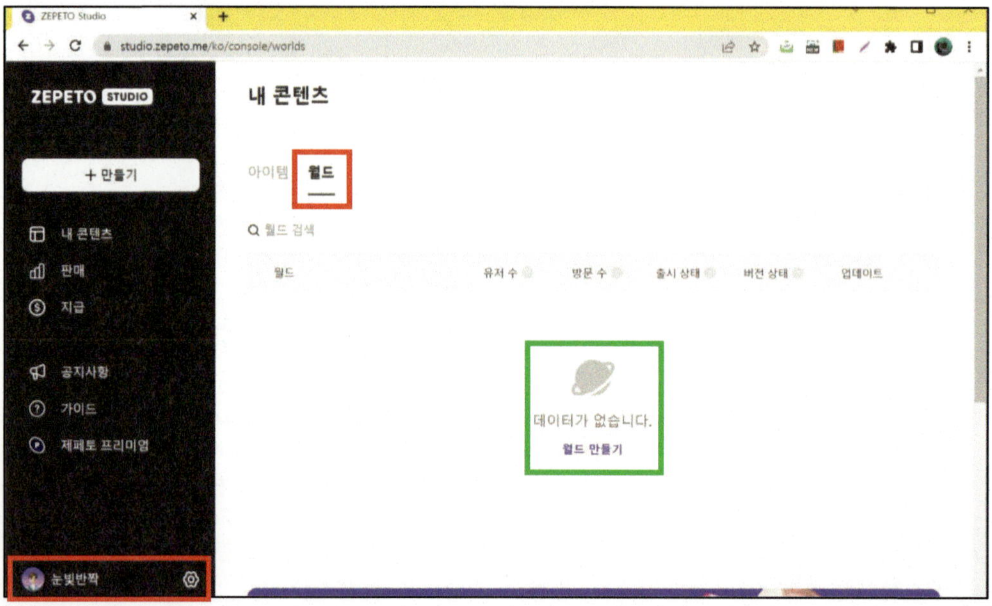

14 화면 중앙의 '월드 만들기'를 선택하고 아래의 조건에 따라 월드 ID 를 생성합니다. 그 밖에 필요한 정보도 순차대로 입력하고 '만들기'를 마우스로 클릭합니다.

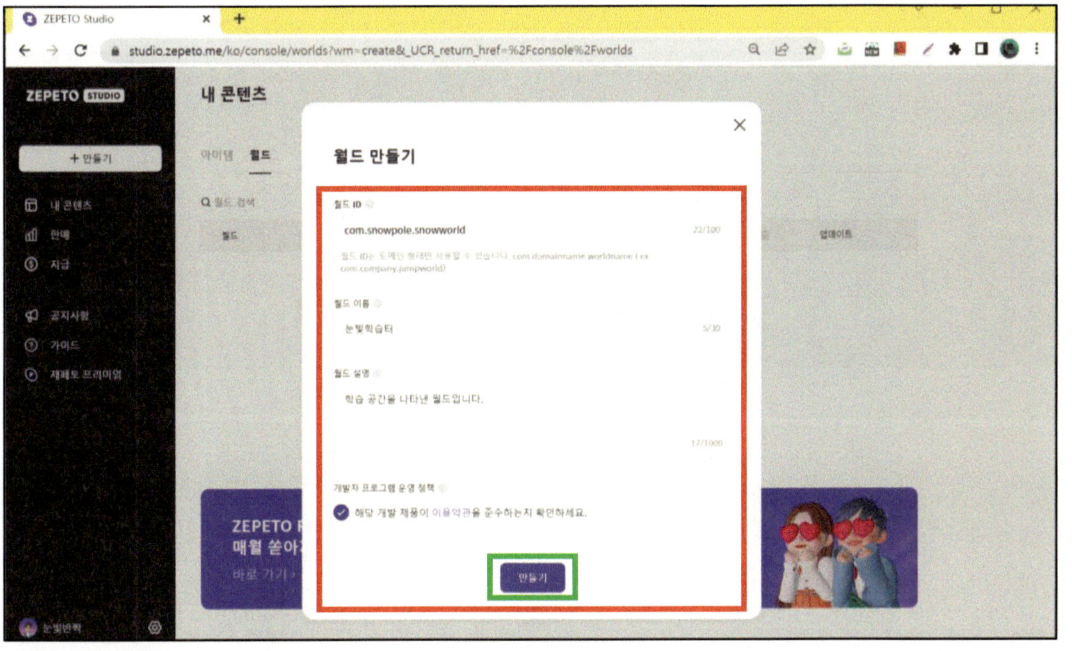

15 월드 ID 생성을 마치면 아래와 같이, 출시 상태가 '임시'로 되어있는 월드를 확인할 수 있으며, 클릭 시 월드 공개를 위해 필요한 세부적인 정보를 확인 및 설정할 수 있게 됩니다.

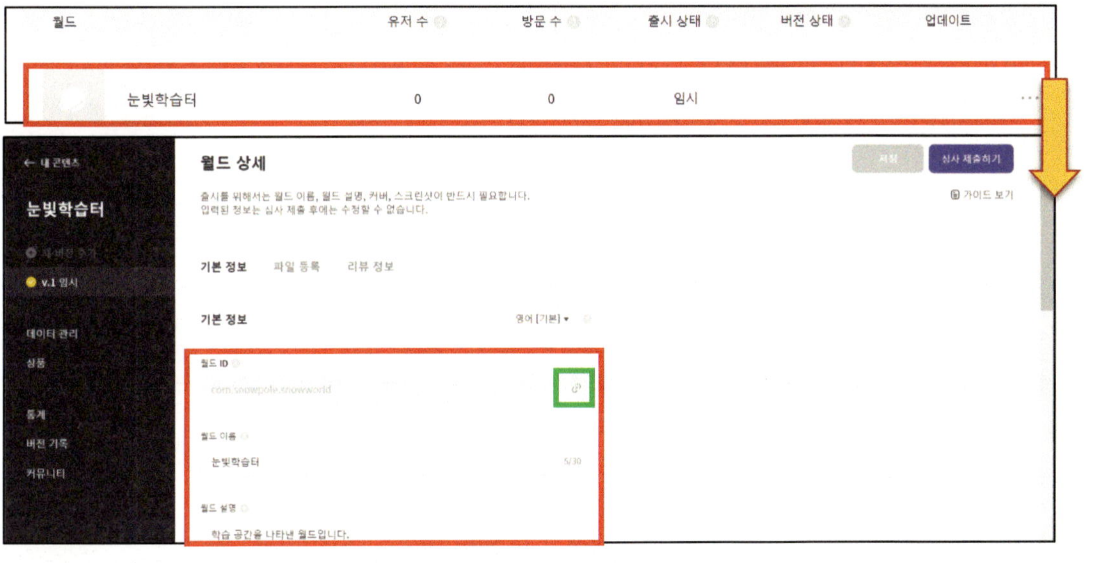

<TIP> 월드 ID 란의 우측 링크버튼을 눌러 월드 ID 를 복사해 두도록 합니다.

16 이제 다시 유니티 에디터로 돌아옵니다. 에디터 상단 바에서 아래와 같이 버튼을 찾아 클릭하고 Open World Settings 를 선택합니다. 이후 나타난 ZEPETO World 창의 World Id 란에, 앞서 복사한 월드 ID 를 입력합니다.

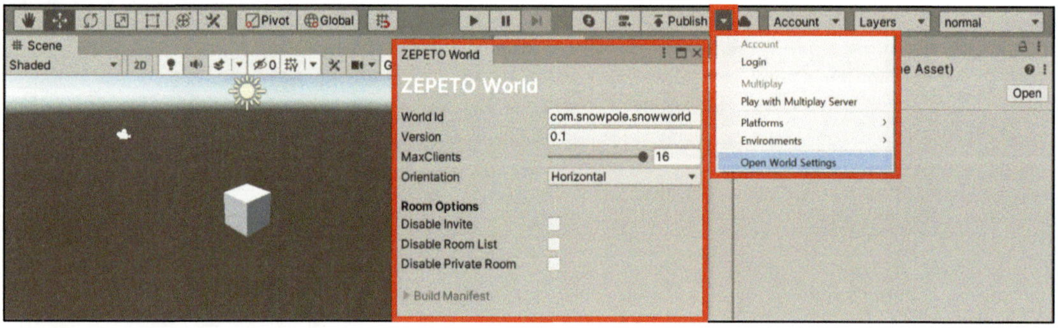

<TIP> MaxClients 는 최대 접속자 수, Orientation 은 월드 생성시 화면의 기본 방향을 설정합니다.

17 계속해서 앞서 ZEPETO 스마트폰 애플리케이션에서 등록한 휴대폰 번호나 이메일을 활용하여 유니티 에디터 상의 로그인을 진행합니다. 월드 개발 기능의 온전한 활용을 위해 필요한 절차입니다.

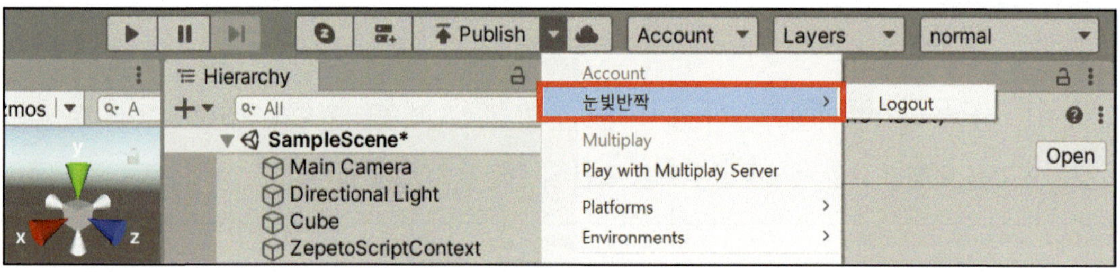

18 이제 프로젝트창에서 {Asset} 폴더 내의 파일들을 모두 삭제한 뒤, 그 속에 {Scenes} 폴더를 추가하고 ZEPETO-Class 라는 새로운 씬을 생성하여 본격적인 개발을 준비하겠습니다.

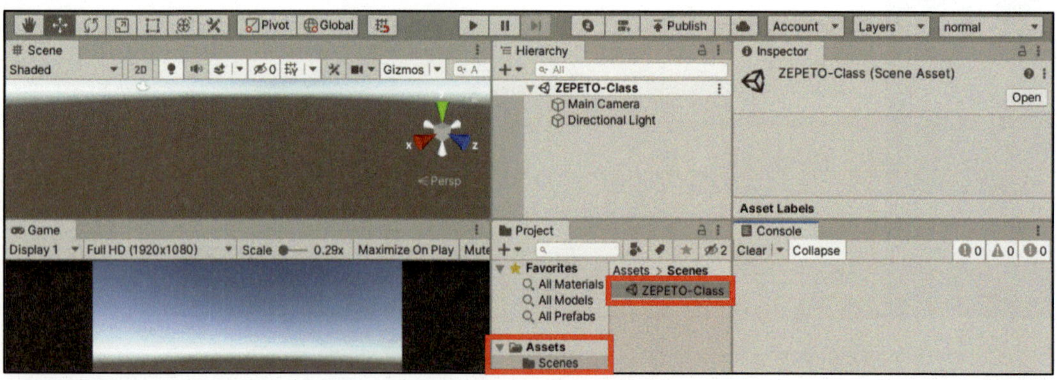

4) ZEPETO 월드 개발하기 – 로컬 환경 설정하기

*활용된 API [출처] - https://naverz-group.readme.io/studio-world/lang-ko/docs/zepetocharacter

01 하이어라키창에서 [+]-[ZEPETO]-[Zepeto Players]를 선택합니다. 해당 객체는 추후 추가할 ZEPETO 캐릭터의 컨트롤을 종합적으로 관리합니다. 또, 바닥으로 설정할 Plane 객체를 추가합니다.

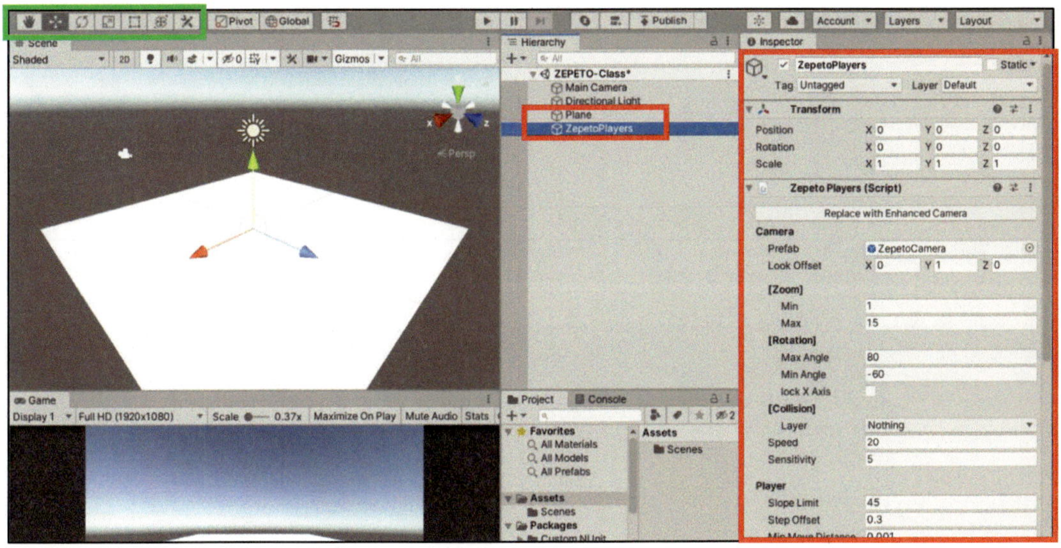

<TIP> 유니티 에디터의 버전 차이로 툴바의 위치가 최신 버전과 달리 상단에 위치해 있습니다.

02 계속해서 하이어라키창에서 Player 라는 빈 객체를 생성합니다. 이어서, 해당 객체를 통하여 ZEPETO 아바타 캐릭터를 불러오기 위해, 프로젝트창에서 [+]-[ZEPETO]-[TypeScript]를 선택 후, CharacterController 라는 스크립트를 새롭게 추가합니다. 이 때, 스크립트는 {Assets} 폴더에 {Scripts} 라는 새로운 폴더를 만들어 그 속에 담아 두도록 합니다.

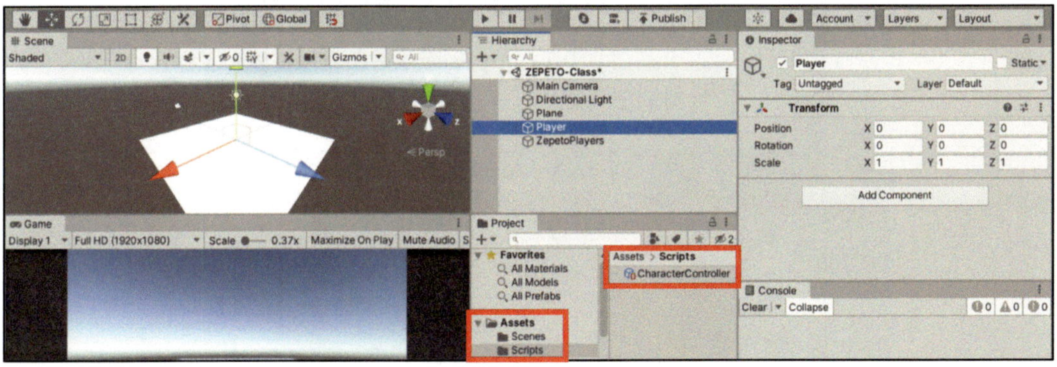

<TIP> 타입스크립트는 C#과 다른 언어로 ZEPETO 에서 통신 환경 개발을 위해 활용되고 있습니다.

03 다음으로, CharacterController 스크립트 파일을 열고 아래의 코드를 추가합니다. 또한 [ZEPETO_ID] 부분은 개발자의 ZEPETO 상의 아이디로 바꾸어 입력해야 합니다.

```
import { ZepetoScriptBehaviour } from 'ZEPETO.Script';
import { SpawnInfo, ZepetoPlayers, LocalPlayer } from 'ZEPETO.Character.Controller';

export default class CharacterController extends ZepetoScriptBehaviour {

    Start() {
        ZepetoPlayers.instance.CreatePlayerWithZepetoId("", "[ZEPETO_ID]", new SpawnInfo(), true);
        ZepetoPlayers.instance.OnAddedLocalPlayer.AddListener(() => {
            let _player : LocalPlayer = ZepetoPlayers.instance.LocalPlayer;
        });
    }

}
```

```
import { ZepetoScriptBehaviour } from 'ZEPETO.Script';
import { SpawnInfo, ZepetoPlayers, LocalPlayer } from 'ZEPETO.Character.Controller';

export default class CharacterController extends ZepetoScriptBehaviour {

    Start() {
        ZepetoPlayers.instance.CreatePlayerWithZepetoId("", "snowpole86", new SpawnInfo(), true);
        ZepetoPlayers.instance.OnAddedLocalPlayer.AddListener(() => {
            let _player : LocalPlayer = ZepetoPlayers.instance.LocalPlayer;
        });
    }

}
```

<TIP 1> 해당 코드는 아래의 ZEPETO Studio 월드 가이드 페이지에서 제공하고 있습니다.

https://naverz-group.readme.io/studio-world/lang-ko/docs/zepeto_character_controller

<TIP 2> {ZEPETO_ID}는 ZEPETO 애플리케이션에서 확인할 수 있습니다.

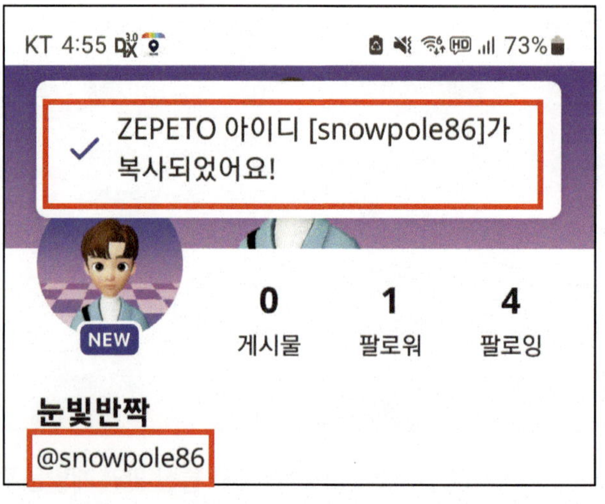

04 이제 Play 버튼을 눌러 실행하면, 개발자의 ZEPETO 아바타가 등장한 것을 볼 수 있습니다. 키보드와 마우스로 동작이 가능하며, 터치를 이용한 UI 까지 추가되어 있는 것을 확인할 수 있습니다.

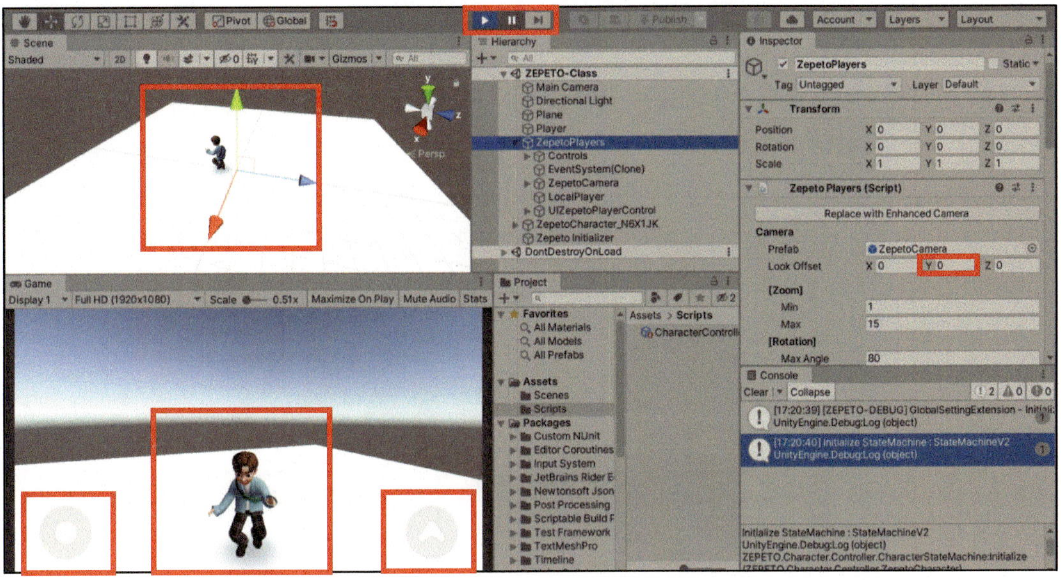

<TIP> ZepetoPlayers 객체를 선택한 뒤, (Zepeto Players (Script)) 컴포넌트의 Camera-Look Offset-Y 속성값을 조절하여 카메라 각도를 다소 조절하였습니다.

05 ZepetoPlayers 객체를 선택하고 인스펙터창에서 Player 의 Jump Power 속성을 5 에서 10 으로 올리고 점프하면 더 높이 점프하는 아바타의 모습을 볼 수 있습니다.

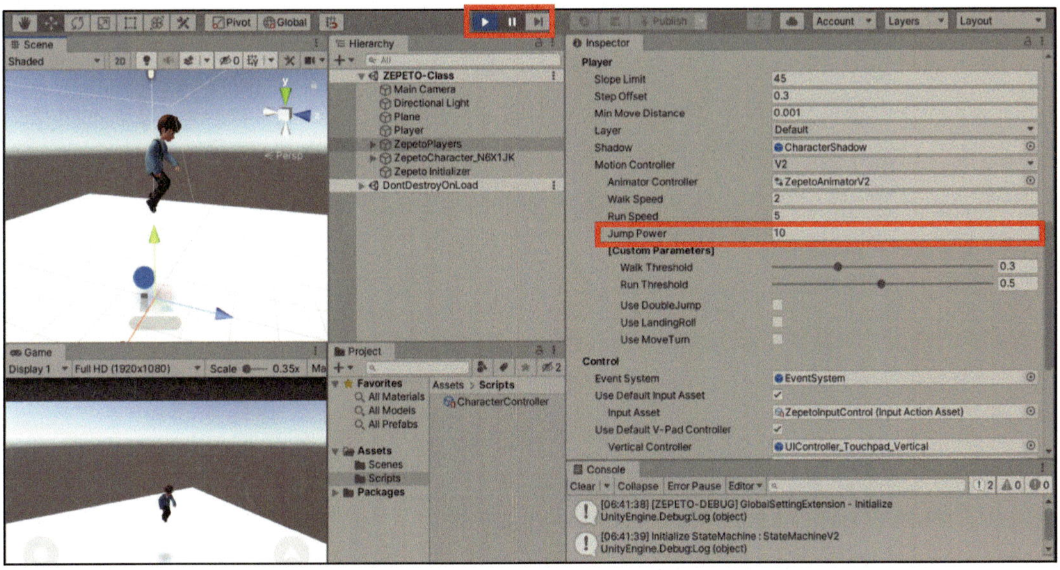

5) ZEPETO 월드 개발하기 – 멀티 환경 설정하기

*활용된 API [출처] - https://naverz-group.readme.io/studio-world/lang-ko/docs/multiplay

< 알아두기 >

멀티 환경은 여러 계정이 하나의 공간에 동시에 입장하여 상호작용할 수 있도록 합니다. 이를 위해서는 서버와 클라이언트의 존재가 필요합니다. 서버는 멀티 환경의 중심이 되어 멀티 환경 내에서 일어나는 모든 사건을 감시 및 관리합니다. 이러한 사건에는 사용자가 멀티 환경에 접속을 하거나 접속을 해지하는 것은 물론, 환경 내에서 이동하고 회전하는 등의 모든 활동들을 지칭합니다. 클라이언트는 서버에 접속하는 사용자라 할 수 있습니다. 하나의 멀티 환경 내에 서버는 단 1 개 존재하지만, 클라이언트는 여러 개 존재할 수 있습니다.

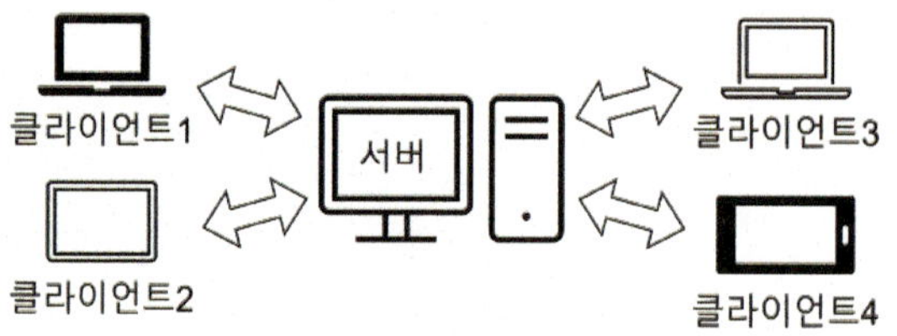

일반적인 로컬 환경 대비 멀티 환경이 특별한 점은, 서버와 클라이언트들 간의 상호 관계입니다. 가령, 클라이언트 1~3(사용자 1~3)가 서버로 접속한 상태라고 가정해보겠습니다. 이때, 새로운 클라이언트 4(사용자 4)가 접속하면, 이 정보가 서버에 생성되고, 서버는 이 정보를 클라이언트 1~3 모두에게 전달하여 알게 합니다. 동시에 클라이언트 4 에게도 클라이언트 1~3 까지의 정보를 알리게 됩니다. 이로써 클라이언트 1~4 는 서로의 존재를 알게 되는 것입니다. 이런 형식으로 공유하는 정보는 앞서 말한 것과 같이 접속 여부에 관한 것에만 한정되는 것이 아니라, 멀티 환경 내에서의 각 클라이언트 움직임 모두를 가리킵니다. 각각의 클라이언트가 행하는 작은 움직임도 서버가 모니터하여 나머지 클라이언트에게 전달합니다. 제대로 된 멀티 환경을 구축하기 위해서는 이러한 서버와 클라이언트 양쪽을 한 묶음으로 프로그래밍해야 합니다.

01 ZEPETO 월드 패키지에서 제공하는 기능들을 활용하여 서버와 클라이언트를 구축해보겠습니다. 이를 통해 ZEPETO 기능을 그대로 활용할 수 있습니다. 먼저, 프로젝트창에서 ZEPETO-Class 씬을 복제(윈도우 탐색기를 이용)하고 명칭을 ZEPETO-Class-Multi 로 합니다. 또한, 하이어라키창에서, 아래와 같이 4 개의 객체만 남기고 Player 객체는 삭제합니다.

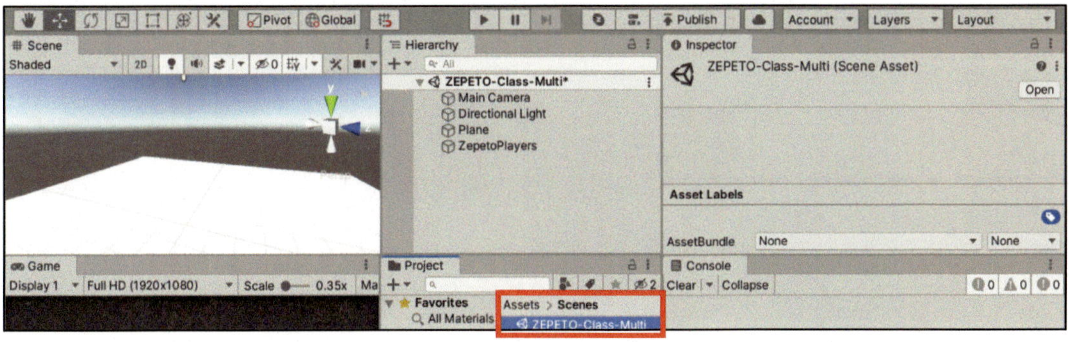

<TIP> Player 객체는 로컬용으로 활용되었기에 멀티 환경에서는 필요하지 않습니다.

02 이어서, 상단 메뉴표시줄에서 [Window]-[ZEPETO]-[Multiplay Server]를 선택하고, 나타난 창을 Console 창 옆에 배치합니다. 서버 상태의 모니터링을 위한 창입니다.

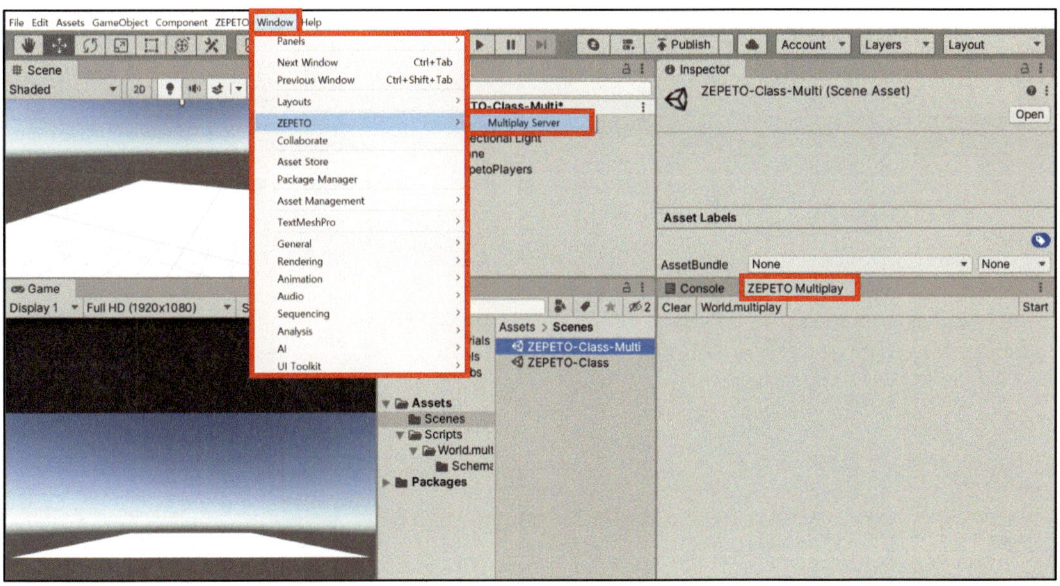

03 이제, 프로젝트창의 {Assets}-{Scripts} 폴더를 선택하고, [+]-[create]-[ZEPETO]-[Multiplay Server]를 선택하여 World.multiplay 스크립터블 오브젝트를 생성합니다. 스크립터블 오브젝트란, ZEPETO 멀티환경 서버를 구축하기 위한 스크립트들을 하나의 파일에 담은 객체라고 할 수 있습니다.

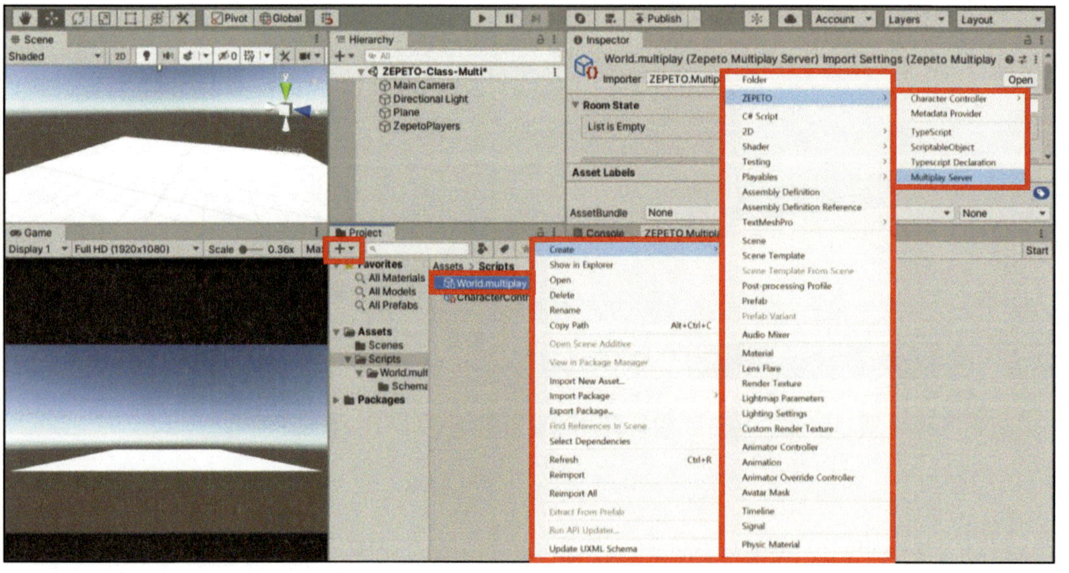

04 계속해서, {Assets}-{Scripts} 폴더 내에서, [+]-[create]-[ZEPETO]-[TypeScript]를 선택하고, 생성된 파일명을 Client 로 합니다.

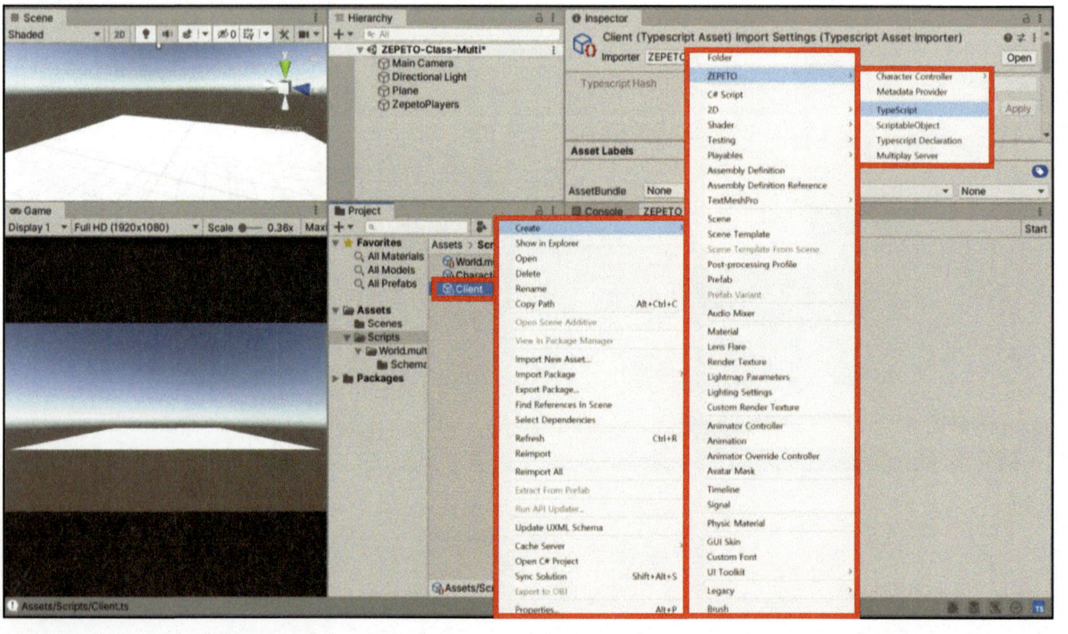

05 다음으로, 하이어라키창에서 [+]-[Create Empty]를 활용하여 WorldMultiplay 와 Client 라는 2 개의 객체를 생성합니다. 각각 서버와 클라이언트 스크립트를 할당할 예정입니다.

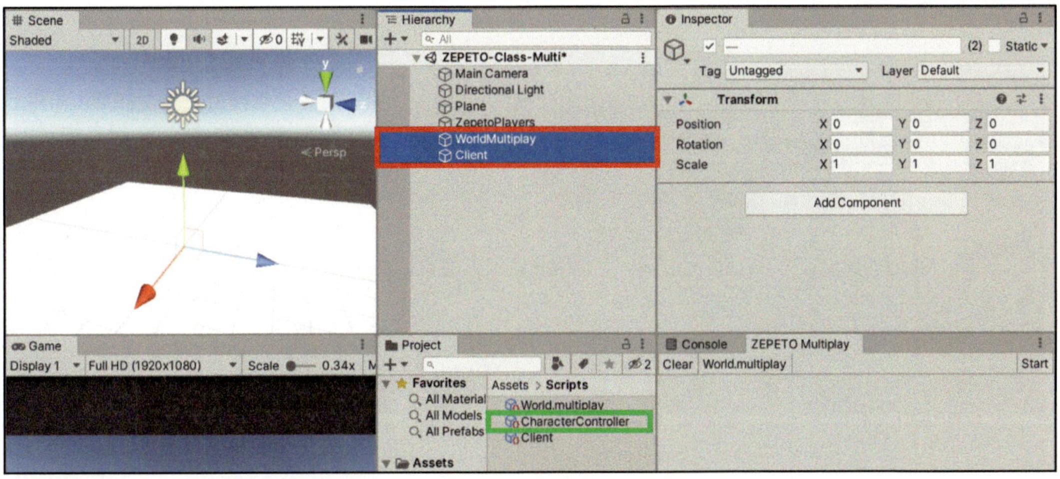

<TIP> CharacterController 스크립트는 멀티환경에서 활용하지 않지만, 앞선 ZEPETO-Class 로컬 환경용 씬에서는 필요한 파일이므로 삭제하지 않았습니다.

06 하이어라키창에서 WorldMultiplay 객체를 선택하고, 인스펙터창에서 Add Component 를 눌러 (Zepeto World Multiplay) 컴포넌트를 추가합니다. 그러면, WorldMultiplay 객체는 기존에 생성한 World.multiplay 스크립터블 오브젝트와 자동으로 연결됩니다.

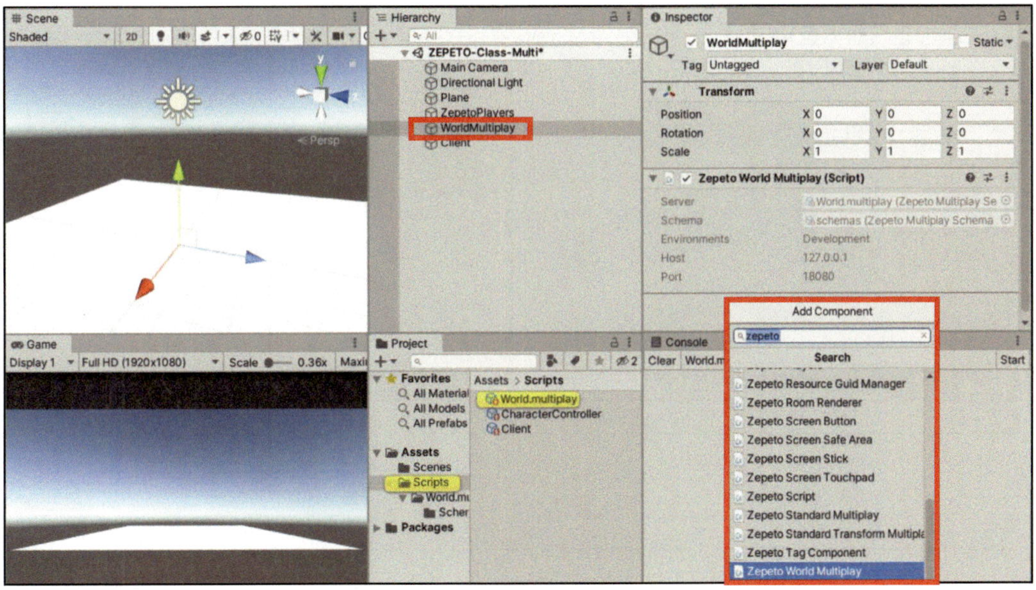

07 Client 객체에 (Zepeto Script) 컴포넌트를 추가하고, 프로젝트창의 Client 스크립터블 오브젝트를 인스펙터창의 Script 속성에 할당합니다. 이로써 서버와 클라이언트 구축을 위한 기본적인 준비는 완료되었습니다.

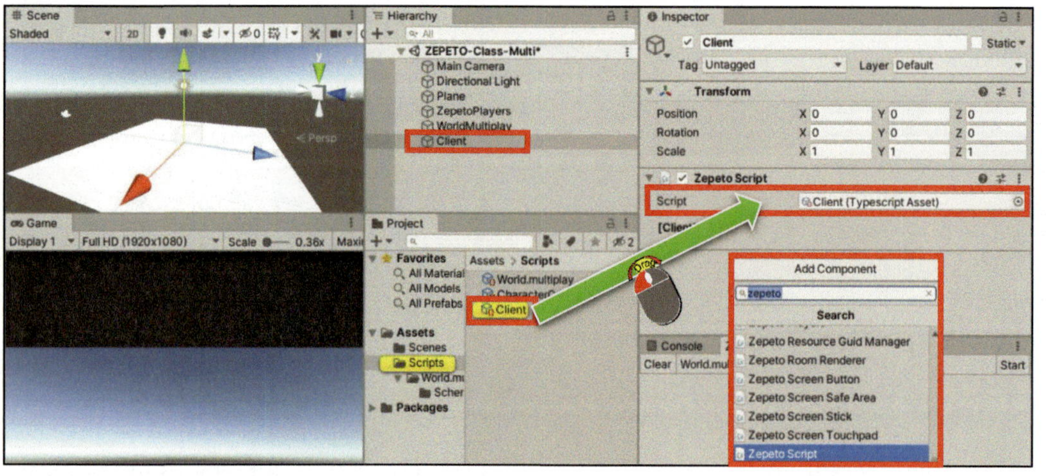

<TIP> 동일한 프로젝트 내에 서버와 클라이언트가 동시에 구축되는 까닭은 프로젝트가 구동되는 멀티 환경의 서비스 방식과 관련이 있습니다. 서버는 특정한 IP 주소를 활용하여 서비스를 제공하는데, 이때 접속자는 서버에 직접적으로 접속하는 것이 아니라, 서버가 제공하는 클라이언트에 접속하게 되는 것입니다. 이후 서버와 클라이언트 사이의 상호작용이 이루어지게 됩니다.

08 이제 서버와 클라이언트를 구축합니다. 먼저, 서버와 클라이언트 간의 원활한 통신을 위해 Schema 제작 작업을 진행하겠습니다. 프로젝트창에서 {Assets}-{Scripts}-{World.multiplay} 폴더에 더블클릭하여 진입하고 schemas.json 파일을 열어 아래의 코드를 입력합니다.

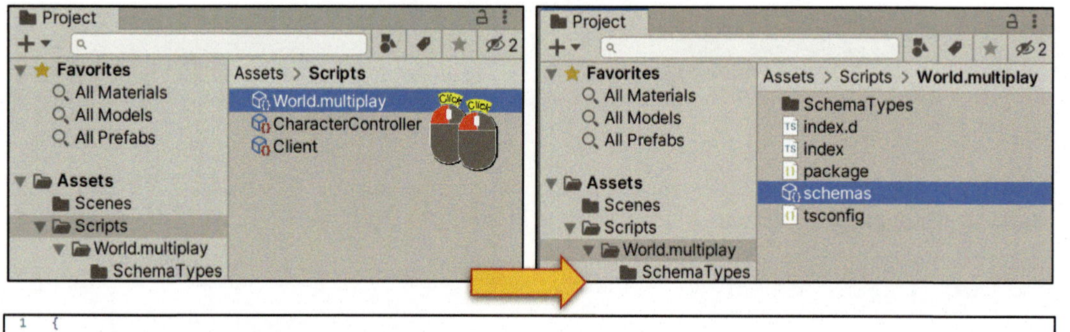


```
{
    "State" : {"players" : {"map" : "Player"}},
    "Player" : {"sessionId" : "string","zepetoHash" : "string","zepetoUserId" : "string","transform" : "Transform","state" : "number"},
    "Transform" : {"position" : "Vector3","rotation" : "Vector3"},
    "Vector3" : {"x" : "number","y" : "number","z" : "number"}
}
```

(코드 해설) 2~5 줄은 JSON 형식으로 객체를 선언하는 방식입니다. JSON 은 인터넷 환경에서 정보를 주고받을 때 가장 많이 사용되는 코드 형식 중 하나로 name-value 쌍의 구조를 가집니다. 본 구문을 통해 Schema 를 작성해두면, 서버와 클라이언트 코드를 작성할 때 유용하게 활용됩니다.

2 줄은 "State"라는 name 에 "players" : {"map" : "Player"}라는 value 를 가지도록 한 것입니다. 또한, "players"는 다시 {"map" : "Player"}라는 value 를 갖는 name 입니다. 마지막으로 "map"이라는 name 은 "Player"라는 값을 가지고 있습니다. 이러한 구조는 ZEPETO 멀티 환경 개발을 위해 필요한 구조입니다. 실제로 프로젝트창에서 schemas.json 파일을 선택하여 나타나는 인스펙터창을 살피면, Room State 라는 특정 구조에 맞게 적용된 모습을 볼 수 있습니다.

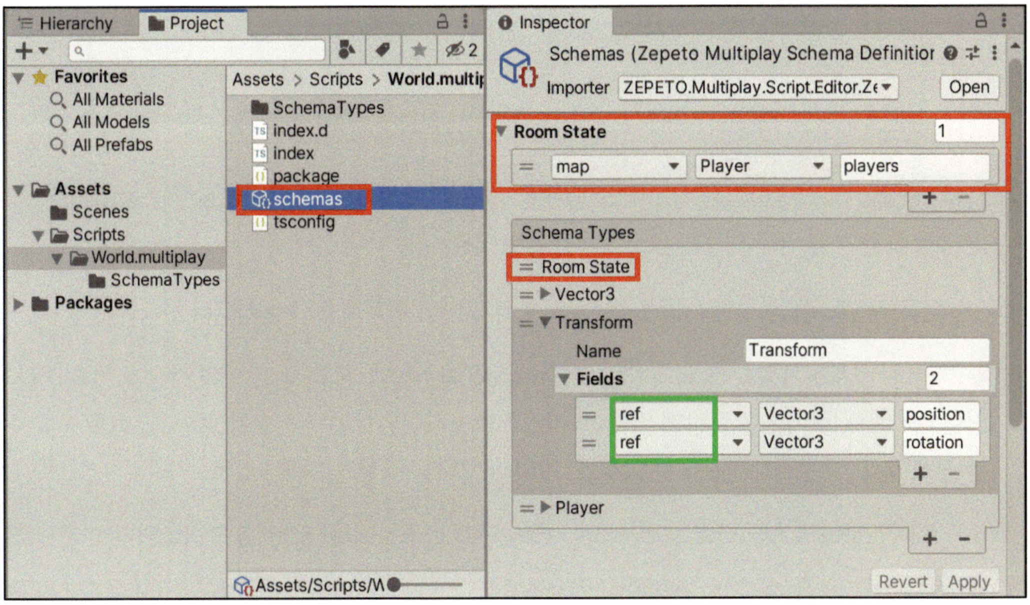

한편, Player 라는 값은 사실 3 줄의 객체를 참조하고 있습니다. 연이어, 3 줄의 "Transform"도 4 줄의 "Transform"을 참조하며, 4 줄의 "Vector3"도 5 줄의 "Vector3"를 참조하고 있습니다. 이러한 참조 현황은 위 캡처 샷의 ref(reference)라는 표기를 통해 확인할 수 있습니다.

그리고 2 줄은 접속한 클라이언트 아바타의 위치 및 각도 정보를 담당할 transform, state 와 클라이언트의 접속 정보를 담당하는 sessionId, zepetoHash, zepetoUserId 를 선언하는 코드입니다. sessionId, zepetoHash, zepetoUserId 는 접속자 확인, 중복 접속 방지 등의 목적으로 쓰입니다.

4~5 줄은 클라이언트 접속으로 생성될 아바타의 위치와 회전 각도를 추적하는 코드입니다.

09 서버와 클라이언트 통신을 위한 자료 구조(schema) 작성을 완료했습니다. 이제, 서버 쪽 코드 작성을 진행합니다. 프로젝트창의 {Assets}-{Scripts}-{World.multiplay} 폴더에서 index.ts 라는 타입스크립트 파일을 열고, 서버 구동 확인을 위해 아래처럼 간단한 코드를 작성합니다.

```
1  import { Sandbox, SandboxOptions, SandboxPlayer } from "ZEPETO.Multiplay"; //ZEPETO가 제공하는 핵심 클래스 모음
2  
3  export default class extends Sandbox { //ZEPETO가 제공하는 핵심 클래스 중 Sandbox를 상속하여 기능 활용 준비
4  
5      onCreate(options: SandboxOptions) { //새로운 방이 생성될 때 동작하는 코드
6          console.log("새로운 방이 정상 생성되었습니다.");
7      }
8  
9      onJoin(client: SandboxPlayer) { //클라이언트가 접속될 때 동작하는 코드
10         console.log("어떤 클라이언트가 접속하였습니다.");
11     }
12 
13     onLeave(client: SandboxPlayer, consented?: boolean) { //클라이언트가 퇴장할 때 동작하는 코드
14 
15     }
16 }
```

(코드 해설) 1 줄은 ZEPETO 가 기본 제공하는 클래스를 불러오는 선언문입니다. 이를 통해 ZEPETO 에서 멀티 환경을 위해 제공하는 코드들을 활용할 수 있습니다.

3 줄은 ZEPETO 제공 클래스 중 Sandbox 를 상속하여 활용하는 구문입니다.

5~7 줄은 서버가 기동할 때 동작하는 OnCreate() 함수입니다. 잠시 뒤 방의 정상 생성 확인을 위해 간단한 console.log()문을 작성해 두었습니다. 추후 클라이언트에서 신호를 보낼 때, 이를 받아서 처리하는 콜백 함수(이벤트에 반응하는 함수)도 여기에 입력될 예정입니다.

9~11 줄은 클라이언트 접속 시 동작하는 OnJoin() 함수입니다. 잠시 뒤 클라이언트의 정상 접속여부를 확인하기 위해 간단한 console.log()문을 작성해 두었습니다. 추후 클라이언트의 sessionId, HashCode, userId 등을 받아서 처리하는 코드를 작성하는 곳입니다.

13~15 줄은 클라이언트의 접속 해제(퇴장)시 동작하는 OnLeave() 함수입니다. 추후 특정 클라이언트의 퇴장을 나머지 클라이언트 모두에게 알리는 코드를 작성하는 곳입니다.

< 알아두기 >

타입스크립트는 자바스크립트의 단점을 보완하기 위해 변수의 타입을 정적으로 지정하여 운용토록 개발된 언어입니다. 컴파일을 통해 자바스크립트로 변환 후 작동하게 되어있으며, 자세한 정보는 다음 링크 주소를 참고하시기 바랍니다. https://ko.wikipedia.org/wiki/타입스크립트

10 이제 (1)을 눌러 서버를 실행시키고, (2)를 눌러 클라이언트로 서버에 접속을 시도하면, 자동으로 방이 만들어지면서 '새로운 방이 정상 생성되었습니다.'라는 문구와 '어떤 클라이언트가 접속하였습니다.'라는 문구가 순차적으로 나타납니다. 아직 클라이언트가 서버에 어떤 정보도 제공하진 않았지만, 서버는 클라이언트의 접근을 확인하였음을 알 수 있습니다.

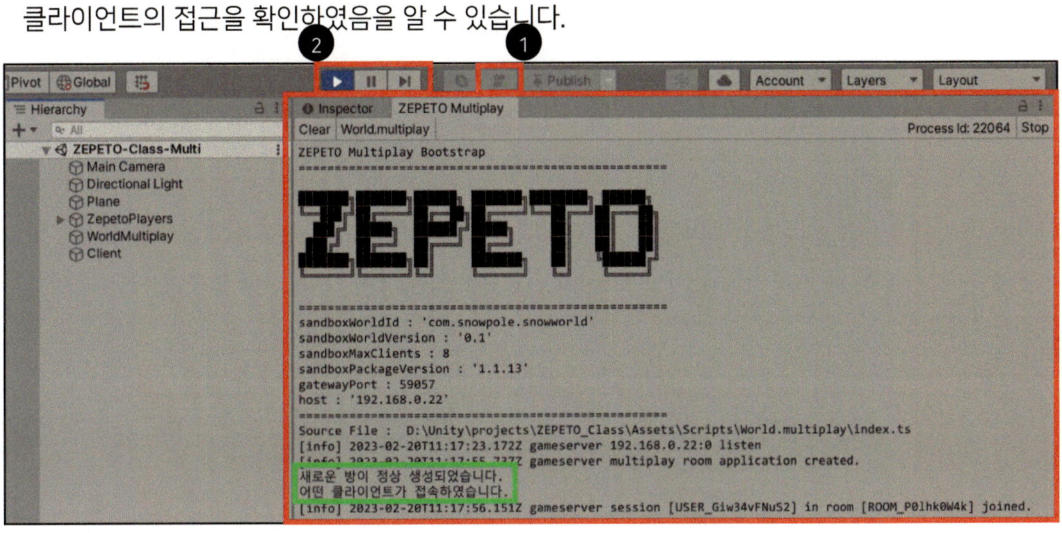

11 계속해서 아래의 코드를 index.ts 에 입력하여 서버측 코드를 완성합니다.

```
import { Sandbox, SandboxOptions, SandboxPlayer } from "ZEPETO.Multiplay"; //ZEPETO가 제공하는 핵심 클래스 모음
import { Player, Transform, Vector3 } from "ZEPETO.Multiplay.Schema"; //앞서 제작한 schema 가져오기

export default class extends Sandbox { //ZEPETO가 제공하는 핵심 클래스 중 Sandbox를 상속하여 기능 활용 준비

    onCreate(options: SandboxOptions) { //새로운 방이 생성될 때 동작하는 코드
        // console.log("새로운 방이 정상 생성되었습니다."); <= 필요가 없으므로 주석처리

        // 클라이언트 측의 onChangedState 메세지를 받을 때마다 sessionId로 기존 접속한
        // 대상 클라이언트를 찾아 state의 변화를 업데이트
        this.onMessage("onChangedState", (client, message) => {
            const player = this.state.players.get(client.sessionId);
            player!.state = message.state;
        })

        // 클라이언트 측의 onChangedTransform 메세지를 받을 때마다 sessionId로 기존 접속한
        // 대상 클라이언트를 찾아 위치와 회전각에 해당하는 transform의 변화를 업데이트
        this.onMessage("onChangedTransform", (client, message) => {
            const player = this.state.players.get(client.sessionId);

            const transform = new Transform();
            transform.position = new Vector3();
            transform.position.x = message.position.x;
            transform.position.y = message.position.y;
            transform.position.z = message.position.z;

            transform.rotation = new Vector3();
            transform.rotation.x = message.rotation.x;
            transform.rotation.y = message.rotation.y;
            transform.rotation.z = message.rotation.z;

            player!.transform = transform;
```

(코드 해설) 2 줄은 앞서 생성해 둔 schema 를 불러오는 선언문입니다. 이를 통해 Player, Transform, Vector3 와 같은 유니티의 구조를 서버 측에서 참조하여 코드에 활용할 수 있습니다. 이는 서버와 클라이언트 사이의 통신에 유용합니다.

9~14 줄은 클라이언트측에서 onChangedState 라는 이벤트와 함께 client 와 message 라는 매개변수를 보낼 때마다, 서버측에 등록된 대상 player 를 client.sessionId 로 찾습니다. 또한 대상 player 의 state(정지, 이동 모션 등의 동작 상태)를 message.state 에 따라 업데이트 해줍니다.

16~33 줄은 클라이언트측에서 onChangedTransform 이라는 이벤트와 함께 client 와 message 라는 매개변수를 보낼 때마다, 서버측에 등록된 대상 player 를 client.sessionId 로 찾습니다. 또한 대상 player 의 transform(위치와 회전 정보)을 클라이언트에서 제공하는 message 정보에 따라 업데이트 해줍니다.

```
35
36      // 클라이언트가 서버로 접속하면, 새로운 Player를 생성하여 player변수에 할당,
37      // 해당 player변수에 sessionId, hashCode, userId 정보를 모두 할당.
38      // 이렇게 완성된 player변수는 서버의 state.players에 할당.
39      onJoin(client: SandboxPlayer) { //클라이언트가 접속될 때 동작하는 코드
40          // console.log("어떤 클라이언트가 접속하였습니다."); <= 필요가 없으므로 주석처리
41          const player = new Player();
42
43          player.sessionId = client.sessionId;
44
45          if (client.hashCode) player.zepetoHash = client.hashCode;
46
47          if (client.userId) player.zepetoUserId = client.userId;
48
49          this.state.players.set(client.sessionId, player);
50      }
51
52      onLeave(client: SandboxPlayer, consented?: boolean) { //클라이언트가 퇴장할 때 동작하는 코드
53          // 퇴장하는 클라이언트의 sessionId를 서버의 state.Players 내부에서 찾아 삭제
54          this.state.players.delete(client.sessionId);
55      }
56  }
```

36~50 줄은 클라이언트가 서버에 접속했을 때, sessionId, hashCode, userId 와 같은 접속 정보를 저장하기 위함입니다. 45 줄, 47 줄의 if 문은 client 의 hashCode 나 userId 가 존재할 때만 우측의 코드가 작동하게 하는 것으로 null 체크라고 불리는 구문입니다. 타입스크립트에서는 오류 방지를 위해 사용되고 있습니다. 49 줄에서 비로소 클라이언트의 sessionID 와 각종 정보를 서버의 state.players 에 저장하게 됩니다.

52 ~ 55 줄은 클라이언트 퇴장 시 클라이언트가 지닌 client.sessionId 정보를 이용하여 서버의 state.players 에서 대상 클라이언트의 접속정보를 삭제하는 구문입니다. 단, 클라이언트가 정상 종료하지 않고 강제 종료하는 경우에는 작동하지 않기 때문에, 아바타가 서버 상에 남아 있는 것으로 잘못

인식하게 됩니다. 이 경우 userId 로 재접속을 할 때, 기존 sessionId 를 제거하고 새로운 sessionId 를 생성하게 됩니다.

12 다음으로, 클라이언트 측의 코드를 아래와 같이 작성합니다.

```
1  import { ZepetoScriptBehaviour } from 'ZEPETO.Script'
2  import { ZepetoWorldMultiplay } from 'ZEPETO.World'
3  import { Room, RoomData } from 'ZEPETO.Multiplay';
4  import { Player, State, Vector3 } from 'ZEPETO.Multiplay.Schema';
5  import { CharacterState, SpawnInfo, ZepetoPlayers } from 'ZEPETO.Character.Controller';
6  import * as UnityEngine from 'UnityEngine'
7
8  export default class Client extends ZepetoScriptBehaviour {
9
10     public multiplay : ZepetoWorldMultiplay;
11     private room : Room;
12
13     private currentPlayers: Map<string, Player> = new Map<string, Player>();
14
15     Start()
16     {
17         //서버에서 보내는 room_from_server에 대한 이벤트 리스너(Room이 만들어 질 때 작동) 할당
18         this.multiplay.RoomCreated += (room_from_server:Room) => {
19             this.room = room_from_server;
20         };
21
22         //서버에서 보내는 room_from_server에 대한 이벤트 리스너(Room에 접속하고 있는 동안 계속 작동) 할당
23         this.multiplay.RoomJoined += (room_from_server:Room) => {
24             room_from_server.OnStateChange += this.OnStateChange;
25         };
26
27         //클라이언트 측에서 서버로 0.1초마다 자신의 정보를 전송하는 코루틴 함수 실행
28         this.StartCoroutine(this.SendMessageLoop(0.1));
```

(코드 해설) 1~6 줄은 클라이언트에서 필요로 하는 여러 가지 클래스를 불러와 선언하는 구문입니다. 상단부터 Zepeto 스크립트, Zepeto 월드 멀티플레이, Zepeto Schema, Zepeto 캐릭터 컨트롤러를 import 합니다. 추가로 UnityEngine 을 불러와 유니티 상의 정보를 서버와 교환할 준비를 합니다.

10 줄은 ZepetoWorldMulitplay 타입의 mulitiplay 변수를 public 으로 선언합니다. 이는 유니티 에디터 상에서 Zepeto World Mulitiplay 스크립트를 컴포넌트로 가지고 있는 WorldMultiplay 객체와 클라이언트를 연결할 때 활용됩니다. (마우스 드래그로 할당)

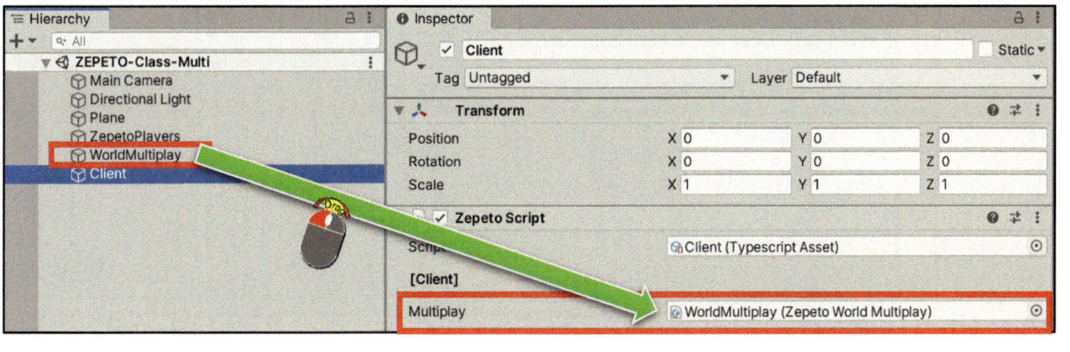

11 줄은 Room 타입의 변수 room 을 선언하여, 서버 접속 시 받아올 Room 에 대한 정보를 room 에 보관하고 활용할 수 있도록 준비합니다.

13 줄은 현재 서버에 접속된 클라이언트들의 아바타 정보를 담을 수 있도록 매핑하는 선언문입니다.

17~20 줄은 클라이언트가 서버에 접속하여 Room 이 생성될 때, 방에 대한 정보를 받아 room 변수에 보관하는 이벤트 리스너 구문입니다. 이를 통해 서버에 클라이언트의 이벤트를 알릴 타겟이 되는 주소를 room 변수에 담아 보관합니다.

22~25 줄은 클라이언트가 서버에 접속하여 Room 에 입장할 때, 서버에서 전달된 room_from_server 에 OnStateChange 라는 콜백함수를 연결하는 이벤트 리스너 구문입니다. OnStateChange 함수는 추후 작성하여 서버에서 알리는 각 클라이언트별 아바타의 state 와 transform 의 변화를 지속적으로 추적하는 한편, 자신(본 클라이언트)의 변화도 서버에 알립니다.

27~28 줄은 클라이언트에서 서버에 클라이언트에서 일어나는 이벤트를 알리는 SendMessageLoop 함수를 0.1 초마다 실행합니다. SendMessageLoop 함수는 추후 작성합니다.

1

```
31      private OnStateChange(state: State, isFirst: boolean)
32      {
33          let join = new Map<string, Player>();
34          let leave = new Map<string, Player>(this.currentPlayers);
35
36          state.players.ForEach((sessionId: string, player: Player) => {
37              if (!this.currentPlayers.has(sessionId))
38              {
39                  join.set(sessionId, player);
40              }
41              leave.delete(sessionId);
42          });
43          join.forEach((player: Player, sessionId: string)=> this.OnJoinPlayer(sessionId, player));
44          leave.forEach((player: Player, sessionId: string) => this.OnLeavePlayer(sessionId, player));
45
46          if (isFirst)
47          {
48              //본 클라이언트의 아바타 상태(정지, 이동 등)를 서버로 전송하는 이벤트 리스너
49              //추후 코루틴으로 전달할 transform과 달리 사건 발생시에만 전달
50              ZepetoPlayers.instance.OnAddedLocalPlayer.AddListener(() => {
51                  const myPlayer = ZepetoPlayers.instance.LocalPlayer.zepetoPlayer;
52                  myPlayer.character.OnChangedState.AddListener((cur, prev) => {
53                      this.SendState(cur);
54                  })
55              })
56
57              //각 클라이언트 별 아바타 위치를 서버로부터 전달받아 본 클라이언트에서 추적하는 이벤트 리스너
58              ZepetoPlayers.instance.OnAddedPlayer.AddListener((sessionId: string)=>{
59                  const isLocal = this.room.SessionId === sessionId;
60                  if (!isLocal)
61                  {
62                      const player: Player = this.currentPlayers.get(sessionId);
63
64                      player.OnChange += () => this.OnUpdatePlayer(sessionId, player);
65                  }
66              })
67          }
68      }
```

A

B-1

B-2

31~68 줄은 24 줄에서 호출된 OnStateChange 함수입니다. 33~34 줄은 33 줄, 34 줄에서 join 과 leave 변수를 생성한 뒤, 43 줄, 44 줄에서 각각 OnJoinPlayer 와 OnLeavePlayer 함수(추후 선언)를 호출하여 서버에 접속한 다른 클라이언트들의 정보를 확인하는 구문입니다. OnJoinPlayer 와 OnLeavePlayer 함수는 70~88 줄과 같습니다. 특히 OnJoinPlayer 함수는 spawnInfo 변수에 아바타별 위치와 각도까지 함께 보관 및 활용합니다.

A

```
70      private OnJoinPlayer(sessionId: string, player: Player): void {
71          this.currentPlayers.set(sessionId, player);
72
73          const spawnInfo = new SpawnInfo();
74          const position = new UnityEngine.Vector3(0,0,0);
75          const rotation = new UnityEngine.Vector3(0,0,0);
76
77          spawnInfo.position = position;
78          spawnInfo.rotation = UnityEngine.Quaternion.Euler(rotation);
79
80          const isLocal = this.room.SessionId === player.sessionId;
81          ZepetoPlayers.instance.CreatePlayerWithUserId(sessionId, player.zepetoUserId, spawnInfo, isLocal);
82      }
83
84      private OnLeavePlayer(sessionId: string, player: Player): void {
85          this.currentPlayers.delete(sessionId);
86
87          ZepetoPlayers.instance.RemovePlayer(sessionId);
88      }
```

이어서 46~67 줄은 서버에 최초 연결했을 때 한 번만 발생하며 이는 isFirst 라는 매개 변수를 통해 클라이언트와 서버가 소통하게 합니다.

B-1

```
90      private SendState(state: CharacterState) //state는 정지, 걷기 등의 아바타가 지닌 다양한 상태
91      {
92          const data = new RoomData();
93          data.Add("state", state);
94          this.room.Send("onChangedState", data.GetObject());
95      }
```

90~95 줄은 53 줄에서 활용된 SendState 함수 선언입니다. data 변수에 본 클라이언트의 아바타 정보를 담아 "onChangedState"라는 명칭으로 서버에 메시지를 전달합니다.

B-2

```
96
97      private OnUpdatePlayer(sessionId: string, player: Player) {
98          const position = this.ParseVector3(player.transform.position);
99
100         const zepetoPlayer = ZepetoPlayers.instance.GetPlayer(sessionId);
101         zepetoPlayer.character.MoveToPosition(position);
102     }
103     private ParseVector3(vector3: Vector3):UnityEngine.Vector3 {
104         return new UnityEngine.Vector3(
105             vector3.x,
106             vector3.y,
107             vector3.z,
108         )
109     }
```

97~109 줄은 64 줄에서 활용된 OnUpdatePlayer 함수입니다. 서버로부터 각 클라이언트의 아바타 위치 정보를 받아 본 클라이언트에 반영하게 합니다. 103~109 줄에서는 Schema 의 Vector3 값을 UnityEngine 에 맞게 변환하는 ParseVector 함수를 선언 및 활용했음에 유의합니다.

```
110
111         //본 클라이언트 측에서 서버로 0.1초마다 본 클라이언트 아바타의 transform 정보를 보내는 코루틴 함수 정의
112         private * SendMessageLoop(tick: number)
113         {
114             while (true)
115             {
116                 yield new UnityEngine.WaitForSeconds(tick);
117
118                 if (this.room != null && this.room.IsConnected)  //클라이언트가 Room에 접속 중이라면
119                 {
120                     //서버에 해당 클라이언트의 sessionId가 있는지 살피고
121                     const hasPlayer = ZepetoPlayers.instance.HasPlayer(this.room.SessionId);
122                     if (hasPlayer) //sessionId가 있으면
123                     {
124                         //myPlayer에 클라이언트의 정보를 담고
125                         const myPlayer = ZepetoPlayers.instance.GetPlayer(this.room.SessionId);
126
127                         //myPlayer, 즉 클라이언트가 정지 중이 아니라면(움직이면),
128                         if (myPlayer.character.CurrentState != CharacterState.Idle)
129                         {
130                             //클라이언트의 transform값을 넣어 SendTransform 함수 실행
131                             this.SendTransform(myPlayer.character.transform);
132                         }
133                     }
134                 }
135             }
136         }
137
138         //클라이언트의 transform값을 서버에 전달하기 위한 함수
139         private SendTransform(transform: UnityEngine.Transform)
140         {
141             const data = new RoomData(); //RoomData 객체를 담을 data 변수 선언
142
143             const pos = new RoomData(); //RoomData 객체를 담을 pos 변수 선언
144             pos.Add("x", transform.localPosition.x);
145             pos.Add("y", transform.localPosition.y);
146             pos.Add("z", transform.localPosition.z);
147             data.Add("position", pos.GetObject()); //data변수에 position이란 name으로 pos를 객체화 해서 추가
148
149             const rot = new RoomData(); //RoomData 객체를 담을 rot 변수 선언
150             rot.Add("x", transform.localEulerAngles.x);
151             rot.Add("y", transform.localEulerAngles.y);
152             rot.Add("z", transform.localEulerAngles.z);
153             data.Add("rotation", rot.GetObject()); //data변수에 rotation이란 name으로 rot을 객체화 해서 추가
154
155             //서버의 Room에 onChangedTransform 이벤트로 data를 객체화하여 전달
156             this.room.Send("onChangedTransform", data.GetObject());
157         }
158     }
```

111~157 줄은 28 줄에서 활용된 SendMessageLook 코루틴함수(*표시 주의)입니다. 이를 통해 본 클라이언트의 아바타가 움직일 때마다 SendTransform 함수(아래 선언)를 실행하여 본 아바타의 transform 정보를 서버에 전달합니다. 서버 전달 시의 메시지 명칭은 156 줄에서와 같이 "onChangedTransform"으로 서버 측(index.ts)과 대응하게 합니다.

<TIP> 본 강의 서버와 클라이언트 간의 상호작용은 일반적인 서버와 클라이언트 통신에 유니티 및 ZEPETO 자체 API 가 얽혀 있어 다소 복잡한 면이 있습니다. 코드를 그대로 따라 입력해보고, 또 수정해보면서 각 코드의 역할을 확인해보는 것도 좋습니다.

13 이제 서버의 정상 작동 여부를 확인하겠습니다. 서버를 실행하고, 서버 실행 버튼 좌측의 PlayOnZepeto 를 클릭하면, 서버에 접속하기 위한 QR 코드가 하나 생성됩니다.

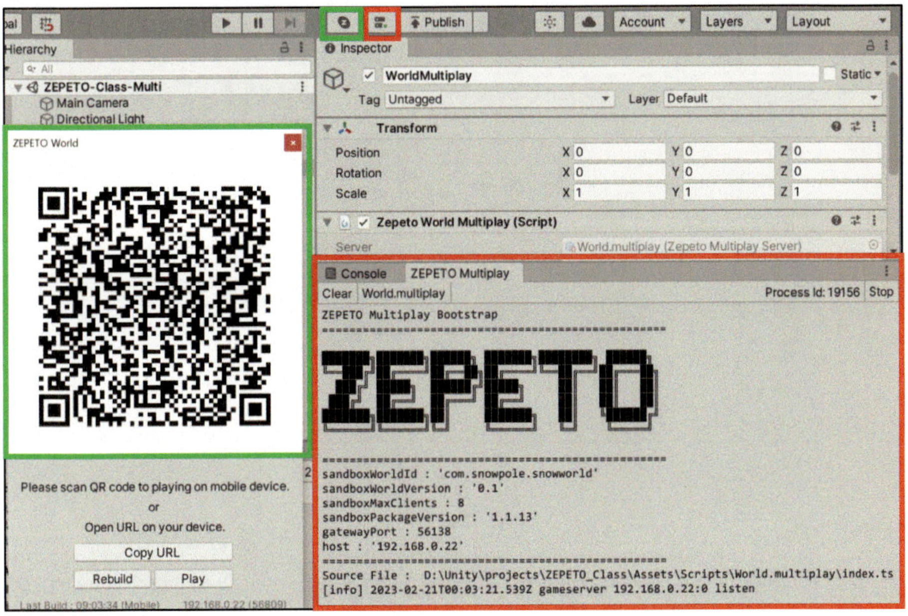

14 2 개의 스마트 기기(각기 다른 2 개의 ZEPETO 계정으로 ZEPETO 애플리케이션이 설치된 상태)를 활용하여 상단의 QR 코드로 접속하면 실시간으로 함께 움직이는 2 개의 아바타를 확인할 수 있습니다. ZEPETO API 로 인해 클라이언트간의 채팅까지 가능한 것을 알 수 있습니다.

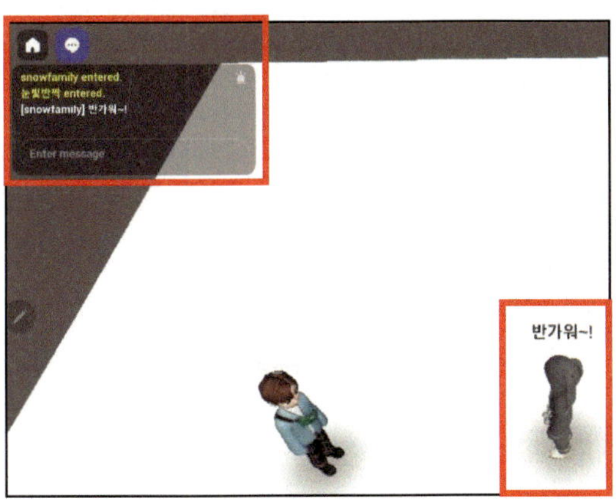

<TIP> 접속을 위해 유니티 개발 환경은 물론 접속하는 모든 스마트기기가 동일한 네트워크에 있어야 합니다. 그래도 접속이 되지 않을 경우, 방화벽 등을 해제해야 할 필요가 있습니다.

15 끝으로 음성채팅 기능을 추가하여 활용할 수 있도록 해보겠습니다. [Window]-[Package Manager]를 열고 ZEPETO.Voice.Chat 을 검색하여 설치합니다.

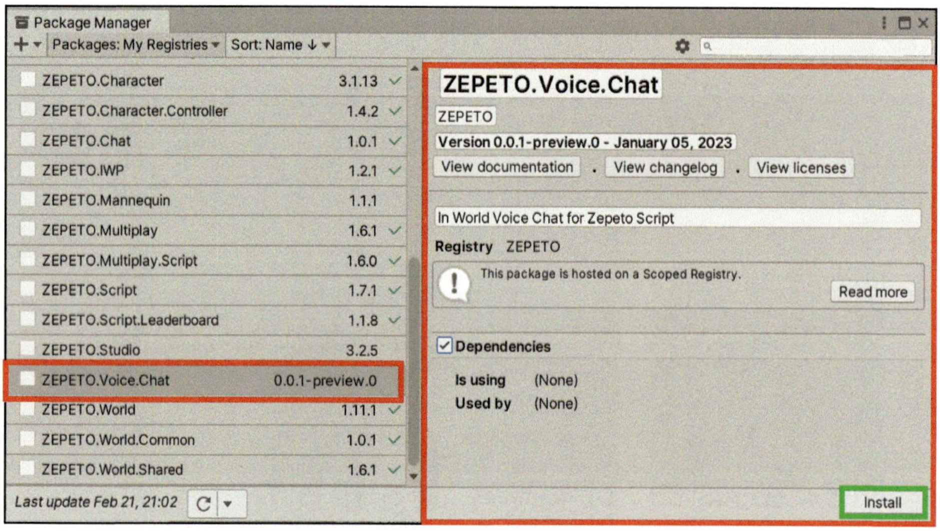

16 이제 아래와 같이 Open World Settings 를 열고 Use VoiceChat 를 활성화합니다. 이후 서버를 실행하고 QR 코드를 통해 2 개의 기기로 접속하면, 마이크 권한 설정 후 음성 채팅이 가능합니다.

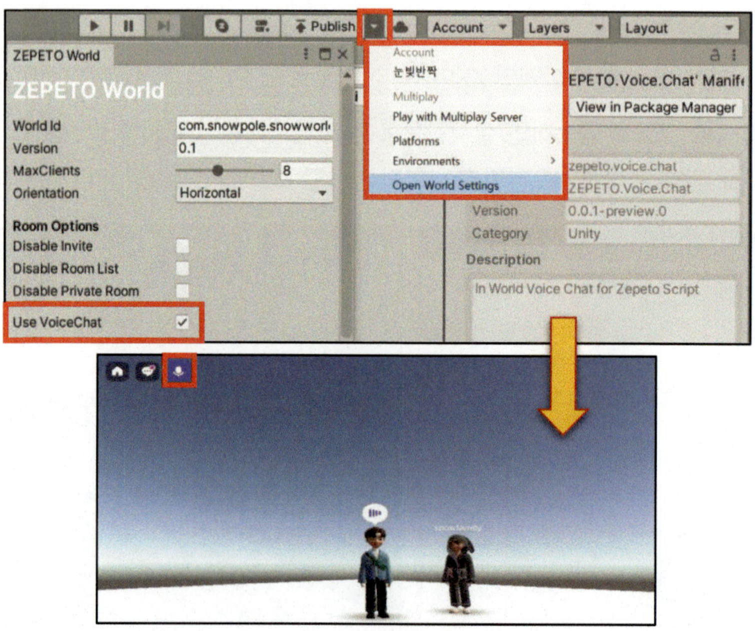

6) ZEPETO 월드 개발하기 – 멀티 환경 개발하기

01 앞에서 완성한 멀티 환경을, 사회과의 세계 지도 학습을 위해 활용해 보겠습니다. ZEPETO-Class-Multi 씬을 복제(윈도우 탐색기를 이용)하고 ZEPETO-Class-Multi-WorldMap 으로 명명합니다.

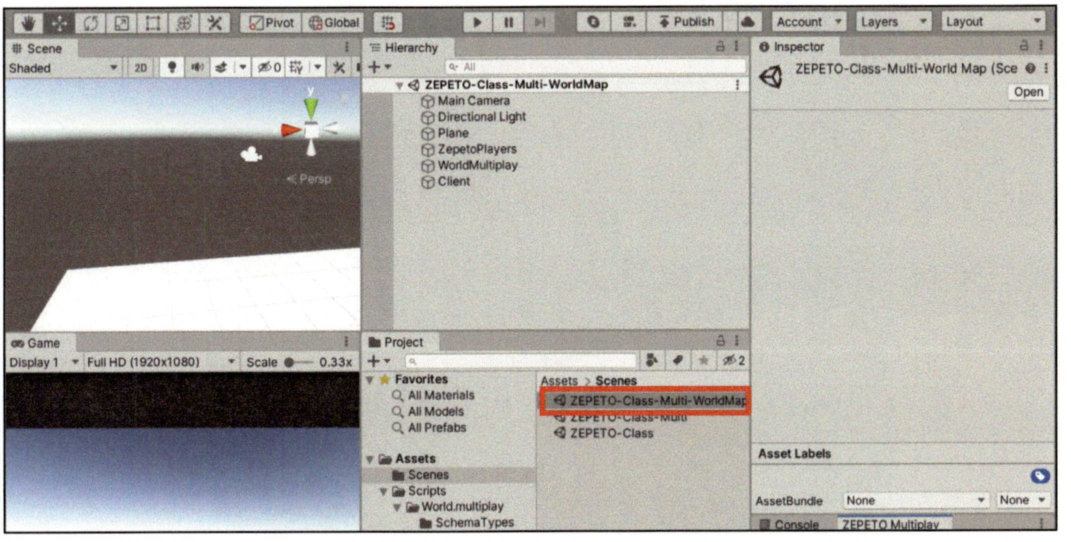

02 다음으로 상단 메뉴표시줄에서 [Window]-[Package Manager]를 눌러 패키지 관리 창을 띄웁니다. 이어서 ZEPETO.Buildit.Loader 를 찾아 설치합니다.

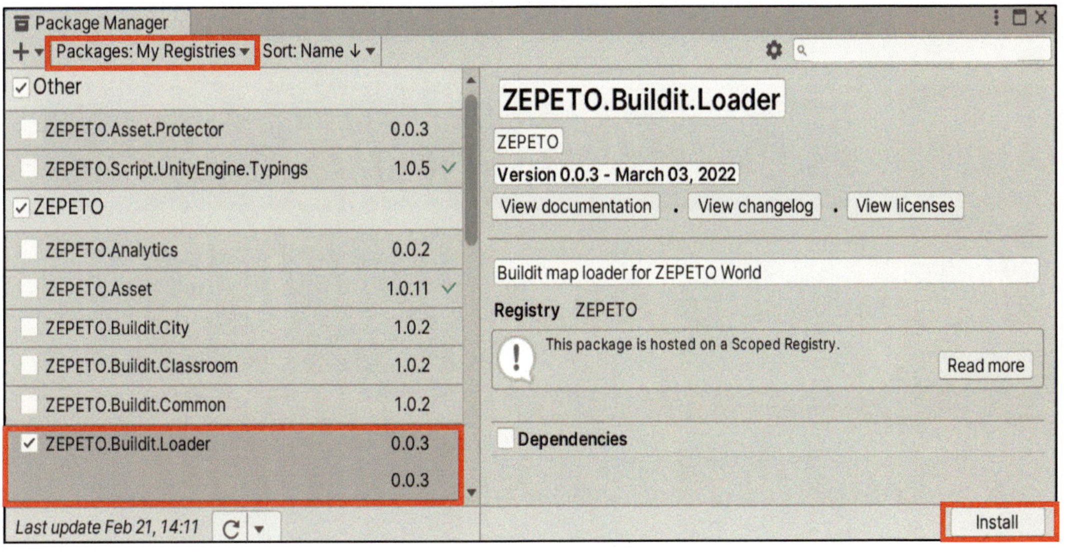

<TIP> 이를 통해 앞서 활용했던 Buildit 의 월드 디자인을 유니티 에디터에서 활용할 수 있게 됩니다.

03 계속해서 [ZEPETO]-[buildit]-[Map Loader]를 선택하면, 앞에서 제작한 빌드잇 월드가 나타남을 확인할 수 있습니다. 따라서 빌드잇에서 전체적인 월드 작업을 진행한 뒤, 유니티로 가져와서 필요한 3D 모델의 세부적인 부분만 Blender 로 다듬는 방법을 실습해보겠습니다.

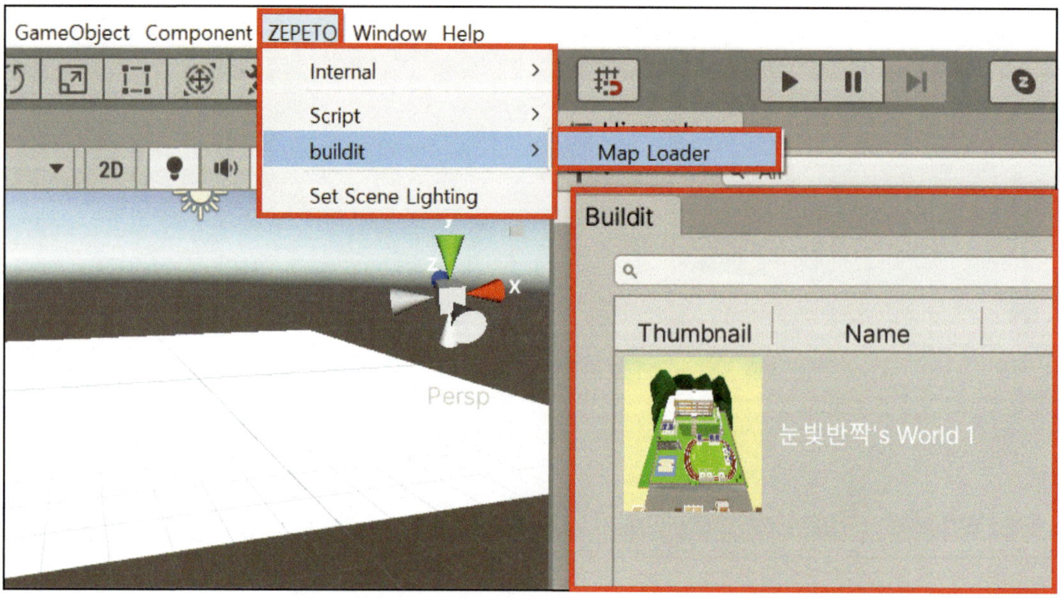

04 잠시 유니티 창을 내리고, 빌드잇을 실행하여 아래와 같이 [새로 만들기] 탭에서 Plain 을 선택합니다. 비어있는 공간에서 필요한 객체를 가져와보겠습니다.

05 이제 아래와 같이 Billboard1 객체를 5 개 생성하고, 대한민국, 캐나다, 미국, 중국, 브라질의 국기를 위치를 신경 쓰지 말고 무작위로 담습니다. 작업 후 [메뉴]-[저장]을 꼭 클릭합니다.

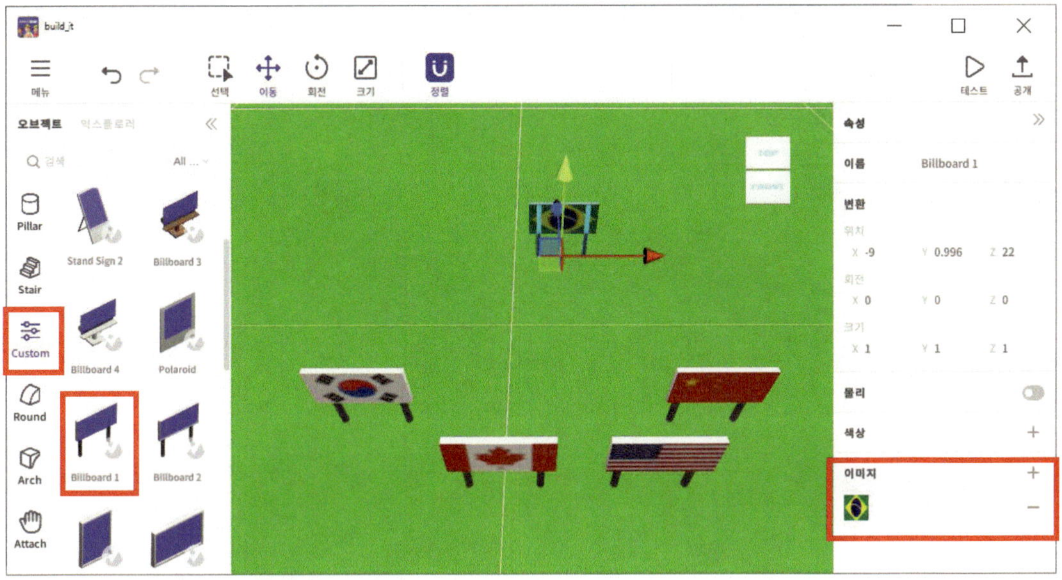

<TIP> JPG 나 PNG 형태의 국기 이미지를 활용합니다.

06 다시 유니티로 돌아와 [ZEPETO]-[buildit]-[Map Loader]를 선택하고 방금 생성한 월드를 마우스 더블클릭 및 다운로드하여 하이어라키창으로 가져옵니다.

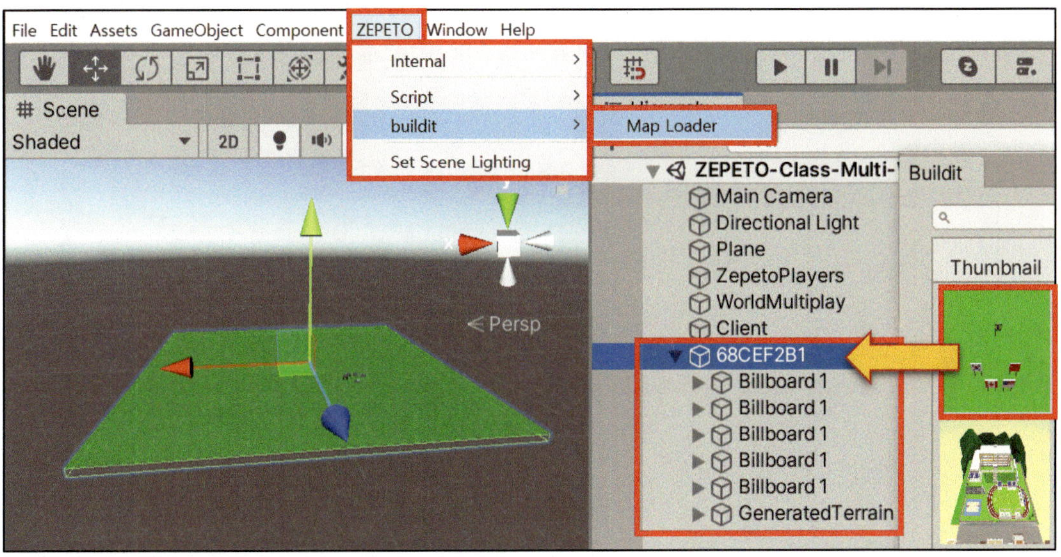

07 객체 중에서 국기들은 따로 빼내어 Flags 라는 빈 객체에 담아줍니다. 그리고 GeneratedTerrain 은 별도로 빼내고 y 값을 -1 로 살짝 낮춰줍니다. 이후 Plane 을 GeneratedTerrain 의 가로 길이에 맞게 확대합니다. Plane 에 옆으로 넓은 세계지도를 입히려 하는데, GeneratedTerrain 의 크기를 통해 ZEPETO 에서 허용하는 월드의 크기를 가늠할 수 있습니다.

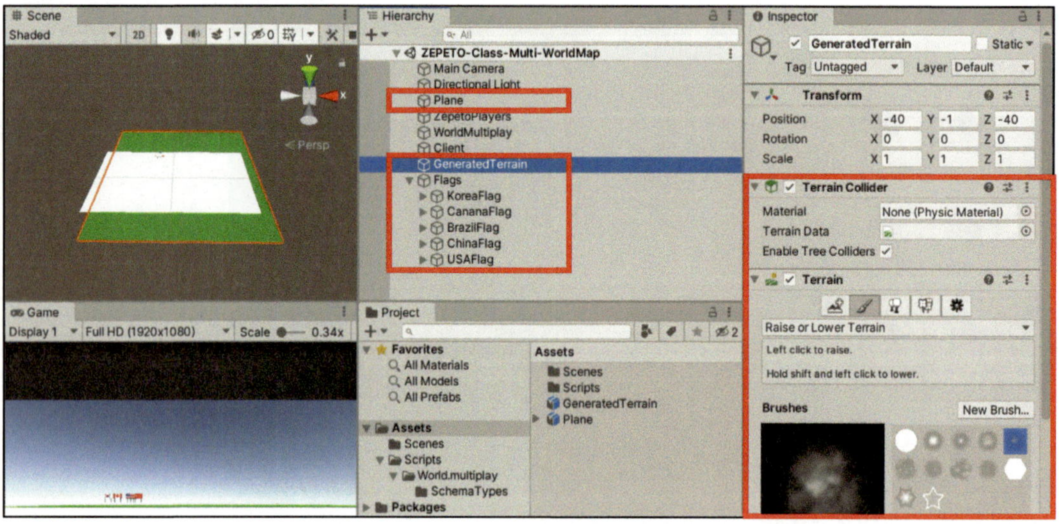

<TIP> GeneratedTerrain 에 부착된 Terrain 관련 컴포넌트를 확인해 둡니다. 잠시 뒤, Plane 객체에 부착하여 활용할 예정입니다.

08 이제 Plane 을 3D 모델로 빼내고 Blender 로 세계지도를 입혀 다시 가져오려 합니다. 이를 위해서 [Window] –[Package Manager]를 선택하고 FBX Exporter 를 검색하여 설치합니다.

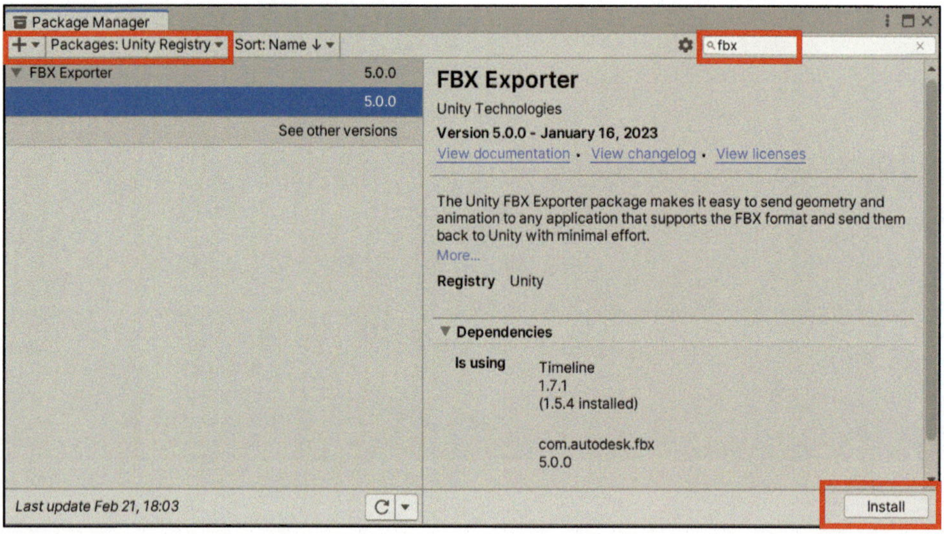

09 FBX Exporter 설치가 완료되면, 유니티 에디터의 하이어라키창에서 Plane 에 우클릭, Export to FBX 를 선택합니다. 팝업창에서 [Options]-[Export Format] 속성을 Binary 로 변경 후, Export 합니다.

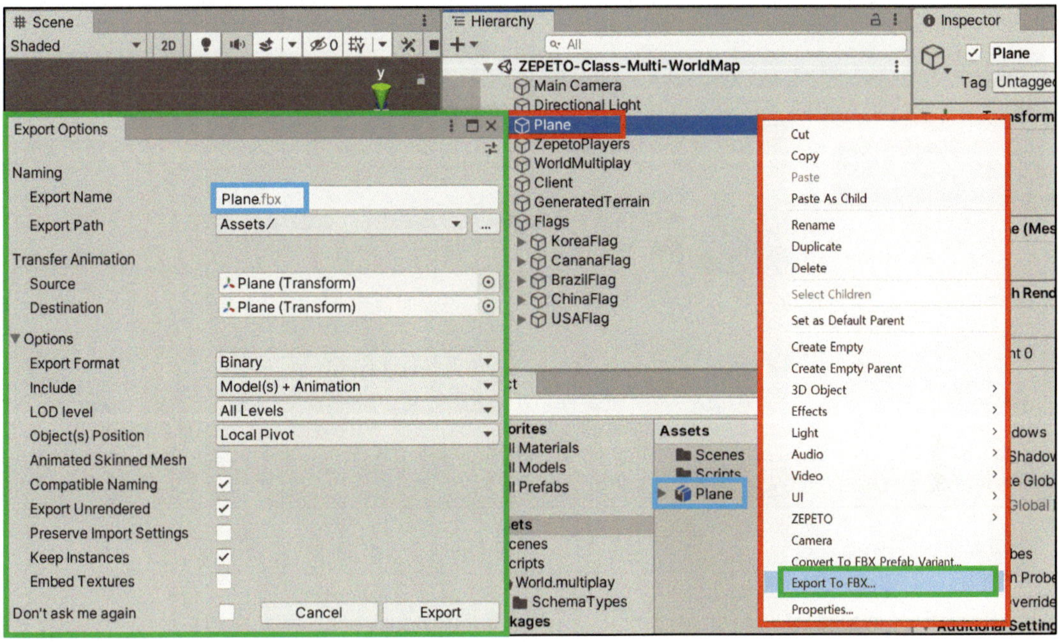

10 연이어 Blender 를 열고, [File]-[Import]-[FBX]를 선택하여 Plane.fbx 파일을 엽니다.

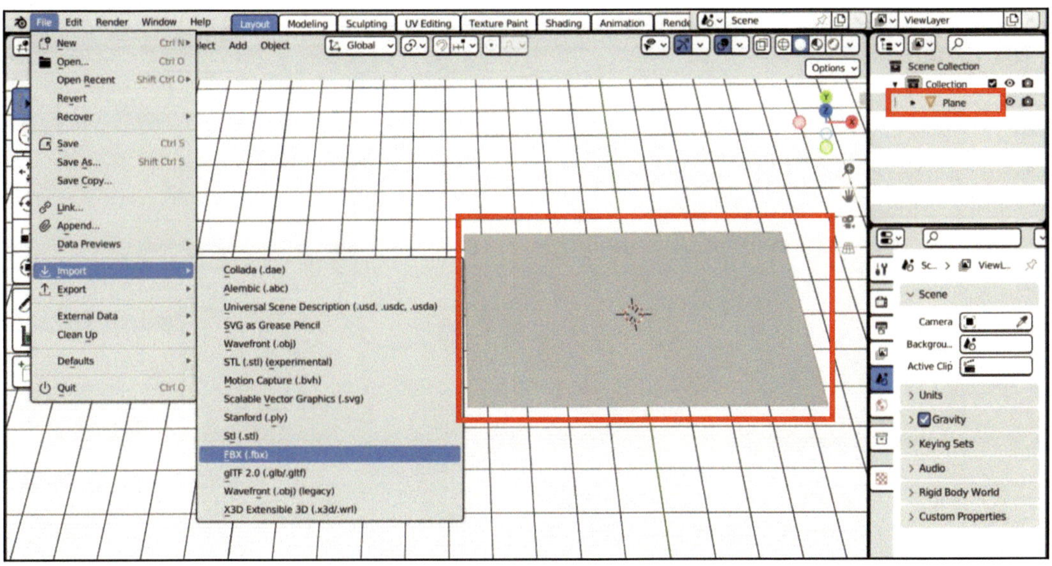

<TIP> Plane 외에 Camera, Cube, Light 등의 객체는 필요가 없으므로 모두 삭제합니다.

11 국토지리정보원에 접속하여 A1 크기의 메르카토르 도법 한글 지도를 다운로드 받습니다.

[출처] 국토 지리정보원 http://www.ngii.go.kr/world/mapdownload02.html

<TIP> 지도의 품질을 더 높이고 싶다면 A0 크기의 파일(50 MB 가량)을 활용하는 것도 가능합니다.

12 Plane 을 선택한 뒤, Material Properties-BaseColor-Image Texture 를 차례로 클릭합니다.

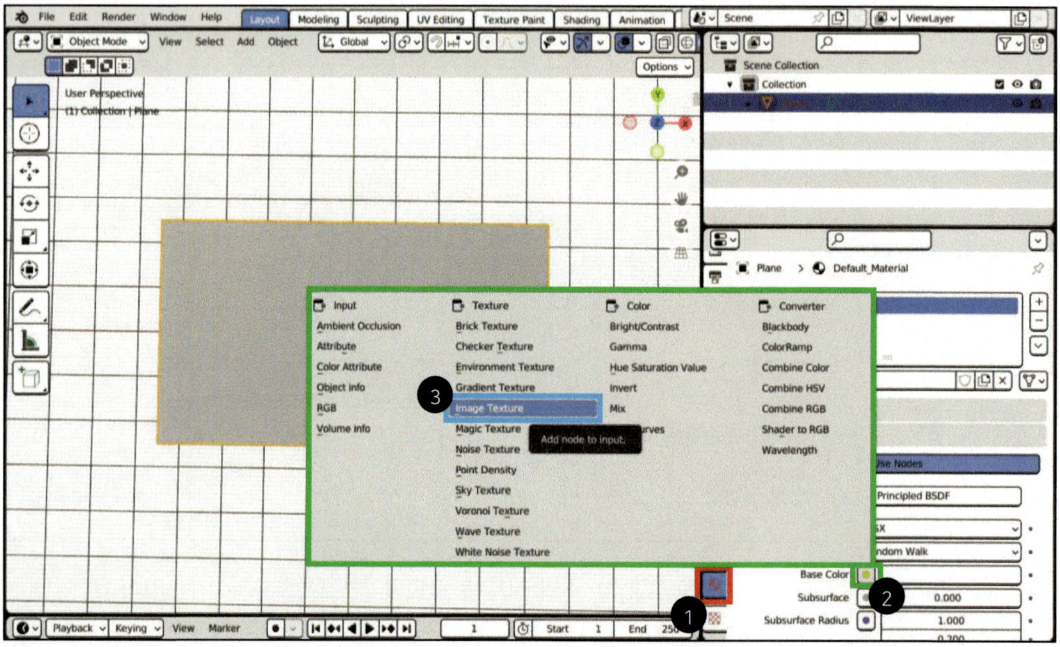

12 이어서 Open 버튼을 누른 뒤, 다운받은 지도 이미지를 선택하고 Open Image 에 마우스 클릭합니다.

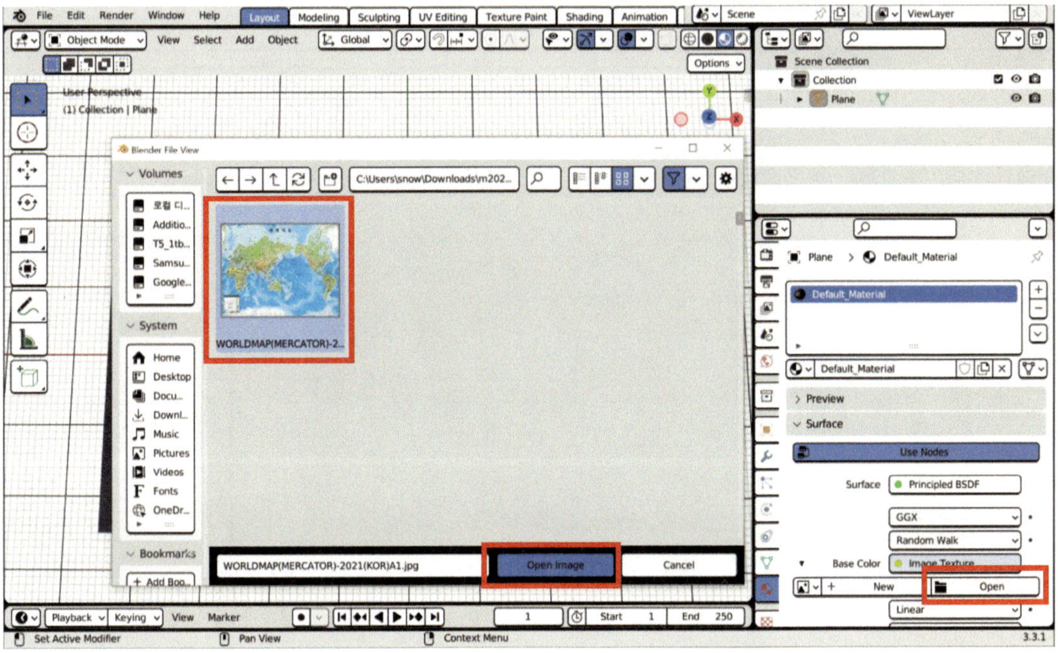

13 이제 상단의 Viewport Shading 을 선택하면, 지도가 입혀진 Plane 객체 모습을 확인할 수 있습니다.

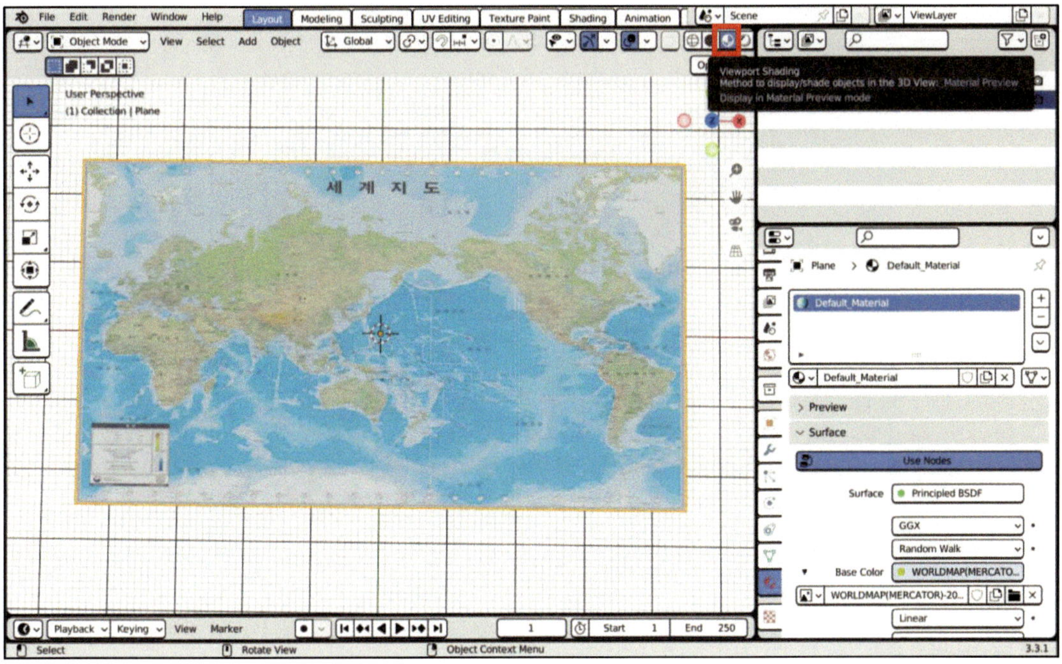

14 계속해서 지도상의 고원들을 높게 조절해서 입체적인 효과를 추가해보겠습니다. 화면 상단에서 Edit Mode 를 선택하고 Select Mode-Vertex select 를 고르면 아래와 같은 화면을 확인할 수 있습니다.

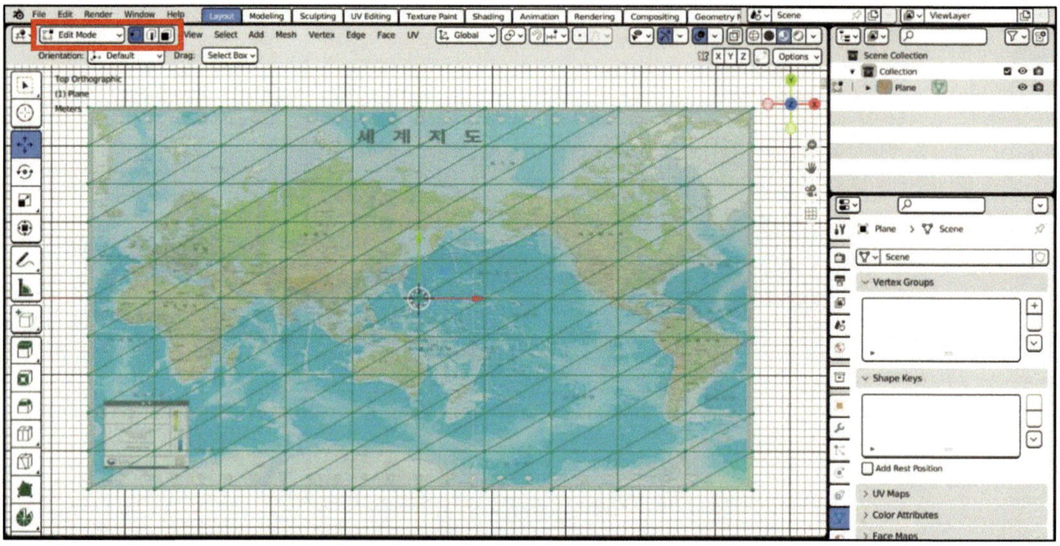

15 이제 마우스 드래그로 모든 vertex(점)을 선택하고 마우스 우클릭-Subdivide 를 2 번 정도 선택하면 아래와 같이 지도가 좀더 많은 vertex(점)으로 세분화됩니다.

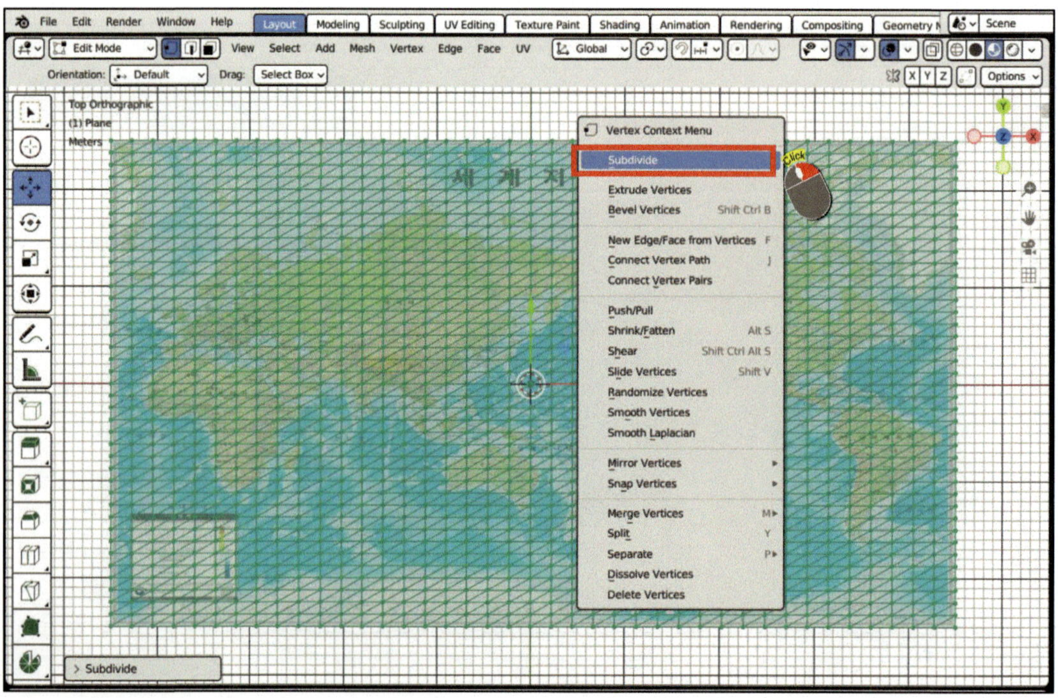

16 예시로 네팔의 히말라야 산맥, 티베트 고원 등과 몽골 지역의 몽골 고원 등을 세부적으로 표현해보겠습니다. 이를 위해 대상 지역 쪽의 vertex(점)들만 마우스 드래그로 선택하고 앞에서와 마찬가지로 마우스 우클릭-Subdivide 를 2 번 정도 선택하여 좀더 세분화합니다.

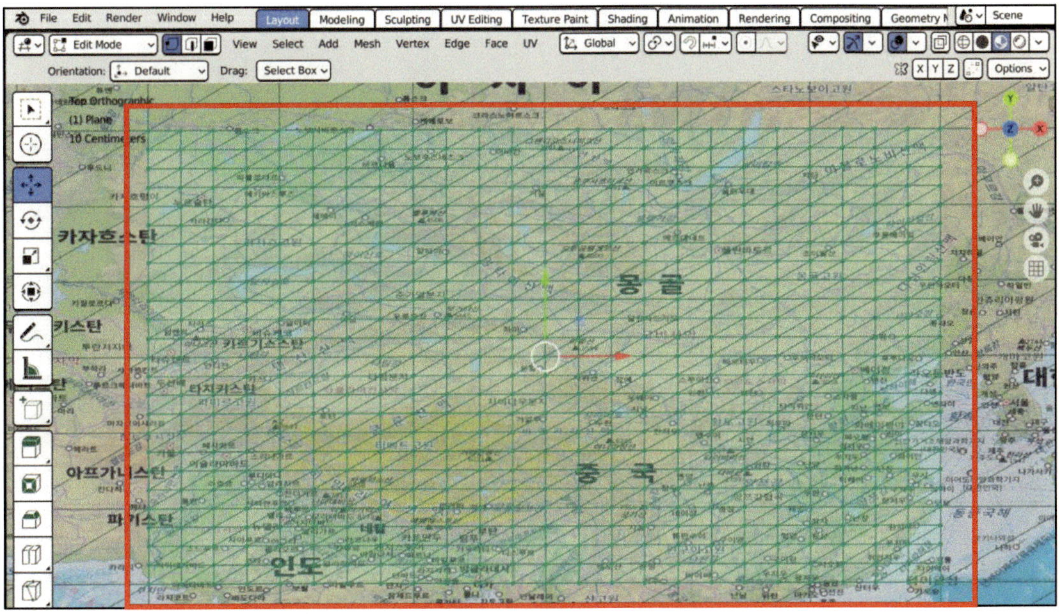

17 이제 원하는 지역을 Shift+마우스 드래그로 선택한 뒤, Z 축 이동 핸들(파란색)을 조절하여 높이 솟아오르도록 조절합니다.

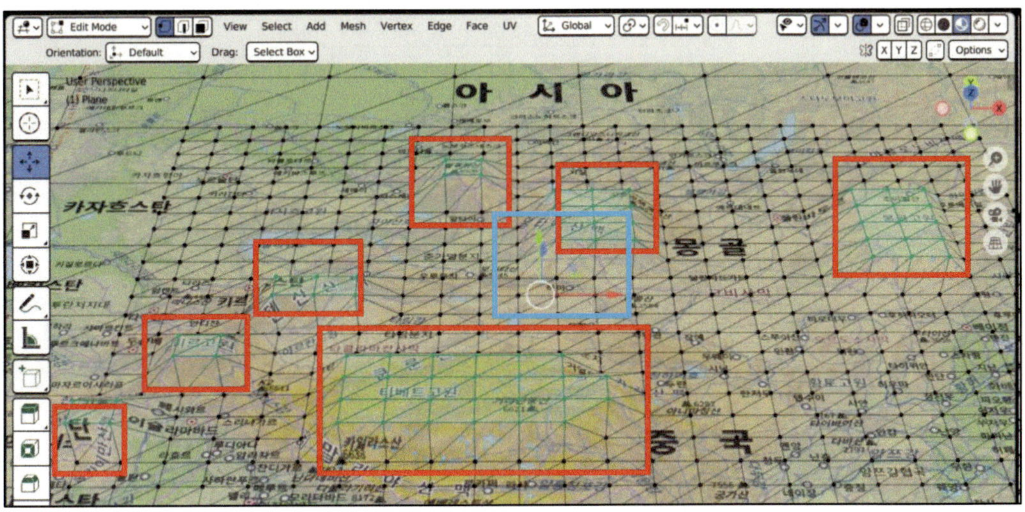

<TIP> Ctrl+마우스 드래그하면 Shift+마우스 드래그와 반대로, 선택한 영역을 취소소할 수 있습니다.

17 또한 vertex(점)들이 선택된 상태에서 마우스 우클릭-Smooth Vertices 를 선택하면 경사를 완만하게 할 수 있습니다.

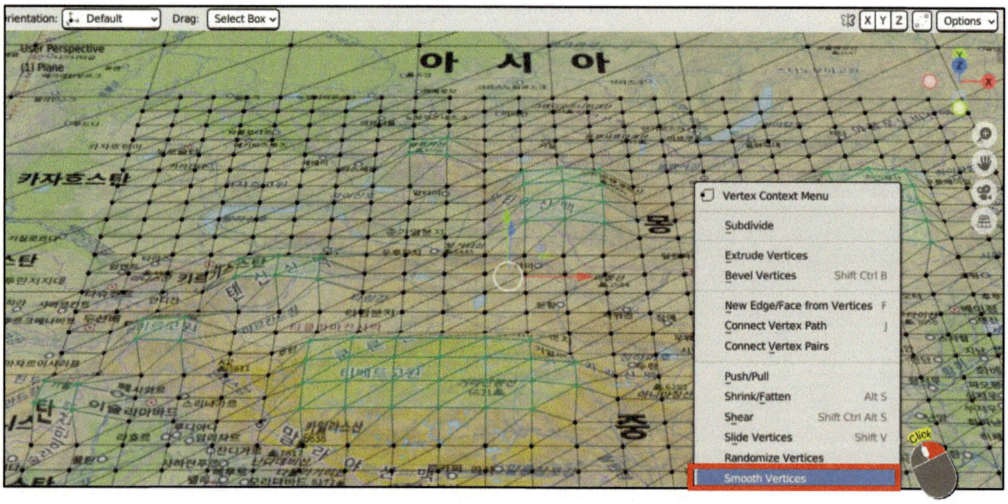

<TIP> 지형 경사가 너무 급하면 추후 FBX 추출 시 텍스쳐가 찢긴 듯한 오류가 나타날 수 있으니 적정 수준을 찾아 조절해야 합니다.

18 이제 세계지도가 텍스쳐로 입혀진 입체 도형인 Plane 을 FBX 파일로 추출하기 위해, [File]-[Export]-[FBX]를 선택합니다. 이후 반드시 아래와 같이 설정하여 Plane.fbx 파일을 추출합니다.

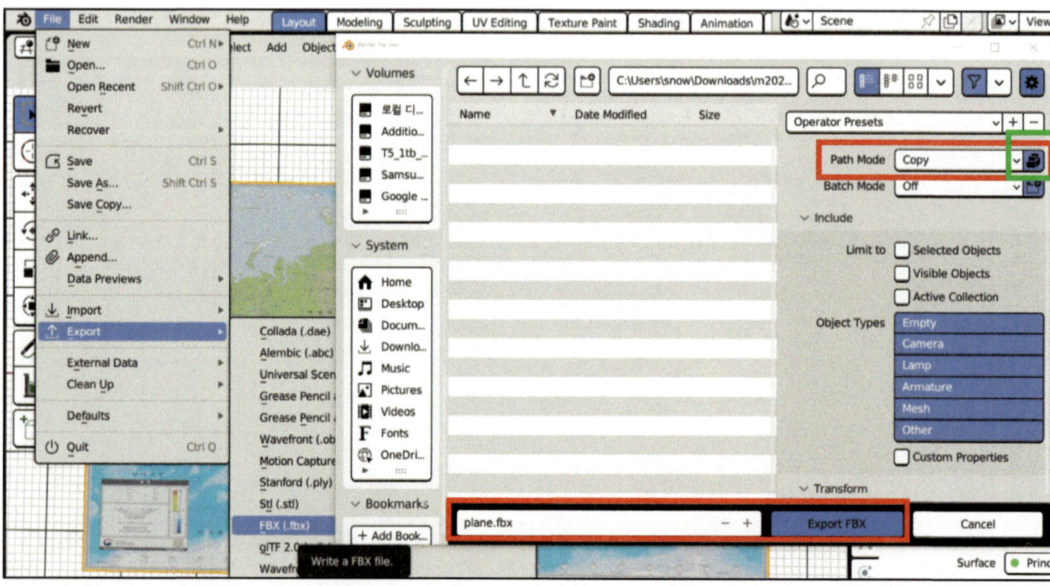

<TIP> Path Mode 를 Copy 설정 후, 우측의 아이콘(Embed Textures)도 푸르게 활성화시킵니다.

19 추출된 Plane.fbx 파일은 유니티 에디터로 가져와 {Assets} 폴더에 담습니다. 이후 하이어라키창에서 기존의 Plane 과 GeneratedTerrain 객체는 삭제하고, 새로 가져온 Plane.fbx 파일을 하이어라키창으로 올려놓습니다.

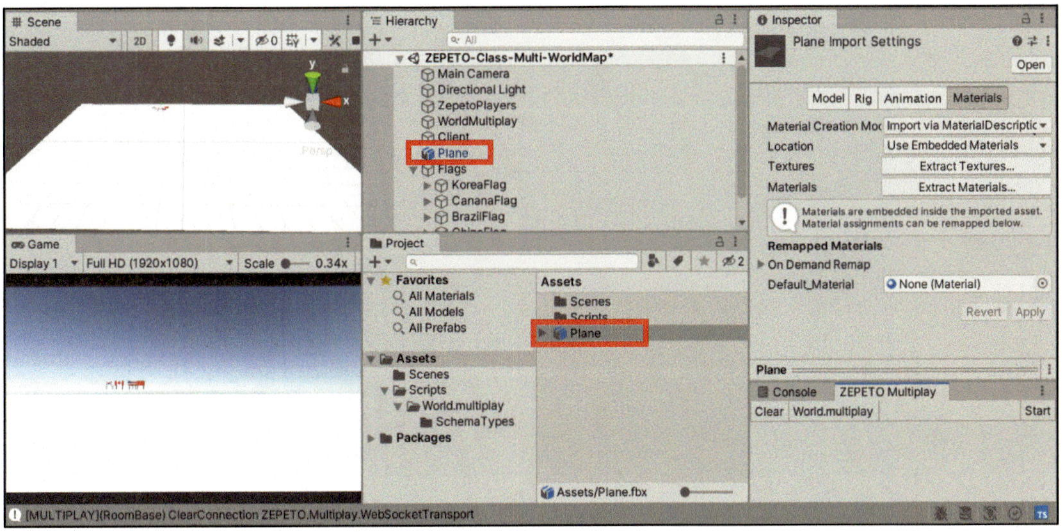

<TIP> 아직은 세계지도의 모습이 보이지 않습니다.

20 프로젝트창의 Plane 객체를 선택한 상태에서, 인스펙터 창의 Textures 속성인 Extract Textures 를 클릭한 뒤, 추가 조작 없이 폴더 선택을 누릅니다.

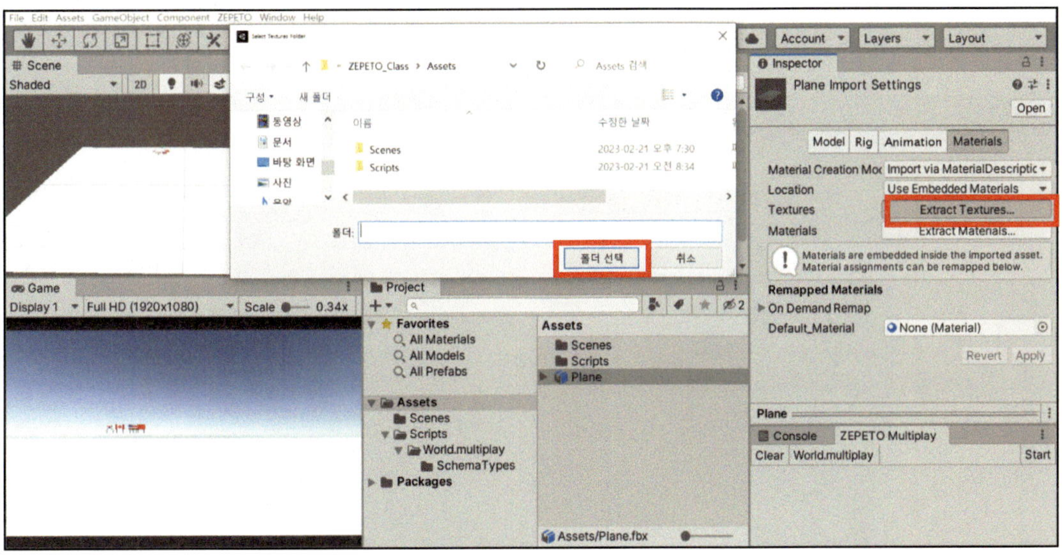

<TIP> Plane.fbx 가 있는 동일한 폴더에 텍스쳐 파일을 집어넣는 과정입니다.

21 잠시 뒤 지도가 나타나면, 또한, 각 국가의 국기들을 정확한 위치에 배치합니다. 또한, 하이어라키창에서 Plane 객체의 transform 속성을 조절하여 방향을 맞추고, (Mesh Collider) 컴포넌트를 추가합니다. 이제 아바타의 추락을 막을 수 있습니다. 이어서 서버 및 클라이언트 실행으로 확인해봅니다.

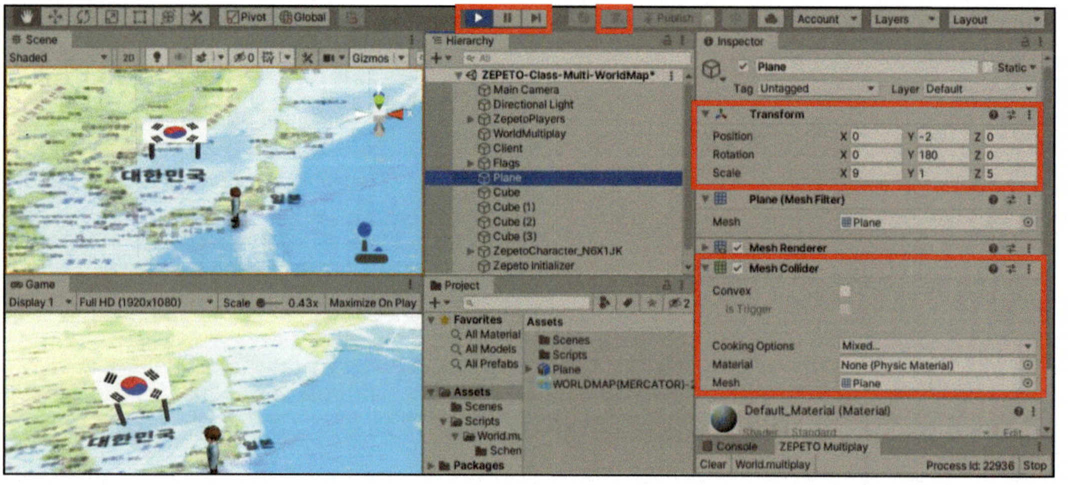

<TIP> Plane 의 transform.y 값을 -2 로 잡는 이유는 아바타 생성시 바닥이 없어 떨어지는 것을 방지하기 위함입니다. 또 5 개의 Flag 가 담겨있는 Flags 의 위치를 먼저 초기화하고 나머지 Flag 위치를 조절합니다. Flag 역시 transform.y 값은 -2 로 잡아서 지도와 높이를 갖게 맞춰줍니다.

22 추가적으로 하이어라키창에서 ZepetoPlayers 를 선택한 뒤, 인스펙터창에서 Zepeto Players 스크립트의 Min Angle 속성값을 0 으로 설정합니다. 이를 통해 카메라가 과도하게 바닥으로 내려가서 지도 아래쪽을 바라보는 문제를 막을 수 있습니다.

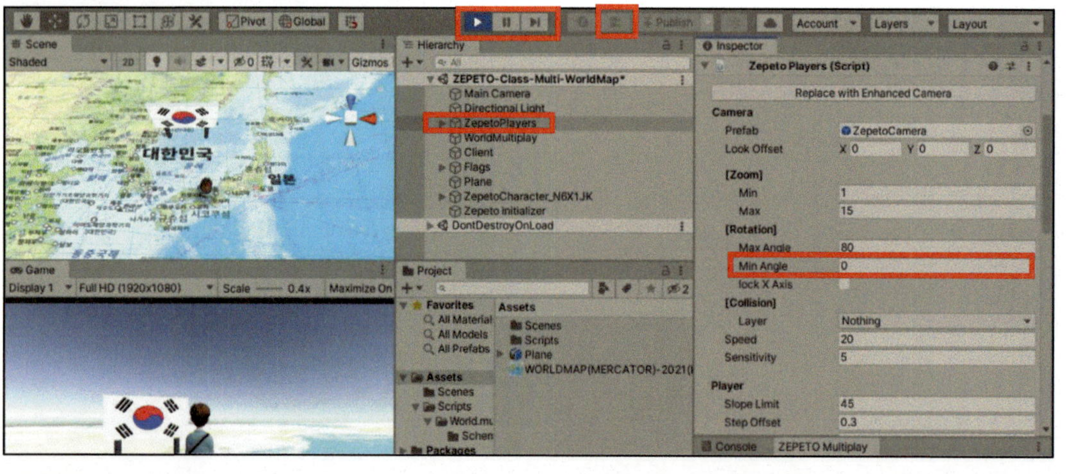

<TIP> 지도 밖을 벗어나면 절벽으로 떨어지는 이슈가 있습니다. 객체로 벽을 세워 막는 것이 좋습니다.

23 또한, 지도 이미지의 품질을 아래와 같이 다소 높이면, 글씨가 훨씬 선명해집니다.

24 테스트를 위해 서버실행 및 클라이언트로 접속하면, 고산지형까지 표현된 지도를 확인할 수 있습니다.

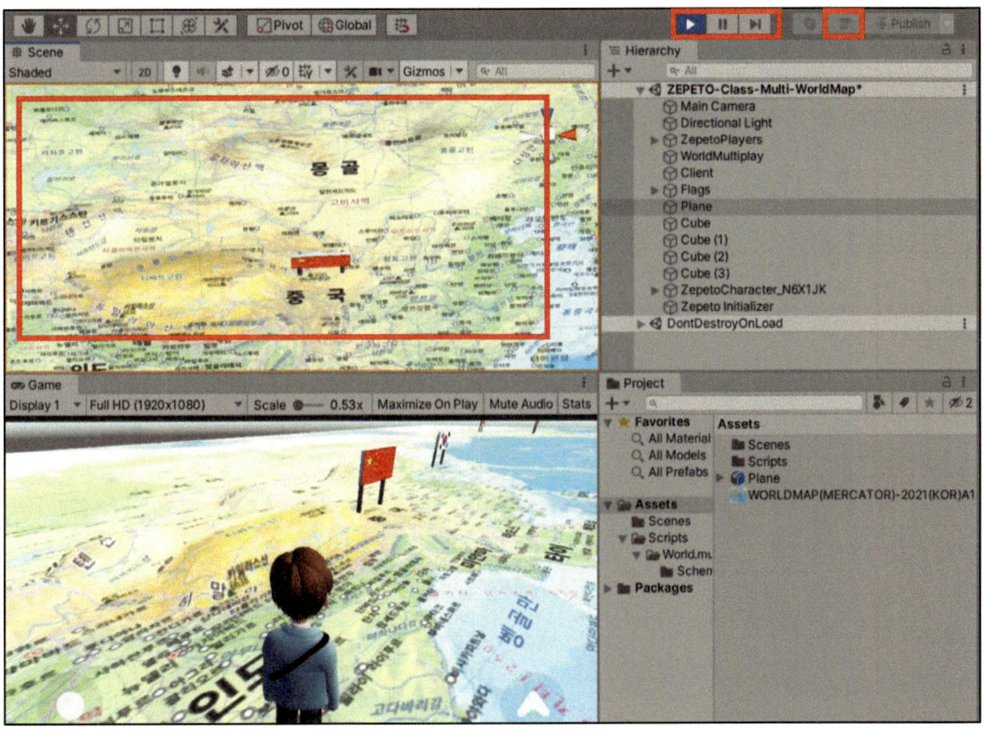

25 마지막으로 [File]-[Build Settings]에서 ZEPETO-Class-Multi-WorldMap 씬을 지정합니다. 그리고 서버 실행 및 QR 코드로 접속하면, 지도 위에서 나라 국기로 나라 이름 맞추기, 나라 이름 듣고 위치 찾기 등의 다양한 활동을 멀티 환경에서 체험할 수 있습니다.

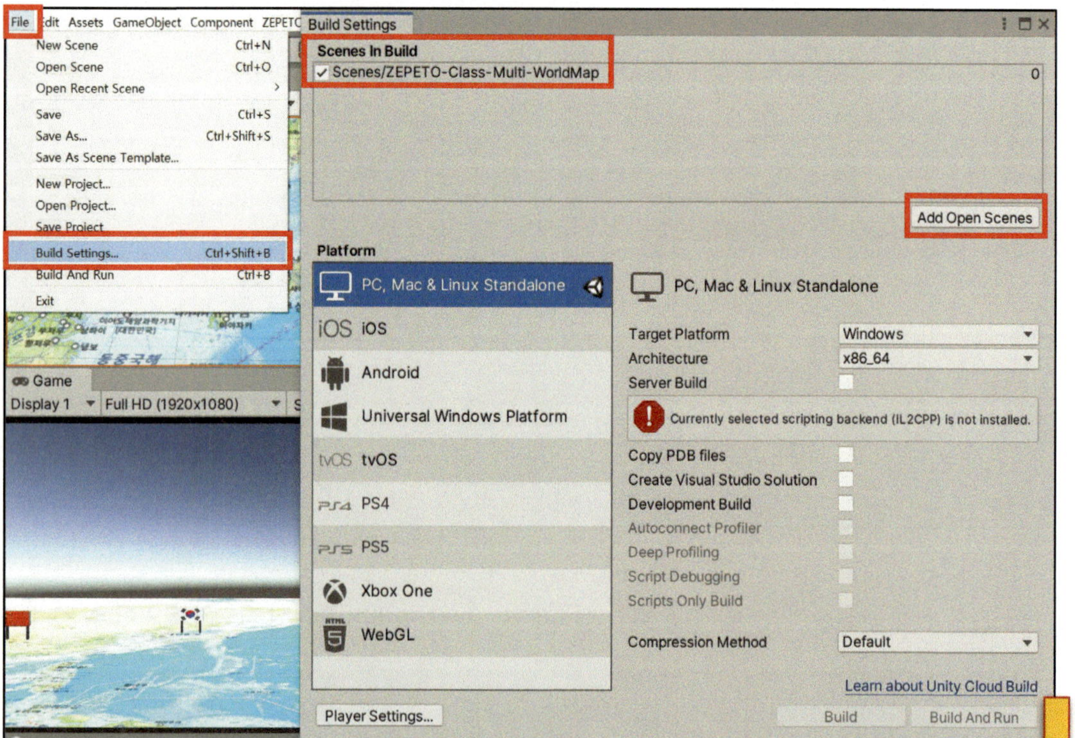

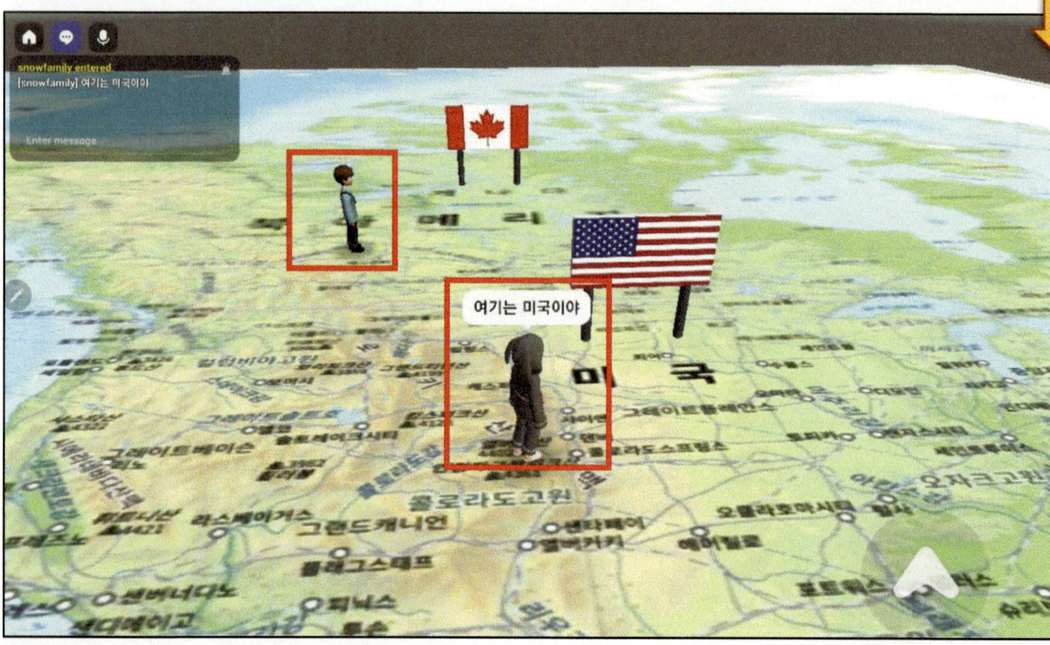

7) ZEPETO 월드 공개하기

01 지금까지 제작한 멀티 환경을 공개할 준비를 하겠습니다. 앞에서 언급되었던, 월드 가장자리에서 낭떠러지로 떨어지는 문제를 막기 위해 Cube 객체 4 개를 만들어 벽을 세웁니다.

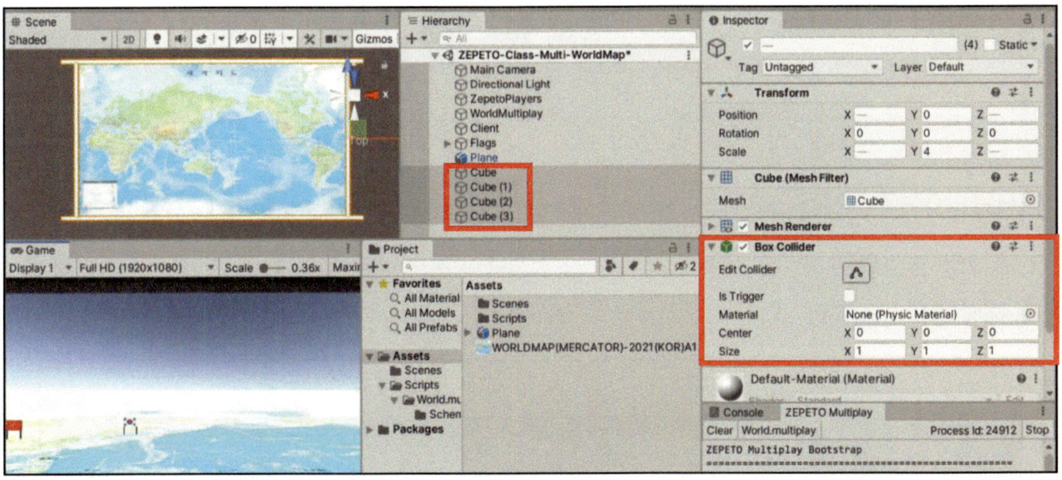

<TIP> Cube 객체 모두에 (Box Collider) 컴포넌트가 적용되어야 아바타가 벽을 통과하지 않습니다.

02 4 개의 Cube 객체를 모두 선택한 상태로 인스펙터창에서 Mesh Renderer 를 비활성화합니다. 이제 서버 및 클라이언트를 실행하면, 아바타가 지도의 가장자리로 갔을 때, 보이지 않는 벽이 아바타가 떨어지는 것을 막아주는 효과를 낼 수 있습니다.

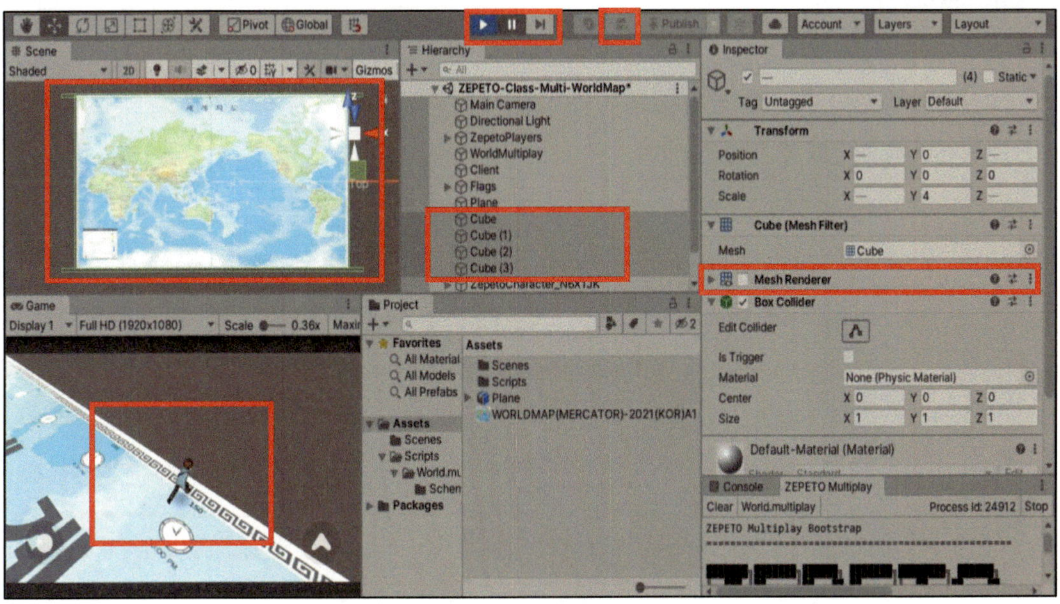

03 이제 Publish 를 진행하고, 월드의 업로드까지 진행합니다. 단, ZEPETO 로그인이 되어있어야 합니다.

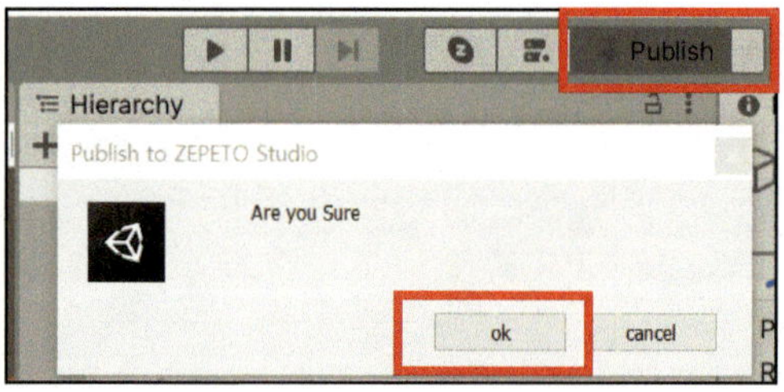

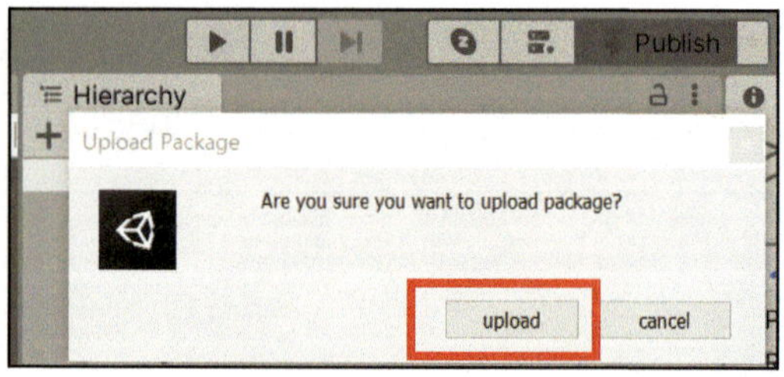

04 다음으로 월드 콘솔에 접근합니다. ZEPETO STUDIO 웹페이지로 접속하여 콘텐츠 관리를 클릭합니다. 이후 기존 로그인 계정으로 접속하고 월드 탭을 선택하고, 앞에서 월드 ID 를 가져왔던 월드를 클릭하여 해당 월드로 접속합니다.

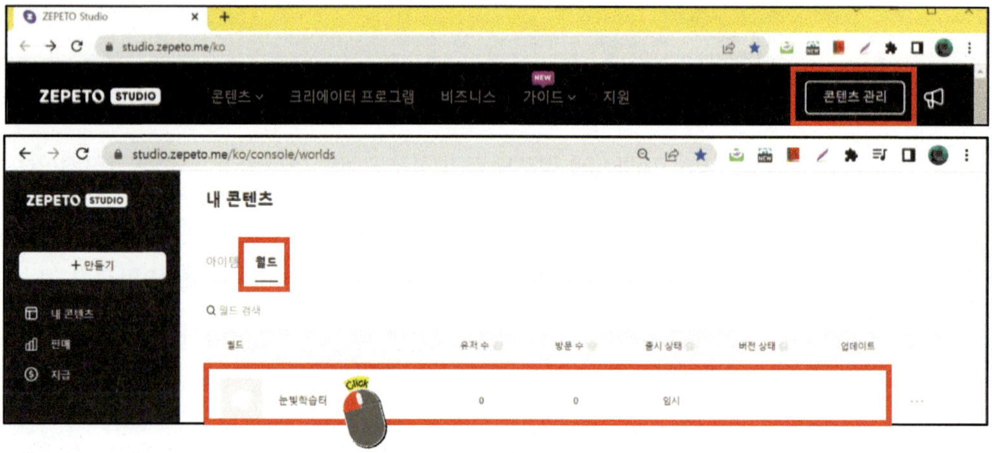

05 월드 상세 창에 접속 후, 파일 등록 탭을 선택하면 유니티 에디터에서 업로드한 월드가 임시 상태로 올라와 있는 것을 확인할 수 있습니다. 여기서, 테스터 관리를 마우스로 클릭합니다.

<TIP> 만약 자동 업로드가 되지 않는다면, 유니티 프로젝트의 최초 폴더에서 {Build}-{ZEPETO.Script} 폴더로 이동하여, '월드 ID_버전_날짜 정보'.zepetopackage 파일을 아래처럼 직접 신규 파일 등록 항목에 집어 넣어 수동으로 업로드 합니다.

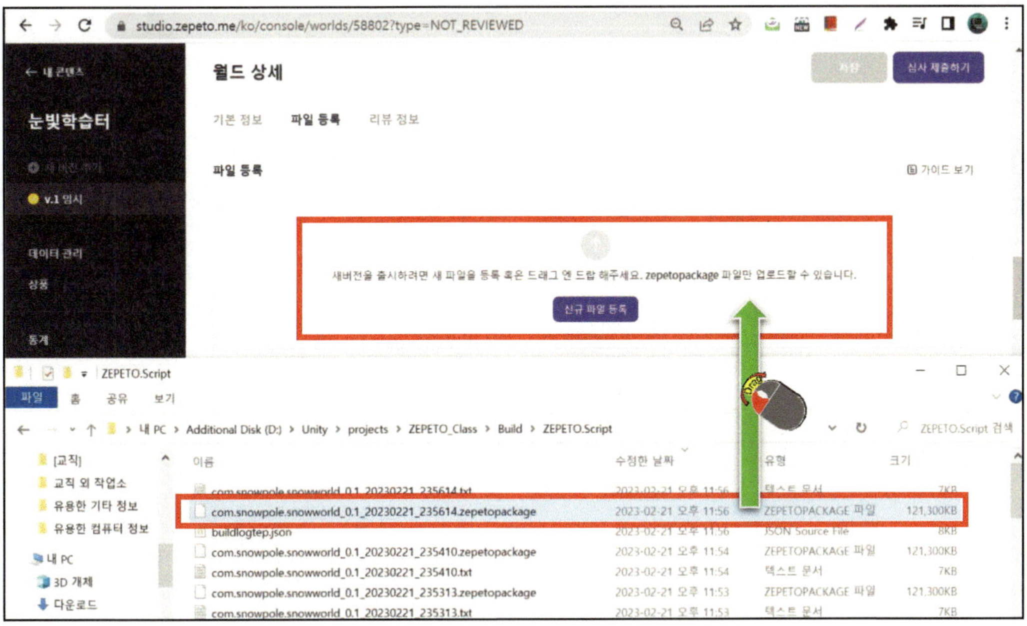

06 계속해서 테스터 관리를 통해, 원하는 계정에 업로드 된 월드에 대한 접속 권한을 부여합니다.

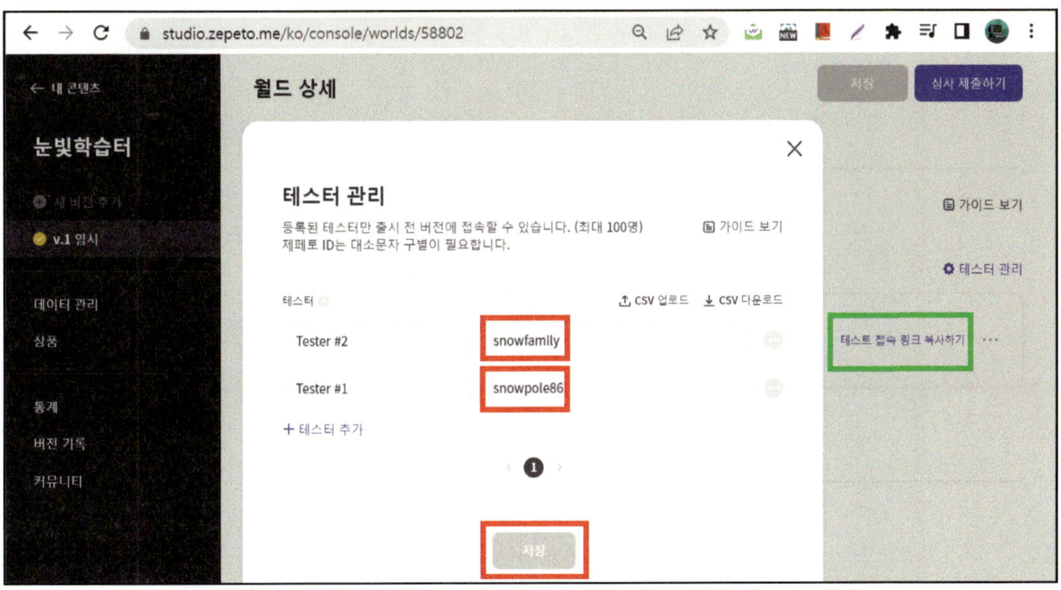

07 이제 테스트 접속 링크를 QR Code Generator 사이트에서 QR 코드로 변환합니다. 해당 QR 코드를 통해 앞서 업로드 한 월드에 접속할 수 있습니다. 단, 테스터로 등록이 되어야 함을 기억합니다.

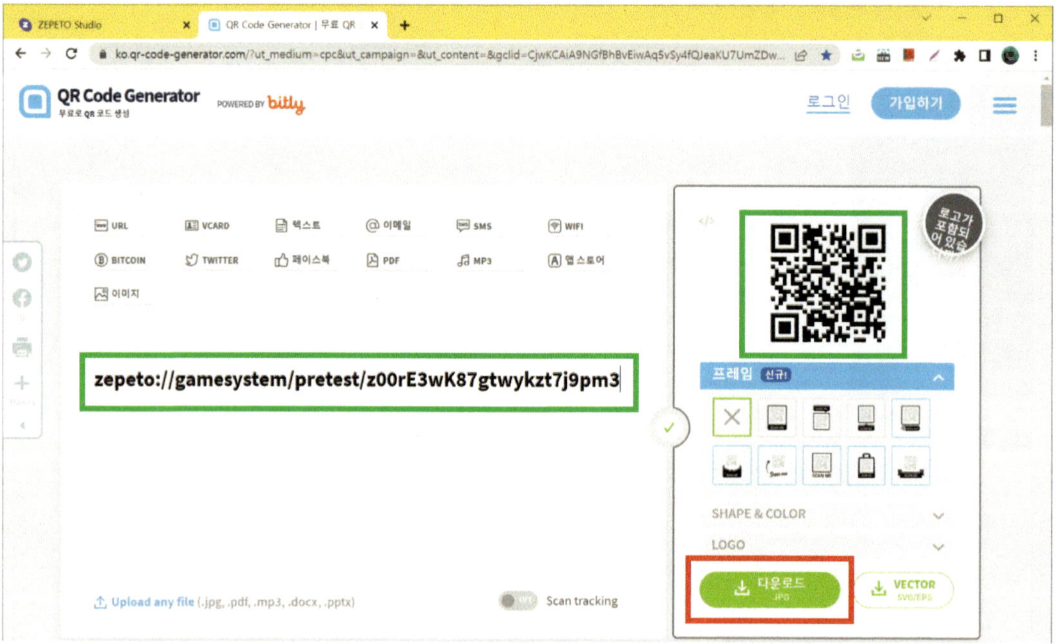

08 다른 사람들의 계정을 테스터로 등록하고 QR 코드를 공유하면, 업로드 된 월드에 정상적으로 접속할 수 있게 됩니다.

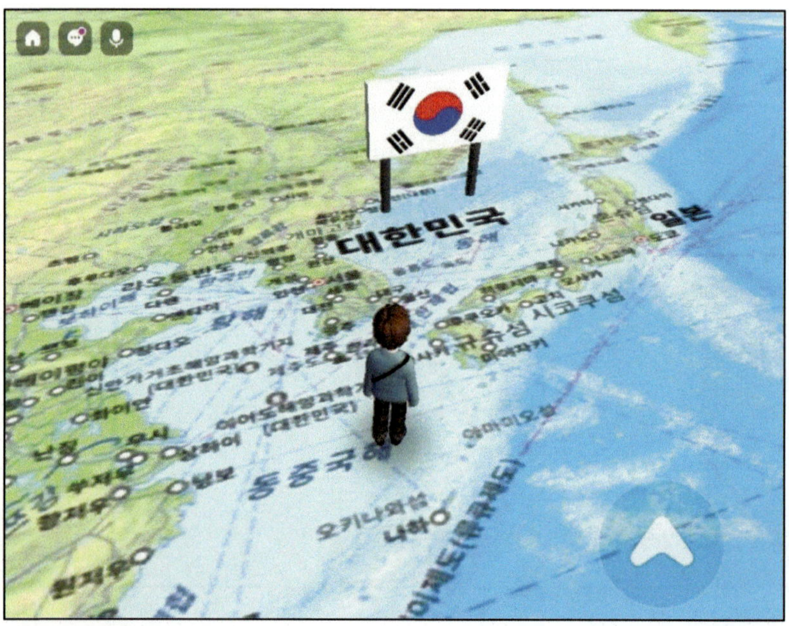

09 최종 단계는 심사 제출을 통한 월드 공개입니다. 월드 이름, 설명을 입력하고, 커버 및 1 장 이상의 스크린샷 사진을 올리는 것이 필수 조건입니다.

<TIP 1> 심사 시 아래 링크 주소의 가이드 라인을 꼭 숙지하시기 바랍니다. 심사 기간은 무료 회원은 2 주, 프리미엄 회원(월 4,900 원)은 1 주 정도의 시간이 소요됩니다.

https://naverz-group.readme.io/studio-world/lang-ko/docs/contents_guidelines

<TIP 2> 심사 절차는 꽤 시간을 소요하므로, 학교 수업이나 연수 정도에 활용하는 목적이라면 테스터에 계정을 추가하고 QR 코드를 공유하는 것이 신속하게 활용하기에 유리합니다.

8) ZEPETO 월드로 여러 가지 주제 다루기 1 – 추가 주제 생성하기

01 ZEPETO 월드를 통해 하나가 아닌 여러 가지 주제를 다루는 방법을 알아보겠습니다. 이를 위해 체육이나 동아리 활동과 관련하여 댄스 동작을 익힐 수 있는 메타버스 공간을 구성해보겠습니다. 이를 위해 댄스 동작을 표현하기 위한 3D 객체를 하나 확보하도록 하겠습니다. 인터넷 검색 엔진을 활용해 child 3d model free 를 검색합니다. 이후 CGTrader 사이트에 접속합니다.

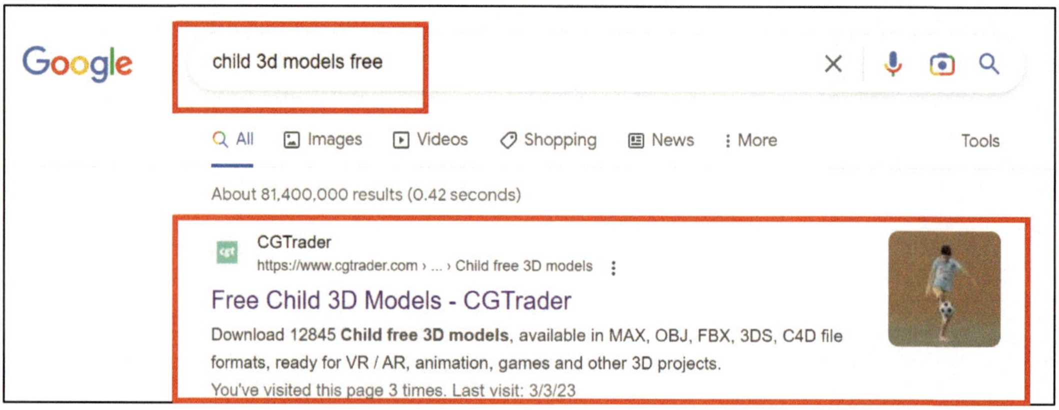

02 접속하면, Free, Best Match 로 필터링 하여 T 자 형태로 서있는 모델링을 하나 선택합니다.

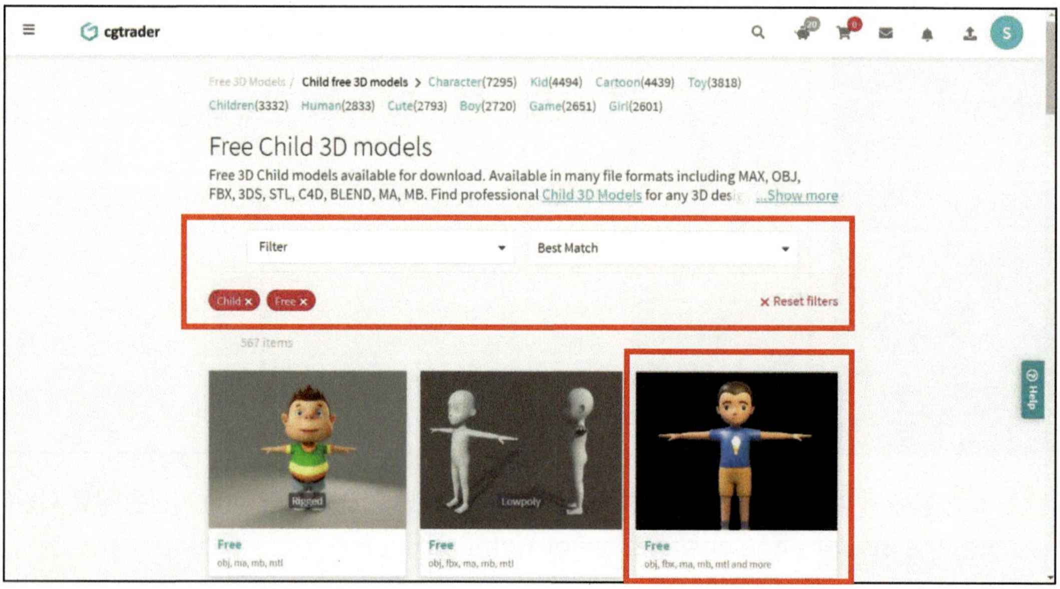

<TIP> T 자 자세의 인체형 모델은 Rigged Doll 이라 하여 각종 모션을 넣기 위한 기본 자세로 흔히 활용됩니다. 이를 통해 관절을 연결하고 관절을 회전하여 다양한 동작을 소화할 수 있게 됩니다. 단, 골격을 나타내는 모델링과, 겉의 질감을 나타내는 텍스처는 독립적으로 다루어 짐에 유의합니다.

03 이어서 Free download 버튼을 눌러 다운로드를 진행합니다.

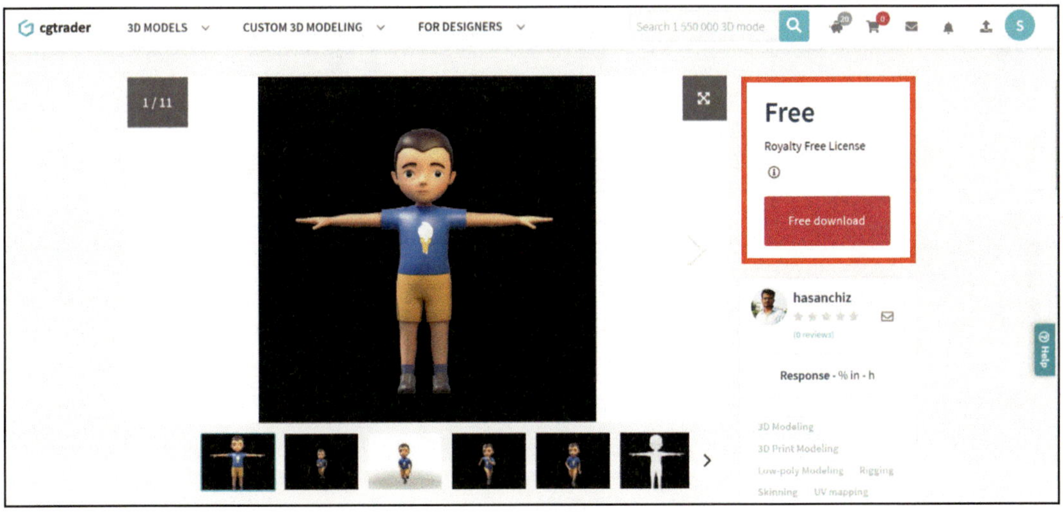

04 boy.obj(골격), texture.rar(질감) 파일을 다운로드하고 texture 압축파일은 압축을 해제합니다.

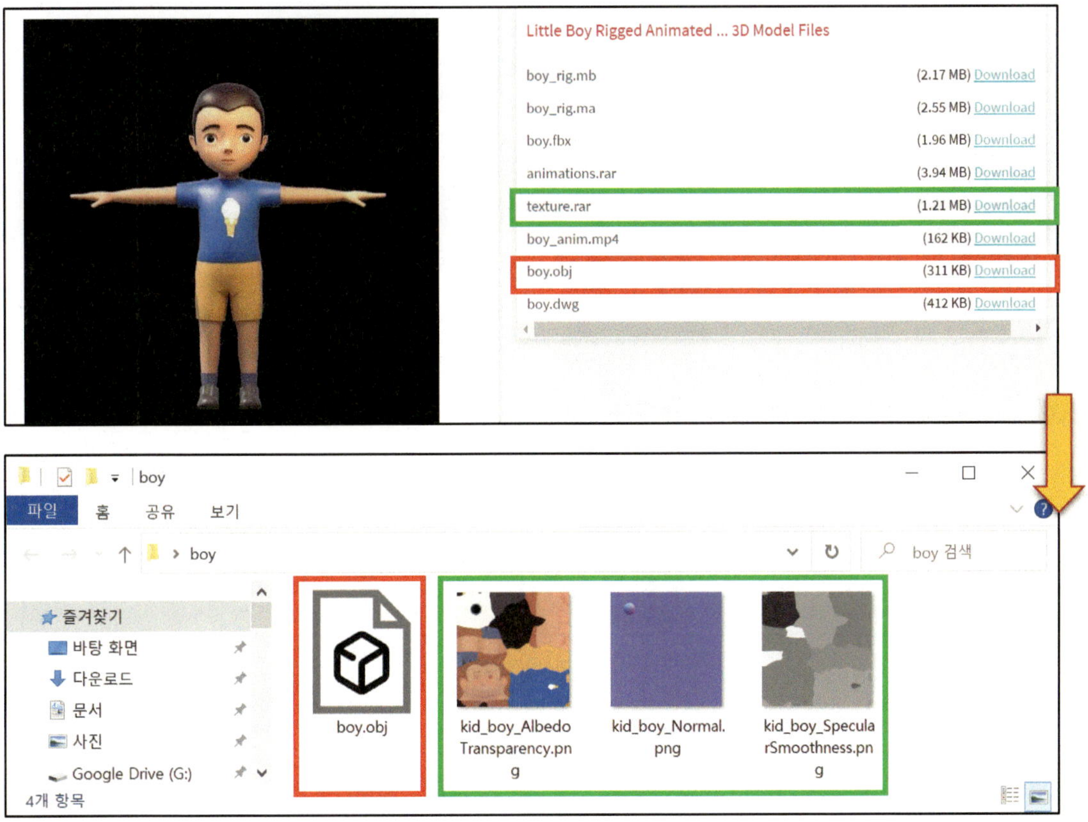

05 이제 blender 를 열고, boy.obj 파일을 import 하여 불러들입니다.

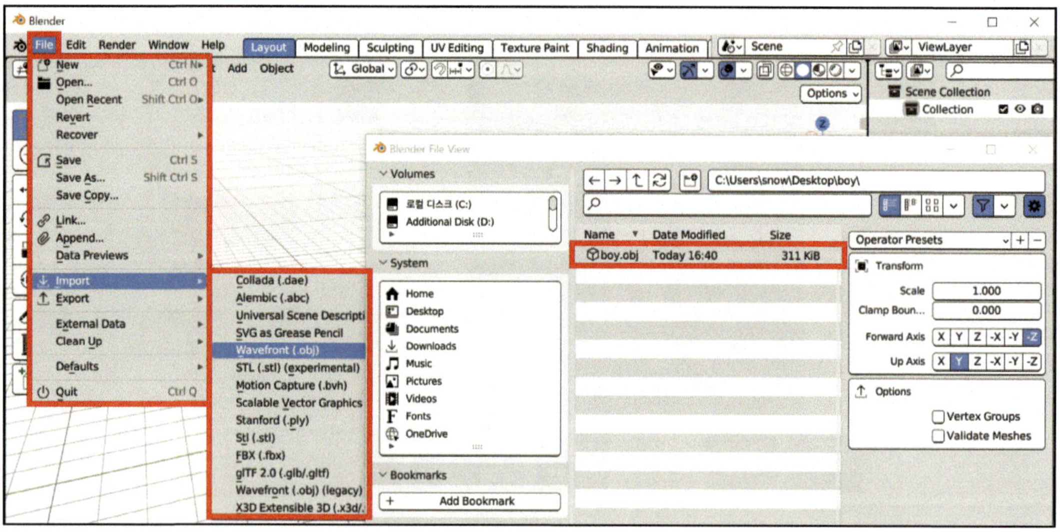

06 모델 크기가 초기에 크게 나타나는 경우, 모델은 선택한 상태에서 우측의 Item 핸들을 눌러 Dimensions 값을 조절합니다. 높이가 1m 주변인 것이 추후 메타버스 생성 시 현실성이 있습니다.

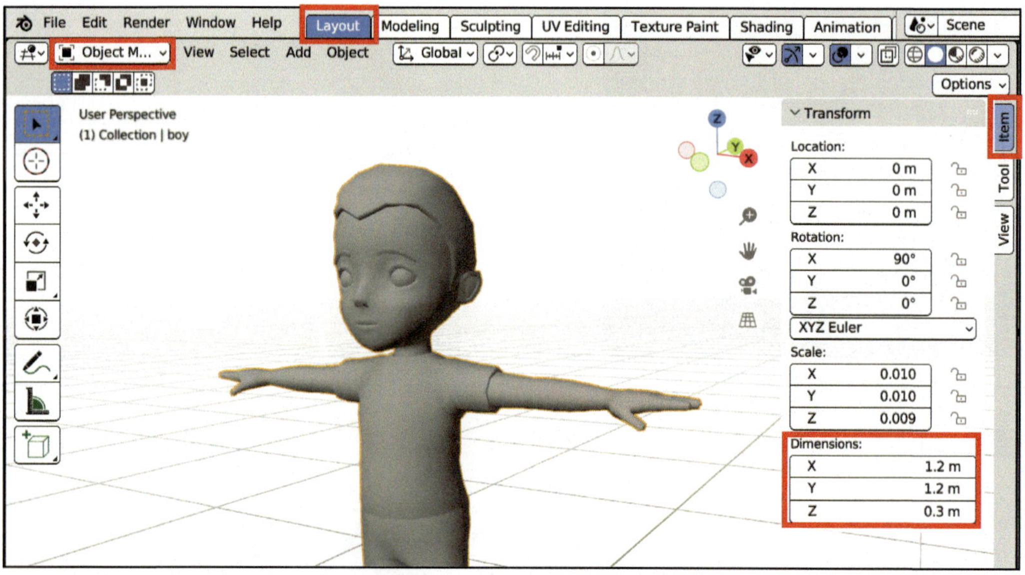

<TIP 1> 위에 표시한 탭들의 위치에 주의합니다. 가령 Object Mode 가 아닌 Edit Mode 라면 Dimensions 탭이 나타나지 않습니다.

<TIP 2> 크기조절 후 Numpad 쪽의 마침표를 누르면 객체를 화면의 정중앙으로 가져옵니다.

07 이제 Shading 탭에서 3 종류(Albedo, Normal, Specular) 텍스처파일을 blender 로 가져옵니다.

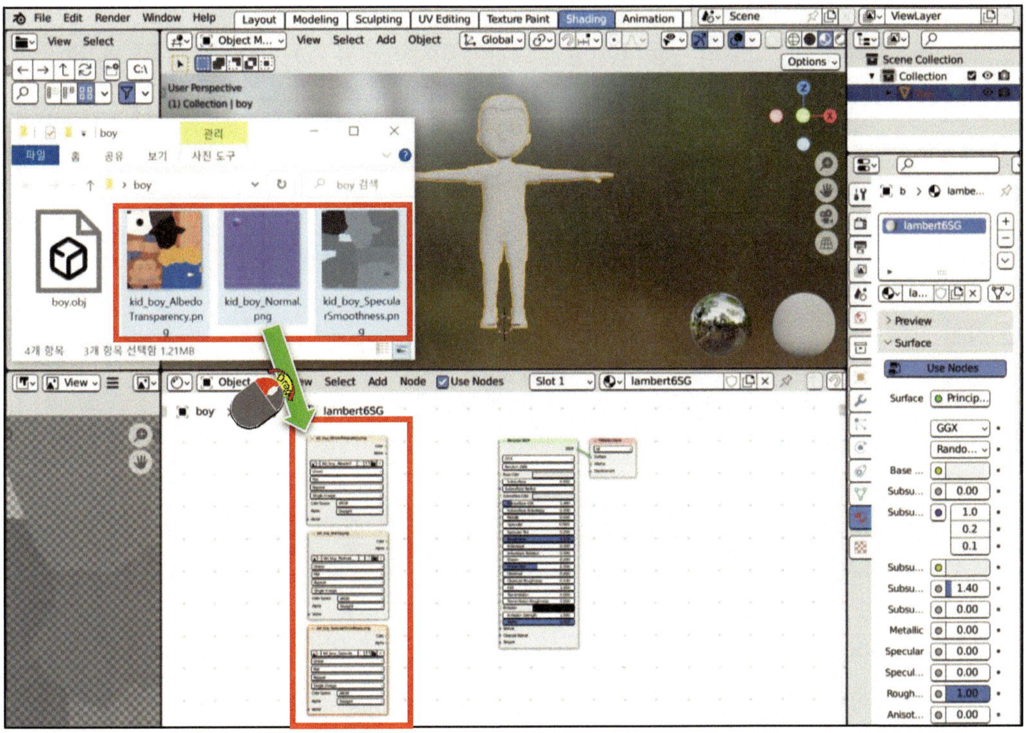

08 먼저 Albedo 노드의 Color 와 Principled BSDF 노드의 Base Color 를 아래와 같이 연결합니다. 3D 모델의 색상이 추가된 것을 확인할 수 있습니다.

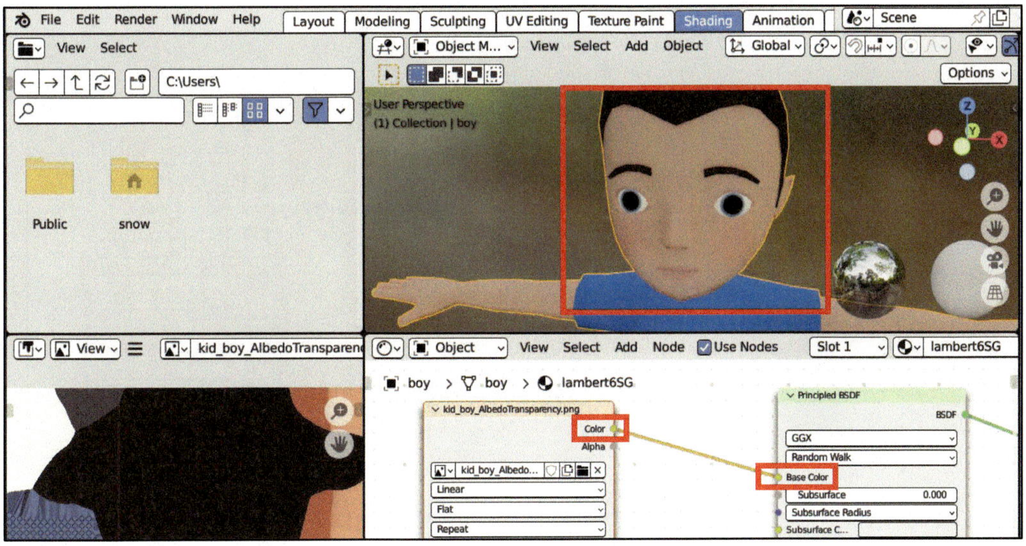

09 이번에는 [Add]-[Vector]-[Normal Map]노드를 추가합니다. 이후 Normal 노드의 Color 와 Normal Map 노드의 Color 를 연결하고, Normal Map 노드의 Normal 과 Principled BSDF 노드의 Normal 노드를 연결합니다. 3D 모델의 눈동자에 명암 효과가 미세하게 추가된 것을 볼 수 있습니다.

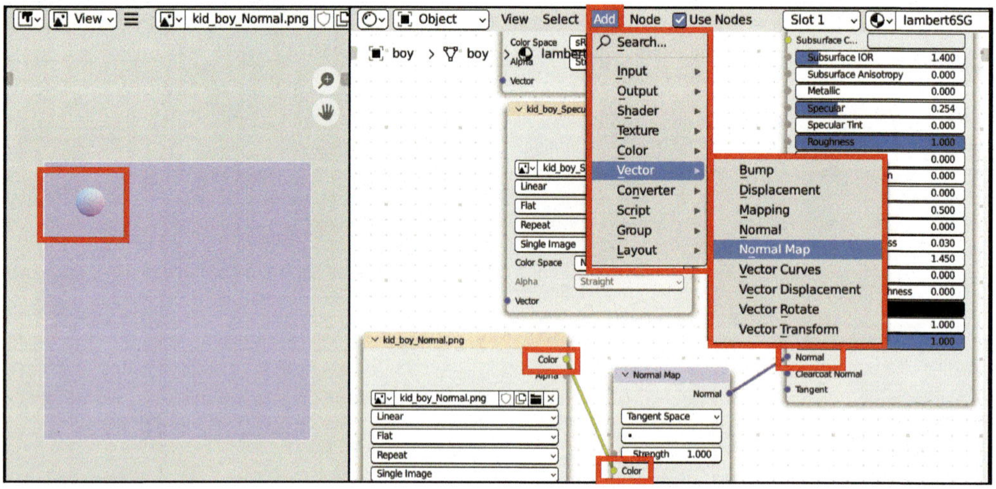

10 마지막으로, Specular 노드의 Color 를 Principled BSDF 노드의 Roughness 와 연결한 뒤, 하단의 Color Space 항목을 Non-Color 로 지정합니다. 이제 Specular 값을 0.2 정도로 높여주면, 자연스러운 광택효과를 확인할 수 있습니다.

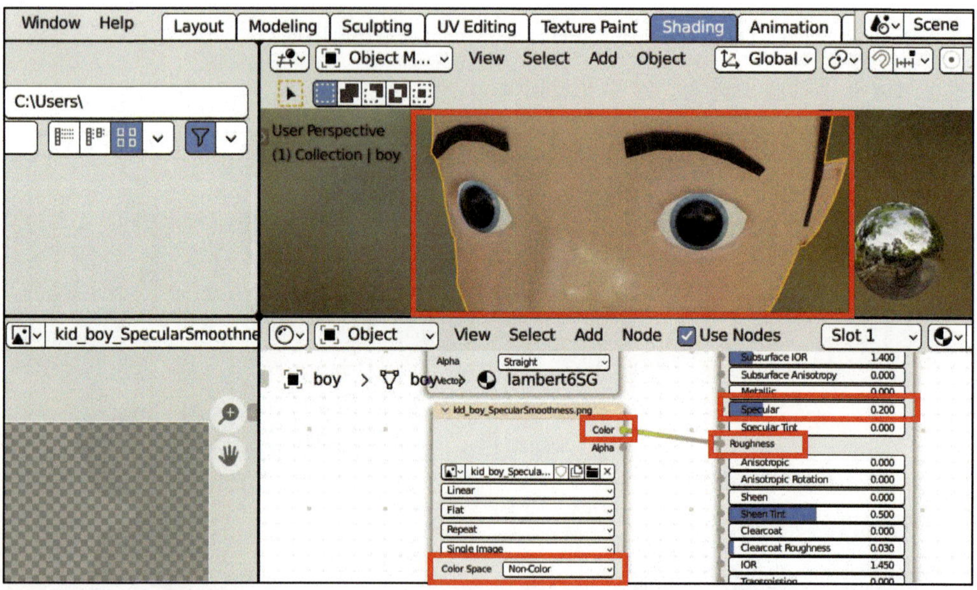

<TIP> BSDF(Bidirectional reflectance distribution function)는 빛이 재질과 어떻게 상호작용하는지를 다룹니다. 이를 통해 반사, 투명, 명암, 색채 등의 다양한 효과를 발휘할 수 있습니다.

11 이번에는 Texture Paint 탭으로 이동합니다. 여기서 티셔츠 가운데의 그림을 바꿔보도록 하겠습니다.

우측속성창의 Texture Slots 항목에서 kid_boy_AlbedoTransparency.png 를 선택해 확인합니다. 이후 화면 상단 중앙의 폴더 아이콘을 눌러 png 파일이 저장된 곳의 경로를 확인합니다.

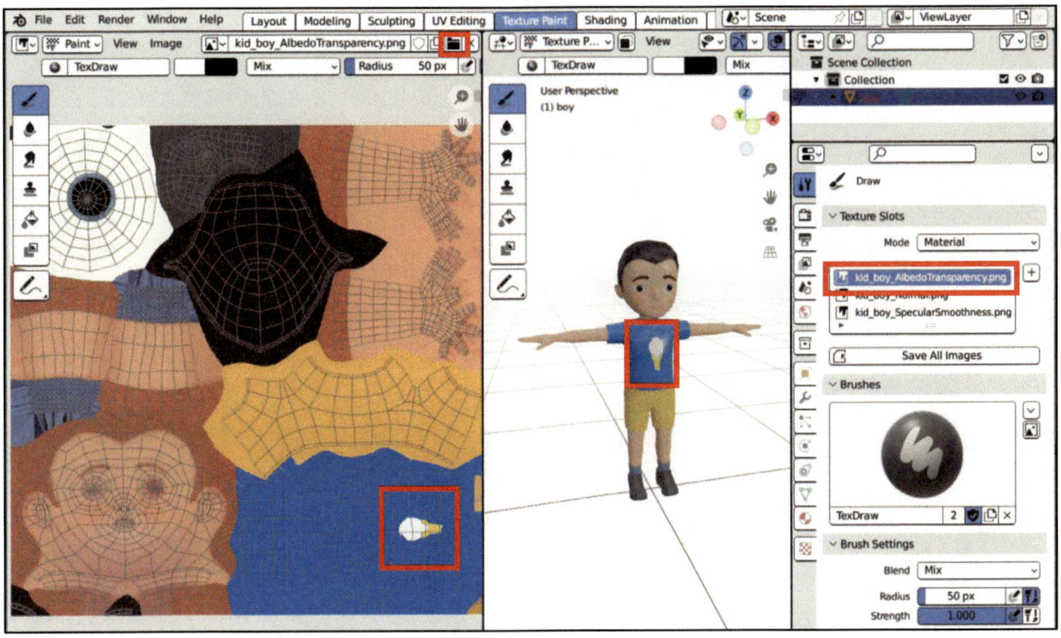

12 그림이 저장된 경로에서, 파일을 선택한 채로 마우스 우클릭 하고 그림판 3D 로 편집을 선택합니다.

<TIP> png 파일의 편집 작업을 좀 더 세밀하게 진행하기 위해서는 Photopea 사이트를 이용합니다.

13 그림판 3D 의 스티커 기능을 이용하여 아이스크림 그림을 다른 그림으로 바꾼 뒤 저장합니다.

<TIP> [메뉴] 탭을 이용하거나 단축키 Ctrl+S 를 눌러 저장할 수 있습니다.

14 화면 중앙의 폴더 버튼을 눌러 그림 파일을 다시 지정하면, 셔츠의 무늬가 바뀐 것을 볼 수 있습니다.

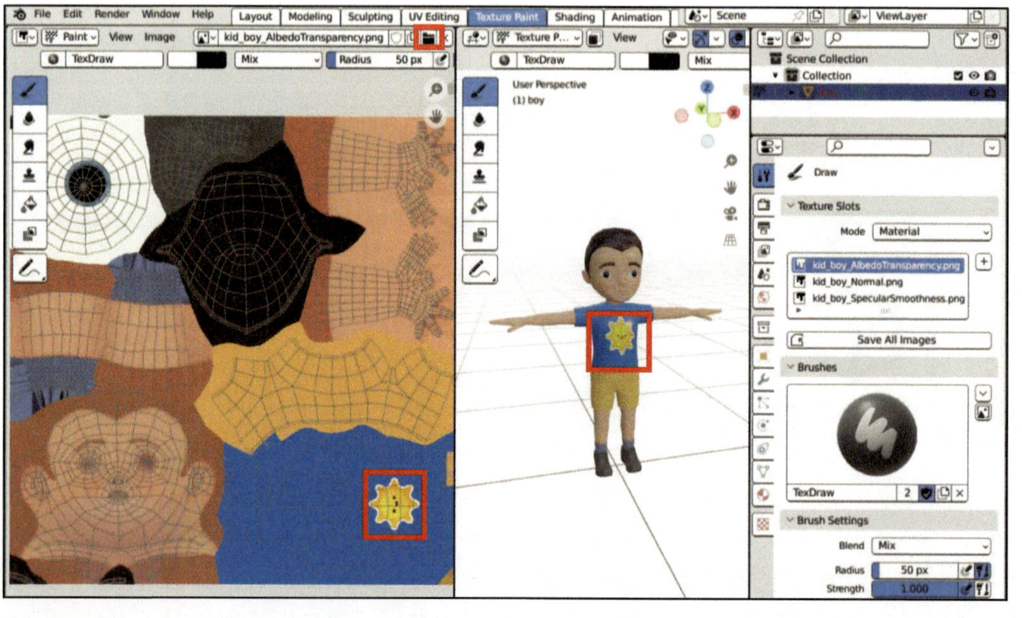

15 추가로 Fill 도구를 선택하여 마우스로 아래에 적용하면, 티셔츠 전체의 색깔을 변경할 수도 있습니다.

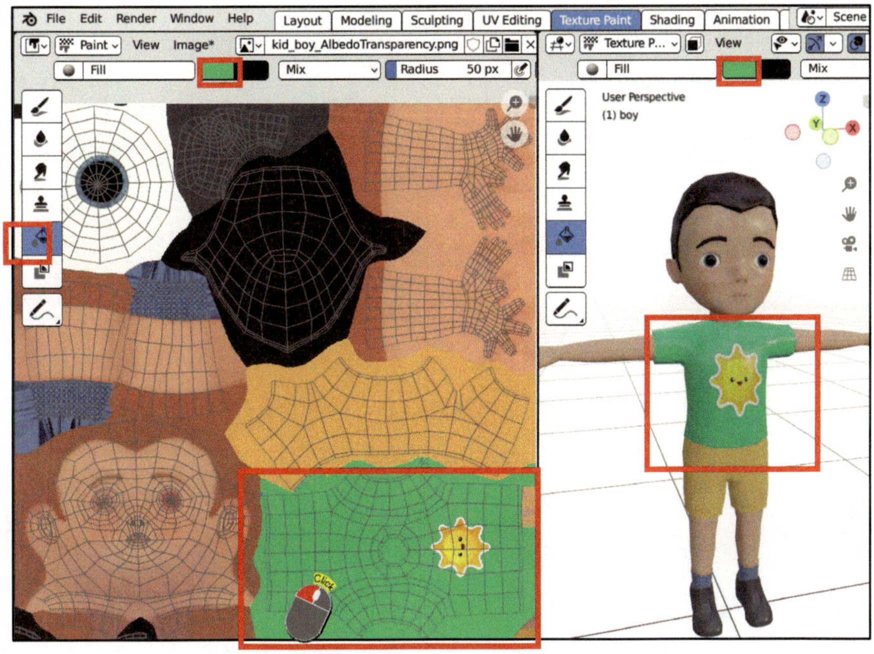

16 이제 해당 3D 모델에 애니메이션을 적용하기 위해 FBX 로 추출하겠습니다. 이 때, 우측의 Path Mode 를 Copy 로 지정하고, 바로 우측의 Embed Textures 옵션도 활성화하여 추출합니다.

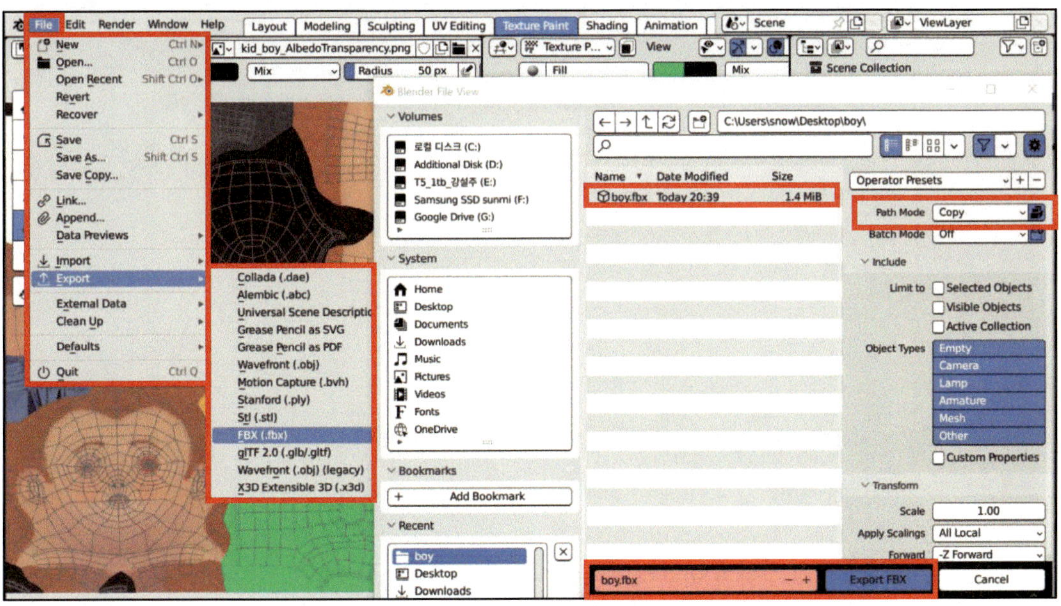

<TIP> 앞서 세계 지도를 유니티에 적용하기 위해 추출했던 과정과 동일합니다.

17 검색엔진을 활용하여 Adobe 사의 Mixamo 를 찾아 접속합니다.

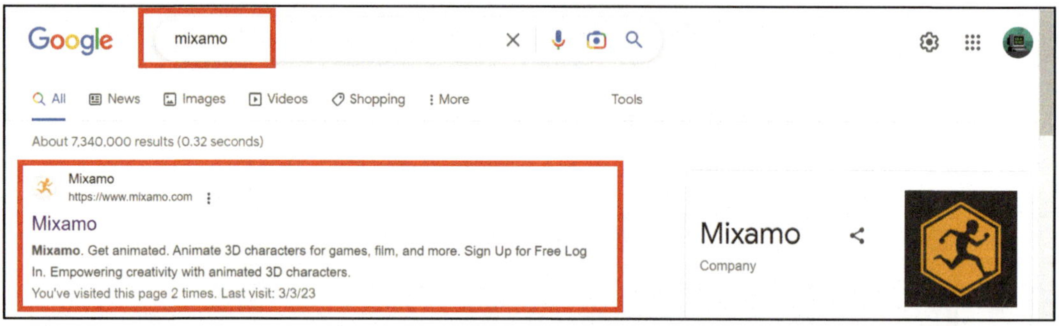

18 안내에 따라 가입 및 로그인을 진행하고, 사전에 만들어 둔 boy.fbx 파일을 업로드 합니다.

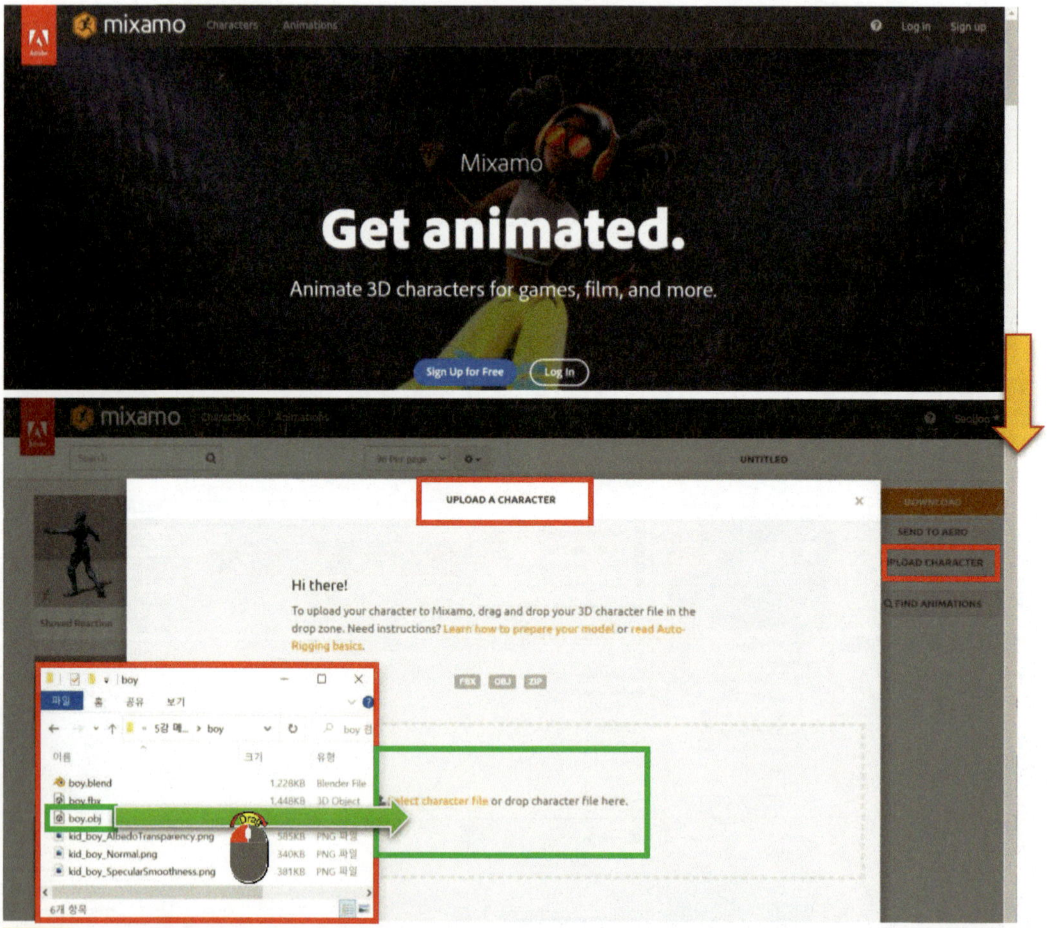

<TIP> 업로드 과정에서 오류가 발생하는 경우가 있다면, 광택효과를 내는 Specular 노드를 제거하고 FBX 파일로 재추출한 뒤 다시 업로드를 진행하시기 바랍니다.

19 업로드가 정상적으로 진행되었다면 아래의 화면을 확인할 수 있습니다. AUTO-RIGGER 를 통해 관절을 자동으로 연결하는 과정을 다룹니다. NEXT 를 눌러 계속 진행하겠습니다.

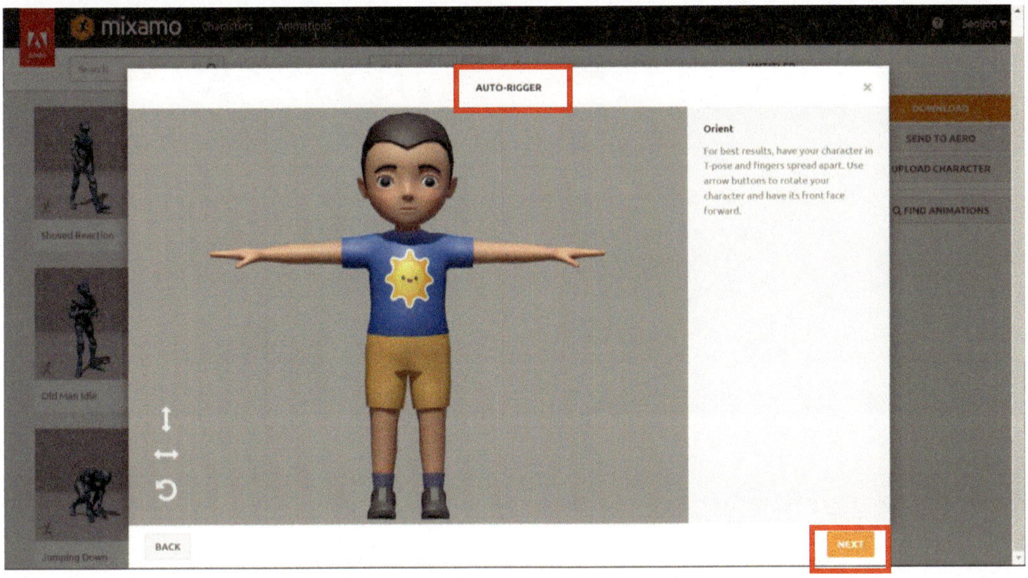

20 Chin(턱), Wrists(손목), Elbows(팔꿈치), Knees(무릎), Groin(사타구니) 부분을 마우스 드래그로 지정하여 아래와 같이 설정합니다. 하단의 Use Symmetry 를 통해 자동으로 좌우대칭 설정이 됩니다.

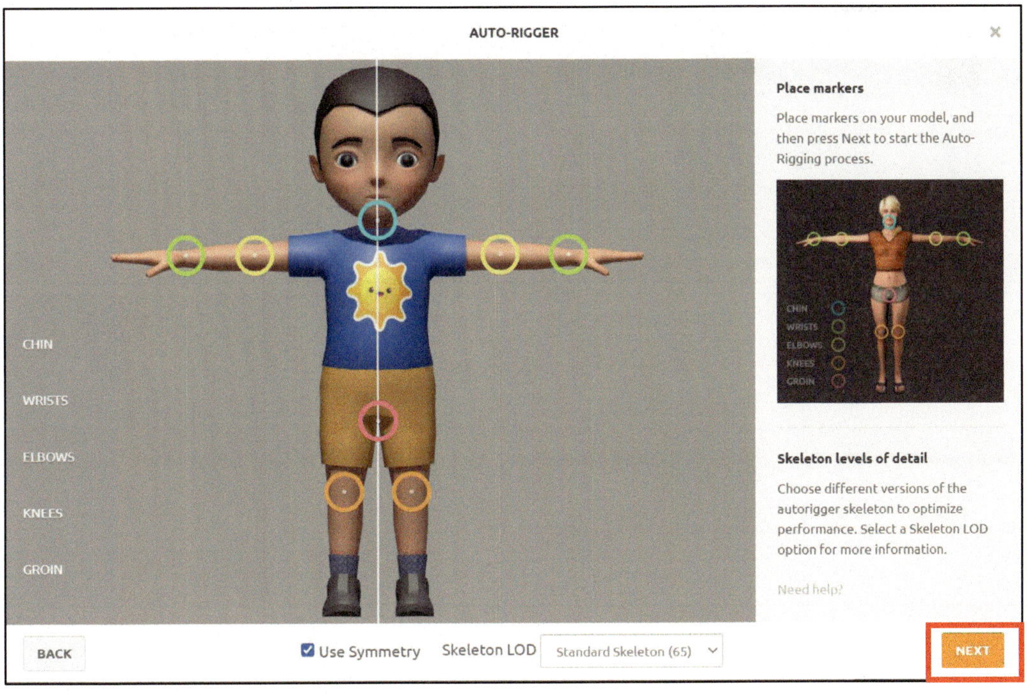

21 AUTO-RIGGER 작업이 완료된 모습입니다.

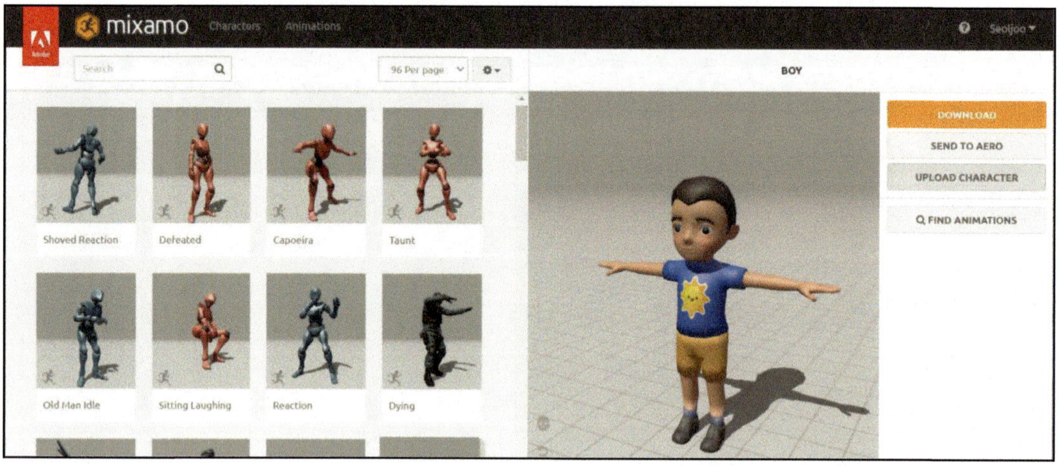

22 2 가지 댄스 동작을 다운로드합니다. 본서는 Hip Hop Dancing 과 Gangnam Style 을 선택했습니다.

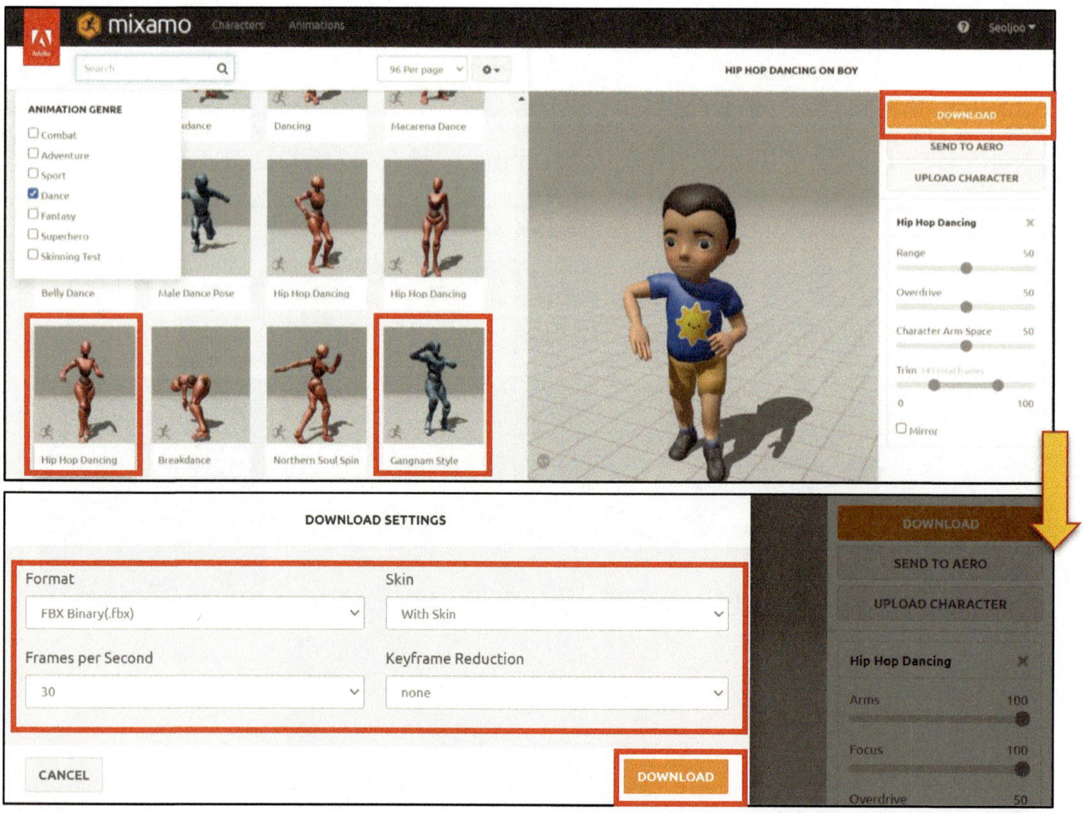

<TIP> 댄스 동작을 직접 확인하며 선택할 수 있어 편리합니다. 파일은 2 가지 각각 다운로드합니다.

23 다운로드한 2 가지 댄스 동작을 유니티 프로젝트로 가져옵니다.

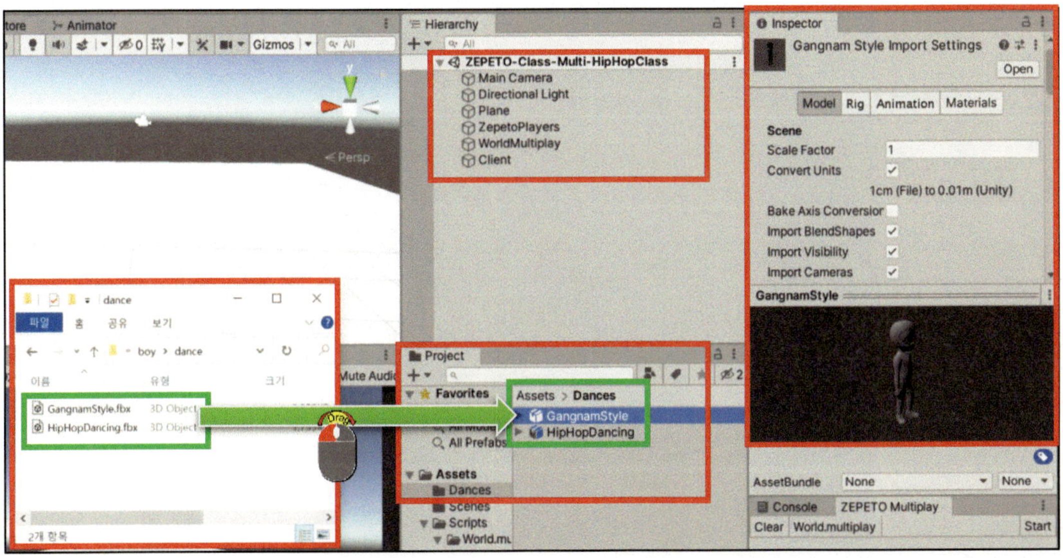

<TIP> 앞서 만들어 둔 ZEPETO-Class-Multi 씬을 윈도우 탐색기에서 복제하여 ZEPETO-Class-Multi-HipHopClass 씬을 만들었음에 주목합니다. 이를 통해 멀티 환경을 위한 설정이 되어 있는 환경을 토대로 씬을 개발할 수 있습니다.

24 먼저, GangnamStyle 파일부터 준비를 진행하겠습니다. 프로젝트창의 GangNamStyle 을 선택합니다. 이 상태에서 인스펙터창의 Rig 탭을 클릭하여 아래와 같이 설정합니다. Animation Type 을 Humanoid 로 설정하고, Apply 버튼을 누릅니다.

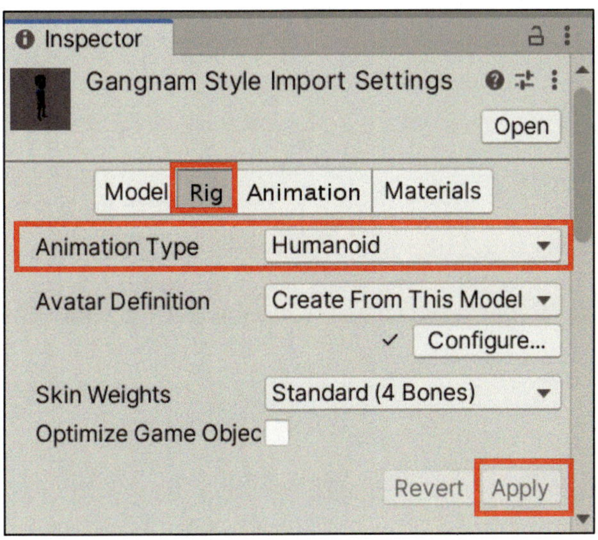

25 이어서 인스펙터창의 Animation 탭을 클릭하여 아래와 같이 설정합니다. Loop Time 을 활성화하여 애니메이션이 무한히 반복적으로 재생될 수 있도록 합니다. Apply 버튼을 눌러 설정을 진행합니다.

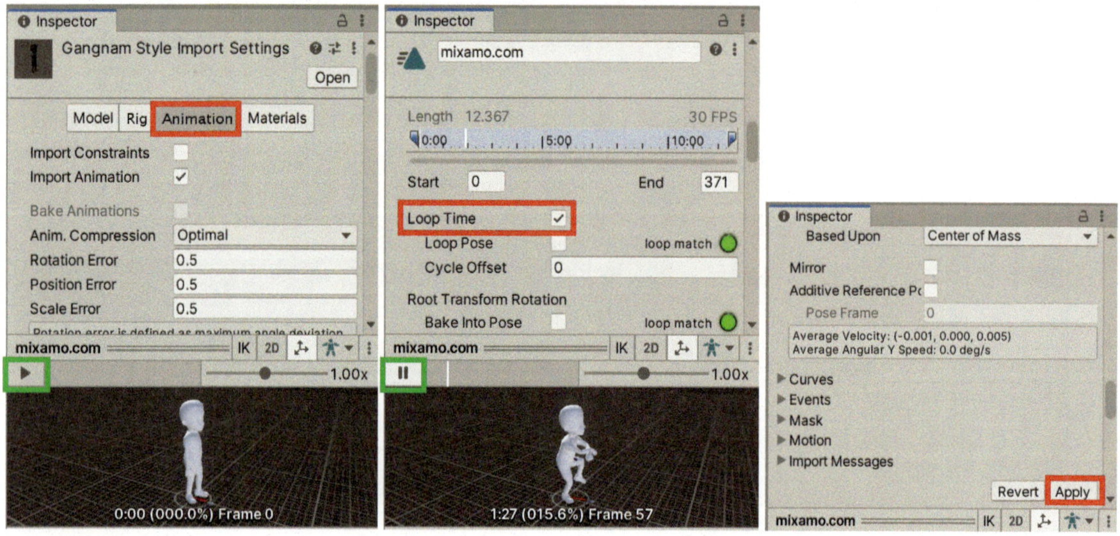

<TIP> 하단의 재생버튼을 누르면 댄스 동작을 미리 보기할 수 있습니다.

26 계속해서 인스펙터창의 Materials 탭을 클릭하여 아래와 같이 설정합니다. Textures 속성의 Extract Textures 를 클릭하고 GangnamStyle 파일과 동일한 경로를 지정하면 됩니다. 2 개의 텍스처 파일(Albedo, Normal)이 경로에 나타나며, 3D 모델이 컬러로 구현된 것을 확인할 수 있습니다.

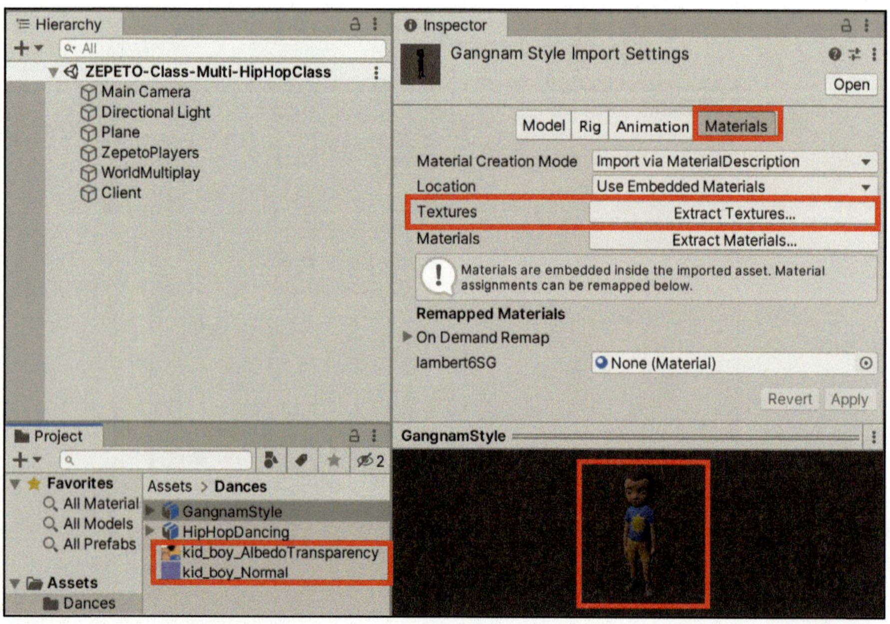

27 계속해서 프로젝트창의 GangnamStyle 파일을 하이어라키창에 적용합니다. 이후 인스펙터창을 살피면, {Animator} 컴포넌트의 Controller 속성이 비어있는데, 프로젝트창에서 [+]-[Animator Controller]를 선택하여 애니메이터 컨트롤러를 생성한 뒤, 빈 슬롯에 적용합니다. 생성한 애니메이터 컨트롤러는 AniController-GangnamStyle 로 명명합니다.

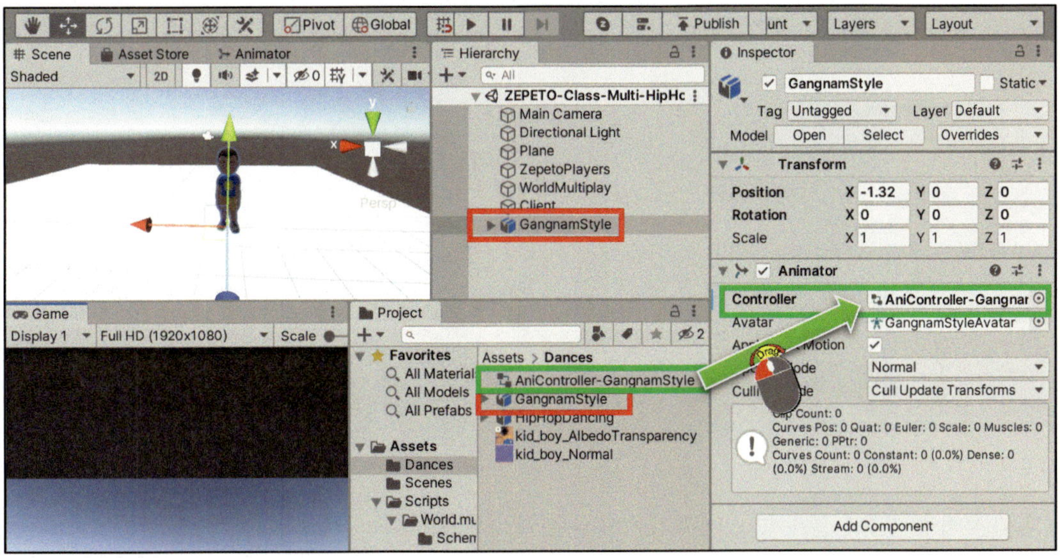

<TIP> 씬뷰에서 GangnamStyle 객체를 중앙에서 약간 우측(X 축의 음의 방향)으로 살짝 이동하였습니다. 추후 Play 시 나타나는 Player 의 3D 아바타와 겹치는 부분을 방지하기 위함입니다.

28 이제 AnController-GangnamStyle 을 마우스 더블클릭하여 엽니다. 애니메이터창에서 마우스 우클릭 후 Create State-Empty 를 선택, 주황색노드를 생성하고 명칭을 GangnamStyle 로 수정합니다.

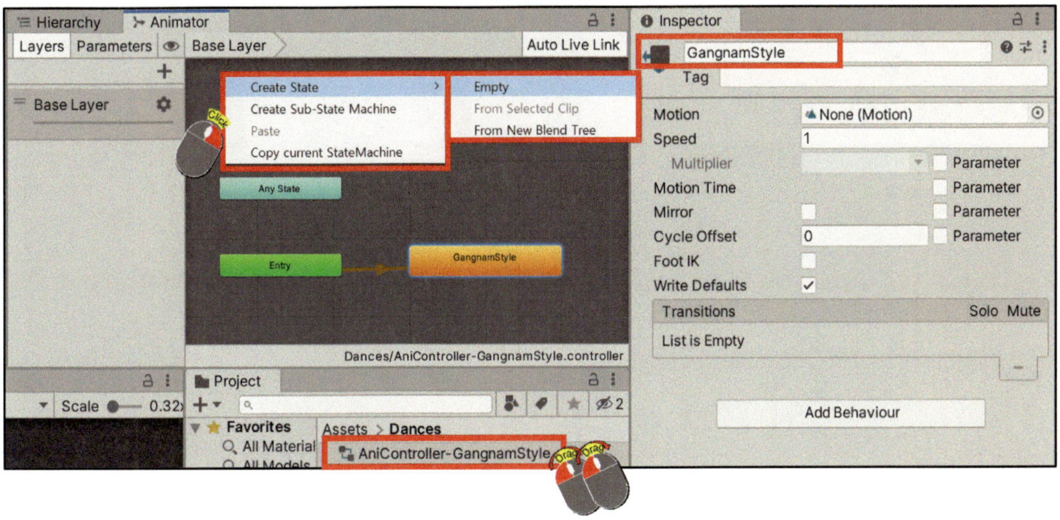

29 연이어 프로젝트창에서 GangnamStyle 파일을 펼치고 mixamo.com 파일을 확인합니다. 해당 파일을 GangnamStyle 애니메이터 노드의 Motion 속성에 적용합니다.

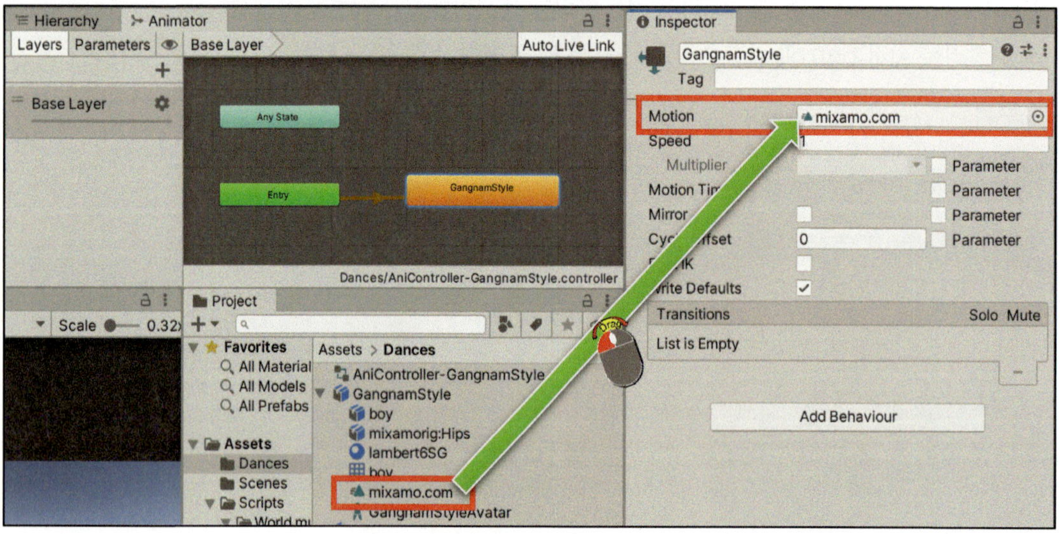

30 이제 서버 실행 버튼을 누르고 이어서 Play 버튼을 누르면 Player 의 3D 아바타 옆에서 강남스타일 댄스 동작을 수행하는 아이의 3D 모델을 볼 수 있습니다.

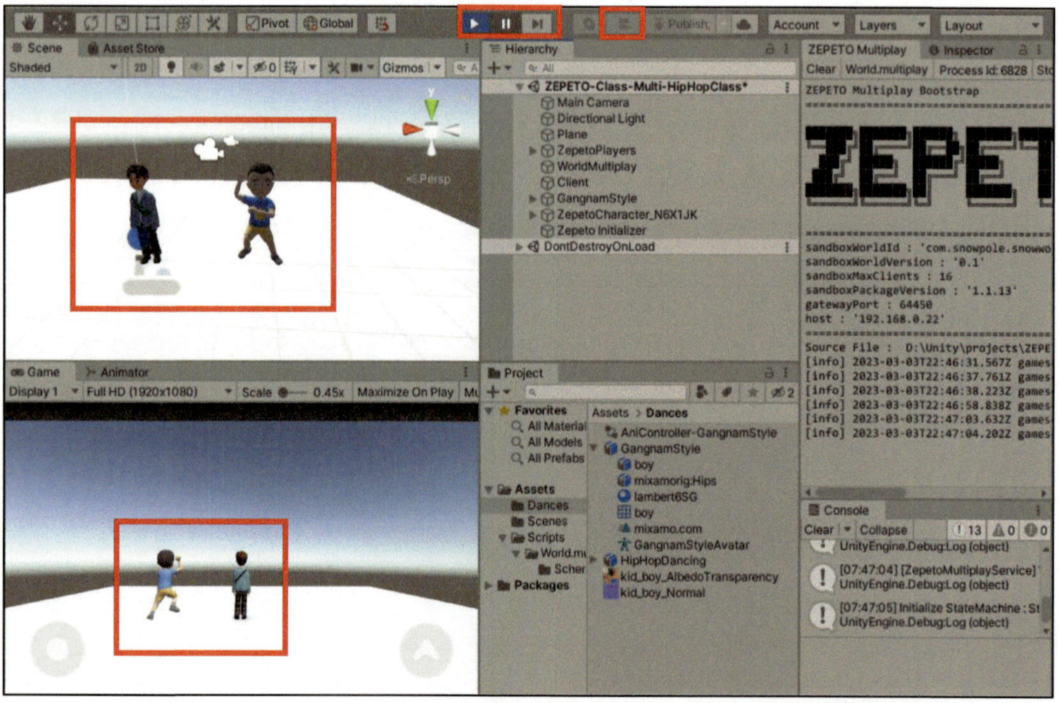

31 HipHopDancing 도 동일한 방식을 적용하여 씬뷰에 배치해 봅니다.

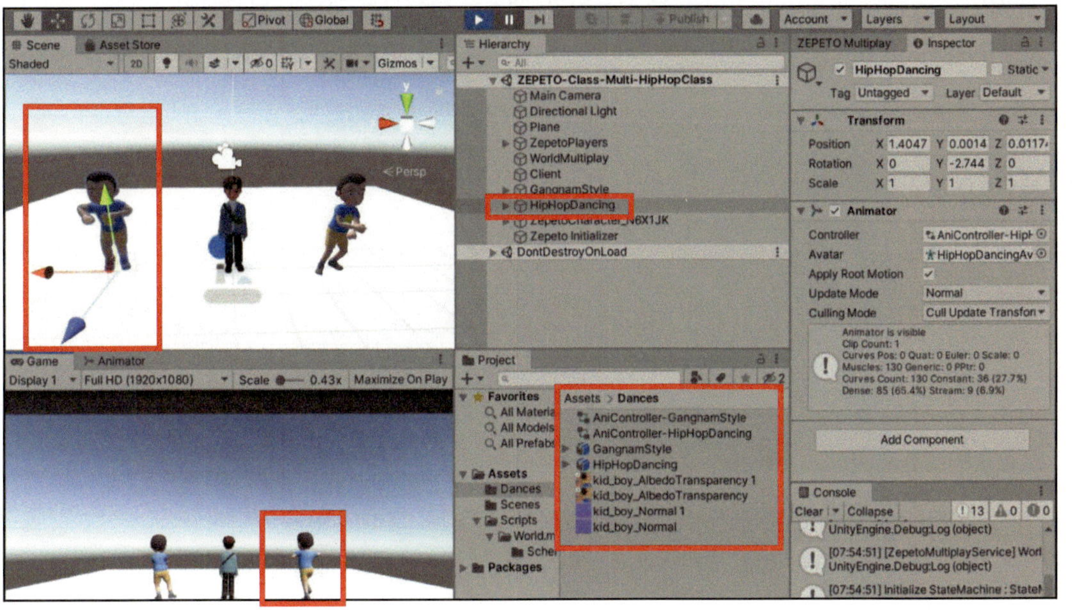

32 이제 댄스 무대를 꾸미기 위해 ZEPETO Build It 애플리케이션과 [ZEPETO]-[buildit]-[Map Loader]를 활용하여, 무대를 꾸미기 위해 필요한 애셋을 가져옵니다.

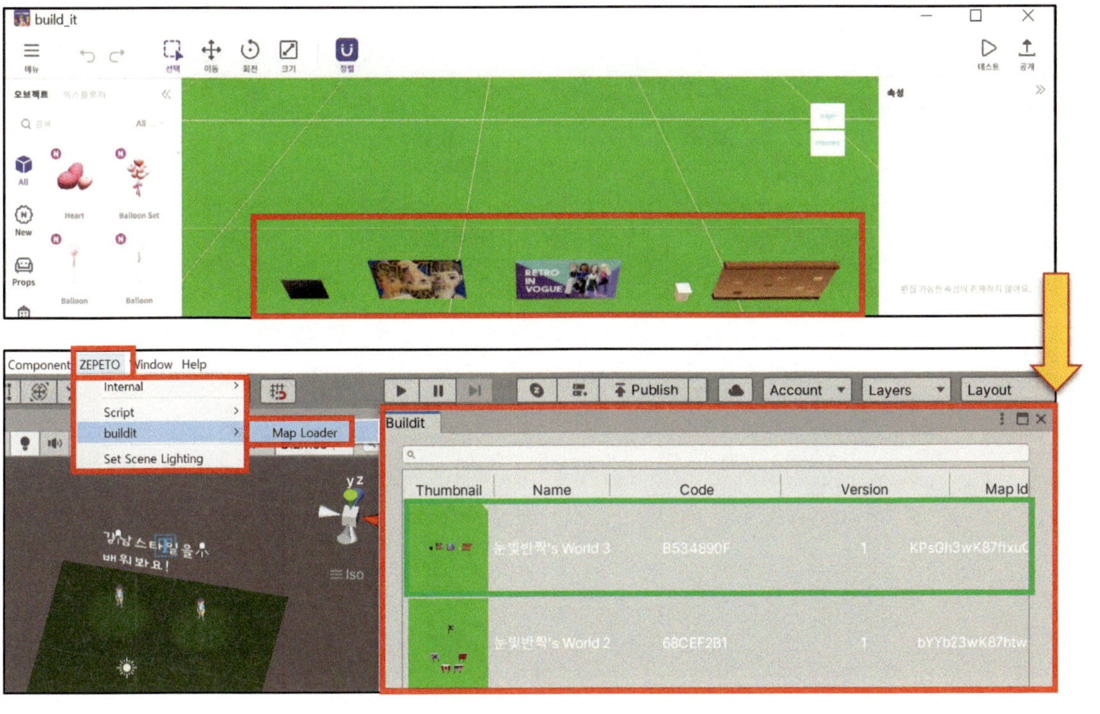

33 그동안 학습했던 방법을 동원하여 나름의 방법으로 무대를 꾸며봅니다. ZEPETO 에서 제공하는 애셋 외에도 기본적인 마테리얼, 조명 등을 적용하고, 댄스를 수행하는 객체도 복사하여 추가하였습니다.

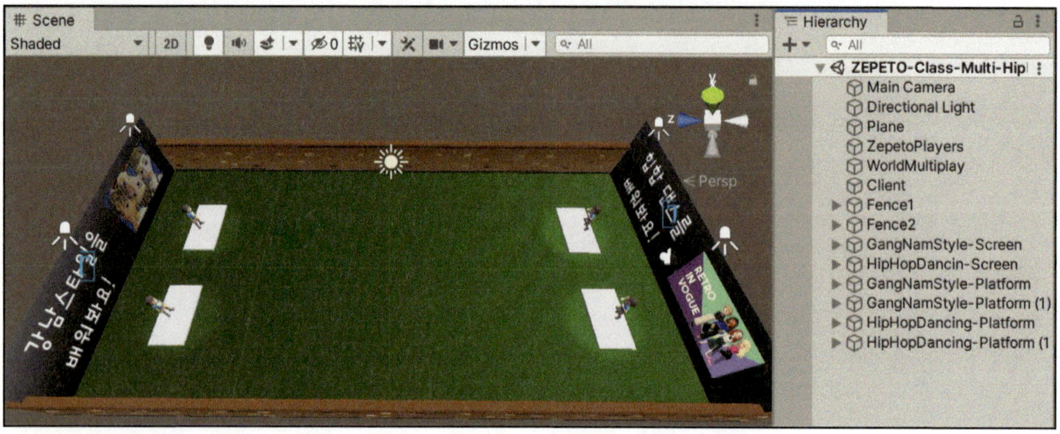

<TIP> 한글을 입력하기 위해서는 한글 폰트(TMP 관련)를 적용해야 함을 기억합니다. 3 장 2 강의 국어 교과에서 애니메이션을 만들 때 활용한 방법과 동일합니다. 본서에서는 당시에 만든 폰트 애셋을 그대로 가져와 활용하였습니다.

34 이어서 서버를 구동하고 Play on Zepeto 를 실행합니다. 생성된 QR 코드로 멀티 환경에서 2 개 이상의 기기가 정상 접속할 수 있는지 확인합니다.

9) ZEPETO 월드로 여러 가지 주제 다루기 2 – 주제별 종합 공유 공간 마련하기

01 주제별 공유를 위해 앞에서 제작한 댄스 수업 메타버스 콘텐츠를 세계 지도 체험과 마찬가지로 ZEPETO Studio 상에 공유합니다. 이를 통해 2 가지 공간 접속용 QR 코드를 모두 확보합니다.

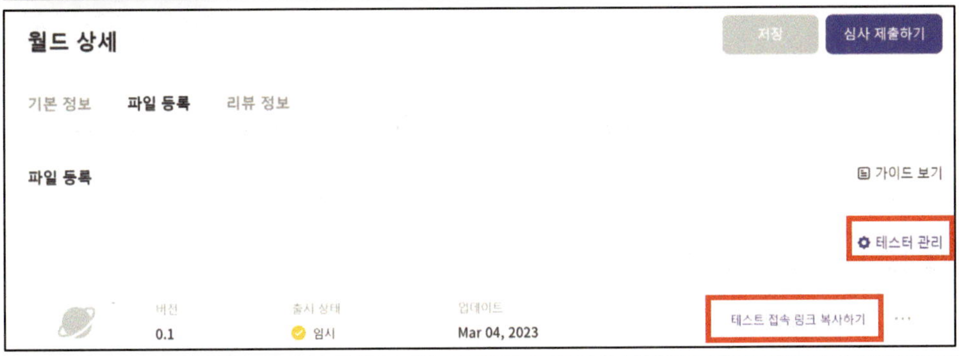

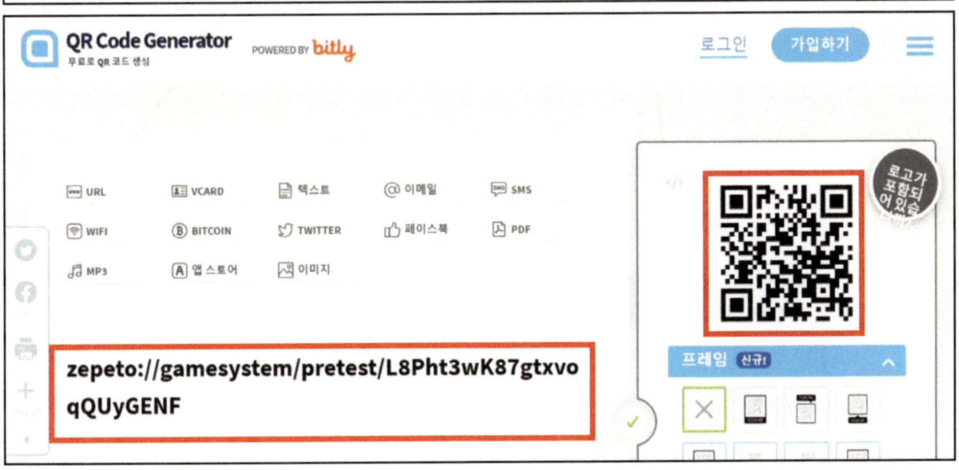

<TIP> 테스터 관리에 ZEPETO 계정을 등록하여야 접속이 가능함을 기억합니다.

02 2 가지 메타버스 공간을 공유하기 위해 간단한 웹사이트를 제작하겠습니다. 이를 위해 '구글 사이트'를 검색하고 접속합니다.

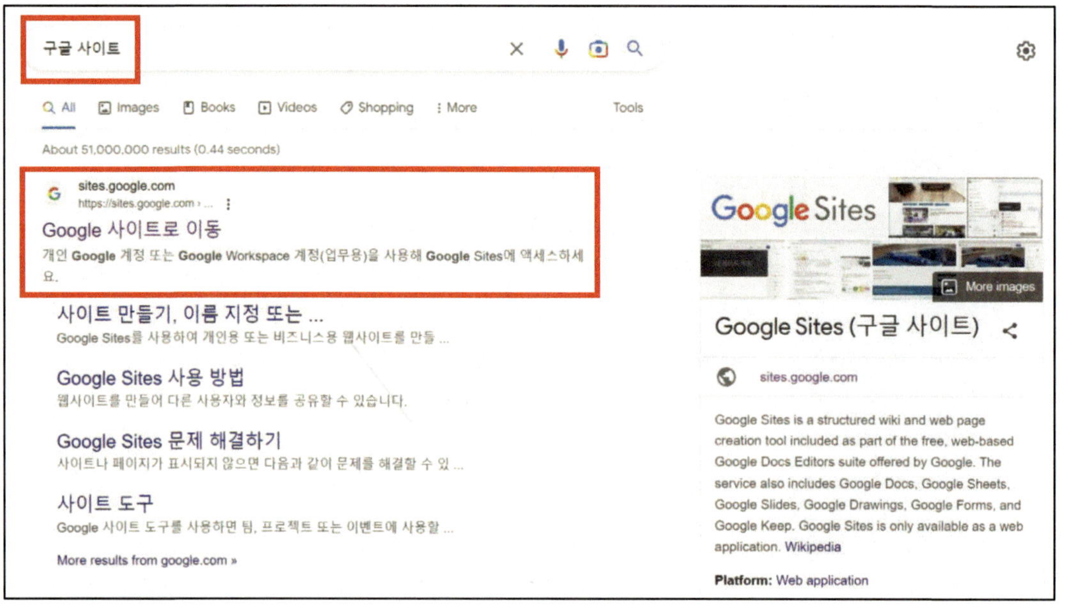

03 Blank 를 선택하여 빈 공간에서 웹페이지를 만들 수도 있고, 본서와 같이 Project 템플릿을 선택하여 기본적인 디자인 틀을 토대로 삼을 수도 있습니다.

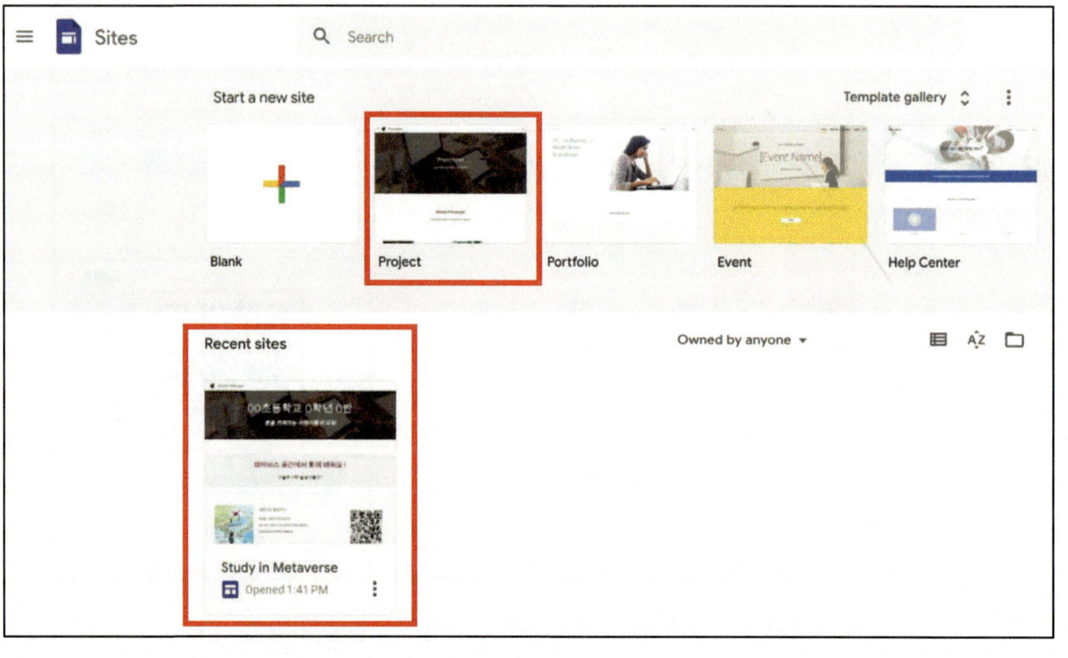

04 웹페이지 제작 화면에 들어가면, 로고부터 타이틀 화면, 문구 등에 이르기까지 다양한 요소를 마우스 클릭에 기반하여 손쉽게 변경할 수 있습니다.

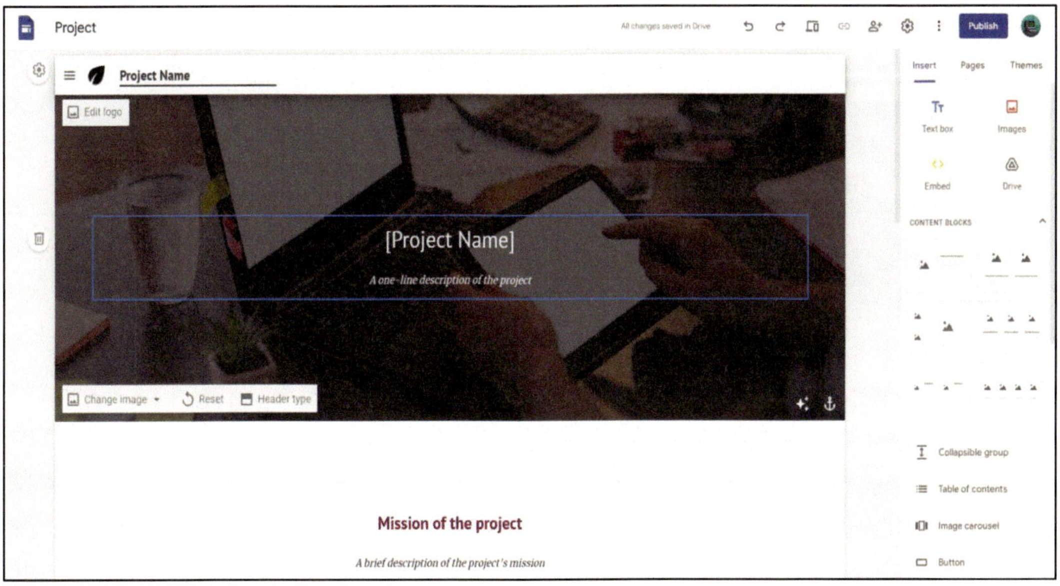

05 또한, 그림을 넣거나 그림에 대한 문구를 입력하는 과정도 간편합니다. 우측에는 그림과 문구를 정렬하기 위한 기본적인 예시 틀을 여러 가지 지원하고 있습니다.

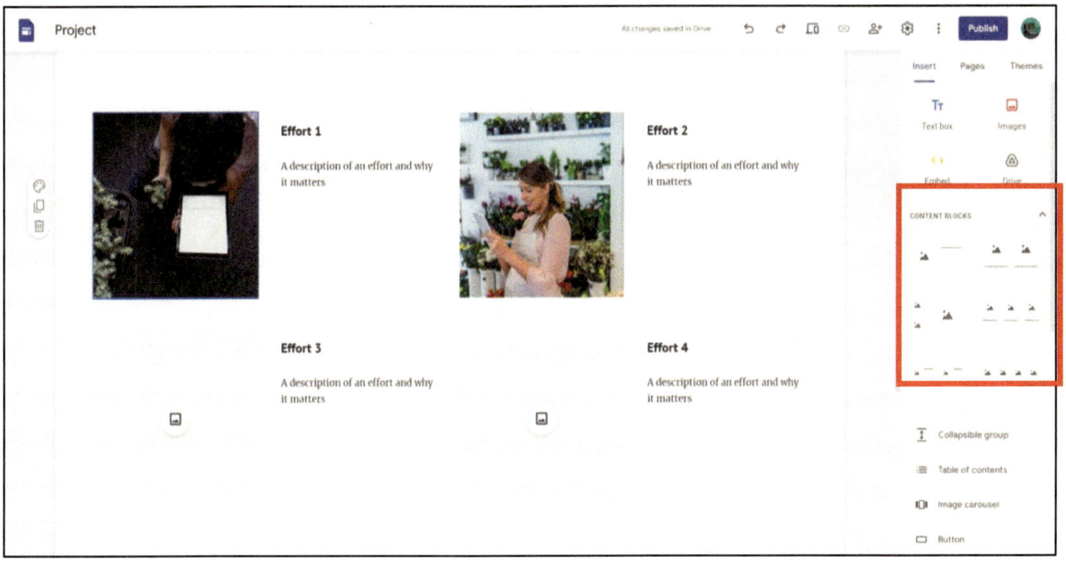

<TIP> 복잡한 기능을 다루기에는 한계가 있지만, 본 프로젝트와 같이 정보를 단순하게 게시하는 목적으로는 안성맞춤인 웹 도구라고 할 수 있습니다.

06 이제 웹페이지를 완성하면, Publish 를 통해 웹 상에 공유할 수 있습니다. 스마트폰을 활용하여 QR 코드를 통해 어디서든 접속할 수 있습니다.

<TIP> 아래는 Publish 된 웹사이트 주소입니다.

https://sites.google.com/view/study-in-metaverse/home